Sarah Scheibenberger
Formen des Essayistischen

Textologie

Herausgegeben von Martin Endres,
Axel Pichler und Claus Zittel

Wissenschaftlicher Beirat: Alexander Becker, Christian Benne, Lutz Danneberg,
Sabine Döring, Petra Gehring, Thomas Leinkauf, Enrico Müller, Dirk Oschmann,
Alois Pichler, Anita Traninger, Martin Saar, Ruth Sonderegger, Violetta Waibel

Band 9

Sarah Scheibenberger

Formen des Essayistischen

—

Paradigmen einer Schreibästhetik bei Walter Benjamin

DE GRUYTER

Gedruckt mit finanzieller Unterstützung der Axel Springer Stiftung, Berlin.

Die vorliegende Arbeit stellt die stellenweise überarbeitete Version meiner 2019 an der Philologischen Fakultät der Universität Leipzig eingereichten Dissertation dar.

ISBN 978-3-11-161965-1
e-ISBN (PDF) 978-3-11-071599-6
e-ISBN (EPUB) 978-3-11-071608-5

Library of Congress Control Number: 2021939859

Bibliografische Information der Deutschen Nationalbibliothek
Die Deutsche Nationalbibliothek verzeichnet diese Publikation in der Deutschen Nationalbibliografie; detaillierte bibliografische Daten sind im Internet über http://dnb.dnb.de abrufbar.

© 2024 Walter de Gruyter GmbH, Berlin/Boston
Dieser Band ist text- und seitenidentisch mit der 2023 erschienenen gebundenen Ausgabe.

www.degruyter.com

Bevor „gedacht" wird, muß schon „gedichtet" worden sein.
(Friedrich Nietzsche)

La verità è *l'idea* del saggio. Esso pertanto non ‚fingerà' composizione, unione, ma dovrà compiutamente mostrare proprio l'insuperabile distanza che separa dalla verità – con ciò stesso *custodendone l'idea*. Il saggio [...] *mostra* la verità, ma precisamente come assenza. (Massimo Cacciari)

Inhalt

Der Essay im Medium des Formenspektrums —— 1

I Einleitung

1 Eine Frage der Gattung? Forschungsanliegen und Problemstellung —— 9

2 Ein kritischer Überblick über den Stand der Forschung —— 24

II Ästhetiken des Essays. Methodologische und theoretische Vorüberlegungen

1 Prolegomena zum Begriff ästhetisch-kritischer Reflexion im literaturwissenschaftlichen Kontext —— 43
1.1 Für eine nicht-essayistische und nicht-normative Untersuchung des Essays —— 43
1.2 Die Grenzen einer Gattungstheorie des Essays. Vorrang und Paradoxie des ästhetischen Urteils: ein Gedankenexperiment —— 48

2 Für eine *Schreibästhetik*. Eine transdisziplinäre Betrachtungsweise ausgehend von den ästhetischen Reflexionen Adornos und Agambens —— 56
2.1 Über Adornos Umweg zum *Essay als Form*. Eine kleine Ästhetik des Essays und Benjamin als sein „unerreichter Meister" —— 62
2.2 Das Individualitätsproblem: vom Exemplum zum Paradigma (Kant und Agamben) —— 80
2.3 Das Paradigma des Essays: Autoreflexivität, Fiktionalität, Literarizität, Intertextualität —— 96
2.4 Teppichhafte Verflechtung. Zur Kritik einer komplexen Metapher essayistischen Schreibens (Bloch und Lukács) —— 112

III Paradigmen des Essayistischen bei Walter Benjamin

1 Literaturkritik als erkenntnistheoretisches Modell: zum Kriterium der Textauswahl —— 133

2 ***Zwei Gedichte von Friedrich Hölderlin.* Über die Verfahrungsweise des „ästhetischen Kommentars" —— 135**
2.1 Die Geburt des ästhetischen Kommentars aus dem Geiste der Philologie? Zur Frage nach den Bedingungen der „Möglichkeit der Beurteilung der Dichtung" —— 137
2.2 Das „Gedichtete" als *dictamen*. Im Vorhof des mittelalterlichen Kommentars —— 147
2.3 Tradition, Überlieferung, Erinnerung. Benjamins ästhetischer Kommentar und die jüdische Kommentartradition (Scholem) —— 153
2.4 Vom Kommentar zum Kommentandum. Benjamins Brecht-Kommentare —— 167

3 *Goethes Wahlverwandtschaften.* Die Kritik diesseits und jenseits des Kunstwerks —— 170
3.1 Zwischen „Kommentar" und „Kritik". Der Essay als reflexive Selbstdarbietung im Medium der Formen —— 172
3.2 Der Goethe-Essay als Experiment. Ein Versuch über die Erfahrung der Sprache —— 183

4 Die *Erkenntniskritische Vorrede* des Trauerspiel-Buchs. Der „esoterische Essay" als Traktat von der Methode —— 191
4.1 Form und Sehnsucht. Zum Totalitätscharakter des Essays (von Lukács zu Benjamin) —— 202
4.2 Die Paradigmatizität der Sprache ins Werk setzen. Die unendliche Aufgabe des Essays zwischen Einzelnem und Allgemeinem (Kant) —— 224
4.3 Das Schreiben des Einzelnen. Monade und Monografie (Schlosser und Croce) —— 241
4.4 Zum Ursprung „ästhetischer Gattungsnamen" im Medium des Essays (Croce und Adorno) —— 263

5 Kritische Zitationstechniken nach *Karl Kraus*. Den Ursprung der Sprache herbeizitieren —— 283
5.1 Aporien der „Sprache in der technifizierten Welt". Essay und Feuilleton als technologisch bedingte Schreibweisen —— 292
5.2 Zwischen Sagen und Zeigen. Gesten der Zitation bei Benjamin und Kraus —— 305

6 Ein „Strauß flüsternder Gräser". Die Thesen *Über den Begriff der Geschichte* als selbstreflexive Schreibästhetik —— 317
6.1 *Experimenta litterarum*. Befreiungsversuche aus der mythologischen „Apparatur" von Sprache und Schrift —— 327
6.2 Zur Idee einer „befreiten Prosa". Der Essay als Form der Selbstmedialisierung —— 345

Schlussbetrachtung —— 371

Literaturverzeichnis —— 375
1 Siglen —— 375
2 Primärliteratur —— 375
3 Sekundärliteratur —— 380

Personenregister —— 400

Danksagung —— 404

Der Essay im Medium des Formenspektrums

> Benjamins Gedanken leuchten in einer Farbe, die im Spektrum der Begriffe kaum vorkommt.[1]
> (Theodor W. Adorno)

> — S e h e n lernen — dem Auge die Ruhe, die Geduld, das An-sich-herankommen-lassen angewöhnen; das Urtheil hinausschieben, den Einzelfall von allen Seiten umgehn und umfassen lernen. Das ist die e r s t e Vorschulung zur Geistigkeit.[2] (Friedrich Nietzsche)

In seinem *Die Seele und die Formen* (1911) einleitenden Essay „Über Form und Wesen des Essays" verortet Georg Lukács, das Spektrum literarischer Formen mit dem Lichtspektrum vergleichend, den Essay jenseits der sichtbaren, d. h. der eindeutig bestimmbaren und darstellbaren Gattungen:

> Ich will kurz sein: wenn man die verschiedenen Formen der Dichtung mit dem vom Prisma gebrochenen Sonnenlicht vergleichen würde, so wären die Schriften der Essayisten die ultravioletten Strahlen.[3]

Wie das ultraviolette Licht, das sogenannte Schwarzlicht, ist der Essay – wollte man ausgehend von Lukács' spekulativer Gattungsästhetik einen ersten Bestimmungsversuch dessen unternehmen, was „die Schriften der Essayisten" womöglich eint – selbst unsichtbar: Er ist ein Diaphanes, ein Durchscheinendes, ein potenziell Farbiges.[4] Er zeigt sich an anderen Formen, ja an einer polymorphen

---

[1] Theodor W. Adorno: „Einleitung zu Benjamins ‚Schriften'", in: ders.: *Noten zur Literatur*, in: ders.: *Gesammelte Schriften*, hg. von Rolf Tiedemann, Bd. 11, Frankfurt a. M. 2003, S. 567–582, hier: S. 568.
[2] Friedrich Nietzsche: *Götzen-Dämmerung (Was den Deutschen abgeht)*, in: KSA 6, S. 55–161, hier: S. 108.
[3] Georg Lukács: „Über Form und Wesen des Essays: Ein Brief an Leo Popper", in: ders.: *Die Seele und die Formen. Essays*, mit einer Einleitung von Judith Butler, in: ders.: *Werkauswahl in Einzelbänden*, hg. von Frank Benseler und Rüdiger Dannemann, Bd. 1, Bielefeld 2011, S. 23–44, hier: S. 30.
[4] Im Sinne von Dieter Mersch: *Posthermeneutik*, Berlin 2010, S. 155: Nach Aristoteles (*De Anima*, 418b) sei das Diaphane „ein Stoffliches, das die Wahrnehmung ebenso sehr ermöglicht, wie es sich in ihr zurückhält, das zwar ‚durchsichtig' ist, ‚jedoch nicht an sich sichtbar schlechthin, sondern durch die ihm fremde Farbe'". Für Benjamin als Exponenten eines negativen Medienbegriffs komme es gerade darauf an, „den Riss, die ‚Eintrübung' zum Vorschein kommen zu lassen" (ebd., S. 156) oder, anders gesagt, in einem Risse, Brüche und Verfärbungen sichtbar machenden Medialisierungsprozess „*Erfahrungen von Amedialität zu restituieren*" (Dieter Mersch:

Vielfalt von Formen, die je *einen* Begriff vom Essay geben, gar als Formen des Essayistischen erscheinen können. Der Essay als ultraviolettes Licht kann in dieser Hinsicht, wagt man eine medienästhetische Übersetzung von Lukács' Spektralmetapher, auch als ambivalentes Medium eines Sichtbarwerdens des Mediums selbst, nämlich der Sprache aufgefasst werden, an deren Formen, Brüchen und Grenzen der Essay entlangwandert, an denen er sich zugleich partiell zeigt und verbirgt, sich der eindeutigen Festschreibung entzieht. Der Essay reflektiert sich im Medium anderer, tradierter Formen, die er jedoch nicht unverändert lässt, sondern deren Formen und Medialität(en) er sichtbar macht, wodurch er sie transformiert oder gar bis zur Unkenntlichkeit entstellt, so dass sie sich in herkömmliche Gattungsgeschichten und -poetiken kaum mehr einfügen. Der Essay ist, mit anderen Worten, „nicht einfach eine Form unter Formen, vielmehr eine *Metaform*", die „die Formen reflektiert, von denen sie handelt".[5]

Ein solches autoreflexives Schreiben, das sich in seiner Medialität[6] verhüllt und diese zugleich beständig exponiert, bildet Walter Benjamin – so die erkenntnisleitende These dieser Arbeit – in verschiedenen Formexperimenten aus, die ein immer nuancierteres, auf den ersten Blick vielleicht zerfranst erscheinendes Spektrum verschiedener Schreibweisen konstruieren. Zum beispielhaften Ausdruck kommt die Autoreflexivität dieses transmedialen Schreibens dort, wo Benjamin – oft an prominenter Stelle, nämlich zu Textbeginn – Reflexionen *über* andere Formen (wie z. B. über Kommentar, Kritik, Fragment, Feuilleton, Traktat oder Mosaik) anstellt, Gattungsbegriffe und Gattungstraditionen herbeizitiert, neu konstelliert, um- und überschreibt. Der Begriff des ‚Essayistischen' erlaubt diese ästhetisch-reflexive Spezifik von Benjamins Schreibweisen, die sich in der Durchquerung des Formenspektrums ausbilden und an der Kritik, Kommentierung, Parodie oder *réécriture* pluraler Formen und medialer Formate ‚versuchen', differenziert zu beschreiben. Anliegen dieser Arbeit ist es, die Paradigmen dieser

---

Ereignis und Aura. Untersuchungen zu einer Ästhetik des Performativen, Frankfurt a. M. 2002, S. 69).

5 Dirk Oschmann: „Kracauers Herausforderung der Phänomenologie. Vom Essay zur ‚Arbeit im Material'", in: *Essayismus um 1900*, hg. von Wolfgang Braungart und Kai Kauffmann, Heidelberg 2006, S. 193–211, hier: S. 199. Auch Peter V. Zima vermutet im Essay einen Text, der „keine Gattung im herkömmlichen Sinne ist, sondern ein Text, der zwischen allen Gattungen gleichsam vermittelt" (ders.: *Essay / Essayismus. Zum theoretischen Potenzial des Essays: Von Montaigne bis zur Postmoderne*, Würzburg 2012, S. 5).

6 Der Begriff der ‚Medialität' zielt hier und im Folgenden auf die Beschreibung von Schreibweisen und Darstellungsarten (und nicht auf deren materielle Träger oder technische Apparaturen); zum hier zugrunde gelegten Begriff von ‚Mitte', ‚Medium' und ‚Medialität' vgl. grundsätzlich die angeführten medienphilosophischen Studien von Giorgio Agamben, Dieter Mersch und Samuel Weber.

Benjamin'schen Schreibästhetik aufzuzeigen: nicht (nur) im Sinne einer Ästhetik als Philosophie der Kunst/Literatur oder einer Ästhetik als Wissenschaft von Wahrnehmung und sinnlicher Erkenntnis, sondern als Reflexion-Performanz des Schreibens selbst als einer verschiedene Gattungen und disziplinäre Fronten, wie Literatur, Philosophie, Wissenschaft und sinnliche Erkenntnis, durchkreuzenden und überschreitenden Praxis.

Mit seinem im Konjunktiv tastend formulierten Vergleich von Farben- und Gattungslehre und der negativen Bestimmung des Essays als ultravioletter, unsichtbarer Farbe pointiert Lukács die eigenartige ontologische Verfasstheit des Essays, die seine Rezeption und besonders jeden Versuch seiner (literaturwissenschaftlichen) Einordnung zu einem heiklen Unterfangen macht, also die Frage nach einer adäquaten Methode aufwirft. Denn die Suche nach dem Ursprung der Gattung verliert sich im Dunkeln oder befördert gänzlich verschiedene, auf keinen einhelligen Gattungsnenner zu bringende Gründungstexte oder dem Essay zugrunde liegende Gattungen zutage, wie z. B. die lateinische Kunstprosa, Montaignes autobiografische *Essais*, Bacons moralisierende Meditationen, die frühromantischen Fragmente oder Nietzsches aphoristische Prosa. Ist dieses Gleiten von einer Gattung zur anderen, von einer Sinndimension zur nächsten, aber bloß die Folge einer formalen Instabilität des Essays? Die Antwort auf diese Frage, die auf eine Art transzendentale Funktion des Essays abzielt, führt zu einem der Hauptmerkmale von Benjamins essayistischem Schreibverfahren und deckt den hintergründigen Sinn von Lukács' hypothetischem Vergleich auf, bei dem es sich keineswegs um ein intuitiv einleuchtendes, theoretisch aber nicht weiterführendes Gedankenspiel handelt. Denn er verdeutlicht, dass der Vielfalt der Erscheinungsweisen von Benjamins Essayismus in seiner hochgradigen Autoreflexivität und irreduziblen Verflechtung von Form und Gehalt mit herkömmlichen Gattungsparametern kaum beizukommen ist. Vielmehr erfordert der Essay eine Methode, die seine aisthetischen (sinnlichen) und reflexiven Aspekte – als Sichtbarmachen der medialen und materialen Möglichkeiten von Sinnproduktion im Schreiben – zugleich in den Blick zu nehmen und dabei insbesondere seine sich jeder (gattungs-)begrifflichen Rubrizierung entziehenden oder gar deren epistemologische Prämissen hinterfragenden Momente zu beschreiben erlaubt.

So stellt Benjamin selbst an verschiedenen Stellen in seinem Werk eine strukturelle Isomorphie zwischen Formen und Farben fest,[7] an die er eine äs-

---

[7] Vgl. die Beobachtung, „dass literarische Prosatexte über ihre Farbassoziationen auch ihre prosaische Verfasstheit [...] reflektieren" und eine besondere Autoreflexivität ausbilden, in der Einleitung in Eva Eßlinger, Heide Volkening und Cornelia Zumbusch (Hg.): *Die Farben der Prosa*, Freiburg i. Br. / Berlin / Wien 2016, S. 11–28, hier: S. 12.

thetische Epistemologie[8] und Morphologie[9] literarischer Formen anschließt, die er über ihre geistesgeschichtlich sanktionierte Tradition hinaus denkt. In den Paralipomena seines letzten Textes, seiner Thesen *Über den Begriff der Geschichte* (1940), entwirft Benjamin die „Idee der Prosa"[10], eine das ganze Formenspektrum umfassende „integrale Prosa"[11], die als immanentes Ziel, aber auch als Grenze seines Essayismus gedeutet werden kann. Auch deren Verfasstheit erhellt die epistemologische Textmetapher einer – ebenso wie das Ultraviolett – unmittelbar nicht sichtbaren Farbe: Die erst noch kommende Prosa verhalte sich, so Benjamin, „wie das weiße Licht zu den Spektralfarben"[12]. Wie das „weiße Licht" alle Farben beinhaltet, in die es durch die prismatische Brechung zerlegt wird, selbst aber kaum (wieder-)herstellbar ist, lassen sich Benjamins mannigfaltige Gattungsexperimente und -reflexionen, die fortlaufend neue morphologische Verwandtschaftsverhältnisse stiften, als Versuche der (Re-)Konstruktion, als Schreiben des Ursprungs lesen. Das Zitat aus Goethes Dramenfragment *Pandora*, das Theodor W. Adorno seinem Essay „Der Essay als Form" (1958) programmatisch voranstellt, hebt die Unabschließbarkeit dieses Versuches hervor: „Bestimmt, Erleuchtetes zu sehen, nicht das Licht."[13]

Die Lichtquelle, der Ursprung, die Möglichkeitsbedingung von sinnlicher Wahrnehmung, Reflexion und Differenz – so ließen sich diese negativen Medienmetaphern des ultravioletten, weißen und gebrochenen Lichts deuten – zeigt sich diesem Schreiben immer nur in prismatischen „Splitter[n]"[14] und

---

8 Im Sinne eines ästhetisch-selbstreflexiven Wissens, das Benjamins theoretische – im Wortsinne von *theōría*: ‚Schau', ‚Anschauung', ‚Betrachtung' – Schreibweisen kraft der Konstruktion und Exposition multipler autoreferenzieller Textmetaphern oder struktureller Analogien, wie z. B. zwischen Formen- und Farbenspektrum, ausbilden; vgl. Dieter Mersch: *Epistemologien des Ästhetischen*, Zürich / Berlin 2015, zum epistemologischen Status des Ästhetischen, den Mersch zwar vordergründig in Bezug auf künstlerische Praktiken untersucht, die hinsichtlich der Techniken „einer produktiven Heuristik, singulärer Modellbildung und Selbstreflexivität (*heuresis, exagium, experiri*)" (ebd., S. 65) aber „dem Essayistischen (von *exagium*, Erwägung) nahekomm[en]" (ebd., S. 23).
9 Zu Benjamins Auffassung von (literarischen) Gattungsbegriffen vor dem Hintergrund einer sich aus der Goethe'schen Farben- und Formenlehre herleitenden morphologischen Literaturbetrachtung vgl. Dirk Oschmann: „Gestalt und Naturgeschichte. Benjamins *Erzähler*-Aufsatz im Horizont der zeitgenössischen Gattungspoetologie", in: *Schönheit, welche nach Wahrheit dürstet. Beiträge zur deutschen Literatur von der Aufklärung bis zur Gegenwart*, hg. von Gerhard R. Kaiser und Heinrich Macher, Heidelberg 2003, S. 299–318.
10 GS I/3, S. 1235 u. S. 1238 f.
11 Ebd., S. 1238.
12 GS II/2, S. 451.
13 Theodor W. Adorno: „Der Essay als Form", in: ders.: *Noten zur Literatur*, S. 9–33, hier: S. 9.
14 GS I/2, S. 704.

Reflexen am schon Vorgefundenen. Das sind für Benjamin besonders: vorgefundene literarische Texte, Formen und Medien oder als ‚Text' lesbare kulturelle Artefakte. Hans Heinz Holz hat mit der Formel des ‚prismatischen Denkens' diese facetten-, d.h. formenreiche aisthetische Verfasstheit von Benjamins Schreiben-Denken auf einen spannungsreichen Begriff gebracht.[15] Das Studium, die Übung dessen, was Benjamin (vermutlich mit dem als Motto zitierten Wort Nietzsches) als „[i]m Werke sehen lernen"[16] bezeichnet, eine aisthetische Literaturkritik, nimmt dabei eine besondere, ja paradigmatische Stellung innerhalb seiner essayistischen Schreibweisen und seiner Epistemologie und Ästhetik des Schreibens ein, und stellt daher ein wichtiges Auswahlkriterium für das hier untersuchte Textkorpus dar.

Benjamins Schreiben über und zwischen den Texten lässt sich als *Schreiben-Denken* auffassen: als ein sich schreibend und (sich selbst) lesend vollziehendes Denken, das anlässlich einer einzelnen Beobachtung, eines konkreten Gegenstandes von seiner eigenen Rezeptivität erfasst wird, d.h. die an keine bestimmte Mitteilung (mehr) gebundene Wahrnehmung und Erfahrung seiner selbst macht.[17] Im Essay stellt sich so ein stets neu perspektivierter Überblick über das Formenspektrum her, über die Möglichkeiten und Modalitäten von Sprache und Schrift; ja, der Essay scheint Experiment einer solchen Erfahrung der Vielfalt des (Nicht-)Sagen-Könnens zu sein. Die Herstellung eines sich plötzlich ergebenden Überblicks über einzelne Formen, Passagen und Grenzen der Sprache, eines *im* Schreiben erzeugten Innehaltens der Bewegung des Schreibens-Denkens, dessen spezifische Autoreflexivität gelegentlich mit Betonung der Bildhaftigkeit von Benjamins Schreiben unterschlagen wird, könnte als das ästhetische, erkenntnistheoretische und messianisch-geschichtsphilosophische Darstellungsprinzip seiner essayistischen Schreibweisen gedeutet werden. Denn so vielfältig diese sind, sie scheinen sich alle an der Idee einer, wie es in Benjamins frühem Essay *Zwei Gedichte von Friedrich Hölderlin* (1914–15) heißt, „Einsicht in die Fügung"[18] auszurichten, in die Struktur von

---

[15] Vgl. Hans Heinz Holz: „Prismatisches Denken", in: *Über Walter Benjamin. Mit Beiträgen von Theodor W. Adorno, Ernst Bloch, Max Rychner, Gershom Scholem, Jean Selz, Hans Heinz Holz und Ernst Fischer*, Frankfurt a.M. 1968, S. 62–110.
[16] GS VI, S. 178.
[17] Im Denkbild *Der gute Schriftsteller* (1934) umschreibt Benjamin dieses nicht ergebnisorientierte, sondern die Prozessualität des Denkens selbst abbildende Schreiben: „Der gute Schriftsteller sagt nicht mehr, als er denkt. Und darauf kommt viel an. Das Sagen ist nämlich nicht nur der Ausdruck, sondern die Realisierung des Denkens. So ist das Gehen nicht nur der Ausdruck des Wunsches, ein Ziel zu erreichen, sondern seine Realisierung." (GS IV/1, S. 429)
[18] GS II/1, S. 106 u. S. 111.

Sprache und Welt oder, anders gesagt, in den ontologischen Grund der Sprache.[19] Diese Einsicht vermag sich offenbar, wenn überhaupt, nur multiperspektivisch einzustellen, mit einem Wort: essayistisch.

---

19 Zu diesem Begriff von Ontologie als „mehr oder minder glückliche[r] Beziehung zwischen Sprache und Welt" siehe Giorgio Agamben: *Profanierungen*, aus dem Ital. von Marianne Schneider, 5. Aufl., Frankfurt a. M. 2015, S. 43. Die ontologische Grundierung von Agambens (und Benjamins) Suche nach einem neuen Sprachgebrauch – einem ‚uso libero' – unterstreicht auch Carlo Salzani in „Il linguaggio è il sovrano: Agamben e la politica del linguaggio", in: *Rivista Italiana di Filosofia del Linguaggio* 9/1 (2015), S. 268–280.

I Einleitung

1 Eine Frage der Gattung? Forschungsanliegen und Problemstellung

> Denn der „reine Essay" ist eine Abstraktion, für die es beinahe keine Beispiele gibt.[1] (Robert Musil)

> Aber der Gattungsbegriff bleibt immer weit hinter einem guten Exemplar zurück.[2] (Friedrich Nietzsche)

Auf die Blütezeit der deutschsprachigen Essayistik im ersten Drittel des 20. Jahrhunderts blickt Adorno in „Der Essay als Form" (1958) bereits als distanzierter Betrachter einer vielgestaltigen Schreibform zurück, die angesichts einer immer trennschärferen „Arbeitsteilung des kosmos noetikos nach Kunst und Wissenschaft"[3] anachronistisch geworden sei. In Benjamin erkennt er ihren „unerreichte[n] Meister"[4]. Aus dieser beiläufigen Einschätzung, deren interpretatives Potenzial (und Herausforderung) bislang unerkannt geblieben ist, lässt sich zweierlei herauslesen: Benjamin hat nach Adornos Urteil erstens die Möglichkeiten und Spielarten des Essays ausgeschöpft, seine Meisterschaft steht in der ihm vorhergehenden und auf ihn folgenden Tradition essayistischen Schreibens einzig da; diese aber zeichnet sich, zweitens, wesentlich durch die Abweichung von Traditionen, Form- und Gattungskonventionen, durch chronische Unzeitgemäßheit und eine begrifflich schwer fassbare Hybridisierung von Kunst und Wissenschaft aus.[5] Erfasst man die Spezifik von Benjamins Schreiben – dies scheint Adornos Feststellung nahezulegen –, wird ‚der' Essay „als reflektierte Form"[6] erkennbar,

---

[1] Robert Musil: „Literat und Literatur" (1931), in: ders.: *Tagebücher, Aphorismen, Essays und Reden*, in: ders.: *Gesammelte Werke in Einzelausgaben*, hg. von Adolf Frisé, Bd. 2, Hamburg 1955, S. 698–718, hier: S. 717.
[2] Friedrich Nietzsche: *Nachgelassene Fragmente 1869–1874*, in: KSA 7, S. 456.
[3] Adorno: „Der Essay als Form", in: ders.: *Noten zur Literatur*, S. 16.
[4] Ebd., S. 20.
[5] Das „innerste Formgesetz des Essays" *sui generis* ist, wie Adorno resümiert, „die Ketzerei", der „Verstoß gegen die Orthodoxie des Gedankens" (ebd., S. 33): die Trennung von Bild und Begriff. Gerade die sich verschärfende Entzweiung von Kunst und Wissenschaft lasse ihn aktuell erscheinen, ja sein Aktualitätsgrad bemesse sich, paradoxerweise, gerade an seiner anachronistischen Zugehörigkeit zur eigenen Zeit: „Die Aktualität des Essays ist die des Anachronistischen. Die Stunde ist ihm ungünstiger als je." (Ebd., S. 32) Zum Wesen unzeitgemäßer Zeitgenossenschaft (‚contemporaneità') als innerer Differenz zwischen ‚nicht mehr' und ‚noch nicht' vgl. Giorgio Agamben: *Nudità*, Rom 2009, S. 19–32, v. a. S. 20 f. u. S. 26.
[6] Adorno: „Der Essay als Form", in: ders.: *Noten zur Literatur*, S. 21.

welcher „deren eigene Relativierung immanent"[7] ist, d. h. als selbstreflexives Paradigma miteinander interferierender und einander überbietender Schreibweisen. Benjamins Essayismus scheint, anders gesagt, gerade aufgrund der souveränen Überschreitung oder Differenz zu seinem Gattungsbegriff exemplarische Bedeutung für die sich in der Durchquerung des Formenspektrums ausbildende Form des Essays zu besitzen. Er ist Ideal und Abweichung zugleich.

Adornos Auffassung des Benjamin'schen Essays als meisterhafter „Verflechtung"[8] verschiedener Gattungs-, Disziplin- und Diskursstränge zeigt erste Schwierigkeiten seiner Rezeption und Einordnung an. Von ihr aus mag sich der zunächst erstaunliche Umstand erklären lassen, dass Benjamins essayistischem Schreiben bislang weder innerhalb der Benjamin- noch der Essay(ismus)-Forschung eine monografische Studie gewidmet wurde, obgleich Benjamins herausragende Bedeutung als Essayist weithin unbestritten ist.[9] So geben die Herausgeber seiner *Gesammelten Schriften*, Rolf Tiedemann und Hermann Schweppenhäuser, zu bedenken, dass „der Essay in dem Sinn, wie er zuerst von Lukács als literarische Form sui generis erkannt wurde", die „für Benjamins Produktion vielleicht spezifischste Form" sei.[10] Die Inkongruenz zwischen einer allgemein anerkannten, wenngleich indirekt problematisierten („vielleicht") Diagnose der Bedeutung des Essays als „spezifischster Form" für Benjamin und tatsächlich nur vereinzelt vorliegenden Aufsätzen zu Benjamins Essayismus lässt sich zunächst damit erklären, dass Benjamin – anders als Lukács oder Adorno – keine explizite Theorie des Essays verfasst hat.

---

7 Ebd., S. 25.
8 Ebd., S. 21.
9 Vgl. Jean-Michel Palmier: *Walter Benjamin. Lumpensammler, Engel und bucklicht Männlein. Ästhetik und Politik bei Walter Benjamin*, hg. und mit einem Vorwort versehen von Florent Perrier, aus dem Franz. von Horst Brühmann, Frankfurt a. M. 2009, S. 424: Benjamin habe das „Genre des Essays [...] stets als die ihm angemessene Ausdrucksform" betrachtet; zu „Benjamin's lifelong preference for the essay form as a vehicle of philosophical expression" siehe Richard Wolin: *Walter Benjamin. An Aesthetic of Redemption*, 2. Aufl., Berkeley / Los Angeles / London 1994, S. 85.
10 GS I/2, S. 768. Ähnlich vorsichtig formuliert Hans Heinz Holz im Kapitel „Der systembildende Essay als Darstellungsform", in: ders.: *Logos spermatikos. Ernst Blochs Philosophie der unfertigen Welt*, Darmstadt / Neuwied 1975, S. 31: Für Benjamin sei „der Essay nicht die einzige Ausdrucksform [seines] Denkens, wohl aber eine legitime, gar eine bevorzugte". Rainer Rochlitz umkreist Benjamins Essayismus mit einer Reihe negativer Bestimmungen und Abgrenzungen: „Sans doute n'y a-t-il pas de système philosophique de Walter Benjamin. Il est, au sens le plus élevé d'un terme parfois employé pour le discréditer, un essayiste. Mais il ne l'est pas à la manière de Montaigne; l'exigence scientifique n'est pas absente de ses essais. Il mène des recherches concrètes dans une optique philosophique." (Ders.: *Le désenchantement de l'art. La philosophie de Walter Benjamin*, Paris 1992, S. 16)

Ein weiterer Grund für diese Forschungslücke könnte eben darin bestehen, dass an Benjamins ‚unerreichten' – was auch heißt: keiner anderen essayistischen Darstellungsweise ähnelnden – Essayismus herkömmliche Gattungskriterien des Essays und ein gängiger Begriff von literarischer Gattung nicht oder nur unter Vorbehalt angelegt werden können. „Für Benjamins Essayismus gibt es", wie Dieter Bachmann knapp konstatiert, „in der hergebrachten Gattung keinen Vergleich."[11] Die Kriterien der Deutung und Kritik seiner die eigene Form reflektierenden und transgredierenden Schreibweise sind folglich auf anderem Wege zu gewinnen. Adornos eher apodiktisches, wenn auch indirekt problematisiertes Werturteil einer ‚Meisterschaft' von Benjamins Essayismus ließe sich in die theoretisch weiterführende Lesart seines beispielhaften Ausnahmecharakters, seiner außergewöhnlichen Position innerhalb einer Tradition und Geschichte des Essays, übersetzen, die bündig auf die Formel einer *inclusione esclusiva*[12] gebracht werden kann. Giorgio Agamben hat mit ihr den paradoxen epistemologischen Charakter paradigmatischer Phänomene umschrieben: Das als Paradigma aufgefasste Phänomen steht außerhalb – ‚unerreicht' – gerade durch den Ausweis seiner Singularität und Vorbildhaftigkeit, anders gesagt: indem es sein Verhältnis zu seiner eigenen Verstehbarkeit an sich selbst als exemplarischem individuellen Fall exponiert, es seinen eigenen Maßstab (z. B. die Gattung, der es angehört) als unableitbar neben sich aufzeigt (*pará-deigma*).

Diese Beziehung zu seiner eigenen Intelligibilität – oder mit einem literaturtheoretischen Begriff: seine Autoreflexivität – stiftet Benjamins essayistisches Schreiben unter anderem durch Reflexionen über verschiedene Gattungsbegriffe, auch über den Begriff des Essays selbst. Solche nicht-systematischen Gattungsreflexionen finden sich, was von der Forschung bisher weitgehend unbemerkt blieb, häufig in methodologischen und theoretisch besonders vielschichtigen Überlegungen, oft zu Beginn seiner Texte. Die anzitierten Gattungsnamen führen in Benjamins Texten aber nicht etwa zu einer der Lesererwartung entgegenkommenden Präselektion und Limitierung ihrer Deutungs- und Rezeptionsmöglichkeiten,[13] sondern gerade zu einer Verdichtung und Intensivierung ihrer semanti-

---

11 Dieter Bachmann: *Essay und Essayismus*, Stuttgart / Berlin / Köln / Mainz 1969, S. 101.
12 Vgl. u. a. Giorgio Agamben: *Homo sacer. Die souveräne Macht und das nackte Leben*, aus dem Ital. von Hubert Thüring, Frankfurt a. M. 2002, S. 31 f.
13 Vgl. etwa Gunhild Berg: „Literarische Gattungen als Wissenstexturen. Zur Einleitung und zur Konzeption des Bandes", in: *Wissenstexturen. Literarische Gattungen als Organisationsformen von Wissen*, hg. von Gunhild Berg, Frankfurt a. M. / Berlin / Bern [u. a.] 2014, S. 1–19, v. a. S. 7 f. Berg versteht Gattungen als einen „signifikante[n] Artikulationstyp, der auf implizitem Regelwissen basiert, innerliterarisches Wissen konstruiert und außerliterarisches Wissen spezifisch literarisch inszeniert" (ebd., S. 6), womit aber ein spezifisch ästhetisches Wissen zu kurz kommt, das sich erst

schen und ästhetischen Komplexität, die in keine Gattungsklassifikation einmündet.

Benjamins Gattungsreflexionen sind in dieser Hinsicht, wie zu zeigen sein wird, auch als epistemologische Gegenstände hoch relevant. Sie entwerfen bewegliche „Gruppenbildungen"[14] von Schreibweisen, die verschiedenste Wissensfelder und reale oder auch fingierte, meist uneindeutige Formtraditionen evozieren, parodieren, performieren oder gar entstellen, und in die sich seine Texte selbst einschreiben oder einzuschreiben vorgeben. Der „esoterische[] Essay"[15], der „ästhetische[] Kommentar"[16] oder der „scholastische[] Terminus des Traktats"[17] sind nur drei Beispiele für solche die Leserin zu Rekonstruktionsversuchen einladenden dissoziierten Gattungsgeschichten. Benjamins Reflexionen über das eigene Schreiben, seine Grenzen und Möglichkeiten, diese heuristische Ausgangsthese sei hier bereits formuliert, vollziehen sich vor allem im ästhetischen Medium von Gattungsreflexionen, die nicht als Klassifikationsbemühungen, sondern als sich selbst hinterfragende Figuren seines Schreibens und Denkens auszulegen sind. Diese unausgesetzten Versuche, das eigene Schreiben auf einen (Gattungs-)Begriff zu bringen, sind aber nur *ein* Merkmal von Benjamins Essayismus.

Gattungsdiskussionen und literarische Formexperimente stellen bekanntlich zahlreiche Essayisten und Meister kleiner Prosaformen der literarischen Moderne an.[18] Georg Simmel, Ernst Bloch, Siegfried Kracauer, Rudolf Kassner, Leo Popper,

---

im Text und in der jeweiligen Konstellierung von Gattungsbegriffen oder „Gattungssignalen" (ebd., S. 7) formiert. Denn diese können – wie bei Benjamin – zu der tatsächlichen Formgebung des Textes in einem fruchtbaren Spannungsverhältnis stehen, statt eine eindeutige Gattungszugehörigkeit auszuweisen; dies gilt besonders dann, wenn sich beispielsweise Benjamin mit dem zu Beginn des Trauerspiel-Buchs fallenden Begriff des ‚esoterischen Essays' in eine gänzlich unspezifische Gattungstradition einschreibt.

14 GS II/2, S. 573.
15 GS I/1, S. 207.
16 GS II/1, S. 105.
17 GS I/1, S. 208.
18 Siehe dazu aus bewusstseins- und mediengeschichtlicher Perspektive Thomas Althaus, Wolfgang Bunzel und Dirk Göttsche: „Ränder, Schwellen, Zwischenräume. Zum Standort Kleiner Prosa im Literatursystem der Moderne", in: *Kleine Prosa. Theorie und Geschichte eines Textfeldes im Literatursystem der Moderne*, hg. von Thomas Althaus, Wolfgang Bunzel und Dirk Göttsche, Tübingen 2007, S. IX–XXVII; Dirk Oschmann resümiert die u. a. aus einem historischen Krisenbewusstsein resultierende erhöhte Sensibilität für die Form der eigenen Textproduktion und deren kritisches Potenzial in „Kleine Prosa – Kleine Phänomenologie. Benjamins Erkundungen der Lebenswelt", in: *Kleine Prosa. Theorie und Geschichte eines Textfeldes im Literatursystem der Moderne*, hg. von Thomas Althaus, Wolfgang Bunzel und Dirk Göttsche, Tübingen 2007, S. 235–251; siehe auch ders.: „Erzählendes Denken – Denkendes Erzählen. Ernst Blochs *Spuren*", in: *Textgelehrte. Literaturwissenschaft und literarisches Wissen im Umkreis der Kritischen Theorie*, hg.

Franz Hessel, Hermann Broch oder Robert Musil, um nur einige Namen zu nennen, bilden in einem – wie Benjamin in seinem Essay *Der Autor als Produzent* (1934) schreibt – „gewaltigen Umschmelzungsprozeß literarischer Formen"[19] und des Literatursystems neue plurale Formensprachen aus.[20] Unter dem Vorzeichen politischer, ökonomischer, wissenschaftlicher, künstlerischer und medientechnologischer Veränderungen stehen sie, bereits vor dem Aufkommen der sogenannten Postmodernität, den „grands récits"[21] ebenso wie philosophischen und gesellschaftlichen Systementwürfen skeptisch gegenüber. Angesichts tiefgreifender Sinndeutungs- und Repräsentationsprobleme und einer Ausdifferenzierung und Spezialisierung des Wissens in der Moderne mäandert das Schreiben der bereits von alten Normen gelösten und noch nach neuen Werten suchenden ‚freischwebenden Intellektuellen'[22] in verschiedenen Grenzgebieten, die medienspezifisch (Buch vs. Zeitung), soziokulturell (Privatheit vs. Öffentlichkeit), disziplinär (Literatur vs. Philosophie und Wissenschaft) oder die Sprachform betreffend (Poesie vs. Prosa, Bild vs. Text) fokussiert werden können. Auf den Verlust einer Überschaubarkeit der Weltverhältnisse reagieren sie mit programmatischer Kleinheit, poetologischen Selbstthematisierungen, dialektisch-ergebnisoffenen Darstellungsstrategien, der subjektzentrierten Neuorganisation moderner Wahrnehmungs- und Wissensfragmente, der Bevorzugung des Ephemeren und Randständigen statt einer Darstellungstotalität und, unter dem Einfluss nicht

---

von Nicolas Berg und Dieter Burdorf, Göttingen 2014, S. 65–79. Zum Verhältnis von Essay und klassischer Moderne vgl. auch Christoph Brecht: „Essayismus", in: Moritz Baßler, Christoph Brecht, Dirk Niefanger und Gotthart Wunberg: *Historismus und literarische Moderne*, Tübingen 1996, S. 281–292.
19 GS II/2, S. 687.
20 Der Fokus liegt hier v. a. auf progressiven literarisch-essayistischen Formen und ästhetischen Theoriebildungen. Die zeitgleich florierende kulturkonservative Essayistik, zu der etwa Thomas Manns *Betrachtungen eines Unpolitischen* (1918) – die in der Einleitung ebenfalls zahlreiche Formreflexionen anstellen und sich spielerisch verschiedene Gattungsbegriffe zuschreiben – oder Autoren wie Hugo von Hofmannsthal und Rudolf Borchardt, aber auch Ernst Jünger und Gottfried Benn zu rechnen sind, kann hier nicht in Betracht kommen (vgl. dazu Hannelore Schlaffer: „Der kulturkonservative Essay im 20. Jahrhundert", in: Hannelore Schlaffer und Heinz Schlaffer: *Studien zum ästhetischen Historismus*, Frankfurt a. M. 1975, S. 140–173; und Sarah Scheibenberger: Art. „Essay", in: *Handbuch Weimarer Republik. Literatur und Kultur*, hg. von Maren Lickhardt und Robert Krause, Stuttgart 2023 [in Veröffentlichung]); zum antimodernen Essay im Gegensatz zum Essay als Form jüdischer Identität und zum Thema Essay und Totalitarismus vgl. auch Nicolas Berg: Art. „Essay", in: *Enzyklopädie jüdischer Geschichte und Kultur*, hg. von Dan Diner, Bd. 2, Stuttgart / Weimar 2012, S. 265–271.
21 Jean-François Lyotard: *La condition postmoderne. Rapport sur le savoir*, Paris 1979, S. 63.
22 Vgl. Karl Mannheim: *Ideologie und Utopie* (1929), 7. Aufl., Frankfurt a. M. 1985, über eine „*freischwebende Intelligenz*" (ebd., S. 135) als „*Eigenart moderner Geistigkeit*" (ebd., S. 136).

zuletzt einer von Nietzsche inaugurierten Sprach- und Kulturkritik, einer epistemologischen Aufwertung des Ästhetischen. Der Essay – als ‚Versuch' – pointiert innerhalb dieser Formenpluralität der literarischen Moderne die Suche nach einer den neuen Lebensformen entsprechenden und die Erfahrung ihrer Disparität zugleich überwindenden Schreibweise, und entwickelt sich gerade in dieser Offenheit und Ambivalenz zur „literarischen Universalgattung des Zeitalters"[23]. Kontur gewinnt sie, wie z. B. in der philosophischen und kulturkritischen Essayistik, im essayistischen Roman oder im Feuilletonessay, jeweils erst in der Hybridisierung von Gattungen, Disziplinen und Diskursen – als „Mischprodukt"[24].

Benjamin aber, und dieses theoretische Potenzial unterscheidet seinen Essayismus wesentlich vom eher spielerisch-impressionistischen Charakter einer literarischen Essayistik, hat nicht nur über bestimmte Gattungsbegriffe meditiert und so ein ästhetisch verbürgtes Gattungssystem und literarische Genrekonventionen radikal hinterfragt, sondern auch dem Begriff der literarischen Gattung weitreichende philosophische Reflexionen gewidmet, die erstaunlicherweise noch kaum erforscht sind.[25] In der *Erkenntniskritischen Vorrede* seiner Monografie über den *Ursprung des deutschen Trauerspiels* (1928) stellt Benjamin, um knapp das Problemfeld an einem Textbeispiel zu umreißen, im Rahmen einer Diskussion des epistemischen Status von literarischen Gattungsbegriffen Überlegungen an, die mittelbar auch die in verschiedenen Kontexten verhandelte Frage nach dem Ort des eigenen Schreibens reflektieren. Es sei, wie es anlässlich gattungsphilosophischer Reflexionen heißt, nicht von der Hand zu weisen,

> daß gerade die bedeutenden Werke, sofern in ihnen nicht erstmalig und gleichsam als Ideal die Gattung erscheint, außerhalb von Grenzen der Gattung stehen. Ein bedeutendes Werk – entweder gründet es die Gattung oder hebt sie auf und in den vollkommen vereinigt sich beides.[26]

---

23 Gustav René Hocke: „Die französische Essayistik", in: *Der französische Geist. Die Meister des Essays von Montaigne bis Giraudoux*, hg. von Gustav René Hocke, Deutsch von Peter M. Schon, Zürich 1988, S. 5–27, hier: S. 25.
24 Adorno: „Der Essay als Form", in: ders.: *Noten zur Literatur*, S. 9.
25 Eine Ausnahme stellt die Studie *I generi letterari e la loro origine* (1980) des italienischen Philosophen Enzo Melandri dar. In seinem Vorwort zur Neuauflage des Buches identifiziert Agamben die Frage nach den Gattungen und nach ihrem „*Warum*" nicht als eine literaturgeschichtliche Frage – danach, „wie viele und was die literarischen Gattungen seien und in welchen Beziehungen sie zueinander stünden" –, sondern als „ein genuin philosophisches Problem" (ders.: „Al di là dei generi letterari", in: Enzo Melandri: *I generi letterari e la loro origine*, Macerata 2014, S. 7–14, hier: S. 10; meine Übers.). Dieser Frage nach dem Ursprung der Gattungen geht Benjamin nicht nur am Beispiel des barocken Trauerspiels, sondern auch in den Reflexionen über passende Gattungsbegriffe für das *eigene* Schreiben nach.
26 GS I/1, S. 225.

Dieses philosophische Gattungskonzept scheint Literaturwissenschaftler in eine missliche Lage zu bringen: Das bedeutende Werk, das die „Idee"[27] seiner Gattung *sehen lässt*, entzieht sich nach Benjamin dem Zugriff von Gattungskriterien, die aus dieser exemplifizierten Gattungsidee deduziert wurden. Es wird zu einem Gattungsideal, an dem sich weniger bedeutende Werke messen lassen müssen, das aber selbst, um Adornos Wort wieder aufzugreifen, der Gattungskritik ‚unerreichbar' ist, vielmehr einen *unabschließbaren Prozess der Kritik* in Gang setzt. Und trotzdem beharrt Benjamin auf einem sich in der Durchdringung ihres „Sachgehalts" erschließenden „Wahrheitsgehalt" von literarischen Gattungsbegriffen.[28] Diese aber seien *anders* aufzufassen.

Wenn Jean-Michel Palmier in seinem Monumentalwerk über Benjamin bemerkt, um dessen Reflexionen über Schreiben, Sprache und Literatur sowie seinen Begriff von Literaturkritik angemessen zu verstehen, sei es zunächst „notwendig, die Frage zu stellen, welcher Gattung eigentlich seine Hauptschriften angehören"[29], ist daher indirekt die erkenntnisleitende Grundannahme dieser Arbeit benannt: Dass sich in Benjamins tentativem Schreiben entlang der Klüfte, Ränder und Grenzen einzelner Gattungen, das er auf verschiedene Begriffe bringt, eine Auslotung, Darstellung und Ausdehnung der Grenzen der Sprache und der Möglichkeiten unseres sich in ihr realisierenden Weltverhältnisses abspielt.[30] Diesen sich in verschiedenen Formen ausprägenden Erkundungen der Sprachgrenzen liegen nicht nur epistemologische, sprach- und geschichtsphilosophische Reflexionen zugrunde, sondern diese kommen in Benjamins Experimenten mit Gattungen – worin ihr ‚Wahrheitsgehalt' bestünde – zuallererst zur Geltung. „Es bedarf", mit Dieter Henrich gesprochen, „nicht vieler Worte, um sich klarzumachen, dass bereits die Wahl einer literarischen Gattung für den Gehalt der Philosophie Bedeutung hat, der in ihr entwickelt wird."[31] Benjamins autoreflexives Schreiben, seine sich im Medium von Gattungsreflexion und -hybridisierung herausbildende Schreibästhetik, konfrontiert also auch seine Leserin immer wieder aufs Neue mit jener nicht letztgültig zu beantwortenden, aber sich *trotz-*

---

27 Ebd., S. 218: Es „ist das Extrem einer Form oder Gattung die Idee, die als solche in die Literaturgeschichte nicht eingeht".
28 Ebd., S. 208; vgl. ebd., S. 358.
29 Palmier: *Walter Benjamin*, S. 788.
30 Vgl. Oschmann: „Kleine Prosa – Kleine Phänomenologie", S. 236 f., zu Benjamins „Transformation des überlieferten Gattungsspektrums", bei der es sich um „eine Arbeit an der Sprache als auch eine Arbeit an der Formensprache" handle, „die Benjamin unablässig mit gattungs- und medientheoretischen Reflexionen zur inneren und äußeren Form begleitet" – vor denen auch Benjamins eigene Texte zu situieren sind.
31 Dieter Henrich: *Werke im Werden. Über die Genesis philosophischer Einsichten*, München 2011, S. 191.

dem stellenden Frage nach der Gattungszugehörigkeit seiner Schriften, die hier nicht in normative Urteile und Theorie-Entwürfe münden soll. Der Begriff des Essays als hybrider Reflexionsform *par excellence* bietet sich stattdessen als heuristisches Modell einer Denk- und Schreibweise der Verdichtung und Medialisierung an, das eine Reflexion über die eigenartige, sich der begrifflichen Bestimmung *nie* restlos fügende epistemische Verfasstheit von Literatur überhaupt und der Literarizität von Philosophie in Gang setzt, die in Benjamins Schreiben stets neu verhandelt wird. Der in der vorliegenden Arbeit unternommene Rekonstruktionsversuch von Benjamins komplexem Verständnis von Gattung sowie dessen Provenienz geschieht also weder zu dem Zweck, ihr einen aus Benjamins Gattungsreflexionen abgeleiteten Begriff von Gattung zugrunde zu legen (und damit einen tautologischen Zirkel zu schließen), noch dazu, Benjamin eine konventionelle Gattungspoetik oder normative Gattungsästhetik zuzuschreiben.[32]

In der Verflechtung von Benjamins Philosophie der Gattung mit seinen Gattungsexperimenten wird vielmehr die Problematizität einer nie restlos erreichbaren „Komplementarität von Modellbezug und individuellem Gattungsträger"[33]

---

[32] Benjamins Gattungsverständnis wurde von der Forschung bislang kaum beachtet. Ausnahmen sind Heinz Schlaffer: „Walter Benjamins Idee der Gattung", in: *Textsorten und literarische Gattungen*, hg. vom Vorstand der Vereinigung der deutschen Hochschulgermanisten, Berlin 1983, S. 281–290, hier: S. 281, der Benjamins „unbekannte Gattungstheorie" allerdings rein gattungspoetisch liest und dabei um ihre erkenntnistheoretische Dimension verkürzt; und Werner Michler: *Kulturen der Gattung. Poetik im Kontext, 1750–1950*, Göttingen 2015, S. 527–541, hier: S. 529, der bemängelt, dass die Benjamin-Forschung die Gattungstheorie zum barocken Trauerspiel vergesse, stecke diese doch hier das erkenntnistheoretisch relevante „Terrain von Allgemeinem und Besonderem" ab.

[33] Klaus Weissenberger: „Der Essay", in: *Prosakunst ohne Erzählen. Die Gattungen der nichtfiktionalen Kunstprosa*, hg. von Klaus Weissenberger, Tübingen 1985, S. 105–124, hier: S. 105: Es sei „gerade im Falle des Essays die aus dieser gattungstheoretischen Grundsatzerkenntnis resultierende Erörterung der Komplementarität von Modellbezug und individuellem Gattungsträger [...] vor nahezu unüberwindbare Schwierigkeiten gestellt", da es im Essay „überhaupt keine normativen Kriterien" gebe und er seine Impulse „aus einer oppositionellen Haltung gegen kulturellgeistige Normierungstendenzen" gewinne, weshalb gerade die Moderne in der skeptischen Haltung des Essays Innovationspotenzial habe erkennen müssen. Die „Frage nach der Möglichkeit von Allgemeinerkenntnis im ästhetischen Bereich" (Klaus W. Hempfer: *Gattungstheorie. Information und Synthese*, München 1973, S. 43), die sich implizit jeder Literaturwissenschaft stellt und die besonders auf dem Terrain der Gattungen ausgetragen wird, wird von der begrifflichen ‚Unschärferelation' des Essays, die u. a. aus seiner radikalen Betonung individueller Strukturen emergiert, also gerade unterlaufen. Darin zeigt sich exemplarisch eine – literaturwissenschaftliche Theoriebildungen bisweilen beunruhigende – Inkongruenz zwischen moderner Literatur und klassischer Gattungspoetik (vgl. dazu grundsätzlich Gottfried Willems: *Das Konzept der literarischen Gattung. Untersuchungen zur klassischen deutschen Gattungstheorie, insbesondere zur Ästhetik F. Th. Vischers*, Tübingen 1981, S. 321 ff.).

reflexiv ausgeleuchtet und durch die Performanz des Schreibens aufgezeigt. Diese zwingt nicht nur die Benjamin-Exegetin zur Hinterfragung der eigenen hermeneutischen Prämissen.[34] Sie trägt auf dem Schauplatz der Gattungsfrage exemplarisch eine Grunderfahrung (nicht nur) der Moderne aus: die Erfahrung eines in der Repräsentationsproblematik zum Ausdruck kommenden ontologischen Risses, eines Dualismus zwischen Allgemeinem und Einzelnem, Denken und Sein, Leben und Form, Sprache und Welt. Im (Benjamin'schen) Essay als dem gattungshybridisierenden Medium eines Sichtbarwerdens des Mediums selbst, der Sprache und Schrift, formiert sich indes – so die These – eine alternative Erkenntnis- und Schreibstrategie, die diesen „Abgrund" zwischen „Anschauung und Begriff" als *unerschöpflichen Erfahrungsgehalt* zu erschließen sucht:[35] In text(gattungs)orientierten Medialisierungsprozessen lässt sie eine Reihe operativer Figurationsprozesse einer zwischen Oppositionen angesiedelten mehrdeutigen ‚Mitte' auftauchen, etwa zwischen einer aufs sinnliche Einzelne gehenden Dichtung und einer aufs abstrakte Allgemeine abzielenden Philosophie. Der Essay verkörpert und hält die unverfügbare Erfahrung einer solchen Mitte bereit, die nicht bloß den Zwischenraum zwischen antithetischen Positionen darstellt, sondern sich in der unablässigen Arbeit am Relationsgefüge der Sprache zur Durchdringung, Verkehrung und Transformation von Oppositionsverhältnissen – vom Ideal eines der Dichtung innewohnenden Erkenntnispotenzials hin zu einer Glück und Spiel zugewandten Philosophie – und damit zur Eröffnung neuer Denkmöglichkeiten ausdehnt, im ursprünglichen Sinne von *experiri*: ‚durchdringen' und daher ‚erfahren'. Hannah Arendt hat mit der paradoxen Formel, dass Benjamin „*dichterisch dachte*"[36], aber weder ein Dichter noch ein Philosoph gewesen sei, die mediale Spezifik dieses sich schreibend vollziehenden Denkens berührt.

In der Verkettung und Ausdehnung der verschiedenen Modelle eines (Auf-)Schreibens der Mitte wird bei Benjamin diese Spaltung zwar nicht aufge-

---

34 Benjamins Problematisierung der Gattungen rührt an deren Ursprung in einer spannungsreichen Matrix und einst tiefen Durchdringung verschiedener Wissensbereiche von Ästhetik, Literaturgeschichte und Philologie, die von Literatur- und Kunstwissenschaften, mit Gattungsbegriffen bisweilen noch immer als mit gegebenen ‚Naturformen' operierend, nicht selten übersehen wird; vgl. einschlägig Hempfer: *Gattungstheorie*, S. 67, zu einer „generellen Abhängigkeit der germanistischen Literaturtheorie von der Ästhetik der Goethezeit" und Goethes Lehre von den drei „Naturformen der Dichtung".
35 Theodor W. Adorno und Max Horkheimer: *Dialektik der Aufklärung. Philosophische Fragmente*, in: Theodor W. Adorno: *Gesammelte Schriften*, hg. von Rolf Tiedemann, Bd. 3, Frankfurt a. M. 1981, S. 34f. Die Philosophie müsse sich an ihrer Bewältigung der Aufgabe messen lassen, diesen Abgrund zu schließen – „ja durch diesen Versuch wird sie definiert" (ebd., S. 35).
36 Hannah Arendt: *Walter Benjamin – Bertolt Brecht. Zwei Essays*, München 1971, S. 22.

hoben, aber ästhetisch erfahrbar; ja, in immer deutlicheren Konturen wird, als eine Art Negativbild, seine Idee einer grundlegenden *medialen Kontinuität* von Sprache und Welt sichtbar, die mit dem spekulativen Begriff einer von ihrem Medium „befreite[n] Prosa"[37] zuletzt auf deren ontologische Koinzidenz anspielt. Die „Übung" einer Prosa, die spezifische Gattungsmerkmale abgelegt hat, bestimmt Benjamin daher als „die Aufgabe des Philosophen", kraft welcher er selbst, wie es in der *Erkenntniskritischen Vorrede* heißt, „die erhobne Mitte zwischen dem Forscher und dem Künstler" gewinne.[38] Der (Benjamin'sche) Essay als variables textuelles Erkenntnismodell und paradoxe nicht-präformierte Form, die sich stets erst in der Durchquerung und Verwirrung von Oppositionsverhältnissen und (z. B. gattungstheoretischen) Differenzierungen als selbstreflexives relationales Gefüge konkretisiert, wirft aber die Frage nach der adäquaten Methode seiner Untersuchung und Darstellung auf.

Die Methode einer Analyse von Formen des Essayistischen bei Benjamin sucht mittels eines koordinativen Verfahrens der genuinen Ambiguität des Essays, seiner Zwischenstellung, d. h. seiner Medialität, gerecht zu werden, weshalb es sich hier weder um ein – wie dekonstruktivistische Ansätze propagieren – selbst wiederum essayistisches Verfahren, noch um ein normatives oder ausschließlich literatur- bzw. gattungsgeschichtlich perspektiviertes handeln kann. Die später ausführlich begründete Methodologie dieser Arbeit lässt sich vielmehr als ästhetisch-kritische Reflexion im literaturwissenschaftlichen Kontext beschreiben, wobei das ‚Ästhetische' als ein erweiterter, keiner einzelnen Fachdisziplin (der Philosophie) zugehörender Reflexionsraum aufgefasst wird, in dem sich die Frage nach den Möglichkeitsbedingungen des Verstehens des Essays – als eines beunruhigenden Grenzfalls des Verstehens literarischer Texte überhaupt – mit der Frage nach der gattungsästhetischen Verfasstheit von Benjamins Essay bündeln lässt. Diese mehrschichtige Methodologie erlaubt es, Benjamins essayistisches Schreiben, statt es etwa auf einen starren Essay-Begriff zu bringen und einem normativen Gattungsurteil zu unterziehen, als sich in verschiedenen Schreibformen ausprägende Schreibästhetik zu verstehen, als Ineinander von Produktion und Rezeption. Dadurch wird auch die ästhetische Dimension der oft auf formale Merkmalsbündel verkürzten Gattungstheorie(n) mitreflektiert. Zuvorderst aber geht es im ersten allgemein-theoretischen Teil der Arbeit um die Erarbeitung eigener schreibästhetischer Untersuchungskategorien, die mit Ansätzen von u. a. Theodor W. Adorno und Giorgio Agamben konfrontiert werden. Entlang der Leitbegriffe ‚Paradigmatizität', ‚Autoreflexivität', ‚Fiktionalität', ‚Literarizität' und

---

[37] GS I/3, S. 1235.
[38] GS I/1, S. 212.

‚Intertextualität' werden dabei die Koordinaten von Benjamins Schreibästhetik entwickelt und an einer prominenten Textmetapher essayistischen Schreibens – jener der ‚teppichhaften Verflechtung' – diskutiert.

Besonders der Begriff der Autoreflexivität und das ästhetische Konzept des Paradigmas als einer zwischen Einzelnem und Allgemeinem, Inhalt und Form vermittelnden textuellen Erkenntnisfigur erlauben den Essay als eine liminale Textform *zwischen* Literatur und Philosophie, Kunst und Theorie zu beschreiben, für die sich kein (formales) Gattungskriterium angeben lässt, das nicht erst als konkreter Effekt des Gelingens einer komplexen ästhetisch-begrifflichen Konfiguration Sinn ergäbe und daher ein besonderes Gattungswissen erfordert, das mit einer ästhetisch-kritischen Reflexion in eins fällt. Damit schließt meine Arbeit an rezente Forschungsinteressen an nicht-proportionalen Erkenntnisformen in Philosophie und Literatur an, besonders an eine (medien-)ästhetisch ausgerichtete,[39] transdisziplinäre Literaturwissenschaft, die eine spezifisch ästhetische Rationalität – als irreduzibles ‚Drittes' oder ‚Dazwischen' – sowie deren epistemologische und ethisch-politische Dimensionen zu beschreiben sucht.[40] Der Gattungsbegriff ‚Essay' bietet sich in literaturwissenschaftlicher Hinsicht hier an, weil er, wie Adorno gegen Siegfried Kracauers Vorbehalt dem Essay gegenüber argumentiert, *mehr* als „eine formale Größe"[41] ist: Er bestimmt sich durch Negation zu anderen

---

[39] ‚Medien' und ‚Medienästhetik' werden hier, dies sei wiederholt (vgl. Anm. 6 im Vorwort), in einem (medien-)umfassenderen Sinne als z. B. bei Ralf Schnell verstanden, der mit ‚Medien' nur „audiovisuelle Wahrnehmungsformen" meint, siehe ders.: *Medienästhetik. Zu Geschichte und Theorie audiovisueller Wahrnehmungsformen*, Stuttgart / Weimar 2000; auch bei Gerhard Wagner: *Walter Benjamin. Die Medien der Moderne*, Berlin 1992, bezeichnet ‚Medienreflexion' insbesondere ‚Filmreflexion'.
[40] Vgl. die Einleitung in Eva Horn, Bettine Menke und Christoph Menke (Hg.): *Literatur als Philosophie – Philosophie als Literatur*, München 2006, S. 7–14, zu diesem „Zwischenraum" (ebd., S. 8), in dem das Nähe-Distanz-Verhältnis zwischen Literatur und Philosophie als verschiedenen (ästhetischen, sinnlichen, gestischen, reflexiven, kognitiven etc.) Modi des Weltbezugs und damit zuletzt „die Frage nach der *Ethik der Texte*" (ebd., S. 13) verhandelt werde. Diesen Zwischenraum als interne Relation zwischen Philosophie und Literatur erkunden die interdisziplinären Sammelbände von Ludwig Nagl und Hugh J. Silverman (Hg.): *Textualität der Philosophie: Philosophie und Literatur*, Wien / München 2004; Gottfried Gabriel und Christiane Schildknecht (Hg.): *Literarische Formen der Philosophie*, Stuttgart 1990; Christiane Schildknecht und Dieter Teichert (Hg.): *Philosophie in Literatur*, Frankfurt a. M. 1996; Paolo D'Angelo (Hg.): *Forme letterarie della filosofia*, Rom 2012. Zur Figur des ‚Dritten' als einem spezifisch modernen epistemologischen Paradigma vgl. Albrecht Koschorke: „Ein neues Paradigma der Kulturwissenschaften", in: *Die Figur des Dritten. Ein kulturwissenschaftliches Paradigma*, hg. von Eva Eßlinger, Tobias Schlechtriemen, Doris Schweitzer und Alexander Zons, Berlin 2010, S. 9–31.
[41] Kracauer an Adorno am 7. Juni 1931, in: *Theodor W. Adorno & Siegfried Kracauer. Briefwechsel 1923–1966*, hg. von Wolfgang Schopf, in: Theodor W. Adorno: *Briefe und Briefwechsel*, hg. vom

Schreibkonzepten und Formen, die er imitiert, camoufliert oder persifliert und als Gelegenheit zur Selbsterkundung und -erfahrung von Sprache und Schrift als Medium von Vermitteltheit/Verhinderung und Vermittlung/Ermöglichung nutzt. Gerade für das Verständnis von Benjamins vielfältigen Schreibweisen und seiner Schreibästhetik, deren innere Komplexität ein teppichhaft vernetztes System intra- und intertextueller Verweise und textueller Gesten der Selbsthinterfragung darstellt, eignet sich daher der Begriff des Essays als hybrider selbstreflexiver Form.

Die für die werkimmanenten Einzelanalysen im zweiten Teil dieser Arbeit entscheidenden Texte reichen von dem frühen esoterischen Essay *Zwei Gedichte von Friedrich Hölderlin* (1914–15) und dem Essay *Goethes Wahlverwandtschaften* (1924–25) über die *Erkenntniskritische Vorrede* des Trauerspiel-Buchs (1928) und den Essay *Karl Kraus* (1931) bis zu Benjamins letztem unveröffentlicht gebliebenen Text bzw. Textkonvolut, den Thesen *Über den Begriff der Geschichte* (1940). Dieses Textkorpus bildet einen werkchronologischen Querschnitt von rund 25 Jahren, in denen Benjamins Schreiben verschiedene Formen annimmt, „mit jeder Wendung" und mit jedem seiner Gegenstände, wie es programmatisch zu Beginn der *Erkenntniskritischen Vorrede* heißt, „von neuem vor der Frage der Darstellung" steht.[42] Trotz des Facettenreichtums von Benjamins, mit Scholem, „Essayistik [...] in allen möglichen Formen"[43] und der Wandlungen in seiner Formensprache lassen sich Kontinuitäten aufweisen: Die Literaturkritik dient Benjamin in den analysierten Texten als erkenntnistheoretisches Modell, der literarische Text ist beispielhafte „Gelegenheit"[44] eines schreibenden Erkundungsversuchs und experimentellen Erfahrens der Sprache, ihrer Funktionsweisen und Grenzen. Er ist dem Essay, anders gesagt, Anlass einer Selbstreflexion im Medium des Schreibens über das Schreiben.

Die Gliederung der Einzelkapitel und die Textauswahl orientieren sich an der Leitidee von in der Konstruktion spannungsreicher Oppositionsverhältnisse ent-

---

Theodor W. Adorno Archiv, Bd. 7, Frankfurt a. M. 2008, S. 281. Zur sich an Adornos Plädoyer für den ‚ästhetischen Essay' entzündenden Debatte über Darstellungsfragen zwischen ihm und Kracauer siehe Kap. II.2.1.
42 GS I/1, S. 207.
43 Gershom Scholem: „Erinnerungen", in: *Über Walter Benjamin. Mit Beiträgen von Theodor W. Adorno, Ernst Bloch, Max Rychner, Gershom Scholem, Jean Selz, Hans Heinz Holz und Ernst Fischer*, Frankfurt a. M. 1968, S. 30–36, hier: S. 34.
44 Lukács: „Über Form und Wesen des Essays", in: ders.: *Die Seele und die Formen*, S. 40: „Zu unserem Glücke sei es gesagt: der moderne Essay spricht ja auch nicht von Büchern und Dichtern – aber diese Rettung macht ihn noch problematischer. Zu hoch steht er und zu vieles übersieht und verknüpft er, um die Darstellung oder Erklärung eines Werkes sein zu können; jeder Essay schreibt mit unsichtbaren Buchstaben neben seinen Titel die Worte: bei Gelegenheit von ..."

bundenen Modulierungen eines *Dazwischens*, jener sich in den Falten, Rändern und Übergängen zwischen Oppositionen aufhaltenden Mitte bzw. *Media*lität, deren Erfahrung der Essay zur Sprache zu bringen versucht. Seine Formexperimente und -reflexionen sind Szenen ihrer Selbsthinterfragung: Im Hölderlin-Essay wird mit der Schreibmetapher des Teppichs eine im „ästhetische[n] Kommentar"[45] zu stiftende relationale Struktur zwischen Form und Inhalt veranschaulicht, aber auch zwischen Text und Kommentar, Gedicht und Leben, deren *trait d'union* „das Gedichtete"[46] als „die Mitte aller Beziehungen"[47] darstellt. Doch verbleibt diese mit der Verwirrung und Durchquerung starrer Unterscheidungen experimentierende Herausforderung und Freilegung eines im literarischen Text verborgenen *Möglichen* noch weitgehend innerhalb der Grenzen einer Darstellungsästhetik mit klassischen Kategorien. Im Goethe-Essay erweitert sich das „Kommentieren" um den Gestus der „Kritik" einer Philosophie,[48] der die Ermittlung der Beziehung einander im literarischen Kunstwerk durchdringender Sach- und Wahrheitsgehalte nur mehr Anlass einer Erfahrung (in) der Sprache und Schrift ist, die sich im „esoterischen Essay"[49] der *Erkenntniskritischen Vorrede* in unablässiger Selbsterkundung zu verifizieren sucht. Im Kraus-Essay lotet Benjamin das Spektrum medialer Möglichkeit (Echtheit) wie Bedingtheit („*Unechtheit*") essayistischen Schreibens mittels einer Zitationstechnik weiter aus, die dessen Kritik an und zugleich – als „Feuilletonismus" – Komplizenschaft mit den neuen publizistischen Medien im Wechselspiel von Sagen und Gesten des Zeigens exerziert.[50] Mit der Idee einer aus starren Formvorgaben und zweckhafter Hervorbringung „befreite[n] Prosa"[51] vertiefen die Geschichtsthesen, ein „Strauß flüsternder Gräser"[52], diesen ethischen Aspekt einer möglichen Darbietung und Überschreitung der eigenen Medialität kraft einer Schreib- und Denkpraxis, die sich nicht länger zwischen Oppositionen aufspannt; sondern diese zuletzt umgreift und „messianische Welt" und „Idee der Prosa" koinzidieren lässt.[53]

---

45 GS II/1, S. 105.
46 Ebd.
47 Ebd., S. 124.
48 GS I/1, S. 125.
49 Ebd., S. 207.
50 GS II/1, S. 336.
51 GS I/3, S. 1235.
52 GB VI, S. 435 f.
53 GS I/3, S. 1235 u. S. 1238 f.

Dieses in Benjamins Schreiben zunehmend in Erscheinung tretende Dazwischen ist jener Oppositionsverhältnisse umgreifende unsagbare Grund, die Medialität der Sprache selbst als Medium von Differenz(en), die der Essay in seiner wandlungsfähigen Gestalt als Potenzialität – als, mit Benjamin, „*eine Mitteilbarkeit schlechthin*"[54] – (partiell) zu erkennen gibt. Diese Kontinuität lässt sich als Steigerung und Verdichtung einer Schreibpraxis und -ästhetik beschreiben, die mit einer Auffassung von „Geschichte als [...] Text"[55] zuletzt ihren *Handlungs*bereich radikal auszudehnen sucht. Im Sinne des Bildes, mit dem sich die in der Forschung viel diskutierte Frage nach einer Kontinuität oder einem Bruch zwischen einer frühen esoterisch-theologischen und späten materialistischen Phase beantworten lässt – demnach sich Benjamins späte Texte und die Geschichtsthesen wie Jahresringe oder konzentrische Kreise um die früheren Texte legen, also im Sinne einer Ausdehnung und nicht einer linear fortschreitenden Entwicklung –, könnte auch von einer immanenten Teleologie von Benjamins essayistischen Schreibweisen gesprochen werden.

Aus der Beobachtung, dass Benjamins später Materialismus *sui generis* eine progressive Loslösung von fachwissenschaftlichen Denkkategorien hin zur Entwicklung einer weltbildenden Schreibästhetik vorantreibt, leitet sich eine Einteilung der Kapitel in verschiedene Hauptstränge her. ‚Weltbildend' ist diese Schreibästhetik, dies sei vorweggenommen, nicht (allein) im Sinne einer *ars combinatoria* oder romantischen Sprachtheorie, die mit Benjamins „Idee der Prosa"[56] oft in Zusammenhang gebracht wird, sondern als Dynamik einer Selbstmedialisierung der Erfahrung. Anhand der Hauptstränge Ästhetik (Hölderlin- und Goethe-Essay), Darstellung (*Erkenntniskritische Vorrede*), Technik (Kraus-Essay) und Geschichte (Geschichtsphilosophische Thesen), die eine Art aufsteigende Operativität und Erweiterung des Erfahrungshorizontes von Benjamins Schreiben abbilden, werden die sich in seinen essayistischen Schreibpraktiken entfaltenden Modellierungen des Medialen untersucht. Diese nehmen verschiedene Konfigurationen und wechselnde Formen des Essayistischen an und bringen die Produktivität einer zwischen einzelnen Positionen angesiedelten konstitutiven Negativität zum Ausdruck: Der Benjamin'sche Essayismus findet zu sich in dem, was er *nicht* ist, und lotet in einem, mit Mersch, „ebenso ungesicherten wie offenen Prozess prismatischer Frakturen"[57] seine Medialität aus.

---

[54] In Benjamins frühem Essay *Über Sprache überhaupt und über die Sprache des Menschen* (1916) heißt es: „*Einen Inhalt der Sprache gibt es nicht; als Mitteilung teilt die Sprache ein geistiges Wesen, d.i. eine Mitteilbarkeit schlechthin mit.*" (GS II/1, S. 145 f.)
[55] GS I/3, S. 1238.
[56] Ebd., S. 1235 u. S. 1238 f.
[57] Dieter Mersch: *Medientheorien zur Einführung*, Hamburg 2006, S. 226.

Sein epistemologisches wie ästhetisches und mediales Surplus besteht darin, in keiner der Positionen, an denen er partizipiert, restlos aufzugehen, auf keinen letztgültigen Begriff – auch auf keinen bestimmten Gattungsbegriff ‚Essay' – gebracht werden zu können, sondern selbst in jener nicht-eliminierbaren Mitte beheimatet zu sein, die seine Paradigmatizität ausmacht.

2 Ein kritischer Überblick über den Stand der Forschung

> Ich möchte daher behaupten, daß der Essay die am schwierigsten zu meisternde wie auch zu beurteilende literarische Form darstellt.[1] (Max Bense)

> Benjamin's essays challenge the boundaries and limits of traditional forms of thought and representation.[2] (Marion Doebeling)

Die Prognose, die Hans Magnus Enzensberger dem Essay 1997 stellt – „Ich erlaube mir die Vermutung, daß die Zukunft des Essays, soweit er eine hat, in der Überschreitung des eigenen Genres liegt"[3] –, fasst bündig den gattungstheoretischen Standort dieser in den letzten Jahren verstärkt in den literaturwissenschaftlichen Blick geratenen Form zusammen. Sie trifft aber zugleich die zentrale Aporie, der sich die Forschung zum Essay und zum Essayismus Ende der 1990er-Jahre gegenübersah: Hat man es mit einer auf Montaigne und Bacon zurückgehenden nicht-fiktionalen literarischen Gattung Essay, einer als Essayismus bezeichneten spezifisch modernen Geisteshaltung oder einer essayistischen Schreibstrategie zu tun? Ohne einen Anspruch auf Vollständigkeit zu erheben oder auf eine Taxonomie des Essays abzuzielen, werden im Folgenden die Haupttendenzen, Streitpunkte, Aporien und Desiderata der sehr heterogenen Essay-Forschung sowie die Schnittmengen von Essay- und Benjamin-Forschung kritisch und problemorientiert nachgezeichnet.[4] Der Heterogenität der Forschungsansätze entspricht dabei die Vielgestaltigkeit ihres Gegenstandes.

Bevor sich Literaturwissenschaftler über den Essay geäußert haben, widmeten Essayisten dem Essay im Medium des Essays entwickelte Reflexionen, die insbesondere um ein genreimmanentes Ineinander von Ästhetik, Ethik und

---

[1] Max Bense: „Über den Essay und seine Prosa", in: *Merkur. Deutsche Zeitschrift für europäisches Denken* 1/3 (1947), S. 414–424, hier: S. 422.
[2] Marion Doebeling: Art. „Walter Benjamin", in: *Encyclopedia of the Essay*, hg. von Tracy Chevalier, London / Chicago 1997, S. 78–79, hier: S. 79.
[3] Hans Magnus Enzensberger: „Nomaden im Regal", in: ders.: *Nomaden im Regal. Essays*, Frankfurt a. M. 2003, S. 9–16, hier: S. 14.
[4] Für einen umfangreichen Überblick über die Forschung vgl. Birgit Nübel: *Robert Musil – Essayismus als Selbstreflexion der Moderne*, Berlin / New York 2006, S. 13–28, und Georg Stanitzek: „Abweichung als Norm? Über Klassiker der Essayistik und Klassik im Essay", in: *Klassik im Vergleich. Normativität und Historizität europäischer Klassiken*, hg. von Wilhelm Voßkamp, Stuttgart / Weimar 1993, S. 594–615.

Erkenntnis kreisen. Auf den Benjamin wohlvertrauten Essay „Über Form und Wesen des Essays" des jungen marxistischen Literaturtheoretikers Georg Lukács wird im Folgenden ebenso zurückzukommen sein wie auf die Essays über den Essay von Theodor W. Adorno und dem Semiotiker Max Bense, die sich wiederum an Benjamins Schreibweisen ausrichten. Allen drei gattungsästhetischen Entwürfen ist gemeinsam, dass sie den Essay – weit über seine Einschätzung als selbstständige Gattung hinaus – auch für ihre jeweiligen theoretischen Kontexte funktionalisieren: Lukács bestimmt ihn als geschichtsphilosophische Signatur der Moderne, Bense sieht in ihm das Potenzial, mittels experimentell erzeugter literarischer Konfigurationen die logisch-aisthetischen Prinzipien des Denkens offenzulegen, Adorno fasst ihn als kritische Form des ‚Nichtidentischen' auf. Diese Meta-Essays sind auch heute noch Anknüpfungspunkt für literaturwissenschaftliche Definitionsversuche, die allerdings oft auf bloße Merkmalskataloge aus sind und philosophische Implikationen, aber auch die ästhetisch-semiotische Dimension dieser Essays unterschlagen. Gelegentlich werden sie auch zum Anlass für eine Art schreibende Selbstvergewisserung von Literaturkritikern wie Literaturwissenschaftlern.[5]

Die germanistische Essay-Forschung hat, insbesondere in den vergangenen dreißig Jahren, zahlreiche Einzelstudien und Artikel sowie auf Fachtagungen folgende Sammelbände und Essay-Anthologien hervorgebracht.[6] Wenn in der

---

[5] Wie etwa in Peter Bürgers Essay „Über den Essay. Ein Brief an Malte Fues", in: ders.: *Das Denken des Herrn. Bataille zwischen Hegel und dem Surrealismus. Essays*, Frankfurt a. M. 1992, S. 7–14, einer postmodernen *réécriture* von Lukács' Essay „Über Form und Wesen des Essays". Der Essay, so Bürger, wisse sich selbst als „Inszenierung" einer sich unausweichlich im Medium der Sprache abspielenden „Suchbewegung des Denkens" und Schreibens (ebd., S. 7), das keinen neuen spontanen Ausdruck erfinden, sondern sich immer nur vorhandener Text-Formen bedienen könne, was wieder ins Bewusstsein der Literaturwissenschaft zu heben sei. Auch Benjamins grenzgängerisches Schreiben ist Anlass zum essayistischen Nachvollzug, etwa für Richard Faber: *Der Collage-Essay: Eine wissenschaftliche Darstellungsform. Hommage à Walter Benjamin*, Hildesheim 1979.

[6] Darunter: Wolfgang Braungart und Kai Kauffmann (Hg.): *Essayismus um 1900*, Heidelberg 2006; Marina Marzia Brambilla und Maurizio Pirro (Hg.): *Wege des essayistischen Schreibens im deutschsprachigen Raum (1900–1920)*, Amsterdam / New York 2010; Sławomir Leśniak (Hg.): *Essay und Essayismus. Die deutschsprachige Essayistik von der Jahrhundertwende bis zur Postmoderne*, Danzig 2015; Michael Ansel, Jürgen Egyptien und Hans-Edwin Friedrich (Hg.): *Der Essay als Universalgattung des Zeitalters. Diskurse, Themen und Positionen zwischen Jahrhundertwende und Nachkriegszeit*, Leiden / Boston 2016. Unter den romanistischen Essay-Studien hervorzuheben ist Albert Göschl: *Die Logik des essayistischen Gedankens. Zur Analyse der italienischen Essayistik zwischen Fin de Siècle und Zweitem Weltkrieg vor dem Hintergrund der Gattungsgeschichte*, Heidelberg 2016, unter den anglistischen Dorothea Flothow, Markus Oppolzer und Sabine Coelsch-Foisner (Hg.): *The Essay: Forms and Transformations*, Heidelberg 2017.

Encyclopedia of the Essay von Tracy Chevalier im Artikel zum „German Essay" schon im ersten Satz konstatiert wird: „Scholars are not in agreement on when the art of the essay in German actually began"[7], ist mit dieser Bestandsaufnahme aber nur einer der Streitpunkte der deutschsprachigen germanistischen Forschung zum Essay benannt, die sich immer wieder an denselben Fragen abarbeitet und die internationale Essay-Forschung nur wenig zur Kenntnis nimmt.[8] Man ist sich nicht nur hinsichtlich der Setzung der Schwerpunkte[9] oder der Auswahl und Bestimmung kanonischer Essayisten oder essayistischer Höhenkammzeiten[10] uneinig, sondern die Forschungspositionen differieren schon in ihrer uneinheitlichen Nomenklatur (‚Essay', ‚Essayismus', ‚Essayistik', ‚das Essayistische') wie auch in ganz grundsätzlichen methodischen Fragen und Prämissen, etwa hinsichtlich der in der jüngeren Forschung vermehrt diskutierten Frage nach der (Nicht-)Fiktionalität des Essays.[11] Die Gattungsproblematik ist dabei nur einer der zentralen Streitpunkte. Die älteren Arbeiten der 1960er- bis 1970er-Jahre (Berger, Just, Haas, Rohner, Küntzel)[12] hingegen waren meist dezidiert gattungsge-

---

[7] John A. McCarthy: Art. „German Essay", in: *Encyclopedia of the Essay*, hg. von Tracy Chevalier, London / Chicago 1997, S. 322–336, hier: S. 322.
[8] Erwähnenswert sind in dieser Hinsicht besonders Pierre Glaudes und Jean-François Louette: *L'essai*, Paris 2011; Alexander J. Butrym (Hg.): *Essays on the Essay. Redefining the Genre*, Athens / London 1989 (darin v. a. der Aufsatz von Robert Lane Kauffmann: „The Skewed Path: Essaying as Unmethodical Method", S. 221–240); sowie Carl H. Klaus und Ned Stuckey-French (Hg.): *Essayists on the Essay: Montaigne to Our Time*, Iowa 2012.
[9] Etwa hinsichtlich Geschichte, Theorie und Ästhetik von Essay und Essayismus, in Bezug auf den Essay und ihm wahlverwandte Gattungen (wie z. B. Fragment, Aphorismus und Feuilleton) oder auf in anderen Medien (Radio, Film, Fotografie) sich ausbildende essayistische Verfahrensweisen, wie der Video- oder Bilderessay, oder zur Frage, ob der Essay eine genuin künstlerische oder philosophische Form sei.
[10] Nina Hahnes Studie *Essayistik als Selbsttechnik. Wahrheitspraxis im Zeitalter der Aufklärung*, Berlin / Boston 2015, etwa fokussiert die Aufklärungsessayistik; die Essayistik und Kulturkritik des 19. Jh.s und den schöngeistigen Essay der Geisteswissenschaften, die mit den kunsthistorischen *Essays* (1859) von Simmels Lehrer Herman Grimm erstmals den Begriff ‚Essay' in einem deutschsprachigen Buchtitel führten, nimmt u. a. Dieter Burdorf: *Poetik der Form. Eine Begriffs- und Problemgeschichte*, Stuttgart / Weimar 2001, S. 301–350, in den Blick; Braungart und Kauffmann konzentrieren sich auf den *Essayismus um 1900*, ebenso Sławomir Leśniak: *Thomas Mann, Max Rychner, Hugo von Hofmannsthal und Rudolf Kassner. Eine Typologie essayistischer Formen*, Würzburg 2005; Georg Stanitzek: *Essay – BRD*, Berlin 2011, legt den Fokus auf den Essay seit den 1950er-Jahren.
[11] Zur Fiktionalisierung und Poetisierung des Essays siehe Simon Jander: *Die Poetisierung des Essays. Rudolf Kassner – Hugo von Hofmannsthal – Gottfried Benn*, Heidelberg 2008; zum Essay als nicht-fiktionaler Kunstprosa hingegen vgl. Weissenberger: „Der Essay".
[12] Etwa Bruno Berger: *Der Essay. Form und Geschichte*, Bern / München 1964; Klaus Günther Just: „Versuch und Versuchung. Zur Geschichte des europäischen Essays", in: ders.: *Übergänge. Pro-*

schichtlicher Art und noch darum bemüht, eine mit Montaigne und Bacon anhebende kohärente Gattungsgeschichte des Essays zu schreiben. Doch entwickelte sich früh und gerade angesichts der von diesen materialreichen Studien und Anthologien erschlossenen Formenvielfalt der Essayistik auch ein Problembewusstsein. „Der Essay, gestaltgewordenes Selbstbewußtsein der Literatur als gesellschaftlicher Erscheinung, im Grenzgebiet von Literaturkritik, Philosophie, Wissenschaft", wie Ralph-Rainer Wuthenow schon in den 1970ern resümiert, „ist schlechthin nicht zu definieren."[13]

Doch könne man ihn, so Wuthenow weiter, „charakterisieren"[14], was jedoch nur in exemplarischer Weise möglich sei. Der Tenor eines Zweiges der neueren literaturwissenschaftlichen Forschung, die für strenge historische und räumliche Differenzierungen und die Konzentration auf einzelne Autoren plädiert, lässt sich als Resultat dieser gescheiterten Versuche globaler Definitionen und einer weitgehend diffusen Gattungshistoriografie auffassen.[15] Diese Arbeiten sind meist bemüht, sich gegen die theoretisch akzentuierten Studien der 1990er- bis 2010er-Jahre (Müller-Funk, Schärf, Nübel, Zima) in Stellung zu bringen, die von einer literarischen Gattung ‚Essay' zugunsten eines Schreib- und Erkenntnisverfahrens

---

bleme und Gestalten der Literatur, Bern / München 1966, S. 7–25; Gerhard Haas: *Studien zur Form des Essays und zu seinen Vorformen im Roman*, Tübingen 1966, und ders.: *Essay*, Stuttgart 1969, sowie ders.: „Zur Geschichte und Kunstform des Essays", in: *Jahrbuch für Internationale Germanistik* 7/1 (1975), S. 11–39; Ludwig Rohner: *Der deutsche Essay. Materialien zur Geschichte und Ästhetik einer literarischen Gattung*, Neuwied / Berlin 1966, S. 672, versucht sich noch an einer Gattungsbeschreibung des Essays: „Der (deutsche) Essay [...] ist ein kürzeres, geschlossenes, verhältnismäßig locker komponiertes Stück betrachtsamer Prosa, das in ästhetisch anspruchsvoller Form einen einzigen, inkommensurablen Gegenstand meist kritisch deutend umspielt, dabei am liebsten synthetisch, assoziativ, anschauungsbildend verfährt"; vgl. auch Heinrich Küntzel: *Essay und Aufklärung. Zum Ursprung einer originellen deutschen Prosa im 18. Jahrhundert*, München 1969; für den Essay als literaturwissenschaftlichen Forschungsgegenstand plädiert schon Hans Wolffheim: „Der Essay als Kunstform. Thesen zu einer neuen Forschungsaufgabe", in: *Festgruß für Hans Pyritz (Sonderheft des Euphorion)*, Heidelberg 1955, S. 27–30.
13 Ralph-Rainer Wuthenow: „Literaturkritik, Tradition und Politik. Zum deutschen Essay in der Zeit der Weimarer Republik", in: *Die deutsche Literatur in der Weimarer Republik*, hg. von Wolfgang Rothe, Stuttgart 1974, S. 434–457, hier: S. 444; vgl. Hocke: „Die französische Essayistik", S. 5: „Den Essay [...] als eine literarische Gattung bezeichnen, hieße einer Paradoxie zum Opfer fallen."
14 Wuthenow: „Literaturkritik, Tradition und Politik", S. 444.
15 Vgl. Braungart / Kauffmann (Hg.): *Essayismus um 1900*, S. VII; vgl. schon Bachmann: *Essay und Essayismus*, S. 9: „Wenn die Forschung wirklich erfolgreich sein will, muß sie darauf verzichten, am einzelnen durch Abstraktion die Idee ablesen zu wollen, und sie muß es unterlassen, ‚die' Form des Essays zu postulieren. Den Essay als Abstraktum gibt es nicht. Es gibt nur einzelne Essays."

‚Essayismus' absehen, das geradezu konstitutives Merkmal jeder kritischen Literatur sei und keiner bestimmten literarischen Gattung mehr zugehöre.[16]

Vor diesem Hintergrund lässt sich „die Geschichte des Zusammenspiels von Essay und Essayismus"[17] als das noch nicht hinreichend erschlossene Feld angeben, dessen Ränder die Forschung zu Essay und Essayismus überwiegend besetzt. Eine exemplarische Erkundung der Möglichkeiten, Formen und Funktionen dieses Zusammenspiels kann, wie zu zeigen sein wird, eine Untersuchung von Benjamins Formen des Essayistischen leisten. Denn seine Interpolationen materialer und spekulativer Denkungsart geben den Grund für einen doppelten Begriff des Essayistischen ab, in dem sich die autoreflexive Instanz eines produktiven Denkens ausdrückt, das beim Versuch einer Darstellung der Realität und ausgehend von der Beschaffenheit des Gegenstandes seiner Reflexion auch über die Möglichkeitsbedingungen seiner (literarischen) Form reflektiert. Wechselnde Gegenstände und sich ändernde medienspezifische, philosophische, politische oder auch biografische Rahmenbedingungen treiben diese zu verschiedenen Konsonanzen mit anderen Textformen, woraus sich ein ausgedehntes Formenspektrum des Essays ergibt.

Die beiden Pole dieses spannungsreichen Gattungsfeldes – die literarische Gattung Essay und das „Syndrom"[18] Essayismus – werden von der Forschung häufig auf eine Essay-Tradition zurückgeführt, die bereits mit den beiden ‚Gründungsschriften' in zwei einander konträre Schreibtraditionen auseinanderfalle. Diese Lesart allerdings mündet bisweilen in starre Typologien:[19] Hier der „methodische[] Begriff"[20] von Michel de Montaignes humanistisch-skeptizistischen *Essais* (1580–95), der weniger eine Schreibweise als eine unsystematische

---

16 Von der Frage nach dem Essay als literarischer Form sieht ein Forschungszweig gänzlich ab, der den Essay als philosophischen Erkenntnismodus auffasst, darunter Robert Lane Kauffmann: *The Theory of the Essay: Lukács, Adorno, and Benjamin*, San Diego 1981, und Mario Pedro Miguel Caimi: *Essay als Form der Philosophie*, Wolnzach 2001.
17 Christian Schärf: *Geschichte des Essays. Von Montaigne bis Adorno*, Göttingen 1999, S. 37.
18 Ebd., S. 11.
19 Vgl. Klaus Weissenberger: „Der Essay als Schöpfungstypologie. Zur Typologie einer literarischen Gattung", in: *Sinn und Symbol. Festschrift für Joseph P. Strelka*, hg. von Karl Konrad Polheim, Bern / Frankfurt a. M. / New York / Paris 1987, S. 559–576, hier: S. 560, zu den „beiden grundsätzlichen typologischen Variationsformen des Essays".
20 Hugo Friedrich: *Montaigne*, Bern 1949, S. 420. Für Montaigne sei der Essay „das Organ eines Schreibens, das nicht Resultat, sondern Prozeß sein will, genau wie das Denken, das hier schreibend zur Selbstentfaltung kommt. In ihm hat der besondere Charakter dieses Denkens, die Skepsis, ihr Mittel gefunden, moderne vulgärsprachliche Kunstprosa zu werden." (Ebd., S. 430)

Denkhaltung oder Lebensform bezeichnet; dort Francis Bacons traktathafte *Essays* (1597),[21] die einen Gattungsbegriff etablieren.

Eine theoretisch fruchtbarere Ambivalenz ist in der vielschichtigen Etymologie des Begriffs ‚Essay' selbst *in nuce* angelegt,[22] in der eine sinnliche und eine rational-abwägende Dimension miteinander interagieren. Begriffsgeschichtlich geht ‚Essay' bekanntlich auf *exagium* (mittellat. ‚Gewicht(maß)', ‚Wiegen', ‚Erwägen'; abgeleitet von *exigere*: ‚abwägen', ‚untersuchen') zurück, das mittelfranzösische *essai*[23] betont einen, mit Heinz Schlaffer, „kulinarischen Usus"[24]. „‚Versuch' ist der essai zunächst also nicht im Vergleich mit einem naturwissenschaftlichen Experiment (wie manche Essaytheorien des 20. Jhs. annehmen)"[25], wie Schlaffer unterstreicht. Das aisthetische Moment sieht Hugo Friedrich in seinem Standardwerk zu Montaigne mit dem Begriff der *Erfahrung* als einem vom sinnlichen Eindruck aufsteigenden reflexiven Denken im Zusammenhang und

---

21 Bacons *Essays* präsentieren sich als Organisation des Wissens und objektive Erläuterung moralischer Prinzipien, der Untertitel späterer Auflagen seiner *Essays* (1612, 1625) lautet entsprechend *Practical and Moral Advice*. Bacons „didaktische, maximenartige, trockene und kühle Schreibart und ihre Beschränkung auf ein Publikum von Hofleuten und Politikern hat", so Friedrich, „mit dem farbigen, liebenswürdigen, kapriziösen und allseitig humanen Franzosen nichts mehr zu tun" (ders.: Montaigne, S. 425).
22 Vgl. Lothar Černý: Art. „Essay", in: *Historisches Wörterbuch der Philosophie*, hg. von Joachim Ritter und Karlfried Gründer, Bd. 2, Basel / Stuttgart 1972, Sp. 746–749.
23 ‚Probe', ‚Prüfung', ‚(literarischer) Versuch', ‚Kostprobe', ‚Übung', von *essaier*: ‚betasten', ‚prüfen', ‚schmecken', ‚erfahren', ‚versuchen', ‚in Versuchung führen'. Die sinnliche Bedeutungsdimension ist im Italienischen besonders deutlich: Von dem italienischen Wort für ‚Essay' – *saggio* (auch: ‚weise', ‚klug') – leitet sich das Verb *assaggiare* ab, das so viel heißt wie ‚kosten', ‚(ab-)schmecken', ‚probieren'.
24 Heinz Schlaffer: Art. „Essay", in: *Reallexikon der deutschen Literaturwissenschaft. Neubearbeitung des Reallexikons der deutschen Literaturgeschichte*, gemeinsam mit Harald Fricke, Klaus Grubmüller und Jan-Dirk Müller hg. von Klaus Weimar, Bd. 1, 3. Aufl., Berlin / New York 2007, S. 522–525, hier: S. 522. Montaigne greife „vor allem die Bedeutung ‚Kostprobe' auf, die das Wort *essai* im Frankreich des 16. Jhs. wie auch schon sein vulgärlat. Vorgänger *exagium* (ursprünglich ein Gewicht, seit dem 4. Jh. ‚Kostprobe') hat" (ebd.).
25 Ebd.; vgl. schon Friedrich: *Montaigne*, S. 431 f.: „Man hat zuweilen gemeint, den Essay Montaignes, weil er ein Versuch ist, als philosophie- und formgeschichtliche Parallele neben das naturwissenschaftliche Experiment der damaligen Epochen stellen zu können. Der Anreiz dazu ist groß, führt aber in die Irre. [...] Das naturwissenschaftliche Experiment ist ein planmäßiges Eingreifen, zum Zweck, vorausgesetzte Annahmen zu prüfen oder zu bestätigen; es ist von strenger Methode, vermeidet die zufälligen Wahrnehmungen [...] und erstrebt das Allgemeine, Übertragbare [...]. Der Essay aber ‚experimentiert' mit passiver, ‚unstrenger' Methode (die eine Strenge anderer Ordnung ist) [...] und ist gefaßt darauf, ganz wo anders zu landen, als er voraussehen konnte. Als ein Gebilde zwischen Prosa und Poesie ist er sowohl der Reflexion wie der Anschauung offen [...] und in all dem wahrt er dem Einzelnen, ob er es nun reflektierend oder anschauend umkreist, sein Vorrecht vor dem Allgemeinen [...]."

verweist dafür auf das dem Wort *essai* „bedeutungsverwandte oder sogar bedeutungsgleiche *exercitation*" und besonders auf „*experience*, im Sinne der zur Reflexion erhobenen passiven Selbsterfahrung".[26]

Dieses Moment der Passivität und Unvorgreifbarkeit einer sich in der essayistischen Gestimmtheit einstellenden und einzuübenden Erfahrung wird mit einem Seitenblick auf Benjamins teppichhaftes Schreibverfahren auch Adorno betonen: „Eigentlich denkt der Denkende gar nicht, sondern macht sich zum Schauplatz geistiger Erfahrung, ohne sie aufzudröseln."[27] Jene von der Forschung oft kolportierte gattungsspezifische Subjektivität des Essays – die allerdings schon bei Montaigne weniger dem Text vorgängig existiert, als vielmehr aus einer virtuosen literarischen ‚Selbstästhetik' textimmanent emergiert[28] – ist dabei in Benjamins Formen essayistischen Schreibens, um ein Benjamin'sches Bild zu bemühen, gleichsam wie von einem Löschblatt aufgesogen. Dieses kommt nun vornehmlich in seiner Medialität, Eigenlogik und Kunstfertigkeit, immer neue Muster und Figuren zu zeigen, in Betracht – als eine Art Selbsterfahrung der Sprache. Der Subjektfaktor scheint für diese nur noch *ein* Aspekt neben anderen materiellen und ideellen Gegebenheiten zu sein.

Den von der Forschung weniger beachteten ästhetischen Aspekt greift Wolfgang Müller-Funk in seiner Monografie *Erfahrung und Experiment* auf, wenn er mit den Begriffen von (ästhetischer) Erfahrung und Experiment, deren Vertreter er in Adorno und Musil sieht, „die beiden Termini" benennt, „die den traditionellen wie den methodischen Essayismus konstituieren".[29] Im Anschluss an Lichtenberg, Nietzsche, Musil, Benn und Adorno diskutiert Müller-Funk den

---

26 Ebd., S. 422.
27 Adorno: „Der Essay als Form", in: ders.: *Noten zur Literatur*, S. 21.
28 Zum Essay als literarischer ‚Ästhetik der Existenz' und ‚Technik des Selbst' im Foucault'schen Sinne siehe die Studie *Essayistik als Selbsttechnik* von Hahne. Montaignes ‚Ich' konstituiert sich im Selbstzweck des Schreibens: „Je n'ay pas plus faict mon livre, que mon livre m'a faict." (Michel de Montaigne: *Les Essais* (1595), hg. von Jean Balsamo, Michel Magnien und Catherine Magnien-Simonin, Paris 2007, S. 703; II, 18: „Du desmentir") In diesem Sinne thematisiert er die literarische Form seiner *Essais* als Methode einer aus einem unergründlichen *Je ne sais quoi* schöpfenden skeptischen Fragekunst (vgl. ebd., S. 322: „ma maistresse forme, qui est l'ignorance"; I, 50: „De Democritus et Heraclitus"). Diese führt – wie zahlreiche autoreflexive Bemerkungen in den *Essais* nahelegen – aufgrund ihrer voraussetzungsfreien, aperçuhaften Vorgehensweise zwar keineswegs zu gesichertem Wissen, lässt in der kontinuierlichen Arbeit an der Form jedoch die lebendige Physiognomie der behandelten Gegenstände sowie eines facettenreichen, sich selbst befragenden und prüfenden ‚Selbst' erkennen.
29 Wolfgang Müller-Funk: *Erfahrung und Experiment. Studien zu Theorie und Geschichte des Essayismus*, Berlin 1995, S. 14; vgl. ders.: *Die Dichter der Philosophen. Essays über den Zwischenraum von Denken und Dichten*, München 2013.

Essayismus als ein zwischen diesen beiden Polen changierendes „Denken dritter Ordnung"[30], das die Fragmentarizität und Virtualisierung der (post-)modernen Wirklichkeit positiv umzudeuten wisse: als unermesslichen Spielraum für Hypothese, Experiment und Interpretation. Um diesem „spezifisch essayistische[n] Erkenntnismodus, der an keine bestimmte literarische Gattung gebunden ist"[31], beizukommen, brauche es eine die Fachgrenzen von Literaturwissenschaft und Philologie überschreitende Methode. Müller-Funks Idee des ‚Dritten' ähnelt der in der vorliegenden Arbeit verfolgten Idee des Essays als ‚Mitte' oder ‚Dazwischen', doch scheint sie einen infiniten Regress zu implizieren, also die Frage nach dem Verhältnis zwischen den nun drei Positionen usw. aufzurufen. Damit scheint sie eine zu scharfe und so eine weitere Gattungsklassifikation riskierende Trennung zwischen dem Essay und den Medialitäten anderer Literaturformen vorauszusetzen, mit denen der Essay als eine Art variable Totalität, die partiell andere Formen zu integrieren vermag, jedoch eine nicht-negierbare Beziehung unterhält.

An Müller-Funks idealen Essayismus-Begriff und dessen transdisziplinäre Erforschung schließt Peter V. Zimas komparatistische Studie *Essay / Essayismus. Zum theoretischen Potenzial des Essays: Von Montaigne bis zur Postmoderne* an. In exemplarischen Interpretationen von Montaigne, Bacon, Diderot, Friedrich Schlegel, Vischer, Nietzsche, Adorno und Barthes sucht auch Zima die Aktualität und „*das wissenschaftliche Potenzial des Essays*"[32] zu demonstrieren, welcher der Partikularität und Vorläufigkeit jedes Weltzuganges Rechnung zu tragen vermöge. Besonders in Nietzsches essayistischer Prosa sieht er diejenigen Aspekte bereits angelegt, die auch die essayistische Signatur des Schreibens und Denkens von Adorno bis Derrida bedingen: eine selbstreflexive und utopische Ausrichtung des Denkens, das stets auf der Suche ist nach Aus- und Umwegen gegenüber dem Bestehenden. Die von Zima angestrebte „*Fortsetzung des Essayismus mit anderen Mitteln*" in einem antisystematischen wissenschaftlichen Diskurs aber, „der die kritischen Elemente des Essays aufnimmt, ohne sich die essayistische, ins Literarische ausweichende Schreibweise anzueignen", wird deshalb schwer zu verwirklichen sein, da diesem Wunsch die unausgesprochene Annahme zugrunde zu liegen scheint, „die kritischen Elemente des Essays" seien ohne Weiteres von seiner Ausdrucksebene zu trennen.[33]

Gerade die innige Verbindung von Form und Inhalt und die reflexive Kraft der Form jedoch machen das Essayistische als eine deviante Form unvorgreiflicher

---

[30] Müller-Funk: *Erfahrung und Experiment*, S. 269.
[31] Ebd., S. 17.
[32] Zima: *Essay / Essayismus*, S. 34.
[33] Ebd., S. 240.

und ungesicherter Wissenspraxis erst aus.³⁴ Wenn Wolfgang Braungart und Kai Kauffmann im Vorwort ihres Bandes *Essayismus um 1900* anmerken, die „Konzentration auf die epistemologischen Aspekte und Momente des Essayismus" verlaufe innerhalb dieser Forschungsrichtung oft zulasten einer Untersuchung der „ästhetischen und rhetorischen Formen des Schreibens", ist eine Forschungslücke benannt, welche die vorliegende Arbeit am Beispiel Benjamins zu füllen versucht.³⁵ Die viel beschworenen „erkenntnistheoretischen Dimensionen"³⁶ des Essays nämlich sind nicht im Sinne einer ausformulierten oder von seiner spezifischen Form abziehbaren und auf ein wissenschaftliches Verfahren übertragbaren Erkenntnistheorie zu verstehen. Sie formieren sich vielmehr – negativ – im Medium der ästhetischen Widerständigkeit des Essays, die sich aus seiner Hybridität ergibt.

---

34 Zimas Theorieentwurf entfernt sich daher unvermeidlich vom Essayistischen, das im Schreiben von Schlegel über Nietzsche bis hin zu Adorno mittels Stil, Rhetorik und Geste entsteht, auch wenn sein Plädoyer für sich betrachtet unbedingt beachtenswert ist, da es die Überwindung eines unverantwortlichen Spezialistentums und monologischer Theorien einklagt (vgl. Hans Ulrich Gumbrechts Fürsprache für den literaturwissenschaftlichen Essay: „Essay, Leben, gelebte Erfahrung. Georg Lukács 1910 und die Situation der Literaturwissenschaft heute", in: *Wissen – Vermittlung – Moderne. Studien zu den ungarischen Geistes- und Kulturwissenschaften um 1900*, hg. von Csongor Lörincz, Köln / Weimar / Wien 2016, S. 41–58, oder Kathrin Busch über den philosophischen Essayismus als adäquate Verfahrensweise sog. künstlerischer Forschung, dies.: „Philosophischer Essayismus im Zeitalter künstlerischen Experimentierens", in: *Virtualität und Kontrolle*, hg. von Hans-Joachim Lenger, Michaela Ott, Sarah Speck und Harald Strauß, Hamburg 2010, S. 152–164). In Zimas Formulierung, die Schreibweise der von ihm skizzierten „Dialogischen Theorie" (ders.: *Essay / Essayismus*, S. 239) sei nicht die „ins Literarische ausweichende" (ebd., S. 240) des Essays, scheint sich letztlich die im deutschen Bewusstsein verwurzelte, schon von Adorno diagnostizierte Skepsis gegenüber dem *bloß* Essayistischen auszudrücken (vgl. meine Rezension in: *Germanisch-Romanische Monatsschrift* 63/4 (2013), S. 529–530). McCarthys Feststellung: „This critical disinterest in the history and practice of essay writing in Germany seems to be singular within the national literatures" (ders.: Art. „German Essay", S. 323), trifft leider noch immer zu. In Frankreich, Italien und im angelsächsischen Raum ist diese Skepsis kaum festzustellen, hier bedient man sich ungezwungener der essayistischen Form (vgl. etwa Brian Dillon: *Essayism*, London 2017).
35 Braungart / Kauffmann (Hg.): *Essayismus um 1900*, S. VIII.
36 Weissenberger: „Der Essay", S. 123; vgl. Ansel / Egyptien / Friedrich (Hg.): *Der Essay als Universalgattung des Zeitalters*, S. 6: „Die epistemologische Dimension des Essayismus und seine speziellen Formen der Perspektivierung von Wahrheitsansprüchen sind einer eingehenden Analyse wert." Vgl. auch Sargut Şölçün: *Unerhörter Gang des Wartenden. Dekonstruktive Wendungen in der deutschen Essayistik*, Würzburg 1998, S. 33: „Die Erkenntnisfähigkeit des Subjekts soll [...] in seiner die Kritik ästhetisch organisierenden Form selbst gesucht werden."

Schon Friedrich Schlegel hatte in seinem gleichnamigen Essay, der oft als Paradebeispiel der Gattung angeführt wird, der „Unverständlichkeit"[37], dem vorderhand Fragwürdigen und Mehrdeutigen, insofern epistemologischen Wert zugeschrieben, als sie eine Reflexion über die Verstehensbedingungen, über die sprachliche Verfasstheit und rhetorische Figuralität des Mediums des Denkens in Gang zu setzen vermag. Damit aber ist die Untersuchung des erkenntnistheoretischen Potenzials eines Schreibens, das sich weder nur diskursiv (mittelbar) noch rein intuitiv (unmittelbar), sondern essayistisch, d. h. als *Prozess der Selbstmedialisierung* entfaltet, Gegenstand einer ästhetisch-literaturwissenschaftlichen Reflexion.

Einen in diese Richtung weisenden Ansatz verfolgt Birgit Nübels Studie *Robert Musil – Essayismus als Selbstreflexion der Moderne*, die den theoretisch fruchtbaren Begriff ‚Essayismus' – „weniger als Methode der Erkenntnis, sondern vielmehr als Methode der Darstellung"[38] – mit den literaturwissenschaftlichen Methoden der konkreten Textanalyse verbindet.[39] Ausdrücklich erklärt sie dabei eine „Theorie und Ästhetik"[40] des Essays zum Forschungsdesiderat. Auf Walter Benjamin kommt Nübel zwar nur sporadisch zu sprechen; allerdings erwähnt sie eine bislang von der Essay-Forschung noch kaum berücksichtigte Schrift Benjamins,[41] nämlich das Trauerspiel-Buch, dessen *Erkenntniskritische Vorrede* in der vorliegenden Arbeit eine zentrale Rolle spielt, an programmatischer Stelle. Im Rahmen eines ersten Definitionsversuches ihres Untersuchungsgegenstandes hält Nübel gleich auf der ersten Seite fest: „Essayismus ist ein Modus (selbst-)kritischer Reflexion [...]. Dabei schließen sich theoretischer Anspruch wie Abstraktion, beispielsweise einer Erkenntniskritik bzw. Epistemologie des Geschmacksurteils (*Ursprung des Trauerspiels*), und sinnliche Konkretion (‚Ursprung des Schweine-

---

37 Friedrich Schlegel: „Über die Unverständlichkeit", in: ders.: *Charakteristiken und Kritiken I (1796–1801)*, hg. von Hans Eichner, in: ders.: *Kritische Friedrich-Schlegel-Ausgabe*, hg. von Ernst Behler, Bd. 2, München / Paderborn / Wien / Zürich 1967, S. 363–372, hier: S. 364: „[I]ch wollte beweisen, daß alle Unverständlichkeit relativ [...] sei; ich wollte zeigen, daß die Worte sich selbst oft besser verstehen, als diejenigen von denen sie gebraucht werden, wollte aufmerksam darauf machen, daß es unter den philosophischen Worten [...] geheime Ordensverbindungen geben muß; ich wollte zeigen, daß man die reinste und gediegenste Unverständlichkeit gerade aus der Wissenschaft und aus der Kunst erhält, die ganz eigentlich aufs Verständigen und Verständlichmachen ausgehn, aus der Philosophie und Philologie [...]."
38 Nübel: *Robert Musil*, S. 1.
39 Vgl. ebd., S. 24.
40 Ebd., S. 23.
41 Eine Ausnahme ist Paolo Gabrielli: *Sinn und Bild bei Wittgenstein und Benjamin*, Bern 2004, S. 377 ff.

bratens') nicht aus."⁴² Damit ist indirekt auf das besondere theoretische bzw. erkenntniskritische Potenzial von Benjamins essayistischem Schreiben verwiesen, das im Medium ästhetischer Schreibstrategien neues Wissen zu generieren vermag und folglich den Ausgangspunkt für jene nach Nübel noch ausstehende Theorie und Ästhetik des Essays darstellen könnte – auch wenn er selbst „keine explizite Theorie des Essays vorgelegt"⁴³ habe.

In der Essay-Philologie wurde Benjamins essayistisches Schreiben in seinem Facettenreichtum und philosophischen Gehalt, wie eingangs bereits erwähnt, bislang noch nicht systematisch untersucht. Seine Sonderstellung jedoch ist allgemein anerkannt. Benjamin praktiziere, wie etwa Christian Schärf bemerkt, „eine originelle Funktion des Essayistischen"⁴⁴ und „katapultiert [...] den Begriff des Essays auf eine hochkomplexe Stufe"⁴⁵. Benjamins Ausnahmerolle wird meist dadurch zu charakterisieren versucht, dass sein Gesamtwerk als durchgehend ‚essayistisch' bezeichnet wird;⁴⁶ angesichts ihrer hybriden Form, ihrer Zwischenstellung etwa „*zwischen reinem Traktat und reinem Bild*"⁴⁷, lässt man jedoch nur wenige seiner Texte, allerdings keineswegs einstimmig, als ‚echte' Essays gelten. Die Essay-Forschung tendiere daher dazu, wie Georg Stanitzek kritisch konstatiert, Texte wie Benjamins Essays „weniger als Fortentwicklungen der Gattung aufzufassen denn als singuläre Produktionen", „als ‚Ausreißer'" und „formale Erfindungen", die „kaum Nachfolge finden" konnten.⁴⁸ Eine solche Auffassung aber muss zu einem beschränkten und nach stereotypen Mustern statt

---

42 Nübel: *Robert Musil*, S. 1f. Nübel entnimmt das dekomponierte Zitat Michael Hamburgers „Essay über den Essay", in: *Akzente* 12/4 (1965), S. 290–292, hier: S. 291: „Beim echten Essay ist es gleichgültig, ob sein Titel auf ein literarisches Thema deutet oder nicht, ob auf den Ursprung des Trauerspiels oder den Ursprung des Schweinebratens."
43 Nübel: *Robert Musil*, S. 24. Vgl. Bachmann: *Essay und Essayismus*, S. 120: Benjamin habe „sich nirgends spezifisch über die Form des Essays geäußert"; die Schlussfolgerung, „daß Benjamin auf die Etikettierung seiner kurzen Prosaformen kein Gewicht gelegt hat", ist aber schlichtweg falsch, was schon die Gattungsreflexionen zu Beginn vieler seiner Arbeiten zeigen, deren epistemologisches Potenzial es herauszuarbeiten gilt.
44 Schärf: *Geschichte des Essays*, S. 36.
45 Ebd., S. 261.
46 Vgl. etwa Bachmann: *Essay und Essayismus*, S. 98: Es seien Benjamins „Schriften allesamt essayistisch, wenn er selbst auch den Essay literarischen ‚allotria' zurechnete". Habe Benjamin „die essayistischen Kleinformen zu seinem alleinigen Ausdrucksmittel" (ebd., S. 10) gemacht, trete bei ihm doch „der ‚Essay' selbst kaum mehr auf[]" (ebd., S. 12). Gleichwohl verfällt Bachmann normativen und den Facettenreichtum von Benjamins essayistischen Schreibweisen grob verkürzenden Urteilen, wie z. B.: Es „ist ‚Schicksal und Charakter' kein Essay" (ebd., S. 125) oder der Übersetzer-Essay sei „einer der wenigen echten Essays" (ebd., S. 126).
47 Ebd., S. 124.
48 Stanitzek: „Abweichung als Norm?", S. 603.

technischen Innovationen beruhenden Gattungsverständnis führen. Schon Dieter Bachmann erwog deshalb in einem Benjamin gewidmeten Kapitel seiner Studie *Essay und Essayismus*: „Soll der Begriff des Essays auf Walter Benjamin angewendet werden, muß man ihn radikal erweitern."[49] Denn: „Walter Benjamin ist vielleicht der größte Essayist deutscher Sprache in diesem Jahrhundert – aber nur die wenigsten seiner Schriften sind große Essays."[50]

Als ein Versuch für eine solche Erweiterung des Essay-Begriffs ist Christoph Ernsts Studie *Essayistische Medienreflexion. Die Idee des Essayismus und die Frage nach den Medien* anzuführen, die unter dem Begriff der ‚kontemplativen Darstellung' ein Kapitel Benjamins Darstellungsweisen widmet.[51] Ernst forciert einen theoretischen Begriff des (postmodernen) Essayismus als Medienreflexion und beleuchtet davon ausgehend die Modi, *wie* Benjamin, besonders im Kunstwerk-Aufsatz, über Medien nachdenkt, und inwiefern die „Frage nach den Medien die Prämissen seiner eigenen Methode"[52], d. i. seines essayistischen Verfahrens, betrifft. Ernsts medientheoretisch erweiterter Essay-Begriff führt letztlich eher zu einer Einengung seiner textanalytischen Anwendungsmöglichkeiten, da seine (v. a. inhaltlichen) Kriterien nur im Kunstwerk-Essay erfüllt zu werden scheinen und andere Texte Benjamins so zu diesen flankierenden Reflexionen und Vorstufen herabsinken.

Bisweilen überlappen sich die Bereiche von Essay- und Benjamin-Forschung, wie z. B. in Dirk Oschmanns Beiträgen über Benjamin und Kracauer, die den Essay

---

49 Bachmann: *Essay und Essayismus*, S. 101: „Nicht länger kann es sich, nach der läppischen Definition von Meyers Konversationslexikon (1937), nur um eine kürzere wissenschaftliche Abhandlung handeln, ‚die nicht streng methodisch durchgeführt ist'. Auch der in der ganzen Literatur immer wieder erwähnte Spielcharakter fehlt bei Benjamin fast ganz. Man wird sich dazu bequemen müssen, [...] alle Kleinformen Walter Benjamins dem ‚Essay' zuzurechnen, wenn auch einem ‚Essay' nicht mehr kanonischer Ausformung. Wieweit das allerdings bei den großen traktathaften Aufsätzen möglich ist, wird noch zu untersuchen sein." Bachmann selbst leistet allerdings keine Untersuchung im Sinne konkreter Textanalysen, sondern versammelt einzelne Zitate von und essayistische Reflexionen über Benjamin; vgl. Hermann Kähler: *Von Hofmannsthal bis Benjamin. Ein Streifzug durch die Essayistik der zwanziger Jahre*, Berlin / Weimar 1982, der Benjamin zwar im Titel seiner Studie führt, aber nur in der Nachbemerkung behandelt, wo er vereinzelte Reflexionen über Benjamin'sche Konzepte anstellt, z. B. über materiale Ästhetik oder die Figur des Flaneurs.
50 Bachmann: *Essay und Essayismus*, S. 118.
51 Vgl. Christoph Ernst: *Essayistische Medienreflexion. Die Idee des Essayismus und die Frage nach den Medien*, Bielefeld 2005, S. 251–273.
52 Ebd., S. 262. Benjamins Essay über *Das Kunstwerk im Zeitalter seiner technischen Reproduzierbarkeit* (1935–36) markiere als Reflexion technischer Massenmedien die selbstreflexive Schwelle des Fragwürdig-Werdens eines utopischen Essayismus, der in einen neuen, radikal skeptischen essayistischen Darstellungsmodus umschlage.

als Exponenten sogenannter Kleiner Prosa im Rahmen zeitgenössischer Gattungspoetologie untersuchen. Über seine Bedeutung als „Gattungs- bzw. Genrebegriff" hinaus deutet Oschmann den Essay zudem als „gemeinsame Haltung der Texte" und als darstellungstechnische Konsequenz einer Impulse der Lebensphilosophie einschließenden Phänomenologie, die sich von den Erscheinungsformen der ‚Sachen' die essayistische Form ihres Denkens und Schreibens vorgeben lasse.[53] Wie der Essay im Vergleich zu anderen literarischen Gattungen jedoch innerhalb der Gattungstheorien noch immer weitgehend eine in ein „ästhetisches Niemandsland"[54] verbannte Form darstellt, sind auch Walter Benjamins essayistische Schreibweisen innerhalb der Essay-, aber auch innerhalb der Benjamin-Forschung in einer nur vereinzelt erkundeten *terra incognita* zu verorten.

Die Benjamin-Forschung spricht zwar meist, als verstehe es sich gewissermaßen von selbst, von Benjamins Texten als von Essays, hat diese Begriffswahl aber theoretisch-systematisch bislang nicht begründet. So wurde dem Essay in der Benjamin-Forschung nur gelegentlich eine besondere Rolle für Benjamins Schreiben zugestanden, hauptsächlich im Anschluss an Adornos Auffassung, der Essay sei „die kritische Form par excellence"[55]. Bernd Witte[56] und Richard Wolin[57] etwa haben ihm in ihren Benjamin-Monografien je ein Kapitel gewidmet, ebenso Heiko Reisch[58] und Paolo Gabrielli[59]. Sven Kramer hat seiner Studie zu Benjamins

---

53 Oschmann: „Kracauers Herausforderung der Phänomenologie", S. 201.
54 Rohner: *Der deutsche Essay*, S. 620.
55 Adorno: „Der Essay als Form", in: ders.: *Noten zur Literatur*, S. 27.
56 Vgl. Bernd Witte: *Walter Benjamin – Der Intellektuelle als Kritiker. Untersuchungen zu seinem Frühwerk*, Stuttgart 1976, darin das Kapitel „Metapher, metaphorisches Verfahren und Essay. Zur Form der Kritik", S. 85–98. Witte resümiert: „Erst bei Benjamin wird der Essay so zu dem abstrakten Kunstwerk, als den ihn Wilde und Lukács programmatisch gefordert hatten. Erfüllt er sich doch in der Spiegelung seiner selbst im Medium der dichterischen Form." (Ebd., S. 97)
57 Vgl. Wolin: *Walter Benjamin. An Aesthetic of Redemption*, darin das Kapitel „The Essay as Mediation Between Art and Philosophical Truth", S. 84–90. Auch Wolin sieht Benjamins Essayismus in der Tradition des jungen Lukács, der den Essay als einer fragmentierten Moderne angemessene Form der Vermittlung schätzte: „For both Lukács and Benjamin emphasize the historico-philosophical appropriateness of the essay form in a godforsaken world in which man's relation to the absolute has become decidedly problematic." (Ebd., S. 85)
58 Vgl. Heiko Reisch: *Das Archiv und die Erfahrung. Walter Benjamins Essays im medientheoretischen Kontext*, Würzburg 1992. Reisch untersucht die Beziehung zwischen Essayismus und Medientheorie, wobei die etwas zu kurz kommenden essaytheoretischen Ausführungen auf einer stark schematischen Typologie beruhen, die einer Montaigne'schen Essay-Tradition eine (verschriftlichte) orale Kultur und einer auf Bacon zurückgehenden eine Schrift-Kultur zuordnet. Innerhalb dieses binären Schemas sucht Reisch einzelne Texte Benjamins zu verorten, die er mal dem einen, mal dem anderen Schreib- und Medientypus zuschlägt, was zu völlig verkürzenden

Kafka-Essay eine „Formbestimmung des Essays"[60], in weiten Teilen eine ideologiekritische Aspekte betonende Lektüre von Adornos Essay „Der Essay als Form", zugrunde gelegt, aus dem er die Parameter seiner in der Tat überzeugenden Textanalyse gewinnt. Kramers Skizze der „Umrisse essayistischen Schreibens, wie sie sich im Kafka-Essay darstellen"[61], bietet allerdings kaum Rückschlüsse und Ausblicke darauf, welche Formen dieses essayistische Schreiben in anderen Texten Benjamins annimmt und welche Wandlungen es vollzieht.

Daneben gibt es eine größere Reihe an Arbeiten, die Benjamins Darstellungsverfahren aus der Perspektive verschiedener Schreib- und Schriftkonzepte in den Blick nehmen. Die (Benjamin'schen) Begriffe des dialektischen Bildes[62] und des Denkbildes[63] sind hier beispielhaft zu nennen, auch die Konstellation[64] und das Fragment[65], ferner Lesarten von Benjamins „Philosophie als eine Theorie von

---

Aussagen führt, wie z. B. über die – gemeint sind die *Einbahnstraße* (1928), die *Berliner Chronik* (1932) und die *Berliner Kindheit* (1932–38) – „autobiographischen Essays, die in der Tradition Montaignes stehen" (ebd., S. 40), in Bezug auf die Essays über Proust und den Surrealismus, die „thematisch und formal sicherlich in der Tradition der Essays Bacons stehen" (ebd.), oder über den Wahlverwandtschaften-Essay, mit dem Benjamin „einen ersten Essay in der Tradition Bacons niedergelegt" (ebd., S. 38) habe.

59 Vgl. Gabrielli: *Sinn und Bild bei Wittgenstein und Benjamin*, v. a. S. 377 ff. Gabriellis philosophische Analyse beleuchtet das Verhältnis zwischen dem späten Wittgenstein und Benjamin u. a. aus der Perspektive eines Essayismus als ethisch-ästhetischer Notwendigkeit, den unmittelbar nicht erfragbaren „Sinn (die Identität, die Form, das Unsagbare, das ‚Ausdruckslose')" stets aufs Neue durch das Besondere zur Darstellung zu bringen; die *Erkenntniskritische Vorrede* des Trauerspiel-Buchs stelle in dieser Hinsicht „die theoretische Summa der benjaminschen essayistischen Perspektive" dar (ebd., S. 29). Gabriellis Essay-Begriff wird allerdings recht unvermittelt und in Form apodiktischer Bestimmungen eingeführt, die sich eher an der Konturierung der Form von Wittgensteins *Philosophischen Untersuchungen* zu orientieren scheinen.

60 Sven Kramer: *Rätselfragen und wolkige Stellen. Zu Benjamins Kafka-Essay*, Lüneburg 1991, S. 11.

61 Ebd., S. 10.

62 Vgl. Michael W. Jennings: *Dialectical Images. Walter Benjamin's Theory of Literary Criticism*, Ithaca / London 1987.

63 Vgl. einschlägig Heinz Schlaffer: „Denkbilder. Eine kleine Prosaform zwischen Dichtung und Gesellschaftstheorie", in: *Poesie und Politik. Zur Situation der Literatur in Deutschland*, hg. von Wolfgang Kuttenkeuler, Stuttgart / Berlin / Köln / Mainz 1973, S. 137–154; für Gerhard Richter: *Thought-Images: Frankfurt School Writers' Reflections from Damaged Life*, Stanford 2007, S. 21, ist das Denkbild „the genre-without-a-genre par excellence", geprägt von einem „double coding of generic belonging and non-belonging" – die Beschreibung einer Form, die sich vielleicht ebenso gut auch als Essay identifizieren ließe.

64 Siehe Giovanni Gurisatti: *Costellazioni. Storia, arte e tecnica in Walter Benjamin*, Macerata 2010.

65 Vgl. David Frisby: *Fragments of Modernity: Theories of Modernity in the Work of Simmel, Kracauer and Benjamin*, Cambridge 1985, und Detlev Schöttker: *Konstruktiver Fragmentarismus.*

„Sprachfiguren'"[66] oder deren Formbestimmung als „theoretische Schreibweise"[67]. Auch die Frage nach Benjamins (philosophischem) Begriff der Darstellung wurde gestellt, an welche sich die Fragen nach der „epistemische[n] Form schöner Literatur"[68] sowie den ästhetischen Bedingungen und literarischen Darstellungsweisen der Philosophie im Horizont von Benjamins Darstellungsdenken anschließen. Diese beiden Fragen aber durchkreuzen sich im Essay als literarisch-philosophischer Grenzform.

Denn weder verwischt noch besetzt diese liminale Form die, mit Agamben, „unserer Kultur seit ihrem Anbeginn" eingeprägte „Spaltung zwischen Poesie und Philosophie, zwischen dichterischem Wort und denkendem Wort".[69] Im

---

Form und Rezeption der Schriften Walter Benjamins, Frankfurt a. M. 1999. Nach Schöttker spiele der fragmentarische „textuelle Zustand des Werkes [...] eine ebenso große Rolle für die Rezeption Benjamins wie das gedankliche Potential seiner Schriften" (ebd., S. 8). Auch das Trauerspiel-Buch bestehe letztlich nur aus Fragmenten, „obwohl die Fragmente", wie Schöttker einräumt und dadurch den Begriff des Fragments geradezu zum Essay hin erweitert, „hier durch argumentative Elemente verzahnt sind" (ebd., S. 12).

66 Bettine Menke: *Sprachfiguren: Name – Allegorie – Bild nach Benjamin*, Weimar 2001, S. 7.
67 Sigrid Weigel: *Entstellte Ähnlichkeit. Walter Benjamins theoretische Schreibweise*, Frankfurt a. M. 1997. Weigel propagiert eine dekonstruktive Lesart, die vornehmlich Bilder statt Begriffe zu entschlüsseln sucht und so Benjamins dialektisches Verfahren zuweilen auf Unbegrifflichkeit und Unbewusstes zu verkürzen scheint. Denn zwar vollzieht sich sein Schreiben und Denken in „Figurationen und Konstellationen" (ebd., S. 13), die aus einem Verhältnisspiel von Begriffen emergieren und nach Weigel auf ihre „Verschiebungen, Entstellungen und Verkehrungen" (ebd., S. 12) hin gelesen werden sollten; doch besteht Benjamins komplexe Dialektik gerade darin, dass er solche vermeintlich nur bildhaften Konstellationen wiederum auf den Begriff zu bringen sucht und auf diese Weise sowohl eine Wahrheit des Begriffs restituiert als auch die Realität seiner Konstellationen. Die Gattungsbegriffe sind, wie zu zeigen sein wird, nur *ein* markantes Beispiel dafür.
68 Jan Urbich: *Darstellung bei Walter Benjamin. Die ‚Erkenntniskritische Vorrede' im Kontext ästhetischer Darstellungstheorien der Moderne*, Berlin / Boston 2012, S. 2. Urbich will mit Benjamin eine Lanze für den epistemologischen Gehalt schöner Literatur brechen, die nicht in einer wie auch immer gearteten Bildhaftigkeit aufgehe.
69 Giorgio Agamben: *Stanzen. Wort und Phantasma in der abendländischen Kultur*, aus dem Ital. von Eva Zwischenbrugger, 2. Aufl., Zürich 2012, S. 11. „Dasjenige, wovon die Spaltung zwischen Poesie und Philosophie Zeugnis ablegt", so Agamben, „ist die Unmöglichkeit der abendländischen Kultur, den Gegenstand der Erkenntnis voll und ganz zu besitzen (denn die Frage der Erkenntnis ist eine Frage des Genusses, d. h. der Sprache). [...] Was auf diese Weise verdrängt wird, ist, daß jede echte dichterische Intention der Erkenntnis zugewandt ist, genauso wie jedes wahre Philosophieren der Freude zugewandt ist." (Ebd.) „Die Kritik", so Agamben weiter, „entsteht in dem Augenblick, wo die Entzweiung ihr Extrem erreicht. Sie siedelt sich im Zwiespalt des abendländischen Wortes an" (ebd., S. 12); in der europäischen Essayistik des 20. Jh.s gebe es kaum kritische Werke in diesem Sinne – „strenggenommen verdiente es [...] vielleicht ein einziges Buch,

fortlaufenden Exerzieren und Reflektieren verschiedener, ihr nie identischer Schreibmodelle, Formen und Medien macht sie vielmehr diesen Riss, seine Passagen und Öffnungen, sichtbar und exploriert sie auf neue Denkmöglichkeiten hin. Diesen liegen – auf dieses Schreibideal zielt Benjamins Essay ab – jene vermeintlich stabilen Oppositionsverhältnisse, wie es letztlich auch das Begriffspaar ‚Essay' und ‚Essayismus' darstellt, nunmehr als miteinander mehrdeutig verflochtene Maschen eines Teppichs „geistiger Erfahrung"[70] und affektiver Gestimmtheiten zugrunde, der das Schreiben selbst ist.

Für die Entwicklung von Paradigmen einer Schreibästhetik bei Walter Benjamin und damit der Erschließung eines Kernbereichs seines dialektischen Denkens und Schreibens eignet sich daher der Essay auf besondere Weise. Im Folgenden wird zunächst die transdisziplinäre Methode dieses dezidiert nicht-essayistischen und nicht-normativen Verfahrens begründet und anschließend der Forschungsgegenstand beschrieben.

---

ein kritisches genannt zu werden: Walter Benjamins *Ursprung des deutschen Trauerspiels*" (ebd., S. 9).

70 Adorno: „Der Essay als Form", in: ders.: *Noten zur Literatur*, S. 21.

II Ästhetiken des Essays. Methodologische und theoretische Vorüberlegungen

1 Prolegomena zum Begriff ästhetisch-kritischer Reflexion im literaturwissenschaftlichen Kontext

1.1 Für eine nicht-essayistische und nicht-normative Untersuchung des Essays

Der Hinweis auf die Schwierigkeit oder gar Unmöglichkeit einer gattungsbegrifflichen Bestimmung des Essays ist mittlerweile zu einem Topos des Forschungsdiskurses geworden.[1] Um eine methodologische *impasse* handelt es sich freilich solange, als ein Ausweg entweder in einer Einordnung des Essays in ein normatives Gattungsschema oder in einer essayistischen Einebnung der Grenzen zwischen Textgegenstand und -analyse gesucht wird – statt das im Medium des Essays verhandelte Nähe-Distanz-Verhältnis von Literatur und Theorie, *aísthēsis* und *epistḗmē*, das mitunter an Fragen epistemologischer Fundierung literaturwissenschaftlicher Methodik und Kategorien rührt, selbst in den Blick zu nehmen. Es tritt, wie sich zeigen wird, besonders dort zutage, wo der Essay der Theorie ähnelt und beispielsweise selbst über literarische Werke oder Gattungsbegriffe reflektiert, zugleich jedoch in der Wandelbarkeit seiner eigenen Form und in der übersteigerten Präzision seiner Urteile, die er beständig revidiert und korrigiert, deren aisthetische Offenheit reproduziert. Bevor diese Doppelheit des Essays näher charakterisiert wird, sollen die beiden konträren Pole des in der Einleitung bereits nachgezeichneten Forschungsdiskurses – eine Haltung der Abstoßung und eine der Anziehung gegenüber dem Forschungsgegenstand – einander pointiert gegenübergestellt werden. Von ihnen, insbesondere von der zweiten Forschungslinie, setzen sich Selbst- und Objektverständnis dieser Arbeit ab, die einen methodischen Mittelweg einschlägt.

Dieser hebt sich zunächst von den literaturwissenschaftlichen Bemühungen ab, den Essay mittels enzyklopädischer Merkmalskataloge gattungsspezifisch

---

[1] Nach Stanitzek: „Abweichung als Norm?", S. 595, gehöre es gar „seit geraumer Zeit zu den Topoi der Essayforschung, diesen Befund, daß nämlich eine Gattungsbestimmung außergewöhnlich schwierig sei und daher noch ausstehe, seinerseits als Topos zu bezeichnen. [...] Ihre Pointe besteht im Versuch, den Gattungsbegriff jenseits solcher ordnungs- und orientierungsstiftenden Redundanz gerade in der Überschreitung von Ordnung, gerade im Durchbrechen von Erwartungen zu fundieren." – Das Kriterium einer Gattungsnegation ist jedoch, werden Durchkreuzungen von Gattungserwartungen im Essay bloß konstatiert und nicht auf ihre Funktion innerhalb seiner autoreflexiven Verfahren befragt, wiederum das einer negativen Gattungserfüllung, es reproduziert also einen normativen Gattungsbegriff.

einzuordnen, eine lückenlose Geschichte des Essays zu rekonstruieren oder eine normative Poetik oder Poetologie zu entwickeln.² Als (berechtigte) Reaktion auf diese gescheiterten finalen Gattungstheorien und umfassenden Gattungshistoriografien, aber auch auf jene Untersuchungen, die in ihrer Konzentration auf klar begrenzte historische Abschnitte, einzelne Autoren oder Texte mitunter nur schwer übertragbare Ergebnisse liefern,³ ist die vorherrschende Tendenz der Essayismus-Forschung zu verstehen. In loser Anknüpfung an dekonstruktivistische und poststrukturalistische Theoriebildungen (meist an Derrida und Barthes) versucht diese, ihrem vielgestaltigen Gegenstand in immer neuen, gut geschriebenen und als vorläufig ausgewiesenen Anläufen durch ein Übernehmen und Wiederholen seiner Eigenschaften beizukommen. Wolfgang Müller-Funk beispielsweise fordert provokativ, da scheinbar den Ermöglichungsgrund geisteswissenschaftlicher Methodik, nämlich jeden Metadiskurs untergrabend:

> Es würde dem Thema widersprechen, wollte man es global ‚bewältigen': eine Theorie des Essayismus will essayistisch vorgetragen sein, zwischen Erzählung und Abstraktion hin- und herpendelnd, ohne Anspruch auf Vollständigkeit – Umkreisung, Abwägung, Versuch, Mosaik, Fragment.⁴

Als Gewährsmann für ein solches mimetisches Schreibverfahren, das seinen Gegenstand spielerisch-experimentell nachzubilden sucht, wird meist Adorno herangezogen und auf seinen Essay „Der Essay als Form" verwiesen, dessen ‚Programm' gerade für postmodernes Denken anschlussfähig wirkt. Dabei werden jedoch oft Adornos fortgesetzte Arbeit am (Gattungs-)Begriff und der eigenlogische Charakter seines Essay-Begriffs unterschlagen. Jede vornehmlich durch Unbegrifflichkeit und Unbestimmtheit operierende *réécriture*, die auf einer – Adornos Text *auch* zugrunde liegenden – bloßen Identifizierung von (gat-

---

2 Vgl. etwa die Forderung von Klaus / Stuckey-French (Hg.): *Essayists on the Essay*, S. XI, nach „research and commentary that might lead toward a poetics and analytics of the essay".
3 Für kleinteilige historische, räumliche und autorenspezifische Differenzierungen plädieren u. a. Ansel / Egyptien / Friedrich (Hg.): *Der Essay als Universalgattung des Zeitalters*, S. 6f.; Braungart / Kauffmann (Hg.): *Essayismus um 1900*, S. IX; Şölçün: *Unerhörter Gang des Wartenden*, S. 16; und Brambilla / Pirro (Hg.): *Wege des essayistischen Schreibens im deutschsprachigen Raum (1900–1920)*, S. 8, auch wenn dieses Verfahren „keinesfalls eine bloße Geschichte der Essayisten als Aneinanderreihung von disparaten Einzelfällen legitimieren" dürfe.
4 Müller-Funk: *Erfahrung und Experiment*, S. 15. Seinen „Entwurf einer Theorie des Essayismus" will Müller-Funk im Hinblick auf eine „Erinnerung an Unabgegoltenes (durchaus im Sinne Benjamins)" verstanden wissen (ebd., S. 9). Auch Nübel: *Robert Musil*, S. 12, scheint der Ansicht zu sein, ihr Schreiben komme dem Phänomen „Essayismus" näher, indem es dessen spezifische Eigenschaften übernimmt: „Essayismus [...] konstituiert sich über Zitate, Techniken der Zitation. Es wird also auch in dieser Arbeit viel zitiert."

tungs-)begrifflicher Systematik mit Herrschaftsanspruch und Ideologie beruht, scheint aber Gefahr zu laufen, ihr untersuchtes Objekt selbst aus den Händen zu geben, was auf besondere Weise für den Essay als diskontinuierliche, aber kritische Arbeit am Begriff gilt. Ein Schreiben über den Essay, das eine *coincidentia oppositorum* bezweckt, kann daher im ‚Anschmiegen‘[5] an seinen Gegenstand diesen selbst aus dem Blick verlieren; zumal sich ein dekonstruktives Verfahren *ante litteram*, ein Konvergieren vermeintlicher Oppositionen, in Benjamins modern-antiidealistischem (darin u. a. schon bei Kant angelegten) essayistischen Denken und Schreiben, d. h. im Untersuchungsgegenstand dieser Arbeit schon vorgebildet findet. Es gilt daher zunächst, sich einer *inneren Aporie* des Essays bewusst zu werden.

Denn die These, über den Essay sei nur essayistisch zu schreiben, streift durchaus die eigentümliche Beschaffenheit und ein Distinktionsmerkmal des Essays gegenüber anderen Gattungsformen. Sie ist daher nicht einfach durch den lapidaren Hinweis zu widerlegen, über Lyrik könne auch anders als in Versen oder über Komödien anders als komisch geschrieben werden. Eine Bestimmung dieses ‚Anderen‘ des Essays, das selbst keine Metadiskursivität zu erschließen beansprucht (also keine Spaltung in Metadenken und Denkobjekt), sondern sich aus der exponierten *Durchkreuzung* und (insofern) Reflexion der Gattungen, Diskurse und Disziplinen ergibt, bedarf eines besonderen Verfahrens, das es zunächst theoretisch zu entwickeln und später auf ausgewählte Texte Benjamins exemplarisch anzuwenden gilt. Eine solche Verfahrensweise unterscheidet sich in der Tat, wie darzulegen sein wird, vom Nachdenken über andere Gattungen. Dass *ein* gattungsspezifisches Merkmal des Essays also in den Möglichkeiten seines Verstehens begründet liegt, die er auf eigentümliche Weise vorwegzunehmen oder gar zu simulieren scheint, sei hier bereits als erste Arbeitshypothese formuliert. Stanitzek gibt daher völlig zu Recht zu bedenken: „Für literaturwissenschaftliche Arbeiten, die eine Beschreibung des Essays anstreben, ist diese Aufgabe mit einer besonderen Herausforderung verbunden, nämlich der, den eigenen Diskurs von dem des Gegenstandes zu differenzieren."[6]

Die methodologische Entscheidung für eine kritische Reflexion des Essays, die sich – ohne dabei selbst essayistisch zu sein – zugleich als ästhetische Reflexion versteht und das Spektrum einer Literaturwissenschaft als Fachwissenschaft zu erweitern sucht, entfaltet sich *in primis* an dieser Ambiguität des Essays,

---

5 Vgl. Theodor W. Adorno: „Anmerkungen zum philosophischen Denken", in: ders.: *Kulturkritik und Gesellschaft II. Eingriffe, Stichworte, Anhang*, in: ders.: *Gesammelte Schriften*, hg. von Rolf Tiedemann, Bd. 10/2, Frankfurt a. M. 1977, S. 599–607, hier: S. 602, und ders.: *Negative Dialektik*, in: ders.: *Gesammelte Schriften*, hg. von Rolf Tiedemann, Bd. 6, Frankfurt a. M. 1973, S. 24.
6 Stanitzek: „Abweichung als Norm?", S. 595.

die in ihrer epistemologischen und methodologischen Konsequenz bisweilen unterschätzt wird: dass nämlich der Essay eine Form (auf) der Grenze zwischen Literatur und Theorie ist, die er unterläuft und problematisiert, die er – mit einem medientheoretischen Begriff von Dieter Mersch – ‚zer-zeigt'[7], d.i. sowohl aus-stellt (exponiert) als auch aus-setzt (suspendiert), und zugleich in immer neuen Verwerfungen vervielfältigt. Der Essay ist, anders gesagt, *noch nicht* oder *nicht mehr* Kunst, Literatur, Wissenschaft oder Philosophie, er besetzt vielmehr durch partielle oder simulierte Ähnlichkeitsbeziehungen und geschicktes Anzitieren verschiedener Methoden, literarischer Figuren oder Formen und Gattungsbegriffe ein nicht klar umrissenes oder lokalisierbares, ein an seinen (Text-)Gegenständen entlangwanderndes formvariables Grenzgebiet. Eine Untersuchung der Möglichkeiten und Prämissen einer Reflexion über den Essay als ein solches „Mischprodukt"[8] und „merkwürdiges ‚Confinium'"[9] hat sich zunächst an diesen zentralen Kriterien zu orientieren: an seinem Moment der *Negativität* und der unauflösbaren Verflechtung von *Literarizität* bzw. Kunsthaftigkeit und *Methodizität* bzw. Begrifflichkeit.

Damit sind bereits die methodologischen Koordinaten der vorliegenden Arbeit angesprochen, die – ohne sich dabei auf eine bestimmte Schule oder epistemologische Prämissen zu berufen – eine Art Dialektik zwischen dekonstruktiver

---

[7] Mersch versteht die „Zer-Zeigung" als ein – hier transliterarisch aufgefasstes – negatives Moment besonders avantgardistischer Kunst, an dem sich eine ihr inhärente Reflexivität ‚mit-ausstellt' (ders.: *Epistemologien des Ästhetischen*, S. 16 u. S. 165); hier interessiert dieser Aspekt *negativer Medialität* zur Beschreibung der spezifischen Reflexivität essayistischer Darstellungsarten (und nicht eine Semiotik der „Zer-Zeigung" im Hinblick auf das v.a. den Avantgarde-Künsten eigene Element der Störung medialer Funktionen oder bestimmte Formen ihrer Materialität). Im Essay zeigt und ‚zer-zeigt' sich offenbar die eigene (und *die*) Gattung, sie wird ausgestellt, performiert, reflektiert und entgrenzt. Besonders Benjamins Essays eröffnen so einen Raum der Gattungsmischung und -erzeugung, bewirken eine Zerfransung stabiler Gattungsgrenzen und eine Auflösung des Essays in *das Essayistische*, das sich als autoreflexives Moment je verschiedensten Formen zu adaptieren und anzuhaften vermag – und jeden Versuch, ‚den' Essay letztgültig auf einen einheitlichen Gattungsbegriff zu bringen, ihn festzuschreiben, zu konterkarieren scheint. Die in der Adjektivierung des Gattungsbegriffs angezeigte Öffnung hin zu Hybridismus und Gattungsmischung ist dabei nicht im Sinne einer Beliebigkeit und tendenziellen Formlosigkeit zu verstehen; sie ermöglicht im Gegenteil, wie Peter Szondi beispielhaft für Friedrich Schlegel gezeigt hat, immer spezifischere Binnendifferenzierungen, also nuancierte Unterscheidungen verschiedener Momente im einzelnen Werk, von Formen des Essayistischen. Zu Schlegels individualisierender Praxis der Adjektivierung von Gattungsbegriffen vgl. Peter Szondi: *Poetik und Geschichtsphilosophie II: Von der normativen zur spekulativen Gattungspoetik. Schellings Gattungspoetik*, hg. von Wolfgang Fietkau, Frankfurt a.M. 1974, S. 145–151.
[8] Adorno: „Der Essay als Form", in: ders.: *Noten zur Literatur*, S. 9.
[9] Bense: „Über den Essay und seine Prosa", S. 417.

1.1 Für eine nicht-essayistische und nicht-normative Untersuchung des Essays — 47

Anverwandlung (Kunstähnlichkeit) und Gattungspoetik (Theorie) aufsucht und problematisiert. Denn wird der Essay als irreduzibles Ineinander von Kunsthaftigkeit und begrifflichem Denken ernst genommen, dann kann ein Schreiben über ihn nicht durch eine bloße Ausschlusslogik operieren und mal „das Kunstähnliche des Essays", mal die „in ihm vorkommenden Begriffe", durch die er „notwendig der Theorie verwandt" ist, getrennt in den Blick nehmen.[10] Es kann also nicht um den Versuch einer Aufhebung und Befriedung von Gegensätzlichem gehen. Vielmehr versucht die vorliegende Studie, durch ein koordinatives Schreiben der Fülle und Ambiguität, dem Sowohl-als-auch des Benjamin'schen Essays gerecht zu werden.

Für Verständnis und Darstellung des Essays bedarf es somit der reflektierten Einhaltung einer, mit Karlheinz Stierle, „Distanz der Erkennbarkeit"[11] und eines systematischen Instrumentariums; zugleich aber braucht es eine bewegliche deskriptive Methodologie, die Konzepte verschiedenster Provenienz übernimmt und, wo nötig, von einem ideologischen Unterbau frei macht, wie z. B. den Begriff ‚Intertextualität'. Denn ein literaturwissenschaftlich und philosophisch fundierter Zugriff auf Benjamins Essays und ihre spezifische ästhetische Reflexivität darf eine Kohärenz der Methode nicht zulasten der Formenvielfalt der analysierten Texte verfolgen, sondern muss eine Systematizität entwickeln, welche die Besonderheit des erstellten Textkorpus ebenso wie die ihm inhärente Dimension des Widersprüchlichen, Verhüllten und Unsagbaren berücksichtigt, was in werkimmanenten Einzelanalysen geschehen wird. Andererseits sollen Benjamins Essays auch in ihrer intertextuellen Vernetztheit gelesen und eine einheitliche Bestimmung derjenigen Textform gewagt werden, die gerade jene problematische Unbestimmtheit und Offenheit auszeichnet. Ohne den proteushaften Essay zu imitieren, will eine solche Methodologie, die eine literaturwissenschaftliche Arbeitsweise, philologische Stringenz und Konkretheit mit jener der Philosophie bzw. der (Medien-)Ästhetik verknüpft, dessen ‚Doppelcharakter' gerecht werden: seiner materialen (sinnlichen, geschichtlichen, soziokulturellen, medialen etc.) wie transzendentalen (seine eigenen Möglichkeitsbedingungen reflektierenden und inszenierenden autonomen) Verfasstheit.[12] Deren wechselseitige Vermitteltheit versucht hier eine ästhetisch-kritische Reflexion zu erhellen, die zwar Affinitäten zum ästhetischen Denken der Kritischen Theorie und Agambens aufweist, in erster Linie aber ihren Text-Gegenständen in der Pluralität ihrer Ausprägungen

---

10 Adorno: „Der Essay als Form", in: ders.: *Noten zur Literatur*, S. 26.
11 Karlheinz Stierle: *Ästhetische Rationalität. Kunstwerk und Werkbegriff*, München 1997, S. 97.
12 In Anlehnung an Adornos Begriff vom „Doppelcharakter der Kunst als autonom und als fait social" (ders.: *Ästhetische Theorie*, hg. von Gretel Adorno und Rolf Tiedemann, Frankfurt a. M. 1973, S. 16).

des Essayistischen mit einer Arbeitsmethodik gerecht werden will, der verschiedene, im Folgenden näher beschriebene methodologische Ansätze und Modelle integriert sind.

Leitend sind dabei die Fragen nach Umfang und Grenzen des hier verwendeten Begriffs des Ästhetischen; nach der konkreten Vermittlung von werkimmanenter Analyse und ästhetisch-kritischer Reflexion; und nach Reichweite und Übertragbarkeit einer solchen Verfahrensweise. Die folgenden Überlegungen sind dabei nicht als formalistisch-normative Untersuchungsprinzipien formuliert, sondern stellen methodische Arbeitshypothesen dar, deren „Ausführung" – mit Adorno – „ihrerseits der kritischen Reflexion der Prinzipien" dienen soll.[13] Von ihnen und über sie hinausgehend wird zunächst nach einem Begriff ästhetisch-kritischer Reflexion im literaturwissenschaftlichen Kontext zu fragen sein sowie nach dessen Tauglichkeit für eine an Benjamins Schreibweisen als an einem paradigmatischen Fall zu entwickelnde Schreibästhetik des Essays, den es gerade *als* gattungstheoretische Herausforderung methodologisch fruchtbar zu machen gilt.

1.2 Die Grenzen einer Gattungstheorie des Essays. Vorrang und Paradoxie des ästhetischen Urteils: ein Gedankenexperiment

Greift man vor einer detaillierteren Objektbeschreibung die eingangs formulierte Annahme auf, wonach sich die literaturtheoretische Reflexion über den Essay als liminale Textform von derjenigen über andere Gattungsformen unterscheiden muss, lässt sich – als Gedankenexperiment[14] – die Arbeitshypothese formulieren, dass beim Bestimmungsversuch eines Textes als Essay auf spezifische Weise *Gattungsfrage* und *Wertfrage* aufeinander verwiesen sind. Klaus Günther Just hat diesen Gedanken bereits formuliert: „Ja, der Essay dürfte das einzige Sprachkunstwerk sein, bei welchem die Gattungsfrage mit der Wertfrage in eins zusammenfällt […]; einen schlecht oder nachlässig geschriebenen Essay aber gibt es überhaupt nicht, da ein derartiges Produkt keinen Anspruch auf den Titel ‚Essay'

---

13 Ebd., S. 531.
14 Es geht hier wie in Gedankenexperimenten, mit Mirjam Schaub, „wesentlich um die *Folgenabschätzung einer gedanklichen Konstruktion*" (dies.: *Das Singuläre und das Exemplarische. Zu Logik und Praxis der Beispiele in Philosophie und Ästhetik*, Zürich 2010, S. 386).

erheben kann."[15] Hermann Kähler hat diesen Gedanken ausführlicher aufgegriffen:

> Nach unserem allgemeinen Verständnis gibt es keinen schlechtgeschriebenen Essay, sehr wohl aber schlechtgeschriebene Romane. In den Gattungen des Romans, des Dramas und des Gedichts hat sich unsere Formvorstellung bereits so ins Abstrakte verflüchtigt, daß sie auch auf Texte noch anwendbar ist, die eigentlich nicht mehr als literarische Kunstwerke bezeichnet werden dürften. Beim Essay ist das tatsächlich (noch) nicht der Fall. Hier ist das Bewußtsein, daß sich die literarische Gattung mit einer gewissen Stilhöhe verbindet [...], die Vorstellung, daß künstlerische Literatur sich in einer außerordentlichen Sprache ausspricht, lebendig geblieben.[16]

Die Verquickung von Gattungs- und Wertfrage birgt Implikationen und Konsequenzen für eine Theorie und Ästhetik des Essays, die Just und Kähler außer Acht lassen. Denn wenn davon ausgegangen wird, dass *nur* ein gut geschriebener Essay ein Essay ist, d. h. seine Literarizität ein konstitutives Gattungskriterium darstellt, dann hieße das im Umkehrschluss, dass beim Essay dem Identifizieren von Gattungsmerkmalen auf unbestimmte Weise seine subjektive ästhetische Beurteilung vorhergeht bzw. mit einhergeht. Nun ließe sich einwenden, dass dieser Zusammenhang für das Bestimmen aller Gattungsformen, und zwar nicht nur der literarischen, sondern sämtlicher Kunstgattungen, plausibel gemacht werden kann. Gattungs- und Werturteil lassen sich durchaus – so die Hypothese – als durcheinander vermittelt vorstellen: Ein kritisches Urteil ist als der Gattungsbestimmung vorgängig denkbar und begründbar.

Die Zuweisung einzelner literarischer Texte bzw. Kunstwerke zu literarischen Gattungen gehört zum Tagesgeschäft des Literaturwissenschaftlers und wird, erscheint sie zweifelsfrei möglich, selbst eher selten thematisch oder gar zum Anlass theoretischer Reflexion. Selbst der chimärische Essay, der hier zunächst heuristisch als Kunstform aufgefasst wird, um ihn später in seiner spezifischen Autoreflexivität und gattungsspezifischen Differenz zu anderen literarischen Formen bestimmen zu können,[17] scheint sich meist ohne allzu große Schwierigkeiten als solcher identifizieren zu lassen. So lässt er sich trotz vieler Ähnlichkeiten und Merkmalsüberschneidungen mehr oder weniger eindeutig von verwandten Gattungsformen, wie z. B. dem Aphorismus, Fragment oder Traktat,

---

15 Klaus Günther Just: Art. „Essay", in: *Deutsche Philologie im Aufriß*, hg. von Wolfgang Stammler, Bd. 2, 2. überarb. Aufl., Berlin 1960, Sp. 1897–1948, hier: Sp. 1901.
16 Kähler: *Von Hofmannsthal bis Benjamin*, S. 24 f.
17 Hierin ähnelt dieses Vorgehen Lukács' Methode, den Essay „ein Kunstwerk zu nennen und doch fortwährend das ihn von der Kunst Unterscheidende hervorzuheben" (Lukács: „Über Form und Wesen des Essays", in: ders.: *Die Seele und die Formen*, S. 43).

unterscheiden. Die Zuordnung eines literarischen Textes – im Folgenden ist, auch ohne explizite Erwähnung, immer von literarischen Kunstwerken die Rede – zu einer bestimmten Textsorte aber basiert nicht auf einer gänzlich unproblematischen Klassifizierung gemäß eindeutiger formaler und inhaltlicher Kriterien;[18] auch kann von den „Aufgaben der gattungstheoretischen Einordnung, der Ganzheits-Prüfung und der Wertung", wie Gottfried Willems differenziert, nicht ohne Weiteres „als von drei völlig verschiedenen Richtungen des Fragens" und prinzipiell zu trennenden Aufgaben der Literaturtheorie die Rede sein.[19] Die Bestimmung eines Kunstwerkes als dieser oder jener Gattung zugehörig wird vielmehr von einem unbewusst ablaufenden Urteil begleitet, das als ästhetisches bezeichnet werden könnte: das Urteil nämlich darüber, ob wir es überhaupt mit ‚Kunst' (und ‚Literatur') zu tun haben oder nicht.

Ein beliebiger Textauszug etwa aus einer Tageszeitung wird, so ließe sich argumentieren, nicht dadurch schon zu einem Sonett, um eine streng formalisierte Form als extremes Beispiel zu wählen, dass er in je zwei metrisch gegliederte Quartette und Terzette gebracht wird. Soll er zu einem Sonett, d. h. zu einem literarischen Kunstwerk werden, das sich überdies in eine bestimmte, von ihm gelegentlich mitreflektierte Formgeschichte einreihen lässt, müsste ‚etwas' hinzukommen – ein Unbestimmtes, das unerschöpfliche Quelle immer neuer Deutungen und Sinnzuschreibungen, kurz: eine Art Kunstcharakter ist. Es ergäbe wohl – immer von dieser Überlegung ausgehend – wenig Sinn, von einem Text zu sagen, er sei zwar ein Sonett, aber kein Kunstwerk; einen Text als Sonett identifizieren hieße, ihn bereits als Kunstwerk beurteilt zu haben. Gleichwohl könnte ein Nonsense-Sonett aus einem Zeitungstext zur Demonstration z. B. einzelner formaler Kriterien taugen, auf deren Grundlage ein literarischer Text als Sonett bezeichnet wird. Martin Seels Begriffe des ‚ästhetisch Signifikanten' und des ‚ästhetisch Relevanten' machen diesen Unterschied deutlich.[20] Auch nicht gelungene ästhetische Objekte können auf Kunst insofern bezogen, d. h. ästhetisch

---

18 Für eine Systematik gattungstheoretischer Diskussionen, zu prinzipiellen Problemen der Gattungsbestimmung, zu Fragen nach der Seinsweise der Gattungen und zu terminologischen, erkenntnistheoretischen und methodologischen Aporien vgl. Hempfers *Gattungstheorie*; für einen Überblick literaturwissenschaftlicher Ansätze zur Lösung der Gattungsproblematik vgl. Rüdiger Zymner: *Gattungstheorie. Probleme und Positionen der Literaturwissenschaft*, Paderborn 2003. Eine erhellende (sprach-)philosophische Perspektive auf literarische Gattungen, die in Kapitel III.4 zu Benjamins Reflexionen über Gattungsfragen in der *Erkenntniskritischen Vorrede* des Trauerspiel-Buchs eine Rolle spielen wird, bietet Melandris Studie *I generi letterari e la loro origine*.
19 Willems: *Das Konzept der literarischen Gattung*, S. 339.
20 Vgl. Martin Seel: *Die Kunst der Entzweiung. Zum Begriff der ästhetischen Rationalität*, Frankfurt a. M. 1997, S. 180 ff.

signifikant, sein, als sich an ihnen *negativ* zeigt, was Kunst wäre.[21] Auch können sie, ohne doch an sich ästhetisch relevant zu sein, um einen weiteren Gedanken von Seel aufzugreifen, Anlass einer „ästhetisch sensibilisierten Deutung"[22] sein, die ihren dokumentarischen Gehalt (z. B. einer bestimmten vergangenen Erfahrung) in den Blick nimmt.

Sollen nun aber literarische Gattungsbegriffe nicht universal applizierbare und damit sich selbst als *ästhetische* Gattungsbegriffe aufhebende Begriffshülsen sein, sondern *innerhalb* des Gebietes literarischer Kunstwerke zweckmäßige Klassifikationen ermöglichen, dann müsste für sie gelten, was Adorno für die Beurteilbarkeit von Kunst überhaupt konstatiert: Hat der „Begriff eines schlechten Kunstwerks" tatsächlich „etwas Widersinniges",[23] dann hieße das im Umkehrschluss, dass sich auch ästhetische Gattungsbegriffe sinnvoll nur auf Kunstwerke anwenden lassen, deren Kunstcharakter nicht zur Gänze in Frage steht.[24] Auch Christoph Menkes These von einer „Nachträglichkeit ästhetischer Urteile"[25] muss dem nicht widersprechen: Das ästhetische (Wert-)Urteil – als Explizitierung und reflexives Nachhallen eines Normativität beanspruchenden ästhetischen (Selbst-)Erfahrens „eigene[r] Stringenz in gegenständlicher Verpuppung"[26] – artikuliere und bewähre sich zwar erst in der Interpretation und ästhetischen Bewertung, auch mittels (gattungs-)geschichtlicher Begriffsbestände; zugleich gingen diese aber jener Stringenzerfahrung als Vorannahmen und implizites

---

21 Vgl. ebd., S. 258. Trifft man diese Unterscheidung nicht, so Seel, „kommt man leicht dahin, das Exemplar einer ästhetischen Gattung, an dem sich die Merkmale dieses Genres besonders gut *darstellen* lassen, *darum* bereits für ein ästhetisch hervorragendes Produkt dieser Gattung zu halten" (ebd., S. 233).
22 Ebd., S. 231.
23 Adorno: *Ästhetische Theorie*, S. 246. Vgl. Seel: *Die Kunst der Entzweiung*, S. 228: „Aber wir *haben* doch Kriterien, auf die gerade eine objektivierende Wertung sich maßgeblich stützt! Nein: wir haben die gelungenen Werke, die wir aus praktischen Gründen gelegentlich auf Kriterien verkürzen. Ästhetischer Maßstab ist allein das ästhetisch Gelungene, das nach keinem fixen Maßstab gelungen ist." – Wobei sich das Koordinatennetz zwischen „gelungenen Werken" immer dann verschiebt, wenn ein neues entsteht.
24 Die kunstphilosophische Reflexion besitzt insofern einen gewissen zirkulären Charakter, als sie – wie Günter Figal in *Erscheinungsdinge. Ästhetik als Phänomenologie*, Tübingen 2010, S. 31, konstatiert – „nur klären [kann], was bereits gewußt und bekannt ist", d. i. den „Kunstcharakter der Kunstwerke". Benjamins Essays als Werke im Medium der Kritik, so ließe sich dieser Gedanke auf die Lektüren im zweiten Teil dieser Arbeit übertragen, explizieren und exemplifizieren mittels (selbstbezüglicher) Gattungsbegriffe eine solche nachträgliche Anteriorität ästhetisch-kritischen Urteilens, das sie selbst abbilden wie bei ihren Lesern in Gang setzen.
25 Christoph Menke: *Die Souveränität der Kunst. Ästhetische Erfahrung nach Adorno und Derrida*, 4. Aufl., Frankfurt a. M. 2012, S. 153.
26 Ebd., S. 167.

Vorwissen voraus. Ästhetische Gattungsbegriffe können insofern als positives *Vor*-Urteil über die Kunsthaftigkeit von Kunstwerken aufgefasst werden, oder anders gesagt: als ein Werturteil implizierend. Auch die scheinbar apodiktische, auf klar umrissenen objektiven Kriterien basierende Gattungszuschreibung, so scheint es, setzt unausgesprochen ein heikles, da vermeintlich bloß subjektiv-relatives ästhetisches Urteil voraus; oder sie fällt mit diesem zusammen, sofern man, so ließe sich argumentieren, ästhetische Gattungsbegriffe nicht als quasi-naturwissenschaftliche Kategorien begreift, sondern – ohne dabei einem Begriffsrealismus zu verfallen – von der Annahme auszugehen versucht, in ihnen müsse auch etwas über die kunsthaftige Verfasstheit ihres Gegenstandes ausgesagt werden.[27]

Ein solches Gedankenexperiment redet keineswegs einem überholten substanzialisierten Kunstbegriff das Wort, der Setting, Kontext, Diskursort des jeweiligen in Frage stehenden Werkes ignorieren und avantgardistischen Produktionen – einem Zeitungssonett etwa – ihre Kunsthaftigkeit absprechen wollte. Hier werden verschiedene Argumente durchgespielt und auf ihre streitbaren Prämissen hin befragt, um zu zeigen, dass Gattungsbestimmungen generell höchst voraussetzungsreich sind und plausibel als mit einem gewissen ästhetischen Urteil verwoben verstanden werden *können*. Was auf den ersten Blick tautologisch erscheinen mag (im Sinne Adornos: „*Fast* ist es tautologisch, daß die Entscheidung, ob ein Kunstwerk eines sei, an dem Urteil darüber hängt"[28]), nämlich die Hypothese, mit der konkreten Gattungszuschreibung gehe auf unbestimmte Weise eine Reflexion darüber einher, ob eine allgemein gültige ‚Gattungszuschreibbarkeit' überhaupt möglich sei, ist tatsächlich auf eine Erweiterung bzw. Restituierung von Gattungsbegriffen als echter Instrumente von Kritik und Interpretation aus.

Zum Vorschein aber vermag eine solche mögliche Verflechtung zwischen „Entscheidung" und „Urteil" nur dort zu kommen, wo sich ein einzelnes Kunstwerk gerade in *keine* (bekannte) Gattung einordnen lässt, die Rezipientin also kein

---

27 Selbst Derrida, der Genrebezüge prinzipiell als Zeichen von Normativität begreift, sieht den unhintergehbaren Gattungsbezug (nicht nur von Texten) *auch* als apriorisches „re-mark" und als „absolutely necessary for and constitutive of what we call art, poetry or literature", weil, wie Derrida andeutet, in der „participation" – und nicht im „belonging" – an einem „genre" schon die individuelle Signatur einer partiellen Überschreitung, Verletzung und Nicht-Zugehörigkeit Gestalt annehme; sich, anders gesagt, durch ein solches je unverwechselbares Nähe-Distanz-Verhältnis, das im Genrebezug des Textes als „distinctive trait within itself" angezeigt werde, erst ein literarischer Text formiere (Jacques Derrida: „La Loi du genre/The Law of Genre", in: *Glyph. Textual Studies* 7 (1980), S. 176–232, hier: S. 211f.).
28 Adorno: *Ästhetische Theorie*, S. 245 (meine Hervorhebung).

festes Deutungsschema zur Hand hat. Hier erst sieht sie sich auf die Frage zurückgeworfen, ob sie es mit Kunst zu tun habe – als mit etwas, das, mit Kant formuliert, *viel zu denken gibt* – oder mit Nicht-Kunst. Gattungsbegriffe helfen ihr bei dieser Frage zunächst vermeintlich nicht weiter, sie scheinen, soll keine Regelpoetik instauriert werden, zumindest keine allein maßgebenden Kriterien des ästhetischen Urteils sein zu können.[29] Negativ zeigt sich dies an dem Umstand, dass gerade große Werke der Kunst, wie in der Einleitung mit Benjamins Gattungsbegriff bereits problematisiert wurde,[30] oft Gattungen *entgrenzen* – und, paradoxerweise, in solcher Überschreitung meist zugleich eine Transmedialisierung der Gattung etablieren. Helfen Gattungsbegriffe bei dem Urteil über den Kunstcharakter eines Werkes aber nicht weiter, sieht sich der Leser-Betrachter zurückgeworfen auf ein kritisches Verhältnis gegenüber dem jeweiligen Gegenstand seiner Betrachtung. Die Paradoxie einer so aufgefassten ästhetischen Reflexion besteht aber darin, dass sie sich, legitimiert die Anwendbarkeit klassifikatorischer Begriffe (von Gattungs-, aber auch von Epochenbegriffen u. a.) nicht die *Zuschreibung* eines Kunstcharakters, doch auf irgendeinen vermeintlich apriorischen allgemeinen Begriff von ‚Kunsthaftigkeit' als auf ein *anweisendes Schema der Reflexion* verwiesen sieht. Dieser allgemeine Begriff von Kunst aber speist sich letztlich immer aus der bestimmten, etwa von zeitbedingten Gattungspräferenzen präfigurierten Erfahrung einzelner Kunstwerke und ist insofern nicht etwa vorbegrifflich. Wäre die Wertfrage tatsächlich ‚naiv' und der Gattungsfrage streng vorgängig, dann sähe sich zudem jede literaturtheoretische Bemühung ihres wissenschaftlichen Grundes enthoben.[31]

Ohne an dieser Stelle das kleine Gedankenexperiment, dessen Zweck hier darin bestand, auf den grundsätzlich prekären Vorgang der Gattungsbestimmung hinzuweisen, zu einer Diskussion etwa des Begriffs von ästhetischer Erfahrung

---

29 Benedetto Croce, dessen Kritik an Gattungsbegriffen und Konzeption ästhetischer Kritik im Medium von Essay und Monografie Benjamin rezipiert hat, sieht gar eine nicht zu negierende Kluft zwischen (herkömmlichen) Gattungsbegriffen und ästhetischem Urteil (vgl. Kap. III.4.4): Zwar seien Gattungsbegriffe, so Croce, „praktisch, ja unverzichtbar [...]. Aber auch hier muss der Übergang von diesen klassifikatorischen Begriffen zu den ästhetischen Gesetzen der Komposition und den ästhetischen Kriterien des Urteils als unangemessen erklärt und verweigert werden" (ders.: *Aesthetica in nuce* (1928), in: ders.: *Breviario di estetica – Aesthetica in nuce*, hg. von Giuseppe Galasso, 3. Aufl., Mailand 1990, S. 191–250, hier: S. 220; meine Übers.).
30 „Mit Recht hat man gesagt", so Benjamin, „daß alle großen Werke der Literatur eine Gattung gründen oder sie auflösen, mit einem Worte, Sonderfälle sind." (GS II/1, S. 310; vgl. GS I/1, S. 225) Vgl. Adorno: *Ästhetische Theorie*, S. 297: „Wohl nie hat ein Kunstwerk, das zählt, seiner Gattung ganz entsprochen."
31 Nicht zuletzt daher rührt wohl die teils vehemente Ablehnung, die Croce vonseiten der (deutschen) Literaturwissenschaft erfahren hat und erfährt.

ausweiten oder auf einen Zirkel des Verstehens abzielen zu wollen, lässt sich auf der Basis des Gedankenspiels danach fragen, wie sich gattungsbegriffliches Vorwissen im Falle des Essays mit einer Reflexion über dessen Literarizität verwoben denken lässt. Denn bei vielen Textformen kann eine bestimmte Kenntnis einzelner gattungstypischer formaler oder motivischer Merkmale zu einer angemessenen Wahrnehmung auch der ästhetischen Beschaffenheit des in Frage stehenden Textes (etwa unseres Sonetts) beitragen, ja sie ist vermutlich bisweilen sogar notwendig – im Sinne von Seels „Eigenschaften, die wahrgenommen werden müssen, um die ästhetische Eigenart des Gegenstandes wahrzunehmen"[32].

Für den Essay jedoch scheint sich bei genauerer Betrachtung kaum ein zentrales Gattungskriterium angeben zu lassen, das nicht immer erst als *konkreter Effekt des Gelingens einer komplexen ästhetisch-begrifflichen Konfiguration*, also allein in seiner exemplarischen Darstellung Sinn ergäbe. Selbst das vermeintlich objektive formale Kriterium der *brevitas* ist nur ein Näherungsbegriff, kein echtes Distinktionsmerkmal des Essays (man denke nur an den essayistischen Reflexionsroman), der sich der herkömmlichen Gattungstrias von Epik, Lyrik und Dramatik nicht fügt und gar die Ränder dessen auslotet, was als ‚literarisch' gilt.

Doch ist die Kunsthaftigkeit des Essays auch keine Qualität, die bloß intuitiv oder isoliert von ihrer Funktionalität im Flechtwerk des Essays adäquat wahrgenommen werden könnte. Ihr eignet vielmehr, ohne dass sich ein eindeutiger Zweck, eine bestimmte Bedeutung angeben ließe, eine gewisse *Zweckmäßigkeit* für die Herstellung einer gattungsspezifischen Autoreflexivität des Essays. Die bekannten Gattungskriterien – Dialogizität, Prozessualität, Perspektivität etc. – sind nur verschiedene Namen für diese ästhetische Selbstbezüglichkeit. Das Verständnis des Essays erfordert also offenbar eine besondere Art von Gattungswissen, das sich nicht in bloßen Formalia erschöpft oder in Form von einfachen und klar voneinander gesonderten Kategorien resümieren lässt, sondern mit einer eigentümlichen ästhetischen Reflexion in eins fällt. *In dieser Hinsicht* sind bei der Bestimmung des Essays Wert- und Gattungsfrage miteinander vermittelt. Denn die spezifische Kunsthaftigkeit des Essays besteht darin, dass sie einerseits durch eine fortlaufende (nicht dualistisch zu verstehende) Interpolation mit seinen begrifflichen Momenten ständig auf dem Spiel zu stehen scheint, andererseits gerade durch diese produziert, exponiert, inszeniert wird. Der Essay scheint insofern die Form seines eigenen Erkannt-Werdens in gewisser Weise vorwegzunehmen. Er stellt sich in einem später noch näher zu bestimmenden

---

32 Seel: *Die Kunst der Entzweiung*, S. 239; und weiter heißt es: „In der bildenden Kunst sind das Eigenschaften des physischen Objekts, in dem das Werk sich materialisiert; in der Literatur gehört dazu die Rekonstruktion der Handlung (sofern es eine gibt), die äußere Gliederung eines Textes, das verwendete Vokabular, oft auch die Bestimmung der Gattung [...]." (Ebd.)

Prozess des Lesens-Schreibens seiner Gegenstände selbst als eine Form der ästhetischen Reflexion dar – was mitunter zu der Annahme verführt, über den Essay lasse sich nur essayistisch nachdenken, d. h. in einem Schreiben, das gleichfalls eine Reflexion der eigenen Möglichkeitsbedingungen abzubilden sucht. Das Verständnis des Essays erfordert also, um auf die zu Kapitelbeginn gestellte Frage zurückzukommen, eine ästhetische Denkungsart, die über eine Ebene des Normativen hinausgeht, zugleich aber auch dem Raum des Empirischen, d. i. der bloßen Vorhandenheit ihrer Gegenstände, vorhergeht.

2 Für eine *Schreibästhetik*. Eine transdisziplinäre Betrachtungsweise ausgehend von den ästhetischen Reflexionen Adornos und Agambens

Der Begriff einer ästhetisch-kritischen Reflexion im literaturwissenschaftlichen Kontext, wie er oben skizziert wurde, ist weiter von zwei Traditionslinien der Ästhetik abzugrenzen: Er schließt weder an eine traditionelle philosophische Ästhetik als allgemeine *scientia cognitionis sensitivae* Baumgarten'scher Prägung an, der es allein um die im Essay inszenierte Reflexion der Möglichkeiten von Erfahrung überhaupt und sinnlicher Erkenntnis zu tun wäre, und der dabei die Besonderheit der Erfahrung des spezifischen Kunstcharakters des Essays entginge; noch wird hier an eine Hegel'sche Kunstphilosophie angeknüpft, die über geschichtlicher (oder geschichtsphilosophischer) Verortung und Strukturanalyse des Essays (dessen) erkenntnistheoretische Fragestellungen versäumte. Eine Abgrenzung von diesen beiden Ansätzen ist umso nötiger, als gerade literarische Kunstwerke der Spät- und Postmoderne durch autoreflexive Verfahren ihre eigene Erkennbarkeit zu exponieren wissen und so – für den Essay gilt das auf besondere Weise – das Erkennen als solches thematisch werden lassen.

Die Frage nach den Möglichkeitsbedingungen des Verstehens des Essays als eines beunruhigenden Grenzfalls des Verstehens von literarischen Texten überhaupt wird mit der zuvor aufgeworfenen Frage nach seiner prekären gattungsgeschichtlichen Verfasstheit gebündelt. Die spekulativen wie analytischen Momente dieses Vorgehens firmieren hier unter dem Begriff des Ästhetischen, weil dieses als ein *erweiterter Reflexionsraum* verstanden werden kann, der keiner Einzelwissenschaft (der Philosophie) zugehört.[1] Innerhalb dieses Reflexions-

---

1 Vgl. Adorno: *Ästhetische Theorie*, S. 140: „Ästhetik ist aber keine angewandte Philosophie sondern philosophisch in sich." Die Ästhetik, so Alfred Baeumler, sei keine „Spezialwissenschaft", vielmehr als „*das ästhetische* Gebiet" schlechthin zu verstehen (ders.: *Kants Kritik der Urteilskraft. Ihre Geschichte und Systematik*, Bd. 1: *Das Irrationalitaetsproblem in der Aesthetik und Logik des 18. Jahrhunderts bis zur Kritik der Urteilskraft*, Halle 1923, S. 1 f.). Daran schließt Emilio Garroni in *Senso e paradosso. L'estetica, filosofia non speciale* (Rom / Bari 1986) kritisch an, wo er die Ästhetik als dezidiert nicht-fachwissenschaftliche Reflexion bestimmt; vgl. ders.: *Sinn und Paradox. Die Ästhetik, keine Fachphilosophie*, übers. von Annette Kopetzki, Frankfurt a. M. 1991, S. 9 f.: „Ja, die Ästhetik ist sogar die Vorwegnahme, der Durchgang und, wie bei Kant, geradezu die Ausführung einer kritischen Philosophie, das heißt: einer Philosophie, die die Möglichkeit des Erkennens und des Wissens in Frage stellt, und darum auch die eigene Möglichkeit unbedingt in Frage stellen muß." Innerhalb dieses (selbst-)kritischen Reflexionsraumes bilde die Kunst, so

raumes, so der Anspruch, lässt sich nicht nur Literatur und Kunst – mit Adorno – „zum theoretischen Bewußtsein verhelfen"², sondern in ihm können zugleich genuin literaturwissenschaftliche Fragestellungen, wie die Frage nach Form(en) und Formwerdungsprozessen, reflektiert und in ihrer Komplexität, aber auch inneren Problematizität rekonstruiert werden. Diese Vorgehensweise kongruiert mit Zimas allgemeiner Forderung nach einer nötigen Besinnung auf den „ästhetischen Ursprung" literaturwissenschaftlicher Fragestellungen, um

> eine Kohärenz wiederherzustellen, die zerfallen ist. Diese Art von Rekonstruktion hat nichts mit Restauration zu tun; wohl aber mit Reflexion: Es geht nicht darum, die Literaturwissenschaft einer alten oder neuen Ästhetik einzuverleiben, sondern darum, den ästhetischen Ursprung und Hintergrund ihrer Fragestellungen zu *reflektieren*.³

Die vorliegende Arbeit sucht also einen Mittelweg zwischen Literaturwissenschaft, (Medien-)Ästhetik und Philosophie einzuschlagen und diesen am Essay als einem so spezifischen wie weitreichenden Formproblem zu exemplifizieren. Die transdisziplinäre Ausrichtung einer solchen Verfahrensweise ergibt sich dabei aus dem hybriden Gegenstand Essay selbst, in dem etwa begriffliches und bildgeleitetes Denken ineinandergreifen. Der Begriff der Transdisziplinarität wird hier nach Jan Urbich und Jürgen Mittelstraß folglich nicht im Sinne einer anwendungsorientierten außerwissenschaftlichen Aufhebung der Einzeldisziplinen, sondern als selbstreflexives Verfahren verstanden, das bei bestimmten Fragestellungen Wissen und Verstehensmodelle anderer Fachbereiche kritisch und flexibel in einen disziplinären, hier: in den literaturwissenschaftlichen Rahmen zu integrieren sucht.⁴ Dass eine solche methodologische Erweiterung nicht allein

---

Garroni, den nicht alleinigen, aber „exemplarischen Referenten der Ästhetik" (ebd., S. 9), durch den sich eine Reflexion über die Möglichkeitsbedingungen der Erfahrung überhaupt vermittle.
2 Adorno: *Ästhetische Theorie*, S. 525.
3 Peter V. Zima: *Literarische Ästhetik. Methoden und Modelle der Literaturwissenschaft*, 2., überarb. Aufl., Tübingen / Basel 1995, S. 4.
4 Zum Begriff der Transdisziplinarität, auch in Unterschied zum engeren Begriff der Interdisziplinarität, vgl. Jürgen Mittelstraß: *Die Häuser des Wissens. Wissenschaftstheoretische Studien*, Frankfurt a. M. 1998, S. 29–48. Jan Urbich fordert, die Literaturwissenschaft müsse für eine angemessene „Bestimmung ihres Gegenstandes" dringend „Forderungen nach einem gesteigerten fachinternen und fachexternen Austausch (,Transdisziplinarität')" nachkommen (ders.: „Der Begriff der Literatur, das epistemische Feld des Literarischen und die Sprachlichkeit der Literatur. Einleitende historische Bemerkungen zu drei zentralen Problemfeldern der Literaturtheorie", in: *Der Begriff der Literatur. Transdisziplinäre Perspektiven*, hg. von Alexander Löck und Jan Urbich, Berlin / New York 2010, S. 9–62, hier: S. 14). Für „eine transdisziplinäre Rationalität" zur Überwindung dualistischer Denk- und Erkenntnisweisen plädieren Oliver Jahraus und Nina Ort:

gegenüber der Schreibform Essay, die weder nur Literatur, noch reine Theorie ist, geboten ist, sondern in besonderem Maße in der Auseinandersetzung mit Benjamins Essayismus, wird evident, führt man sich einige seiner Schreibpraktiken in aller Kürze vor Augen: Sie loten z. B. durch eine andere Medien (u. a. Fotografie, Plakatkunst) simulierende Montagetechnik die Grenzen des Literarischen aus, mobilisieren durch die Semantisierung des Druckbildes oder textuelle Gesten und Präsenzeffekte die aisthetischen (sinnlichen) Aspekte von Sprache und Schrift und führen so die eigenen medialen Bedingungen reflexiv vor – oder versuchen gar, „mit den Mitteln des Medialen das Mediale selber ‚aufreißen' zu lassen"[5], d. h. mittels literarischer Textstrategien *im* Schreiben ein „Unsagbare[s]"[6] zum Vorschein kommen zu lassen.

In Theodor W. Adornos *Noten zur Literatur* (1958) und in der *Ästhetischen Theorie* (1970) mit ihrem Anspruch, ein „Organ für alles Sprechende, das nicht signifikativ wäre"[7], ohne doch bedeutungslos zu sein, zu besitzen, finden sich adäquate Hilfskategorien für die Deutung solcher negativen Denkfiguren und selbstreflexiven Schreibstrategien der Auslotung von Sprach- und Mediengrenzen vorgebildet. Ähnliches gilt für das mit Benjamin'schen Motiven durchzogene Denken von Giorgio Agamben, der von *Stanze* (1977) und *Infanzia e storia* (1978) bis *Idea della prosa* (2002) und *Karman* (2017) aus unterschiedlichen Perspektiven die Frage umkreist, was es bedeutet, ‚(nicht-)sprechen zu können', und wie auf dem Umweg über das Schreiben – in der Dichtung, in der Kritik, im Essay – produktions- wie rezeptionsseitig eine auf andere Bereiche menschlichen Handelns übertragbare Erfahrung (mit) der Sprache möglich sei: als Raum von *epistḗmē* und *aísthēsis*, Sinnproduktion und Sinnlichkeit, Allgemeinheit und Singularität, Intelligibilität und Unsagbarkeit.[8] Dieses an der Schnittstelle von Philologie, (Medien-)Ästhetik und Ethik verortete Denken hält – in den konkreten

---

„Vorwort", in: *Theorie – Prozess – Selbstreferenz. Systemtheorie und transdisziplinäre Theoriebildung*, hg. von Oliver Jahraus und Nina Ort, Konstanz 2003, S. 7–10, hier: S. 8.

5 Dieter Mersch: „Mediale Dinge und ihre ästhetische Reflexion", in: *Heterotopien. Perspektiven der intermedialen Ästhetik*, hg. von Nadja Elia-Borer, Constanze Schellow, Nina Schimmel und Bettina Wodianka, Bielefeld 2013, S. 53–80, hier: S. 75.

6 GB I, S. 326.

7 Adorno: *Ästhetische Theorie*, S. 116.

8 Zu diesem *„experimentum linguae"* insbesondere von Essay und Kritik als Versuchen einer Re-Ontologisierung, d. i. einer gänzlich neue Modi des Wahrnehmens, Erkennens und Handelns eröffnenden sinnlich-kognitiven Erfahrung der Sprache, vgl. exemplarisch Giorgio Agamben: *Infanzia e storia. Distruzione dell'esperienza e origine della storia*, Turin 2001, S. VII–XV, und ders.: *La comunità che viene*, Turin 2001, S. 66. Auf die ontologische Dimension von *Benjamins* Suche nach einem neuen Sprachgebrauch weisen, neben Agamben, u. a. Carlo Salzani, Samuel Weber, Sami R. Khatib und Uwe Steiner in den zitierten Studien hin.

Textanalysen zu erprobende – transdisziplinäre Parameter bereit, die verschiedene Aspekte von Benjamins Essayismus zusammenzudenken helfen.⁹

Auf *einen* Aspekt, wie das textanalytische Instrumentarium von einer Konfrontation mit ästhetischen Fragestellungen profitieren kann, ja diese hier sogar erfordert, sei kurz eingegangen. Adorno kommt in der *Ästhetischen Theorie* wiederholt auf Gattungsbegriffe und ihre doppelte Verfassung zwischen abstrakter Allgemeinheit und geschichtlicher Konkretheit zu sprechen, mit der sich auch die Ästhetik zu befassen habe. Ja, die aporetische „Not der Ästhetik"¹⁰, weder auf deduktivem noch auf induktivem Wege ihren bevorzugten Gegenständen, den Kunstwerken, zur angemessenen Darstellung verhelfen zu können, komme im Gattungsbegriff beispielhaft zum Ausdruck. Bedeute gattungsgeschichtliche Einordnung zwar immer auch identifizieren und „auf bereits Bekanntes reduzieren"¹¹, gehen Kunstwerke für Adorno doch in ihrer „Besonderung"¹² nicht auf; ihr Doppelcharakter, ein ihnen stets auch inhärentes (material, verfahrenstechnisch etc. bedingtes) Allgemeines komme der (gattungs-)begrifflichen Bestimmung geradezu entgegen.¹³

Wenn Adorno ferner eine analoge Entwicklungsgeschichte von Gattungen und Kunst konstruiert, die organisch verlaufe, über eine bloße Morphologie aber hinausgehe, berührt er eine gewisse Zweckmäßigkeit von Gattungsbegriffen, einer *intrinsischen Unbestimmtheit* gerade bedeutsamer Werke gerecht zu werden: „Die bedeutenden [Kunstwerke] kehren stets neue Schichten hervor, altern, erkalten,

---

9 Dass diese Parameter nicht aus Benjamins eigenen theoretischen Schriften entwickelt werden, hat einen einfachen Grund. Benjamin ausschließlich *als* Literaturwissenschaftler oder gar Essay-Theoretiker zu lesen, hieße, so etwas wie eine fest umrissene Poetologie oder gar eine subtil kaschierte Poetik unter verfälschender Absehung der Darstellungsweise seines Schreibens zu extrahieren. Eine solche Lesart würde, mit dem Titel seines bekannten Textfragmentes, den ‚destruktiven Charakter' der Benjamin'schen Begriffswelt übersehen, deren Methode bisweilen als „Parodie der philologischen" auftritt (Adorno: „Einleitung zu Benjamins ‚Schriften'", in: ders.: *Noten zur Literatur*, S. 573).
10 Adorno: *Ästhetische Theorie*, S. 510.
11 Ebd., S. 269.
12 Ebd., S. 532.
13 Vgl. ebd.: „Einspruch gegen das abstrahierende und klassifizierende Verfahren, bedarf Ästhetik gleichwohl der Abstraktionen und hat zum Gegenstand auch die klassifikatorischen Gattungen. Ohnehin sind die Gattungen der Kunstwerke, so repressiv sie wurden, kein schierer flatus vocis, obwohl die Opposition gegen Allgemeinbegrifflichkeit ein wesentliches Agens von Kunst ist. Jedes Kunstwerk [...] partizipiert [...] an Geschichte und überschreitet dadurch die eigene Einzigkeit. [...] In der Zone von Geschichte kommunizieren das ästhetisch Einzelne und sein Begriff miteinander. Geschichte ist der ästhetischen Theorie inhärent. Ihre Kategorien sind radikal geschichtlich [...]."

sterben", besitzen jedoch darüber hinaus nach Adorno „Leben sui generis",[14] da sie „auf der Bahn ihrer Konkretion"[15], d.i. in der Ausbildung ihrer Autonomie, mittels ihrer Form mit Empirie, Geschichte, Gesellschaft und allgemeinen Begriffen auch insofern ‚sprechen', als sie sich ihnen ‚versagen'. Ja, ihre Besonderheit und Bedeutung bemesse sich erst an ihrem ästhetisch ausgetragenen „Konflikt"[16] mit geschichtlich geforderten Ideen, Formensprachen und Ausdrucksmedien, auf die sie (negativ) bezogen blieben. Ähnlich haben, so Adorno, die Gattungen, „[e]ntsprungen und vergänglich, [...] gleichwohl etwas mit Platonischen Ideen gemein"[17], indem sie an der Konkretion der Kunstwerke teilhaben. Die „bedeutenden" Einzelwerke sind mit ihrer Gattung demnach wechselseitig so vermittelt,[18] dass sie als spezifisches Spannungsgefüge zwischen ihrem Begriff und ihrer Besonderheit, intelligibler und sensibler Ordnung, Signifikation und Sinnentzug erscheinen, ohne dass sich ein ‚Erstes' angeben oder sich Werk und Gattung ohne einander denken ließen.[19] ‚Bedeutend' sind diese Werke im doppelten Sinne: Ihr Bedeutungs- oder Sinnpotenzial entspringt ihrer unableitbaren individuellen Relation mit ihrem Begriff, die, zu immer neuen Reflexionen anregend, ihre bleibende Geltung, ihre Bedeutung sichert.

Will man mit Adorno, der an anderer Stelle eine ähnliche archäologische Metapher wie jene des Kunstwerks als eines geschichteten Gebildes bemüht, „Künstler einer Gattung [...] als unterirdisch gemeinsam Arbeitende"[20] verstanden wissen, dann bestünde die Aufgabe einer ästhetisch-kritisch verfahrenden Literaturwissenschaft in der Aufdeckung und „Konstruktion von [...] Zusammenhängen"[21], die zwar als – nur vermeintlich paradox – geschichtlich durcheinander bedingt, nicht aber als zwingend „‚notwendig'"[22] aufzufassen sind. Statt sich auf

---

[14] Ebd., S. 14.
[15] Ebd., S. 522.
[16] Ebd., S. 300.
[17] Ebd.
[18] Vgl. ebd., S. 510: „Immanent erscheint die Not der Ästhetik darin, daß sie weder von oben noch von unten konstituiert werden kann; weder aus den Begriffen noch aus der begriffslosen Erfahrung. Gegen jene schlechte Alternative hilft ihr einzig die Einsicht der Philosophie, daß Faktum und Begriff nicht polar einander gegenüberstehen sondern wechselfältig durch einander vermittelt sind."
[19] Vgl. ebd., S. 521 (meine Hervorhebung): Aufzusuchen sei, so Adorno, die „Wechselwirkung des Allgemeinen und Besonderen, die das Allgemeine nicht dem Besonderen von außen imputiert sondern *in* dessen Kraftzentren aufsucht", und zwar mithilfe von Begriffen (bzw. eines bestimmten Begriffsgebrauchs), „deren Telos das Besondere ist".
[20] Ebd., S. 60.
[21] Ebd., S. 532f.
[22] Ebd., S. 532.

abstrakte Klassifikationsbegriffe zurückzuziehen, verbliebe dieses Verfahren auf der Ebene der Einzelwerke und nähme, ohne in ästhetischen Relativismus abzugleiten, den in ihnen sich je unverwechselbar, aber *analog* ausprägenden Konflikt zwischen Besonderung und Begriff in den Blick. Soll das einzelne literarische Kunstwerk nicht vollständig in einem Gattungsbegriff aufgehen, nicht restlos identifiziert werden, wäre eine Methode zu entwickeln, die zugleich dessen sich dem Begriff entziehende negative Momente, seine spezifische sinnliche Reflexivität zu berücksichtigen vermag, d. h. die nicht ausschließlich semiotisch[23], rezeptionsästhetisch[24] oder hermeneutisch[25] verfährt. Einem Archäologen gleich müsste der Gattungsästhetiker bei Gelegenheit der werkimmanenten Analyse und in ständiger Hinterfragung des epistemischen und geschichtlichen Status seines eigenen begrifflichen Werkzeugs Schicht für Schicht den in ihrer heiklen – konstruierten, aber „unterirdisch" begründeten – ‚Gattungshaftigkeit' anschaulich werdenden „Bedingungen und Vermittlungen der Objektivität von Kunst nachgehen"[26] und zugleich deren sich darin ausprägendes Besonderes, Nicht-Subsumierbares bedenken. Dies gilt umso mehr, hat man es mit einem Schreibverfahren wie mit Benjamins Essayismus zu tun, der sich gerade durch den fortlaufenden Konflikt, die Reflexion und Überbietung dichotomischer (Gattungs-)Relationen zwischen abstrakter Allgemeinheit und geschichtlicher Konkretheit, Zugehörigkeit und Differenz, Erkennbarkeit und Unsagbarkeit auszeichnet und darin nicht nur seinen Gegenständen, sondern auch seinen Begriffen ein Moment des Inkommensurablen zurückzuerstatten sucht.

---

23 Im Sinne von jenem „Organ für alles Sprechende, das nicht signifikativ wäre" (ebd., S. 116).
24 Etwa im Sinne eines unproblematischen Auffüllens von Unbestimmtheiten und Leerstellen oder einer einfühlenden Projektion des Rezipienten auf das in Frage stehende Kunstwerk.
25 Adorno hat dagegen eine Art nicht-subjektzentrierte negative Hermeneutik im Sinn: „Kunstwerke sind nicht von der Ästhetik als hermeneutische Objekte zu begreifen; zu begreifen wäre, auf dem gegenwärtigen Stand, ihre Unbegreiflichkeit." (Ebd., S. 179) „Aufgabe einer Philosophie der Kunst ist", wie er in der „Frühen Einleitung" der *Ästhetischen Theorie* der hermeneutischen Praxis lückenloser Erschließung von Sinngehalten vorhält, „nicht sowohl, das Moment des Unverständlichen [...] wegzuerklären, sondern die Unverständlichkeit selber zu verstehen." (Ebd., S. 516)
26 Ebd., S. 397. Wenn Adorno schreibt, dass „in der Ästhetik Erkenntnis schichtenweise sich vollzieht" (ebd., S. 513), dann erinnern Bild und Konzept des Verstehens als eines prozessualen Schichten-Abtragens zwar womöglich u. a. an eine psychoanalytische Methodik, etwa an Roman Ingardens phänomenologisch inspirierte rezeptionsästhetische Konzeption des literarischen Werkes als eines mehrschichtigen Gebildes, oder an postmoderne Vorstellungen von der intertextuellen Schichtung des Textes. Adornos Modell eines schichtenweise sich vollziehenden Erkennens wird hier jedoch als Ineinander von ästhetischen und nicht-ästhetischen Momenten, von Unmittelbarkeit und Mittelbarkeit, Amedialität und Medialität des rätselhaften Kunstwerks im Medium (s)eines dynamischen, dialektischen Verstehensprozesses aufgefasst.

Wenn die vorliegende Arbeit es sich zum Ziel gesetzt hat, in einer mehrschichtigen textorientierten ästhetischen Reflexion über den Essay als Gattungsform *zugleich* immer auch ästhetische Grundsatzfragen, wie z.B. die Vermittlung von Besonderem und Allgemeinem, Sinnlichkeit und Reflexion zu behandeln, dann trägt diese Verfahrensweise einer weiteren Beobachtung Adornos Rechnung: dass nämlich „Aufschluß über die traditionellen großen Fragen der Ästhetik [...] nicht länger von allgemeinen Grundsätzen" zu erhoffen sei, „sondern in Bereichen, die sonst als bloße Exempla gelten".[27] Mit Benjamins Abhandlung über das deutsche Trauerspiel und Lukács' geschichtsphilosophischem Versuch über eine *Theorie des Romans* (1916) nennt Adorno sicherlich nicht zufällig zwei ästhetische Entwürfe, die sich exemplarisch an Fragen der Gattung entzünden. Verfahren und Kriterien der Auswahl derjenigen Texte Walter Benjamins, die im zweiten Teil dieser Studie analysiert werden, sind insofern in Strukturanalogie zum Status von Adornos *exempla* in der *Ästhetischen Theorie* zu verstehen. Dass sich eine Schreibästhetik des Essays wiederum nur von exemplarischen Essays aus konstruieren lässt, hat mit der durch *exempla* – oder besser: durch *Paradigmen* – operierenden spezifischen Verfahrensweise des Essays selbst zu tun, der sich die folgenden Reflexionen beschreibend nähern.

2.1 Über Adornos Umweg zum *Essay als Form*. Eine kleine Ästhetik des Essays und Benjamin als sein „unerreichter Meister"

Adornos Essay „Der Essay als Form" (1958) lässt sich als eine Art Sediment seiner aneignenden Auseinandersetzung mit Benjamins Schreiben-Denken auffassen und bietet sich daher als dessen Deutungsschema an.[28] Adornos Essay-Konzeption, die meist aus seinem späten programmatischen Essay abgeleitet wird, ist allerdings bereits von ihrer Genese her eine gewisse innere Ambiguität eingeschrieben, die dabei kritisch mitzureflektieren ist: Der ‚Essay' widerfährt dem jungen Privatdozenten Adorno zunächst als Vorwurf von Kollegenseite im Anschluss an seine 1931 an der Philosophischen Fakultät der Frankfurter Universität gehaltene Antrittsvorlesung „Die Aktualität der Philosophie", erst nachträglich sucht er sich mit ihm in eine alternative Philosophie-Tradition einzuschreiben.

---

27 Ebd., S. 494.
28 So hält etwa Şölçün fest: „In der Tat kann man den Äußerungen von Adorno entnehmen, daß seine Benjamin-Interpretation bei der Verfassung seines *Essays als Form* als Grundlage gedient hat." (Ders.: *Unerhörter Gang des Wartenden*, S. 121)

Deren Morphologie wird sich bis zu „Der Essay als Form" hin wandeln, was auch den Entstehungskontexten der jeweiligen Texte geschuldet ist. Gegenüber der versammelten Professorenschaft sucht Adorno an eine andere, um eine bestimmte Wissenschaftlichkeit noch bemühte Form-Tradition anzuschließen als in seinem die *Noten zur Literatur* einführenden Groß-Essay. Vor dem Hintergrund seiner deutlich von Benjamins Trauerspiel-Buch geprägten Antrittsvorlesung und der Debatten aus ihrem Umkreis, die von der Forschung meist unberücksichtigt bleiben, muss aber auch Adornos Essay über den Essay in einem neuen Licht erscheinen, weshalb im Folgenden zunächst ausführlicher auf Adornos Vortrag eingegangen wird.

In einem Brief vom 29. Mai 1931 an Siegfried Kracauer, der ihm ein gutes Gelingen seiner Antrittsvorlesung gewünscht hatte, berichtet Adorno ausführlich und noch spürbar gekränkt von den Reaktionen auf seine Vorlesung, die er am 8. Mai vor großem Publikum gehalten hat.[29] Sein Vortrag habe, so Adorno, einen „Skandal" ausgelöst und ihm vonseiten der akademischen Hörerschaft eine „Flut von Haß, Widerstand und Bosheit" eingetragen.[30] Insbesondere der Vorwurf der „,Salonphilosophie' und Unfundiertheit"[31] scheint Adorno, obgleich er ihn erwartet und in seinem Vortrag als vorhersehbare Verkennung seiner Konzeption einer „deutenden Philosophie"[32] antizipiert hatte, getroffen zu haben. In seinem Brief an Kracauer versucht Adorno die ihm von allen Seiten entgegenschlagende Bezichtigung der Unwissenschaftlichkeit und Unverständlichkeit als Verständnismangel seiner Kollegen auszulegen, denn er wolle ja gar „keine Wissenschaft

---

29 Zur Datierung vgl. Adorno: *Theodor W. Adorno & Siegfried Kracauer. Briefwechsel*, S. 273. Zu den Hintergründen der Vorlesung, in der sich gleichsam die „Grundkonstellation" (Albrecht Wellmer: *Zur Dialektik von Moderne und Postmoderne. Vernunftkritik nach Adorno*, Frankfurt a. M. 1985, S. 139) von Adornos Denken zeige, siehe Stefan Müller-Doohm: *Adorno. Eine Biographie*, Frankfurt a. M. 2003, S. 206 ff., und ders.: „Sprachphilosophische Aspekte im Denken von Theodor W. Adorno", in: *Philosophie in literarischen und ästhetischen Gestalten*, hg. von Reinhard Schulz, Oldenburg 2005, S. 131–155, v. a. S. 132–134.
30 Adorno an Kracauer am 29. Mai 1931, in: Adorno: *Theodor W. Adorno & Siegfried Kracauer. Briefwechsel*, S. 274 f.: „Wertheimer bekam vor Wut und Aufregung einen Weinkrampf; Tillich fand die Form anstößig wegen ihres bestimmten Tones; Mannheim schimpfte und Horkheimer [...] war es nicht marxistisch genug. Von dem Ärger, der Flut von Haß, Widerstand und Bosheit, die mir der Vortrag eingetragen hat, kannst Du Dir keinen Begriff machen."
31 Ebd., S. 275.
32 Theodor W. Adorno: „Die Aktualität der Philosophie", in: ders.: *Philosophische Frühschriften*, in: ders.: *Gesammelte Schriften*, hg. von Rolf Tiedemann, Bd. 1, Frankfurt a. M. 2003, S. 325–344, hier: S. 336.

machen und keine Weltanschauung, sondern eben etwas prinzipiell anderes, was zu den akademischen Kategorien ganz disparat steht"[33].

Doch auch Kracauer muss Adorno nach der Lektüre von dessen Vorlesungstext in einem Antwortschreiben gestehen: „Deine Antrittsvorlesung ist wirklich ein prinzipieller Fall, der einer kleinen Abhandlung wert wäre."[34] Kracauers Lob fällt entsprechend verhalten aus, seine Kritik trifft zur Hauptsache eine von ihm als kaum tragfähig und später auch von Benjamin und Bloch beanstandete Verbindung zwischen Adornos Gedanken und dem von ihm gesuchten Materialismus. Besonders sein Lob des „ästhetischen Essays"[35], in welchem der Vortragstext letztlich gipfelt, sei mit diesem unvereinbar:

> Dann noch der Schluß! Du verteidigst die Form des Essay [sic], aber der ist doch am Ende eine formale Größe. Jedenfalls kommt es weniger auf die Kleinheit an als darauf, daß die jeweilige Untersuchung die gegebene Wirklichkeit aufnimmt, dialektisch weiter treibt und damit verändert. Das Kapital war ein Werk und entspricht dennoch unseren Forderungen.[36]

In seinem Antwortbrief vom 8. Juni geht Adorno weder auf die Kritik Kracauers ein, eine materialistisch-dialektische Arbeit könne durchaus Werkcharakter besitzen und müsse nicht zwingend in einer bestimmten kleinen Form eine Opposition gegen eine zu verändernde herrschende Wirklichkeit simulieren;[37] noch führt Adorno die in seinem Vortrag durchaus kohärent skizzierte Verbindung zwischen einer intentionslos verfahrenden deutenden Philosophie, die ihr Material für sich sprechen lasse, einer auf Bacon zurückgehenden methodischen Voraussetzungslosigkeit naturwissenschaftlicher Experimentalanordnungen und dem Essay – als Versuch einer immanenten Kritik irreduzibler Phänomene – weiter theoretisch aus. Unumwunden macht er vielmehr deutlich, dass er sich mit dem Essay einen Begriff produktiv anzueignen versucht habe, mit dem vehemente Kritik schon an seiner Habilitationsschrift geübt worden war:

---

33 Adorno an Kracauer am 29. Mai 1931, in: Adorno: *Theodor W. Adorno & Siegfried Kracauer. Briefwechsel*, S. 275.
34 Kracauer an Adorno am 7. Juni 1931, in: Adorno: *Theodor W. Adorno & Siegfried Kracauer. Briefwechsel*, S. 280.
35 Adorno: „Die Aktualität der Philosophie", in: ders.: *Philosophische Frühschriften*, S. 344.
36 Kracauer an Adorno am 7. Juni 1931, in: Adorno: *Theodor W. Adorno & Siegfried Kracauer. Briefwechsel*, S. 281.
37 Auch Kracauer selbst bevorzugt zwar, wie Oschmann ausführt, aus medialen wie methodologischen Gründen kleine Prosaformen, doch er „verzichtet […] in seinen Texten auf Gattungsbezeichnungen" und „hält demnach die Darstellung offen und flexibel für die Art und Weise des Gegenstandes, damit dieser selbst gleichsam ans Licht zu treten vermag" (ders.: „Kracauers Herausforderung der Phänomenologie", S. 206).

> Die Sache mit dem Essay hat einen ganz konkreten Hintergrund. Sie ist die Antwort auf die Einwände von Wertheimer und Riezler gegen den Kierkegaard, die ich wörtlich reproduziert habe. Sie ist also aus einer ganz bestimmten Situation zu verstehen. Es ist selbstverständlich, daß ich die Philosophie nicht willkürlich auf den Essay reduzieren möchte. Ich glaube nur, daß im Essay ein Prinzip liegt, das gegenüber der großen Philosophie sehr fruchtbar werden kann.[38]

Wie aber hatte bereits Adornos Kierkegaard-Buch derart heftige Einwände provozieren können? Die beiden Gestalttheoretiker Max Wertheimer und Kurt Riezler – der eine zu diesem Zeitpunkt Professor für Psychologie, der andere Honorarprofessor für Philosophie an der Universität Frankfurt – haben bei vielen Gelegenheiten mit Adorno, der im Februar 1931 mit der Arbeit *Kierkegaard. Konstruktion des Ästhetischen* bei Paul Tillich habilitiert wurde, über dessen Kierkegaard-Arbeit ins Gespräch kommen können, ob in einem der von Tillich geleiteten interdisziplinären Seminare oder im Rahmen der Frankfurter Ortsgruppe der Kantgesellschaft. Was Benjamin, dessen eigenes Habilitationsgesuch von der Universität Frankfurt 1925 abgelehnt worden war, in seiner Rezension von Adornos Habilitationsschrift später lobend hervorheben sollte, nämlich den umsichtigen „Versuch"[39], in „Konstellationen"[40] von „unauffälligsten Relikten"[41] zu lesen (wobei dieser Versuch teilweise doch auch „etwas von einer Phantasmagorie"[42] an sich habe), musste der Methode und Darstellung nach auf Ablehnung stoßen, besonders durch Wertheimer. Schon die Annahme einer in disparate Bruchstücke zerfallenden Wirklichkeit nämlich entzieht, nach Wertheimer, jeder wissenschaftlichen Betrachtung grundsätzlich den Boden:

> Wie muß eine Welt aussehen, wo es keine Wissenschaft, kein Begreifen, kein Hineindringen, kein Tieferdringen, kein Erfassen der inneren Zusammenhänge geben kann? Die Antwort ist sehr einfach. Wenn ich eine Mannigfaltigkeit habe von lauter disparaten Stücken.[43]

Adorno hatte, unter dem sichtlichen Eindruck von Benjamins Trauerspiel-Arbeit, einige Denkfiguren Kierkegaards, wie z.B. den Begriff des ‚Sprungs', in seiner eigenen Darstellungsweise aufgearbeitet, die aus der intentionslosen Betrachtung und Korrelierung einzelner randständiger und isolierter Phänomene sprunghaft

---

[38] Adorno an Kracauer am 8. Juni 1931, in: Adorno: *Theodor W. Adorno & Siegfried Kracauer. Briefwechsel*, S. 283 f.
[39] GS III, S. 380.
[40] Ebd., S. 381.
[41] Ebd., S. 382.
[42] Ebd., S. 381.
[43] Max Wertheimer: *Über Gestalttheorie. Vortrag vor der Kant-Gesellschaft, Berlin am 17. Dezember 1924*, Erlangen 1925, S. 23.

lesbare Figuren auftauchen lassen sollte, und so vermutlich den Vorwurf auf sich gezogen, willkürlich und spekulativ zu verfahren. Zwischen einzelnen Phänomenen sind nach Wertheimer nicht partielle instabile Ähnlichkeitsbeziehungen aufzuspüren, die Aufmerksamkeit jeder geisteswissenschaftlichen Untersuchung habe vielmehr vermittelnden „*inneren Strukturgesetzen*"[44] zu gelten.

Vor dem Hintergrund der Differenzen um Adornos Kierkegaard-Buch erscheint auch die Antrittsvorlesung des jungen Privatdozenten in einem anderen Licht. Erneut stehe ihm „mit Wertheimer und Riezler", wie Adorno befürchtet, „eine lange Auseinandersetzung bevor".[45] Dass Adorno für seine vorgeblich nüchterne und absichtslose sprachliche Darstellungsmethode zudem den Begriff des empirischen Experiments in Anspruch nahm und sich dabei auch noch auf Bacon berief, hat Wertheimer vermutlich aufgebracht, der selbst durch seine zahlreichen wahrnehmungspsychologischen Experimente zur Ermittlung und Verifizierung jener inneren Struktur- und Gestaltgesetze bekannt geworden war. Den offenbar von dieser Seite zu erwartenden „Vorwurf des Essayismus"[46], den er jedoch gerne in Kauf nehme, antizipiert Adorno am Ende seines Vortrages. Dort äußert er sich zu zahlreichen „aktuellsten Einwänden"[47], die er in indirekter Rede referiert:

> Es ist zentral der Einwand: auch meiner Auffassung liege ein Begriff des Menschen, ein Entwurf des Daseins zugrunde; nur scheute ich mich, aus blinder Angst vor der Macht der Geschichte, diese Invarianten deutlich und konsequent hervorzutreiben und lasse sie im Trüben; stattdessen verliehe ich der geschichtlichen Faktizität oder deren Anordnung die Macht, die eigentlich den Invarianten, den ontologischen Grundstücken gebühre, treibe Götzendienst mit dem geschichtlich produzierten Sein, bringe die Philosophie um jeden konstanten Maßstab, verflüchtige sie in ein ästhetisches Bilderspiel und verwandle die prima philosophia in philosophischen Essayismus.[48]

Aus dem Ideologievorwurf („ein Entwurf des Daseins" – eine Spitze gegen Heidegger) und dem Vorwurf, er betreibe eine Art verkehrte Ontologie, wenn er den Relikten der Geschichte einen quasi-apriorischen Wert zuerkenne, wird Adorno dreißig Jahre später eines der zentralen Merkmale des Essays gewinnen. Dessen heuristische Kraft nämlich bestehe, wie er in „Der Essay als Form" vertiefen wird, gerade in seiner hypothetischen Dimension, d. h. darin, dass er in geschichtlichen

---

44 Ebd., S. 7.
45 Adorno an Kracauer am 29. Mai 1931, in: Adorno: *Theodor W. Adorno & Siegfried Kracauer. Briefwechsel*, S. 275.
46 Adorno: „Die Aktualität der Philosophie", in: ders.: *Philosophische Frühschriften*, S. 343.
47 Ebd., S. 342.
48 Ebd., S. 342 f.

Bruchstücken zu lesen vermag, *als ob* sie ein Erstes wären.⁴⁹ Gegen den Verdacht von Beliebigkeit, Unwissenschaftlichkeit und Irrationalismus hingegen bringt Adorno in seiner Antrittsvorlesung „jene alte Konzeption der Philosophie" in Stellung,

> die Bacon formulierte und um die Leibniz zeitlebens leidenschaftlich sich mühte: [...] die der ars inveniendi. Jede andere Auffassung der Modelle wäre gnostisch und nicht zu verantworten. Organon dieser ars inveniendi aber ist Phantasie. Eine exakte Phantasie; Phantasie, die streng in dem Material verbleibt, das die Wissenschaften ihr darbieten, und allein in den kleinsten Zügen ihrer Anordnung über sie hinausgreift: Zügen freilich, die sie ursprünglich und von sich aus geben muß.⁵⁰

Der Begriff der „exakten Phantasie" als eines formalen Werkzeugs der „ars inveniendi", der Erkenntnis- und Darstellungstechnik einer Philosophie der Deutung, fällt schon im Kierkegaard-Buch im Sinne eines eingreifenden Anordnungsverfahrens.⁵¹ Adorno rekurriert mit dem Oxymoron auf Goethes Begriff einer „exakte[n] sinnliche[n] Phantasie", den Goethe der Kant'schen produktiven Einbildungskraft nachgebildet und als eine Art *Mittelglied* zwischen „*Sinnlichkeit* und *Vernunft, Einbildungskraft* und *Verstand*" entwickelt hatte, das der „Verstandesvernunft" nicht etwa im Wege stehe, sondern deren Defizite auszugleichen vermöge.⁵²

---

49 Auch darin erweise sich Benjamin als ‚unerreicht': „Der Essay als Form besteht im Vermögen, Geschichtliches, Manifestationen des objektiven Geistes, ‚Kultur' so anzuschauen, als wären sie Natur. Benjamin war dazu fähig wie kaum einer." Theodor W. Adorno: „Charakteristik Walter Benjamins" (1950), in: ders.: *Über Walter Benjamin. Aufsätze, Artikel, Briefe*, hg. von Rolf Tiedemann, Frankfurt a. M. 1970, S. 9–26, hier: S. 14.
50 Adorno: „Die Aktualität der Philosophie", in: ders.: *Philosophische Frühschriften*, S. 341 f.
51 Vgl. Theodor W. Adorno: *Kierkegaard. Konstruktion des Ästhetischen*, in: ders.: *Gesammelte Schriften*, hg. von Rolf Tiedemann, Bd. 2, Frankfurt a. M. 2003, S. 195 f.
52 Die Formel fällt in Goethes Besprechung „Ernst Stiedenroth, Psychologie zur Erklärung der Seelenerscheinungen" (1824), in: ders.: *Naturwissenschaftliche Schriften I* (HA 13), S. 41–43, hier: S. 42: „Wer nicht überzeugt ist, daß er alle Manifestationen des menschlichen Wesens, *Sinnlichkeit* und *Vernunft, Einbildungskraft* und *Verstand*, zu einer entschiedenen Einheit ausbilden müsse, welche von diesen Eigenschaften auch bei ihm die vorwaltende sei, der wird sich in einer unerfreulichen Beschränkung immerfort abquälen und niemals begreifen, warum er so viele hartnäckige Gegner hat, und warum er sich selbst sogar manchmal als augenblicklicher Gegner aufstößt. So wird ein Mann, zu den sogenannten exakten Wissenschaften geboren und gebildet, auf der Höhe seiner Verstandesvernunft nicht leicht begreifen, daß es auch eine exakte sinnliche Phantasie geben könne, ohne welche doch eigentlich keine Kunst denkbar ist." Zu Adornos Begriff ‚exakte Phantasie' vgl. Philipp von Wussow: *Logik der Deutung. Adorno und die Philosophie*, Würzburg 2007, S. 199–206; Shierry Weber Nicholsen stellt ihn gar ins Zentrum ihrer Rekonstruktion von Adornos ästhetischen Schreibweisen, vgl. dies.: *Exact Imagination, Late Work. On*

Auch Ernst Cassirer hatte, wie Adorno sicherlich wusste, u. a. im ersten Band seiner *Philosophie der symbolischen Formen* (1923–29) in Goethes Begriff der „exakten sinnlichen Phantasie" eine beispielhafte Überwindung des cartesianischen metaphysischen (Materie vs. Form, Sinnlichkeit vs. Denken) wie methodischen (Empirismus vs. Rationalismus, Induktion vs. Deduktion) Dualismus hineingelesen.[53] Das ‚Sinnliche' deutet Cassirer hier als konkreten materialen Ausdruck eines ‚Geistigen', zugleich spricht er ihm eine Sinn produzierende eigene „reine Aktivität"[54] zu: Im Wechselspiel zwischen Sinnlichkeit und Sinn entstehen nach Cassirer dynamische anschaulich-begriffliche Symbole, denen als den „Repräsentant[en] für eine Gesamtheit"[55] ein Allgemeingültigkeits- und Wahrheitsanspruch eigne. In dem kleinen philosophiehistorischen Abriss in seiner Vorlesung, in dem er eine drohende „Liquidation der Philosophie"[56] durch die Einzelwissenschaften prognostiziert, nennt Adorno Cassirer zwar nicht explizit; doch versucht er an mehreren Stellen seinen eigenen Entwurf in der Auseinandersetzung mit einem ganz bestimmten methodischen Mittelweg zu konturieren, der dem seinen nicht ganz unähnlich zu sein scheint und von dem er sich daher offenbar glaubt abgrenzen zu müssen. Wiederholt betont er, es sei „ohne die symbolische Funktion auszukommen, in welcher bislang [...] das Besondere das Allgemeine zu repräsentieren schien"[57] und welche das Besondere in ein gewissermaßen prästabiliert-harmonisches, determinatives Verhältnis zum Allgemeinen einfasste. Mit dem „Problem eines ‚Sinnes'"[58] nämlich, so Adorno, seien auch

---

Adorno's Aesthetics, Cambridge 1997; vgl. auch Carsten Schlüter: „Adornos Weg der Kritik der apologetischen Vernunft", in: *Aspekte der Kritischen Theorie*, hg. von Wilfried Röhrich, Berlin 1987, S. 61–88, v. a. S. 76 ff.
53 Vgl. Ernst Cassirer: *Philosophie der symbolischen Formen. Erster Teil: Die Sprache*, in: ders.: *Gesammelte Werke*, hg. von Birgit Recki, Bd. 11, Hamburg 2001, S. 17 f.: Es sei „verkannt, daß es auch eine Aktivität des Sinnlichen selbst, daß es, um den *Goetheschen* Ausdruck zu gebrauchen, auch eine ‚exacte sinnliche Phantasie' gibt, die sich in den verschiedensten Gebieten geistigen Schaffens als wirksam erweist." Nach Cassirer ist „diese exakte sinnliche Phantasie [...] das Organ" von Goethes dichterischer Welterfassung (ders.: *Freiheit und Form. Studien zur deutschen Geistesgeschichte*, in: ders.: *Gesammelte Werke*, hg. von Birgit Recki, Bd. 7, Hamburg 2001, S. 249); vgl. dazu Barbara Naumann: „Umschreibungen des Symbolischen. Ernst Cassirers Goethe", in: *Cassirer und Goethe. Neue Aspekte einer philosophisch-literarischen Wahlverwandtschaft*, hg. von Barbara Naumann und Birgit Recki, Berlin 2002, S. 1–23, sowie Oswald Schwemmer: *Das Ereignis der Form. Zur Analyse des sprachlichen Denkens*, München 2011, S. 108–112.
54 Cassirer: *Philosophie der symbolischen Formen. Erster Teil: Die Sprache*, S. 19.
55 Ebd., S. 20.
56 Adorno: „Die Aktualität der Philosophie", in: ders.: *Philosophische Frühschriften*, S. 331.
57 Ebd., S. 336.
58 Ebd., S. 334: „Es fällt danach also die Idee der Deutung keineswegs mit dem Problem eines ‚Sinnes' zusammen, mit dem sie meist verwirrt wird."

„die Symbole der Philosophie [...] verfallen"[59]. Eine Philosophie der Deutung habe allein geschichtliche Figuren als *Modelle*[60] aus „Spuren und Trümmern"[61] zu (re-)konstruieren und nicht das Seiende als sinnvoll rechtfertigende übergeschichtliche Symbole zu deduzieren.

Mit dem Rückgriff auf die Tradition der *ars inveniendi*[62] nun versucht Adorno – in Absetzung von Cassirer – eine vordergründig analog zu den exakten

---

[59] Ebd., S. 336.

[60] In der Vorrede zur *Negativen Dialektik* geht Adorno näher auf den Begriff ‚Modell' ein: Ihm gehe es nicht um „Beispiele", die „einfach allgemeine Erwägungen" erläutern; „im Gegensatz zu dem Gebrauch von Beispielen als einem an sich Gleichgültigen, den Platon einführte und den die Philosophie seitdem wiederholte", wolle er „Modelle" einführen, die einerseits der Verdeutlichung dienen, andererseits, „nicht unähnlich der sogenannten exemplarischen Methode, Schlüsselbegriffe" erörtern (ebd., S. 10). Adornos Begriff des Modells ähnelt dem später als textuelle Erkenntnisfigur erarbeiteten Konzept des Paradigmas – und auch das Parataktische bei Adorno ließe sich von hier aus als Chiffre seines Essayismus als eines flächig-teppichhaften und paradigmatisch operierenden Nebeneinanders am Beispiel Benjamins auslegen. Zu Adornos Philosophie als einer essayistisch verfahrenden Deutung in Form von Modellen vgl. Kramer: *Rätselfragen und wolkige Stellen*, S. 150–152.

[61] Adorno: „Die Aktualität der Philosophie", in: ders.: *Philosophische Frühschriften*, S. 325. Für Cassirer dagegen „gibt es keinen plötzlichen Riß oder Sprung – keinen Hiatus, durch den sie [die Einheit] sich in disparate ‚Teile' auflöst" (ders.: *Philosophie der symbolischen Formen. Dritter Teil: Phänomenologie der Erkenntnis*, in: ders.: *Gesammelte Werke*, hg. von Birgit Recki, Bd. 13, Hamburg 2002, S. 87), keine „materia nuda" (ebd., S. 16), sondern nur eine in sich stimmige, auch Gegensätze in sich fassende konkrete Einheit (vgl. Schwemmer: *Das Ereignis der Form*, S. 133 f.).

[62] Zur auf Gottfried Wilhelm Leibniz zurückgehenden *logica inventiva* vgl. allg. Umberto Eco: *Die Suche nach der vollkommenen Sprache*, aus dem Ital. von Burkhart Kroeber, 3. Aufl., München 2002, S. 276–290. Leibniz selbst entwickelt den Begriff in seiner Studie über die kombinatorische Zeichenkunst, in der *Dissertatio de Arte Combinatoria* (1666), in: ders.: *Philosophische Schriften*, hg. von der Leibniz-Forschungsstelle der Universität Münster, in: ders.: *Sämtliche Schriften und Briefe (Akademie-Ausgabe)*, Reihe 6, Bd. 1: 1663–1672, Berlin 1990, S. 163–230; eine Überblicksdarstellung findet sich in Cornelis-Anthonie van Peursen: „Ars Inveniendi bei Leibniz", in: *Studia Leibnitiana* 18/2 (1986), S. 183–194. Die Referenz auf Leibniz ist hier insofern von Interesse, als der von Adorno in „Der Essay als Form" rezipierte und selbst wesentlich von Benjamin beeinflusste Semiotiker Max Bense in seinem Essay „Über den Essay und seine Prosa" den Essay als „das Ergebnis einer literarischen ‚ars combinatoria'" und den Essayisten als „Kombinatoriker" und „Erzeuger von Konfigurationen" bezeichnen wird (Bense: „Über den Essay und seine Prosa", S. 422), was auch vor dem Hintergrund seines Interesses für rhetorische und ludisch-aleatorische Sprachverwendungen im Barock, den er u. a. durch Benjamins Trauerspiel-Buch rezipiert, und in der zeitgenössischen französischen Literatur zu sehen ist. Auf die Rolle der Kybernetik als Wiederbelebung der *ars combinatoria* in den 1920ern und auf die Leibniz-Rezeption Norbert Wieners wird hier nicht weiter eingegangen, da diese Fragestellung zu weit vom Thema Essay wegführen würde; eine entsprechende Untersuchung auch im Hinblick auf Adornos Leibniz-Rezeption wäre lohnenswert. Zur *ars* oder *ratio inveniendi* als rhetorischer Technik vgl. zudem Giorgio Agamben: *Categorie italiane. Studi di poetica*, Venedig 1996, S. 81 f.

Wissenschaften verfahrende „exakte Phantasie" als eine Art *nicht-apriorische, spontane Rationalität* zu konzipieren. Diese setzt eine mediale „materialistische Praxis"[63] ins Werk, indem sie unendliche kombinatorische Möglichkeiten auf der Grundlage des von den Wissenschaften erforschten und erschlossenen irreduziblen Materials produziert, statt auf eine bestimmte geschlossene Theorie von Gesellschaft oder Welt zurückzugreifen. Gegen den Verdacht, der Essay verfahre regellos und unlogisch, beruft sich Adorno mit der Leibniz'schen *ars inveniendi* auf eine Heuristik, die den Essay als ein auf keinem vorgängigen System, sondern auf logischen Operationen, auf Kopplungen und Konfigurationen beruhendes erkenntnistheoretisches Verfahren zu verstehen erlaubt. Dieses sucht der Essay Adornos Verständnis nach beständig in einzelne deutungsoffene weltkonstitutive Darstellungen zu übertragen, worin die semiotische Dimension dieses Verfahrens besteht. Ein solches antinomisches Denken, eine Art negative Dialektik, koordiniert scheinbar miteinander Unvereinbares, nämlich formgebende und erkenntnistheoretische Prinzipien, Semiose und Episteme.[64]

Weshalb Adorno über die Querelen um den *Kierkegaard* hinaus darauf beharrt, eine solche eigenlogische Technik der „Zusammenstellung des Kleinsten"[65] und der Entdeckung von Modellanordnungen, die einen nicht verifizierbaren Wahrheitsanspruch erheben, auf den ambivalenten Formbegriff des Essays zu bringen, wird er in seinem programmatischen Text „Der Essay als Form" begründen. Für dessen besseres Verständnis war es wichtig nachzuvollziehen, dass Adorno zunächst den „Vorwurf des Essayismus"[66] vonseiten seiner Fachkollegen erfährt, den Begriff ‚Essay' daraufhin aufgreift und sich diesen als ideologiekritische Chiffre für seinen Widerstand gegen die ‚Schulphilosophie' als Verkörperung des Systematischen und Identischen aneignet. In Anbetracht der Vorgeschichte der Frankfurter Antrittsvorlesung scheint Adornos Essay-Begriff also nicht ausschließlich sachlich begründet zu sein, sondern er ist auch als nachträgliche theoretische Aneignung eines wissenschaftlich diskreditierten ästhe-

---

63 Adorno: „Die Aktualität der Philosophie", in: ders.: *Philosophische Frühschriften*, S. 338.
64 Sybille Krämer arbeitet heraus, dass die scheinbar voneinander getrennten ontologischen und epistemisch-logischen Aspekte von Leibniz' Denken durch seinen Entwurf eines universalen Zeichen-Systems miteinander vernetzt werden, womit sich „ein dritter ‚semiologischer' Aspekt" eröffne (dies.: *Berechenbare Vernunft. Kalkül und Rationalismus im 17. Jahrhundert*, Berlin / New York 1991, S. 225). Adorno erkannte sicherlich diese bei Leibniz vorgebildete semiotisch-imaginative – im Sinne von: intermediale – Theorie, die im Hinblick auf seinen Essay-Begriff von Bedeutung ist.
65 Adorno: „Die Aktualität der Philosophie", in: ders.: *Philosophische Frühschriften*, S. 336.
66 Ebd., S. 343.

schen Formbegriffs und als Fundierung einer zunächst defensiven Haltung zu deuten.

Auch Kracauers Kritik an der Form des Essays galt zuvorderst einer allzu großen Aufmerksamkeit für die Darstellungsweise, die sich in einem bloß formal mit der eigenen Kleinheit kokettierenden *parvum parva decent* verliere, statt die sinnsetzende Sprengkraft einer randständigen Haltung zu realisieren.[67] Auf Kracauers Einwand gegen die Form des Essays wäre zu entgegnen, dass Adorno sicherlich bewusst mit dem Essay als einem tradierten Formbegriff seiner Forderung an die Philosophie nachkommt, vorliegendes Begriffsmaterial aufzugreifen.[68] „Die herkömmliche Terminologie, und wäre sie zertrümmert, ist zu bewahren", wie er in den „Thesen über die Sprache des Philosophen" (um 1930) notiert, „und neue Worte des Philosophen bilden sich heute allein aus der Veränderung der Konfiguration der Worte, die in Geschichte stehen, nicht durch Erfindung einer Sprache […]."[69] Wenn Adorno sein Schreibverfahren einer

---

[67] Der Vorwurf einer Flucht in die Ästhetik und einer Ästhetisierung der Theorie, die sich zwar für die ästhetische Kritik, aber z.B. nicht für die auch empirisch verfahrenden Sozialwissenschaften eigne, wurde Adorno bekanntlich immer wieder entgegengebracht und wird später v. a. im Zusammenhang der Überprüfung der theoretischen Tragweite des ästhetischen Essays und seiner möglichen Modellfunktion für das Denken diskutiert. Zu den geläufigsten Vorwürfen und zum Aktualisierungspotenzial von Adornos Denken siehe Georg Kohler und Stefan Müller-Doohm (Hg.): *Wozu Adorno? Beiträge zur Kritik und zum Fortbestand einer Schlüsseltheorie des 20. Jahrhunderts*, Weilerswist 2008, S. 7 f., wo die Herausgeber nicht etwa in der „Diagnose der konkreten geschichtlich-gesellschaftlichen Phänomene der Epoche, zu denen Adorno Nein sagt, […] den Ausschlag für den stets erneuerten Erkenntnisgewinn, den die Beschäftigung mit den Figuren des negativen Dialektikers zeitigt", erkennen wollen. „Vielmehr ist es ihre Erkenntnisweise selbst, die eigentümliche Bewegungsform dieses Denkens, aus der Adornos Philosophie ihr nach wie vor inspirierendes Anregungspotential schöpft."
[68] Auf die Bedenklichkeit der Einführung neuer Terminologien in die Philosophie hatte Benjamin zuvor in der *Erkenntniskritischen Vorrede*, die auf ungewöhnliche, neue Weise mit alten Begriffen (wie z. B. ‚Idee', ‚Gattung' etc.) operiert, hingewiesen, vgl. GS I/1, S. 217. Bei Adorno wie bei Benjamin ist das Plädoyer für die Arbeit an überlieferten Begriffen auch gegen Heideggers Sprache formuliert, die sich neu und ungeschichtlich gebe, d. h. für beide: ‚unwirklich' sei.
[69] Theodor W. Adorno: „Thesen über die Sprache des Philosophen", in: ders.: *Philosophische Frühschriften*, S. 366–371, hier: S. 368. Der Essay komme „weder ohne allgemeine Begriffe aus – auch die Sprache, die den Begriff nicht fetischisiert, kann seiner nicht entraten – noch geht er mit ihnen nach Belieben um. Die Darstellung nimmt er darum schwerer als die Methode und Sache sondernden, der Darstellung ihres vergegenständlichten Inhalts gegenüber gleichgültigen Verfahrensweisen. Das Wie des Ausdrucks soll an Präzision erretten, was der Verzicht aufs Umreißen opfert, ohne doch die gemeinte Sache an die Willkür einmal dekretierter Begriffsbedeutungen zu verraten. Darin war Benjamin der unerreichte Meister." (Ders.: „Der Essay als Form", in: ders.: *Noten zur Literatur*, S. 20) Den Aspekt der Geschichtsfundiertheit der Begriffe, die in ihrem ästhetisch-reflexiven Gebrauch zu erhellen sei und so exemplarisch Rückschlüsse über die sich in

deutenden Philosophie nicht einfach etwa als ‚nichtidentisches' Schreiben bestimmt, will er den Essay – und damit sein eigenes Schreiben – auch als geschichtlichen Ausdruck einer bestimmten Artikulation der hochkapitalistischen Gesellschaft verstanden wissen, als sprachgeschichtliche Signatur verschiedener Paradigmenwechsel etwa in Philosophie, Gesellschaft oder Medienentwicklung. Adorno zitiert in seiner Antrittsvorlesung mit dem Essay als Form eine besonders vielschichtige und deutungsoffene Formgeschichte an, durch welche die geschichtliche Dimension des eigenen Philosophierens autoreflexiv vorgeführt wird, die er in verschiedenste, teils einander konträre Konfigurationen bringt.

In „Der Essay als Form" wird Adorno dieses Verfahren weiterführen, ja auf die Spitze treiben, wenn er dem Essay nahezu in jedem Absatz eine neue Formgeschichte zuschreibt und ihn in eine Traditionslinie etwa mit dem romantischen Fragment, mit dem Werk Marcel Prousts als „einer Art von Versuchsanordnung"[70], mit der Rhetorik oder mit Bacons Experimentbegriff einrückt – und schließlich in Benjamins Schreiben gipfeln lässt. Der Essay erscheint so als ein explorativer Schreibmodus, der in seiner variablen ästhetischen Form und mittels seines überlieferten Formbegriffs eine wechselhafte Geschichte von immer neuen Versuchen des Austarierens eines ‚Dazwischens' aufzurufen, aus verschiedenen Perspektiven zu beleuchten, zu aktualisieren und neu zu verhandeln vermag. Dabei leitet sich die konkrete Form des Essays, ist sie durch ihren Möglichkeiten des Scheiterns und der Abweichung implizierenden Begriff – das „Wort Versuch"

---

ihnen sedimentierten geschichtlichen Gehalte ermögliche, hätte Adorno auch gegen Kracauers Bedenken gegenüber dem Essay als philosophischer Form anführen können. Anlässlich der Veröffentlichung der *Noten zur Literatur* nämlich wiederholt dieser rund dreißig Jahre nach seiner Kritik an Adornos Vorlesungstext seinen Vorbehalt: „[I]ch glaube, sie [die *Noten*] gehören zum Besten, was Dir je gelungen ist. Mit dem Essay über den Essay stimme ich nicht überein, but this is a long story." (Kracauer an Adorno am 6. August 1958, in: Adorno: *Theodor W. Adorno & Siegfried Kracauer. Briefwechsel*, S. 497) Adorno drängt in seinem Antwortbrief auf eine Erklärung, doch Kracauer führt die „long story" seiner Skepsis gegenüber der „großen Arbeit über den Essay" (Adorno an Kracauer am 5. September 1958, in: ebd., S. 499) und damit gegenüber der Arbeit an Sprache, Form und Darstellung nicht näher aus, die vermutlich durch die Exilerfahrung und den Wechsel in die englische Sprache noch verstärkt worden war. Drei Jahre zuvor hatte er sich bereits in diesem Sinne zum Sprachproblem geäußert: „Ich weiß, wie gut Du es meinst, wenn Du mich warnst daß wir das Entscheidende nur deutsch sagen können. Was Du sagst, gilt sicher für bestimmte Gebiete der Literatur – – Poesie, Roman und, sehr vielleicht, auch Essay. (Ich habe keinen rechten Zug mehr zum Essay, ohne daß ich versucht hätte, mein derzeitiges Mißtrauen gegen diese Form zu formulieren.) Aber Dein Catonisches Diktum trifft bestimmt nicht zu für Werke des Gedankens, der Theorie – – und ich meine hier eigenste Gedanken, eigenste Theorie. […] Mein Stilideal ist, daß die Sprache in der Sache verschwindet" (Kracauer an Adorno am 5. September 1955, in: ebd., S. 484).

70 Adorno: „Der Essay als Form", in: ders.: *Noten zur Literatur*, S. 15.

(*essai*) – auch auf sich geschichtlich bekundende analoge Versuche bezogen, von keiner Gattungsprogrammatik ab, sondern ergibt sich aus der jeweiligen Fühlung mit einem bestimmten Gegenstand:

> Das Wort Versuch, in dem die Utopie des Gedankens, ins Schwarze zu treffen, mit dem Bewußtsein der eigenen Fehlbarkeit und Vorläufigkeit sich vermählt, erteilt, wie meist geschichtlich überdauernde Terminologien, einen Bescheid über die Form, der um so schwerer wiegt, als er nicht programmatisch sondern als Charakteristik der tastenden Intention erfolgt.[71]

Der „Bescheid über die Form", den das tradierte Wort ‚Essay' erteile, legitimiert kein dem einzelnen Text vorgegebenes Formschema (sonst wäre der Essay epigonal und gerade kein voraussetzungsfreier, ergebnisoffener ‚Versuch'); sondern als zutreffend erweist sich dieser Formbegriff je erst im Prozess des schreibenden Ertastens, im Versuchen eines spezifischen Gegenstandes, dessen Spezifik sich der ästhetischen Form des Essays einschreibt. Das Wort ‚Versuch' artikuliert, anders gesagt, eine dem Essay inhärente Spannung zwischen Geschichtlichkeit *und* Freiheit allen Versuchens.

Wenn Adorno gegenüber Kracauers Bedenken betont, „daß im Essay ein Prinzip liegt, das gegenüber der großen Philosophie sehr fruchtbar werden kann"[72], pointiert er weiter eine archäologische Methode, die ohne Programmatik, Systembegriffe (wie die einzelnen akademischen Philosophie-Schulen, die Adorno in seinem Vortrag Revue passieren lässt) oder mit Begriffen einer neuen metaphysischen Terminologie (wie Heidegger) auszukommen sucht. Stattdessen operiert er mit geschichtsfundierten Begriffen, mit denen sich Anfänge, *principia*, rekonstruieren lassen, von denen aus Versuche der Unterminierung und Sprengung des Systematischen unternommen werden könnten. Ähnlich wie sich Nietzsche zur Konturierung seiner Genealogie der Ursprünge der Philosophie ausdrücklich auf die Vor-Sokratiker und nicht wie seine Fachkollegen auf Sokrates und Platon als auf die ersten ‚Rationalisten' bezogen hatte, benennt Adorno z. B. mit Bacon und Leibniz zwei Vor-Aufklärer als Ahnherren einer auf die „Gewalt der frisch erschlossenen Wirklichkeit"[73] reagierenden Essay-Form. So rekonstruiert er gewissermaßen einen ‚Vorhof' der idealistischen Philosophie, auf die sich die „nachkantische"[74] Schulphilosophie seiner Zeit, ob affirmierend oder

---

71 Ebd., S. 25.
72 Adorno an Kracauer am 8. Juni 1931, in: Adorno: *Theodor W. Adorno & Siegfried Kracauer. Briefwechsel*, S. 284.
73 Adorno: „Die Aktualität der Philosophie", in: ders.: *Philosophische Frühschriften*, S. 343.
74 Ebd.

ablehnend, zur Hauptsache beziehen zu müssen glaubt. Der Sprache und dem Schreiben kommt nach Adorno insofern „rechtsausweisende Bedeutung"[75] zu, d. h. die Rechenschaft über die Prinzipien des Denkens.

Die Rekombinations- und Rekonstruktionskunst des ästhetischen Essays sucht dabei selbst jeden Ideologieverdacht performativ zu entkräften. Denn die Technik der *ars inveniendi* – im Sinne einer Kunst der ‚Erfindung' – verbirgt ihr kreatives Moment nicht und akzentuiert Kleinheit und ästhetischen Charakter ihrer modellhaften Anordnungen. Als eine Kunst der ‚Auffindung' und ‚Entdeckung' beansprucht sie zugleich, in jeder neuen Konstellation verschüttet gegangene objektive Bedeutungen freizulegen, worin ihr genealogisches Moment besteht.[76] Die Fiktion und konkrete sprachliche Erprobung miteinander verschränkende *ars inveniendi* des Essays geht, mit Leibniz, darauf aus, „was verborgen ist, zu erfinden"[77]. Das Wechselspiel des Essays zwischen dem Auffinden von Wortmaterial und dem Erfinden neuer Dispositionen dieses Wortmaterials, das unbekannte Bedeutungsschichten aufzudecken vermag, lässt sich auch in der doppelten Bewegung zwischen Lesen und Schreiben fassen, die der Essay inszeniert. Der „Text, den Philosophie zu lesen hat, ist unvollständig, widerspruchsvoll und brüchig [...]; ja vielleicht ist das Lesen gerade unsere Aufgabe"[78], wie Adorno dieses sich schreibend vollziehende deutende Lesen charakterisiert. Dabei könne der Essay, so Adorno, „des geringsten Fadens nicht entraten, den die Vorzeit gesponnen hat und der vielleicht gerade die Lineatur ergänzt, die die Chiffern in einen Text verwandeln könnte"[79], den der Essay zu deuten versucht, indem er sich selbst in ihn verwandelt, ihn im Schreiben zur Schau stellt. Der

---

[75] Adorno: „Thesen über die Sprache des Philosophen", in: ders.: *Philosophische Frühschriften*, S. 370.
[76] Die Bedeutung von *inventio* als ‚Auffindung' leitet sich aus der Verwendung des Begriffs in der Rhetorik her, wo damit das Sammeln von Sprachmaterial und Argumenten als dem ersten der fünf Produktionsstadien einer Rede bezeichnet ist; vgl. dazu Manfred Kienpointner: Art. „Inventio", in: *Historisches Wörterbuch der Rhetorik*, hg. von Gert Ueding, Bd. 4, Tübingen 1998, Sp. 561–587.
[77] Gottfried Wilhelm Leibniz: „Schreiben an Gabriel Wagner. Vom Nutzen der Vernunftkunst oder Logik" (1696), in: ders.: *Opera philosophica. Pars prior*, hg. von Johann Eduard Erdmann, Berlin 1840, S. 418–426, hier: S. 419 f.: „Unter der Logik oder Denk-Kunst verstehe ich die Kunst, den Verstand zu gebrauchen, also nicht allein, was fürgestellt, zu beurtheilen, sondern auch, was verborgen ist, zu erfinden. Wenn nun eine solche Kunst möglich, [...] so folgt, dass diese Kunst auf alle Weise zu suchen und hochzuschätzen, ja aller Künste und Wissenschaft Schlüssel zu achten."
[78] Adorno: „Die Aktualität der Philosophie", in: ders.: *Philosophische Frühschriften*, S. 334.
[79] Ebd.

Essay gibt sich, anders gesagt, als „ein Drittes"[80] zwischen Lesen und (Wieder-)Schreiben zu erkennen, indem er schon Vorhandenes, bereits Geschriebenes in neuen textuellen Konfigurationen neuen Lektüren und Deutungen darbietet. Adornos Rede von der ‚Dechiffrierung' von Artefakten, von den zu übersetzenden ‚Sprachen' der Künste oder von der auszulegenden ‚Schrift' der Phänomene, „vergleichbar der einstigen theologischen Exegese von Schriften"[81], ist in dieser Hinsicht nicht nur metaphorisch zu verstehen, sondern verweist auf eine am Modell der Philologie zu schulende ästhetische Methodologie.

Vor dem Hintergrund von Adornos Antrittsvorlesung kann sein Essay-Begriff folglich vorläufig 1) als ein *selbstreflexiver* Begriff verstanden werden, dessen Genealogie sich in verschiedene Formgeschichten auffächert, die Adorno strategisch anzitiert und mittels derer er explizit wie implizit geschichtliche Parallelen und Ähnlichkeitsverhältnisse zu konstruieren und zu inszenieren vermag – etwa zwischen einer in der Frühen Neuzeit aufkommenden und sich in Montaignes *Essais* beispielhaft niederschlagenden Skepsis gegenüber dogmatischen Lehrmeinungen und seiner auf den Widerstand der akademischen Philosophie treffenden eigenen Suche nach einer angemessenen philosophischen Sprache. Durch eine Art Rückwärtsprojektion schreibt er der eigenen Position so rezeptionsgeschichtliche Tragweite zu. Und 2) gewinnt ein *ästhetischer* Begriff des Essays Kontur, der Form und Inhalt auf eine Weise konvergieren lässt, die – wie sich insbesondere in seiner Konfrontation mit dem literarischen Kunstwerk als innig gestalteter sprachlicher Einheit von Form und Inhalt zeigt – kunstähnliche Dimensionen besitzt; durch sein Medium, die Begriffe, unterzieht der Essay seine Kunsthaftigkeit und schriftlich-mediale Verfasstheit jedoch zugleich einer kritischen Revision und markiert so seinen (Kunst-)Gegenständen gegenüber eine unhintergehbare Differenz. Adorno hebt in den „Thesen über die Sprache des Philosophen" in diesem Sinne die „konstitutive Bedeutung der ästhetischen Kritik für die Erkenntnis"[82] hervor.

Denn gerade mittels der Kritik literarischer Gegenstände führt der Essay bewegliche Verschiebungen und Verflechtungen der Kategorien von Form und Inhalt, sinnlicher Wahrnehmung und Erkenntnis vor, die im zweiten Teil dieser Arbeit das Schema für die vielfältigen Versuche einer ontologischen (Selbst-)Fundierung in Benjamins Schreiben abgeben. In solchen Verknüpfungen vermeintlicher Oppositionen im Medium der Kritik und des Kommentars ver-

---

80 Adorno: „Thesen über die Sprache des Philosophen", in: ders.: *Philosophische Frühschriften*, S. 369. Dieses ‚Dritte' sei „die konfigurative Sprache" (ebd.).
81 Adorno: „Der Essay als Form", in: ders.: *Noten zur Literatur*, S. 29.
82 Adorno: „Thesen über die Sprache des Philosophen", in: ders.: *Philosophische Frühschriften*, S. 370.

flüchtigt sich der Essay nach Adorno weder in eine Art Nachdichtung noch reproduziert er wie die schulphilologische Analyse eine idealistische Form-Inhalt-Dualität (die sich besonders gegenüber der gegenwärtigen Kunst und Literatur, die „den Charakter des Metaphysischen"[83] abgelegt habe, als obsolet erweise). Vielmehr wisse der Essay semiotische, in der Form geschichtlich sedimentierte und semantisch-intendierte Aspekte des Gegenstandes ebenso zu berücksichtigen und in der eigenen Darstellung zum Vorschein zu bringen wie verschiedene Sinneffekte und begriffslose Wahrnehmungen. Als „Kriterium" seiner Begriffe gelte ihm daher, wie Adorno in seiner Frühschrift über die Sprache des Philosophen weiter hervorhebt, „wesentlich die *ästhetische* Dignität der Worte",[84] d.i. ihre Fähigkeit, eine *mögliche Einheit* von Wort und Objekt der Referenz auszudrücken.

Der Titel, mit dem Adorno seinen 1958 im Kontext der *Noten zu Literatur* veröffentlichten Meta-Essay überschreibt – „Der Essay als Form" –, ist daher auch als späte Verarbeitung von Kracauers Kritik an seinem Essay-Begriff zu lesen, der „doch am Ende eine formale Größe"[85] sei. Denn in Kracauers Kritik sprach sich nicht allein eine Ablehnung der (literarischen) Form des Essays aus, sondern eine allgemeine Herabsetzung der Form und Auflösung der Interdependenz von Form und Inhalt zugunsten der Vorrangigkeit, ja der Independenz des Inhalts gegenüber seiner zu vernachlässigenden Vermittlungsweise („Das Kapital war ein Werk und entspricht dennoch unseren Forderungen"[86]). Der Titel von Adornos programmatischem Essay kann vor diesem Hintergrund als implizite Kritik an jeder Nachlässigkeit gegenüber der Formgestaltung bzw. an der Form-Inhalt-Dualität überhaupt interpretiert werden,[87] die zu überwinden auch explizites Movens von Benjamins Schreiben war. In Adornos Essay-Titel spricht sich indirekt eine aus der Kritik am Identitätsdenken resultierende Problemstellung aus, wie der philosophische Grundbegriff der ‚Form' für eine kritische Reflexion fruchtbar gemacht

---

83 Ebd.
84 Ebd.
85 Kracauer an Adorno am 7. Juni 1931, in: Adorno: *Theodor W. Adorno & Siegfried Kracauer. Briefwechsel*, S. 281.
86 Ebd.
87 Auch in den „Thesen über die Sprache des Philosophen", in: ders.: *Philosophische Frühschriften*, S. 366, wendet sich Adorno vehement gegen die „idealistische[] Unterscheidung von Form und Inhalt der Erkenntnis", auf welche die generelle Unbedachtsamkeit der Wissenschaft und Philosophie gegenüber der Sprache zurückzuführen sei. Reflexionen über die Untrennbarkeit von Form und Inhalt durchziehen sämtliche Werkphasen Adornos und werden schließlich in der *Ästhetischen Theorie* auf die viel zitierte Wendung von der – hier transliterarisch erweitert aufgefassten – ästhetischen Form moderner Kunstwerke als „sedimentierter Inhalt" (ders.: *Ästhetische Theorie*, S. 15) gebracht.

werden kann, die weder ihre konkreten Gegenstände in Allgemeinbegriffen aufgehen lässt, noch sich selbst in bloßes Bilderdenken auflöst, sondern zu vermitteln sucht.[88] Damit markiert der Essay nach Adorno zugleich eine geschichtsphilosophisch fällige „sprachliche[] Haltung"[89], die dem in der Moderne offen zutage tretenden Dilemma des „bürgerlichen Denkens"[90] selbstreflexiv begegne. Denn dieses habe sich zwar zugunsten der Aufmerksamkeit auf die Empirie von metaphysisch-religiösen Instanzen äußerlich befreit, in seinen

---

88 Adornos Versuche einer Neubestimmung des Formbegriffs sind auch vor dem Hintergrund zu verstehen, dass sich im Anschluss an Goethes Morphologie in nicht unerheblichen Teilen der Kunsttheorie, Ästhetik und Literaturwissenschaft des ersten Drittels des 20. Jh.s eine, so David E. Wellbery, „epochale[] Transformation des Formbegriffes" vollzogen hat (ders.: „Form und Idee. Skizze eines Begriffsfeldes um 1800", in: *Morphologie und Moderne. Goethes ‚anschauliches Denken' in den Geistes- und Kulturwissenschaften seit 1800*, hg. von Jonas Maatsch, Berlin / Boston 2014, S. 17–42, hier: S. 18). Wellbery entwickelt einen heuristischen Begriff des „endogenen Formkonzepts" (ebd., S. 39), das sich als Fortführung der Goethe'schen Morphologie besonders in der Literaturwissenschaft ausgeprägt habe, z. B. in Vladimir Propps *Morphologie des Märchens* (1928) und in André Jolles' *Einfachen Formen* (1930). Diese Transformation des Formbegriffs (und der literarischen Formen) hat bei Georg Simmel und Walter Benjamin je spezifische Ausprägungen erfahren; vgl. Eva Geulen: „Nachlese: Simmels Goethe-Buch und Benjamins *Wahlverwandtschaften*-Aufsatz", in: *Morphologie und Moderne. Goethes ‚anschauliches Denken' in den Geistes- und Kulturwissenschaften seit 1800*, hg. von Jonas Maatsch, Berlin / Boston 2014, S. 195–218, und Markus Ophälders: „Metamorphose, Ursprung, Untergang. Goethes Erbe in Spenglers Morphologie und Benjamins dialektischer Konstruktion von Erfahrung mit Geschichte", in: *Spengler ohne Ende. Ein Rezeptionsphänomen im internationalen Kontext*, hg. von Gilbert Merlio und Daniel Meyer, Frankfurt a. M. 2014, S. 45–62. Adornos Konzeption eines neuen ästhetischen Formbegriffs in „Der Essay als Form", der auf weit frühere Reflexionen zurückreicht, kann u. a. in Verbindung mit morphologischen Denkfiguren gebracht werden, und auch der Begriff der literarischen Gattung in der *Ästhetischen Theorie* scheint untergründige, allerdings distanzierte Beziehungen zu morphologischen Gattungskonzeptionen zu unterhalten. Noch Adornos Diktum der Form als eines ‚sedimentierten Inhalts' oder seine Bestimmung der Konstellation als ‚Sprengung' dessen, was „in den Begriffen sich sedimentierte" (Theodor W. Adorno: *Zur Metakritik der Erkenntnistheorie. Drei Studien zu Hegel*, in: ders.: *Gesammelte Schriften*, hg. von Gretel Adorno und Rolf Tiedemann, Bd. 5, Frankfurt a. M. 1971, S. 47), greift mit der Metapher der Sedimentation einen Begriff der Geologie auf und charakterisiert damit die Geschichte der Formen als bewusstlos und naturähnlich verfahrend. Doch fungiert ihre immanente Kritik im Gegenzug als eine Art *Technik* der Aufsprengung und Errettung des jeweiligen geschichtlichen ‚Wahrheitsgehaltes' einzelner Formbegriffe, die sich gerade auf keine (Goethe'schen) invarianten „Urphänomene" (Adorno: *Ästhetische Theorie*, S. 523) und „Urgegebenheiten" (Adorno: „Der Essay als Form", in: ders.: *Noten zur Literatur*, S. 19) (mehr) reduzieren lassen.

89 Adorno: „Thesen über die Sprache des Philosophen", in: ders.: *Philosophische Frühschriften*, S. 370.

90 Den „Prototyp bürgerlichen Denkens" skizzieren Adorno und Horkheimer in: *Dialektik der Aufklärung*, S. 79.

Sprachformen aber die Unverbindlichkeit und den ‚Terror' des Nominalismus erhalten, der unüberbrückbar „zwischen Wort und Sache"[91], Form und Inhalt unterscheide. Als ungeeignet zur theoretischen Durchdringung der komplexen Phänomene der Moderne betrachtet Adorno aber auch einen platonisch-eidetischen Formbegriff, der sich z. B. noch in Husserls ewigen Wesenheiten widerspiegele und mit der grenzenlosen „Herrschaft des Geistes" ebenfalls eine irreparable „Entzweiung" von Geist und Natur sowie einen Rückfall in eine zweite Mythologie besiegelt habe.[92]

Wenn Adorno in „Der Essay als Form" den Essay noch deutlicher als zuvor als *Textform* profiliert, reflektiert er diese Aporie einer für jede Erkenntnisleistung denknotwendigen, aber in der Sprache zuletzt uneinlösbaren absoluten Koinzidenz von Methode und Sache, Form und Inhalt in der *Ambivalenz des Medialen* selbst: Zwar bahne der Essay eine Konvergenz von „sachliche[r] Struktur" und „Sprachstruktur" an,[93] indem er durch intensive Verweisungszusammenhänge und emphatische Arbeit an der „Form der Darstellung"[94] – „Seine Differenziertheit ist kein Zusatz sondern sein Medium"[95] – eine text- und medienüberschreitende Dynamik des Denkens in Gang setze; die Begrenzt- und Bedingtheit seiner medialen Verfasstheit werde gleichwohl in der ‚Kleinheit' und Statik seiner schriftlichen Form sinnfällig. So trage der Essay

> dem Bewußtsein der Nichtidentität Rechnung, ohne es auch nur auszusprechen; radikal im Nichtradikalismus, in der Enthaltung von aller Reduktion auf ein Prinzip, im Akzentuieren des Partiellen gegenüber der Totale, im Stückhaften.[96]

Diese antinomische Verfasstheit des Essays variiert Adorno in „Der Essay als Form" in einer die Komplexität der Moderne widerspiegelnden Vielzahl ambivalenter Bilder, Begriffe und kultureller Leitdifferenzen (zwischen Natur-Kultur, Kunst-Wissenschaft, Subjektivität-Objektivität, Einzelnes-Allgemeines etc.), die er fortlaufend konfundiert und neu konstelliert. Adornos Essay führt so performativ

---

[91] Ebd.
[92] Adorno: *Zur Metakritik der Erkenntnistheorie*, S. 21.
[93] Adorno: „Thesen über die Sprache des Philosophen", in: ders.: *Philosophische Frühschriften*, S. 370.
[94] Adorno: „Der Essay als Form", in: ders.: *Noten zur Literatur*, S. 26.
[95] Ebd., S. 23.
[96] Ebd., S. 17. Und weiter heißt es über den Essay: „Seine Totalität, die Einheit einer in sich auskonstruierten Form, ist die des nicht Totalen, eine, die auch als Form nicht die These der Identität von Gedanken und Sache behauptet, die sie inhaltlich verwirft. Die Befreiung vom Identitätszwang schenkt dem Essay zuweilen, was dem offiziellen Denken entgleitet, das Moment des Unauslöschlichen, der untilgbaren Farbe." (Ebd., S. 26)

einen sich in wechselnden instabilen Konstellationen konkretisierenden und nicht nach dichotomischen Differenzen, sondern nach einem Ähnlichkeitsprinzip verfahrenden Formbegriff vor – ja selbst der Titel „Der Essay als Form" indiziert mit der Vergleichspartikel „als" ein *analogisches* Denkvermögen. Dabei scheinen zahlreiche Adorno'sche Bilder und Denkfiguren – wie z. B. die der Sedimentierung, die vielleicht nicht zufällig an morphologische Metaphorik erinnert – auch ein gleichwohl kritisch beizubehaltendes Relikt eines auf Organizität abzielenden überholten Formdenkens zu sein, dem Adornos Text selbstreflexiv Bilder der Fragmentierung und Sprengung entgegensetzt oder integriert. Mittelbar vollzieht sich so eine weitere Reflexion über die mediale Verfasstheit von ‚Form', die verschiedene Techniken der Avantgarden aufgreift.[97] Die Metaphern von Sedimentation und Sprengung nämlich lassen sich auch als Konfrontation und gestalterische Umsetzung der Linearität der Schrift mit der Ereignishaftigkeit neuer Bildmedien in einem „stillgestellte[n] Konflikt"[98] entziffern.

Nicht nur hierin erweist sich Adorno als Leser von Benjamin, der sich „ungeschützt als Essayist"[99] auch zwischen Schrift und Bild, zwischen dem Auffinden und Erfinden alter-neuer Formen bewegt. Für ihre Deutung kann Adornos Essay-Begriff hilfreiche heuristische Parameter bereitstellen, deren Eignung sich dann in den konkreten Textanalysen erweisen wird. Während der Essay Adorno jedoch weniger als literarische denn als philosophische Form *sui generis* gilt, die eine biografisch verstärkte Tendenz zu einer konturierten Programmatik aufweist und im Rahmen der Kritischen Theorie zur ideologiekritischen Schreib- und Denkweise des Nichtidentischen avanciert, hat Benjamin, dies sei wiederholt, weder eine Theorie des Essays noch eine Systematik ausgearbeitet. Sein Essayismus verfährt vielmehr *objektorientiert*, d. h. die spezifische Form seines Schreibens entwickelt sich ausgehend von der Beschaffenheit des jeweiligen Gegenstandes, die zugleich eine offene, nicht-präjudizierte Reflexion auch über die Möglichkeitsbedingungen seiner (literarischen) Form anstößt – und eine essayistische Formenvielfalt hervorbringt.

„Bevor ‚gedacht' wird, muß schon ‚gedichtet' worden sein [...]."[100] Nietzsches Diktum könnte als Maxime von Benjamins Formen des Essayistischen gelten. Sie

---

[97] Zu Verfahrenstechniken der Avantgarden wie Collage oder Montage siehe einschlägig Peter Bürger: *Theorie der Avantgarde*, Neuausgabe, erweitert um neue Texte, Göttingen 2017.
[98] Adorno: „Der Essay als Form", in: ders.: *Noten zur Literatur*, S. 25.
[99] Adorno: „Charakteristik Walter Benjamins", in: ders.: *Über Walter Benjamin*, S. 14.
[100] Friedrich Nietzsche: *Nachgelassene Fragmente 1885–1887*, in: KSA 12, S. 550. „Kraft solcher zweiten Sinnlichkeit hofft er", wie Adorno über Benjamin schreibt, „in die Goldadern einzudringen, die kein klassifikatorisches Verfahren erreicht, ohne doch darüber dem Zufall der

folgen in ihrer Formvarianz nicht nur einer erkenntniskritischen Intention, sondern auch einem ethischen Impuls, wenn sie ihr Augenmerk auf das vermeintlich Nutzlose, das sich der einfachen Verständlichkeit Entziehende und Widerstrebende in seiner irreduziblen Besonderheit richten. Dem sprichwörtlich gewordenen Hegel'schen Ausspruch ‚Das Ganze ist das Wahre' setzt gerade Benjamins Essay die Aufmerksamkeit auf das Einzelne, Disparate und Randständige entgegen, ohne dabei fragmentierte Einzeleinsichten zu liefern. Vielmehr blickt er so eindringlich aufs Einzelne, bis ihm daran Erkenntnisse aufgehen, die weder nur das Einzelne noch das Allgemeine betreffen, sondern ein schwebendes ‚Drittes', ein *tertium datur*.

2.2 Das Individualitätsproblem: vom Exemplum zum Paradigma (Kant und Agamben)

> Ihn [Benjamin] trieb es, formelhaft gesprochen, dazu, aus einer Logik auszubrechen, welche das Besondere mit dem Allgemeinen überspinnt oder das Allgemeine bloß aus dem Besonderen herausabstrahiert.[101]
> (Theodor W. Adorno)

Dass die Kunst der kleinen Prosaform Essay unter anderem darin besteht, „an einem ausgewählten oder getroffenen partiellen Zug die Totalität aufleuchten [zu] lassen"[102], ist ein Gemeinplatz der Essay-Forschung. Ausgehend von einzelnen Randerscheinungen und pointierten Beobachtungen über politische Ereignisse und weltanschauliche Themen, über neue Medien und die Alltagskultur, über Kunst und Literatur, Gesellschaft oder persönliche Zustände, Gedanken und Träume beanspruche er – mit einem noch immer treffenden Bild Simmels – wie ein „Senkblei"[103] zugleich die letzten Fragen des Lebens zu berühren, zu allge-

---

blinden Anschauung sich zu überantworten." (Adorno: „Charakteristik Walter Benjamins", in: ders.: *Über Walter Benjamin*, S. 24)
101 Ebd., S. 10.
102 Adorno: „Der Essay als Form", in: ders.: *Noten zur Literatur*, S. 25.
103 Georg Simmel: „Die Großstädte und das Geistesleben" (1903), in: ders.: *Aufsätze und Abhandlungen 1901–1908*, in: ders.: *Gesamtausgabe*, hg. von Rüdiger Kramme, Angela Rammstedt und Otthein Rammstedt, Bd. 7/1, Frankfurt a. M. 1995, S. 116–131, hier: S. 120. Bei Simmel, der die spezifisch modernen Erfahrungen von Beschleunigung und Flüchtigkeit der Lebensverhältnisse, von Urbanität und Nervosität, Individuum und Masse, Technisierung, Geldwirtschaft und Fetischisierung der Ding- zur Warenwelt in den Mittelpunkt seiner soziologischen Essays stellt, findet sich diese essayistische Darstellungsmethode und zugleich ihre erkenntnistheoretische Prämisse vorgeprägt: dass den einzelnen Artefakten der Kultur (z. B. der Mode, Schwellenmotiven

meinen Befunden oder modellartigen Antworten zu gelangen. Über der Betonung von Experimentierfreude, Abenteuerlust und Spielcharakter des Essays wird von der Forschung jedoch meist übersehen, dass sich seine „bei Gelegenheit von ..."[104] vermittelten Antworten oder neuen Problemstellungen, die einen gewissen Anspruch auf Allgemeingültigkeit und Zustimmung zu erheben scheinen, nicht einfach zufällig ergeben. Der eigentümliche exemplarische Status, der den Gegenständen des Essays in der Regel zukommt, ihnen versuchsweise zugeschrieben wird, lässt sich vielmehr für eine Schreibästhetik des Essays aufschlussreich als Inszenierung eines alternativen Erkenntnisverfahrens auffassen. Dieses Verfahren ist auf eine allgemeine – mit Benjamin – „Erkennbarkeit"[105] aus, die dem einzelnen Objekt selbst in der Fülle seiner ästhetischen Beschaffenheit, die auf eine diskontinuierliche, auf kein Ursprüngliches zurückzuführende Rationalität verweist, beigegeben zu sein scheint – und nicht systematisch aus ihm abgeleitet oder ihm als Interpretationsschema vorgegeben wäre.

Insofern dieses mittels besonderer Beispiele operierende Erkenntnisverfahren des Essays nicht von seiner schriftlich-textuellen, seiner analogischen und metaphorischen, intertextuellen und intermedialen Verfasstheit abzulösen ist, sind im Folgenden philosophisch-ästhetische Reflexion und literaturwissenschaftliche Analyse wechselweise aufeinander verwiesen. Dabei sind in jedem Schritt die verschiedenen Ebenen der Reflexion streng auseinanderzuhalten. Wenn bereits festgehalten wurde, dass sich am Essay im Sinne Adornos exemplarisch Grundlagenfragen der (Gattungs-)Ästhetik darlegen lassen und der Begriff der Exemplarizität ferner als methodologisches Kriterium der hier getroffenen Auswahl von Texten Benjamins zu verstehen ist – die Gattung Essay schien angemessen gerade von solchen Essays her bestimmbar zu sein, die als extreme Beispiele schon fast außerhalb der Tradition stehen –, dann hat dieses Vorgehen notwendigerweise mit der Verfahrensweise des Essays selbst zu tun. Während aber dem dezidiert nicht-essayistischen Ansatz der vorliegenden Arbeit an der Formulierung von Begriffen und Verstehensmodellen gelegen ist, die später in je

---

wie Brücke, Tür und Henkel etc.) als Signaturen der Epoche deren innere Widersprüche und Spannungen exemplarisch abzulesen seien. Es gelte daher, mit Kracauer, eine Einzelphänomene nicht-hierarchisch miteinander vernetzende „Analyse ihrer [der Epoche] unscheinbaren Oberflächenäußerungen" zu betreiben; Siegfried Kracauer: „Das Ornament der Masse" (1927), in: ders.: *Das Ornament der Masse. Essays*, mit einem Nachwort von Karsten Witte, Frankfurt a. M. 1977, S. 50–63, hier: S. 50.
104 Lukács: „Über Form und Wesen des Essays", in: ders.: *Die Seele und die Formen*, S. 40.
105 „Das dialektische Bild [...] als ein im Jetzt der Erkennbarkeit aufblitzendes Bild" (GS I/2, S. 682), in dem sich Benjamins später Essayismus kristallisiert, wird in Kapitel III.6.1 zu den Geschichtsthesen eingehender behandelt.

beispielhaften Textanalysen angewandt und durch sie demonstriert werden, ist die im Essay *an* einem exemplarischen Einzelfall zur Darstellung kommende Erkenntnis von seiner spezifischen Darstellungsweise nicht zu trennen – in der Paraphrase ginge sie verloren.

Der Unterschied zwischen einem solchen exemplifizierenden Verfahren und jenem des Essays, zwischen der Methode dieser Arbeit und ihrem Objekt, ist näher zu bestimmen. Dafür wird in einem ersten Schritt eine heuristische terminologische Differenzierung zwischen zwei gängigerweise synonym verwendeten Begriffen vorgeschlagen, nämlich zwischen *exemplum* und *Paradigma*, die sich an Überlegungen Giorgio Agambens und an Kants Begriff des ästhetischen Urteils orientiert. In seinen noch auf Ort, Funktion und Beschaffenheit hin zu untersuchenden paradigmatischen Momenten, die ein vertieftes Verständnis der eigenartigen Vermittlungsversuche des Essays zwischen Allgemeinem und Besonderem, Form und Inhalt, Begrifflichkeit und Bildlichkeit ermöglichen, kommt die ästhetische und erkenntnistheoretische Dimension des Essays in verdichteter Form zur Anschauung. Bereits die Etymologie von ‚Paradigma' verweist auf ein besonderes Näheverhältnis, ein *Nebeneinander* (*para*, ‚neben') zwischen plötzlich als ähnlich erscheinenden Gegenständen oder zwischen dem Gegenstand und seiner eigenen Erkennbarkeit, sowie auf einen *bildhaften Zeige-Charakter* (*deiknýnai*, ‚zeigen'). Das ästhetische Paradigma zielt, wie im Folgenden herausgearbeitet wird, weder auf eine Aufhebung des Einzelnen im Allgemeinen noch auf eine unüberbrückbare Trennung von Einzelnem und Allgemeinem ab, sondern auf eine besondere *reflexive Singularität*, die sich als solche zeigt und damit einen neuen ontologischen Kontext herstellt. Das Paradigma realisiert, anders gesagt, eine *neue Beziehung zwischen Besonderem und Allgemeinem in der Schrift*.

Diese Lesart des Essays als einer sich wesentlich durch Paradigmen organisierenden Text- und Reflexionsform wird deshalb auch in die Frage nach den literarischen Strategien der Erzeugung von Paradigmatizität münden und zu den Problemen der Analogie und Metapher sowie zu der auch von Adorno aufgeworfenen Frage nach der Rhetorizität des Essays hinführen. Vor diesem Hintergrund lässt sich ein zentrales Gattungskriterium der Essay-Form beschreiben, nämlich ihre in der Essay-Forschung zwar stets konstatierte, aber nicht systematisch untersuchte eigentümliche Autoreflexivität,[106] die sich in einem dynamischen Spannungsfeld *zwischen* bildlich-begrifflichen, kurz: in paradigmatischen Momenten herstellt. Die Struktur des Kant'schen ästhetischen Urteils

---

[106] Vgl. etwa das Kapitel „Selbstreflexivität und (ironische) Selbstrelativierung" bei Nübel: *Robert Musil*, S. 64–69, sowie Zima: *Essay / Essayismus*, S. 46–51, zu „Selbstreflexion, Dialog und Wahrheit".

bietet sich nicht nur in systematischer Hinsicht als Erklärungsmodell für Funktionsweise und Eigengesetzlichkeit des Essays an,[107] sondern auch aufgrund eines historisch begründeten Näheverhältnisses, das zwischen dem Essay als der sich dem Singulären widmenden Form *par excellence* und der Entstehung der Ästhetik selbst besteht.

Zuerst aber soll ein Blick auf Agambens vielschichtigen Paradigmenbegriff geworfen werden, den er in Auseinandersetzung mit Foucault, Kant, Platon und Aristoteles entwickelt und dessen epistemologische sowie ästhetische Dimension an dieser Stelle interessieren.[108] Bereits in *Homo sacer* (1995) und in *La comunità che viene* (1990) finden sich vereinzelt Passagen zu einem Begriff des Paradigmas, den Agamben anfangs noch gleichbedeutend mit ‚Beispiel' (‚esempio') verwendet. In *Signatura rerum. Sul metodo* (2008) konturiert er das Paradigma jedoch als eigenständige, in ihrer Tragfähigkeit allerdings erst noch zu entdeckende epistemologisch-methodologische Figur, die er ins Zentrum einer künftigen ‚Para-Ontologie' stellt.[109] Im Folgenden wird Agambens Paradigmenbegriff als

---

[107] Eine strukturelle Ähnlichkeit zwischen Essay und ästhetischem reflektierenden Urteil im Kant'schen Sinne beobachtet auch Réda Bensmaïa (v. a. an Roland Barthes' rhetorisch-fragmentarischer *écriture*, vgl. ders.: *Barthes à l'Essai. Introduction au texte réfléchissant*, Tübingen 1986, S. 15), der den spezifischen essayistischen Erkenntnismodus als „un jugement réfléchissant" auffasst, wo „seul le particulier est donné, et il reste à trouver l'universel approprié" (Glaudes / Louette: *L'essai*, S. 261).

[108] Hier interessiert nicht die eher geläufige normative Bedeutung von ‚Paradigma' als Wissen organisierendes und Wissenschaft regulierendes pragmatisches Erkenntnismodell im Sinne Thomas S. Kuhns; auch wird das Paradigma nicht einseitig semiotisch oder strukturalistisch verstanden. Das Paradigma ist kein einfach zu entzifferndes Zeichen, dem ein eindeutiges Bezeichnetes entspräche, sondern individueller Ausdruck einer besonderen ästhetischen Reflexivität, die – mit Mersch – „nie explizit" ist, sondern „wie die Medialität des Mediums [...] allererst aus ihren Resultaten *gehoben* werden" muss (Mersch: *Epistemologien des Ästhetischen*, S. 160; vgl. ebd. das Kapitel „Singuläre Paradigmata als ästhetische Reflexionsmodelle", S. 157–166). Das Paradigma als (u. a. epistemologisches, ontotheologisches, methodologisches, rhetorisches etc.) „*deiktisches Verfahren*", das einzelne Fälle ‚zeigt' und Ähnlichkeiten ‚vor Augen stellt', bespricht Thomas Rentsch: Art. „Paradigma", in: *Historisches Wörterbuch der Philosophie*, hg. von Joachim Ritter und Karlfried Gründer, Bd. 7, Basel 1989, Sp. 74–81, hier: Sp. 76.

[109] Vgl. Agambens Überlegungen in der seinem Vortrag „What is a Paradigm? Lecture at European Graduate School" vom August 2002 folgenden Diskussion: „Here we have a peculiar ontology [...] – para-ontology, an ontology which is still to be thought. The problem here is that it's not the phenomenon as such which is being seen, but only by means of the example which is a kind of strange movement beside, it is not itself, but beside itself. This *para* is the essential problem of the example, so we have to invent and define the para-ontology, paradigm, paradoxa, it's still to be defined, it's kind of a pataphysics. What adds itself to be metaphysics, what is besides metaphysics, a para-ontology. It is the problem of this being shown beside and not the immediate knowability of the thing itself. The problem is this *para*, beside being." (http://www.

spezifisch sprachliche, genauer: als *textuelle* Erkenntnisfigur gelesen, für die letztlich Benjamins essayistische Schreibweise Pate stand. Der Begriff des Paradigmas ermöglicht überdies eine fruchtbare Verbindung der ästhetischen Methodologien von Adorno und Agamben und hilft damit die eigenartige *Media*lität, das ‚Dazwischen-Sein' von Benjamins Essayismus auszuloten.

In *Signatura rerum* beschreibt Agamben, ausgehend von Aristoteles' bekannter Definition in der *Analytica priora* (II, 24, 68 b–69 a),[110] das Paradigma als „una terza e paradossale specie di movimento, che va dal particolare al particolare"[111]. Das Paradigma ist demnach zunächst als Erkenntnisform aufzufassen, die weder deduktiv vom Allgemeinen zum Besonderen, noch induktiv vom Besonderen zum Allgemeinen, sondern vom Besonderen zum Besonderen, vom Singulären zum Singulären *per analogiam* fortschreitet. Der paradigmatisch erzeugte Kontext ist nicht länger in eindeutige Oppositionen und Dichotomien gegliedert, sondern gleicht nach Agamben einem diffusen elektromagnetischen Spannungsfeld. Eine konstitutive Spannung ist dem einzelnen Paradigma selbst insofern schon immer inhärent, als es, indem es sich *als* ein Einzelnes *zeigt*, auf eine neue diskontinuierliche Form von Allgemeinheit abhebt. Diese scheint zwar einerseits an das jeweilige Einzelparadigma als an dessen eigene ausgestellte Intelligibilität gebunden, ihm als nicht übertragbare Regel beigegeben zu sein; andererseits aber zeigt sie indirekt (exemplarisch) an, eine solche *ambivalente Erkenntnisfigur aus Sagen/Zeigen* müsse – der Form nach – Geltung haben können auch für andere, für ähnliche Fälle. Nicht aufgrund lückenloser Argumentationsketten oder einer eindeutig festlegbaren Logik, sondern durch gewisse Ähnlichkeiten oder Verwandtschaftsverhältnisse, die nie eindeutig bestimmbar, da ästhetischer Natur sind, ergeben sich so neue Zusammenhänge, in denen logische Dichotomien nicht etwa in einer höheren Synthese aufgehoben, sondern fortlaufend invertiert, verschoben oder geradezu ununterscheidbar werden. Unter implizitem Verweis auf Benjamin bezeichnet Agamben dieses Geflecht aus variablen Ähnlichkeiten zwischen paradigmatischen Momenten eines Textes als

---

egs.edu/faculty/agamben/agamben-what-is-a-paradigm-2002.html; Transkript abrufbar unter: https://www.maxvanmanen.com/files/2014/03/Agamben-What-is-a-paradigm1.pdf; letzter Aufruf am: 23.10.2022).

110 Zur Wirkweise des *parádeigma* vgl. außerdem Aristoteles: *Rhetorik* I, 2, 19 (1357b): „Es verhält sich aber weder wie ein Teil zum Ganzen noch wie das Ganze zu einem Teil oder das Ganze zum Ganzen, sondern wie ein Teil zu einem Teil, Ähnliches zu Ähnlichem" (Aristoteles: *Rhetorik*, übers. und hg. von Gernot Krapinger, Stuttgart 1999, S. 17). Für eine rhetorikgeschichtliche Perspektive auf das Paradigma als textuelles Gestaltungsprinzip in antiken Rhetoriktheorien vgl. Martin Paul Schittko: *Analogien als Argumentationstyp. Vom Paradeigma zur Similitudo*, Göttingen 2003.

111 Giorgio Agamben: *Signatura rerum. Sul metodo*, Turin 2008, S. 21.

„costellazione esemplare"¹¹². In ihrer *Bildähnlichkeit*, so ließe sich in Hinführung zu einem Begriff des Paradigmas als textueller Erkenntnisfigur formulieren, vermag die sich plötzlich ergebende Konstellation, auch entsprechend der jeweiligen Stellung des Einzelparadigmas im Textgefüge, zwischen Besonderem und Allgemeinem eine neue Form der Beziehung überhaupt zu zeigen, die rein begrifflich nicht wiederzugeben ist und daher eine Lesart einfordert, die auf die bei Produktion und Rezeption erst entstehenden Oberflächeneffekte des Textes achtet.

Gerade durch das Ausstellen seiner Beispielhaftigkeit aber tritt das Paradigma schon immer in eine gewisse Distanz zu dem, wofür es beispielhaft einsteht: „Es ist tatsächlich *parádeigma* im etymologischen Wortsinn, das, was ‚sich daneben zeigt' [...]."¹¹³ Insofern scheint es auch Symptom einer seine (Auto-)Reflexivität erst eigentlich ermöglichenden *Spaltung* zu sein und zu einem beunruhigenden, da einer unbekannten Regel folgenden Ausnahmefall tendieren zu können.¹¹⁴

Mit Kants ästhetischem Urteil führt Agamben ein hilfreiches Beispiel für die paradoxe Funktionsweise des Paradigmas an.¹¹⁵ Agamben verweist auf Kants berühmte Bestimmung des ästhetischen Urteils in der *Kritik der Urteilskraft* (1790), das mit keiner eindeutig ableitbaren, apodiktischen, sondern mit einer „*exemplarisch[en]*" Notwendigkeit auftrete, „d.i. eine[r] Notwendigkeit der Beistimmung *aller* zu einem Urteil, was wie [ein] Beispiel einer allgemeinen Regel, die man nicht angeben kann, angesehen wird".¹¹⁶ Vergleichsweise ließe sich das Paradigma als Beispiel einer *a priori* nicht formulierbaren Regel verstehen, die weder aufgestellt noch angewendet werden kann, sondern sich immer erst *in* ihrer jeweiligen *Darstellung* (*exhibitio*¹¹⁷) konstituiert: Sie fungiert selbst als realisierte Regel, als Vorbild anderer Paradigmen, und zeigt zugleich die *Denknotwendigkeit eines allgemeinen Ermöglichungsgrundes von Erkenntnis überhaupt* auf.

---

112 Ebd., S. 29. „Dergestalt wäre die Sprache", wie Benjamin in *Über das mimetische Vermögen* schreibt, „das vollkommenste Archiv der unsinnlichen Ähnlichkeit: ein Medium", d.i. ein Reservoir von Ähnlichkeitsbeziehungen, die augenblickshaft aufblitzen und in der Schrift, in textuellen Konstellationen, Sinnzusammenhängen und Korrespondenzen als an ihrem „Träger in Erscheinung treten" können (GS II/1, S. 213).
113 Agamben: *Homo sacer*, S. 32. Dieses Sich-daneben-Zeigen der Reflexivität theoretisiert Mersch unter dem treffenden Begriff der ‚Zer-Zeigung' als Spezifikum avantgardistischer Kunst, siehe Anm. 7 in Kap. II.1.1.
114 Vgl. Agamben: *Homo sacer*, S. 31–33.
115 Zur Funktion und Logik von Kants ästhetischem Urteil siehe grundsätzlich die Exegesen in *Kants Ästhetik / Kant's Aesthetics / L'esthétique de Kant*, hg. von Herman Parret, Berlin / New York 1998.
116 KdU, § 18, S. 156; AA V, S. 237.
117 Vgl. KdU, § 59, S. 295; AA V, S. 352.

Dieses Ineinanderfallen des Paradigmas mit seinem eigenen Maßstab denkt Agamben auch in zeitlicher Perspektive, womit er sich ebenfalls an Benjamin orientiert. Birgt das Paradigma den eigenen *Ursprung*, das eigene Gesetz, das mit ihm je erst realisiert wird und ihm zugleich eine über sich hinausweisende Musterform verleiht, bestünde die Aufgabe seines Lesers-Betrachters im Aufmerken auf diejenige Stellen im Text, die Verknüpfungen zwischen der Geschichte des Objektes und der Gegenwart seiner Lektüre – so ließe sich mit Kant vielleicht formulieren – ‚signalieren'[118], diese z. B. durch *sinnlich-intensive Präsenzeffekte*[119] im Text andeuten.

Diese Eigenschaft des Paradigmas mag auch Samuel Weber nach einem Vortrag Agambens über „What is a Paradigm?" an Benjamins konstellatives Schreiben und an die Wirkweise seiner dialektischen Bilder erinnert haben, wenn er zu bedenken gibt: „Benjamin doesn't use the term [paradigm] but operates in a way that might be similar to the paradigmatic relation."[120] Agamben verweist in seiner Antwort auf eine Paradigmatizität besonders von Benjamins Gegenständen der Geschichte:

> [T]he historical object is always made by a constellation between a moment of the past and a moment of the present. In the now of knowability there is always this constellation, and perhaps we could try to discuss the relation between these two moments, perhaps as a paradigmatic relation. I'm sure that like the paradigm it is analogical.[121]

Mit der Betonung der analogischen und nicht (als reine Veranschaulichung) metaphorischen Funktionsweise paradigmatischer Relationen,[122] wie sie bei-

---

118 Agamben mag in seiner Beschreibung des zeitlichen Charakters des Paradigmas als einer Schnittstelle zwischen Vergangenheit des Objektes und Gegenwart des Lesers auch an jene Passage aus dem § 35 von Kants *Anthropologie in pragmatischer Hinsicht* (1798) gedacht haben, wo die *„facultas signatrix"* – nicht zufällig denkt Agamben das Paradigma mit der Signatur zusammen – als jenes Vermögen bestimmt wird, eine („auf Assoziation beruhend[e]", so Wolfram Hogrebe in *Kant und das Problem einer transzendentalen Semantik*, Freiburg i. Br. / München 1974, S. 113) Verknüpfung zwischen „der Erkenntniß des Gegenwärtigen" und „der Vorstellung des Vorhergesehenen mit der des Vergangenen" zu bewirken (AA VII, S. 191).
119 Zu diesem Begriff und einem nicht-hermeneutischen doppelten Zugriff auf literarische Texte als auf unverwechselbare Gestaltungen von Spannungsverhältnissen von Sinn- *und* Präsenzeffekten vgl. Hans Ulrich Gumbrecht: *Diesseits der Hermeneutik. Die Produktion von Präsenz*, übers. von Joachim Schulte, Frankfurt a. M. 2004, v. a. S. 32 ff.
120 Vgl. obige Anm. 109.
121 Ebd.
122 Vgl. Agamben: *Signatura rerum*, S. 19 f. (meine Übers.): Die Paradigmen „folgen nicht der Logik der metaphorischen Übertragung eines Signifikats, sondern der analogischen des Beispiels". Zum Paradigma als einem analogischen und nicht metaphorischen Argument vgl. auch

spielhaft in der Benjamin'schen Konstellierung zweier geschichtlicher Momente in einem einzelnen Objekt als in einem kristallisierten Bild der Geschichte vorzufinden seien, verweist Agamben erneut indirekt auf Kants dritte Kritik. Die *Kritik der Urteilskraft* ist in *Signatura rerum* tatsächlich nicht nur in der zitierten Passage über das ästhetische Urteil präsent, sondern Agamben mag sich an ihr auch hinsichtlich einer Unterscheidung zwischen ‚Beispiel' und ‚Paradigma' orientiert haben.[123]

So lässt sich Agambens Paradigmenbegriff, den er mithilfe des ästhetischen Urteils illustriert, auf der Folie des von der ‚symbolischen Hypotypose' handelnden § 59 der *Kritik der Urteilskraft* („Von der Schönheit als Symbol der Sittlichkeit") lesen. Während nach Kants Definition zu Beginn des Paragrafen bestimmte Vorstellungen in „*Beispiele[n]*" als in „empirische[n] Begriffe[n]" eine direkte Entsprechung in realen Gegenständen besitzen,[124] gebe es solche Vorstellungen, denen „keine sinnliche Anschauung angemessen sein kann", aber *gleichwohl* „eine solche untergelegt" werden können muss,[125] soll eine gewisse „Erkenntnis" auch von nicht schematisierbaren Erfahrungen prinzipiell möglich sein – und von einer solchen Erkenntnis muss nach Kant, trotz ihrer Unzuverlässigkeit, zu sprechen „wohl erlaubt" sein.[126] Diese nicht schematisierbaren Erfahrungen werden durch symbolische Hypotyposen zur Anschauung gebracht, das sind nicht-diskursive, aber deshalb nicht unlogische „indirekte Darstellungen [...] vermittelst einer Analogie"[127], welche die Form des schematisierenden Erkenntnisverfahrens aufweisen; insofern sind diese indirekten Darstellungen, die in einem späteren Schritt als Paradigmen bestimmt werden können, auch der Funktionsweise des Beispiels *vergleichbar*. Doch bleibt die Reflexion bei ihnen anders als bei einem Beispiel zu bloßen Illustrationszwecken nicht stehen: Durch fortgesetzte „Übertragung der Reflexion über einen Gegenstand der Anschauung auf einen ganz andern Begriff, dem vielleicht nie eine Anschauung direkt kor-

---

Enzo Melandri: *La linea e il circolo. Studio logico-filosofico sull'analogia*, Bologna 1968, v. a. S. 422–433 u. S. 695 ff. Nach Aristoteles ist die Metapher zwar auch eine Bedeutungsübertragung nach Analogie, was diese dem Beispiel als dem Verhältnis von ‚Teil zu Teil' nahebringt und die rhetorische Tradition des Beispiels begleitet, doch überschreitet die Epistemologie des Exemplarischen bei Aristoteles seine rhetorische Funktion (siehe dazu Stefan Willer, Jens Ruchatz und Nicolas Pethes: „Zur Systematik des Beispiels", in: *Das Beispiel. Epistemologie des Exemplarischen*, hg. von Jens Ruchatz, Stefan Willer und Nicolas Pethes, Berlin 2007, S. 7–59, hier: S. 9 ff.).
123 Nicht diskutiert wird diese Unterscheidung von Steven DeCaroli: „Paradigm/Example", in: *The Agamben Dictionary*, hg. von Alex Murray und Jessica Whyte, Edinburgh 2011, S. 144–147.
124 KdU, § 59, S. 294; AA V, S. 351.
125 KdU, § 59, S. 295; AA V, S. 351.
126 KdU, § 59, S. 297; AA V, S. 353.
127 KdU, § 59, S. 296; AA V, S. 252.

respondieren kann"[128], werden neue unerwartete Zusammenhänge gestiftet, die allerdings nicht auf bestimmte gemeinsame Attribute zurückzuführen sind. Denn diese Ähnlichkeitsbeziehungen sind nicht wirklichkeitsmimetischer Art im Sinne einer Übereinstimmung zwischen Darstellung(en) und Dargestelltem, sondern sie basieren auf proportionalen (äquivalenten) Analogien,[129] d. h. auf einem *unbestimmbaren Gefühl von Ähnlichkeit*.

Darin gleichen diese *versinnlichten Begriffe* aber Kants „ästhetische[n] Ideen"[130], die anders als Vernunftideen nicht abstrakte Prinzipien theoretischer Erkenntnis darstellen, sondern eher im platonischen Sinne (von *eídos*) die konkretanschauliche Gestaltung, die Verkörperung einer auf keinen letzten Begriff zu bringenden Erfahrung sind. In dieser Hinsicht ist das Paradigma als begrifflichanschauliche Erkenntnisfigur zu verstehen: als ‚ein Beispiel ohne Prototyp',[131] d. h. als eine – wie die ästhetische Idee – zwar je der Form nach (exemplarisch) auf Verallgemeinerung, auf Allgemeingültigkeit abzielende, dabei aber unverwechselbare einzelne Figur, die auf keinen bzw. nur auf einen überreichen, nicht eindeutig angebbaren Referenten oder Ursprung zurückzuführen ist, der immerzu medial *Sinn-Überschüsse* produziert. Ohne an dieser Stelle eine Lesart des Essays als einer durch Paradigmen organisierten Textform vorwegnehmen zu wollen, ließen sich diese mit einem paradoxen Wort von Karlheinz Stierle auch als „Beispiele für das Besondere"[132] auffassen. Stierle umschreibt damit die Kunst von Montaignes *Essais*, stets das zutiefst Persönliche und zugleich das allgemein Menschliche, individuelle Erfahrung und Lebensweisheit zu treffen.

In einem Zwischenschritt kann der bislang herausgearbeitete Unterschied zwischen dem Beispiel, mit dem das hier entwickelte Verfahren der *Demonstration*

---

[128] KdU, § 59, S. 296; AA V, S. 352 f.
[129] Zur scholastischen Unterscheidung zwischen attributiver Analogie – welche dem hier konturierten exemplifizierenden Verfahren, dessen Sache die Übertragung bestimmter Eigenschaften von einem Gegenstand auf einen anderen ist, entspräche – und proportioneller Analogie als der Verfahrensweise des Paradigmas vgl. Luca Viglialoro: „Estetica e logica dell'individualità. Agamben lettore della *Kritik der Urteilskraft*", in: *Giorgio Agamben. La vita delle forme*, hg. von Antonio Lucci und Luca Viglialoro, Genua 2016, S. 95–110, hier: S. 104 f.
[130] KdU, § 58, S. 294; AA V, S. 351. Vgl. dazu KdU, § 57, S. 283 f. (AA V, S. 342): „Eine *ästhetische Idee* kann keine Erkenntnis werden, weil sie eine *Anschauung* (der Einbildungskraft) ist, der niemals ein Begriff adäquat gefunden werden kann."
[131] Das Paradigma ist vielmehr selbst *týpos*, worauf Agamben in seinem Vortrag „What is a Paradigm?" hinweist: „Then perhaps it could be an analogy between the paradigm and the typos. Probably it's the same." (Siehe obige Anm. 109)
[132] Karlheinz Stierle: „Geschichte als Exemplum – Exemplum als Geschichte. Zur Pragmatik und Poetik narrativer Texte", in: *Geschichte – Ereignis und Erzählung*, hg. von Reinhart Koselleck und Wolf-Dieter Stempel, München 1973, S. 347–375, hier: S. 372.

(als *expositio*) attribuierend operiert, und dem Paradigma, dem autoreflexiven Moment der *Medialisierung* (im Sinne einer *exhibitio*) des Essays, gebündelt werden. Eine prägnante Definition dafür liefert Mirjam Schaub in ihrer Studie *Das Singuläre und das Exemplarische. Zu Logik und Praxis der Beispiele in Philosophie und Ästhetik*:

> Ist das Ideal des Beispiels sein *uneigennütziges Diaphan-Werden für ein Allgemeines*, so liegt das Geheimnis des Paradigmas gerade in seiner *partiellen Opazität*.[133]

Bemerkenswert ist an dieser Stelle, dass die Formulierungen, die Schaub in ihrer Analyse des § 59 der *Kritik der Urteilskraft* für das Verhältnis zwischen Beispiel und ästhetischer Idee findet, fast identisch lauten – ohne dass diese mediale Parallelität reflektiert wird:

> Während das Beispiel das Versprechen auf ein Transparentwerden des gemeinten Allgemeinen beinhaltet, zielt die ästhetische Idee [...] auf den Schutz *qualitativer Besonderheit*.[134]

Schaub versäumt den naheliegenden Schluss zu ziehen, den Begriff des Paradigmas (Agambens) auf der Kant'schen Folie in Auseinandersetzung mit den Begriffen der ästhetischen Idee und des ästhetischen Urteils zu entwickeln.[135] Tut man das, lässt sich sowohl der Paradigmenbegriff – über eine Auffassung als (wissenschaftliches) „Verständnissurrogat"[136] oder „Konkurrent[]"[137] des Beispiels hinaus – erweitern als auch ein tieferes Verständnis der spezifischen Medialität des Essays gewinnen. Denn in seiner begrifflich-anschaulichen Beschaffenheit beschränkt sich das Paradigma keineswegs auf den philosophischen Text, sondern findet im Essay als in der philosophisch-literarischen Grenzform *par excellence* seinen eigentlichen Ort. Im Folgenden soll daher der mit Agamben und Kant erarbeitete und *wie* das ästhetische Urteil operierende Begriff des Paradigmas versuchsweise mit Adornos Essay-Begriff zusammengelesen werden, dem ebenfalls eine eingehende Auseinandersetzung mit Kant zugrunde liegt.

---

133 Schaub: *Das Singuläre und das Exemplarische*, S. 383.
134 Ebd., S. 165.
135 Denn was Schaub für das Beispiel postuliert – „Beispiele funktionieren nach demselben paradoxen Muster wie die ästhetische Urteilskraft" (ebd., S. 229) –, lässt sich, wie gezeigt wurde, schlüssiger für die Funktionsweise des Paradigmas geltend machen. So hätte sich auch die Aporie auflösen lassen, das Beispiel einerseits „[ä]hnlich wie eine ‚ästhetische Idee'" (ebd., S. 51) und zugleich als deren Gegenteil (Transparenz vs. Opazität, Allgemeingültigkeit vs. Besonderung) verstehen zu wollen.
136 Ebd., S. 383.
137 Ebd., S. 371.

In Übereinstimmung mit dem skizzierten Konzept des Paradigmas beschreibt Adorno die spezifische Eigenlogik des Essays, der weder „auf geschlossenen, deduktiven oder induktiven Aufbau"[138] noch auf eine systematische „Elementaranalyse"[139] seiner Gegenstände abziele. Indem der Essay „den Begriff eines Ersten suspendiert"[140], setze er vielmehr auf ein Nebeneinanderstellen, ein *medialisierendes Koordinieren* äquivalent erscheinender Elemente:

> Denn der Essay befindet sich nicht im einfachen Gegensatz zum diskursiven Verfahren. Er ist nicht unlogisch; gehorcht selber logischen Kriterien insofern, als die Gesamtheit seiner Sätze sich stimmig zusammenfügen muß. [...] Nur entwickelt er die Gedanken anders als nach der diskursiven Logik. Weder leitet er aus einem Prinzip ab noch folgert er aus kohärenten Einzelbeobachtungen. Er koordiniert die Elemente, anstatt sie zu subordinieren [...].[141]

Wie das begrifflich-anschauliche Paradigma bedient sich der Essay des überlieferten Sprachmaterials, dessen verborgene Bedeutungen er durch „begriffliche Organisation"[142] zutage fördert oder dem er gänzlich neue Anschauungen entlockt. Deren unvermeidlicher „Fehlbarkeit und Vorläufigkeit"[143] ist er sich nicht nur bewusst, sondern er wendet diese Unvermeidbarkeit in sein charakteristisch-spielerisch wirkendes Darstellungsprinzip: wenn er nämlich ostentativ auf „Vollständigkeit und Kontinuität"[144] verzichtet und sich auf Kleinstes und Brüchiges konzentriert. Dank seiner ästhetischen – d.h. unerschöpflich neue Anschauungen produzierenden – Verfassung ermöglicht dieses Singuläre und Partielle jedoch mittelbar, d.i. paradigmatisch und nach einer Analogie, mannigfaltige Reflexionen; selbst über Begriffe, denen *„vielleicht nie* eine Anschauung *direkt* korrespondieren kann"[145], um Kants vieldeutige Funktionsbestimmung der symbolischen Hypotypose zu wiederholen.

Ein solches Erkenntnis- und Schreibverfahren ist also nicht auf bestimmte Intentionen aus, darauf, „was einer sich da und dort gedacht, was er gefühlt hat"[146]; vielmehr sucht es *Intensitäten* zu erschließen und im ästhetischen Paradigma als in einer Art Energiedepot zu speichern. Die den Essay strukturierenden ästhetischen Paradigmen sind dabei nicht nur Speicher, sondern auch Auslöser

---

138 Adorno: „Der Essay als Form", in: ders.: *Noten zur Literatur*, S. 17.
139 Ebd., S. 22.
140 Ebd., S. 28.
141 Ebd., S. 31f.
142 Ebd., S. 21.
143 Ebd., S. 25.
144 Ebd., S. 24.
145 KdU, § 59, S. 296; AA V, S. 352f. (meine Hervorhebungen).
146 Adorno: „Der Essay als Form", in: ders.: *Noten zur Literatur*, S. 11.

für neue „Überinterpretationen"[147] und regen seine Leserin, deren nicht nur intellektuelle, sondern auch sensitive Wahrnehmungen er – dank seiner „tastenden Intention"[148], „untilgbaren Farbe"[149] und „musikalische[n] Logik"[150] – zu stimulieren vermag, zu einer ähnlichen ästhetischen Reflexion an, wie der Essay selbst sie inszeniert:

> Aber wie kaum sich ausmachen läßt, was einer sich da und dort gedacht, was er gefühlt hat, so wäre durch derlei Einsichten nichts Wesentliches zu gewinnen. Die Regungen der Autoren erlöschen in dem objektiven Gehalt, den sie ergreifen. Die objektive Fülle von Bedeutungen jedoch, die in jedem geistigen Phänomen verkapselt sind, verlangt vom Empfangenden, um sich zu enthüllen, eben jene Spontaneität subjektiver Phantasie, die im Namen objektiver Disziplin geahndet wird. Nichts läßt sich herausinterpretieren, was nicht zugleich hineininterpretiert wäre. Kriterien dafür sind die Vereinbarkeit der Interpretation mit dem Text und mit sich selber, und ihre Kraft, die Elemente des Gegenstandes mitsammen zum Sprechen zu bringen. Durch diese ähnelt der Essay einer ästhetischen Selbständigkeit, die leicht als der Kunst bloß entlehnt angeklagt wird, von der er gleichwohl durch sein Medium, die Begriffe, sich unterscheidet und durch seinen Anspruch auf Wahrheit bar des ästhetischen Scheins.[151]

Die nicht-hierarchisch organisierten ästhetischen Paradigmen, die im Text-Raum des Essays zueinander in „stillgestellten Spannungsverhältnissen"[152] konstelliert sind, verfügen – ohne dass dies „seinen Anspruch auf Wahrheit" beeinträchtigte – über keine eindeutigen referenziellen Verweisfunktionen. Sie basieren vielmehr, dies sei wiederholt, auf nicht-stabilen, nicht-wirklichkeitsmimetischen Ähnlich-

---

147 Ebd., S. 10.
148 Ebd., S. 25.
149 Ebd., S. 26.
150 Ebd., S. 31.
151 Ebd., S. 11. Im Hinblick auf diese „Offenheit" (ebd., S. 26) und „Mehrdeutigkeit" (ebd., S. 31), die das ästhetische Paradigma generiert, scheint es auf einen ersten Blick dem textuell-semiotischen Dispositiv, wie es z.B. von Klossowski für moderne und postmoderne Literatur theoretisiert wurde, verwandt zu sein. Mit diesem hat es gemeinsam, dass es sich, besonders mittels der ihm auch inhärenten Dimensionen des Widersprüchlichen, Nicht-Gesagten oder Unsagbaren, einerseits einem rein semantischen Zugang, einer linearen Übersetzung in einsinnige Botschaften entzieht, andererseits durch Reflexion und konkret-sinnliche Darstellung von Nichtidentischem und Begriffslosem (wie z.B. im Bild vom „Teppich des Wahren", GS I/1, S. 166) beispielhaft Rückschlüsse auf die Beschaffenheit epochenspezifischer Vorstellungsräume zulässt. Doch ist das ästhetische Paradigma, wie es hier verstanden und im nächsten Kapitel näher bestimmt wird, keinesfalls völlig referenzlos und bloß literarisches Bild; zudem unterscheidet es sich insofern klar von dem Begriff des textuellen Dispositivs, als es jeden Schöpfungsgedanken desavouiert und – statt auf einen subjektiven Gefühlshaushalt (des Autors) – auf einen „objektiven Gehalt" (Adorno: „Der Essay als Form", in: ders.: *Noten zur Literatur*, S. 11) aus ist und so der „Verpflichtung des begrifflichen Denkens" (ebd., S. 13) nachkommt.
152 Ebd., S. 32.

keiten und Proportionen, auf *Reflexionen über Gefühle von Ähnlichkeiten* (der „Spontaneität subjektiver Phantasie"). In ihnen schließen sich individuelle Erfahrungen und Affekte mit epochenspezifischen kulturellen Wissensbeständen („dem objektiven Gehalt") sowie dem sinnlichen und theoretischen Gehalt der Sprache in der Kritik und Deutung von bereits Geschaffenem zusammen. Es griffe zu kurz, verstünde man dieses mittels ästhetischer Paradigmen verfahrende essayistische Schreiben lediglich als Hermeneutik künstlerischer Formen.

Ein kurzes Beispiel (*exemplum*) kann das bisher Gesagte verdeutlichen. In der bekannten einseitigen Prosaminiatur „Schränke" aus seiner *Berliner Kindheit um neunzehnhundert* (1938) beschreibt Benjamin scheinbar nur eine beiläufige autobiografische Kindheitserfahrung: Bei der Untersuchung eines als *promesse du bonheur* erscheinenden zusammengerollten Strumpf-Paares auf „,Das Mitgebrachte'" hin stellt Benjamin bestürzt immer wieder aufs Neue fest, dass durch „die atemraubende Enthüllung" sowohl „die Tasche" als auch das vermeintlich in ihr Verborgene verschwinden.[153] Der Text aber belässt es nicht bei einer Phänomenologie des Strumpfes. Mittels der paradigmatischen Darstellung dieser partikularen Erfahrung *gibt* er gerade durch die Eindringlichkeit, die Intensität, mit welcher sich Benjamin als Kind dem Verhältnisspiel zwischen „Hülle und Verhüllte[m]"[154] widmet, *allerlei zu denken*. Ohne sich dabei festzulegen, löst er Reflexionen etwa über die fragile Versehrbarkeit der Kindheit aus, über eine maskierte ruinöse Inhaltsleere des Bildungsbürgertums oder über die Utopie menschlichen Glücksverlangens.

Diese „objektive Fülle von Bedeutungen", die – mit Adorno – im Bild des Strumpfes „verkapselt" sind,[155] tritt zutage in einem Textgefüge, das wie durch ein unauflösbares Spannungsverhältnis zwischen Bildlichkeit und Begrifflichkeit elektrisiert wirkt. Nicht geht es um eine wirklichkeitsmimetische Darstellung eines realen Kinderstrumpfes, vielleicht noch nicht einmal um die jener angeblich so prägenden Kindheitserfahrung. Vielmehr scheint es darum zu gehen, den Begriffen (wie z.B. „Enthüllung", „Form und Inhalt, Hülle und Verhülltes" oder „Wahrheit"),[156] die notwendig stets „ihren theoretischen Bezug mitbringen"[157], anhand der vorurteilslosen, beharrlich „tastenden Intention"[158] der Kinderhand

---

153 GS IV/1, S. 284.
154 Ebd.
155 Adorno: „Der Essay als Form", in: ders.: *Noten zur Literatur*, S. 11.
156 GS IV/1, S. 284.
157 Adorno: „Der Essay als Form", in: ders.: *Noten zur Literatur*, S. 26.
158 Ebd., S. 25. In Benjamins Denkbild hallt Montaignes bildhaft-haptische Definition des Essays als eines ‚tastenden Versuchs' wider, vgl. Montaigne: *Les Essais*, S. 151: „mes conceptions et mon jugement ne marche qu'à tastons, chancelant, bronchant et chopant" (I, 25: „De l'institution des

in ihrer indirekten Darstellung (im Sinne von Kants Konzept der symbolischen Hypotypose) eine intensive, durch ihre Paradigmatizität medial gesteigerte Anschaulichkeit abzutrotzen, sie im Wortsinne zu be-greifen. Zugleich aber wird so die – in der späteren Textfassung „Der Strumpf" noch verdichtete – Erzählung vom „Abenteuer"[159] des Kindes mit dem Stofftäschchen aus ihrer Kontingenz und Belanglosigkeit herausgehoben. Ihrer antinomischen Struktur zwischen lustvollem „[V]ersenken" in das Erlebnis und dem wechselnd, was dieses „lehrte",[160] ist dabei das Bewusstsein einer grundsätzlichen Nichtentsprechung von Darstellung und Erlebnis abzulesen. Dies geschieht ganz im Sinne von Adornos Wort über die radikal dialektische Methode des Essays: „[D]er Anspruch der Singularität auf Wahrheit wird buchstäblich genommen bis zur Evidenz ihrer Unwahrheit"[161] – und ihrer Trugbildhaftigkeit, so ließe sich hinzufügen.

So ist die Lehre, die Anleitung zu „behutsam[er]"[162] Exegese, mit welcher der Text schließt, eher als Pseudo-Lehre oder gar als Parodie eines *fabula docet*, eines moralisierenden Fazits zu verstehen. Von ihr aus klärt sich die erzählte Kindheitserfahrung nicht etwa auf, sondern sie wird mit so weitgreifenden und neue Probleme aufwerfenden Bedeutungen aufgeladen – dem „Strumpf" etwa solle eine allgemeine Identität von Form und Inhalt abzulesen sein –, dass die Leserin in eine Art Strudel von Ungereimtheiten und verwischten Lese-, Schreib- und Medienmetaphern gerät.

Doch lässt sich die Erfahrung der Kinderhand auch als medialisierte Reflexion über die Bedingungsmöglichkeiten der adäquaten Versprachlichung einzelner flüchtiger Erfahrungen lesen, nämlich mittels eines Textgebildes, in dem die Darstellungsweise selbst zum Zeugen wird für die „rätselhafte Wahrheit" dessen, was begrifflich nicht restlos bestimmt werden kann: „Tiefe" erhält der literarische Text nur, ist er „gerollt und eingeschlagen".[163] Der angemessen auf

---

enfans"); vgl. ders.: *Essais*, erste moderne Gesamtübers. von Hans Stilett, 9. korrigierte Aufl., Berlin 2016, S. 81: „Mit meinen Entwürfen und Urteilen komme ich nur tastend voran, schwankend, stolpernd und strauchelnd" (I, 26: „Über die Knabenerziehung").
159 GS IV/2, S. 977.
160 Ebd.
161 Adorno: „Der Essay als Form", in: ders.: *Noten zur Literatur*, S. 28.
162 GS IV/2, S. 978.
163 GS IV/1, S. 284. Ein ähnliches Bild, das des (Sich-)Einrollens, bemüht schon Montaigne als Textmetapher einer sich im Schreiben vollziehenden Selbstkonstituierung, z. B. in ders.: *Les Essais*, S. 697: „Je n'ay affaire qu'à moy, je me considere sans cesse, je me contre-rolle, je me gouste. Les autres vont tousjours ailleurs, [...] moy, je me roulle en moy-mesme" (II, 17: „De la presumption"); vgl. ders.: *Essais*, S. 327: „Nur mit mir habe ich es zu tun. Ich beobachte mich ohne Unterlaß, prüfe mich, verkoste mich. Die andren sind stets und ständig anderswohin unterwegs [...]. Ich hingegen kreise in mir selbst." (II, 17: „Über den Dünkel")

den Text zugreifende Leser-Betrachter weiß denn auch darum, dass nach Abzug der Form kein Inhalt mehr bleibt, dass „die Wahrheit so behutsam aus der Dichtung hervorzuziehen [ist] wie die Kinderhand den Strumpf aus ‚Der Tasche' holte"[164]. Nicht ein spezifischer Inhalt wird enthüllt, sondern „jene rätselhafte Wahrheit", dass „Form und Inhalt, Hülle und Verhülltes, ‚Das Mitgebrachte' und die Tasche eines waren. Eines – und zwar *ein Drittes*: jener Strumpf, in den sie beide sich verwandelt hatten".[165]

Das Strumpf-Bild wird so zum textil-textuellen Schauplatz einer Schreibweise, die sich selbst als ein Drittes zwischen Literatur und Philosophie, zwischen ihrem Gegenstand und seiner Kritik, oder vielmehr als eine initiale Dualismen zur Ununterscheidbarkeit verwandelnde Verschränkung oder Vermittlung präsentiert.[166] Der im Denkbild des Stofftäschchens verkapselte reflexive Gehalt ist für Benjamin damit aber nicht erschöpft, ihm entspringt vielmehr – als lüde es gar „[n]icht oft genug" zum „Kunstgriff" der Umkehrung und Verwandlung ein – unerwartetes Bedeutungspotenzial.[167] So setzt „der umgekehrte Strumpf"[168] in einem auf 1923 datierten Schema zum methodischen Teil der *Erkenntniskritischen Vorrede* des Trauerspiel-Buchs, die hier nur gestreift werden soll, die literarhistorische und kunstphilosophische Untersuchung in ein wechselseitig auseinander hervorkehrendes Verhältnis. Diese in der *Vorrede* auf das Verhältnisspiel von Einzelnem und Allgemeinem, (Gattungs-)Begriff und ‚Idee' ausgeweitete Methode ist auch hier an eine Technik der Mediation gebunden, die sich den im Medium des Essays erschlossenen Kreuzungen zweier Pole zuwendet: ihrer im Paradigma zu je *einem* sinnlich-reflexiven Ausdruck (wie Benjamin später schreiben wird: zu einem „integralen, nach keiner Seite gebietsmäßig einzuschränkenden Ausdruck"[169]) kommenden Beziehung.

---

[164] GS IV/2, S. 978.
[165] GS IV/1, S. 284 (meine Hervorhebungen).
[166] Cornelia Zumbusch hat gezeigt, dass in diesem „Bild für das Mediale" (dies.: „Benjamins Strumpf. Die Unmittelbarkeit des Mediums und die kritische Wendung der Werke", in: *Archiv – Zitat – Nachleben. Die Medien bei Walter Benjamin und das Medium Benjamin*, hg. von Amália Kerekes, Nicolas Pethes und Peter Plener, Frankfurt a.M. 2005, S. 11–36, hier: S. 31) Benjamins frühe Sprachphilosophie zu einer Medienästhetik erweitert wird. Denn das ‚Mitgebrachte' ist so wenig ohne sein Medium, den Strumpf, zu haben wie die Mitteilung ohne die Sprache bzw. ihre Darstellungsweise.
[167] GS IV/1, S. 284.
[168] GS I/3, S. 918: „Die kulturgeschichtlichen Periodenbegriffe, die Stilbegriffe, die Gattungsbegriffe sind Ideen. (Einleitung zur Lyrik) Methodisches Verhältnis der metaphysischen Untersuchung zur historischen: der umgekehrte Strumpf."
[169] GS VI, S. 219.

Bevor in den folgenden Kapiteln die spezifische Textualität und Medialität des Essays näher beleuchtet werden, sei der Umstand hervorgehoben, dass in dem analysierten Text aus der *Berliner Kindheit* ein lebloses Ding, ein gänzlich prosaischer Gegenstand als Prätext für ein Verständnis von ‚Dichtung' sowie zur Selbstvergewisserung der eigenen Schreibpraxis fungiert. Auch andernorts verfährt Benjamin, *als ob* jedes Phänomen auf formell ähnliche Weise lesbar und in ein textuelles Gebilde übersetzbar sei, für das es als Denkanstoß fungiert (und das doch *vice versa* dessen reflexiven Gehalt erst erschließt). Die Verschriftlichung der Suche nach dem ästhetischen Ort, in dem dieses Denken und Schreiben in Analogien begründet ist, scheint unhintergehbare Aufgabe des (Benjamin'schen) Essays zu sein, der ganz alltägliche Phänomene und sinnliche Objekte der Lebenswelt insofern *als* Kunstwerke betrachtet, als sie sich ihm als einmalige ‚Gelegenheiten' für eine (Selbst-)Reflexion darbieten, die über den bloßen Gegenstand hinaus- und zu philosophischen Fragestellungen hinführt, ohne dass dieser damit auserzählt wäre. Als Verstehensmodell für die im Essay inszenierte textuelle Erkenntnisweise *per analogiam*, die prinzipiell verschiedene Bereiche unter dem (formalen) Gesichtspunkt einer ihren Erscheinungen zuschreibbaren Idee parallel behandelt und so, ohne sie in eins zu setzen, gleichsam vermittelt, führt Adorno Kant bzw. seine Konzeption der ästhetischen Idee an:

> Der Gegenstand des Essays aber, die Artefakte, versagen sich der Elementaranalyse und sind einzig aus ihrer spezifischen Idee zu konstruieren; nicht umsonst hat darin Kant Kunstwerke und Organismen analog behandelt, obwohl er sie zugleich so unbestechlich [...] unterschied.[170]

Die Ideen des Essays sind keine apriorischen, sondern ‚versinnlichte Begriffe', die nur aus seinen konkreten Gegenständen zu rekonstruieren sind; diese wiederum geben sich in ihrer Besonderheit, Vielschichtigkeit und partiellen Opazität erst im Licht „ihrer spezifischen Idee", d. i. im essayistischen Textgefüge, zu erkennen und „versagen sich" der Vorstellung eines Ersten wie der eines eindeutigen Sinns oder Referenten. Zwischen den Bedeutungen Scheitern und freier Verzicht, Entzug und Askese changierend (und ein ‚Ver-Sagen', ein verfehltes oder unverständliches Sagen implizierend), kehrt das Wort „Versagen" in Adornos *Ästhetischer Theorie* wieder und benennt dort eine genuine Eigenschaft moderner Kunst, die mit „ihrem Versagen vor der Rationalität" auf eine allgemeine „Krise des Sinns" reagiere.[171] Der Essay ließe sich von hier aus als sinnlich-reflexive Schreib- und Erkenntnispraxis verstehen, die jeden noch so geringen Gegenstand,

---

170 Adorno: „Der Essay als Form", in: ders.: *Noten zur Literatur*, S. 22.
171 Adorno: *Ästhetische Theorie*, S. 231.

beliebige Artefakte der Moderne (*wie* Kunst) als Signatur einer Krise oder Abwesenheit eines eindeutigen rationalen Sinns und *zugleich* als einen überreichen Ursprung fortlaufender ‚zweckloser' Sinnproduktion zu lesen versucht. Sie tut dies, indem sie ihnen, in ein komplexes, nicht-diskursives Textgefüge eingebettet, ästhetische Ideen, d. h. paradigmatische Bedeutung zuschreibt; anders gesagt: ihnen „die Wahrheit so behutsam" entnimmt „wie die Kinderhand den Strumpf aus ‚Der Tasche' holte".[172]

Aus dem zitierten Passus lässt sich darüber hinaus ein morphologisches Problem herauslesen, auf das zuvor bereits kurz eingegangen wurde. Denn Adornos Bekenntnis zur Kant'schen, gewissermaßen zerfransten, analogischen Verstehensstruktur (eine Erkenntnis wird als nicht möglich anerkannt, aber genau deswegen müsse man sich um diese bemühen), die stets Raum für Leerstellen birgt bzw. deren Mittelpunkt selbst eine solche Sinn-Leerstelle darstellt, verbirgt im Gegenzug eine implizite Kritik an einem hauptsächlich idealistischen strukturellen Verstehensmodell Goethe'scher Prägung,[173] das ein fortschreitendes, immer lückenloseres Verstehen aufgrund allgemeiner Strukturen von einsehbaren Weltbezügen postuliert. Der Essay hingegen „weiß seine Methode", wie Adorno schreibt, „als unlösbar und sucht es *gleichwohl* zu leisten".[174] Und zwar, wie gezeigt wurde, mittels paradigmatischer, analogischer Versuchsanordnungen, die darauf aus sind, am Singulären eine ‚Wahrheit' erscheinen zu lassen, die stets auch verdächtig, da nicht eindeutig begründ- und fixierbar, sondern nur in immer neuen spannungsvollen, dynamisch-statischen Konstellationen momenthaft darstellbar ist.

2.3 Das Paradigma des Essays: Autoreflexivität, Fiktionalität, Literarizität, Intertextualität

Was sich an Benjamins Prosaminiatur „Schränke" aus der *Berliner Kindheit* beispielhaft aufzeigen ließ, nämlich ein hoher Grad an Autoreflexivität des Textes, die sich mittels Paradigmen herstellt, kann als gattungsspezifisches Merkmal des Essays aufgefasst werden. Unter ‚Autoreflexivität' wird hier zunächst eine im Paradigma zur Darstellung gebrachte Reflexion des Textes über seine eigene Schriftlichkeit verstanden, die zudem eine gewisse Reversibilität von Lesen und

---

[172] GS IV/2, S. 978.
[173] Darauf verweisen in der *Ästhetischen Theorie* etwa Begriffe wie ‚Form', ‚Organismus', ‚Gattung', ‚Analogie' oder ‚Versuch'.
[174] Adorno: „Der Essay als Form", in: ders.: *Noten zur Literatur*, S. 25 (meine Hervorhebung).

(Wieder-)Schreiben, von Dechiffrieren und Chiffrieren von Bedeutung inszeniert. Benjamins „Strumpf" etwa wird entfaltet, doch der Text aufs Neue „gerollt und eingeschlagen", und so ein neues „Mitgebrachte[s]", d. h. neue Bedeutung produziert.[175]

Die Autoreflexivität des Essays, seine Eigenschaft, wie Adorno schreibt, „in jedem Augenblick auf sich selber reflektieren"[176] zu müssen, ist aber nicht als reine Rückbezüglichkeit in dem Sinne aufzufassen, dass sich der Essay nur immer selbst zum Thema hätte.[177] Vielmehr ereignet sich z. B. in der diskontinuierlichen Verweisungsstruktur zwischen seinen paradigmatischen Einzelelementen in einer variablen exemplarischen Konstellation eine Art bewegliche ästhetische Erkenntnisweise.[178] In ihr sind Bildlichkeit und Begrifflichkeit, Sinnlichkeit und Unsinnlichkeit nahezu zur Ununterscheidbarkeit verschlungen, wodurch der Doppelcharakter des Mediums Sprache selbst exemplifiziert, dargestellt und geradezu in Szene gesetzt wird. So verstanden meint die Rede von einer Autoreflexivität des Essays ein *Analogieverfahren im Medium der Darstellung* – und nicht etwa eine diskursive Selbstkommentierung. Fragen etwa nach dem Anfang der Argumentation oder nach einer Hierarchie von Argumenten lassen sich an den Essay sinnvoll kaum stellen.[179] Das Zusammenfallen bzw. die Umkehrbarkeit von

---

175 GS IV/1, S. 284.
176 Adorno: „Der Essay als Form", in: ders.: *Noten zur Literatur*, S. 32.
177 Und auch nicht im (semiotischen, formalistischen, strukturalistischen) Sinne des Begriffs von Autoreflexivität etwa bei Eco oder Jakobson, der angesichts der Selbstinszenierungsstrategien des Essays zu einseitig-proportional erscheint, da diesem Begriff letztlich wieder eine Form-Inhalt-/Signifikant-Signifikat-Dichotomie zugrunde liegt.
178 Vgl. Agamben: *Signatura rerum*, S. 29. Ein Verhältnis zwischen „Selbstbezüglichkeit" von und „Exemplifikation" in Literatur erkennt ähnlich auch Georg W. Bertram, wenn er erstere als eine wechselseitige Verwiesenheit und gegenseitige Bestimmung der Einzelelemente eines literarischen Textes, denen „die Aktivität des Nachvollzugs" korrespondiere, und letztere nicht als direkte „Teilhabe-Relationen", sondern als „komplexe strukturelle Zusammenhänge" im Text bestimmt (ders.: „Selbstbezüglichkeit und Reflexion in und durch Literatur", in: *Der Begriff der Literatur. Transdisziplinäre Perspektiven*, hg. von Alexander Löck und Jan Urbich, Berlin / New York 2010, S. 389–408, hier: S. 402f.); doch liest Bertram Literatur letztlich eher verkürzt als Modell der Ausbildung von „eigenen zukünftigen Praktiken" (ebd., S. 407), als Anleitung zur „Welterschließung" (ebd., S. 408). Über Kunst als reflexive Erkenntnispraxis und Selbstverständigungsmedium der (praktischen) Philosophie vgl. ders.: „Was die Kunst der Philosophie zu denken gibt", in: *Allgemeine Zeitschrift für Philosophie* 34/1 (2009), S. 79–97, v. a. S. 95; zum selbstbezüglichen Ineinander von Sinnlichkeit und Reflexivität als Merkmal moderner Kunst vgl. ders.: „Autonomie als Selbstbezüglichkeit: Zur Reflexivität in den Künsten", in: *Zeitschrift für Ästhetik und allgemeine Kunstwissenschaft* 55/2 (2010), S. 223–234.
179 Siehe Adornos Polemik gegen Descartes' Methodenlehre in „Der Essay als Form", in: ders.: *Noten zur Literatur*, S. 22 f.

Lesen und Schreiben im Paradigmen-Netz des Essays bedingt eher eine Gleichzeitigkeit seiner paradigmatisch erscheinenden Sachgehalte: In ihr scheint jeder Einzelgegenstand einen gleichwertigen „Ursprungstitel"[180] – Benjamin verwendet diesen Begriff an einer Stelle als Synonym für ‚Paradigma' – für sich reklamieren zu können.

Ein solches autoreflexives Ausstellen der eigenen Sprachlichkeit und Textualität, und damit der Sprache als solcher, wirft erneut die Frage nach dem Fiktionalitätsstatus und nach der Literarizität des Essays auf. In der Essay-Forschung herrscht weitgehend Konsens darüber, dass der Essay zweifellos den nicht-fiktionalen Gattungen zuzuordnen sei, und auch in den einschlägigen Nachschlagewerken wird die vermeintliche Nicht-Fiktionalität des Essays meist an vorderster Stelle betont.[181] Birgit Nübel hingegen gibt zu Recht zu bedenken, man dürfe den „Essay nicht mehr umstandslos dem Bereich des Nicht-Fiktionalen zuordnen"[182]. In ihrer Essay-Studie arbeitet sie dafür zwei gängige Fiktionalitätskriterien heraus, gemäß deren jeweiliger Ausprägung der Essay „auf einer Skala, die von den Polen des Fiktionalen bis Nicht-Fiktionalen reicht, als mehr oder weniger fiktional bestimmt werden"[183] könne: Erstens seien Autor und essayistisches Ich nicht bedenkenlos in eins zu setzen, vielmehr arbeite der Essay mit „Subjektfiguration"[184]; zweitens strebe der Essay in der Regel keine eindeutige „Referenzialisierbarkeit" an, d. h. sein „Wahrheitsanspruch" leite sich „nicht von dem realen Vorhandensein des Ausgesagten, sondern aus der referentiellen Verdoppelung, das heißt der perspektivischen Relationierung von Subjekt der Aussage, Objekt des Ausgesagten und Rezeptionsvorgang ab".[185] Nicht um die Darstellung tatsächlicher Ähnlichkeitsbeziehungen etwa zwischen Autorsubjekt und essayistischem Ich oder zwischen Gegenständen des Essays und außertextuellen Bezugsobjekten geht es nach Nübel dem Essay, vielmehr sei dieser ein „figuratives und referentielles *Gedankenspiel*"[186], das in erster Linie „die Frage nach der rezeptionsästhetischen Relevanz"[187] aufwerfe.

---

180 GS III, S. 255.
181 Für Schlaffer etwa ist der Essay „der schriftliche Diskurs eines empirischen (d. h. nicht-fiktionalen) Ich", den literarischen Charakter und „ästhetischen Reiz des Essays" sieht er rhetorischen, d. h. illustrativen und persuasiven, Zwecken untergeordnet, weshalb ihm nach „der Essay nicht zu den literarischen Formen im engeren Sinne zählt, die durch Fiktionalität gekennzeichnet sind" (ders.: Art. „Essay", S. 522).
182 Nübel: *Robert Musil*, S. 78.
183 Ebd., S. 85.
184 Ebd., S. 80.
185 Ebd., S. 84.
186 Ebd., S. 85.
187 Ebd., S. 84.

Die Fiktionalität des Essays besteht, pointiert man Nübels Ausführungen, insbesondere in seiner *Pseudoreferenzialität*, also in seinen vielfältigen Figurationen von Referenzialität. ‚Fiktional' ist der Essay insofern, als er, im Wortsinne, fortgesetzt Gestaltungen, Überformungen, Umkehrungen seiner Bezüge gegenüber den außertextuellen Pendants seiner Gegenstände, aber auch zu einem bestimmten Werk- oder Gattungskontext vornimmt und sich derart (vermittelt) stets mitthematisiert, mitgestaltet.[188] Der jeweilige Grad der Fiktionalität eines Essays bemisst sich folglich an der Ausprägung seiner Autoreflexivität.[189] Diese zielt auf wiederholtes Lesen und Aufspüren unerwarteter Zusammenhänge und neuer Sinnangebote des Essays, auf den Nachvollzug seiner intratextuellen und intertextuellen Querverweise und seiner ästhetischen Valenzen ab, wodurch ein oft ungeahnter Reichtum der Sprache überhaupt zum Vorschein zu kommen vermag.

Ebendieses von Dirk Oschmann als wesentliches Kriterium für Literarizität bestimmte Vermögen, „*im Vollzug der Darstellung*" erst „*Sprache als ganze* und *als Ganzes* zur Anschauung" zu bringen,[190] weist den Essay weiter als literarische Form aus. Doch unterscheidet sich der Essay von anderen literarischen Formen zugleich darin, dass er die ästhetische Fülle von Sprache als solcher nicht schlechtweg vorzeigt, sondern diese zugleich als eine Art objektiven, immer schon verfügbaren und geschichtlich legitimierten Bestand präsentiert. So vermag er sich in und *als* Sprache abspielendes Erkennen sichtbar zu machen, wodurch der Essay auch seine eigene Lektüre zu antizipieren scheint. Denn in seiner spezifischen „ästhetischen Selbständigkeit", die Adorno dem Essay zuschreibt, ähnelt er zwar anderen literarischen Kunstwerken, von denen er sich „gleichwohl

---

[188] Zu diesem Begriff von Fiktion und dem Bedeutungsfeld von *fingere* vgl. grundsätzlich Karlheinz Stierle: Art. „Fiktion", in: *Ästhetische Grundbegriffe. Studienausgabe*, hg. von Karlheinz Barck [u. a.], Bd. 2, Stuttgart / Weimar 2010, S. 380–428, und ders.: „Die Fiktion als Vorstellung, als Werk und als Schema – eine Problemskizze", in: *Funktionen des Fiktiven*, hg. von Dieter Henrich und Wolfgang Iser, München 1983, S. 173–182.
[189] Vgl. dazu noch immer Klaus W. Hempfers Studie „Die potentielle Autoreflexivität des narrativen Diskurses und Ariosts *Orlando Furioso*", in: *Erzählforschung. Ein Symposion*, hg. von Eberhard Lämmert, Stuttgart 1982, S. 130–156, hier: S. 131, wo unter ‚Autoreflexivität' mit Wolfgang Iser („Die Wirklichkeit der Fiktion. Elemente eines funktionsgeschichtlichen Textmodells der Literatur", in: *Rezeptionsästhetik. Theorie und Praxis*, hg. von Rainer Warning, München 1975, S. 277–324, v. a. S. 291 ff.) und Karlheinz Stierle („Was heißt Rezeption bei fiktionalen Texten?", in: *Poetica* 7 (1975), S. 345–387, v. a. S. 374 ff.) „positive Formulierung der negativen Bestimmung von fiktionalen Texten über deren Nicht- bzw. Pseudoreferentialität" verstanden wird.
[190] Dirk Oschmann: „Die Sprachlichkeit der Literatur", in: *Der Begriff der Literatur. Transdisziplinäre Perspektiven*, hg. von Alexander Löck und Jan Urbich, Berlin / New York 2010, S. 409–426, hier: S. 411 f.

durch sein Medium, die Begriffe, [...] und durch seinen Anspruch auf Wahrheit bar des ästhetischen Scheins" grundlegend unterscheidet.[191] Dieser Wahrheitsanspruch des Essays entfaltet sich in der autoreflexiven Doppelbewegung seiner Medialität: Wirkt er einerseits durch Begriffe theoretischen Gepräges an einem stimmigen Gefüge, das die Reflexion des Lesers zu stimulieren vermag, verweist er andererseits durch die Vorführung seiner ästhetischen (analogischen, intertextuellen, tropischen etc.) Verfasstheit darauf, dass er sich einem *nur* begrifflichen Zugriff, wie z. B. der paraphrastischen Wiedergabe oder der Verkürzung auf ein ‚Fazit' oder eine Moral, entzieht. Mit diesem Sich-Entziehen oder Sich-Versagen „gehorcht" der Essay, wie Adorno betont, keinem rein spielerischen Impuls, sondern „einem erkenntniskritischen Motiv",[192] das sich als sprachkritisches realisiert.

Wenn etwa Adorno auf die unablegbare Rhetorizität des Essays hinweist, will er diese ausdrücklich nicht persuasiv, nicht kommunikationstheoretisch, sondern eher als *veritatives Moment* verstanden wissen: „Assoziation, Mehrdeutigkeit der Worte", „Querverbindungen der Elemente" und „Äquivokationen" werden ihm zufolge „im Essay mit dem Wahrheitsgehalt verschmolzen", indem er nämlich derart aufzeigt, „daß überall, wo ein Wort Verschiedenes deckt, das Verschiedene nicht ganz verschieden sei, sondern daß die Einheit des Worts an eine wie sehr auch verborgene in der Sache mahnt".[193] Indem sich der Essay einer streng diskursiven Begriffslogik zugunsten einer viel verzweigten Verweisungstechnik entzieht, arbeitet er paradoxerweise beharrlich an einer Art Restitution von Begriffen, kehrt deren im konventionellen Sprachgebrauch opak gewordenen „Wahrheitsgehalt" durch die unerwartete Kombination heterogener Themen oder durch Variationen verschiedener Ausdrucksformen nach außen. Diese Arbeit des Essays am Begriff erstreckt sich mitunter – bei Benjamin, wie sich zeigen wird, in besonderem Maße – auf literarische Gattungsbegriffe oder gar auf den Begriff ‚Essay', womit er sich selbst heuristisch in eine Gattungs- und Rezeptionsgeschichte einbettet und an sich beispielhaft (s)einen veritativen Anspruch der Sprache vorführt, nämlich in dem exponierten Dilemma, ihn auf einen ‚richtigen' (Gattungs-)Begriff zu bringen. Es ist insofern kein Zufall, dass so viele Essays die Form des Essays zum Thema haben. Der Essay vermag so *mittelbar* seine eigene Lektüre und problematische Verortung gegenüber allgemeinen Kategorien innerhalb eines bestimmten Werk-Kontextes oder gegenüber dem Gattungsbegriff ‚Essay' anzuleiten, worin seine spezifische Autoreflexivität gründet.

---

191 Adorno: „Der Essay als Form", in: ders.: Noten zur Literatur, S. 11.
192 Ebd., S. 24.
193 Ebd., S. 31.

2.3 Das Paradigma des Essays — 101

Die kleine Prosaform Essay hebt so (negativ) auf eine eigentümliche „Einheit des Worts"[194], auf eine Totalität der Sprache ab. Damit ist aber keine Ausdehnung des vorhandenen Zeichensystems Sprache gemeint, sondern deren *Intensivierung*.[195] Denn der Essay erfindet keine neuen Worte, sondern gewinnt durch bestimmte autoreflexive Verfahren den vorgefundenen neue, intensivere Qualitäten ab:

> Die leise Nachgiebigkeit der Gedankenführung des Essayisten zwingt ihn zu größerer Intensität als der des diskursiven Gedankens, weil der Essay nicht gleich diesem blind, automatisiert verfährt, sondern in jedem Augenblick auf sich selber reflektieren muß.[196]

Die aus seiner gattungsspezifischen Autoreflexivität resultierende Intensität des Essays manifestiert sich, mit Adorno, in „stillgestellten Spannungsverhältnissen"[197], in denen logische Dichotomien, wie z. B. Form vs. Inhalt, Partikulares vs. Allgemeines etc., nicht aufgehoben oder wie im „diskursiven Gedanken" klar voneinander unterschieden immer weiter reproduziert, sondern vielmehr durch analogische Koordinierungsverfahren verkehrt, miteinander verflochten, verdichtet und dabei *nahezu* ununterscheidbar werden. Während der diskursive Gedanke „blind", d. h. rein begrifflich-unanschaulich und „indifferent"[198] gegenüber der Spezifik seiner Gegenstände verfährt, wird ihnen „unterm Blick des Essays"[199] zu singulären anschaulichen Darstellungen verholfen, in deren Formenvariabilität sich zugleich die Abweichung, die Differenz jeder Darstellung zum Dargestellten selbstreflexiv spiegelt. Im Paradigma, das immer auch Einzelfall, Exemplar jenes Reflexionsgesetzes ist, das es selbst exemplarisch verkörpert, wird diese intensive und zugleich differierende – im Sinne von: sich nie völlig mit sich deckende, sondern immer auch über sich hinausweisende – Auto-Referenzialität sinnfällig. Bei Lukács findet sich eine indirekte Definition des Essays als eines solchen Lesens-Schreibens der *Intensität des Einzelnen*:

> Siehst Du, so ungefähr stelle ich mir „die Wahrheit" der Essays vor. Auch hier ist ein Kampf um die Wahrheit, um die Verkörperung des Lebens, das jemand aus einem Menschen, einem

---

194 Ebd.
195 Der Begriff ‚Intensität' ist bekannterweise schon bei Autoren der Spätmoderne, z. B. bei Nietzsche, virulent und wird auch vor diesem Hintergrund – und weniger von dekonstruktivistischer Begriffsprägung her, etwa von Deleuzes Begriff der *intensité* – hier als relevant für die behandelten Autoren der Postmoderne, d. h. für Benjamin und Adorno, aufgefasst.
196 Adorno: „Der Essay als Form", in: ders.: *Noten zur Literatur*, S. 32.
197 Ebd.
198 Ebd.
199 Ebd., S. 22.

Zeitalter, einer Form herausgelesen hat; doch es hängt nur von der Intensität der Arbeit und der Vision ab, ob wir aus dem Geschriebenen eine Suggestion dieses einen Lebens erhalten.[200]

Mit der „Intensität" und Dichte der Darstellung, mittels welcher der Essay paradigmatische Geltung aus einem einzelnen Phänomen – „aus einem Menschen, einem Zeitalter, einer Form" – herausliest, d. h. ihm zugrunde liegende Strukturen oder Ideen bildhaft-suggestiv schreibend *sehen lässt*, ohne dabei das Einzelne in dieser „Vision" aufzuheben, steht und fällt nach Lukács sein Wahrheitsanspruch.[201] Der zuvor ausführlich behandelte Begriff des Paradigmas kann die textuellen und literarischen Verfahrensweisen des Essays, das Einzelne zu einem solchen Verbindungsglied zwischen Sinnlichem und Intelligiblem zu transformieren, noch etwas genauer zu fassen helfen. Agamben veranschaulicht das Paradigma (respektive die Analogie) ebenfalls mit dem Begriff der Intensität und mit denselben physikalischen Bildern, die Adorno für die Funktionsweise des Essays wählt. Das Paradigma funktioniere, so Agamben, wie ein „Kraftfeld"[202] oder „elektromagnetisches Feld"[203]: „Wie in einem Magnetfeld haben wir es nicht mit extensiven und skalaren Größen, sondern mit vektorialen Intensitäten zu tun."[204] Die Wirkkraft des Paradigmas besteht diesem Bild nach eher in der Dichtheit und Menge seiner Richtungsverweise, d. i. in seiner *Polyreferenzialität*, die sich ins Unmessbare erstreckt – und nicht in seiner Lokalisierbarkeit und eindeutigen Bestimmbarkeit. Ähnlich beschreibt Adorno den Essay als ein „Kräfteparallelogramm der Sachen"[205], das mit seinen volatilen Gegenstandsbezügen seine Begriffe, die Sprache, mit neuen Bedeutungen aufzuladen vermag. Sie emergieren aus dem unableitbaren und unübertragbaren Verhältnisspiel der Elemente in den sich „zu einem Lesbaren" fügenden „Konfigurationen" des Essays:[206]

---

200 Lukács: „Über Form und Wesen des Essays", in: ders.: *Die Seele und die Formen*, S. 35.
201 Diesen gleichsam visionären Charakter des Essays heben alle Essayisten hervor, vgl. ebd., S. 31: „Der Kritiker ist der, der das Schicksalhafte in den Formen erblickt"; oder Bense: „Über den Essay und seine Prosa", S. 418: „Essayistisch schreibt, wer [...] in seinem Geistesblick sammelt, was er sieht, und verwortet, was der Gegenstand unter den im Schreiben geschaffenen Bedingungen sehen läßt."
202 Agamben: *Signatura rerum*, S. 21 f. (meine Übers.).
203 Ebd., S. 22 (meine Übers.).
204 Ebd. (meine Übers.).
205 Adorno: „Der Essay als Form", in: ders.: *Noten zur Literatur*, S. 25.
206 Ebd., S. 21.

> Als Konfiguration aber kristallisieren sich die Elemente durch ihre Bewegung. Jene ist ein Kraftfeld, so wie unterm Blick des Essays jedes geistige Gebilde in ein Kraftfeld sich verwandeln muß.[207]

In Analogie zu seinen imaginativ-intelligiblen geistigen Gebilden, die sich als Paradigmen verstehen lassen, stellt sich der Essay selbst her: nach dem Darstellungsgesetz des „so wie". Durch in-tensive – d.h. durch eindringliche und zugleich immer weiter verweisende – Begriffe fügt er sich zu einer spannungsreichen bildähnlichen Konfiguration, ist „ein stillgestellter Konflikt"[208].

> Ist der Essay, im Vergleich zu den Formen, in denen ein fertiger Inhalt indifferent mitgeteilt wird, vermöge der Spannung zwischen Darstellung und Dargestelltem, dynamischer als das traditionelle Denken, so ist er zugleich, als konstruiertes Nebeneinander, statischer. Darin allein beruht seine Affinität zum Bild, nur daß jene Statik selber eine von gewissermaßen stillgestellten Spannungsverhältnissen ist.[209]

Der Essay trägt Spannungen zwischen seiner Begriffs*artigkeit* und der Bild*ähnlichkeit* von Sprache, Geschlossenheit oder Dichte der Form und Offenheit der Bedeutsamkeit aus, indem er diese Spannung unterschiedlicher Medialitätsformate als Differenz an jedem seiner Objekte fühl- und erkennbar macht. „Er möchte das Opake polarisieren, die darin latenten Kräfte entbinden"[210], wie Adorno weiter in der dem Feld der Elektrodynamik entnommenen Metaphorik bemerkt. Der Begriff des Paradigmas bezeichnet, um die bisherigen Ausführungen zu resümieren, ebendiese autoreflexive Eigenschaft des Essays, am einzelnen Gegenstand die *Doppelheit* zwischen Wahrheitsanspruch und unvermeidlicher Abweichung sprachlicher Darstellung zu exemplifizieren. (Agamben definiert das Paradigma in diesem Sinne auch als nicht-hierarchisches, „analogisches bipolares Modell"[211].) Dieses paradox anmutende Vermögen, Sprache als ganze und als Ganzes ausschnitthaft darzustellen, ist dem Essay als literarische Qualität anzurechnen. Fiktionalität kann ihm insofern zugeschrieben werden, als der Essay – und in dieser Hinsicht nähert Adorno den Essay dem romantischen Fragment an – der Utopie einer Einheit der Sprache nicht durch Denotation und Definition näher zu kommen sucht, sondern durch ein Produzieren möglichst vielgestaltiger Referenzialität; allerdings nicht nur durch das Register poetischer Sprache (etwa durch Neologismen, Metaphorik, Emphase etc.), sondern auch

---

207 Ebd., S. 21f.
208 Ebd., S. 25.
209 Ebd., S. 32.
210 Ebd.
211 Agamben: *Signatura rerum*, S. 32 (meine Übers.).

durch fortgesetzte begriffliche Anstrengung. Alle diese einzelnen Funktionen und Eigenschaften des Essays umfasst der Begriff der Autoreflexivität: sein erkenntnis- bzw. sprachkritisches Potenzial, das Sichtbarmachen und Transformieren seiner Prätexte sowie seine begrifflich erzeugte besondere Literarizität und Fiktionalität.

Zu klären bleibt erstens, inwiefern dieser Begriff von Autoreflexivität in gattungstheoretischer Hinsicht ein spezifisches Kriterium des Essays und nicht eine Eigenschaft von Literatur überhaupt darstellt; und zweitens wird in literarhistorischer Perspektive weiter zu fragen sein, ob Autoreflexivität als ein Signum v. a. moderner bzw. postmoderner essayistischer Literatur zu verstehen ist. Der Begriff der Intertextualität kann helfen, diese Fragen zu klären.

Auf einen ersten Blick scheint eine Fülle an Kriterien den Essay geradezu als Intertext *par excellence* zu markieren. Dass der Essay dennoch bislang kaum Gegenstand der Intertextualitätsforschung geworden ist, mag verwundern.[212] Direkte oder indirekte Zitate (die auch als besondere Form des Paradigmas gelesen werden können), expliziter oder impliziter Bezug auf vorhergehende literarische oder nicht-literarische Texte etwa im literaturkritischen Essay, (ironische) Anspielungen, ein buntes Register von Begriffen aus verschiedenen (fachwissenschaftlichen, poetologischen, philosophischen etc.) Diskursen oder die Referenz auf bestimmte Gattungstraditionen[213] (z. B. durch Formzitate) legen es nahe, den Essay aus der Perspektive der Intertextualitätsforschung zu beleuchten. Hier ist allerdings nicht der Ort, gängige Intertextualitätskriterien ab-

---

212 Zima widmet dem Thema in *Essay / Essayismus* das kurze Kapitel „Intertext: Essay, Brief, Erzählung, Dichtung", S. 37–40.

213 Die Idee der Gattung ist überhaupt nur schwer denkbar ohne ein Spielen des Textes mit Ähnlichkeit und Differenz zu bestimmten Gattungstraditionen. Zum Begriff „Gattungsintertextualität" vgl. Ulrich Suerbaum: „Intertextualität und Gattung: Beispielreihen und Hypothesen", in: *Intertextualität. Formen, Funktionen, anglistische Fallstudien*, hg. von Ulrich Broich und Manfred Pfister, Tübingen 1985, S. 58–77, hier: S. 59. Je stärker formalisiert eine Gattung sei, so Suerbaum, desto geringer seien in der Regel „Notwendigkeit und Anreiz, Gattungen mit Hilfe von Intertextualität zu konstituieren"; so sei beispielsweise ein Sonett „auch ohne intertextuelle Signale als Sonett und damit als Glied einer bestimmten gattungshaften Reihe erkennbar" (ebd., S. 73). Doch auch Formmomente oder Motivik des Sonetts könnten, über Genettes Begriff ‚Architextualität' hinausgehend, der sich auf paratextuelle Verweise beschränkt, als Zitate oder, mit Pfister, als ‚Systemreferenzen' bestimmter Gattungsmuster und insofern intertextuell verstanden werden (vgl. Manfred Pfister: „Konzepte der Intertextualität", in: *Intertextualität. Formen, Funktionen, anglistische Fallstudien*, hg. von Ulrich Broich und Manfred Pfister, Tübingen 1985, S. 1–30, v. a. S. 17 f.); vgl. Andreas Böhn: *Das Formzitat. Bestimmung einer Textstrategie im Spannungsfeld zwischen Intertextualitätsforschung und Gattungstheorie*, Berlin 2001, v. a. S. 33–48, zu „abweichenden, modifizierenden, innovativen, Muster kontaminierenden Umgangsweisen mit Gattungen und Formen" (ebd., S. 48) als textuellen Selbstinszenierungsstrategien.

zufragen und den Essay als Paradebeispiel eines Intertextes zu klassifizieren, denn Methoden und Begriffe der Intertextualitätsforschung allein, zumal in ihrer Uneinheitlichkeit und teilweisen „textideologischen"[214] Färbung, genügen sicherlich nicht, um der vielseitigen Textform Essay beizukommen.[215] Vielmehr soll der Begriff der Intertextualität im Folgenden als deskriptives Konzept aufgefasst werden. Allerdings nicht im Sinne Stierles als geeigneter Zugang zu einer pragmatischen, „kommunikativen Dimension"[216] des Essays, sondern zu seiner ästhetischen, erkenntnistheoretischen und auch zu seiner literaturgeschichtlichen Dimension. Denn während Stierle das Kommunikative im Hinblick auf die Rolle des Lesers herausstellt, bedeutet es hier eine Texteigenschaft, die Sinn produziert und nicht nur reproduziert.

Eine solche Untersuchung ist schon insofern geboten, als mit einigen der prominentesten Bildern der Intertextualitätstheorien, wie z.B. dem Mosaik (Kristeva[217]), dem Gewebe oder Geflecht (Barthes[218]), dem Umweg und Spaziergang (Barthes[219]) oder dem Pflücken und Aufpfropfen von Sentenzen und Zitaten (Derrida[220]), bereits viele Essayisten der Jahrhundertwende das eigene Schreiben reflektieren, nämlich u.a. Lukács, Popper, Kassner, Bloch, Simmel, Adorno, besonders aber Benjamin selbst. Ihr Gebrauch dieser Bilder ist dabei sicherlich auf

---

214 Stierle: *Ästhetische Rationalität*, S. 210.
215 Gleichwohl sollen manche Denkfiguren (wie z.B. von Julia Kristeva) – entgegen der überzogenen Polemik, die diese vonseiten einer auf ‚Anwendbarkeit' ausgerichteten Literaturwissenschaft erfahren haben – im textanalytischen Teil der Arbeit kritisch als theoretische Deutungsschemata herangezogen werden; v.a. der Gedanke einer bedeutungstragenden Poetizität der Sprache (‚langage poétique'), die Deutung des Textes als eines Raumes (‚espace textuel') oder die Aufmerksamkeit auf einen vom Text selbst (als ‚écriture-lecture') reflektierten Schriftcharakter werden einzelne Aspekte von Benjamins Hölderlin-Essay näher beleuchten können.
216 Stierle: *Ästhetische Rationalität*, S. 210.
217 Vgl. Julia Kristeva: Σημειωτική. *Recherches pour une sémanalyse*, Paris 1969, S. 146 („tout texte se construit comme mosaïque de citations").
218 Vgl. Roland Barthes: „Der Tod des Autors" (1968), in: ders.: *Das Rauschen der Sprache. Kritische Essays IV*, hg. und übers. von Dieter Hornig, Frankfurt a.M. 2006, S. 57–63, hier: S. 61: „Der Text ist ein Geflecht von Zitaten, die aus den tausend Brennpunkten der Kultur stammen."
219 Vgl. etwa Roland Barthes zum Leser-Autor als zu einem durch den ‚Text' streifenden „unbeschäftigten Subjekt", das in der Durchquerung vielfältiger Bedeutungsschichten den „Spaziergang als Differenz", d.h. den ‚Text' stiftet (ders.: „Vom Werk zum Text" (1971), in: ders.: *Das Rauschen der Sprache. Kritische Essays IV*, hg. und übers. von Dieter Hornig, Frankfurt a.M. 2006, S. 64–72, hier: S. 68).
220 Vgl. Jacques Derrida, der sich in *Dissemination* Montaignes essayistisches Verfahren – „‚Ich gehe d'rauf los, mir hier und da aus den Büchern die Sentenzen pflückend, die mir gefallen'" (ders.: *Dissemination*, hg. von Peter Engelmann, übers. von Hans-Dieter Gondek, Wien 1995, S. 403) –, konsequenterweise ohne Montaigne als Urheber des Zitats zu nennen, als Schreibprinzip aneignet: „So schreibt sich die Sache. Schreiben heißt aufpfropfen (*greffer*)" (ebd., S. 402).

eine sich aus Impulsen von Lebensphilosophie, Ästhetizismus und Phänomenologie speisende komplexe Gemengelage zurückzuführen, aus der heraus sich ihre Schreibweisen entwickelten. In textilen Metaphern beispielsweise fangen sie die Ambivalenz zwischen einer als fragmentiert erfahrenen Wirklichkeit und den Versuchen ihrer sinnhaften Verknüpfung und Rekombination ein. Doch sind diese Bilder auch durchaus gattungstypisch, ja sie lassen sich teils bis zu den Anfängen der Gattungstradition des Essays zurückverfolgen. Verwiesen sei an dieser Stelle beispielhaft nur auf Montaignes Begriffe „contexture"[221] (‚Verflechtung' als Schreibprinzip), „proumenoir"[222] (Denken als ‚Wandelgang') oder ‚écornifler'[223] (‚Ergaunern' von Fremdtexten). Diese Parallelen im autoreflexiven Metapherngebrauch von Intertextualitätstheorien und Essayismus insbesondere der ersten Hälfte des 20. Jahrhunderts beruhen nicht auf Zufall, sondern sind auf den Umstand zurückzuführen, dass die frühen Theoretiker von Dialogizität und Intertextualität wie Bachtin, Kristeva, Barthes, Derrida und Genette einige ihrer zentralen Denkfiguren Montaignes *Essais* entnehmen und sich so, verschiedene Gattungsmerkmale des Essays zitierend, auf unbestimmte Weise in eine gattungsentgrenzende essayistische Schreibtradition einschreiben. Eine Betrachtung des Essays als ‚Intertext', will sie Zirkelschlüsse vermeiden, muss insofern also mitreflektieren, dass manche ihrer Verstehensmuster und Beschreibungsmodelle zu einem nicht unwesentlichen Teil ihrem eigenen Objektbereich entstammen.

---

221 Montaigne: *Les Essais*, S. 357 (II, 1: „De l'inconstance de nos actions"); vgl. Gerhart von Graevenitz: „*Contextio* und *conjointure*, Gewebe und Arabeske. Über Zusammenhänge mittelalterlicher und romantischer Literaturtheorie", in: *Literatur, Artes und Philosophie*, hg. von Walter Haug und Burghart Wachinger, Tübingen 1992, S. 229–257, der in immer neuen Bildern (als Schleier, Gewebe etc.) variierte Paradigmen wie das der *contextio* „als spezifische Formulierungen des zwischen Philosophie und Literatur strittigen Wahrheitsproblems versteht" (ebd., S. 230), als bildhaft-begriffliche Verhandlung „über ein Drittes, die ‚Wahrheit'" (ebd., S. 229). Graevenitz verortet Benjamins Text-Begriffe und Gewebe-Metaphorik in dieser Tradition und leitet auch Adornos Vorstellung von der essayistischen Darstellungsweise als ‚teppichhafter Verflechtung' direkt von ihr ab (vgl. ebd., S. 255 f.).
222 Montaigne: *Les Essais*, S. 870 (III, 3: „De trois commerces"); vgl. ders.: *Essais*, S. 413: „Jeder Ort der Zurückgezogenheit braucht einen Wandelgang. Meine Gedanken schlafen ein, wenn ich sitze; mein Geist rührt sich nicht, wenn meine Beine ihn nicht bewegen – wie es allen ergeht, die ohne Buch studieren." (III, 3: „Über dreierlei Umgang")
223 Vgl. Montaigne: *Les Essais*, S. 141: „Je m'en vay escornifflant par-cy par-là, des livres, les sentences qui me plaisent" (I, 24: „Du pedantisme"); vgl. ders.: *Essais*, S. 74: „Ich stibitze mir hier und da aus anderen Büchern die mir gefallenden Sentenzen, nicht um sie im Gedächtnis zu speichern, denn ich habe keinen Gedächtnisspeicher, sondern um sie in mein Werk einzubringen, wo sie mir wahrhaftig kein bißchen mehr gehören als an ihrem ersten Platz." (I, 25: „Über die Schulmeisterei")

Bislang weitgehend unerforscht ist außerdem die Frage, welcher wechselseitige literaturgeschichtliche Einfluss zwischen der frühen texttheoretisch orientierten Intertextualitätstheorie poststrukturalistisch-dekonstruktivistischer Provenienz und Autoren wie Adorno und Benjamin besteht. Mit seiner „Mosaiktechnik"[224] ließe sich Benjamin vielleicht gar als ein Vordenker intertextueller Verfahren verstehen, denn er greift Schreibstrategien der Spätmoderne bzw. Vorpostmoderne auf, in die auch die Wurzeln der poststrukturalistischen Intertextualitätstheorien zurückreichen. Auf Ähnlichkeiten in Bezug auf Text- und Werkbegriff, rezeptionsästhetische Prämissen, eine Selbstthematisierung des Schriftcharakters des Textes und immer wiederkehrende Bilder und Textmetaphern, wie z. B. das Mosaik, das Netz und insbesondere den Teppich, wird im Folgenden einzugehen sein. In einem ersten Schritt aber soll der Versuch unternommen werden, einen deskriptiven Begriff von Intertextualität zu bestimmen, der für eine Schreibästhetik des Essays texttheoretische wie textanalytische Kriterien bereitstellt.

‚Intertextualität' wird dafür zunächst ganz allgemein als impliziter oder expliziter Bezug eines Textes auf einen anderen oder auf mehrere andere reale oder fingierte Texte oder, mit Manfred Pfister als einem Vertreter eines engen Intertextualitätsbegriffs, auf die „diesen zugrundeliegenden Codes und Sinnsysteme[]"[225] verstanden. Ein solches Beziehungsbündel entsteht durch vielerlei Verweisungstechniken, etwa durch das „Wiederholen, Nachahmen, verdeckte oder offene Anspielen, das Aufnehmen von Fragmenten fremder Texte, das Weiterschreiben, Ab- und Umschreiben, das Übersetzen und das Zusammenfügen eines neuen Textes aus Elementen anderer"[226], wie Renate Lachmann aufzählt. In einer bloßen Enumeration der verschiedenen Modi des Verweises aber kann sich das Konzept der Intertextualität (des Essays) nicht erschöpfen. Denn die verschiedenen Formen des partiellen Referierens eines Textes auf andere abwesende Texte schließen notwendig eine komplexe, wie schon Kristeva betonte, ‚Transformation'[227] dessen ein, was zitiert, übersetzt, rekombiniert wird. Jede Rekurrenz auf einen fremden Text ist immer schon Auslegung und besitzt folglich auch eine unabstreifbare hermeneutische und rezeptionsästhetisch relevante Dimension.[228]

---

[224] GB II, S. 508.
[225] Pfister: „Konzepte der Intertextualität", S. 15.
[226] Renate Lachmann: Art. „Intertextualität", in: *Fischer Lexikon Literatur*, hg. von Ulfert Ricklefs, Bd. 2, Frankfurt a. M. 1996, S. 794–809, hier: S. 794.
[227] Vgl. Kristeva: Σημειωτική, S. 146 („tout texte est absorption et transformation d'un autre texte").
[228] Hier folge ich Stierles These, „Rezeptionsästhetik und Theorie der Intertextualität sind als ausgreifende Bewegungen des Verstehens komplementär" (ders.: *Ästhetische Rationalität*, S. 85).

Der fremde Text wird im neuen als in einem Vollzugsmedium seiner möglichen Erfahrbarkeit so wiedergegeben, dass im Text – bleibt der fragmenthaft integrierte Fremdtext als ‚fremd' noch erkennbar – eine zwischen Fremdheit und Anverwandlung, Differenz und Identität oszillierende Spannung, ein „Rauschen"[229], wie Stierle schreibt, entsteht. Dieses Rauschen verschiedener Zwischentöne im Text wird umso lauter, desto stärker beispielsweise bekannte reale Texte einer Überarbeitung oder Collagierung unterzogen oder die Einbettung fiktiver Texte zum autoreflexiven Ort der Überlagerung verschiedenster Sinnangebote werden.

Stierle plädiert aus diesem Grund zu Recht für einen offeneren Intertextualitätsbegriff, denn „die Intertextualität selbst ist nur ein Moment einer komplexeren Beziehung, die über die bloße Textgestalt hinausreicht"[230]. Diese beschränkt sich nicht auf „eine semiotische Relation", „eine Verweisung",[231] sondern spannt sich zwischen dem Text und einem von ihm vergegenwärtigten Horizont offener Bedeutungen auf, in den er eingebettet ist – und von dem er sich zugleich reflexiv abhebt. Gegen ein dekonstruktivistisches Verständnis von Intertextualität als Prozess der Text-Dezentrierung und diffuser Sinn-Ausstreuung will Stierle deshalb die „‚intertextuelle' Relation" als „Moment der Identität des Textes selbst" verstanden wissen.[232] Der semiotische und der hermeneutische, der intertextuelle und der rezeptionsästhetische Ansatz können sich insofern ergänzen, wie Stierle in seinem Aufsatz über „Gespräch und Diskurs" gerade an Montaignes *Essais* und mit einem Seitenblick auf Benjamin zu verdeutlichen sucht. Durch intertextuelle Verfahren, wie z. B. durch eine sich als Lesen-Schreiben inszenierende wuchernde Zitationspraxis, wachse ein – bei Montaigne dialogisches, bei Benjamin rätselhaftes – „Potential zusätzlicher Bedeutung"[233].

Dieses *Sinn*potenzial soll hier aber nicht (nur) als gelingende oder scheiternde Rekonstruktion von Bedeutungsschichten durch die Leserin verstanden werden, sondern ist vielmehr, wie Stierle an anderer Stelle schreibt, im „Reflexionsmedium"[234], das der Text selbst darstellt, zu verorten.[235] Von Stierles rezeptions-

---

229 Ebd., S. 203.
230 Ebd., S. 206.
231 Ebd., S. 204.
232 Ebd., S. 206.
233 Karlheinz Stierle: „Gespräch und Diskurs. Ein Versuch im Blick auf Montaigne, Descartes und Pascal", in: *Das Gespräch*, hg. von Karlheinz Stierle und Rainer Warning, 2. Aufl., München 1996, S. 297–334, hier: S. 320.
234 Karlheinz Stierle: „Werk und Intertextualität", in: *Das Gespräch*, hg. von Karlheinz Stierle und Rainer Warning, 2. Aufl., München 1996, S. 139–150, hier: S. 141: „Die konkrete Differenz der experimentierend gesetzten intertextuellen Relation schafft ein Reflexionsmedium, in dem das Werk als dieses zu gesteigertem Bewußtsein kommen, sein Eigenes freigeben kann. Experimente

ästhetischem Ansatz ist der Ansatz der vorliegenden Arbeit also, dies sei nochmals betont, insofern unterschieden, als hier die dichte intertextuelle Dimension des Essays nicht nur als Zuwachs einer vom Rezipienten jeweils auszudeutenden Bedeutung aufgefasst wird, sondern als *objektgebundene* und mitteilbare textuelle Eigenschaft seiner besonderen Literarizität. Diese liegt nicht im einzelnen Leser, sondern im Text selbst begründet und inszeniert sich als *alternative Wissensstrategie*, die auf einer – mit Benjamin – „unsinnlichen Ähnlichkeit"[236], auf Korrespondenzen, Metaphern, Paradigmen und mitunter auch auf intertextuellen Verweisen basiert.

Solche medialen Inszenierungen von Wissen im Essay sind weder mit dem Begriff der Intertextualität als Inszenierung einer vornehmlich literarischen Praxis, noch, wie Nübel versucht, mit Genettes Begriff der Metatextualität im Sinne einer (Auto-)Kommentierung von Intertextualität als Inszenierung literaturwissenschaftlicher Praxis ganzheitlich erfasst.[237] Denn sie funktionieren nicht allein durch Bezüge auf ‚Texte' (intertextuell[238]) oder ‚Medien' (intermedial[239]), sondern auch durch solche auf philosophische Reflexionen, Wahrnehmungsweisen, Gefühle etc., weshalb hier der zuvor eingeführte Begriff der Autoreflexivität als eines Widerspiegelns des Textes auf verschiedensten Ebenen als geeigneter erscheint.[240] Dieses textuell vermittelte Wissen des Essays ist ein *ästhetisches*

---

solcher Art sind geeignet, Stereotypen der Wahrnehmung aufzubrechen und das Werk in ungewohnte Beleuchtung zu stellen."
235 Oliver Scheiding urteilt daher zu pauschal, wenn er „die Gegensätze zwischen der texttheoretischen Variante des Poststrukturalismus und der textdeskriptiven Intertextualität, wie sie die hermeneutische und strukturalistische Textwissenschaft praktiziert, als letztlich unversöhnlich" begreift (ders.: „Intertextualität", in: *Gedächtniskonzepte der Literaturwissenschaft. Theoretische Grundlegung und Anwendungsperspektiven*, hg. von Astrid Erll und Ansgar Nünning, Berlin / New York 2005, S. 53–72, hier: S. 64).
236 GS II/1, S. 208.
237 Vgl. Nübel: *Robert Musil*, S. 46–52.
238 ‚Intertextualität' wird hier – *in breve* – verstanden als „nicht nur eine semantisch relevante Eigenschaft von Texten, die den Textbezug voraussetzt", sondern auch als Bezeichnung eines jede Text-Text-Beziehung strukturierenden doppelten Paradoxons „von Verbindung und Trennung sowie von Differenz und Ähnlichkeit", das einen reflexiven Zwischenraum öffnet (Frauke Berndt und Lily Tonger-Erk: *Intertextualität. Eine Einführung*, Berlin 2013, S. 11).
239 Zum hier verwendeten Begriff ‚Intermedialität' vgl. Irina O. Rajewsky: *Intermedialität*, Tübingen / Basel 2002, v. a. S. 6–15.
240 Der hier vorgeschlagene Begriff von Autoreflexivität ist insofern weiter als z. B. derjenige von Pfister, der unter ‚Autoreflexivität' einen selbstreflexiven intertextuellen Verweis versteht, der „die Intertextualität nicht nur markiert, sondern sie thematisiert, ihre Voraussetzungen und Leistungen rechtfertigt oder problematisiert" (ders.: „Konzepte der Intertextualität", S. 27), und auch noch als Nübels Konzept der Metatextualität (des Essays), der sich „nicht auf literarische (im Sinn

insofern, als es erst *in* seiner Darstellung generiert wird und seinen Gegenstand, diesen komplettierend und überschreibend, als – mit einem Begriff von Mersch – „ein ‚exzedentisches' Wissen"[241] hinter sich lässt: Es scheint gleichsam den Lücken oder blinden Flecken seines Gegenstandes – bzw. dem Zwischenraum zwischen Darstellung und Dargestelltem selbst – zu entstammen, die dieser ästhetischen Wissenspraxis unaufhörliche Gelegenheit bieten, aus der Rissigkeit von Allegorizität und Stereotypik (vermeintlich) verborgene Gefühle, nur anzitierte Assoziationen oder angedeutete Erfahrungen *herauszulesen*. Diese Wissensproduktion führt – wie Agamben die „*quête* der Kritik", d. i. die beständige Suche des Essays (Benjamins) pointiert – zwar weniger zum „Finden ihres Gegenstandes", als vielmehr zum „Vergewissern der Bedingungen seiner Unzugänglichkeit".[242] Doch manifestiert sich diese fortschreitende Vergewisserung in individuellen Darstellungen dieser (negativen) Erfahrung der Sprache, in verschiedenen Formen des Essayistischen, die *zwischen* den Texten, Gattungen und medialen Formaten mäandern. Dabei bringen sie insofern ein sprachkritisches Reflexionswissen hervor, als sie den nicht zu bewältigenden, sondern in der Kritik nur immer genauer zum Vorschein kommenden Abstand jeder sprachlichen Darstellung zur „reinen Sprache"[243], um die Benjamins Denken und Schreiben in allen Werkphasen kreist, stets mitthematisieren oder gar ‚zer-zeigen', aus-stellen und (partiell) aus-setzen.[244]

Wenn Benjamin beispielsweise in *Zwei Gedichte von Friedrich Hölderlin* (1914–15) „im Bilde des Teppichs", das er aus Hölderlins spätem Gedicht *Blödigkeit* (um 1803) aufgreift und das Adorno wiederum Jahrzehnte später zur Beschreibung von Benjamins Essayismus heranzieht, „ein geistiges System" erkennen will,[245] dann ist mit dem Wissen um eine bestimmte Anzahl intertextueller Referenzen oder um zeitgenössische Darstellungen von Teppichen auch in anderen Medien – etwa in Paul Klees Bild *Teppich der Erinnerung* (1914) – über die Bedeutung solcher Verweise für Benjamins Essay noch wenig gesagt. Auch die Ausdeutung des Teppich-Bildes als rein poetologische Textmetapher würde zu kurz greifen. Denn in Benjamins Bild des Teppichs spiegeln und überlagern sich überdies verschiedene Reflexionen: über die Verfasstheit der Wahrnehmung, über

---

von ‚fiktive') Prätexte" beschränke, sondern „auch auf Gattungsmuster (‚Architexte') und soziokulturelle Wissenssegmente, Zeichensysteme und deren Formatierung (Interdiskursivität) referieren" könne (dies.: *Robert Musil*, S. 52).
241 Mersch: *Epistemologien des Ästhetischen*, S. 59.
242 Agamben: *Stanzen*, S. 10.
243 GS IV/1, S. 19.
244 Zum Begriff der ‚Zer-Zeigung' vgl. Anm. 7 in Kap. II.1.1.
245 GS II/1, S. 115.

das Problem des Schicksals oder die Tragödie, über Form und Ornamentik, über die (Selbst-)Zweckhaftigkeit von Kunst oder Wahrheit. Der *point de vue*, den das Teppich-Bild in Benjamins Essay einnimmt und von dem aus die einzelnen Problemkomplexe als einander ähnlich erscheinen, bleibt dabei letztlich unbestimmbar, ja er scheint zur gleichen Zeit zu erhellen und zu verunklaren, sich beständig zu verkomplizieren, indem der Bedeutungshorizont des Topos ‚Teppich' weitläufig verschoben und erweitert wird. In seiner irreduziblen Vieldeutigkeit scheint er gleichwohl eine Art Nicht-Arbitrarität, einen ‚Wahrheitsgehalt' jedes einzelnen seiner analogischen, intertextuellen, tropischen und gestischen Bezüge, ob auf Kunst, Mythos, Wissenschaft oder die Sprache und das Schreiben selbst, für sich zu beanspruchen. Mittelbar (paradigmatisch) zeigt Benjamins Essay so reflexiv die Grenzen sprachlicher Darstellung und, die Grenzverläufe zwischen Begriff und Bild, Bedeutung und Differenz um-schreibend, zugleich ihr Potenzial auf.

Der hier gelegte text*analytische* Zugang zur Intertextualität des Essays spielt insofern unweigerlich schon immer in einen text*theoretischen* hinüber, denn die intertextuellen Momente des Essays sollen auf eine Weise erfasst werden, die über ein bloßes Feststellen und Aufzählen von vermeintlich vom Autor intendierten Intertextualitätsmarkern, von Quellen und Einflüssen hinausgeht; zugleich soll, mit Adorno, diese „Konstruktion von [...] Zusammenhängen"[246] in eine ästhetisch-kritische Reflexion eingebettet werden. Intertextualität wird daher im Folgenden, um die vorgenommene terminologische Differenzierung zu resümieren, als je auf der Ebene der Textanalyse beschreibbares bestimmtes Moment (z. B. Zitate, wiederkehrende Begriffsfelder oder Bezüge auf Gattungsschemata) jener allgemeineren Qualität des Essays begriffen, die seine Zwischenstellung zwischen Literatur und Theorie ausmacht und deren Intensitätsgrad sich u. a. nach der paradigmatischen Stellung seiner Gegenstände, nach seiner polyreferenziellen Dichte (seiner Fiktionalität) und nach seiner Darstellung des eigenen Sprachcharakters (seiner Literarizität) bemisst: nämlich als Momente von Autoreflexivität. Mit dem Begriff von Paradigma als einer die eigene Partikularität herauskehrenden und zugleich auf Allgemeingültigkeit abzielenden textuellen Erkenntnisfigur, in der sich im Essay autoreflexive Effekte erzeugen, die nicht auf eindeutigen Verweisungen, sondern auf bedeutungsoffenen konstellativen Ähnlichkeitsbeziehungen basieren, wurde eine theoretisch-ästhetische Hilfskategorie erarbeitet, die – soll sie ‚funktionieren', d. h. an einem womöglich gänzlich marginalen Einzelfall unstrittig ein (wenn auch semantisch unerschöpfbares) Surplus aufzeigen können – eine gewisse *Lesbarkeit* mit sich führen muss. Dies

---

[246] Adorno: *Ästhetische Theorie*, S. 532f.

gelingt ihr, indem sie sich in einem prekären Spannungsverhältnis zwischen Ähnlichkeit und Differenz, Erinnerung und Neuheit als gemeinsam-private Lektüre (d. i. als ästhetisches Urteil) verschiedenster Prätexte des Essays und so mittelbar ihrer selbst inszeniert. Benjamins Essayismus stellt diese seine Zwischenstellung besonders anschaulich in den reflexiven Schreib- und Textmetaphern des Textilen und Teppichhaften her(aus).

2.4 Teppichhafte Verflechtung. Zur Kritik einer komplexen Metapher essayistischen Schreibens (Bloch und Lukács)

> Die Möglichkeit des Teppichs ist ein ganz vereinzelter Glücksfall.[247] (Georg Lukács)

Adorno porträtiert Simmel, Kassner, den jungen Lukács und seinen Weggefährten Benjamin gleich auf der ersten Seite von „Der Essay als Form" als essayistische Grenzgänger, deren Schreiben zwischen selbstgenügsamer Kunstfertigkeit, spekulativer Physiognomik der Dingwelt und Erkenntnisanspruch die ‚Schulphilosophie' zugleich mit Bewunderung wie mit Argwohn begegnet sei.[248] Die gattungstypische Arbeit am „Wie des Ausdrucks"[249], an einer Darstellungsweise, die ihre umstandslos eingeführten Begriffe erst durch ein im Medium des Textes sich entfaltendes Verhältnisspiel präzisiere und so nicht nur dem einzelnen Gegenstand in seiner Besonderheit gerecht zu werden, sondern der Sprache gleichsam zu einem theoretischen Bewusstsein zu verhelfen suche, habe Benjamin, wie Adorno einige Seiten später ausführt, wie kein anderer beherrscht. Die sprach- und erkenntniskritische Verfahrensweise des (Benjamin'schen) Essays, „selbst wesentlich Sprache"[250], illustriert Adorno mit dem viel zitierten Bild der teppichhaft verschlungenen „Verflechtung"[251], das bald darauf zu einer prominenten poststrukturalistischen Textmetapher avanciert.[252] Für eine Schreibästhetik des

---

247 Georg Lukács: *Heidelberger Philosophie der Kunst (1912–1914)*, aus dem Nachlaß hg. von György Márkus und Frank Benseler, in: ders.: *Frühe Schriften zur Ästhetik I*, in: ders.: *Werke*, Bd. 16, Darmstadt / Neuwied 1974, S. 100.
248 Vgl. Adorno: „Der Essay als Form", in: ders.: *Noten zur Literatur*, S. 9.
249 Ebd., S. 20.
250 Ebd.
251 Ebd., S. 21.
252 Eine von der Etymologie von lat. *textus* (‚Gewebe', ‚Gefüge') her entwickelte Auffassung des ‚Textes' als eines intermedialen Kunstparadigmas ist freilich längst zu einem Topos der Literaturtheorie geworden und wird gemeinhin mit den Namen Derrida und Barthes verbunden (vgl. Roland Barthes: *Le Plaisir du texte* (1973), in: ders.: *Œuvres complètes*, Bd. 2: 1966–1973, hg. von

Essays ist es besonders aufschlussreich, eignet es sich doch als anschauliches Verstehensmodell der Komplexität (*complexus*: ‚verflochten', ‚vielumfassend') des Essays sowie seiner nahtlosen Verbindung von ästhetischer Wahrnehmung und „geistiger Erfahrung", ‚Schauen' und ‚Denken':

> Weniger nicht, sondern mehr als das definitorische Verfahren urgiert der Essay die Wechselwirkung seiner Begriffe im Prozeß geistiger Erfahrung. In ihr bilden jene kein Kontinuum der Operationen, der Gedanke schreitet nicht einsinnig fort, sondern die Momente verflechten sich teppichhaft. Von der Dichte dieser Verflechtung hängt die Fruchtbarkeit von Gedanken ab. Eigentlich denkt der Denkende gar nicht, sondern macht sich zum Schauplatz geistiger Erfahrung, ohne sie aufzudröseln.[253]

Mit dem Bild des Teppichs greift Adorno – getreu Lukács' Definition, „der Essay spricht immer von etwas bereits Geformtem"[254] – einen vielschichtigen Formenbestand auf, der bis auf mythische Vorstellungen vom Textilen, Knüpfen, Verstricken und Weben (*texere*) zurückreicht und sich besonders in der Dichtung und in poetologischen und essayistischen Reflexionen zahlreicher Autoren der literarischen Moderne ausgeprägt hat.[255] In ihrem ästhetischen Vokabular und Bildregister fungierte der ‚Teppich' u. a. als ästhetizistischer lebensphilosophischer Topos, als literarisches Motiv und Modell, z. B. für Erzählkunst, Arabeske

---

Éric Marty, Paris 1994, S. 1493–1532, hier: S. 1527: „*Texte* veut dire *Tissu*; [...] perdu dans ce tissu – cette texture – le sujet s'y défait, telle une araignée qui se dissoudrait elle-même dans les sécrétions constructives de sa toile"); als anti-synthetische sprachkritische Reflexionsfigur findet sich dieser Topos vielerorts auch bei Benjamin und Adorno. Für eine dekonstruktive Textur-Konzeption und zu Schleier und Textur bei Benjamin vgl. einschlägig Menke: *Sprachfiguren*, S. 319 ff.; die kabbalistische Vorstellung der Schrift als ‚Textur', als Gewebe aus Zeichen, greift Gershom Scholem auf (vgl. ders.: „Tradition und Kommentar als religiöse Kategorien im Judentum", in: *Eranos-Jahrbuch* 31 (1962), S. 19–48, hier: S. 34 f.: „Die Tora ist also eine Textur", in ihr sei „das lebendige Gewebe, das aus dem Tetragrammaton aufgebaut ist, als eine unendlich subtile Verflechtung der Permutationen und Kombinationen seiner Konsonanten aufgefaßt") und konstruiert über diese eine Affinität zwischen heiligen und Benjamins Texten: „Benjamins ‚Texte' sind im vollen Sinne des Wortes ‚Gewebe'." (Ders.: *Walter Benjamin und sein Engel. Vierzehn Aufsätze und kleine Beiträge*, hg. von Rolf Tiedemann, Frankfurt a. M. 1983, S. 19)
253 Adorno: „Der Essay als Form", in: ders.: *Noten zur Literatur*, S. 20 f.
254 Lukács: „Über Form und Wesen des Essays", in: ders.: *Die Seele und die Formen*, S. 34.
255 Vgl. Hartmut Böhme: „Mythologie und Ästhetik des Textilen", in: *Kunst & Textil. Stoff als Material und Idee in der Moderne von Klimt bis heute*, hg. von Markus Brüderlin, Ostfildern 2013, S. 46–59. Zu einer detaillierten Metaphorologie des *textus* vgl. Erika Greber: *Textile Texte. Poetologische Metaphorik und Literaturtheorie. Studien zur Tradition des Wortflechtens und der Kombinatorik*, Köln / Weimar / Wien 2002, v. a. S. 1–21.

oder Ornament,[256] oder erfüllte gar die Funktion eines *Paradigmas von Form*. Auch Essayisten wie Benjamin, Simmel, Lukács, Kassner und Bloch stimmten in die, mit Hans-Günther Schwarz, „,Teppichgestimmtheit', die im ästhetischen Denken der Zeit ohne Parallelen ist"[257], ein. Mit der intermedialen (Text-)Metapher adressierten sie nicht nur das eminente Sprach- und Formbewusstsein des Essays; durch das Schema von Teppichanalogien und Textilmetaphern suchten sie ferner eine der Kunst eigene Reflexivität aufzudecken, in einer von jeglicher – so Bloch – „Zweckform"[258] befreiten Kunst ‚reine Formen' wahrzunehmen, in sie *hineinzusehen*. Im Teppich wurden sowohl das gewandelte Verständnis von Kunst, die ethische Hinterfragung ihrer Selbstzweckhaftigkeit, als auch die sich daraus ergebenden neuen Aufgaben der Kunstkritik sinnfällig, die sich kritisch mit der eigenen Kunsthaftigkeit und textuellen Verfasstheit, kurz: mit ihrer ‚Textur' auseinandersetzte.[259] Mit dem Teppich-Bild wurde, anders gesagt, eine – von Adorno kaum problematisierte – Kreuzung zwischen der Reflexivität von (literarischen) Kunstwerken auf der einen, und der Anschaulichkeit der essayistischen Reflexion sowie des Nachdenkens über Kunst und Literatur auf der anderen Seite verhandelt.

Es liegt indes nahe, dass für Adornos Definition des Essays als eines teppichhaften Geflechtes in erster Linie Benjamins Schreibweise Pate stand, deren durchaus ambivalente Vorbild- wie Ausnahmefunktion er wenige Sätze zuvor unterstreicht. Schon in seiner „Einleitung zu Benjamins ‚Schriften'" (1955) hatte Adorno betont, Benjamin habe die Form des theoretischen Elementes seines Schreibens „einem Gewebe verglichen, und ihr überaus verschlossener Charakter wird davon bedingt: die einzelnen Motive sind aufeinander abgestimmt und

---

[256] Vgl. Stefanie Benke: *Formen im „Teppich des Lebens" um 1900. Lebensphilosophie, der junge Lukács und die Literatur*, Duisburg 2008; vgl. die motivgeschichtlichen Untersuchungen von Michael von Albrecht: „Der Teppich als literarisches Motiv", in: *Deutsche Beiträge zur geistigen Überlieferung* 7 (1972), S. 11–89, und ders.: *Literatur als Brücke. Studien zur Rezeptionsgeschichte und Komparatistik*, Hildesheim / Zürich / New York 2003, v. a. das Kapitel „Der Teppich als literarisches Motiv", S. 75–161.
[257] Hans-Günther Schwarz: *Orient – Okzident. Der orientalische Teppich in der westlichen Literatur, Ästhetik und Kunst*, München 1990, S. 232.
[258] Ernst Bloch: *Geist der Utopie*, 2. Aufl., Frankfurt a. M. 1977, S. 23.
[259] Den ästhetischen Reflexionen über den Teppich ging eine Reihe vor allem kunstgeschichtlicher und -theoretischer Studien voraus, die vor dem Hintergrund industrieller Serien- und Massenproduktion Ornament und Dekoration auf einen ästhetischen und ethischen Prüfstand bringen – wie z. B. Adolf Loos' *Ornament und Verbrechen* (1908) – und mit einer Aufwertung nichtgegenständlicher, abstrakter Darstellungsformen klassischen Theorien der ‚Einfühlung' zugunsten der *Formanalyse* eine Absage erteilen, wie z. B. der Simmel-Schüler Wilhelm Worringer in *Abstraktion und Einfühlung* (1908).

ineinander verschlungen ohne Rücksicht darauf, durch ihre Folge einen Denkprozeß abzubilden", bei dem nichts „herauskommt".²⁶⁰ Benjamins dichtes, in sich geschlossenes wie intertextuell anspielungsreiches Schreiben hat auch andere Leser an ein „‚Gewebe'"²⁶¹ oder einen „bunte[n] Bildteppich"²⁶² denken lassen, nicht zuletzt weil Benjamin selbst den Begriff ‚Text' wiederholt von seiner Etymologie her reflektiert.²⁶³ Seine Texte variieren zudem zahlreiche Metaphern der Textilität (und Taktilität) – Stoffe und Textilien wie Schleier, Strumpf oder Mantel, Faltenwürfe, Säume, Maschen und Rüschen, Lumpen und Plüsch –, die die Funktion einer nicht-mimetischen, selbstreflexiven Widerspiegelungsstruktur des Textes, seiner Textur, einzunehmen scheinen.

Die Variationen des Teppich-Bildes in Benjamins Auslegung von Hölderlins spätem Gedicht *Blödigkeit*, das er noch Jahre später in *Goethes Wahlverwandtschaften* aufgreift,²⁶⁴ lassen jedoch vermuten, Adorno habe bei seiner Umschreibung des Essays als Teppich ganz konkret Benjamins Hölderlin-Essay vor Augen gehabt.²⁶⁵ Während jedoch Adorno die teppichhafte Verflechtung, die „Wechselwirkung seiner Begriffe im Prozeß geistiger Erfahrung"²⁶⁶, als Konstituens des Essays auffasst, sieht Benjamin „im Bilde des Teppichs (da eine Ebene für ein

---

260 Adorno: „Einleitung zu Benjamins ‚Schriften'", in: ders.: *Noten zur Literatur*, S. 578.
261 Scholem: *Walter Benjamin und sein Engel*, S. 19.
262 Hans Heinz Holz assoziiert Benjamins Stil mit einem Teppich: „Die philosophische Darstellung wird somit zum Prozeß der Wahrheitsfindung selbst. Indem er dieses Programm verwirklicht, hat Benjamin seinen ihm eigenen Stil geformt. Da verschlingen sich Sätze und Gedanken wie die Fäden eines kostbaren Gewebes. Assoziationen, bis ein bunter Bildteppich daraus wird. Benjamin liebt die Appositionen, die Prädikative, die Reihung gleichartiger Satzteile, von denen eines das andere expliziert und modifiziert. Und zwischen den beigestellten Bedeutungen saust das Weberschiffchen des Verbs hin und her, bis sie versponnen sind zu einem Ganzen von engeren oder weiteren Maschen." (Ders.: *Philosophie der zersplitterten Welt. Reflexionen über Walter Benjamin*, Bonn 1992, S. 73)
263 Zum Beispiel: „Wenn die Römer einen Text das Gewebte nennen, so ist es kaum einer mehr und dichter als Marcel Prousts." (GS II/1, S. 311); „Das Signet seines [Prousts] Schaffens, verborgen in den Falten seines Textes (textum = Gewebe) ist die Erinnerung." (GS II/3, S. 1057); oder GS III, S. 494: „Und gerade der Schriftsteller sollte sich erinnern, daß das Wort ‚Text' – vom Gewebten: textum – einmal ein solcher Ehrenname [des Fabrikats] gewesen ist."
264 Vgl. GS I/1, S. 166.
265 Und auch Adornos indirekte Schelte gegen Heidegger und dessen „verdünnte Bildungsreminiszenz an Hölderlin" (ders.: „Der Essay als Form", in: ders.: *Noten zur Literatur*, S. 13) in „Der Essay als Form" sowie seine Referenzen auf Benjamin und Heidegger in seinem Langessay „Parataxis. Zur späten Lyrik Hölderlins" (1964), der mit Gewebe-Metaphern geradezu durchwirkt ist, deuten darauf hin, Adorno habe hier Benjamins essayistische „Methode ästhetischer Interpretation" (ders.: „Parataxis. Zur späten Lyrik Hölderlins", in: ders.: *Noten zur Literatur*, S. 447–491, hier: S. 484) im Blick, wie dieser sie im Hölderlin-Essay theoretisiert und vorführt.
266 Adorno: „Der Essay als Form", in: ders.: *Noten zur Literatur*, S. 21.

geistiges System gesetzt ist)"[267] vordergründig den dichterischen Ausdruck für „das Gesetz der hölderlinschen Welt"[268], ja das „Gesetz der Lyrik"[269] selbst. Ebnet Adorno mittels der Teppich-Metapher also Essay und literarischen Text als dessen bevorzugten Gegenstand, d. h. produktions- und rezeptionsästhetische Dimension, ein? Und legt er damit nicht, trotz seiner Zurückweisung der Lukács'schen Bestimmung des Essays als „Kunstform"[270], eine Kongruenz zwischen Essay und literarischem Kunstwerk nahe?[271] Oder ließe sich gar, freilich mit einiger interpretatorischer Mühe, aus Adornos Überblendung des essayistischen Formprinzips mit dem Bild des Teppichs ein auf Benjamin gemünzter Hinweis auf die dem Essay stets immanente Gefahr herauslesen, in Ästhetizismus und bloße Kunstfertigkeit, in Formalismus oder Rhetorik zu kippen?[272] Sieht Adorno den Hinweis auf eine teppichhafte – im Sinne von: synthetisierende – Darstellungsweise also geboten, weil er in Benjamins Werk *auch* eine Tendenz zu einem Atomismus der Form, d. h. zu einer formalen Instabilität und nicht-anschlussfähigen Selbstbezüglichkeit ganz heterogener Textformen, erkennt?

Zur Erschließung der literarisch-texttheoretischen Funktion des Teppich-Bildes für Benjamin werden im Folgenden nicht nur einige Fäden der Ausführungen zu Aspekten seines Essayismus vorweggenommen, sondern punktuell auch Erkenntnisse anderer Disziplinen über den Teppich einbezogen.[273] Der ‚Teppich'

---

267 GS II/1, S. 115.
268 Ebd., S. 113.
269 Ebd., S. 115.
270 Adorno: „Der Essay als Form", in: ders.: *Noten zur Literatur*, S. 11.
271 In seinem Essay „Parataxis" wird Adorno in diesem Sinne einen „Prozeß" der Sprache konstruieren, der wie folgerichtig von Hölderlin „in die sinnleeren Protokollsätze Becketts mündet" und schließlich in seiner eigenen parataktischen Schreibweise gipfelt (ders.: „Parataxis", in: ders.: *Noten zur Literatur*, S. 479).
272 Wie historisch „der Essay der Rhetorik verwandt" ist (Adorno: „Der Essay als Form", in: ders.: *Noten zur Literatur*, S. 29), ist die Teppich-Metapher von Anfang an auch *topos* der Rhetorik und figuriert Stilmittel wie *enumeratio* und *variatio* sowie – als dekorative Kunst – das Prinzip des *decorum*; vgl. Elisabetta Di Stefano: „Introduzione", in: *Estetiche dell'ornamento*, hg. von Elisabetta Di Stefano, Mailand 2006, S. 7–56, bes. S. 14–19.
273 Besitzt der Teppich auch keine kohärente tropologische Formtradition, hat er doch als künstlerische ‚Urform' längst Eingang gefunden in Kunstgeschichte und Ästhetik; vgl. Schwarz: *Orient – Okzident*, v. a. das Kapitel „Der Teppich und die Ästhetik", S. 218–228, u. a. zu Gottfried Semper: *Die textile Kunst für sich betrachtet und in Beziehung zur Baukunst*, in: ders.: *Der Stil in den technischen und tektonischen Künsten oder praktische Ästhetik* (1860–63), Bd. 1, Frankfurt a. M. 1860, und Alois Riegl: *Altorientalische Teppiche*, Leipzig 1891; vgl. Werner Brüggemann: *Der Orientteppich. Einblicke in Geschichte und Ästhetik*, Wiesbaden 2007, v. a. S. 319–325, zu Benjamins Interesse am Teppich als an einem auratischen Stück bürgerlichen Interieurs; für eine Ästhetik des Teppichs vgl. Joseph Masheck: „The Carpet Paradigm. Critical Prolegomena to a Theory of

wird sich vor diesem Panorama als eigenlogische interkünstlerische und interdiskursive Metapher eines existenzial-textuellen Weltverhältnisses erweisen, der zugleich verbindenden wie trennenden „Lage"[274], wie es im Hölderlin-Essay heißt, zwischen Fiktionalität und Dasein, Form und Leben, Kunst (Literatur) und Philosophie. An Benjamins spezifischer Gestaltung dieser autoreflexiven Text- und Medienmetapher des ‚Dazwischens' lässt sich zudem beispielhaft ein besonderes Problembewusstsein der Interdependenz zwischen Kunst (Dichtung) und der „Dichte"[275] des Essays ablesen, das in den prominenten ästhetischen Reflexionen von Bloch und Lukács über Teppich und Essay eher unentschieden bleibt. Diese sind unter ein ganzes Bündel impliziter, bislang nur teilweise dechiffrierter Referenzen zu rechnen,[276] die sich hinter Adornos Teppich-Bild verbergen und teils noch in der *Ästhetischen Theorie* aufgerufen werden.[277]

Ernst Bloch diagnostiziert in seinem Jugendwerk *Geist der Utopie* (1918, 1923) auf der Grundlage einer kritischen Bestandsaufnahme zweier gegensätzlicher, aber gleichermaßen ‚geistloser' Tendenzen seiner Zeit – der Oberflächlichkeit des Jugendstils und der Kälte einer durchrationalisierten und funktionalisierten Formenwelt – die geschichtsphilosophische Notwendigkeit einer „rein seelischen, musikhaften, zum *Ornament* verlangenden Expression"[278]. Diese habe sich von

---

Flatness", in: *Arts Magazine* 51/1 (1976), S. 82–109; Sergio Bettini: „Poetica del tappeto orientale", in: ders.: *Tempo e forma. Scritti 1935–1977*, hg. von Andrea Cavalletti, Macerata 1996, S. 159–176; und Massimo Cacciari zum Teppich als ‚Lebensraum' in: *Wohnen. Denken. Essays über Baukunst im Zeitalter der völligen Mobilmachung*, aus dem Ital. von Reinhard Kacianka, Klagenfurt / Wien 2002, S. 73–84. Als Wissen generierende Kulturtechnik fokussieren den Teppich Medienwissenschaft (vgl. Tristan Weddigen: Art. „Textile Medien", in: *Handbuch Medienwissenschaft*, hg. von Jens Schröter, Stuttgart 2014, S. 234–238), Medienphilosophie (vgl. Vilém Flusser: „Teppiche", in: ders.: *Dinge und Undinge. Phänomenologische Skizzen*, München 1993, S. 110–113) und *Textile Studies* (vgl. Tristan Weddigen (Hg.): *Unfolding the Textile Medium in Early Modern Art and Literature*, Berlin / Emsdetten 2011).
274 GS II/1, S. 114.
275 Adorno: „Der Essay als Form", in: ders.: *Noten zur Literatur*, S. 21.
276 Nübel etwa macht nur Georg Simmel und Ernst Mach als implizite Quellen von Adornos Teppich-Metapher geltend, vgl. dies.: *Robert Musil*, S. 70.
277 Vgl. Adorno: *Ästhetische Theorie*, S. 62 (zu Blochs *Geist der Utopie*), S. 193f. („Am Ende mögen sogar Teppich, Ornament, alles nicht Figürliche am sehnsüchtigsten der Dechiffrierung harren.") u. S. 262 (zu Georges Gedicht *Der Teppich*).
278 Bloch: *Geist der Utopie*, S. 25. Sah Benjamin in einem Brief an Ernst Schoen vom 02.02.1920 Blochs Buch zu seiner eigenen „Idee der Philosophie" zwar auch „diametral entgegengesetzt" (GB II, S. 73), plante er doch noch 1934 im Rahmen einer „Vortragsfolge ‚L'avantgarde allemande'" – neben „le roman (Kafka)", „théâtre (Brecht)" und „journalisme (Kraus)" – einen Vortrag zu „l'essay (Bloch)", wie er am 05.03.1934 aus Paris an Brecht schreibt (GB IV, S. 362). Trotz aller inhaltlichen Differenzen anerkannte er offenbar Bloch als den „maßgebend[en]" (ebd.) und exemplarischen Vertreter des deutschen Essays als einer dezidiert avantgardistischen Form.

stilistischen Vorgaben ebenso wie vom Materialdiktat, von einer Verfügbarkeit für den Geschmack und vom Bereich der Werkhaftigkeit zu lösen, um sanktionierte Bereiche ästhetischer Erfahrung, wie z. B. den Ausstellungs- oder Theaterraum, transzendieren und allem gleichermaßen „ein Siegel der Tiefe"[279] und ‚Geistigkeit' aufprägen zu können. Einen Ausweg verspricht sich Bloch von einem „im *historischen* Kunstgewerbe noch latenten, errettbaren, dezidiert geistigen Sinn"[280]. Sein semantisch-semiotischer Überschuss, ein, so Bloch, „ausdrucksvoller Überschwang"[281], vermöchte auch den „Unterschied zwischen angewandter und unangewandter, hoher Kunst"[282] zu überwinden, ja er könnte neben den Unterschieden zwischen den einzelnen Künsten auch die zwischen den ‚Sprachen' der Kunst, Philosophie und Wissenschaft einebnen. Paradigmatisch komme dieser neue ornamentale Ausdruck in der offenen Form des Teppichs als in einem „Tertium datur"[283] zum Ausdruck:

> So lebt noch dieses Dritte zwischen Stuhl und Statue, wohl gar über der Statue: ein „Kunstgewerbe" höherer Ordnung, in dem sich, statt des behaglichen, gleichsam abgestandenen, aus Ruheständen zusammengesetzten, rein luxuriösen Gebrauchsteppichs, ein echter, ein hinüberweisender Teppich der reinen abstrakten Form ausstreckt [...] als echter Teppich und reine Form, als leichter gelingbares, aber danach vorbildliches Korrektiv zur transzendierenden Form [...].[284]

---

279 Bloch: *Geist der Utopie*, S. 28: „Nicht mehr Geschmack, nicht mehr bewußte, mühsam stilisierte, selbstgerecht immanente Form, sondern hier bereitet sich – in einen Raum hinüberreichend, in dem nur das Letzte der reinen Kunst steht – ein Lebensabdruck, ja ein bereits deutend deskriptives Formzeichen, ein Siegel der Tiefe [...]." Zu Kants Auffassung einer formalisierenden und symmetrisierenden Funktion des Ornaments und seiner materialen Attribute (Farbe, Klang etc.) für die Reflexion, die als formale Bestimmung der Einheit eines Mannigfaltigen eine bloße sinnliche Darstellungsfunktion für den Geschmack übersteige und – ‚ich-weiß-nicht-wie' – schön an sich erscheine, vgl. Massimo Carboni: *Estetica dell'Ornamento*, Palermo 1996, S. 38 f. Für Bloch ist das Ornament in diesem Sinne eine Art Versuchsraum, in dem eine neue, in sich zweckmäßige und offene Gestalt (der Welt, des Lebens) erprobt wird, die einfache Gegenstandsbezüge aufgekündigt hat und in einen anderen Raum ‚hinüberreicht'; dieser ist für Bloch allerdings nicht transzendent, sondern vielmehr Figur einer konkreten anderen Verfasstheit dieser Welt.
280 Bloch: *Geist der Utopie*, S. 27.
281 Ebd., S. 23.
282 Ebd., S. 27.
283 Ebd., S. 28. Vgl. das Kapitel „Blume und Teppich" in Ernst Bloch: *Das Prinzip Hoffnung*, Bd. 2, Frankfurt a. M. 1973, S. 930 f., zum Teppich als einem Fläche und Farbe betonenden Formprinzip moderner Malerei.
284 Bloch: *Geist der Utopie*, S. 29.

2.4 Teppichhafte Verflechtung — 119

Bloch weist ausdrücklich darauf hin, dass er sich hier auf „den von Lukács zuerst gebrauchten Hilfsbegriff des Teppichs, als der reinen korrektivhaften Form"[285] berufe. Mittels des Teppichs als einer solchen Hilfskategorie ließe sich „das neue Ganze des besseren Überblicks"[286] über wiederkehrende Grundformen und Formbeziehungen, besonders in der Musik, gewinnen. Diese nämlich könnten nun „räumlich gefaßt", d. h. aus „dem totschlägerischen Nacheinander",[287] einer bloßen Chronologie, herausgelöst und *zu sinnhaften Mustern überschaubar geordnet* werden, die „das utopische Weiterdenken"[288] eines Gedankens dank seiner neuen Stellung im gelockerten Formkomplex ermöglichten. Der ‚Teppich' ist in diesem Sinne für Bloch anschaulicher Ausdruck und Instrument der auf eine umfassende Geschichtsphilosophie der Kunst (der Musik) abzielenden kunsthistorischen Formanalyse, die durch eine Art Komplexitätsorganisation operiert, nämlich durch „eine gewisse Umzirklung, Inventarisierung der möglichen Inhalte"[289]. Doch darf nach Bloch diese gestaltend eingreifende Formenschau nicht selbstzweckhaft werden und sich in formalistischer Spielerei verlieren, die auf Kosten der Echtheit des künstlerischen Ausdrucks nur auf dessen technisch-formelle Umsetzung abhöbe. Nicht auf das (Benjamin'sche) *Wie*, sondern vielmehr auf das „Was des Ausdrucks überhaupt"[290] komme es letztlich an.

Selbst Lukács' Essay-Anthologie *Die Seele und die Formen*, wie es später bei Bloch heißt, lasse sich nicht auf eine „rein formhaft-objektivistisch werdende Meinung"[291] reduzieren. Lukács' Essays hielten „an Werken und Formen" nur deshalb heuristisch fest, „um letzthin doch nicht diese, sondern bei Gelegenheit ihrer, also ironisch, indirekt, essayistisch den fernsten, eigenst gewonnenen Tiefsinn zu meinen".[292] Doch habe sein Versuch, dieses essayistische Verfahren in *Die Seele und die Formen* zur „Methode eines Systems" zu erheben, fehl gehen müssen, da Lukács „auf Grund durchgängiger Formanalyse" stets „das Unbedeutende überlastet, die inneren Grenzen chiffernhafter Formbeziehung nicht ohne Willkür festsetzen kann" und durch die zerstreute Aufmerksamkeit auf jedes

---

285 Ebd., S. 65.
286 Ebd., S. 64.
287 Ebd., S. 63. Zu Blochs Geschichtsphilosophie der Musik und zum Bloch'schen Begriff des Musik- und Klangteppichs als Modell einer nicht-chronologischen historischen Zeit vgl. Elio Matassi: „Musical Carpets: Philosophy of the History of Music ‚contra' the Sociology of Music", in: *Ad Parnassum. A Journal of Eighteenth- and Nineteenth-Century Instrumental Music* 5/9 (2007), S. 71–86.
288 Bloch: *Geist der Utopie*, S. 64.
289 Ebd.
290 Ebd., S. 146.
291 Ebd.
292 Ebd.

noch so kleine Detail den Fokus auf den in der materialen Gestalt des Kunstwerks vermittelten Vor-Schein der konkreten Utopie dreingebe.[293] Der Lukács entlehnte „Hilfsbegriff des Teppichs"[294] wird so bei Bloch zu einer nur schwer fassbaren transmedialen Chiffre für einen nur mittels der Form – und daher nie restlos und unmittelbar – zu erahnenden utopischen Inhalt, kurz: zur *Form der Hoffnung*. Bei Lukács stellt er in Blochs Lesart eher ein verwirrendes Geflecht untereinander willkürlich verknüpfbarer Verweise und Formbeziehungen dar, statt zusammenhängend auf eine Utopie hin transparent zu sein, zu der er ‚hinüberweist'. Mit anderen Worten: Gehört der Bloch'sche Teppich, wie Micaela Latini bündig formuliert, „einem utopischen Raum an, dem Haupt-Austauschort zwischen Oberfläche und Tiefe, zwischen Sichtbarem und Unsichtbarem"[295], wo die Kunst zu einem – so Bloch selbst – „Laboratorium der Wahrheit"[296] werde und in ihren ornamentalen, nicht-mimetischen Formen die ästhetisch-ethische Kraft des *Möglichen* generieren könnte, beschränke sich der Lukács'sche Teppich/Essay, wie Bloch ihm unterstellt, zuletzt auf das „Uneigentliche"[297]. Diesem impliziten Vorwurf Blochs gegenüber Lukács, den er 1910 in Simmels Ästhetik-Privatissimum in Berlin als zunächst engen Gesprächspartner kennengelernt hatte, lohnt es weiter nachzugehen.

Mit seiner Lesart, der Teppich fungiere bei Lukács als formal-heuristischer Begriff, erfasst Bloch bereits eine wesentliche Funktion dieses Bildes in *Die Seele und die Formen*, auf die er kursorisch verweist.[298] In Lukács' Essay „Metaphysik der Tragödie" (1910) ist der unleserliche („undefinierbare"), aber als les*bar* (als „Komposition") erscheinende Teppich dialektischer Ausdruck für das empirische und zwischen unbestimmten Formen hin- und herwogende Leben, ‚die Seele'. Die Seele sehne sich, so Lukács, nach einem Ausdruck, nach einer ‚reinen Form', die

---

293 Ebd.
294 Ebd., S. 65.
295 Micaela Latini: „Geist des Ornaments. Anmerkungen zu Ernst Blochs Betrachtungen über die Dekorationskunst", in: *Bloch-Almanach* 24 (2005), S. 57–68, hier: S. 64.
296 Ernst Bloch: „Bildersturm und Ornamente" (1968), in: *Bloch-Almanach* 20 (2001), S. 9–27, hier: S. 27.
297 Bloch: *Geist der Utopie*, S. 146.
298 In Lukács' Essay-Band finden sich an zwei Stellen Teppich-Bilder, in der hier erläuterten Textstelle in „Metaphysik der Tragödie" und in „Der Augenblick und die Formen: Richard Beer-Hofmann" (1908) zum Teppich als Schicksalsmetapher. Benjamin M. Korstvedt hält diese beiden Textpassagen für Blochs einzige Referenzstellen für Lukács' Teppich-Begriff, womit er die ausführlichen Reflexionen über den Teppich in der *Heidelberger Philosophie der Kunst* übergeht (vgl. ders.: *Listening for Utopia in Ernst Bloch's Musical Philosophy*, Cambridge 2010, S. 12; für eine Genealogie der Bloch'schen Teppich-Metapher vgl. ebd. die Kapitel „Bloch's *Teppich*: an initial approach" und „On the genealogy of the *Teppich* metaphor before Bloch", S. 5–18).

2.4 Teppichhafte Verflechtung — 121

sie zugleich fortlaufend desavouiere, da alle bestimmten Formen, darunter auch die dramatische, eine geschichtliche Dimension besäßen und deshalb allenfalls „Allegorie" und „Chiffren der letzten Zusammenhänge" sein könnten.[299] Der Teppich ist für ihn das Bild der perpetuellen Aufgabe, die jedem „Versuch" aufs Neue aufgegeben sei, das Empirische und sinnlich Gegebene formal zu bewältigen und überzeitlichen „Sinn in ihm zu finden, aus ihm herauszulesen":[300]

> Doch liegt eine Ordnung in dieser Welt verborgen, eine Komposition in den wirren Verschlingungen ihrer Linien. Aber es ist die undefinierbare Ordnung eines Teppichs oder eines Tanzes; unmöglich scheint es, ihren Sinn zu deuten, und noch unmöglicher, auf ein Deuten zu verzichten; es scheint, als ob das ganze Gewebe der krausen Linien nur eines Wortes harrte, um klar und eindeutig und verständlich zu werden, als ob dieses Wort einem immer auf der Zunge schwebte – und doch hat es noch nie jemand ausgesprochen.[301]

Wenn Lukács hier auch nicht explizit auf Form und Wesen des Essays verweist, liegt es doch nahe, diese ambivalente Charakterisierung des Teppichs auf den Essay als die in *Die Seele und die Formen* profilierteste Form zu beziehen. Nach Lukács unterscheidet sich diese von anderen Formen ja gerade darin, dass sie angesichts der nicht-dechiffrierbaren Ordnung des Lebens „ironisch ihre eigene Unzulänglichkeit"[302] nicht nur einbekennt, sondern sie sich die paradoxale Form der Wirklichkeit selbst – und nicht, wie die Dichtung, bloß einzelne Momente des

---

299 Georg Lukács: „Metaphysik der Tragödie: Paul Ernst", in: ders.: *Die Seele und die Formen*, S. 206–233, hier: S. 211.
300 Ebd., S. 225.
301 Ebd. Lukács kannte Rudolf Kassners Essay „Die Ethik der Gobelins", in: *Wiener Rundschau* 4/18 (1900), S. 309–313, der anlässlich der Exposition flämischer Teppiche bei der Pariser Weltausstellung verfasst und später als „Die Ethik der Teppiche" in *Motive. Essays* (Berlin 1906) bzw. als „Die Moral der Teppiche" in die von Lukács besprochenen *Essays* (Leipzig 1923) aufgenommen wurde. Dort heißt es zu Beginn: „Es ist doch nicht dasselbe, ob ich ein Bild als Gemälde oder als Teppich und Gobelin sehe. Was ist denn ein Teppich? [...] Ein Teppich ist ein übertragenes Bild und, wenn man will, ein künstliches Bild. Was da vor mir hängt, aus Leinen-, Seiden- und Goldfäden gewoben, [...] ist eigentlich etwas ganz Äußerliches, Handwerk, ist nur Bild. Aber gerade darum wirkt es auf viele geistiger" (Rudolf Kassner: „Die Ethik der Teppiche", in: ders.: *Sämtliche Werke*, hg. von Ernst Zinn und Klaus E. Bohnenkamp, Bd. 2, Pfullingen 1974, S. 104–112, hier: S. 104). Ist bei Kassner der Teppich Ausdruck einer alle Gegensätze aufhebenden geistigen Form, welche die Subjektivität des Bildes sowie „die natürliche Unvollkommenheit des Künstlers und die natürliche Unbändigkeit des Materials" (ebd., S. 105) abgestreift hat und ‚absolut' geworden ist, bleibt bei Lukács doch ein Vorbehalt gegenüber der Idee einer reinen Sinn generierenden und alles Kontingente beglaubigenden Form, der sich auch in seiner Kritik an Kassners Idealismus in „Platonismus, Poesie und die Formen: Rudolf Kassner" (1908) auszudrücken scheint.
302 Lukács: „Über Form und Wesen des Essays", in: ders.: *Die Seele und die Formen*, S. 30.

Lebens – zum Gegenstand nimmt und in den eigenen spannungsreichen Formzusammenhang übersetzt. Damit enthalte der Essay, wenn auch „immanent und unaussprechbar", d. i. negativ, „das System".[303] Ja, indem er in jedes vermeintlich noch so unbedeutende Moment des Lebens dieselbe paradoxale Struktur *hineinsehe*, „aus ihr heraus und in sie hinein zu lesen" versuche, jede „Äußerung des Lebens" also gewissermaßen ‚als' Teppich auffasse, vollziehe der Essay eine Neukomposition des Lebens, agiere weltbildend.[304] Wie bei Bloch zeichnet sich diese textuelle Neukomposition bei Lukács eher durch ein Nebeneinander statt ein Nacheinander, durch eine *flächige Ontologie* aus, wodurch suggeriert werde, dass der Essay „immer von den letzten Fragen des Lebens spricht", auch wenn vermeintlich „nur von den wesenlosen und hübschen Ornamenten" und „bloß von einer schönen und nutzlosen Oberfläche", wie z. B. von Teppichen, die Rede ist.[305]

Innerhalb von Lukács' früher *Heidelberger Philosophie der Kunst* (1912–1914), die in einer tiefen Affinität zum Essay „Metaphysik der Tragödie" steht und von Bloch nicht weiter erwähnt wird,[306] nimmt der Teppich allerdings weitaus mehr Raum ein. Er verlagert sich nun in Richtung einer Hilfskategorie für eine künftige Geschichtsphilosophie, die dem Bloch'schen Teppich-Begriff als einem Überblick verschaffenden Topos nähersteht. Doch lässt sich eine Beziehung zur Form des Essays rekonstruieren, die auch die Deutung der oben zitierten Textstelle aus Lukács' Tragödien-Essay stützt und erweitert. Der in der *Heidelberger Philosophie der Kunst* zentralen Frage nach der Möglichkeitsbedingung von Kunstwerken[307] und dem Spezifischen der künstlerischen Ausdrucksform versucht Lukács auf dem Umweg der stilisierten logisch-mathematischen Form des Teppichs beizukommen: An ihm als an einem, so Lukács, abstrakten „Formungsprinzip"[308] ließe sich eine Vielzahl von Relationen darstellen, die im ästhetischen Bereich undurchdringlich miteinander verschlungen seien, wie z. B. zwischen Form und Materie, Individuellem und Überindividuellem. In der orthogonalen Struktur des Teppichs nämlich interagierten beispielhaft eine flächige, nicht-hierarchische

---

303 Ebd., S. 43.
304 Ebd., S. 32. Zum „Wesen" des Essays gehöre, „daß er nicht neue Dinge aus einem leeren Nichts heraushebt, sondern bloß solche, die schon irgendwann lebendig waren, aufs neue ordnet" (ebd., S. 34).
305 Ebd., S. 33.
306 Vgl. Konstantinos Kavoulakos: *Ästhetizistische Kulturkritik und ethische Utopie. Georg Lukács' neukantianisches Frühwerk*, Berlin / Boston 2014, S. 86.
307 Vgl. Lukács: *Heidelberger Philosophie der Kunst*, S. 9: „Die Ästhetik, welche ohne illegitime Voraussetzungen begründet werden soll, hat mit dieser Frage anzufangen: ‚es gibt Kunstwerke – wie sind sie möglich'?"
308 Ebd., S. 100.

2.4 Teppichhafte Verflechtung — 123

„sichtbar technische Art der Verknüpfung"[309] und eine „Richtung nach unten"[310]. Die Elemente der Verknüpfung aber gehen, wie der „Teppich als Paradigma dieser Gestaltungsart"[311] weiter zeigt, im Kunstwerk nicht zur Gänze in ihrem Relationscharakter auf, sondern sind vielmehr auch etwas „in sich und für sich Bedeutungsvolles", kurz: „Monade".[312]

> Dieser Monadencharakter der Elemente zeigt sich am klarsten in der Wortkunst. Wenn ein Wort auch nach den verschiedenen rhythmischen, klanglichen etc. Werten seiner Silben in verschiedene Relationen eingeordnet ist, so ist es doch etwas notwendig Letztes und Unaufhebbares. Geradeso steht es [...] mit den ganz zur Abstraktheit stilisierten, ihre Bestimmtheit nur leise andeutenden Zeichen im Teppich.[313]

In diesem teppichhaft-dialektischen Formungsprinzip, das sich in den verschiedenen Künsten – in Poesie, Malerei u. a. – je spezifisch äußert (in Rhythmik, Reimtechnik, Flächengestaltung etc.), erkennt Lukács das Wesen des Kunstwerks, „das am tiefsten und am eigentlichsten Künstlerische"[314]: eine „eigentümliche und ästhetisch allein ausschlaggebende *Zwischenschicht* zwischen reiner Inhaltlichkeit und leerer Formalität"[315], zwischen unbedingter „Verknüpfbarkeit von Allem mit Allem"[316] und dem irreduziblen Eigenwert der Elemente als nicht-dechiffrierbaren Zeichen, zwischen Rationalität und Geheimnis. Damit erhält der Teppich bei Lukács – ähnlich wie später bei Bloch – den Status einer epistemologischen Figur der kunstphilosophischen Analyse. Kraft dieser sollen nachträglich auch die irrationalen und beziehungslosen Elemente des Kunstwerks in einen sinnvollen Zusammenhang eingebettet werden können,[317] ohne dass seine

---

309 Ebd., S. 96. Diese „technische Art der Verknüpfung" ist für Lukács nicht als leerer Formalismus zu denken, sondern wird – als paradox anmutender „Inhalt der spezifischen Form" (ebd.) – unmittelbar rezipiert, auch wenn sie *zugleich* als gemacht wahrgenommen wird.
310 Ebd., S. 98.
311 Ebd., S. 92; vgl. Agamben: *Signatura rerum*, S. 24, zur „tessitura" („Gewebe') als schon von Platon bemühtem sinnlichen Paradigma zur Illustration der Funktionsweise des Paradigmas selbst.
312 Lukács: *Heidelberger Philosophie der Kunst*, S. 99. Jedes Zeichen „ist einerseits in sich eine Einheit und repräsentiert andererseits, im Verhältnis zu anderen Zeichen, entweder einen Teil der durch sie repräsentierten Einheit oder das Äquivalent einer Gruppe von Einheiten" (ebd., S. 98).
313 Ebd., S. 99.
314 Ebd., S. 100.
315 Ebd., S. 96 (meine Hervorhebung).
316 Ebd., S. 99.
317 Vgl. ebd., S. 98: Es sei „das Verhältnis des Ganzen zu den Teilen [...] immer irrationell", weshalb „die Aufgabe der Gestaltung" darin bestehe, „dieser Gegebenheit den Schein der Notwendigkeit, der Apriorität zu verleihen": „Immer ist der Teppich", so Lukács, „die deutlichste Objektivation dieser Verhältnisse. So besitzt der Teppich die stärkste Möglichkeit zum Frag-

„unausprechbare Gesetzmäßigkeit"[318] dabei restlos ausbuchstabiert würde. Mit anderen Worten: Lukács versucht mit dem Hilfsbegriff des Teppichs und dessen orthogonaler Gewebestruktur als eines kategorialen Musters von Fläche/Tiefe, Syntagma/Paradigma, Ornament/Zeichen etc. eine Ontologie des Kunstwerks mit einer dem Kunstwerk heteronomen transzendentalen Logik zusammenzudenken.

Diese Konzeption einer möglichen Einheit zwischen teppichhafter Ontologie des Kunstwerks und teppichhafter Logik der kunstphilosophischen Analyse sei zwar „ideell denkbar"[319]; doch gibt sie sich für Lukács in dem Moment als Aporie zu erkennen, wo sie sich der ganz konkreten verschlungenen „Tiefe und [...] Schönheit des Teppichs, die Leo Popperts [sic] Essay über Volkskunst vollendet formuliert, deren Stimmung Stefan Georges Strophe" aus dem Gedicht *Der Teppich* „so wundervoll trifft",[320] gegenübersieht. Das Ideal des Kunstwerks als einer logisch-harmonischen, in sich sinnvollen und referenzlosen Einheit, die jede Fragmentierung und alle Gegensätze wie etwa ihre Bindung an Empirisches durch die Verknüpfung ihrer Inhalte und Materialität aufhebt, taucht für Lukács zwar als erstrebtes Ziel in besonders gelungenen Kunstwerken auf, wie z. B. in Georges Gedicht aus dem Zyklus *Der Teppich des Lebens* (1899). Sie erweist sich *de facto* aber als nahezu unerreichbar: „Die Möglichkeit des Teppichs ist ein ganz vereinzelter Glücksfall", denn zuletzt „widerstreben überall Gestaltungsziel und Gestaltungsmaterial gleich stark dieser paradiesischen, aber abstrakten Vollendung".[321] Das heißt: Das Objekt Kunstwerk selbst widersetzt sich ontologisch der Einheit, nach der es in paradoxer Umkehrung strebt und deren Realisierbarkeit es in Aussicht zu stellen scheint. Ist der Teppich also bei Bloch Chiffre für ein sich notwendig im ästhetischen Medium ausprägendes Möglichkeitsdenken, ist er für Lukács „ein Abbild, eine Allegorie, ein Wiederschein"[322] einer verlorenen paradiesischen Seinslage. Er ist, anders gesagt, sehnsuchtsvoller Ausdruck einer – wenn, dann sich nur in der Kunst erfüllenden – *promesse du bonheur*, „einer im Leben vergebens gesuchten in sich vollendeten Welt"[323].

---

mentwerden, in dem Sinne, daß Stücke aus ihm ganz als abgeschlossene, fertige und vollendete Ganzheiten wirken können, die nicht einmal den pikanten oder melancholischen Reiz der Torsi, der in ihrer Ergänzungsbedürftigkeit liegt, haben, sondern schlechthin vollendet sind; und umgekehrt, wäre es ideell denkbar, daß mehrere Teppiche zu einem neuen Ganzen zusammengewoben werden, an dem die ehemalige Selbständigkeit der Teile nicht mehr erkennbar wäre."
318 Ebd., S. 99.
319 Ebd., S. 98.
320 Ebd., S. 100.
321 Ebd.
322 Ebd.
323 Ebd., S. 38. Und hier kreuzen sich die spekulativen Wege von Adorno und Lukács.

Seinen „Versuch, die utopische Wirklichkeit der Kunst zu realisieren"[324], d. h. die Logik der Interpretation mit der Ontologie des Kunstwerks als kongruent zu denken, hat Lukács selbst aus verschiedenen Blickwinkeln problematisiert. Im dritten Kapitel der *Heidelberger Philosophie der Kunst* kommt dies indirekt in seiner kritisch distanzierenden Würdigung der Form des Essays zum Ausdruck, der er seine erst noch zu entwerfende „Geschichtsphilosophie der Kunst" als „Teil des Systems der Ästhetik" entgegenstellt.[325] Dabei unterscheidet sich die hier skizzierte Essay-Form nur auf einen ersten Blick von jener, die Lukács zuvor in „Über Form und Wesen des Essays" als weitgehend selbstständige Form begründet hatte:

> Der Essay hat zwar die geschichtsphilosophische Beschaffenheit der Kunst zum Gegenstand, er hat es aber nur mit der erlebten Evidenz dieses geschichtsphilosophischen Seins zu tun; er umfaßt also sowohl Ewigkeit wie Zeitgebundenheit der Kunst, statt aber nach Erkenntnis ihrer zeitlosen Struktur zur letzten Faktizität ihrer Einmaligkeit vorzudringen, gestaltet er die unmittelbaren Spiegelungen ihrer erlebten Ewigkeit, so daß die Paradoxie dieser Erkenntnis in der Paradoxie seiner gestaltenden Form zwar enthalten, aber nicht auseinandergelegt ist, und deshalb in ihr nicht zur Klärung und Lösung gedeihen kann.[326]

Der Essay vermag zwar „die unmittelbaren Spiegelungen", die Reflexe einer möglichen utopischen Einheit im Kunstwerk zu rezipieren und gestaltet wiederzugeben; doch kann er diese, so Lukács, nicht geschichtsphilosophisch ‚lösen', d. h. er ist nicht imstande, die doppelte geschichtliche und metahistorische (logische, philosophische) Struktur des einzelnen Kunstwerkes zu erfassen, ihre Verflechtungen zu entwirren und ihr eine teppichhaft-kontinuierliche Logizität – „ästhetischen Sinn"[327] – zu verleihen. Er verfehlt, mit Leo Popper, die reine „Formbeseelung"[328]. Gleichwohl gesteht Lukács dem Essay das Privileg zu, den

---

324 Ebd., S. 101.
325 Ebd., S. 230. Vgl. Kavoulakos: *Ästhetizistische Kulturkritik und ethische Utopie*, S. 145: „Freilich handelt es sich [...] um eine ‚verdünnte' Geschichtsphilosophie, insofern sie sich gegenüber dem metaphysischen Reiz der Selbstbewegung des geschichtsphilosophischen Begriffs immun zeigt und die Undurchdringbarkeit der letzten Faktizität des verwirklichten ästhetischen Werts vorbehaltlos anerkennt. Deswegen begnügt sie sich ja mit einer Typologie und mit einer genauso formalen Periodik der Kunststile."
326 Lukács: *Heidelberger Philosophie der Kunst*, S. 229 f.
327 Ebd., S. 229.
328 Ebd., S. 100; vgl. Leo Popper: „Volkskunst und Formbeseelung", in: *Die Fackel* Nr. 324–325 (2. Juni 1911), S. 37–39. Will Lukács hier auch seinen systematischen geschichtsphilosophischen Ansatz „von der essayistischen Gestaltungsweise streng unterschieden" wissen (ders.: *Heidelberger Philosophie der Kunst*, S. 229), gesteht er dem Essay – ähnlich wie in seinem früheren Essay über den Essay – doch die Fähigkeit zu, „eine Möglichkeit" entwerfen zu können, das Leben

undurchdringlichen ‚Rest', das Uneingelöste oder – mit Bloch – ‚Unabgegoltene', d. i. die Widerständigkeit des Kunstwerkes, in seiner begrifflichen Analyse aufzugeben oder mit dieser zu harmonieren, in seiner eigenen „gestaltenden Form" aufzunehmen. Damit könne er die nicht nur faktischen, sondern – nicht unähnlich der späteren Bloch'schen Konzeption – auch die möglichen Verflechtungsweisen zwischen Leben und Denken, Seele und Form erkunden.

Lukács zieht nun interessanterweise gerade Gattungsbegriffe als Beispiele dafür heran, auf welche Weise sich der Geschichtsphilosoph der Kunst seiner Hilfsbegriffe zu bedienen habe und inwiefern ihm die teppichhafte Harmonisierung von „Einzelerscheinungen" und „Gattungen" gar zum eigentlichen ästhetischen Kriterium von Kunst und Nicht-Kunst werde.[329] Für Lukács' Auffassung des Essays bedeutet das im Umkehrschluss, dass dieser in seiner eigenen Verfasstheit auch das Paradox der unentwirrbaren gleichzeitigen Gattungszugehörigkeit und -abweichung von Kunstwerken – „sowohl Ewigkeit wie Zeitgebundenheit der Kunst"[330] – spiegelt, womit er auch die damit verbundene Frage nach deren ästhetischer Valenz unentschieden belässt bzw. in eine unendliche Reflexion entlässt. Von hier aus würde sich indirekt die (gattungs-)begriffliche Unfassbarkeit des Essays selbst erklären: also die Schwierigkeit, ihn auf einen einheitlichen Begriff ‚Essay' zu bringen und auch die Frage nach seiner Kunsthaftigkeit, nach seiner Literarizität abschließend zu klären. Denn gerade in den Reflexionen des Essays über Gattungsbegriffe und ihre zwar als teppichhaft-übersichtlich konzipierte, tatsächlich aber teppichhaft-verschlungene Natur käme seine (stets vermittelte) selbstreflexive Auseinandersetzung mit „der Paradoxie seiner gestaltenden Form"[331] zum Ausdruck. Das Teppich-Bild also, dessen Bedeutungsspektrum bei Lukács und Bloch *zwischen ersehnter Überblickbarkeit und gleichzeitiger Undurchdringlichkeit von Leben und Kunst* changiert, pointiert den Essay als ästhetisch-reflexive Form des Weltbezugs. Denn nicht entwirrt der Essay die Komplexität von Kunst und Leben, sondern er spiegelt sie in ihrer begrifflichen Reorganisation in seiner eigenen Struktur wider, etwa in seinen vielfältigen Figurationen von Referenzialität, in seinen ästhetischen Momenten und Ähnlichkeitsverhältnissen mit verschiedenen Ausdrucksformen und Gattungen.

„selbst umzuformen und neu zu schaffen" (ders.: „Über Form und Wesen des Essays", in: ders.: *Die Seele und die Formen*, S. 31): Indem er einer Einzelerscheinung, z. B. einem bestimmten Kunstwerk, paradigmatischen Wert zuschreibt, in Bezug auf den alles andere seine relationale Bedeutung erfährt, wird der Essay zum konkreten Modell für eine auf eine spezifische Idee hin ausgerichtete Lebensgestaltung.
329 Lukács: *Heidelberger Philosophie der Kunst*, S. 230.
330 Ebd., S. 229.
331 Ebd., S. 230.

Im Vergleich mit der Vielschichtigkeit des Teppichs bei Lukács und Bloch – als epistemologische Figur der Kunstanalyse ‚reiner Formen' sowie als Bild einer im essayistischen Textgefüge reflektierten oder perpetuierten Komplexität des Kunstwerks und des Lebens – scheint Adornos Wort von der teppich*haften* Verflechtung, begreift man es als bloße Metapher für Kunstartigkeit oder augenscheinliche Exzentrizität des Essays, eher eine verkürzende, deskriptive Funktion zu besitzen. Adorno verweist vor allem auf die Kunst*ähnlichkeit*, auf das Moment der Darstellung, d.i. für ihn stets auch die ideologiekritische, ‚ketzerische', negative ästhetische Dimension, und auf eine hermetische Dichtheit des Essays. Die Funktion dieser intermedialen Selbstmetapher in Benjamins Hölderlin-Essay, den Adorno hier beliehen hat, geht darüber hinaus.

Während sich in Lukács' Philosophie der Kunst das orthogonale Raster des Teppichs als idealer künstlerischer Ausdruck und Figur der kunstphilosophischen Analyse gegenüber den konkreten vielschichtigen Erscheinungsweisen des Kunstwerks als unzureichend und utopisch erwiesen hatte, versinnbildlicht der Teppich in Benjamins Essay *Zwei Gedichte von Friedrich Hölderlin*. „Dichtermut" – „Blödigkeit" – dem ersten Untersuchungsgegenstand der folgenden Kapitel – zunächst die komplexe Morphologie der Phänomenalität des sprachlichen Kunstwerks und seine verborgenen Oberflächeneffekte. Seine wertende Untersuchung hat der Essay, „ein ästhetischer Kommentar"[332], zu leisten. Ihm geht es nicht um die Bergung eines vorgefertigten Sinns der beiden Gedichte, die Entzifferung der chiffrierten Referenzialität ihrer Bilder, eine ihnen zugrunde liegende Intentionalität oder „individuelle Lebensstimmung des Künstlers"[333], sondern um den urteilsbegründenden Nachweis eines unerschöpfbaren objektiven Bedeutungspotenzials. Rekonstruktive Aufgabe des Essays ist „ein durch die Kunst bestimmter Lebenszusammenhang"[334], der, wenn schon nicht die ontologische Tiefe des Kunstwerks, als „der letzte Grund"[335] des Gedichtes einzig feststellbar sei. Um *nachträglich* eine „Mannigfaltigkeit der Verbindungsmöglichkeiten"[336] als „Apriori des einzelnen Gedichts"[337] zu ermitteln, das von einer kohärenten, künstlerisch vermittelten Struktur des Daseins zeugt, sucht der Essay keine „letzten Elemente"[338] des Gedichtes aufzuweisen, sondern zeigt im Medium seiner selbst ein gelockert-perpetuierbares und zugleich intensives „Gefüge der

---

332 GS II/1, S. 105.
333 Ebd., S. 107.
334 Ebd.
335 Ebd., S. 105.
336 Ebd., S. 106.
337 Ebd., S. 108.
338 Ebd., S. 122.

Beziehungen"[339] zwischen den sprachlichen Einheiten als dessen ‚Disposition', als „sein Gedichtetes"[340].

Die Zirkularität dieses Verfahrens wird für Benjamin im zweiten Vers von Hölderlins Gedicht *Blödigkeit* sinnfällig, der die eigenartige Praxis eines Schreibens/Schreitens der fiktionalen Dichter-Figur preist, in der die Vorstellung eines anzugehenden Ziels zugunsten eines Begehens im Sinne einer Realisierung der Selbstzweckhaftigkeit des Tuns und Seins aufgehoben zu sein scheint: „Geht auf Wahrem dein Fuß nicht, wie auf Teppichen?"[341] Die in *Blödigkeit* in Form eines Vergleichs nahegelegte Ähnlichkeit zwischen Anschaulichem (den Teppichen) und Geistigem (dem Wahren) wird von Benjamins Text aufgegriffen und in eine virtuelle Deckungsgleichheit transformiert, überblendet: Der als Teppich visualisierte Grenzbegriff des ‚Gedichteten' ist Archiv möglicher Rekombinationen und Lesarten des Gedichts, das – nietzscheanisch – keinen bestimmten tieferen Sinn verbirgt. Mit jedem einzelnen „Willkürschritte"[342] verbleibt die schweifende Schrift/Lektüre, die das im Teppich veranschaulichte Gesetz der „Alleinherrschaft der Beziehung"[343] im dichten Textgefüge des Essays gleichsam ausschreibt, vielmehr „notwendig"[344] im Bereich der Wahrheit. Statt vorzugeben, einem Nullpunkt der Erkenntnis, wie z. B. einem einheitlichen Erkenntnissubjekt, zu entspringen, lässt der Essay kraft der experimentellen Rekonfiguration und Erweiterung des gegebenen Wort- und Bildmaterials dessen Deposita „geistiger Erfahrung"[345] wie von selbst zum Vorschein treten. Das Bild des Teppichs aus *Blödigkeit* ergreift er als *eine* Gelegenheit für die Darstellung und Selbstreflexion der Form einer sich auf der willkürlich reversiblen Oberfläche (das Gedichtete) eines in sich geschlossenen Textgebildes (das Gedicht) textuell vollziehenden Erkenntnisweise (der ästhetische Kommentar).

Der Teppich wird so zum sinnlichen Erkenntnisparadigma eines koordinativen Formprinzips, das sein Ästhetisches als Selbstverständigungsmedium der Sprache und ihrer existenzialen Verflechtungen (der „geistig-anschauliche[n]

---

339 Ebd., S. 112.
340 Ebd., S. 107.
341 Ebd., S. 114. Neben dem Teppich fungieren im Hölderlin-Essay auch Mosaik oder Ornament als solche pseudo-archaischen Bilder der Reflexion, in denen jeweils „eine Ebene für ein geistiges System gesetzt ist" (ebd., S. 115). Für sie gilt, was Agamben für das Paradigma festhält: „Im Paradigma gibt es keinen Ursprung, keine *arché*: Jedes Phänomen ist der Ursprung, jedes Bild archaisch." (Agamben: *Signatura rerum*, S. 33; meine Übers.)
342 GS II/1, S. 115.
343 Ebd., S. 124.
344 Ebd., S. 115.
345 Adorno: „Der Essay als Form", in: ders.: *Noten zur Literatur*, S. 21.

Struktur derjenigen Welt, von der das Gedicht zeugt"[346]) konstruiert. Der simultanflächige, nicht-lineare Raum des Teppichs öffnet eine *Topologie des Erkennens*, in dem sinnliche Wahrnehmung und (unsinnliches) Denken, Rezeptivität und Reflexivität, Bestimmendes und Bestimmtes, anschaulicher und übertragener Sinn der Worte konvergieren und einem sich im Schreiben wie im Lesen vollziehenden „fühlenden Erfassen"[347] zugänglich werden.[348] Die mit dem Gedicht-Titel *Blödigkeit* bezeichnete „völlige Passivität"[349] der Figur „des heldischen Dichters"[350], seine reglose Haltung eines Sich-der-Sprache-Fügens, erscheint als entpersönlichtes Formprinzip dieser Zusammenfügung des vermeintlich Heterogenen, das im Essay „Einsicht in die Fügung"[351] der Sprache selbst gewährt.

Dieses passiv-aktive Moment der Unvorgreifbarkeit einer sich im Essay einstellenden Erfahrung der Sprache, in der ihre geistig-anschaulichen „Verbundenheiten überschaut"[352] werden können, streift tatsächlich auch Adornos Bild des Teppichs oder Schauplatzes für den Essay: „Eigentlich denkt der Denkende gar nicht, sondern macht sich zum Schauplatz geistiger Erfahrung, ohne sie aufzudröseln."[353] Werden also seine Interferenzen mit der verschlungenen Bildgenealogie des Teppichs nachvollzogen, erschließen sich Komplexität und Funktion dieses ästhetischen *topos* für die autoreflexive Strategie, die Benjamins Schreiben im hermeneutischen Kurzschluss mit der Teppich-Figur in Hölderlins Gedicht *Blödigkeit* ausbildet: Er figuriert eine Schwelle, eine „Übergangssphäre"[354], d. i. das trennende wie verbindende Grenzgebiet zwischen Kunst und Leben, Gedicht und Kommentar, das im Essay stets neu erkundet wird, indem er die in einer unauflösbaren Vielschichtigkeit an Bedeutungen, nämlich in der Sprache eingebetteten Begriffe in ihrem Reichtum an möglichen Bezügen je ausschnitthaft

---

346 GS II/1, S. 105.
347 Ebd., S. 111.
348 Vgl. ebd., S. 114 f.: „Die räumliche und geistige Ordnung erweisen sich verbunden durch eine Identität des Bestimmenden mit dem Bestimmten, die ihnen gemeinsam eignet. [...] Wie nun im Bilde des Teppichs (da eine Ebene für ein geistiges System gesetzt ist) zu erinnern ist an seine Musterhaftigkeit, die geistige Willkür des Ornamentes im Gedanken zu sehen ist – und also das Ornament eine wahre Bestimmung der Lage ausmacht, sie absolut macht – so wohnt der beschreitbaren Ordnung der Wahrheit selbst die intensive Aktivität des Ganges als innere plastisch zeitliche Form ein. Beschreibar ist dieser geistige Bezirk, welcher gleichsam den Schreitenden mit jedem Willkürschritte im Bereich des Wahren notwendig beläßt."
349 Ebd., S. 125.
350 Ebd., S. 124.
351 Ebd., S. 106 u. S. 111.
352 Ebd., S. 122.
353 Adorno: „Der Essay als Form", in: ders.: *Noten zur Literatur*, S. 21.
354 GS II/1, S. 107.

erfahrbar macht und sich auf diese Weise mittelbar selbst darstellt. Der oxymoronische Begriff ‚ästhetischer Kommentar' reflektiert dieses essayistische, d.i. durch eine ästhetische Medialität verfahrende Schreibparadigma.

Die „Dichte dieser Verflechtung"[355] kommt durch mediale Spannungsverhältnisse zustande, deren Intensität im Folgenden analysiert und in eine Entwicklungslinie eingebettet wird, so dass sich eine Art offene, variationsfähige und vom Autor selbst nie formalisierte Poetik oder Schreibästhetik von Benjamins Essay und dessen Medialität(en) nachzeichnen lässt.

---

355 Adorno: „Der Essay als Form", in: ders.: *Noten zur Literatur*, S. 21.

III **Paradigmen des Essayistischen bei Walter Benjamin**

1 Literaturkritik als erkenntnistheoretisches Modell: zum Kriterium der Textauswahl

> Essayistisch schreibt, wer [...] verwortet, was der Gegenstand unter den im Schreiben geschaffenen Bedingungen sehen läßt.[1] (Max Bense)

Die Auswahl der Texte Benjamins, die im Folgenden mit dem Hilfsbegriff ‚Essay' – als einem heuristischen Modell einer Denk- und Schreibweise der Verdichtung und Medialisierung – in ihrer Formenvielfalt und -verwandtschaft untersucht werden, wurde nach der Prämisse getroffen, dass besonders Benjamins Kritik und Kommentierung literarischer Texte einen Raum öffnen, innerhalb dessen sich sein Schreiben mittelbar mit der eigenen ästhetischen Dimension auseinandersetzt. Der Essay, wie er in den vorherigen Kapiteln aufgefasst wurde, versucht deren kritischen Gehalt, d.h. ihre Form als gestaltetes Spannungsverhältnis zwischen denotativen Funktionen und der Enthaltung von allem Kommunikativen, hervorzuheben und seiner eigenen Form anzuverwandeln: Indem der Essay darauf verzichtet, den literarischen Text als ein je unverwechselbares Gefüge von partieller Les- und Unlesbarkeit – als, mit Adorno, „Schrift [...] mit gekappter oder zugehängter Bedeutung"[2] – in vermeintlich erschöpfenden und widerspruchsfreien Darstellungen zu glätten, folgt er einem erkenntniskritischen Motiv; dieses kommt in seiner eigenen kunstähnlichen Form zum Ausdruck, die selbst Polyvalenzen generiert und ‚viel zu denken veranlasst', um erneut Kants Definition der ästhetischen Idee zu zitieren. Zugleich aber unterzieht er sich durch sein Medium, die Begriffe, in seiner spezifischen Kunsthaftigkeit selbst einer beständigen kritischen Revision und markiert so seinen (Kunst-)Gegenständen gegenüber eine nicht zu überbrückende Differenz. Dass die ästhetische Kritik literarischer Werke auf den Essay – „die kritische Form par excellence"[3] – besonders reflexionsanregend wirkt und seine gattungsspezifische Selbstreflexivität herausfordert, ist einer der Orientierungspunkte der nachfolgenden Kapitel.

Die Analysen konzentrieren sich dabei auf jene Texte und Textstellen, wo Benjamin explizit oder implizit, auf der Inhaltsebene oder in der Form seines Schreibens – insbesondere mittels Gattungsreflexionen und Gattungshybridisierungen als Szenen ihrer Selbsthinterfragung – die eigenen Schreibpraktiken reflektiert und vorführt. In dieser Hinsicht verfahren die Textanalysen empirisch

---

1 Bense: „Über den Essay und seine Prosa", S. 418.
2 Adorno: *Ästhetische Theorie*, S. 122.
3 Adorno: „Der Essay als Form", in: ders.: *Noten zur Literatur*, S. 27.

und applizieren keine externe Theorie auf Benjamins Texte. Die entlang des Kriteriums der Autoreflexivität, die zuvor als eine der zentralen Eigenschaften des Essays herausgearbeitet wurde, exemplarisch angestellten Textanalysen versuchen ferner, im Horizont des Begriffs eines (über) sich selbst schreibenden ‚Subjekts' den Essay schließlich als Form einer Selbstmedialisierung zu verstehen; nicht im Sinne eines dem Leben, Handeln, Denken und Schreiben vorgängigen Subjekts, sondern als eine sich *in* der Ausübung der Praxis des Schreibens einstellende andere Modalität.[4] In ihrem Ineinander von Rezeption und Produktion und in vielfältigen Figuren der Verflechtung oder Umkehrung herkömmlicher Kategorien – wie des Verhältnisses von Welt und Sprache, Zweck und Mittel, *aísthēsis* und *epistḗmē*, oder eben auch Textgegenstand und textorientierter Reflexion oder Kritik – erweisen sich Benjamins Formen des Essayistischen, so die erkenntnisleitende These der folgenden Lektüren, als die textuellen Konfigurationen einer dynamischen Relationalität, die sich vor allem im Schreiben über literarische Texte oder vielmehr *zwischen* den Texten und Formen abspielt.

---

[4] Der Essay als sich erst *in* einem dynamischen Textgefüge herauskristallisierende individuelle Form hat in dieser Hinsicht mit Agambens Begriff ‚Lebens-Form' zu tun, der sich – als Untrennbarkeit von Form und Gehalt, Stil und Leben – nicht zuletzt als ein ästhetisches Problem darstellt, das Agamben auf verschiedenen Ebenen durchdekliniert: als einen Modus, der (auf) keine Determinante (zurückführbar) ist, sondern einer freien Selbst-Bewegung entwächst und dabei eine „dimensione ontologica" einzuholen sucht (ders.: „Per un'ontologia dello stile", in: ders.: *L'uso dei corpi*, Vicenza 2014, S. 286–297, hier: S. 296). Der Essay (Benjamins) ließe sich in diesem Sinne – den folgenden Reflexionen vorgreifend – als Form gewordene Vermittlungsdynamik beschreiben, die einerseits untrennbar an bestimmte Gegenstände und ihre Erfahrbarkeit in der Sprache geknüpft ist, die ihr andererseits als beispielhafte Gelegenheit dienen, medial Möglichkeiten und Modalitäten einer anderen, nicht-präformierten Praxis (nicht nur) der Sprache und des Schreibens vorzuführen.

2 *Zwei Gedichte von Friedrich Hölderlin.* Über die Verfahrungsweise des „ästhetischen Kommentars"

Eine Reversibilität, eine inszenierte Umkehrbarkeit von Lesen und Wieder-, Weiter- oder Umschreiben, führt beispielhaft Benjamins ästhetische Kommentarpraxis in seinem frühen Essay *Zwei Gedichte von Friedrich Hölderlin* (1914–15) vor. In der explizit nicht-fachwissenschaftlichen, ‚ästhetischen' Kommentierung zweier randständiger lyrischer Produktionen Hölderlins entfaltet sich die Reflexion des Textes über seine eigene textuelle Verfasstheit. Zugleich beansprucht er mittels seiner radikalen, hermetisch wirkenden Singularität selbst paradigmatische Geltung innerhalb von Benjamins gesamtem Schreiben. Er tut dies, indem er kraft vielfältiger Figurationen von Referenzialität und komplexer intra- und intertextueller Verweisungstechniken auf einen ganzen Kosmos von Reflexionen, Formen und miteinander interagierenden semiotisch-semantischen Feldern verweist: mittels direkter und indirekter Zitate z. B. von Horaz, Novalis oder Goethe; durch bestimmte Terminologien z. B. des Neukantianismus Heinrich Rickerts und Hermann Cohens; durch verdeckte Allusionen z. B. auf die aristotelische *Poetik*; besonders aber durch den Gattungsbegriff ‚Kommentar', der – wie Weigel allgemein über „Benjamins Denken [...] auf den Spuren der Sprache selbst" festhält – selbstreflexiv auf die ihm „eingeschriebenen Übertragungen, Überlagerungen und begrifflichen Fixierungen" hinweist,[1] indem er verschiedene, im Folgenden zu rekonstruierende Formtraditionen anzitiert.[2]

Aufgrund dieser in einzelnen Begriffen oder Motiven erkennbaren, aber nie einheitlich und vollständig erfassbaren inneren Vernetztheit des Hölderlin-Essays

---

1 Sigrid Weigel: „Buchstäblichkeit. Walter Benjamins und Hannah Arendts Denken auf den Spuren der Sprache", in: *Textgelehrte. Literaturwissenschaft und literarisches Wissen im Umkreis der Kritischen Theorie*, hg. von Nicolas Berg und Dieter Burdorf, Göttingen 2014, S. 289–307, hier: S. 298. *In dieser Hinsicht* ist Benjamins Denken ‚philologisch': „Ich definiere Philologie nicht als Wissenschaft oder Geschichte der Sprache sondern in ihrer tiefsten Schicht als *Geschichte der Terminologie*" (Brief an Scholem vom 14. 02. 1921, GB II, S. 137).
2 Benjamin unternahm nicht nur selbst verschiedene, oft unausgeführt gebliebene Kommentar-Projekte – Kommentare zu Werken von Brecht, einen „Kommentar zur ‚Neuen Melusine'" (GB II, S. 518), einen „Graciankommentar" (GB IV, S. 198) oder einen „Kommentar zum ‚Sturm'" von Shakespeare (GB III, S. 105) –, sondern gab sich auch als begeisterten Leser von Kommentaren aus, die er gar literarischen und philosophischen Meisterwerken gleichsetzte: „Ich stelle gleich hoch: Dilthey, Hölderlin, einzelne Shakespeare-Kommentare und nichts, was ich sonst je über bildende Kunst (in concreto) las." (GB I, S. 58)

wird im Rahmen der folgenden Argumentation immer wieder auch auf andere Texte Benjamins oder auf Briefe und Curricula-Entwürfe verwiesen,[3] in denen sich Hölderlin, den Benjamin schon 1910 für sich „entdeckt"[4], mit einer Vielzahl von Autoren und Themen konstelliert findet. So soll ein Netz von Analogien zwischen einzelnen Texten aufgezeigt werden, um den wiederkehrenden Charakter und die oft minimalen, aber signifikanten Verschiebungen einiger Themen, Beziehungsbündel und sich intertextuell konstituierender Begriffsgeschichten, wie z. B. des Begriffs ‚Kommentar' selbst, zu erhellen und zugleich die Originalität und besondere ästhetische Valenz des Hölderlin-Essays hervorzuheben.

In den folgenden Kapiteln wird also ein Panorama möglicher Lesarten von Benjamins Hölderlin-Essay aufgefächert, ohne diesen in seiner Sinnpluralität auf bestimmte Bedeutungen zu reduzieren. Seine „Hyperlesbarkeit"[5] – Charakteristikum einer gattungsübergreifenden essayistischen Schreibpraxis – wird als in den literarischen Strategien und intertextuellen Bezügen des Textes selbst verankert verstanden, und nicht in einem *anything goes*, in rezeptionsästhetischer Willkür. Benjamins Hölderlin-Essay ‚lesbar' zu machen, bedeutet daher immer auch: seine möglichen, meist kaschierten Prätexte aufzuspüren. Für sie gilt, was Adorno einmal allgemein über Benjamin bemerkte, dass er nämlich „kaum je mit aufgedeckten Karten spielte, aus eingewurzelter Opposition gegen amateurhaftes Drauflosdenken"[6]. Die Rekonstruktion solcher heimlich präsenten Fremd- und Prätexte dient aber weniger der Erhellung der vordergründig kommentierten Texte – hier der beiden Gedichte Hölderlins – als vielmehr der Anreicherung von Benjamins Text selbst mit vielfältigen, teils auch diskrepanten Sinngehalten.[7]

Besondere Aufmerksamkeit kommt dabei auch hier jenen Textpassagen zu, in denen Benjamin explizit über die eigenen Schreibpraktiken reflektiert; wo durch die textuelle Kontiguität verschiedener Gattungsbegriffe heterogene Literaturgeschichten und Wissensfelder evoziert, miteinander verdichtet und transformiert

---

[3] Auch in seinen *Lebensläufen* hält Benjamin für sein Schreiben wegweisende Lektüren fest, z. B. GS VI, S. 225: „Entscheidende Anregungen kamen mir in meiner Studienzeit von einer Reihe von Schriften, die zum Teil meinem engeren Studiengebiet fern lagen. Ich nenne Alois Riegls ‚Spätrömische Kunstindustrie', Rudolf Borchardts ‚Villa', Emil Petzolds Analyse von Hölderlins ‚Brod und Wein'."
[4] Brief an Herbert Blumenthal vom 22.07.1910, GB I, S. 14.
[5] Giorgio Agamben: *Die Zeit, die bleibt. Ein Kommentar zum Römerbrief*, aus dem Ital. von Davide Giuriato, Frankfurt a. M. 2006, S. 155.
[6] Adorno: „Charakteristik Walter Benjamins", in: ders.: *Über Walter Benjamin*, S. 16.
[7] Zum Kommentar als einem Ort diskrepanter Lektüren siehe Karlheinz Stierle: „Les lieux du commentaire", in: *Les commentaires et la naissance de la critique littéraire: France / Italie (XIVe–XVIe siècles)*, hg. von Gisèle Mathieu-Castellani und Michel Plaisance, Paris 1990, S. 19–29, hier: S. 25.

werden;[8] oder wo sich gerade durch die Negation und Überformung überlieferter Formbegriffe – es handle sich um keinen philologischen, sondern um einen ästhetischen Kommentar – das eigene Schreibkonzept profiliert. Am Beispiel des Hölderlin-Essays wird der Essay als integratives Schreibverfahren begriffen, das sich verschiedene Züge anderer Schreibpraktiken einzuverleiben vermag. Anders als dies in der Essay-Forschung Tenor ist, werden diese hier nicht als quasi-transzendentale, sich mitunter gar zu widersprechen scheinende ästhetische Qualitäten (z. B. als eine gewisse Geschlossenheit oder Offenheit und Unabschließbarkeit der Form) konzipiert, sondern auf von Benjamin, wie wiederholt zu betonen ist, explizit und in der Form anzitierte gattungsspezifische Diskurse oder Stilfragen zurückgeführt und so dem Essay als selbstreflexiver *variabler Totalität* integriert.

2.1 Die Geburt des ästhetischen Kommentars aus dem Geiste der Philologie? Zur Frage nach den Bedingungen der „Möglichkeit der Beurteilung der Dichtung"

Benjamins Essay *Zwei Gedichte von Friedrich Hölderlin. „Dichtermut" – „Blödigkeit"* vom Herbst/Winter 1914–15[9] hebt mit einer methodologischen Reflexion über „die Möglichkeit der Beurteilung der Dichtung"[10] und der Begründung ästhetischer Kritik an. Anschließend wird diese in der Auseinandersetzung der „Vergleichbarkeit" und Bewertbarkeit der beiden Hölderlin-Gedichte *Dichtermut* und *Blödigkeit*, die Benjamin als zwei „Fassungen" desselben Gedichtes auffasst,

---

8 Mittels solcher Ähnlichkeitsbeziehungen zwischen Gattungsbegriffen, die ihre jeweilige Stellung im Text stiftet, werden etwa deren räumliche und zeitliche Angrenzung simuliert und so Formmerkmale implizit übertragen und vermengt, z. B. wenn Benjamin die *Recherche* in *Zum Bilde Prousts* (1929) als Mischung aus „Dichtung, Memoirenwerk, Kommentar in *einem*" (GS II/1, S. 310) bezeichnet oder in *Phantasie* (ca. 1920–21) mit der Formulierung „Kommentar oder die Arabeske" (GS VI, S. 116) offenlässt, ob es sich um Synonyme oder adversative Begriffe handelt. Solche metonymischen Relationen werden bei Benjamin gelegentlich durch Vergleichsmomente intensiviert, beispielsweise wenn die autoritative Kommentarform und die „Fälschung" durch die *tertia comparationis* ihrer Randständigkeit im Formenkanon und ihrer vergangenen Blüte in fernen Schriftkulturen zueinander in Beziehung gesetzt werden: „Nicht immer sind die Formen des Kommentars, der Übersetzung, ja selbst der sogenannten Fälschung Spielformen am Rande der Literatur gewesen, und nicht nur im philosophischen, sondern auch im dichterischen Schrifttum Arabiens und Chinas haben sie ihre Stelle gehabt." (GS II/2, S. 687)
9 Benjamins Essay wurde erst 1955 von Adorno aus dem Nachlass publiziert, zur Entstehungs- und Textgeschichte vgl. GS II/3, S. 921 f.
10 GS II/1, S. 107.

exemplarisch vorgeführt.¹¹ Die Methode des Fassungsvergleichs der beiden zu zunehmender Isolierung der Worte, zu prosodischer Fragmentierung, aufgebrochener Syntax, zu Parataxe und harten Fügungen tendierenden Gedichte sucht deren Vereinzelung durch das Nachstellen einer Situation der Übersetzung – des früheren in das spätere Gedicht – gleichsam aufzuheben. In dem sich so öffnenden „Raum einer polaren und chronologischen Beziehung von Texten"¹², wie Patrick Primavesi formuliert, will Benjamin ein beiden Gedichten zugrunde liegendes Beziehungsnetz, das sogenannte „Gedichtete" aufzeigen:

> Vielmehr ist nichts andres als die Intensität der Verbundenheit der anschaulichen und der geistigen Elemente nachzuweisen und zwar zunächst an einzelnen Beispielen. Aber eben in diesem Nachweis muß sichtbar sein, daß es sich nicht um Elemente, sondern um Beziehungen handelt, wie ja das Gedichtete selbst eine Sphäre der Beziehung von Kunstwerk und Leben ist, deren Einheiten selbst durchaus nicht erfaßbar sind.¹³

An „einzelnen Beispielen" seien verschiedene Intensitätsgrade einer Verflechtung sensibler und intelligibler Momente der Sprache aufzuzeigen. Das Kriterium der Bewertung der beiden Gedichte richte sich indes weniger nach der technisch gelungenen Umsetzung ihrer Komplexität, als danach, inwieweit diese auf ein allgemeines Prinzip, eine im Gedicht zum Ausdruck kommende „dichterische Aufgabe" (d. i. „das Gedichtete") verweise.¹⁴ Den Nachweis über „die geistig-anschauliche Struktur derjenigen Welt, von der das Gedicht zeugt", habe, so Benjamin, „ein ästhetischer Kommentar" zu erbringen.¹⁵ Die am einzelnen Fall veranschaulichte Methodenreflexion über die Verfahrensweise des ästhetischen Kommentars zielt dabei explizit auf die Frage nach der „Anwendbarkeit der Methode für die Ästhetik der Lyrik überhaupt, vielleicht auch für fernere Bezirke"¹⁶ ab, d. h. auch für die Kritik und Beurteilung von Texten anderer Gattungen. Im Medium dieser methodologischen Reflexionen vollzieht sich Benjamins Auseinandersetzung mit den eigenen Schreibpraktiken, mit ihrem Ort innerhalb einer „Ästhetik der Dichtkunst"¹⁷ und ihrer adäquaten begrifflichen Bestimmung. Mit

---

11 Ebd., S. 108.
12 Patrick Primavesi: *Kommentar, Übersetzung, Theater in Walter Benjamins frühen Schriften*, Basel / Frankfurt a. M. 1998, S. 18; vgl. ebd.: „Schon Hellingrath hatte in seiner Analyse von Hölderlins Übersetzungsverfahren Prinzipien auch für die Entstehung von Textfassungen dargestellt."
13 GS II/1, S. 108.
14 Ebd., S. 105.
15 Ebd.
16 Ebd., S. 108.
17 Ebd., S. 105.

2.1 Die Geburt des ästhetischen Kommentars aus dem Geiste der Philologie? — 139

dem Hybridbegriff ‚ästhetischer Kommentar' scheint Benjamin dabei einerseits an eine keinesfalls eindeutige Gattungstradition anzuschließen, andererseits sich zugleich von einer solchen zu distanzieren, besonders durch den Hinweis auf die ästhetische Dimension seiner Untersuchung:

> Die Aufgabe der folgenden Untersuchung läßt sich in die Ästhetik der Dichtkunst nicht ohne Erklärung einordnen. Diese Wissenschaft als reine Ästhetik hat ihre vornehmsten Kräfte der Ergründung der einzelnen Gattungen der Dichtkunst zugewendet, unter ihnen am häufigsten der Tragödie. Einen Kommentar hat man fast nur den großen Werken der Klassik angedeihen lassen, wo er außerhalb der klassischen Dramatik auftrat ist er wohl in höherem Grade philologisch als ästhetisch gewesen. Es soll hier ein ästhetischer Kommentar zweier lyrischer Dichtungen versucht sein, und diese Absicht verlangt einige Vorbemerkungen über die Methode.[18]

Benjamins Untersuchung widmet sich ausdrücklich zwei einzelnen Texten. Als Texte von Hölderlin waren diese allerdings zu Benjamins Zeit nicht nur (noch) keinem akademisch etablierten Kanon zu kommentierender Werke eingegliedert, zumal *Blödigkeit* – so die erst durch Norbert von Hellingrath korrigierte vorherrschende Auffassung – als Gedicht „aus der Zeit des Irrsinns"[19] des Dichters galt.[20] Sie gehören auch einer Gattung, nämlich der „lyrischen Dichtung", an, die gemeinhin eher Gegenstand philologischer Analyse oder der Interpretation ist.

---

18 Ebd.
19 Mit „Gedichte aus der Zeit des Irrsinns" überschrieben ist die Sektion, der *Blödigkeit* in Friedrich Hölderlin: *Gedichte*, in: ders.: *Gesammelte Werke*, hg. von Wilhelm Böhm, Bd. 2, 2., verm. Aufl., Jena 1909, S. 359, eingeordnet ist. Dass Benjamin gerade und „nur am einzelnen Fall" (GS II/1, S. 106) eines Gedichtes, das sich als Zeugnis des ‚Wahnsinns' des Dichters jedem verständigen Zugang prinzipiell zu verschließen, ihm jeden vernünftigen Grund zu entziehen scheint, allgemein zeigen zu können glaubt, „daß über lyrische Dichtung das Urteil, wenn nicht zu beweisen, so doch zu begründen ist" (ebd., S. 108), er also eine kunstphilosophische These aus der Interpretation eines randständigen Gedichtes abzuleiten und an ihm zu verdeutlichen sucht, ist beachtlich – gilt doch auch in heutigen kunstphilosophischen Debatten mitunter, die kunstphilosophische Reflexion habe sich ausschließlich solchen Kunstwerken zu widmen, die – so etwa Günter Figal in Hume'scher Manier – „sich durchgesetzt haben" und deren Kunstcharakter gänzlich außer Frage stehe: „Das Zweifelhafte, Umstrittene, [...] ist als Gegenstand kunstphilosophischer Betrachtung [...] ungeeignet" (ders.: *Erscheinungsdinge*, S. 29).
20 Diese Gedichte waren gleichwohl, auch aufgrund ihrer Wiederentdeckung und Veröffentlichung im Rahmen des George-Kreises, Bestandteil eines gewissen Anti-Kanons, der sich, wie in seinen frühen Briefen deutlich wird, bei Benjamin mit einem durchaus gängigen Lektüre-Repertoire eines jungen Bildungsbürgers, Gymnasiasten und Studenten vermengte. Gegen zeitgenössische avantgardistische Literatur, z.B. gegenüber dem Expressionismus, verhielt sich Benjamin zugleich oft auffallend indifferent oder ablehnend.

Einen „ästhetischen Kommentar" hingegen, wie er ihn den beiden Hölderlin-Gedichten widmen möchte, habe man, so Benjamin, bislang „am häufigsten der Tragödie" angedeihen lassen. Welche ästhetischen Kommentare welcher Tragödien, auf die die „Ästhetik der Dichtkunst" offenbar „ihre vornehmsten Kräfte" verwendet habe, Benjamin hier im Sinn gehabt haben mag, ist weder offensichtlich noch von nebensächlicher Bedeutung. Wichtig ist dabei zunächst, dass es sich bei dem nicht näher bestimmten Vorbild, an dem seine ästhetische Kommentierung zweier Hölderlin-Gedichte sich zu orientieren vorgibt, wohl um Kommentare antiker Tragödien handelt. Um Kommentare also, denen die Überwindung einer enormen geschichtlichen und insbesondere sprachlichen Distanz zwischen Niederschrift und Lektüre – einer, mit Jan Assmann, „Zerdehnung der Kommunikationssituation"[21] – aufgegeben ist, die allein mit philologischen Einzelerläuterungen nicht zu überbrücken ist. Sie bedarf vielmehr zugleich der Evozierung der Diskurswelt und des impliziten Weltwissens des Originaltextes sowie einer aktualisierenden Übersetzung des kommentierten Textes, um dessen „Fortleben"[22], wie Benjamin in *Die Aufgabe des Übersetzers* (1923) schreiben wird, zu sichern.

Auf Kommentierung und Exegese sind in der Regel gerade solche Texte angewiesen, deren Entstehung Jahrhunderte zurückliegt, während derer sie zu verbindlichen kanonischen und klassischen Texten, d. h. mit Assmann: „unantastbar, unfortschreibbar und damit unverständlich geworden"[23] sind. Der Kommentar, so Assmann weiter, sei „als eine notwendige Begleiterscheinung der Kanonisierung"[24] aufgetreten, *textus* und *commentarius* seien so zu „Korrelatbegriffen"[25] geworden: Zum ‚Text' wurde ursprünglich nur das Sprach- oder Schriftwerk, das eine Kommentierung erforderte und verdiente; und umgekehrt zum ‚Kommentar' nur die Auslegung des kommentierungsbedürftigen und kommentierungswürdigen klassischen Textes, aus dessen Autorität sich seine eigene Geltungskraft ableitete.[26]

Schließen sich Kommentare üblicherweise an Traditionen der Kommentierung an, von denen sie sich zugleich abzusetzen suchen, sieht Benjamins

---

21 Jan Assmann: „Text und Kommentar. Einführung", in: *Text und Kommentar. Archäologie der literarischen Kommunikation IV*, hg. von Jan Assmann und Burkhard Gladigow, München 1995, S. 9–33, hier: S. 9.
22 GS IV/1, S. 11.
23 Assmann: „Text und Kommentar", S. 11.
24 Ebd., S. 18.
25 Ebd., S. 19.
26 Vgl. ebd., und Stierle: „Les lieux du commentaire", S. 19.

ästhetischer Kommentar vermeintlich von jeder vorhergehenden Kommentierung der beiden Gedichte ab, die er alleine als Referenztexte vorauszusetzen scheint und entlang deren Lektüre er sich entwickelt.[27] Zugleich aber definiert sich Benjamins Text durch die Differenz zu seinen Bezugstexten, die ihm als eine Art Projektionsfläche (auf der erst „das Wahre beschreitbar"[28] werde) selbstreferenzieller, durch ein Objekt vermittelter und insofern ‚objektiver' Kommentierung dienen. Benjamins ästhetischer Kommentar ist insofern als dialektische Praxis zu verstehen. Überdies verbindet er den autoritären Gestus des herkömmlichen Kommentars, diesen dabei transformierend, mit dem Anspruch, als *ästhetischer* Kommentar – anders etwa als der von neuen Quellenfunden oder technischen Standards irgendwann überholte philologische Kommentar – zu überdauern. Denn in seiner ästhetischen Verfasstheit, die Dimensionen des Widersprüchlichen, Nicht-Gesagten und Unsagbaren einschließt, fordert er wiederum die eigene Kommentierung und Auslegung ein und changiert so zwischen Kommentar und Kommentandum.

Wie Benjamins Essay *Zwei Gedichte von Friedrich Hölderlin* die „dichterische Aufgabe" von *Dichtermut* und *Blödigkeit* zu ermitteln sucht, komme auch die „Aufgabe der folgenden Untersuchung", d. h. des Hölderlin-Essays selbst, „nicht ohne Erklärung" aus.[29] Der Begriff ‚ästhetischer Kommentar' nimmt in dieser Bewegung der Selbstbesinnung auf die eigenen Prinzipien eine paradigmatische Funktion ein: Er fungiert als autoreflexive Textmetapher für eine dialektisch-objektorientierte Schreibpraxis, die objektive Erkenntnisse und Wissenschaftlichkeit – mit Benjamin: „die Wahrheit der Dichtung"[30] – „nicht theoretisch, sondern nur am einzelnen Fall"[31] zu ermitteln sucht, ohne dabei eine fachwissenschaftliche Einstellung gegenüber dem Text einzunehmen. Statt programmatisch und *expressis verbis* zu formulieren, was ein ästhetischer Kommentar sei und nach welchen Parametern er zu verfahren habe, wendet Benjamins Text dieses implizite Verfahren auf sich selbst an: Wie er nicht unumwunden und unumstößlich das im kommentierten Text Nicht-Gesagte zu sagen vorgibt, sondern mittels vielfältiger *Formgesten* – mit Peter Szondi – „zu zeigen" versucht, „was [...] *nicht*

---

[27] Selbst Hellingraths Studie, die, wie Benjamin Anfang 1917 an Ernst Schoen schreibt, „äußerlicher Anlaß" für seine „Hölderlinarbeit" war (GB I, S. 355), wird nicht erwähnt.
[28] GS II/1, S. 117.
[29] Ebd., S. 105.
[30] Ebd.
[31] Ebd., S. 106.

gesagt wird",[32] zeigt er auch, was ein ästhetischer Kommentar ist. Denn zwar proklamiert er gleich zu Beginn diese Gattungszuschreibung, führt sie aber nicht näher aus, nennt keine Fallbeispiele jener „Ästhetik der Dichtkunst"[33], der er sich einzuordnen vorgibt, so dass eine Tradition ästhetischer Kommentierung gänzlich im Unklaren bleibt. Durch das Anzitieren verschiedenster Gattungsformen und Diskurse überlagern sich vielmehr Kommentarpraxis und literarisches Kunstwerk, d. h. dem literarischen Werk scheint Reflexivität unterstellt und der Kommentar ein Stück weit ‚verkunstet' zu werden. Benjamins ästhetischer Kommentar scheint insofern selbst jene Problematizität, jenen dunklen Horizont des Kunstwerkes aufzuweisen, über den sich nur schwer eindeutig sprechen, der sich auf keine einzelne Bedeutung festlegen lässt. Als ein solcher bedeutsamer Horizont multipler Interferenzen bietet Benjamins Text, besonders mittels der Überlagerung und Hybridisierung von Gattungen, jedoch zugleich Hinweise auf mögliche Lesarten, weshalb es zunächst den literaturgeschichtlichen Hintergrund seiner ästhetischen Kommentarpraxis weiter zu erkunden gilt, um seinen in Frage stehenden essayistischen Kern freilegen zu können.

Eine erste gattungsbegriffliche Spur führt zu den populären und in hohen Auflagen erschienenen Leseausgaben lateinischer und griechischer Klassiker, die vor dem Hintergrund eines Rückgangs des altsprachlichen Gymnasiums ab Ende des 19. Jahrhunderts und im ersten Drittel des 20. Jahrhunderts sowie im Zuge reformpädagogischer Initiativen als ‚ästhetische Kommentare' Verwendung nicht nur im Gymnasialunterricht fanden.[34] Benjamins ästhetischer Kommentar hat *prima facie* nichts mit diesen zu tun. Ziel der oft auf gekürzten Textfassungen, einer Art ‚Best of', basierenden ästhetischen Kommentare war es, zur Steigerung der Attraktivität des altsprachlichen gegenüber dem zunehmend an Bedeutung gewinnenden neusprachlichen Unterricht einen leichteren, von textkritischem und grammatischem Wissen befreiten Zugang zum literarischen Kunstwerk, zum kommentierten Text als einem ästhetischen Ganzen zu bieten. Der Begriff ‚ästhetischer Kommentar' hat sich in diesem Zeitraum eingebürgert, aber keine

---

[32] Peter Szondi: „Überwindung des Klassizismus. Der Brief an Böhlendorff vom 4. Dezember 1801", in: ders.: *Hölderlin-Studien. Mit einem Traktat über philologische Erkenntnis*, Frankfurt a. M. 1970, S. 95–118, hier: S. 95.
[33] GS II/1, S. 105.
[34] Benjamin selbst besuchte bekanntlich ein Reformgymnasium mit Realschule, die 1897 nach dem sog. Frankfurter System, einem Vorläufer des späteren neusprachlichen Gymnasiums, gegründete Kaiser-Friedrich-Schule in Berlin-Charlottenburg. Zum pädagogikgeschichtlichen Hintergrund von Sprach- und Literaturvermittlung dieser Zeit vgl. Markus Brenk: Art. „Sprache und Literatur", in: *Handbuch der Reformpädagogik in Deutschland (1890–1933)*, hg. von Wolfgang Keim und Ulrich Schwerdt, Bd. 2, Frankfurt a. M. 2013, S. 1045–1092, v. a. S. 1045–1067.

2.1 Die Geburt des ästhetischen Kommentars aus dem Geiste der Philologie? — 143

echte Gattungstradition begründet, sieht man von den ausdrücklich für den Unterricht bestimmten Schülerkommentaren ab. Bemerkenswert ist allerdings der Umstand, dass zur selben Zeit auch im europäischen Ausland ästhetische Kommentare, meist mit entschieden didaktischem Anliegen, im Umlauf sind. Während aber z. B. in Italien eher nationalsprachliche Kanons Gegenstand ästhetischer Kommentierung sind,[35] sind es in Deutschland Werke der griechischen und römischen Antike, insbesondere Homer und griechische Tragödien. Gewissermaßen implizit wurde so an einen der ursprünglichen Verwendungszwecke von Kommentaren als institutionellen Lektürereformen für eine antike Schultechnik angeknüpft, die auf eine Verbindung von *studium* (Memorieren und Vergegenwärtigen von Texten) und der Vermittlung von philosophischen und lebensdienlichen Einsichten mittels der Meditation über einzelne Sprüche oder Texte aus war.[36]

Symptomatische Bedeutung kommt diesen Kommentaren im Hinblick auf ihre dezidiert antigrammatische bzw. antiphilologische Haltung zu, die in der Tradition einer in der Antike etwa von Seneca schon beispielhaft geäußerten Kritik an einer bloßen Philologie und artifiziellen Grammatik zu lesen ist.[37] Zugleich aber scheint diese insofern in einer paradoxen Beziehung zur Selbstbezeichnung als Kommentar zu stehen, als sich der Begriff ‚Kommentar' von Anfang an auf die Praktiken des Philologen und Grammatikers bezieht.[38] Das Attribut ‚ästhetisch' aber zeigt eine selbstreflexive Auseinandersetzung dieser Kommentare mit der eigenen Gattungstradition und der dieser auch inhärenten Tendenz zum Alexandrinismus an. Indirekt und verhaltener spricht sich eine ähnliche Philologie-Kritik – bei aller unüberwindbaren Verschiedenheit zwischen jenen

---

35 Drei relevantere Beispiele für die in Italien verbreiteten *commenti estetici* sind: Camillo Trivero: *Saggio di commento estetico al Leopardi*, Salò 1892; Ludovico Ariosto: *Orlando furioso. Con introduzione e note, seguite da un commento estetico di Pietro Micheli*, Mailand 1908; und besonders Carlo Grabhers ästhetische Kommentare zur *Divina commedia* (3 Bde., Florenz 1934–36), die deutlich von Benedetto Croces dualistischer Unterscheidung zwischen *poesia* und *non-poesia* als Kriterium des ästhetischen Urteils beeinflusst sind, welches das Schreiben über ‚echte' Kunst selbst ästhetisch werden lasse.
36 Zum Zusammenhang zwischen Lesen, Kommentieren und Meditieren vgl. Burkhard Gladigow: „Der Kommentar als Hypothek des Textes", in: *Text und Kommentar. Archäologie der literarischen Kommunikation IV*, hg. von Jan Assmann und Burkhard Gladigow, München 1995, S. 35–49, v. a. S. 38 f.; zur Etablierung einer antiken ‚Textgelehrsamkeit' vgl. Rudolf Pfeiffer: *History of Classical Scholarship. From the Beginnings to the End of the Hellenistic Age*, Oxford 1968.
37 Vgl. Senecas bekannte Distanzierung von der Philologie im Brief CVIII, 23, der *Epistulae morales ad Lucilium* (*Briefe an Lucilius*, lat.-dt., hg. und übers. von Rainer Nickel, Bd. 2, Düsseldorf 2009, S. 448): „Itaque quae philosophia fuit, facta philologia est." Vgl. dazu Stierle: „Les lieux du commentaire", S. 23.
38 So z. B. bei Seneca: *Epistulae morales*, S. 454 (Brief CVIII, 32): „[G]rammaticus [...] in commentarium refert".

ästhetischen Schulkommentaren und Benjamins Hölderlin-Essay – auch in dessen sogenanntem ästhetischen Kommentar aus:

> Einen Kommentar hat man fast nur den großen Werken der Klassik angedeihen lassen, wo er außerhalb der klassischen Dramatik auftrat ist er wohl in höherem Grade philologisch als ästhetisch gewesen. Es soll hier ein ästhetischer Kommentar zweier lyrischer Dichtungen versucht sein [...].[39]

Die klassische Philologie, so heißt es programmatisch etwa auch im Vorwort von Adolf Müllers *Ästhetischem Kommentar zu den Tragödien des Sophokles* (1904), habe der „grammatischen Methode" zwar „kritisch gesichtete Texte" und damit das „Fundament" weiterer Beschäftigung mit der Antike zu verdanken; doch „solides grammatisches Wissen", so Müller, sei nur „die Vorstufe für das eigentliche Ziel des Unterrichts, die Einführung in den Geist des klassischen Altertums".[40] Mit den Begriffen ‚grammatisch' und ‚geistig' verweist der Autor hier offenbar indirekt auf die Schleiermacher'sche Unterscheidung zweier hermeneutischer Ebenen der Textauslegung[41] und plädiert für ein ausgewogenes

---

[39] GS II/1, S. 105. Diese antiphilologische Einstellung kommt weitaus deutlicher als bei Benjamin in den Hölderlin-Deutungen von Heidegger und Adorno zum Ausdruck. Vgl. Adorno: „Parataxis", in: ders.: *Noten zur Literatur*, S. 450: „Was die philologische Erklärung wegzuräumen gehalten ist, verschwindet dennoch nicht aus dem, was Benjamin zuerst und später Heidegger das Gedichtete nannte. Dies der Philologie sich entziehende Moment verlangt von sich aus Interpretation. Das Dunkle an den Dichtungen, nicht, was in ihnen gedacht wird, nötigt zur Philosophie." Vgl. Martin Heidegger: *Erläuterungen zu Hölderlins Dichtung*, 4., erw. Aufl., Frankfurt a. M. 1971, S. 7: „Die Erläuterungen gehören in das Gespräch eines Denkens mit einem Dichten, dessen geschichtliche Einzigkeit niemals literarhistorisch bewiesen, in die jedoch durch das denkende Gespräch gewiesen werden kann."

[40] Adolf Müller: *Ästhetischer Kommentar zu den Tragödien des Sophokles*, Paderborn 1904, S. III. Siehe außerdem die ästhetischen Kommentare von Walther Gebhardi: *Ein ästhetischer Kommentar zu den lyrischen Dichtungen des Horaz. Essays*, Paderborn / Münster 1885; Eduard Kammer: *Ein ästhetischer Kommentar zu Homers Ilias*, Paderborn / Münster / Osnabrück 1889, und ders.: *Ein ästhetischer Kommentar zu Aischylos' „Oresteia"*, Paderborn 1909; Jakob Sitzler: *Ein ästhetischer Kommentar zu Homers Odyssee*, Paderborn 1902; Karl Altendorf: *Ästhetischer Kommentar zur Odyssee*, Gießen 1904.

[41] Zu Friedrich Schleiermachers Unterscheidung zwischen grammatischer und psychologischer Auslegung vgl. ders.: *Hermeneutik und Kritik*, hg. und eingeleitet von Manfred Frank, Frankfurt a. M. 1977, S. 79 f. Zu einem Zusammenspiel verschiedener – historischer, grammatischer und geistiger – Verstehenskräfte, mittels welcher „der Geist des gesammten Alterthums wahrhaft" zu erkennen sei, vgl. schon Friedrich Ast: *Grundlinien der Grammatik, Hermeneutik und Kritik*, Landshut 1808, S. 179. In diesem umfassenden Erkennen, so Ast, vollziehe sich eine Aufhebung der Verschiedenheit zwischen unserem und dem antiken ‚Geist', worin die eigentliche Aufgabe der Philologie bestehe.

Zusammenwirken aller Kräfte des Verstehens – zugunsten einer lebendigen Rekonstruktion und Modernisierung der (Winckelmann'schen) „stillen Schönheit hellenischer Dichtung"[42] mittels der Nachdichtung und Kommentierung exemplarischer Einzelwerke. In der Textbezeichnung ‚ästhetischer Kommentar' sollte offenbar dieser doppelte Anspruch, Wissenschaftlichkeit mit der Vergegenwärtigung und Wiederbelebung des antiken ‚Geistes' zu verbinden, zum Ausdruck kommen. Eine zusammenhängende und ansprechende Darstellungsform statt fragmentarischer Stellenkommentare und loser Addition positiver Wissensbestände sollte dabei didaktischen Zwecken ebenso dienen wie dem freien Kunstgenuss entgegenkommen.

Es ist nicht unwahrscheinlich, dass Benjamin den Begriff ‚ästhetischer Kommentar', der ihm aus der Beschäftigung mit kanonischen literarischen Texten der lateinischen und griechischen Antike geläufig gewesen sein mag, ganz bewusst aufgriff und so im Hölderlin-Essay indirekt auf eine bestimmte Textform ästhetischer Kommentierung und damit auch auf eine Szene der Antike anspielt. Dem Impetus dieser auf den Nachvollzug des antiken ‚Geistes' abhebenden ästhetischen Kommentare nicht ganz unähnlich, richtet sich auch die dem Hölderlin-Essay implizite Philologie-Kritik gegen eine auf bloße Faktizität, auf historische und biografische Daten dringende Beschäftigung mit literarischen Gegenständen. Einen solchen „positivistischen Philologiebegriff"[43] unterstützte Ende des 19. Jahrhunderts in Benjamins Augen beispielhaft Wilhelm Scherer, gegen dessen Schule er in *Literaturgeschichte und Literaturwissenschaft* (1931) ausführlich polemisieren wird.

Aus *Zwei Gedichte von Friedrich Hölderlin* lässt sich jedoch zur gleichen Zeit eine dezidierte Kritik an einer auf Wilhelm Dilthey zurückreichenden geistesgeschichtlich orientierten Germanistik herauslesen, von der sich Benjamin in seinem Essay *Literaturgeschichte und Literaturwissenschaft* ebenfalls distanzieren wird.[44] Der „geile Drang aufs große Ganze"[45], so heißt es dort, verfehle – zeit-

---

42 Müller: *Ästhetischer Kommentar zu den Tragödien des Sophokles*, S. III.
43 GS III, S. 289.
44 Benjamins Verhältnis zu Dilthey war anfangs alles andere als ablehnend (vgl. GB I, S. 58); seine Kritik an allem, was Biografismus, Psychologismus und Subjektivismus zu ähneln schien, verstärkte sich unter dem Einfluss u. a. des Neukantianismus. In *Goethes Wahlverwandtschaften* (1924–25) greift Benjamin den in der Auseinandersetzung mit *Dichtermut* und *Blödigkeit* gewonnenen Begriff der mutigen „Gelegenheit" als ästhetische Kategorie wieder auf und setzt ihn einer philisterhaften Folgenlosigkeit des „Erlebnis"-Begriffes Dilthey'scher Prägung entgegen: „Gelegenheit der Poesie, von welcher hier die Rede ist, ist nicht nur etwas anderes als das Erlebnis, das die neuere Konvention der dichterischen Erfindung zum Grunde legt, sondern das genaue Gegenteil davon." (GS I/1, S. 166) Vgl. auch die Notiz: „‚Kannitverstan' lesen und hier ironisch auf die moderne Theorie des ‚Verstehens' eingehen. Verstehen, Beschreiben, Erklären. Dilthey" (GS II/3,

entbunden, nachschöpfend und miterlebend – den eigentlichen Gegenstand dieser Wissenschaft. Benjamin setzt ihm die Konzentration auf das einzelne Werk als auf einen „Mikrokosmos" oder ein „Mikroaeon" entgegen.[46] Der einzelne Text ist für ihn weder die Folie, auf der sich die Spuren eines unbestimmten und nur intuitiv zu erfassenden ‚Geistes' abzeichnen, noch diejenigen eines übermächtigen ‚Schöpfers' und dessen ‚Weltanschauung', im Sinne etwa Stefan Georges und Friedrich Gundolfs.[47] Es handle sich vielmehr, wie er im Hölderlin-Essay unterstreicht, um ein (als „Gegenstand") vorgefundenes und *zugleich* in einem bestimmten Darstellungsgefüge (als „Erzeugnis") erst zu rekonstruierendes Gebilde:

> Nichts über den Vorgang des lyrischen Schaffens wird ermittelt, nichts über Person oder Weltanschauung des Schöpfers, sondern die besondere und einzigartige Sphäre, in der Aufgabe und Voraussetzung des Gedichts liegt. Diese Sphäre ist Erzeugnis und Gegenstand der Untersuchung zugleich. Sie selbst kann nicht mehr mit dem Gedicht verglichen werden, sondern ist vielmehr das einzig Feststellbare der Untersuchung. Diese Sphäre, welche für jede Dichtung eine besondere Gestalt hat, wird als das Gedichtete bezeichnet. In ihr soll jener eigentümliche Bezirk erschlossen werden, der die Wahrheit der Dichtung enthält.[48]

Statt das Gedicht etwa auf psychologische Determinanten oder gattungsspezifische Regeln, also auf einen ihm chronologisch vorhergehenden Ursprung zurückzuführen, sucht der ästhetische Kommentar eine in der textuellen Komplexität seiner selbst gewählten Beispiele anwesend-abwesende „Wahrheit der Dichtung" zu ermitteln, d.i. die eigenartige Erkenntnisform eines ‚Bereits-nochnicht'[49] (d.i. „das Gedichtete"). Deren Reflexionsdynamik schreibt er der eigenen sinnlich-reflexiven Textur ein, in der sich die singuläre Gestalt des Gedichtes und ein Allgemeines, ästhetische Kritik und philosophische Reflexion, die Vergangenheit des Gedichtes und die Gegenwart seiner Lektüre kreuzen.

Für diese Verfahrensweise macht Benjamin keine Vorläufer explizit geltend. Einzig Hellingraths Arbeit über Hölderlins Pindar-Übertragungen stellte für ihn

---

S. 1448); zum Verstehensbegriff bei Adorno und Benjamin vgl. Wussow: *Logik der Deutung*, v.a. S. 228–234.
45 GS III, S. 286; vgl. ebd., S. 51.
46 Ebd., S. 290.
47 Das wechselhafte Verhältnis Benjamins zum wissenschaftlichen Paradigma der um 1915 entstehenden ‚Geistesgeschichte' untersucht Chryssoula Kambas: „Esthétique et interprétation chez Walter Benjamin", in: *Revue germanique internationale* 8 (1997), S. 71–84; vgl. allg. auch Christoph König und Eberhard Lämmert (Hg.): *Literaturwissenschaft und Geistesgeschichte 1910 bis 1925*, Frankfurt a.M. 1993.
48 GS II/1, S. 105.
49 Vgl. Agamben: *Nudità*, S. 26.

eine Ausnahme innerhalb der Literatur der George-Schule insofern dar,[50] als sie sich – neben Emil Petzolds wegweisender Studie *Hölderlins Brod und Wein* (1896), deren Bedeutung Benjamin in einem seiner Curricula hervorhebt[51] – in monografischer Form einem Einzelwerk Hölderlins widmet. In seiner unverwechselbaren Gestalt ist das einzelne Werk auch für Benjamin eine ausgezeichnete „geistig-anschauliche"[52] Gelegenheit, der beispielhafte Anlass für weiterreichende Reflexionen, die weder auf einem diffusen Gefühl gründen, das aus dem ‚Erlebnis' eines literarischen Werkes resultiert, noch sich in positivistischen Daten erschöpfen.[53] Mit der Selbstbezeichnung ‚ästhetischer Kommentar' schreibt sich Benjamins Hölderlin-Essay vielmehr vor, dass seine Reflexionen – als Kommentar – mit einem gewissen Allgemeingültigkeitsanspruch auftreten, ihren Ausgang jedoch von einem Einzelobjekt nehmen, auf das sie nicht nur immer wieder explizit zurückkommen, sondern auf dessen ästhetische Irreduzibilität sie in ihrer eigenen hyperlesbaren Gestalt verweisen.

2.2 Das „Gedichtete" als *dictamen*. Im Vorhof des mittelalterlichen Kommentars

Als zirkuläre Reflexion ist ein Kommentar freilich herkömmlicherweise um eine lesbare Darstellung und Verständlichkeit sowie um eine möglichst lückenlose erhellende Erläuterung des kommentierten Textes, Musikstückes oder Einzelwerkes der bildenden Kunst o. Ä. bemüht. Für Benjamins ästhetischen Kommentar hingegen gilt eher, was Bernd Witte für Benjamins Besprechung von Dostojewskis Roman *Der Idiot* konstatiert hat, die „ihre Funktion für den Leser

---

50 Vgl. GS III, S. 289: Benjamin erkennt eine nur „in einigen wenigen Stücken – Hellingrath, Kommerell – bemerkenswerte Geschichtsschreibung der Literatur aus dem Kreise Georges"; vgl. ebd., S. 51: „Liebe zur Sache hält sich an die radikale Einzigkeit des Kunstwerks [...]. Sie tritt in dessen Inneres als in das einer Monade, die, wie wir wissen, keine Fenster hat, sondern in sich die Miniatur des Ganzen trägt. Solche Versuche finden sich selten genug. (Hellingraths Studie zu der Pindarübertragung Hölderlins war einer)."
51 Vgl. obige Anm. 3.
52 GS II/1, S. 105.
53 Dass Benjamins Abhandlung „zu den ersten überhaupt über ein einzelnes Werk Hölderlins zu zählen ist", konstatiert Wolfram Groddeck: „Ästhetischer Kommentar. Anmerkungen zu Walter Benjamins Hölderlinlektüre", in: *Le pauvre Holterling* 1 (1976), S. 17–21, hier: S. 17. Die theoretische (und geschichtsphilosophische) Dimension von Benjamins Forderung nach einer „monographischen Behandlung der Werke und der Formen" (GS III, S. 289), nach einem ‚Schreiben des Einzelnen', wird in Kap. III.4.3 ausführlicher behandelt.

weder als Hinführung zu dem interpretierten Text noch als Lesehilfe"[54] habe. Statt sich auf eine der ursprünglichen Funktionen des Kommentars zu beschränken, als symbolischer Ort zu fungieren, wo der einsame Dialog zwischen Leserin und Text zu einem in erster Linie auf Mitteilung ausgerichteten ‚Pakt' wird,[55] ist Benjamins ästhetischer Kommentar nicht nur kein Hilfsmittel zur Herstellung einer bruchlosen Lesbarkeit oder eines expliziten Sinns des kommentierten Textes, sondern er entzieht sich selbst jeder einsinnigen Lesbarkeit.

Dieses Verfahren changiert zwischen Bindung an den zu kommentierenden Text und Freiheit ihm gegenüber, ja es konfundiert Text-Treue und Originalität. Mit einem schon zitierten Wort Peter Szondis über die Verfahrensweise seiner *Hölderlin-Studien*, genauer: über seine Kommentierung von Hölderlins Brief an Böhlendorff, die sich wiederum an Benjamins Hölderlin-Essay orientiert, ist es treffend beschrieben:

> So stellt sich einem Kommentar wie dem hier versuchten neben der überkommenen auch die andere Aufgabe, zu zeigen, was in diesem Brief *nicht* gesagt wird.[56]

Dieses ‚Zeigen' ist nicht nur in dem Sinne zu verstehen, dass der Kommentar in seiner ästhetischen Dimension ein spezifisches Nicht-Sagbares zur Anschauung bringt. Es meint auch eine je singulär ‚versuchte', d. i. experimentelle Annäherung an das Ideal eines ursprünglichen Sagens, welche die Literarizität des Kommentars ausmacht. Solche Versuche der Rekonstruktion des Ungesagten und Unsagbaren fußen aber weder für Szondi noch für Benjamin auf regelloser Phantasie oder beliebigem Eklektizismus; sie resultieren vielmehr aus der erkenntnistheoretischen Durchdringung dessen, was für Benjamin der objektive „letzte Grund" des poetischen Gegenstandes ist, seine apriorische Struktur (d. i. „das Gedichtete"), welche die sich stets von Neuem stellende Frage nach der Form seiner Darstellung vorschreibt, *diktiert*.[57]

Der Begriff des Diktierens ist an dieser Stelle weder eine beliebige Metapher noch ein ikastisches Bild. Sowohl Philippe Lacoue-Labarthe als auch Giorgio Agamben haben, wenn auch gänzlich verschieden in begriffsgeschichtlicher Herleitung und methodischer Verwendung, den Begriff *dictamen* als adäquate

---

54 Witte: *Walter Benjamin – Der Intellektuelle als Kritiker*, S. 28.
55 Vgl. Stierle: „Les lieux du commentaire", S. 20, zum Kommentar als „archive d'un savoir, ensemble de pratiques de la lecture, et cet espace symbolique où le pacte solitaire du lecteur avec son texte devient pacte social".
56 Szondi: „Überwindung des Klassizismus. Der Brief an Böhlendorff vom 4. Dezember 1801", in: ders.: *Hölderlin-Studien*, S. 95.
57 GS II/1, S. 105.

Übersetzung von Benjamins Begriff ‚Gedichtetes' eingeführt.[58] Auf diesen Begriff wird hier zurückgegriffen, um eine besondere, nämlich die textuelle Facette von Benjamins „Funktionsinbegriff"[59] zu beleuchten, mittels dessen im Hölderlin-Essay eine *Textualität des Erkennens* inszeniert wird. Dafür sei auf die mittelalterliche rhetorische Tradition der *ars dictaminis* (oder *dictandi*) verwiesen, die weder Lacoue-Labarthe noch Agamben in Betracht ziehen. Innerhalb dieser Formtradition wurden normative und zugleich möglichst unspezifische, bedeutungsoffene (fiktive) schriftliche Vorlagen für die regelmäßige und kunstgerechte Produktion neuer Prosa-Texte – *dictamina* – in Handbüchern zusammengestellt.[60]

---

58 Philippe Lacoue-Labarthe greift in seinem Aufsatz „Poetry's Courage" für das Wort ‚Gedichtetes' den in der französischen Übersetzung von Maurice de Gandillac auf einen Hinweis von Beda Allemann hin eingeführten Begriff *dictamen* auf, den er einerseits vom spätlateinischen Etymon *dictare* (‚dichten', im Sinne von griech. *deíknumi*: ‚zeigen', ‚bezeichnen', ‚erscheinen lassen') ableitet (vgl. ders.: „Poetry's Courage", in: *Walter Benjamin and Romanticism*, hg. von Beatrice Hanssen und Andrew Benjamin, New York / London 2002, S. 163–179, hier: S. 167 u. S. 170), andererseits über Rousseau mit der (ethischen) Forderung des *dictamen rationis* in Verbindung bringt, nämlich als „that which dictates conscience"' (ebd., S. 170), als ‚Gewissen'; vgl. ders.: *Heidegger and the Politics of Poetry*, übers. von Jeff Fort, Urbana / Chicago 2007, S. 51. Agamben hingegen kommt, in gewohnt anti-psychologistischer Stoßrichtung, in dem Kapitel „Il dettato della poesia" in *Categorie italiane*, S. 79 ff., im Rahmen einer Diskussion des problematischen Verhältnisses von Dichtung und Leben, nach dem Literaturkritik und Ästhetik gegenüber dem Kunstwerk wesentlich zu fragen hätten, auf den Begriff *dictamen* zu sprechen. Über die antike Technik und Tradition der *ratio* oder *ars inveniendi*, die stets festgelegte *topoi* wiederhole, zeichnet Agamben einen im mittelalterlich-provenzalischen *razo de trobar* kulminierenden Weg der Dichtung hin zu einer sich erst in der Sprache vollziehenden Erfahrung als einer Art Original-Topos. Der *razo*, der dieser Dichtung als „il dettato (*dictamen*)" (ebd., S. 82) zugrunde liege, sei insofern weder ein biografisches Erlebnis des Dichters noch ein sprachliches Geschehen, sondern „eine Zone der Indifferenz zwischen Gelebtem und Gedichtetem" (ebd.; meine Übers.). Bemerkenswert ist, dass Agamben in seinem Essay „Bestimmung und Stimme" (in: ders.: *Die Macht des Denkens. Gesammelte Essays*, aus dem Ital. von Francesca Raimondi, Frankfurt a.M. 2013, S. 87–101, v. a. S. 96–100), ausgehend von einer Untersuchung des Begriffes ‚Stimmung' bei Heidegger, den in Hölderlins Essay „Über die Verfahrungsweise des poëtischen Geistes" (1798–99) thematisierten ‚geistigsinnlichen' ‚Grund des Gedichts' (d. i. den Übergang zwischen der sinnlichen Materie, dem, was ausgedrückt und repräsentiert wird, und dem Geist bzw. der ‚idealischen Behandlung'), der die ‚Wahrheit' des Gedichts enthalte, mit jenem *razon de trobar* übersetzt und so indirekt – über die Buchgrenzen hinweg und ohne Benjamin explizit zu nennen – das Gedichtete-*dictamen* als zentralen Gegenstand von Hölderlins *eigenen* poetologischen Reflexionen konstruiert.
59 GS II/1, S. 122.
60 Vgl. Franz Josef Worstbrock: Art. „Ars dictaminis, Ars dictandi", in: *Reallexikon der deutschen Literaturwissenschaft. Neubearbeitung des Reallexikons der deutschen Literaturgeschichte*, gemeinsam mit Harald Fricke, Klaus Grubmüller und Jan-Dirk Müller hg. von Klaus Weimar, Bd. 1, 3. Aufl., Berlin / New York 2007, S. 138–141; das Kapitel „Ars dictaminis" in Ernst Robert Curtius:

Wie das Wort *dictare* sowohl die Bedeutungen ‚diktieren', ‚wiederholt sagen' als auch ‚Schriftstücke aufsetzen' und ‚dichten' einschließt, changierten die *dictamina* zwischen Kopie und freier Textproduktion, die durch das Studium von Prototypen und Übung erst möglich wurde.

Dieser Doppelcharakter des *dictamen* wird hier betont, da er die ontologische Zweiheit von Benjamins Gedichtetem, das er als „Voraussetzung" und zugleich als „Erzeugnis" des ästhetischen Kommentars fasst,[61] nachzuvollziehen hilft. Dafür sei zunächst auf einen Umstand hingewiesen, der bislang in der Forschung übergangen wurde: dass nämlich ‚das Gedichtete' eine Partizipialform, ein Partizip Perfekt Passiv, darstellt und damit in seiner grammatischen Form zunächst einmal eine (relationale) Vorzeitigkeit, einen in der Vergangenheit liegenden Resultatzustand anzeigt – im Sinne also eines ‚bereits Gedichteten'. Konstruiert Benjamin das Gedichtete aber, wie betont, nicht nur als Voraussetzung, als Ermöglichungsgrund, sondern auch als Erzeugnis erst des ästhetischen Kommentars, ist diese grammatisch markierte Vorzeitigkeit, die hauptsächlich als Präzedenz zu verstehen ist, als ein Bereits-noch-nicht, als eine Art ausgedehnter Augenblick zu deuten.

Das Gedichtete wäre insofern als *textuelle Potenzialität* zu lesen: Sie steht in einem Verhältnis der wechselseitigen Dependenz zu einem anderen, späteren Text, nämlich dem ästhetischen Kommentar, der das Gedichtete in seiner eigenen Darstellungsform erst sichtbar macht, her-stellt, und so gewissermaßen als dem Gedichteten zugleich vorgängiger Text, als vermeintlicher Ur-Text, innerhalb einer Kette von Texten zurückprojiziert wird. Wenn Benjamin betont, das Gedichtete eines gelungenen Gedichts sei objektive „Konstruktion einer geistigen Welt"[62] und nicht etwa das individuelle Leben des Dichters, ersetzt er so die Vorstellung eines wirklichkeitsmimetischen Abbildungsverhältnisses durch die einer *unendlichen und reversiblen Serie von Texten*.

Wie für den Leser des *dictamen* – um auf dessen rhetorische Semantik als auf eine unter vielen rekonstruierbaren Bedeutungsschichten zurückzukommen – das Original zwar perzeptiv nicht verfügbar und hinter Text-Schichten verborgen und unerreichbar bleibt, zugleich aber durch seine Abschriften und spezifischen Variationen hindurchschimmert, scheint auch das Gedichtete schon auf einem anderen Text zu basieren; doch weder auf einem Ur-Text noch auf einem aktuellen

---

Europäische Literatur und lateinisches Mittelalter, 8. Aufl., Bern / München 1973, S. 85 f.; Jiří Kraus: *Rhetoric in European Culture and Beyond*, Prag 2014, S. 114 ff.; Martin Camargo: Art. „Ars Dictaminis", in: *Encyclopedia of Rhetoric and Composition: Communication from Ancient Times to the Information Age*, hg. von Theresa Enos, New York / London 2010, S. 36–38.

61 GS II/1, S. 105.
62 Ebd., S. 107.

Text, sondern, seine quasi-transzendentale Dimension begründend,[63] auf einem potenziellen Text. Diesen *simuliert* der ästhetische Kommentar als Grundlage des Fassungsvergleichs. In diesem Sinne ist für Benjamin „das Urteil" über ein Gedicht, wie es im Hölderlin-Essay programmatisch heißt, „wenn nicht zu beweisen, so doch zu *begründen*".[64] Im Medium des ästhetischen Kommentars, der das Gedichtete als „letzte[n] Grund"[65] nachstellt, ist ihm, anders gesagt, eine textuelle Grundlage zu schaffen, aus der heraus es sich erklärt. Der ästhetische Kommentar, der einem absenten Text, einem ursprünglichen Diktat analog zu operieren vorgibt und in dieser Hinsicht selbst paradigmatischen Status besitzt, stellt also ein Textgeflecht nach. In dieses werden *Dichtermut* und *Blödigkeit* als zwei einander verwandte (unter anderen denkbaren, Benjamin tatsächlich nicht bekannten) Fassungen eingebettet, wodurch sich erst „die Vergleichbarkeit der Gedichte erweisen"[66] könne.

Bewahrheitet sich für Benjamin Hellingraths These, an *Dichtermut* und *Blödigkeit* lasse sich beobachten, „wie da jede *änderung der stelle* erst volles dasein gibt"[67], dann ließe sich die ästhetische Vorrangigkeit des späteren Gedichtes *Blödigkeit* im Sinne der hier vorgeschlagenen Lesart des Gedichteten*dictamen* als Realisierung einer graduellen Annäherung an einen nie ganz erreichbaren objektiv-autoritativen Ur-Text übersetzen, der in *Blödigkeit* nachlebt. Zur Erschließung der „Wahrheit der Dichtung"[68] ist aber, wie Benjamin schreibt, *Blödigkeit* nur das exemplarische Medium, um das Gedichtete in seiner singulärbesonderen Gestalt als „das einzig *Feststellbare* der Untersuchung"[69] zu ermitteln. So werden auch die beiden Gedichte in Benjamins Text nicht etwa zum leichteren Nachvollzug im Ganzen wiedergegeben, sondern nur zerfasert zitiert. Das einzig Fest-stell-bare (diese Schreibweise ist kein *calembour*, sondern weist auf den topologischen Gestus im Hölderlin-Essay hin)[70] ist das Gedichtete in seiner

---

63 Vgl. Lacoue-Labarthe: „Poetry's Courage", S. 170.
64 GS II/1, S. 108 (meine Hervorhebung).
65 Ebd., S. 105.
66 Ebd., S. 108.
67 Norbert von Hellingrath: *Pindarübertragungen von Hölderlin. Prolegomena zu einer Erstausgabe*, Jena 1911, S. 52 (meine Hervorhebungen).
68 GS II/1, S. 105.
69 Ebd. (meine Hervorhebung).
70 Rainer Nägele hat auf die Bedeutung des Wortfeldes *ponere* bei Benjamin und Hölderlin hingewiesen, die Doppelvalenz des Begriffs ‚Feststellbares' – ‚feststellen' als ‚bestimmen' und ‚verorten', was im dezidiert räumlich (als „jener eigentümliche Bezirk", ebd.) konzipierten ‚Gedichteten' dasselbe zu sein scheint – aber übersehen: „Both Hölderlin and Benjamin circumscribe the poetic activity in a vocabulary that is largely derived from the Latin *ponere* and that appears in German in the threefold form of *setzen*, *stellen*, *legen*. All three positions of *ponere* participate in

mythischen Potenz als variables Geflecht jener im Gedicht festen und unverrückbaren Wort-Stellungen und in seiner iterierenden Übermittelbarkeit: Sie diktiert seine Verschriftlichung im selbst unendlich vielen Deutungen offenstehenden ästhetischen Kommentar und wird so fest-gestellt, nach-gestellt (im Sinne von ‚simuliert' und ‚nachträglich erzeugt').

Essayistisch ist diese Textstrategie insofern, als sie im Medium der im Schreiben statthabenden Reflexion über Schreibpraktiken, die sich selbst als übergeordnetes Raster eines durchlässigen Schichtenmodells von textuellen Interaktionsweisen inszeniert, das Nicht-Gesagte ebenso wenig wie das Schon-Gesagte von Hölderlins Gedichten restlos aufzulösen oder identisch zu reproduzieren und paraphrasieren sucht. Vielmehr gelingt es ihr, dieses in neuen Darstellungsweisen wieder-, fort- und umzuschreiben und so ein nicht-eliminierbares *Surplus von Sinn* zu produzieren. Diese essayistische Textpraxis gibt sich zwar, wie gezeigt wurde, einerseits den Anschein einer kommentarisch-archäologischen Methodik, der es um die zu rekonstruierende „innere Form"[71] (d.i. das

---

Hölderlin's poem: the *Gesetztheit* (composedness) of the poem structures its appearance, the *Lage des Wahren* (the layer/situation/situatedness of the true) is its ground. But what about the *stellen* or *Gestellte*, that which is posited to stand?" (ders.: „Benjamin's Ground", in: *Benjamin's Ground. New Readings of Walter Benjamin*, hg. von Rainer Nägele, Detroit 1988, S. 19–37, hier: S. 30); zur „Wahrheit der Lage als Ordnungsbegriff der hölderlinschen Welt" (GS II/1, S. 114), d.i. zum Zusammenhang zwischen Erkennen und Wortstellung im Textgefüge, vgl. das folgende Kapitel III.2.3. Schon Martin Heidegger: *Der Ursprung des Kunstwerkes*, in: ders.: *Holzwege*, in: ders.: *Gesamtausgabe*, hg. von Friedrich-Wilhelm von Herrmann, Bd. 5, Frankfurt a. M. 1977, S. 1–74, hier: S. 70, reflektiert über das Wortfeld *ponere*, in dem er seine Leitbestimmungen des Kunstwerkes gebündelt findet („Kunst als das Ins-Werk-Setzen der Wahrheit", als „das Feststellen der sich einrichtenden Wahrheit in die Gestalt" etc., ebd., S. 59). Vgl. auch Benjamins zentralen Begriff der „Umsetzung" (GS II/1, S. 114) im doppelten Sinne von ‚Verwirklichung' oder ‚Dislokation' bzw. als Verwirklichung von jenem ‚vollen dasein', von dem Hellingrath in Bezug auf *Blödigkeit* spricht, *mittels* Dislokation, mittels einer Umstellung der Wortfügung.

71 Ebd., S. 105. Der komplexe dichtungstheoretische Begriff der ‚inneren Form' kann an dieser Stelle nicht ausführlich behandelt werden. Den Gedanken einer inneren Sprachform (griechischer Dichtung), die „nichts inhaltliches" und „nicht an die äusere form/ das metrische schema/ gebunden", sondern als „die besondere art der sprachbewegung" zu verstehen sei, die Hölderlin in seinen Pindar-Übersetzungen habe übernehmen und durch besondere Wortfügungen nachstellen wollen, äußert nicht erst Hellingrath in *Pindarübertragungen von Hölderlin*, S. 33. Die gegen einen wirklichkeitsmimetischen und regelgeleiteten Formbegriff in Stellung gebrachte Idee einer geistigen inneren Sprachform der Dichtung „als das gestaltende Prinzip der Sprache, dem die äußere Form als das durch sie Gestaltete gegenübertritt" (Tilman Borsche: „Die innere Form der Sprache. Betrachtungen zu einem Mythos der Humboldt-Herme(neu)tik", in: *Wilhelm von Humboldts Sprachdenken*, hg. von Hans-Werner Scharf, Essen 1989, S. 47–65, hier: S. 48), formulieren u. a. Shaftesbury (‚inward form'), Goethe, Winckelmann, Steinthal, W. v. Humboldt (die ‚innere Form' als Merkmal der Sprache selbst: als *enérgeia*), Schleiermacher, Dilthey und

Gedichtete) zu tun ist; andererseits wird das Gedichtete als „Erzeugnis"[72] erst des ästhetischen Kommentars präsentiert, der seinen Ausgang zwar vom vorliegenden Text, von Hölderlins Gedichten nimmt, sich aber immer wieder von seinem Gegenstand löst und so Erkenntnisse zutage fördert, die von diesem nicht gedeckt sind – aber *begründet* erscheinen kraft der Hilfskonstruktion des Gedichteten, das die Verfahrensweise eines Diktats impliziert, d. h. eine textuelle Transmission.

Diese Konstellation erinnert an die jüdische Kommentartradition. Denn diese versucht ein nicht wiederherstellbares, ursprünglich wörtliches Diktat, d. i. das Offenbarungsgeschehen, in der Lektüre und unausgesetzt korrigierten und überschriebenen Kommentierung des Text-Zeugens jenes Diktats (der Tora) möglichst treu schriftlich wiederzugeben. Ein solcher im folgenden Kapitel unternommener Vergleich ist hier schon insofern angezeigt, als Benjamins Konzeption des „die Wahrheit der Dichtung"[73] enthaltenden Gedichteten als eines ausgedehnten Augenblicks, eines Bereits-noch-nicht, eine messianische Valenz impliziert.

2.3 Tradition, Überlieferung, Erinnerung. Benjamins ästhetischer Kommentar und die jüdische Kommentartradition (Scholem)

> Die Wahrheit muß an einem Text entfaltet werden, in dem sie vorgegeben ist.[74] (Gershom Scholem)

Im Zusammenhang mit seinen *Hölderlin-Studien* bittet Peter Szondi Gershom Scholem um eine Einschätzung, ob Benjamin bereits vor 1914 Hölderlins Brief an Böhlendorff vom 4. Dezember 1801 sowie die theoretischen Schriften der Homburger Zeit habe kennen können. Scholem schließt seinen Antwortbrief, auf die Frage nach den Quellen von Benjamins Kommentar „nichts Positives sagen" könnend, mit einem anerkennenden Zuspruch, in dem sich zugleich die prinzipielle Aussichtslosigkeit, da Unabschließbarkeit eines solchen Unterfangens ausdrückt:

Mauthner. Zum Begriff der inneren Form „als einer selbstgesetzten Regel des Kunstwerks" vgl. allg. Burdorf: *Poetik der Form*, S. 119, und Klaus Städtke: Art. „Form", in: *Ästhetische Grundbegriffe. Studienausgabe*, hg. von Karlheinz Barck [u. a.], Bd. 2, Stuttgart / Weimar 2010, S. 462–494, v. a. S. 470–473.
72 GS II/1, S. 105.
73 Ebd.
74 Scholem: „Tradition und Kommentar als religiöse Kategorien im Judentum", S. 29.

> Ich wünsche Ihnen Glück zum Abschluß des Hölderlin-Buches. Das klingt in meinen Ohren, als ob mir jemand mitteilt, er habe grade einen Kommentar zum Talmud beendet. Kleinigkeit![75]

Einerseits verweist Scholems Vergleich indirekt auf Benjamins rund fünfzig Jahre zuvor entstandenen ästhetischen Kommentar, den er gemeinsam mit Szondis Kommentar – freilich mit ironischer Geste – in eine talmudische Kommentartradition einreiht;[76] auch an anderen Stellen hat Scholem konstatiert, Benjamins wesentliches Verfahren sei die „Kommentierung großer und autoritativer Texte"[77] gewesen, er habe diese Kommentare „als Vorstufe zur Kommentierung heiliger Texte"[78] verstanden und letztlich „von einer Kommentierung großer hebräischer Texte"[79] geträumt. Andererseits suggeriert Scholem hier eine Verschmelzung von Hölderlins Schriften mit Benjamins ästhetischem Kommentar zu einem unendlich auslegbaren, den Status eines heiligen Textes beanspruchenden bzw. imitierenden Text-Aggregat, das nun wiederum Gegenstand von Szondis Kommentar-Versuch wird. Dieser scheint sich so in eine Tradition fortgesetzten Auslegens und Neuschreibens eines (pseudo-)heiligen Textes einzufügen, dessen Bedeutungsfülle unerschöpflich bleibt. Die von Scholem konstruierte Strukturanalogie zwischen einer Kommentierung Hölderlins und der jüdischen Kommentartradition wird in seinem Brief an Szondi allerdings nicht näher ausgeführt.

Dass sie keinem plötzlichen Einfall entspringt, wird deutlich, liest man Scholems Tagebucheinträge aus den Jahren 1916–17. Diese stehen ganz unter dem Eindruck der Gespräche mit Benjamin, dessen Bekanntschaft Scholem Mitte Juli 1915, also bald nach Fertigstellung von Benjamins Hölderlin-Essay, gemacht hatte. Immer wieder korreliert Scholem, meist implizit durch den unvermittelten

---

[75] Brief von Scholem an Szondi vom 5. Januar 1967, in: Gershom Scholem: *Briefe II (1948–1970)*, hg. von Thomas Sparr, München 1995, S. 169.
[76] Auf die Wichtigkeit „des Einflusses des talmudischen Kommentars" auf Benjamins Schreiben hat, neben anderen, auch Palmier hingewiesen (ders.: *Walter Benjamin*, S. 56); vgl. ebd., S. 283: „Die Beziehung der Benjaminschen Kritik zum talmudischen Kommentar ist unbestreitbar; sie verrät sich in der Gewohnheit, sich vom Text zu entfernen, um wieder zu ihm zurückzukehren, in der Entschlossenheit, ihn widersprüchlichen Deutungen zu unterziehen, und in dem Wunsch, ihm mittels eines niemals statischen Wahrheitsbegriffs, der im Rekurs auf die Tradition unaufhörlich neue Deutungen verlangt, seine Vielstimmigkeit zu belassen." Vgl. Gershom Scholem: *Walter Benjamin – die Geschichte einer Freundschaft*, Berlin 1997, S. 144.
[77] Scholem: *Walter Benjamin und sein Engel*, S. 30.
[78] Ebd., S. 17.
[79] Gershom Scholem: „Vorrede", in: Walter Benjamin: *Briefe*, hg. und mit Anmerkungen versehen von Gershom Scholem und Theodor W. Adorno, 2 Bde., Bd. 1, Frankfurt a.M. 1978, S. 7–13, hier: S. 8.

Übergang des einen Gedankens in den nächsten, die Erinnerung an die gemeinsame Lektüre von Hölderlin mit Reflexionen über die Form des Kommentars. Scholem betont dessen Bedeutung als „Ordnungsbegriff jüdischer Geisteswelt" und begreift ihn unter Rekurs auf Benjamins Gedanken eines universalen Schrift-Charakters der Welt in einem erweiterten Sinne als „die letzte Aufgabe".[80] Aber nicht nur die Konstellation dieser Themenkomplexe in Scholems Tagebüchern, auch einzelne Begriffe und deren je spezifische Verwendung, wie z. B. ‚innere Form', ‚Wortfügung', ‚Funktion', ‚Aufgabe', ‚Dasein' oder ‚Wahrheit', legen eine Verwandtschaft zwischen jüdischer Kommentarpraxis und Benjamins Hölderlin-Exegese nahe. Ja, Scholems Reflexionen über den jüdischen Kommentar, wie sie sich in seinen Tagebucheinträgen und auch noch in dem späteren Aufsatz „Tradition und Kommentar als religiöse Kategorien im Judentum" (1962) niederschlagen, scheinen anhaltend mit Benjamins ästhetischem Kommentar zu Hölderlin verzahnt zu sein. Die Verwandtschaft zwischen jüdischem und ästhetischem Kommentar liegt für Scholem in einer Ähnlichkeit der kommentierten Texte selbst begründet: Nur für Hölderlins Texte behauptet Scholem eine „Stellung neben der Bibel", allein diese besäßen neben der Bibel eine „reine Deutbarkeit",[81] d.h. eine *prinzipielle Sinnoffenheit*. Dieser ist für Scholem keine systematische Erschließung adäquat, sondern nur ein Prozess unendlicher Kommentierung, der legitimerweise alles in die Texte hineinlesen kann.

Macht man sich bewusst, dass diese Vielfalt des Sagbaren und die Gleichzeitigkeit auch des Widersprüchlichen, welche die jüdische Tradition einer unendlichen Praxis von Versenkung, Studium und Exegese der heiligen Schrift einschließt, zunächst ganz konkret in der konsonantischen und deshalb bereits verschiedene Lesarten zulassenden Struktur des Hebräischen verankert ist,[82] stellt sich schnell die Frage nach der Stichhaltigkeit von Scholems Vergleich. Worin – etwa in Wortschatz, Syntax oder Prosodie? – könnte für ihn ein solcher mehrdeutiger Charakter gerade von Hölderlins Texten begründet liegen? Im Folgenden wird den Spuren von Scholems impliziter Hypothese nachgegangen und überprüft, ob und inwiefern Benjamins Hölderlin-Kommentar selbst seine Lektüre auf der kontrastiven Folie jüdischer Kommentartradition zulässt und deckt.[83]

---

80 Gershom Scholem: *Tagebücher nebst Aufsätzen und Entwürfen bis 1923*, hg. von Karlfried Gründer, Herbert Kopp-Oberstebrink und Friedrich Niewöhner, 2. Halbbd.: 1917–1923, Frankfurt a. M. 2000, S. 17.
81 Ebd., S. 347.
82 Vgl. Johannes Sabel: *Die Geburt der Literatur aus der Aggada. Formationen eines deutsch-jüdischen Literaturparadigmas*, Tübingen 2010, S. 11.
83 Es ist hier freilich nicht der Ort, ‚die' jüdische Kommentartradition zu rekonstruieren – nicht nur wegen ihrer Komplexität etwa im Hinblick auf die Vorstellung einer mündlichen Offenbarung,

Eine erste Spur für eine mögliche Lesart von Benjamins ästhetischem Kommentar nach dem säkularisierten Modell jüdischer Kommentartradition findet sich in einem Tagebucheintrag Scholems vom 18. November 1916. Scholem reflektiert dort über die Bedeutung der Sprachphilosophie als einer erst noch zu schaffenden Wissenschaft, die den Grund auch zur Lösung der „schweren Probleme" der Geschichte und Mathematik legen könnte und „den Wahrheitsgehalt der Sprache zu bestimmen" hätte.[84] Hinsichtlich dieser Aufgabe der „Untersuchung der Sprache als Offenbarung der Wahrheit"[85] sieht sich Scholem selbst in einer Tradition mit den sprachphilosophischen Reflexionen Wilhelm von Humboldts und dem Sprachskeptizismus Fritz Mauthners. Doch bindet er diese Aufgabe an Studium und Lehre „der Thora als einem göttlichen Buche"[86], da die Frage nach dem Wahrheitsgehalt der Sprache hier am deutlichsten erscheine. In diesem Problemzusammenhang rekurriert Scholem andernorts, etwa in seinem Aufsatz „Tradition und Kommentar als religiöse Kategorien im Judentum", häufig auf die kabbalistische Mystik und Kombinatorik, die die Tora als Ursprungstext mit einem eindeutigen Wahrheitsgehalt relativieren. Dieser ergebe sich vielmehr erst im Medium unendlicher Lesarten durch freie Kombinationen und Permuta-

---

sondern auch weil der Begriff ‚Kommentar' selbst als einheitliche Beschreibungskategorie jüdischer Literatur, die sich in so verschiedene Texte wie Talmud, Mischna oder Midrasch auffächert, nicht unumstritten ist. Zu fragen ist zunächst, ob hier ein eher weiter oder enger Kommentar-Begriff zugrunde gelegt wird, worauf auch Peter Schäfer hinweist: Man könne in Bezug auf jüdisches Auslegen heiliger Texte nicht von Kommentaren sprechen, „wenn die Gattung Kommentar eine Distanz zwischen dem kommentierten Text und dem ‚Kommentar' voraussetzt" (ders.: „Text, Auslegung und Kommentar im rabbinischen Judentum", in: *Text und Kommentar. Archäologie der literarischen Kommunikation IV*, hg. von Jan Assmann und Burkhard Gladigow, München 1995, S. 163–186, hier: S. 177), jüdisches Kommentieren sei kein Schreiben *über* einen Text, sondern vollziehe sich *in* ihm. Hier liegt der Fokus auf dem spezifischen Gebrauch und eventuell der Funktionalisierung des Begriffs ‚Kommentar' bei Scholem, da davon auszugehen ist, dass sich dieser in Auseinandersetzung mit Benjamin entwickelt hat. Daniel Weidner hat überdies herausgearbeitet, dass „Scholems Theorie der Tradition [...] zugleich eine Rhetorik der Tradition" ist; innerhalb dieser ermöglichen es Scholem Begriffe, die – wie der Begriff ‚Kommentar' – eine „Textzentriertheit" des eigenen Studiums pointieren, „sich selbst in die Tradition *einzuschreiben*, also einen Ort zu finden, von dem aus die Aneignung denkbar ist" (ders.: *Gershom Scholem. Politisches, esoterisches und historiographisches Schreiben*, München 2003, S. 158). Konzepte wie ‚Tradition' und ‚Kommentar' seien bei Scholem daher, so Weidner, „in doppeltem Sinne rhetorisch: Sie sind Tropen, die etwas nicht ‚eigentlich' Sagbares durch Verschiebungen, Ersetzungen, Überschreibungen ausdrücken, und sie sind persuasiv, sie wollen für sich einnehmen und Evidenz produzieren" (ebd., S. 419).
84 Gershom Scholem: *Tagebücher nebst Aufsätzen und Entwürfen bis 1923*, hg. von Karlfried Gründer und Friedrich Niewöhner, 1. Halbbd.: 1913–1917, Frankfurt a. M. 1995, S. 420.
85 Ebd.
86 Ebd., S. 421.

tionen der Textelemente in stets neuen Aktualisierungen.⁸⁷ In seinem frühen Tagebucheintrag hingegen versucht Scholem im Sinne einer „talmudischen Dialektik"⁸⁸ Wahrheit als *Funktion* der einzelnen Worte und ihrer jeweiligen nicht vertauschbaren Stellung im Textgefüge zu begreifen:

> [D]ie in jedem Satze ausgedrückte allgemeine und besondere Wahrheit muß notwendigerweise eine Funktion der angewandten Worte sein, da bei anderen Worten unter allen Umständen eine andere Wahrheit herauskommt.⁸⁹

Wird eine solche notwendige Proportionalität angenommen, könne es, so Scholem, so etwas wie „‚synonyme' Verse, die ‚dasselbe' mit zwei verschiedenen Redewendungen usf. sagen", nicht geben, da

> mit der kleinsten Änderung der Wortfügung, der Sprache, auch eine Änderung der Wahrheit eintritt. Man kann durchaus mit Recht sagen, *daß hier die Wahrheit eine stetige Funktion der Sprache sei*. Die Wahrheit ist die innere Form des Satzes oder Wortes, und wenn das Wort geändert wird um ein Differential auch nur, so wird die Wahrheit eine andere, nämlich die innere Form des neuen Wortes.⁹⁰

Ist ‚die Wahrheit' eines zweiten, dritten und jedes folgenden möglichen Wortes, das ‚dasselbe' (das Gemeinte) gerade noch tangiere, für Scholem zwar stets eine ‚andere'; und bleibt diese, addiert mit der Wahrheit einzelner Worte, stets hinter der Wahrheit der übergeordneten Funktionseinheit, etwa eines Satzes oder Textes, wie z. B. der Tora als eines Ganzen, zurück; so unterhält sie nach Scholem doch zu der ersteren und allen anderen untergründige *„Beziehungen"*, einen

---

87 Vgl. Gershom Scholem: *Zur Kabbala und ihrer Symbolik*, 6. Aufl., Frankfurt a. M. 1989, S. 62ff. Zur kabbalistischen Kombinatorik (und ihrer Differenz zur Lull'schen Kombinatorik) vgl. Umberto Eco: *Scritti sul pensiero medievale*, Mailand 2012, S. 933–936; zur mystischen Exegesepraxis der Kabbala als Modell der Derrida'schen Dekonstruktion vgl. das Kapitel „Die kabbalistische Drift" in: ders.: *Semiotik und Philosophie der Sprache*, aus dem Ital. von Christiane Trabant-Rommel und Jürgen Trabant, München 1985, S. 226–230.
88 Gershom Scholem: „95 Thesen über Judentum und Zionismus", in: ders.: *Tagebücher*, 2. Halbbd., S. 300–306, hier: S. 302: „Das Gesetz der talmudischen Dialektik ist: Die Wahrheit ist eine stetige Funktion der Sprache." Nach Daniel Weidner geht diese 24. These „aus den umfangreichen Überlegungen hervor, die neukantianische erkenntnistheoretische Terminologie auf die talmudische Dialektik anzuwenden" (ders.: „Lernen, Lesen, Schreiben. Gershom Scholem und die ‚jüdische Textgelehrsamkeit'", in: *Textgelehrte. Literaturwissenschaft und literarisches Wissen im Umkreis der Kritischen Theorie*, hg. von Nicolas Berg und Dieter Burdorf, Göttingen 2014, S. 259–279, hier: S. 266).
89 Scholem: *Tagebücher*, 1. Halbbd., S. 421.
90 Ebd.

vergleichbaren Wortfügungen „zugrundeliegenden gemeinsamen *Begriff*".[91] Diese paradox anmutende Synthese von unverwechselbarer *Identität* (zwischen einzelnem Wort, Wortstellung und ‚Wahrheit') und *Differenz* (zwischen verschiedenen Arten des Meinens, die ‚dasselbe' *anders* sagen), die Scholem hier skizziert, lässt sich als Minimaldefinition der Struktur jüdischer Kommentartraditionen auffassen. Denn diese versuchen die unbestreitbare Autorität der Tora als In-einsfallen von Schrift und Wahrheit mit der Notwendigkeit und Legitimation ihrer Auslegung und Kommentierung zusammenzudenken.

Benjamins vergleichender Methode im Hölderlin-Essay scheint eine ähnliche dialektische Denkbewegung zugrunde zu liegen, die offenbar die besondere Formwahl des ästhetischen Kommentars bedingt. Dieser nämlich hebt auf die Ermittlung jener Sphäre ab, in der sowohl die „‚Vergleichheit'", so Benjamin, der beiden Gedicht-„Fassungen" begründet ist, also ihre Abweichungen und Verschiebungen, die sie aber noch als zwei Varianten *eines* Gedichtes erkennen lassen,[92] als auch ihre jeweilige Unverwechselbarkeit als zwei verschiedene Gedichte:

> Die Frage, worauf die Vergleichbarkeit dieser in allem einzelnen wie im Ablauf so völlig unterschiednen Entwürfe beruht, ist also dringend. Wiederum kann nicht die Gleichheit eines Elementes, sondern nur die Verbundenheit in einer Funktion die Vergleichbarkeit der Gedichte erweisen. Diese Funktion liegt in dem einzig aufweisbaren Funktionsinbegriff, dem Gedichteten.[93]

Innerhalb dieser Reihe verschiedener, aber miteinander verwandter Texte ist jene identische Einheit, in der die Wahrheit, mit Scholem, als *„eine stetige Funktion"*[94] von Wort und Wortgefüge erscheine, kein ursprünglicher Text, sondern mit *Blödigkeit* der letzte Text einer Variantenreihe. In ihm scheint endlich jedes Wort an der rechten Stelle zu stehen und in keinem Jota mehr änderbar zu sein. Denn in *Blödigkeit* erst erkennt Benjamin jenes „Identitätsgesetz"[95] als wirksam: eine allen Elementen – der Form der Strophen, den Bildern sowie dem Metrum – ablesbare

---

91 Ebd.
92 GS II/1, S. 122; vgl. ebd., S. 122f.: „Beide Gedichte sind in ihrem Gedichteten verbunden und zwar in einem Verhalten zur Welt."
93 Ebd., S. 122. Siehe Uwe Steiner: *Die Geburt der Kritik aus dem Geiste der Kunst. Untersuchungen zum Begriff der Kritik in den frühen Schriften Walter Benjamins*, Würzburg 1989, S. 154f.: Als „der identische Bezugspunkt des Vergleichs" gelte „die in beiden Fassungen zwar auf unterschiedliche Weise realisierte, ihnen aber formal grundsätzlich gemeinsame Gesetzlichkeit der Gestaltung".
94 Scholem: *Tagebücher*, 1. Halbbd., S. 421.
95 GS II/1, S. 108 u. S. 112.

sich wiederholende „Identität des Bestimmenden mit dem Bestimmten"[96], auf der seine Überlegenheit als feste „Funktionseinheit"[97] beruhe. Wie *Dichtermut* und *Blödigkeit* miteinander durch einen beiden Gedichten, mit Scholem, „zugrundeliegenden gemeinsamen *Begriff*"[98] miteinander verbunden sind, ist aber *Blödigkeit* selbst ‚nur' beispielhafte Manifestation jenes Identitätsgesetzes, aufgrund dessen „die Identität des einzelnen Wesens Funktion einer unendlichen Kette von Reihen ist, in denen das Gedichtete sich entfaltet"[99] – als eine Art *virtuelle Erkenntnistotalität*.

Diese in der Benjamin-Forschung bislang weitgehend übergangene pseudomathematische Terminologie birgt vielfältige Allusionen.[100] Als „Funktionsinbegriff"[101] ist das Gedichtete als Ausdruck einer kabbalistischen Praxis[102] oder als neukantianisch geprägter Terminus[103] lesbar. Seine Bestimmung als „Einheit der prinzipiell unendlichen Funktionen"[104] lässt überdies eine Lesart auf der Folie einer eigenartigen *ars combinatoria* zu.[105] Innerhalb dieser würde das Gedicht *Blödigkeit* als Auslöser logisch-imaginativer kombinatorischer Prozesse fungieren, die in seiner ‚inneren Form' verankert sind. Das Gedichtete würde so zu einem Konstrukt mathematischer Operationen geraten.

---

96 Ebd., S. 114.
97 Ebd., S. 106 f.
98 Scholem: *Tagebücher*, 1. Halbbd., S. 421.
99 GS II/1, S. 112.
100 Ausnahmen sind Liselotte Wiesenthal: *Zur Wissenschaftstheorie Walter Benjamins*, Frankfurt a. M. 1973, und Tamara Tagliacozzo: *Esperienza e compito infinito nella filosofia del primo Benjamin*, Macerata 2003.
101 GS II/1, S. 122.
102 Vgl. Scholem: *Tagebücher*, 1. Halbbd., S. 422, zur kabbalistischen Bedeutung des Begriffs ‚Inbegriff', der eine Art Sinn-Surplus bezeichne, nämlich den „Wahrheitsgehalt des Ganzen", einen „Überschuß gewissermaßen" oder „den ‚Geist' eines Satzes" (zur Herleitung des Begriffs von Franz Joseph Molitor vgl. ebd., S. 421).
103 Ernst Cassirer etwa verwendet den Begriff ‚Inbegriff' in *Substanzbegriff und Funktionsbegriff. Untersuchungen über die Grundfragen der Erkenntniskritik*, Berlin 1910, u. a. S. 28 f., S. 57 u. S. 102, zur Bezeichnung des selbst invarianten Identitätsprinzips einer unendlich fortsetzbaren konstanten Serie von Variablen, womit Cassirer – wie auch Hermann Cohen – letztlich ein System der Philosophie zu fundieren sucht, das eine einheitliche Erkenntnis trotz variabler Erkenntnisgehalte garantiert. Vgl. Hermann Cohen: *Logik der reinen Erkenntnis*, in: ders.: *System der Philosophie*, Bd. 1, 2., verb. Aufl., Berlin 1914, S. 70 u. S. 129 (siehe dazu Wiesenthal: *Zur Wissenschaftstheorie Walter Benjamins*, S. 24–26, und Tagliacozzo: *Esperienza e compito infinito*, S. 142 u. S. 165).
104 GS II/1, S. 112.
105 Die Tradition der *ars combinatoria* Leibniz'scher Prägung wird Max Bense später als epistemologische Metapher für sein Konzept des Essays aufgreifen; vgl. Anm. 62 in Kap. II.2.1 und Anm. 17 in Kap. III.5.

Eine solche Lesart legt ein Tagebucheintrag Scholems nahe, in dem er ein Gespräch mit Benjamin über Mythos und Mathematik rekapituliert. Die Frage nach der Darstellbarkeit einer „Richtung ohne Ablauf"[106] scheint sich nach Scholem nur mittels einer Projektion ins räumliche Feld lösen zu lassen, wo durch bestimmte Regeln der Variation vom Einzelelement aus ein einheitliches unendliches System möglicher Formen abgeleitet werden könne. Diese Darstellungsfrage führt in Scholems Rekonstruktion zugleich zum Problem der Geschichte und zu Benjamins Begriff von Mythos als räumlich darstellbarem Gestaltzusammenhang – und mündet schließlich in einen Hinweis auf die diesbezügliche Bedeutung von Benjamins Hölderlin-Essay.[107]

Wagen wir mit Scholem weiter die Überblendung von Bibel-Exegese und Benjamins Hölderlin-Deutung. Für beide Auslegungspraktiken scheint zunächst zu gelten, was Scholem in einer „Notiz über talmudischen Stil" (1918) festhält: „[E]s kann wirklich nicht anders dastehen, als es steht [...]."[108] Jede Auslegung, die nicht emphatisch-identische wörtliche Wiedergabe des heiligen Textes oder des Gedichtes wäre, könnte demnach nie ganz und unverfälscht jene dem ursprünglichen Text zugrunde liegende Wahrheit erreichen. Doch wird der vermeintlich ursprüngliche Text in seiner – wie Benjamin *Blödigkeit* charakterisiert – „festen funktionellen Verbundenheit"[109] zugleich selbst als abgeleitet, nämlich als Vermittlung des göttlichen Wortes oder des Gedichteten als unerschöpflicher Sinnfülle und Sinnpräsenz verstanden, legitimiert sich eine Kommentarpraxis. Vermittels des intensiven Studiums des gegebenen Textes vermag sie, so Benjamin, „die Mannigfaltigkeit der Verbindungsmöglichkeiten" und „das potentielle Dasein derjenigen [Bestimmungen]" zur Darstellung zu bringen, „die im Gedicht aktuell vorhanden sind und andrer".[110]

Vergleichbares gilt nach Scholem, wie er referiert, für die schriftgelehrten Kommentatoren, die „kraft ihrer Meditation" und des scharfsinnigen Studiums der Tora insofern „neue Worte" produzieren, als sie die in der göttlichen Stimme der Offenbarung schon enthaltenen *Sinnpotenziale* „aus der Potenz zur Aktualität

---

106 Scholem: *Tagebücher*, 1. Halbbd., S. 390.
107 Zur Priorität des Konzepts des Raumes und der räumlichen Kontiguität gegenüber dem Konzept der Zeit in Benjamins Begriff des Mythos vgl. Tagliacozzo: *Esperienza e compito infinito*, S. 145 f.
108 Scholem: „[Notiz über talmudischen Stil]", in: ders.: *Tagebücher*, 2. Halbbd., S. 311–312, hier: S. 311.
109 GS II/1, S. 106.
110 Ebd. Das Gedichtete zeichnet sich „durch seine größere Bestimmbarkeit" aus, es „ist eine Auflockerung der festen funktionellen Verbundenheit, die im Gedichte selbst waltet, und sie kann nicht anders entstehen als durch ein Absehen von gewissen Bestimmungen" (ebd.).

hervorbringen".[111] Der Kommentar vermag in dieser Hinsicht, wie es in Scholems „Notiz über talmudischen Stil" heißt, das im vorliegenden Text „*Ver*schwiegene", seine Zäsuren und Leerstellen zu lesen und als „materialen Gehalt" zu rekonstruieren.[112] So wird eine verborgene, im Text als Keim angelegte Wahrheit ans Licht gebracht, die in der Tat, um Benjamins scheinbar paradoxe Formel zu wiederholen, zugleich „Voraussetzung" (von Text und Kommentar) und „Erzeugnis" der Kommentierung ist.[113] Der Kommentar changiert insofern zwischen Rezeptivität und Spontaneität.

Durch den Gedanken der Medialität des in einem vorgegebenen Text Verschwiegenen und Nicht-Gesagten – bzw. des Gedichteten als einer Art ‚Potenz' des Gedichts – werden zwei anfangs kontradiktorisch scheinende Prämissen miteinander vereinbar, die offenbar auf Benjamins Hölderlin-Kommentar ebenso wie auf die jüdische Kommentarpraxis zutreffen: 1) die der Autorität des Wortes und der Unveränderbarkeit des Wortgefüges, über die Scholem in seinem angeführten Tagebucheintrag nachdachte; und 2) die der Kommentarpraxis als legitimer Rekonstruktion und Entfaltung des Sinnpotenzials des Textes, dessen Autorität durch diese nicht untergraben, sondern erst *in actu* gesetzt wird. Weder dem jüdischen Kommentar, wie Scholem ihn konzipiert, noch Benjamins ästhetischem Kommentar geht es also in Bezug auf die für die Form des Kommentars konstitutive Frage, wie ‚Neues' in Bezug auf vorgegebene Texte möglich sei, um Eruierung und Anhäufung von Wissen, was gemeinhin als Aufgabe eines Kommentars gilt. Vielmehr streben beide nach der Entfaltung und Vermittlung einer dem Text mitgegebenen Wahrheit, die nach Scholem nichts „fest Umrissenes", sondern „etwas unendlich Fruchtbares" ist.[114]

Doch trotz mancher durchaus plausibler Aspekte von Scholems suggestivem Vergleich trennt ein ebenso offensichtlicher wie nicht zu überbrückender Unterschied Benjamins ästhetischen Kommentar von der Tradition jüdischer Kom-

---

111 Scholem: „Tradition und Kommentar als religiöse Kategorien im Judentum", S. 43.
112 Scholem: „[Notiz über talmudischen Stil]", in: ders.: *Tagebücher*, 2. Halbbd., S. 311.
113 GS II/1, S. 105.
114 Scholem: „Tradition und Kommentar als religiöse Kategorien im Judentum", S. 25. Zur paradoxen Verfasstheit des jüdischen Kommentars zwischen Fort- und Überschreiben der Tradition vgl. Hans Heinz Holz: „Kontinuität und Bruch im Denken Walter Benjamins", in: *Bruch und Kontinuität. Jüdisches Denken in der europäischen Geistesgeschichte*, hg. von Eveline Goodman-Thau und Michael Daxner, Berlin 1995, S. 129–139, hier: S. 139: „Der Kommentar aber hat die paradoxe Form, die Kontinuität des zu Bewahrenden unter dem Anspruch des Bewahrens aufzubrechen und Neues, Anderes in sie einzulassen"; vgl. ders.: *Philosophie der zersplitterten Welt*, S. 41: „In der jüdischen Geisteswelt hat sie [die Philosophie] das Vorbild an der Funktion des Kommentars, der einen Text aufnimmt und festhält und ihn zugleich auf neue Bedeutungen transparent macht und ihn so im Bewahren verändert."

mentarpraxis: Jüdische Kommentare widmen sich der Auslegung heiliger Texte, Benjamins ästhetischer Kommentar hat zwei profane Texte zum Gegenstand. Am Ende seines Hölderlin-Essays verweist er denn auch mit Nachdruck auf „Hölderlins Worte von dem ‚heilig nüchternen'" als „Tendenz seiner späten Schöpfungen", die „im eignen geistigen Leben stehen", das „in sich heilig ist, jenseits aller Erhebung im Erhabnen steht".[115] Dieser Bestimmung insbesondere des Gedichts *Blödigkeit*, das auf einem einheitlich gestalteten, radikal selbstbezüglichen und säkularen „eigenen Mythos"[116] basiere, entspricht eine nüchtern-prosaische Kommentarform.[117] Während sich der jüdische Kommentar in eine religiöse *Tradition* einschreibt, aus der er seine Legitimität und religiöse Dignität bezieht, ja der Kommentar im Judentum eine mit der Tradition untrennbar verbundene religiöse Kategorie darstellt, scheint sich Benjamins Kommentar, seltsam bezugsfrei und schwer anschlussfähig, dem Gedanken eines bruchlos-linearen Verstehensprozesses und historischer Kontinuität gerade zu verweigern.

Die Wahrheit der Dichtung, deren Darstellung sich Benjamins ästhetischer Kommentar zur Aufgabe macht, hat mit einer moralischen Wahrheit, wie sie der jüdische Kommentar im Alternieren zwischen Lesen, Lernen und Lehren, zwischen Schriftlichkeit und Mündlichkeit, Erfahrung und Anwendung zu erschließen hat, nichts zu tun. Schon der *shift* vom auditiven Wahrnehmungsparadigma „der jüdischen Tradition eines Gottes, der gehört, aber nicht gesehen wird"[118], wie Hannah Arendt bündig formuliert, zur Sehmetapher in Benjamins Essay deutet auf einen gänzlich anderen Wahrheitsbegriff und auf einen anderen Darstellungsmodus dieser Wahrheit hin. Denn die „Einsicht in die Fügung"[119], die jener herstellen möchte, das Sehen der Wahrheit erfordert einen eigenartigen aktiven und Distanz bewahrenden Nachvollzug – im Gegensatz zum rein passiv-empfangenden und Gehorsam einfordernden Hören der göttlich offenbarten Wahrheit.

---

[115] GS II/1, S. 125.
[116] Ebd., S. 114.
[117] Der Begriff ‚Nüchternheit' taucht in verschiedenen Texten Benjamins zur Charakterisierung unterschiedlicher Schreibweisen auf, die durch dieses gemeinsame Attribut vieldeutig miteinander interferieren: Karl Kraus' Glossierung und Montage von Zitaten und Zitat-Fetzen beispielsweise, sein begriffliches Neuordnen der Sprache, sei „die Sprache der Nüchternheit" (ebd., S. 367), zugleich zeichne den philosophischen Traktat eine „prosaische Nüchternheit" (GS I/1, S. 209) insofern aus, als er in der Abgesetztheit und Isolierung seiner Sätze – d.i. kraft seiner Zitierbarkeit und Autoreflexivität – zum langsamen, innehaltenden Lesen nötige.
[118] Hannah Arendt: *Vom Leben des Geistes*, Bd. 1: *Das Denken*, aus dem Amerikan. von Hermann Vetter, 2. Aufl., München / Zürich 1989, S. 115.
[119] GS II/1, S. 106 u. S. 111.

Um diesen Einblick in die Wahrheit im Textgefüge zu realisieren, bedarf es einer besonderen nicht-diskursiven Schreibweise, die gleichsam mit der Sprache geht. Eine solche Lesart legt nicht zuletzt das zentrale Bild des Beschreitens eines Teppichs nahe, das hier – wie in einem früheren Kapitel gezeigt wurde[120] – als selbstreflexive Text- und Schreibmetapher fungiert. Wie der Teppich eine bestimmte „Lage [...] im Raum" einnimmt, „seine Musterhaftigkeit" aber erst, so Benjamin, „eine wahre Bestimmung der Lage ausmacht",[121] legt sich der Essay selbst als ‚bestimmend-bestimmte' dialektische Denk- und Wahrnehmungsweise aus: Er zeigt sich als sprachlich bestimmt, sucht im Medium seiner sinnlich-reflexiven Textur und innigen Verbindung von Form und Inhalt jedoch zur gleichen Zeit unvorgreifliche und ungesicherte neue Erfahrungen mit der Sprache zu ermöglichen. Wie der Teppich „den Schreitenden mit jedem Willkürschritte im Bereich des Wahren notwendig beläßt", folgt der Schreibende, dessen „intensive Aktivität" mit einer eigenartigen Passivität, einem Sich-der-Sprache-Fügen korreliert ist, den sich im Text wie von selbst ergebenden Mustern, „geistig-sinnlichen Ordnungen",[122] und lässt so eine Intensität und Komplexität des Textes zu, innerhalb derer jedes Wort, jeder Gedanke gleich nah zur Mitte erscheint und – momenthaft – eine ‚Wahrheit' der Sprache erkennen lässt.

Die letztlich jedoch unaufhebbare Spannung zwischen *Schreiben* und *Sehen* erfasst dieses Schreibkonzept selbstreflexiv im Grenzbegriff des Gedichteten, das Benjamin als eine Art regulative „synthetische Einheit der geistigen und anschaulichen Ordnung"[123] auffasst, und setzt auf ein plötzliches Erscheinen, ein Einleuchten der Wahrheit von *Blödigkeit* im essayistischen Textgeflecht als *Evidenz*. In diesem Sinne schreibt Wolfram Groddeck von Benjamins ästhetischem Kommentar, seine Sätze seien „evident, ohne irgend resümierbar zu sein", und gäben, „bildhaft, eine Erfahrung wieder, die der Leser, wenn er sich der einordnend-eliminierenden Interpretation enthält, an Texten Hölderlins machen kann".[124] Indem Benjamins ästhetischer Kommentar sich ebenso wie Hölderlins Gedichten mit der ästhetischen Hilfskategorie des Gedichteten eine gemeinsame Grundlage konstruiert, wird er zu einem solchen *Schauplatz mannigfaltiger Sinnerfahrungen*, die er stillzustellen sucht. Doch huschen diese, „an ein Aufblitzen gebunden"[125], wie Benjamin an anderer Stelle über das Wahrnehmen sich

---

120 Vgl. Kap. II.2.4.
121 GS II/1, S. 115.
122 Ebd.
123 Ebd., S. 106.
124 Groddeck: „Ästhetischer Kommentar", S. 17.
125 GS II/1, S. 206. Auf das Fortleben der alten, aber nun geschrumpften Sehmetapher bei Benjamin verweist Arendt: *Vom Leben des Geistes*, S. 126.

unversehens einstellender Sinnkonstellationen schreibt, mit dem zeitlichen Verlauf von Gedicht und Kommentar zugleich vorbei. Denn deren Sinnmöglichkeiten tragen, wie es in einer Notiz zum *Passagen-Werk* treffend heißt, „den Stempel des kritischen, gefährlichen Moments, welcher allem Lesen zugrunde liegt"[126].

Auf Benjamins Kommentar ebenso wie auf die Weise, wie er seinen Text-Gegenstand behandelt, scheint in dieser Hinsicht zuzutreffen, was er in dem zitierten Notat zum *Passagen-Werk* über den „historische[n] Index der Bilder" festhält, die „erst in einer bestimmten Zeit zur Lesbarkeit kommen".[127] Diese Denkfigur einer Aktualisierung der Lesbarkeit und Erkennbarkeit des Bildes im kritischen, gefährlichen Moment seiner Lektüre scheint auf den besonderen epistemischen Status des ‚profanen' Kommentars zu verweisen, wie Benjamin ihn in einer doppelten Bestimmung von Kommentar und Übersetzung in der *Einbahnstraße* (1928) konturiert:

> Kommentar und Übersetzung verhalten sich zum Text wie Stil und Mimesis zur Natur: dasselbe Phänomen unter verschiedenen Betrachtungsweisen. Am Baum des heiligen Textes sind beide nur die ewig rauschenden Blätter, am Baume des profanen die rechtzeitig fallenden Früchte.[128]

Als ewig rauschendes Blätterwerk am „Baum des heiligen Textes" sind die Kommentare heiliger Texte offenbar weder unterscheidbar noch als eigenständige Texte wahrnehmbar. Sie umgeben den heiligen Text „nur" mit einem diffusen und polyphonen Stimmengewirr, das sich dem menschlichen Ohr nicht eindeutig als Geräusch oder Sprache erschließt, sondern die Grenze von Kommunizierbarem und Sinnhaftem bespielt. Wenn in Benjamins Essay *Über Sprache überhaupt und über die Sprache des Menschen* etwa „nur Pflanzen rauschen", dann ist dieses Rauschen der undifferenzierte Ausdruck für ihre Sprachlosigkeit, „enthält fast nur den sinnlichen Hauch".[129] Scholem, für den Tradition und Kommentar Komplementärbegriffe sind, benutzt das Wort vom ‚mächtigen Rauschen' gerne als Ausdruck für eine lebendige Tradition. Diese allerdings kann laut Scholem, ist „die Beziehung des religiösen Bewußtseins zur Offenbarung"[130] erloschen, d. h.

---

126 GS V/1, S. 578.
127 Ebd., S. 577.
128 GS IV/1, S. 92.
129 GS II/1, S. 155.
130 Scholem: „Tradition und Kommentar als religiöse Kategorien im Judentum", S. 32. Scholem berichtet außerdem, Benjamin habe „eine Pindarische Ode im Urtext" vorgelesen und es sei „ein göttliches Rauschen in den Liedern, aber die Hölderlinsche Übertragung ist auch so. Ganz groß" (ders.: *Tagebücher*, 1. Halbbd., S. 385).

der reflexive Bezug zur Schrift der Offenbarung und ihrer Auslegung verloren, auch zu einem sinnentleerten Verfallsphänomen werden.

Die „rechtzeitig fallenden Früchte" hingegen, von denen im zitierten Denkbild aus der *Einbahnstraße* die Rede ist, scheinen die Kommentare zu profanen Texten zu sein, wenn sie sich im Moment ihrer Reife von ihrem Bezugstext lösen, emanzipieren und so als *distinkte Schrift* lesbar werden. Die präsentische Partizipialform ‚fallend' markiert die Flüchtigkeit des kritischen ‚rechten' Zeitpunkts: *zwischen* dem Moment des Abfalls der fruchtbaren Kommentare vom lebendigen Text und dem Ende ihres Falls, der den Beginn ihrer Zersetzung bedeuten mag, der den endgültigen Verlust ihrer Berührung mit ihrem Kommentandum besiegelt. Diese Flüchtigkeit oder Blitzhaftigkeit wird zugleich im Bild des Im-Fall-begriffen-Seins stillgestellt. Benjamins Bild scheint überdies jene bereits aufgezeigte Verschiebung von der jüdischen Leitmetapher des Hörens und einer eher mündlichen, sekundär verschriftlichten Kommentarpraxis, wie sich das ‚Rauschen' auch deuten lässt, hin zu einem *Sehen-Lesen* zu pointieren, das erst in einem bestimmten flüchtigen Augenblick – in einem „kritischen, gefährlichen Moment[]"[131], wie es im *Passagen-Werk* hieß – möglich wird. Von einer „Sakralisierung des profanen Kommentars", von der Jean-Michel Palmier als einer von Benjamins „‚jüdischen Passionen'" gesprochen hat, zu der auch „seine unmäßige Lust an Zitaten" zähle, kann hier kaum eine Rede sein.[132] Im Hinblick etwa auf die *réécriture* der biblischen Erzählung vom Baum der Erkenntnis und – ‚rechtzeitigen'? – Sündenfall, die sich in diesem Bild mit dem mystisch-kabbalistischen Bild des Baumes für die Tora und dem spätmittelalterlichen Modell des *arbor scientiarum* amalgamieren und verbergen mag, kann eher von einer Desakralisierung,

---

131 GS V/1, S. 578. Der Begriff der ‚Gefahr' durchzieht den Hölderlin-Essay leitmotivisch und ist dort mit ‚Mut' und ‚Rettung' korreliert. Nach Lacoue-Labarthe hypostasiert Benjamin das Thema ‚Mut', das er den beiden Hölderlin-Gedichten entnimmt, gar zu einem Prinzip der *literalization* schlechthin, nämlich als Dekonstruktion des ‚Mythos' und Schaffung einer eigenständigen Sphäre (vgl. GS II/1, S. 126): „Here the dictamen is *courage*. This is perhaps the dictamen of every dictation, the poetized of every poem. Of literature in general" (Lacoue-Labarthe: „Poetry's Courage", S. 173). Der dem späteren Gedicht *Blödigkeit* ablesbare ‚Mut' beweist sich nach Benjamin an der Preisgabe bestimmter mythologischer Elemente und Figuren, ihrer stereotypischen Eigenschaften und Attribute, zugunsten der Hingabe an ein in jedem seiner Momente sich spiegelndes einheitliches Gestaltungsprinzip; dem entspricht für Benjamin ein Lesen, das sich der einordnenden Interpretation enthält und stattdessen das sich im Gedicht zeigende Prinzip einer „Alleinherrschaft der Beziehung" (GS II/1, S. 124) – ‚das Gedichtete' – in den Blick zu bekommen bzw. schreibend zu rekonstruieren sucht.
132 Palmier: *Walter Benjamin*, S. 287. Zu diesen „jüdischen Passionen" rechnet Benjamin selbst in einem Brief vom 03.10.1931 an Scholem etwa seinen für die Lichtenberg-Bibliografie „angelegten Zettelkatalog" (GB IV, S. 55).

einer Ernüchterung von jenem indistinkten Rausch(en) der *traditio*, und von einer Neucodierung der Kommentarform gesprochen werden.

Benjamins ästhetische Kommentarpraxis also entwirft sich *per negationem* zu bestehenden Formen der Kommentierung, auf die sie in dieser Negativität aber bezogen bleibt. Im Unterschied zu jüdischen Kommentartraditionen scheint Benjamins ästhetische Kommentarpraxis wesentlich auszuzeichnen, dass eine vermeintlich apriorische Wahrheit nicht nur nachträglich ans Licht gebracht, sondern als Apriori erst aposteriorisch erzeugt, fingiert wird. Diese Figur der Inversion wurde als distinktes Merkmal von Benjamins kommentarischer Praxis herausgearbeitet. Der ästhetische Kommentar gibt sich mit „dem bedeutenden Beispiel Hölderlins"[133] eine theoretische Grundlage, mittels derer sich eine besondere selbstreflexive Erkenntnisart kundtut. Sie stellt sich *im* Darstellungsvollzug her und veranschaulicht zugleich die Funktionsweise eines idealen Schreibens (worin die Literarizität dieser textuellen Erkenntnisweise besteht), wo jedes Wort gleichsam an seinem vorgesehenen Platz stehen würde (was den hermetischen Charakter von Benjamins Text bedingt). Diese *Inszenierung einer Textualität des Erkennens* operiert durch einen Integrations- und Transformationsprozess anderer Schreibkonzepte, von denen sie sich absetzt.

Dies lässt sich nicht nur für eine jüdische Kommentarpraxis, wie Scholem sie konstruiert, zeigen, sondern auch für die auf allgemeine Verständlichkeit abzielenden ästhetischen Schülerkommentare und, noch allgemeiner, für den Autoritätsanspruch des herkömmlichen Kommentars, den Benjamin in seinen Kommentaren zu Gedichten von Bertolt Brecht noch weiter verfremdet. Diese negativen Bezüge lagern sich meist in theoretischen und hochgradig polysemantischen Begriffen (wie z. B. ‚Dichtkunst', ‚philologisch', ‚ästhetisch', ‚Kommentar', ‚innere Form' oder ‚Funktionsinbegriff') in Spuren ab und konstituieren so die Hyperlesbarkeit von Benjamins Text, die dieser beispielhaft mittels der Selbstbezeichnung als ‚ästhetischer Kommentar' inszeniert. Benjamins Text ist also weniger erschöpfende Exegese der beiden kommentierten Hölderlin-Gedichte; sie bieten ihm vielmehr Gelegenheiten für eine (Selbst-)Erkundung der Sprache, die den konkreten Fassungsvergleich ebenso einschließt wie allgemeine Reflexionen über ästhetische Bewertungskriterien, theoretische Begriffe, die in ihrem Geflecht geschichtlicher, diskursiver, affektiver Prägungen wieder bzw. neu lesbar werden, ebenso wie den Entwurf einer ästhetischen Topologie des Denkens und der Sprache sowie ihrer ontologischen Möglichkeitsbedingung (d. i. das Gedichtete), eines sprachlich bestimmten und die Sprache bestimmenden besonderen Weltverhältnisses. In einer beispielhaften Inversion von Instanz und

---

[133] GS II/1, S. 107.

Funktion scheinen Hölderlins Gedichte so zu einer Art Interlinearversion – *einer* neben anderen verborgenen – des sich als pseudo-heiliger Text gerierenden Kommentars der Sprache zu werden.

In diesem Sinn hat der Germanist und Philosoph Furio Jesi treffend bemerkt, Benjamins Kommentar stelle sich als ein der Zeit enthobener anschaulicher *Text-Raum* dar, den überdies eine ethische Dimension auszeichne. Denn in diesen Text-Raum schreiben sich nicht nur herausragende kanonische Texte als Interlinearversionen ein, sondern er trägt auch die schwachen Spuren von vergessenen, aber notwendig ‚unvergesslich'[134] bleibenden Texten, mittels deren beispielhafter Kommentierung der ästhetische Kommentar sich selbst kommentiert, ohne von seinen Gegenständen alles preiszugeben. Die Aufgabe des Kommentators, des Essayisten („saggista"[135]), besteht nach Benjamin, so Jesi, darin, den eigenen Text zu einem solchen Schrift-Raum werden zu lassen, innerhalb dessen vergangene Texte in Spuren ihrer stummen „Gegenständlichkeit"[136] als Interlinearversion heimlich gegenwärtig bleiben – und in der Lektüre plötzlich aktualisierbar werden.[137] Die solcherart als Interlinearversionen des ästhetischen Kommentars verstandenen Intertexte aber bieten keine kohärente Interlinearübersetzung von diesem, sondern immer nur diskontinuierliche, uneindeutige und miteinander vielstimmig interagierende Verstehens*möglichkeiten*.

2.4 Vom Kommentar zum Kommentandum. Benjamins Brecht-Kommentare

Statt auf einen vorgegebenen Kanon von (antiken) „großen Werken der Klassik"[138] zurückzugreifen, unterläuft Benjamins ästhetischer Kommentar also, um die

---

134 Siehe dazu Agamben: *Die Zeit, die bleibt*, S. 51–54, zur Erfordernis eines ‚Unvergesslich'-Bleibens als einer Art Rückübersetzung der Wirklichkeit in die Möglichkeit mittels einer hyperlesbaren, ‚impotenzialen' Schreibweise, die Agamben als Ausdruck einer messianischen Modalität auffasst. Über den paradoxen Status des Unvergesslichen schreibt Benjamin selbst: „So dürfte von einem unvergeßlichen Leben oder Augenblick gesprochen werden, auch wenn alle Menschen sie vergessen hätten." (GS IV/1, S. 10; vgl. GS II/2, S. 450, über „das Unvergeßliche" als „Ursprung des Erzählten")
135 Furio Jesi: „Il testo come versione interlineare del commento", in: *Caleidoscopio benjaminiano*, hg. von Enzo Rutigliano und Giulio Schiavoni, Rom 1987, S. 217–220, hier: S. 219.
136 GS II/1, S. 105.
137 Vgl. Jesi: „Il testo come versione interlineare del commento", S. 219.
138 GS II/1, S. 105.

vorhergehenden Lesarten abschließend um einen ethisch-politischen Blickwinkel zu erweitern, die traditionellerweise affirmative Funktion des Kommentars. Er tut dies durch die Geste, mit *Blödigkeit* einen als Zeugnis für Hölderlins ‚Wahnsinn' bislang marginalisierten Text *als* klassischen, d.h. als durch eine Kommentartradition bereits kanonisierten Text zu behandeln. Es liegt daher nahe, Benjamins spätere methodologische Vorbemerkungen seiner *Kommentare zu Gedichten von Brecht* (1938) im Hinblick auf diesen – in den Kapiteln zum Kraus-Essay und zu den Geschichtsthesen dann weiter vertieften – Aspekt pointiert vergleichend heranzuziehen.[139]

Zwar zitiert Benjamin mit dem Begriff ‚Kommentar' zu Beginn beider Texte eine „archaische Form", die „zugleich eine autoritäre Form" ist und auf der „Klassizität" des kommentierten Textes basiert.[140] Doch wird der Autoritätsanspruch des Kommentars, steht die Klassizität seines Textgegenstandes in Frage, entsprechend verfremdet. *Blödigkeit* oder den politischen Gedichten eines noch lebenden Autors einen Kommentar zu widmen und ihnen damit Klassizität zu unterstellen („Lyrisches *wie* einen klassischen Text zu lesen"[141]), heißt folglich, den Gestus des Subversiven vom kommentierten Text auch auf den Kommentar zu übertragen und so den Formbegriff von innen heraus zu transformieren:

> Es ist bekannt, daß ein Kommentar etwas anderes ist als eine abwägende, Licht und Schatten verteilende Würdigung. Der Kommentar geht von der Klassizität seines Textes und damit gleichsam von einem Vorurteil aus. Es unterscheidet ihn weiter von der Würdigung, daß er es mit der Schönheit und dem positiven Gehalt seines Textes allein zu tun hat. Und es ist ein sehr dialektischer Sachverhalt, der diese archaische Form, den Kommentar, der zugleich eine autoritäre Form ist, im Dienste einer Dichtung in Anspruch nimmt, die nicht allein nichts Archaisches an sich hat sondern auch dem, dem heute Autorität zuerkannt wird, die Stirne bietet.[142]

Zwar sind diese Sätze auf Benjamins Kommentierung von Brechts Gedichten gemünzt, seine Reflexionen *Zur Form des Kommentars* aber lesen sich zum Teil wie ein nachträgliches Echo auf den früheren ästhetischen Kommentar zu Hölderlins Gedichten. Denn geht der herkömmliche Kommentar von der „Klassizität seines Textes" aus, dessen „Schönheit und [...] positiven Gehalt" zu ergründen als seine Aufgabe gelte, laufen Benjamins Hölderlin-Kommentar ebenso wie seine Brecht-

---

[139] Zum Verhältnis zwischen Benjamins Begriff ‚Kommentar' im Goethe-Essay und in seinen Brecht-Kommentaren vgl. auch Erdmut Wizisla: *Benjamin und Brecht. Die Geschichte einer Freundschaft*, Frankfurt a. M. 2004, S. 205 ff.
[140] GS II/2, S. 539.
[141] Ebd., S. 540 (meine Hervorhebung).
[142] Ebd., S. 539.

2.4 Vom Kommentar zum Kommentandum

Kommentare dieser Absicht entgegen, ja persiflieren sie gar: Weder geht es ihnen um eine sich an einem Regelkanon und geometrischer Schematisierung orientierende „Schönheit", noch um einen „positiven Gehalt" des Textes, um die Extrapolation einer ‚Positivität' im Sinne Hegels.[143] Hölderlins Gedichte nur auf ihre Positivität hin zu befragen und auszulegen, hieße für Benjamin wohl, sie allein auf eine „objektiv-historische Disposition des Wissens"[144] zurückzuführen, d.h. sie gemäß strukturierter Wissensbereiche und Dispositive, wie z.B. einer gattungstheoretischen Bestimmung oder metrischen Analyse, zu zergliedern, zu rubrizieren und so gleichsam zu neutralisieren. Wenn Benjamin „ein sehr dialektischer Sachverhalt" an der Frage aufgeht, wie gerade die mit der Autorität paktierende Kommentarform in den „Dienste einer Dichtung" genommen werden und den anti-autoritären Impuls von Brechts Gedichten bewahren könne, stellt er explizit eine solche Praxis des Festschreibens und Reduzierens eines Textes auf seinen „positiven Gehalt" durch den herkömmlichen Kommentar in Frage.[145]

Indem Benjamins ästhetischer Kommentar Züge sowohl jener autoritären Form als auch des Widersetzlichen, des Unsagbaren und gleichwohl Unvergesslichen, seiner Texte trägt, wird er – um einen bildtheoretischen Begriff von Georges Didi-Huberman auf Benjamins Schreibpraxis zu übertragen – zu einer Art *„ressource"*[146], „un opérateur temporel de survivances"[147], in dem das Bedeutungspotenzial von Texten, die uns jederzeit gänzlich fremd zu werden drohen, ‚nachlebt'. Dieses Potenzial kann für Benjamin, *„malgré tout"*[148], gerade in der ästhetisch-dialektischen Dimension neuer-alter Formen in schwachen Spuren gerettet werden. Denn womöglich wird gerade in deren „Falten", in den gestischen Verwerfungen ihrer Textualität, wie Benjamin in *Zur Form des Kommentars* bezeichnenderweise in Klammern erwägt, „morgen das Geheimnis sich retabliert haben".[149]

---

143 Zum Begriff ‚Positivität' bei Hegel als einem Sammelbegriff für die den Individuen von historisch konstituierten Autoritäten auferlegten Regulierungsmechanismen und in dieser Hinsicht als Vorläufer von Foucaults ‚Dispositiv'-Begriff vgl. Giorgio Agamben: *Che cos'è un dispositivo?*, Rom 2006, S. 9–12.
144 Holden Kelm: *Hegel und Foucault. Die Geschichtlichkeit des Wissens als Entwicklung und Transformation*, Berlin / München / Boston 2015, S. 394.
145 GS II/2, S. 539.
146 Georges Didi-Huberman: *Survivance des lucioles*, Paris 2009, S. 103.
147 Ebd., S. 102.
148 Ebd., S. 112.
149 GS II/2, S. 540. Mit einer Variation dieses Bildes einer allmählichen Sedimentation von Bedeutungen in der Form veranschaulicht Benjamin das Verhältnis zwischen Original und Übersetzung im Übersetzer-Essay: Es umgebe „die Sprache der Übersetzung ihren Gehalt wie ein Königsmantel in weiten Falten. Denn sie bedeutet eine höhere Sprache als sie ist und bleibt dadurch ihrem eigenen Gehalt gegenüber unangemessen, gewaltig und fremd" (GS IV/1, S. 15).

3 Goethes Wahlverwandtschaften.
Die Kritik diesseits und jenseits des Kunstwerks

Zur Frage nach der Gattungszugehörigkeit von Benjamins Langessay *Goethes Wahlverwandtschaften* (1924–25) hält Jean-Michel Palmier die bemerkenswerte Beobachtung fest, „die Gattung ‚Essay' erhält dort jenen tiefen Sinn, den Lukács ihr in *Die Seele und die Formen* zugesprochen hatte"[1], und antizipiere damit bereits die Methodik der Arbeit über das deutsche Trauerspiel. Auf welchen „tiefen Sinn" von Lukács' Auffassung des Essays, der sich in Benjamins Goethe-Essay entfalte und hier gewissermaßen zu sich selbst komme, spielt Palmier in seiner knappen Bemerkung an? Beruht diese auf einer bloß intuitiv erfassten Ähnlichkeit zweier Schreibweisen, die beide *irgendwo* im Grenzgebiet von Kunst und Philosophie zu verorten sind, oder kann sie sich auf ein (gattungs-)theoretisches Fundament berufen? Der Umstand, dass in der Forschung tatsächlich vereinzelt Versuche angestellt worden sind, Benjamins umfangreiche Arbeit über Goethe nicht nur als ‚Essay' zu bezeichnen, sondern ihrem Verständnis auch von einer möglichen Zugehörigkeit zu einer Gattung des Essays her näherzukommen, spricht für Palmiers Feststellung.[2] So hat etwa schon Bernd Witte in seinem Standardwerk *Walter Benjamin – Der Intellektuelle als Kritiker* im Kontext seiner Reflexionen über den Goethe-Essay Überlegungen zu „Metapher, metaphorisches Verfahren und Essay"[3] angestellt.

---

[1] Palmier: *Walter Benjamin*, S. 330. Zu Recht betont Palmier die Relevanz der Gattungsfrage in Bezug auf Benjamins Schreibweisen und seinen Begriff von Literaturkritik: „Jede Untersuchung über die theoretischen Grundlagen des Begriffs der Literaturkritik bei Benjamin macht es notwendig, die Frage zu stellen, welcher Gattung eigentlich seine Hauptschriften angehören." (Ebd., S. 788)

[2] Nach Gabrielli lasse sich erst ausgehend von „einer begrifflichen Klärung des Phänomens des Essayismus" (ders.: *Sinn und Bild bei Wittgenstein und Benjamin*, S. 377 f.) ein systematischer Lektüreleitfaden des Goethe-Essays und der Trauerspiel-Arbeit entwickeln. Gabrielli versucht den Benjamin'schen Essay als exemplarischen Ort der Formulierung des Problems des ‚Sinns' durch das Besondere zu verstehen, unternimmt dies allerdings nicht konsequent aus dem Essay selbst heraus, sondern im Lichte Wittgenstein'scher Begriffe. Vereinzelte beiläufige Bemerkungen zur wie selbstverständlich hingenommenen Essay-Form des *Wahlverwandtschaften*-Essays finden sich vielerorts, etwa in Helmut Hühns und Jan Urbichs „Einleitung: Benjamins *Wahlverwandtschaften*-Essay", in: *Benjamins Wahlverwandtschaften. Zur Kritik einer programmatischen Interpretation*, hg. von Helmut Hühn, Jan Urbich und Uwe Steiner, Berlin 2015, S. 9–33, hier: S. 15: „In der Form des Essays kann Benjamin, was für seine Arbeiten insgesamt charakteristisch ist, das Erkenntnissubjekt mit dem Erkenntnisobjekt verschränken."

[3] Siehe das gleichnamige Kapitel in Witte: *Walter Benjamin – Der Intellektuelle als Kritiker*, S. 85–98. Wenn Witte seine Überlegungen über Benjamins Goethe-Essay als ‚Essay' mit der

Nehmen diese Lektüren meist eine direkte Übertragung und kursorische Überblendung von Lukács' oder Adornos Essay-Begriff auf Benjamins Goethe-Essay vor, wird im Folgenden – wie schon in den vorhergehenden Text-Analysen – die spezifische Selbstmedialisierung von Benjamins essayistischen Schreibpraktiken herausgearbeitet. Im Fokus stehen ihre Formen von textorientierter Autoreflexivität, die sich im Medium des Schreibens über literarische, ihr meist weitgehend gattungsferne Texte (wie z. B. über Gedichte oder Romane) entfaltet und sich besonders dort zeigt, wo diese auf bestimmte Gattungsbegriffe gebracht werden. Wie im Hölderlin-Essay nämlich vollzieht sich auch im *Wahlverwandtschaften*-Essay durch verschiedene Gattungsreflexionen – auf konzeptioneller wie auf schreibpraktischer Ebene – eine Reihe von Hybridisierungen von Gattungsformen: Benjamins essayistisches Schreiben kommentiert sich durch ein begriffliches Abtasten seines Gegenstandes mittelbar selbst, indem es sich wechselnde Umschreibungen versuchsweise aneignet, wie *en passant* anlegt und wieder abstreift. Etwa wenn er Goethes Roman, der novellistisch und dem Epos verwandt sei und epische, lyrische und dramatische Elemente besitze, eine „chimärische Natur"[4] zuschreibt und ihn als „Grenzform"[5], als fragmentarisch und einheitlich durchgestaltet oder als ironisch und moralisch zugleich beschreibt, was mitunter auch auf Benjamins Text zutrifft.

Aber: Ähnelt Benjamins, wie er sie selbst bezeichnet, „im einzelnen eingehende Darlegung der Wahlverwandtschaften"[6] in ihrer schon von Hugo von Hofmannsthal hervorgehobenen „hohe[n] Schönheit der Darstellung"[7] zwar einem ästhetischen Kunstprodukt, lässt sie sich doch als *reflexive Selbstdarbietung* in Form einer Medien und Gattungen übergreifenden argumentativen Strategie verstehen. Denn sie besitzt eine besondere ästhetische Rationalität, die sich in vielfältigen theoretischen Formen von Wissenschaft und Reflexionen über Kunstwerke, die sie ebenso wie verschiedene künstlerische Formen *passiert*, reproduziert, nach-schreibt und dadurch selbst erfragt. In den selbst-gegebenen,

---

Feststellung beschließt, dass „der *Wahlverwandtschaften*-Essay [...] sich selbst als absolutes Kunstwerk begreift" (ebd., S. 97), scheint er Lukács' heuristische Definition des Essays „als Kunstwerk, als Kunstgattung" (ders.: „Über Form und Wesen des Essays", in: ders.: *Die Seele und die Formen*, S. 23) vorschnell auf Benjamins Essay zu übertragen, in dessen Selbstbezeichnung als ‚Kommentar' und ‚Kritik' sich eine ästhetische Rationalität ausdrückt, die seinen Kunstwerkcharakter übersteigt; zudem identifiziert Lukács selbst den Essay nicht mit der Kunst, sondern stellt ihn explizit „neben die Kunst" und verortet ihn auf halbem Wege *zwischen* Kunstwerk und „der eisig-endgültigen Vollkommenheit der Philosophie" (ebd.).

4 GS I/1, S. 162.
5 Ebd., S. 168.
6 Ebd., S. 125.
7 Hugo von Hofmannsthal an Florens Christian Rang am 20.11.1923, zit. n. GB II, S. 380.

keinesfalls fest umrissenen Gattungsbegriffen ‚Kommentar' und ‚Kritik' kommt diese Autoreflexivität am deutlichsten zum Ausdruck. Sie ähnelt der im Hölderlin-Essay erprobten Schreibweise, die Benjamin auf den spannungsreichen Begriff „ästhetischer Kommentar"[8] brachte, und akzentuiert mittels einer Verschiebung ins Ästhetisch-Moralische weitere Facetten essayistischer Schreibweisen. Dieses kritisch-kommentarische Verfahren schreibt sich erneut in andere mögliche Formtraditionen sekundärer Bezüge auf Texte ein – und hebt sich zugleich negativ von ihnen ab, wie z. B. von der Praxis romantischer Kunstkritik.

Im Folgenden wird das instabile Verhältnis zwischen den Begriffen ‚Kritik' und ‚Kommentar' untersucht, das Benjamin insbesondere in den methodologischen Vorbemerkungen der drei Teile des *Wahlverwandtschaften*-Essays sowie in seinen zentralen theoretischen Passagen reflektiert. Indem die Begriffe von Kritik und Kommentar zwischen Identität und Differenz changieren, führt sein Schreiben exemplarisch eine ihre *Vorläufigkeit* akzentuierende, jede eindeutige Form stetig überbietende essayistische Verfahrensweise vor. In diesem Sinne bewertet Benjamin selbst seinen Goethe-Essay „gleich wichtig als exemplarische Kritik wie als Vorarbeit zu gewissen rein philosophischen Darlegungen"[9].

3.1 Zwischen „Kommentar" und „Kritik". Der Essay als reflexive Selbstdarbietung im Medium der Formen

Gleich in den ersten Sätzen des Goethe-Essays konturiert Benjamin die Verfahrensweise seiner Untersuchung und distanziert sich, wie schon im Essay über *Zwei Gedichte von Friedrich Hölderlin*, von einem rein philologisch-historischen Interesse an „Dichtungen":

> Die vorliegende Literatur über Dichtungen legt es nahe, Ausführlichkeit in dergleichen Untersuchungen mehr auf Rechnung eines philologischen als eines kritischen Interesses zu setzen. Leicht könnte daher die folgende, auch im einzelnen eingehende Darlegung der Wahlverwandtschaften über die Absicht irre führen, in der sie gegeben wird. Sie könnte als Kommentar erscheinen; gemeint jedoch ist sie als Kritik. Die Kritik sucht den Wahrheitsgehalt eines Kunstwerks, der Kommentar seinen Sachgehalt. Das Verhältnis der beiden bestimmt jenes Grundgesetz des Schrifttums, demzufolge der Wahrheitsgehalt eines Werkes, je bedeutender es ist, desto unscheinbarer und inniger an seinen Sachgehalt gebunden ist.[10]

---

[8] GS II/1, S. 105.
[9] Brief an Scholem vom 08.11.1921, GB II, S. 208.
[10] GS I/1, S. 125.

Die hier antizipierte Einschätzung seiner Darlegung „als Kommentar", als welchen Benjamin sie zwar nicht verstanden wissen will, als welcher sie aber dennoch erscheinen könnte, gehört diesem Verfahren wesentlich zu. Diese mögliche Rezeptionsweise seiner Untersuchung liegt zwar angeblich jenseits der Intention des Autors – sie sei nicht als Kommentar „gemeint" –, doch scheint sich der Eindruck des Textes als Kommentar wie von selbst einzustellen; ja, diese eingeräumte Möglichkeit seiner Rezeption bekräftigt offenbar eine wesentliche seiner Bestimmungen gerade im Versuch ihrer Entkräftung. Der Text scheint sich seinem Autor gegenüber verselbstständigt zu haben und auch die Leserin über dessen „Absicht irre führen" zu können.

Der Eindruck seiner Untersuchung als Kommentar, so Benjamins Erklärung, ergebe sich aus zwei gemeinhin dem (philologischen) Kommentar – und nicht der Kritik – zugeschriebenen formalen Merkmalen: der überblicksartigen „Ausführlichkeit" des Textes und seinem stellenweisen Eingehen „im einzelnen". Das Kriterium seines kritischen Zugriffs auf Goethes Roman scheint er für sein eigenes Verfahren geltend machen zu wollen, wenn er im methodologischen Vorspann seines Essays dessen nicht eindeutige Textsortenzugehörigkeit zwischen historischer Relativität und Pseudoreferenzialität des ‚Meinens' des Autors einerseits und dem ‚Erscheinen' des Textes andererseits problematisiert. Das Verhältnis zwischen einem unabsichtlichen, aber an bestimmte *data* gebundenen ‚Erscheinen-als' des Textes und der verborgen bleibenden Absicht seines Autors wird jedoch allenthalben konfundiert. Verwirrung stiften etwa die konjunktivischen Konstruktionen, die suggestiven Formulierungen „legt es nahe" und „irre führen" sowie die unpräzisen Gradadverbien „mehr" und „leicht". Gleich zu Textbeginn also markiert und inszeniert Benjamins Essay eine unbeständige auktoriale Distanz zwischen der Intention seines Autors, die er nicht einfach repräsentiert und abbildet, und dem, was der Text über sich selbst aussagt und ausdrückt. Diese Tendenz zur Selbstpräsentation oder, um den treffenden ästhetischen Begriff von Martin Seel aufzugreifen, zur Selbstdarbietung nähert ihn dem ästhetischen Kunstverfahren an. Damit ist an dieser Stelle allerdings nicht nur ein spezifisches Kunstverfahren im Sinne Seels gemeint, der den Begriff ‚Darbietung' allein auf Kunstwerke anwendet,[11] sondern im erweiterten und übertragenen Sinne *einer* der Aspekte des Essays, durch den sich seine spezifische Autoreflexivität vollzieht.

---

11 Zu diesem Begriff von ‚Darbietung' vgl. Martin Seel: *Ästhetik des Erscheinens*, München / Wien 2000, S. 179–186, sowie ders.: *Die Macht des Erscheinens. Texte zur Ästhetik*, Frankfurt a. M. 2007, S. 56–66.

Denn Benjamins Essay thematisiert und reflektiert, dadurch seine Rezeption im Horizont bestimmter Gattungstraditionen lenkend, die Möglichkeiten seines Erscheinens ‚als': seines *Erscheinens als diese und jene Gattung.*[12] Und mehr: Benjamins Text reflektiert eingangs nicht einfach nur darüber, dass *alles* „Schrifttum", er selbst eingeschlossen, vom Problem des Scheins affiziert ist – und nicht etwa nur das literarische Kunstwerk, wo sich das Erscheinen seiner Formen, Materialien und Medien (sein „Sachgehalt") nicht-bewusst zuträgt und einen sich der Intention seines Urhebers entziehenden künstlerischen Schein (seinen „Wahrheitsgehalt") evoziert. Aus dem inszenierten Eingeständnis seines nicht-intentionalen Erscheinens schlägt der Essay überdies, wie es weiter heißt, „ein unschätzbares Kriterium seines Urteils"[13], d. i. epistemologischen Gewinn. Denn der sich vermeintlich der Autorintention entziehende Anschein des Essays „als Kommentar" bedeutet, wie in einer Umkehrung der Blickrichtung deutlich wird, nicht etwa Willkür und Nicht-Bewusstheit des Verfahrens. Vielmehr zeichnet sich in ihm eine ästhetische Rationalität ab, die sich der bloßen Subjektivität zugunsten einer objektivierbaren Historizität entwindet.[14] Diese schlägt sich in den

---

12 Mit Benjamins Essay *Lehre vom Ähnlichen* ließe sich diese Schreib- und Medienstrategie des Essays als inszeniertes „mimetisches Vermögen" (GS II/1, S. 204) bezeichnen, durch die Herstellung „unsinnlicher Ähnlichkeiten" (ebd., S. 208) mittels dichter Intertextualität, textueller Kontiguität, Konstellierung von Begriffen oder Bildern die Sinnpluralität des jeweils Gegebenen zu erschließen und gleichsam *sehen zu lassen.* Der Essay führt eine alternative Strategie textuell erzeugten Wissens vor, indem er etwa durch Gattungsreflexionen und -hybridisierungen ‚nicht auf der Hand liegende' Ähnlichkeiten erst erzeugt: „Die Einsicht in die Bereiche des ‚Ähnlichen' ist von grundlegender Bedeutung für die Erhellung großer Bezirke des okkulten Wissens. Zu gewinnen ist aber solche Einsicht weniger im Aufweis angetroffener Ähnlichkeiten als durch die Wiedergabe von Prozessen, die solche Ähnlichkeit erzeugen." (Ebd., S. 204) Einsicht und Wahrnehmung dieser textgebundenen Ähnlichkeiten sind für Benjamin, vergleichbar den erst mit der Dauer zutage tretenden Sachgehalten des Kunstwerkes, „an ein Zeitmoment gebunden" (ebd., S. 206 f.), an ein unvermitteltes „Aufblitzen" (ebd., S. 206) von Analogien. Im Goethe-Essay spricht Benjamin vergleichbar von der zu erlangenden „Einsicht in einen Lichtkern" (GS I/1, S. 158). Diese aufblitzende Einsicht mag an die platonische Idee der *anámnēsis* erinnern, ist von ihr als Lehre der Reminiszenz und Wiedererkennung einer latenten, verschütteten *apriorischen* Wissenseinheit aber zu unterscheiden, da die Erzeugung von Wissensbeständen im Medium des Essays nur im *hic et nunc* statthat. Die bei Benjamin virulente Metapher des plötzlichen Aufblitzens oder Aufleuchtens einer Einsicht (in) der Sprache scheint überdies ein retroaktives Prinzip der (dichterischen) Sprache in sich zu bergen, nämlich ein mögliches Umschlagen einer umfassenden Einsicht in Blendung, in Mythos, Schein und Ästhetizismus, dem der Essay mit autoreflexiven Inszenierungsstrategien entgegenarbeitet.
13 Ebd., S. 125.
14 In diesem Punkt zeigt sich am deutlichsten Benjamins Distanz zur romantischen Theorie und Praxis der Kunstkritik, welche die objektive Geschichtlichkeit des Kunstwerkes verkenne. Der ‚echten' Kritik, so Benjamin in einem Brief an Florens Christian Rang vom 09.12.1923 über seine

„Realien"[15] des Werkes palimpsestartig nieder, das so zu einem – mit Hühn und Urbich – „Medium geschichtlicher Selbsterkenntnis"[16] wird. Vom Kritiker als einem Kommentator und „Paläographen" sind diese Realia nach Benjamin zunächst zu entziffern, bevor der spezifische Wahrheitsgehalt des Kunstwerks – als ein „verblichener Text" – zutage treten und lesbar werden kann:

> Mehr und mehr wird für jeden späteren Kritiker die Deutung des Auffallenden und Befremdenden, des Sachgehaltes, demnach zur Vorbedingung. Man darf ihn mit dem Paläographen vor einem Pergamente vergleichen, dessen verblichener Text überdeckt wird von den Zügen einer kräftigern Schrift, die auf ihn sich bezieht. Wie der Paläograph mit dem Lesen der letztern beginnen müßte, so der Kritiker mit dem Kommentieren.[17]

Doch gerät auch diese vermeintlich stringent rückwärtsgewandte Lektürerichtung, die vom Kommentieren und „Lesen der letztern" Schrift zur Kritik der verblichenen durchdringt, wiederum ins Schwanken, wenn Benjamin „die kritische Grundfrage" nach der *Anteriorität* stellt: ob im Kunstwerk „der Schein des Wahrheitsgehaltes dem Sachgehalt oder das Leben des Sachgehaltes dem Wahrheitsgehalt zu verdanken sei".[18] Damit wird auch die vermeintliche Vorrangigkeit der kommentarischen vor der kritischen Praxis fragwürdig. Suggeriert nämlich die Palimpsest-Metapher eine solche, wird durch die Eigenlogik des Gleichnisses vom Werk als einem flammenden Scheiterhaufen, dessen Wahrheitsgehalt (die Flamme) auf dem Sachgehalt (den Holzscheiten) basiert, gerade eine gegenteilige Rangfolge zum Ausdruck gebracht:

Wahlverwandtschaften-Arbeit, gehe es um eine „Ansiedlung des Wissens" in Werken, nicht um „Steigerung des Bewußtseins in ihnen (Romantisch!)" (GB II, S. 393). Die im Trauerspiel-Buch formulierte Aufgabe der Kritik lautet ähnlich: „Kritik ist Mortifikation der Werke. Dem kommt das Wesen dieser mehr als jeder andern Produktion entgegen. Mortifikation der Werke: nicht also – romantisch – Erweckung des Bewußtseins in den lebendigen, sondern Ansiedlung des Wissens, in ihnen, den abgestorbenen." (GS I/1, S. 357) Vgl. Heinrich Kaulen: „,Die Aufgabe des Kritikers'. Walter Benjamins Reflexionen zur Theorie der Literaturkritik 1929–1931", in: *Literaturkritik – Anspruch und Wirklichkeit*, hg. von Wilfried Barner, Stuttgart 1990, S. 318–336, hier: S. 325: Statt eine „progressive Annäherung des Werks an seine absolute Idee" zu betreiben, habe die Literaturkritik nach Benjamin „dessen Stillsetzung und Zertrümmerung" und zuletzt die „Wiederherstellung der historisch verfallenen Schönheit im philosophischen Wissen" als der Möglichkeitsbedingung der Sicherung des ,Fortlebens' der Werke zu leisten; vgl. auch Witte: *Walter Benjamin – Der Intellektuelle als Kritiker*, S. 42, und Palmier: *Walter Benjamin*, S. 823 f.

15 GS I/1, S. 125.
16 Hühn / Urbich: „Einleitung: Benjamins *Wahlverwandtschaften*-Essay", S. 10.
17 GS I/1, S. 125.
18 Ebd.

> Will man, um eines Gleichnisses willen, das wachsende Werk als den flammenden Scheiterhaufen ansehn, so steht davor der Kommentator wie der Chemiker, der Kritiker gleich dem Alchimisten. Wo jenem Holz und Asche allein die Gegenstände seiner Analyse bleiben, bewahrt für diesen nur die Flamme selbst ein Rätsel: das des Lebendigen. So fragt der Kritiker nach der Wahrheit, deren lebendige Flamme fortbrennt über den schweren Scheitern des Gewesenen und der leichten Asche des Erlebten.[19]

‚Kritik' und ‚Kommentar' scheinen – dieser Eindruck stellt sich bereits bei einer aufmerksamen Lektüre nur der ersten zwei Seiten des Goethe-Essays ein – Hilfsbegriffe zu sein. Aus wechselnden Blickrichtungen und immer neu konstelliert umschreiben sie die *antinomische Struktur* einer Schreibpraxis, die am Beispiel einzelner Kunstwerke die Inkonsistenz jeder ätiologischen Erklärung, jeder Angabe einer eindeutigen *causa*, wie z. B. von Intention, Weltanschauung oder Leben des Autors, durchspielt und so den letztlich nicht angebbaren *Bestimmungsgrund des Denkens-Schreibens* als Fiktion unter anderen möglichen vorführt.[20] Im Hölderlin-Essay hatte Benjamin ebendieses eminent philosophische Problem mittels der im Goethe-Essay wieder aufgegriffenen Hilfskategorie des „Gedichteten"[21] zu veranschaulichen versucht: als einer objektiven Fülle von variablen „Verbindungsmöglichkeiten" und als „Bestimmbarkeit".[22] Erst die (Re-)Konstruktion des Gedichteten einer Dichtung, d. h. der Nachweis der

---

19 Ebd., S. 126.
20 Schon im Hölderlin-Essay hatte Benjamin gegen Deutungen polemisiert, die sich auf „Person oder Weltanschauung des Schöpfers" stützen, und diesen die Hilfskategorie des ‚Gedichteten' als „das einzig Feststellbare der Untersuchung" entgegengestellt, als „letzte[n] Grund [...], der einer Analysis zugänglich ist" (GS II/1, S. 105). Zu Beginn des zweiten Teils des Goethe-Essays nimmt er die Kritik an „fast aller neuern Philologie" und der Biografik, die v. a. Friedrich Gundolfs *Goethe* (Berlin 1916) trifft, wieder auf und unterstellt ihnen falsche Grund-Voraussetzungen („πρῶτον ψεῦδος"), weshalb all ihre Schlüsse über Kunst *zwangsweise* fehlgehen müssten (GS I/1, S. 155). Falsche Prämissen wirft er Wilhelm Diltheys Psychologie des ‚Gelebten' ebenso wie Gundolfs Begriff der ‚Gestalt' vor, die nach Benjamin eine Kontinuität zwischen dichterischem Leben, poetischem Ausdruck und hermeneutischem Verstehen unterstellen und „Werk, Wesen und Leben" (ebd., S. 157) unterschiedslos vermischen. Ebenso wenig aber sei Goethes Schreiben als *creatio ex nihilo*, als Schöpfung zu verstehen; es sei vielmehr ein ambivalentes „Gebilde" (ebd., S. 159), für das sich – wie Benjamin im Trauerspiel-Buch explizieren wird – zwar verschiedene Umstände seiner „Entstehung" angeben und rekonstruieren lassen, sein „Ursprung" jedoch gebe sich im „nackten offenkundigen Bestand des Faktischen [...] niemals zu erkennen" (ebd., S. 226). Den unbestimmbaren Faktor ‚Ursprung' hat die Kritik demnach als eine Art regulative Idee und Denk-Platzhalter für fortlaufende Sinnproduktion in ihre eigene antinomisch-essayistische Schreibweise hineinzunehmen und in jedem Denkschritt mitzureflektieren, statt ihn durch die Setzung apodiktischer Entstehungsfaktoren zu verstellen.
21 Ebd., S. 146.
22 GS II/1, S. 106.

Unerschöpflichkeit ihrer – auch historisch sedimentierten – Sinnpotenzen als ein ihr zugehörender und doch von ihr „gesonderter Bereich"²³, erbringe das Kriterium für ihren Kunstcharakter.

Im Medium einer solchen exemplarisch verfahrenden Untersuchung, im Essay, ergibt sich für Benjamin, *vice versa*, wie von selbst *ein* Zugang zum „Ideal des Problems"²⁴ als dem inneren Problem der Philosophie. Denn im Geltungsbereich der Kunst scheint sich für Benjamin in einer konkreten Form und ‚virtuell', d. i. in einer analogen distinkten Realität, das Problem des zwar nicht-angebbaren, aber deshalb nicht leeren Bestimmungsgrundes des Denkens, den im Bereich der Philosophie zu erfragen einen infiniten Regress bedeuten würde,²⁵ zu ‚exhibieren'²⁶, darzustellen bzw. darstell*bar* zu sein. Mittels seines zugleich objektorientierten (kommentarischen) und hypothetischen (kritischen) Verfahrens, das er in antinomischen Formgesten reflektiert, spürt der Essay im Bereich der Kunst der Philosophie wahlverwandte ‚Gebilde' auf und schreibt einzelnen Kunstwerken Paradigmatizität (ein ‚Gedichtetes') zu, wofür er sich bevorzugt literarischen Texten und darin wiederum einzelnen, ihr ‚Literarisches' betreffenden Momenten widmet, wie hier besonders dem Problem der Schönheit.²⁷ Im Spannungsgefüge

---

23 GS I/1, S. 158.
24 Ebd., S. 172f. Das „Ideal des Problems" – d.i. der „Begriff dieser nicht-existenten Frage, welche die Einheit der Philosophie erfragt" (ebd., S. 172), die sich ihr als der eigene Bestimmungsgrund entzieht – liegt für Benjamin in der Pluralität der Kunstwerke und ihrem nicht-vorausgesetzten Sinnpotenzial „vergraben" (ebd., S. 173); seine Förderung ist Aufgabe einer exemplarischen Kritik: „Sie läßt im Kunstwerk das Ideal des Problems in Erscheinung, in eine seiner Erscheinungen treten. Denn das, was sie zuletzt in jenem aufweist, ist die virtuelle Formulierbarkeit seines Wahrheitsgehalts als höchsten philosophischen Problems; wovor sie aber, wie aus Ehrfurcht vor dem Werk, innehält, das ist eben diese Formulierung selbst." (Ebd.) Zur Denkfigur des ‚Virtuellen' bei Benjamin vgl. Samuel Weber: *Benjamin's -abilities*, Cambridge / London 2008.
25 Vgl. GS I/1, S. 172: „Wäre nämlich die Einheit in der Lösung aller Probleme selbst erfragbar, so würde alsbald mit Hinsicht auf die Frage, welche sie erfragt, die neue sich einstellen, worin die Einheit ihrer Beantwortung mit der von allen übrigen beruhe. Daraus folgt, daß es keine Frage gibt, welche die Einheit der Philosophie erfragend umspannt. Den Begriff dieser nichtexistenten Frage, welche die Einheit der Philosophie erfragt, bezeichnet in der Philosophie das Ideal des Problems. Wenn aber auch das System in keinem Sinne erfragbar ist, so gibt es doch Gebilde, die, ohne Frage zu sein, zum Ideal des Problems die tiefste Affinität haben. Es sind die Kunstwerke."
26 Im erläuterten Kant'schen Sinne von „indirekten Darstellungen[] nach einer Analogie" (KdU, § 59, S. 296; AA V, S. 352), die in Kapitel II.2.2 als textuelle Erkenntnisfiguren des Essays gelesen wurden.
27 Benjamins Versuch einer exemplarischen Begründung kunstkritischer Praktiken und Techniken des Beurteilens von ästhetischen (literarischen) Objekten bildet sich am Beispiel von Goethes Roman in der Auseinandersetzung mit verschiedenen Schönheitsdispositiven heraus, welche die kunstkritischen Praktiken subversiv beeinflussen und verändern: Immer wieder gleitet die kommentarische Kritik gleichsam auf dem beweglichen historischen Prozess und „Kontinuum

paradigmatischer Darstellung inszeniert der Essay so ein das Problem der Anteriorität scheinbar aushebelndes paradoxes Ineinanderfallen: von einzelnem Phänomen und seinem a priori nicht formulierbaren und sich erst *in* der konkreten Darstellung konstituierenden eigenen Maßstab. Im Paradigma zeigt der Essay, anders gesagt, beispielhaft die *Denknotwendigkeit eines allgemeinen Ermöglichungsgrundes von Erkenntnis überhaupt* auf.

Diese Aufgabe einer Darstellung des ‚Ideals des Problems' im Medium des Essays, d.h. seine Ergründung der spezifischen Modi der (stellvertretenden) Artikulationen von Erkenntnisgrenzen und -hindernissen – von *problémata* – im Kunstwerk, gilt es näher zu verstehen. Benjamins Abtasten und unentwegtes Umwenden des Verhältnisses von Kritik und Kommentar, an dem der Essay-Charakter seines Textes selbstreflexiv zum Ausdruck kommt, ist hier weiterhin erkenntnisleitend. Wurden in den Metaphern des Kunstwerks als eines schichtenweise beschriebenen Pergamentes und als eines Scheiterhaufens, der sein eigenes Fundament verzehrt, die Vorrangigkeit von Wahrheits- und Sachgehalt sowie von Kritik und Kommentar verkehrt, kulminiert diese *mise en scène* des unbeständigen Ineinanders von Kritik und Kommentar in der komplexen Metapher des Siegels:

> Wie die Form eines Siegels unableitbar ist aus dem Stoff des Wachses, unableitbar aus dem Zweck des Verschlusses, unableitbar sogar aus dem Petschaft, wo konkav ist, was dort konvex, wie es erfaßbar erst demjenigen ist, der jemals die Erfahrung des Siegelns hatte und evident erst dem, der den Namen kennt, den die Initialen nur andeuten, so ist abzuleiten der

---

der Formen" (GS I/1, S. 92) des Schönen und einzelner Schönheitsdispositive aus, und versucht gleichwohl die Dimensionen ‚der' Schönheit zu erfassen, ohne dass diese jemals begrifflich, d. i. nach dem Prinzip der Adäquation von Erkenntnisschemata und Untersuchungsgegenstand, formalisierbar wären. Am Beispiel der Unenthüllbarkeit des Schönen – das Schöne ist „der Gegenstand in seiner Hülle" (ebd., S. 195) – zeigt die Kritik *eine* Erfahrung der Grenzen der Erkenntnis auf. Die Stelle des Versuchs einer restlosen Enthüllung der Schönheit, die in Goethes Roman „bis zur Grenze dessen hervor[tritt], was im Kunstwerk sich fassen läßt" (ebd., S. 182), nimmt eine neue kritisch-kommentarische Praxis ein, welche die Pluralität der Schönheitsdispositive (Schönheit als Schein oder als unenthüllbares Geheimnis, Ottilie als sprachlos-unschuldige Schönheit etc.) und das reflexive negative Moment des „Ausdruckslosen" (als „die kritische Gewalt, welche Schein vom Wesen in der Kunst zwar zu trennen nicht vermag, aber ihnen verwehrt, sich zu mischen"; ebd., S. 181) im Roman als Signale für eine Koexistenz von Sinnbedeutungen liest, die ihre eigene Relativität mittransportieren: „Wenn es also erlaubt ist zu sagen, alles Schöne beziehe sich irgendwie auf das Wahre und sein virtueller Ort in der Philosophie sei bestimmbar, so heißt dies, in jedem wahren Kunstwerk lasse eine Erscheinung von dem Ideal des Problems sich auffinden." (Ebd., S. 173) Zum Problem des Schönen im Goethe-Essay vgl. Joachim Jacob: „Theorie und Begriff des Schönen bei Benjamin", in: *Benjamins Wahlverwandtschaften. Zur Kritik einer programmatischen Interpretation*, hg. von Helmut Hühn, Jan Urbich und Uwe Steiner, Berlin 2015, S. 68–89.

Gehalt der Sache weder aus der Einsicht in ihren Bestand, noch durch die Erkundung ihrer Bestimmung, noch selbst aus der Ahnung des Gehalts, sondern erfaßbar allein in der philosophischen Erfahrung ihrer göttlichen Prägung, evident allein der seligen Anschauung des göttlichen Namens. Dergestalt fällt zuletzt die vollendete Einsicht in den Sachgehalt der beständigen Dinge mit derjenigen in ihren Wahrheitsgehalt zusammen. *Der Wahrheitsgehalt erweist sich als solcher des Sachgehalts.* Dennoch ist ihre Unterscheidung – und mit ihr die von Kommentar und von Kritik der Werke – nicht müßig, sofern Unmittelbarkeit zu erstreben nirgends verworrener als hier, wo das Studium der Sache und ihrer Bestimmung wie die Ahnung ihres Gehalts einer jeden Erfahrung vorherzugehen haben.[28]

Welcher ontologische Status wird hier jeweils dem Zusammenfallen von Wahrheits- und Sachgehalt – und damit dem von Kommentar und Kritik – „in der philosophischen Erfahrung" und ihrer Unterscheidung im „Studium" zugeschrieben? Was ist faktual, was fiktionale Konstruktion? Die lapidare Formulierung, die Unterscheidung von Sach- und Wahrheitsgehalt, von Kommentar und Kritik sei „nicht müßig", scheint zunächst darauf hinzudeuten, man habe es nur mit zwei Erscheinungsformen oder Einstellungen derselben „wahre[n] Erkenntnis"[29] und alleinigen „philosophischen Erfahrung" zu tun. Sie sind, so Benjamin, „zuletzt" identisch, „dennoch" aber vorläufig zu scheiden und zu differenzieren.[30] Doch auch der *terminus ad quem*, jene zuletzt sich einstellende Übereinstimmung der „Einsicht in den Sachgehalt der beständigen Dinge mit derjenigen in ihren Wahrheitsgehalt", scheint keinesfalls gesichert, d. i. fundiert in einer ursprünglichen Einheit. Vielmehr scheint er als eine Art denknotwendiger normativer Leitbegriff zu fungieren: Er ist – wie die Siegelform – „unableitbar", muss aber gedacht werden können, um „das Studium der Sache und ihrer Bestimmung",

---

28 GS I/1, S. 128 (meine Hervorhebungen).
29 Ebd., S. 127.
30 Insofern scheinen die verschiedenen Forschungsstimmen, die entweder für eine Vorrangigkeit der Kritik oder des Kommentars im Goethe-Essay votieren, eine Deckungsgleichheit von Kommentar und Kritik oder aber ihre Verschiedenheit feststellen, sämtlich recht und unrecht zugleich zu haben. Scholem etwa erkennt in Benjamins *Wahlverwandtschaften*-Essay eine „neue Wendung [...] vom systematisch ausgerichteten Denken zum kommentierenden" (ders.: *Walter Benjamin – die Geschichte einer Freundschaft*, S. 144); Adorno bewertet ihn als „großartigstes Modell, am großartigsten Gegenstand" seines Konzepts von ‚immanenter Kritik' (ders.: *Ästhetische Theorie*, S. 444); und Palmier betont den „radikalen Unterschied" (ders.: *Walter Benjamin*, S. 822), den Benjamin zwischen ‚Kritik' und ‚Kommentar' vornehme, während Uwe Steiner in Benjamins Goethe-Essay eine Indifferenz zwischen beiden Begriffen beobachtet: „Vielmehr ist der Kommentar gerade als unabdingbare Vorbedingung der Kritik letztlich von dieser nicht mehr zu unterscheiden. Benjamin selbst hat die terminologische Differenz später nicht mehr aufrechterhalten." (Ders.: „Kritik", in: *Benjamins Begriffe*, hg. von Michael Opitz und Erdmut Wizisla, Bd. 2, Frankfurt a. M. 2000, S. 479–523, hier: S. 500).

das unausweichlich jeder Erfahrung vorhergehe, da heute „die Möglichkeit ursprünglicher Erkenntnis fast verschüttet"[31] sei, zu legitimieren und ihr einen *möglichen Bestimmungsgrund* zu verleihen. Je nach Wechsel der Perspektive gerät folglich mal die Differenz, mal die Identität von Sach- und Wahrheitsgehalt, Kommentar und Kritik als nicht-effektiv, als heuristische oder fiktionale Konstruktion ins Schwanken.

Anders als in den Metaphern des Palimpsestes und des Scheiterhaufens ist hier allerdings, diese Verschiebung mag erst bei wiederholter Lektüre der Passage ins Auge fallen, vordergründig gar nicht von Kunstwerken und vom Verhältnis zwischen Kritik und Kommentar die Rede, sondern nur in einem Einschub in Parenthese. Vielmehr geht es – und insofern stellt die Metapher des Siegels gegenüber den beiden vorhergehenden eine gnoseologische Erweiterung des Diskurses dar – vorgelagert einerseits um „das Studium der Sache", d.h. um eine Wissensdisposition bei Gelegenheit einer einzelnen Problemstellung, und andererseits um eine unmittelbare „vollendete Einsicht" in den mit ihrem Sachgehalt verschmolzenen Wahrheitsgehalt der „beständigen Dinge", d.h. um ein platonisches *theōreín*; oder, bemüht man die auf den folgenden Seiten des Essays eingeführten goetheschen-platonischen Begriffe, um ‚Phänomen' und ‚Urphänomen'.[32] Deren Beziehung scheint das Verhältnis zwischen Sach- und Wahrheitsgehalt im Kunstwerk sowie die Kritik als zugrunde liegendes Problem des Kommentars zu *entsprechen*.

In Benjamins vielschichtiger Auto(r)exegese der Metapher des Siegels wird, anders gesagt, ein kritisches Verfahren der *Analogiestiftung*, der Reformulierung

---

[31] GS I/1, S. 143.
[32] Zu Benjamins Lesart von Goethes Naturverständnis und seinem Begriff ‚Urphänomen', das Benjamin zwischen einem stabilen Gehalt (Platon) und einer permanenten Ausdehnung und Wandlung in den einzelnen Phänomenen (Goethe) oszillierend verortet, vgl. Rolf Tiedemann: *Studien zur Philosophie Walter Benjamins*, Frankfurt a.M. 1973, S. 77–89; vgl. Wiesenthal: *Zur Wissenschaftstheorie Walter Benjamins*, S. 17 ff., sowie Tagliacozzo: *Esperienza e compito infinito*, S. 139 ff., zur zeitgenössischen Rezeption von Goethes Morphologie und des Begriffs ‚Urphänomen' als idealer Konstante und Funktionsmodell zur Ordnung der Diversität der Phänomene bei Ernst Cassirer (vgl. ders.: *Idee und Gestalt. Goethe, Schiller, Hölderlin, Kleist. Fünf Aufsätze*, Berlin 1921) und als innerhalb einer Reihe von Formen ‚Kontinuität' garantierenden ‚Typus' in Simmels *Goethe* (1913); allg. zu Benjamins Goethe-Lektüre vgl. Burkhardt Lindner: „‚Goethes Wahlverwandtschaften'. Goethe im Gesamtwerk", in: *Benjamin-Handbuch. Leben – Werk – Wirkung*, hg. von Burkhardt Lindner, Stuttgart / Weimar 2011, S. 472–493, v.a. S. 479–481, Uwe Steiner: „‚Das Höchste wäre: zu begreifen, dass alles Factische schon Theorie ist'. Walter Benjamin liest Goethe", in: *Zeitschrift für deutsche Philologie* 121/2 (2002), S. 265–284, und Annette Simonis: „‚Eine Miniatur dieser ganzen … vielfach bedrohten Goetheschen Existenz'. Goethe-Rezeption und -Kritik in den Schriften Walter Benjamins", in: *Germanisch-Romanische Monatsschrift* 50 (2000), S. 443–459.

und Übertragung des ‚Problems' zwischen verschiedenen Bereichen inszeniert, von erkenntnistheoretischen Fragen der Philosophie auf die Erkennbarkeit von Kunstwerken und *vice versa*. Damit nimmt Benjamin seine spätere Zurückweisung „jenes Doppelsinns im Naturbegriff" Goethes und die Kritik an einer irreführenden „Äquivokation" indirekt vorweg,[33] die insbesondere die gewaltsame „chemische Gleichnisrede"[34] von den ‚Wahlverwandtschaften' für zwischenmenschliche Verbindungen betreffe.[35] Benjamins Analogie-Verfahren hingegen legitimiert sich durch eine je bestimmte, von der Praxis der Kritik sichtbar zu machende „tiefste Affinität"[36] zweier Bereiche, nämlich eine gemeinsame Denknotwendigkeit eines *terminus a quo*, während es seine Grenze (*próblēma*[37]) an der

---

33 GS I/1, S. 148.
34 Ebd., S. 188.
35 Wie Goethe im Begriff ‚Wahlverwandtschaften' nach Benjamin eine unreflektierte Projektion von einer an der Beobachtung der Natur gewonnenen Gesetzmäßigkeit auf den moralischen Bereich vornehme, die Erkenntnis der Natur also ungefiltert zum Verstehensmodell menschlicher Phänomene gerate, findet er auch in Goethes Naturbegriff eine „Kontamination des reinen und empirischen Bereichs" und eine unzulässige Vermischung von Natur und Kunst vor: „Aber auf Grund jenes Doppelsinns im Naturbegriff wurde zu oft aus den Urphänomenen als Urbild die Natur als das Vorbild." (Ebd., S. 148) Die Kritik an Goethes ‚naivem' Naturbegriff in *Der Begriff der Kunstkritik in der deutschen Romantik* (1920) fiel ähnlich aus: „Die Kunst selbst schafft nicht ihre Urbilder – diese beruhen vor allem geschaffenen Werk in derjenigen Sphäre der Kunst, wo diese nicht Schöpfung, sondern Natur ist. Die Idee der Natur zu erfassen und sie damit tauglich zum Urbild der Kunst (zum reinen Inhalt) zu machen, das war im letzten Grund Goethes Bemühen in der Ermittlung der Urphänomene. […] Es geht aber nicht an, ganz naiv den Begriff der Natur schlechterdings als einen der Kunsttheorie zu definieren." (Ebd., S. 112f.) Die fehlende Unterscheidung zwischen gänzlich distinkten Bereichen moniert Benjamin als „Abkehr von aller Kritik" und „Idolatrie der Natur" (ebd., S. 149), von der aus sich die Gewalt des ‚Mythischen' als Sachgehalt der *Wahlverwandtschaften* und auch im Leben ihres Autors erkläre. Dass *Die Wahlverwandtschaften* trotzdem zum Gegenstand „der philosophischen Erfahrung" (ebd., S. 128) werden können, ermöglicht eine sich im Modus des Kommentars vollziehende Ermittlung der nur vermeintlichen Geschlossenheit und bloß vordergründigen Vereinheitlichung getrennter Wissensbereiche im Roman, seiner Brüche und Zäsuren, die sich – im Modus der Kritik – als sein eigentlicher Wahrheitsgehalt zu erkennen geben: als „das Ausdruckslose", d. i. die werkimmanente, aber erst in der antinomischen, zwischen Kommentar und Kritik changierenden Form des Essays zutage förderbare „kritische Gewalt", in der „die erhabne Gewalt des Wahren" im Werk erscheine und seine eigenen mythischen Tendenzen unterbreche (ebd., S. 181).
36 Ebd., S. 172.
37 Ein Beispiel für eine solche indirekte Darstellung von Erkenntnisgrenzen – von *próblēmata* – im Kunstwerk ist die oben beschriebene negative Kategorie des ‚Ausdruckslosen'. Denn im Ausdruckslosen des Kunstwerks findet die kommentarisch-kritische Praxis eine dem Werk inhärente Grenze (der Übertragbarkeit von einem Bereich in einen anderen), ein „Zeichen für die nicht abbildbare Moralität des Handelns" (Lindner: „‚Goethes Wahlverwandtschaften'. Goethe im Gesamtwerk", S. 489).

stilistisch oder gattungsgeschichtlich spezifischen Form dieser verschiedenen Bereiche findet, deren Thematisierung und Offenlegung Aufgabe des Kommentars ist. Wie ein absolut Ganzes der Erfahrung der Welt der Phänomene nicht möglich, aber denknotwendig ist, um etwa praktische Begriffe als unter einer Einheit von allgemeiner Gültigkeit gefasst denken zu können,[38] muss auch der Essayist, der zugleich als Kritiker und Kommentator von Kunstwerken auftritt, auf eine *mögliche (Sinn-)Einheit der Kunst* hin denken – ohne dass diese doch vollzogen oder angegeben werden könnte.

Die bereits hier antizipierte und später deutlich artikulierte Kritik an Goethes Verfahren beanstandet also eine begrifflich unreflektierte und weitläufige Übertragung seiner naturwissenschaftlichen Methodik auf sein kunsttheoretisches Verständnis. Goethe, so Benjamin, habe nicht verstanden,

> daß adäquat im Bereich der Kunst allein die Urphänomene – als Ideale – sich der Anschauung darstellen, während in der Wissenschaft die Idee sie vertritt, die den Gegenstand der Wahrnehmung zu bestrahlen, doch in der Anschauung nie zu wandeln vermag. Die Urphänomene liegen der Kunst nicht vor, sie stehen in ihr.[39]

Benjamins Kritik an Goethe trifft besonders die schon mehrfach gestreifte Annahme einer zeitlichen Anteriorität, eines Vor-liegens der Urphänomene, die für Benjamin einer klassizistischen Abbildtheorie (der Natur als Vor-bild) und damit letztlich einer mythischen Auffassung verhaftet bleibt. Ihr setzt er den Gedanken der Urphänomene als *In-stanz* im Wortsinne eines ‚Stehens-in' der Phänomene entgegen.[40] Mittels der Kritik an dieser Prämisse von Goethes naturwissen-

---

[38] Im Sinne von Immanuel Kants kritischer Prämisse eines Ganzen aller möglichen Erkenntnisse, um zu nicht-disparaten Erkenntnissen über die Welt kommen zu können (vgl. ders.: *Prolegomena zu einer jeden künftigen Metaphysik, die als Wissenschaft wird auftreten können* (1783), AA IV, S. 349: „Obgleich aber ein absolutes Ganze der Erfahrung unmöglich ist, so ist doch die Idee eines Ganzen der Erkenntniß nach Principien überhaupt dasjenige, was ihr allein eine besondere Art der Einheit, nämlich die von einem System, verschaffen kann, ohne die unser Erkenntniß nichts als Stückwerk ist"). Das ‚Moralische' als Spektrum einer einheitlichen moralischen Ordnung, die nicht effektiv ist, aber doch gedacht werden können muss, ist in Benjamins Sinne nur kraft eines *virtuellen* Verfahrens zu begründen; dabei scheint die Virtualität dieses Begründungsverfahrens eine moralische Komponente bereits insofern zu besitzen, als sie mit der Sphäre des Möglichen auf die *virtus* zurückzuführen ist.
[39] GS I/1, S. 148.
[40] Vgl. Tiedemann: *Studien zur Philosophie Walter Benjamins*, S. 85 f. Selbst wenn Goethe das Urphänomen nicht als unveränderbar und atemporal denkt und sich seine Anteriorität gleichsam morphologisch verlängert und in seinen einzelnen effektiven Spezifikationen variiert, sucht Benjamin ihr unbedingt zu entgehen, da sie ihm der Postulierung einer Unbekannten zu gleichen scheint, die nichts anderes als der allumfassende Horizont der Darstellung und des Seienden ist.

schaftlicher Methodik konturiert Benjamin seine eigene essayistische Methodik, die schon in der zitierten Siegel-Metapher in ihrem oben dargelegten *schwebenden Status* von Identität und Differenz (von Sach- und Wahrheitsgehalt und – autoreflexiv – von Kommentar und Kritik) zum Ausdruck kommt. Sie basiert auf dem Grundsatz, dass sich Urphänomene der Anschauung nur im eigenständigen und einem Unergründlichen entspringenden Geltungsbereich der Kunst darstellen – sofern der Essay deren Sich-Darstellen in seiner sowohl objektgebundenen als auch hypothetischen Verfasstheit als unablässiges *mise en œuvre* umzusetzen versteht. Dem entspricht die im Hölderlin-Essay auf den Hilfsbegriff des ‚Gedichteten' gebrachte und sich im Bild des Teppichs spiegelnde Reversibilität oder Zirkularität von „Voraussetzung" und „Erzeugnis" in der essayistischen Darstellung.[41]

3.2 Der Goethe-Essay als Experiment. Ein Versuch über die Erfahrung der Sprache

Benjamins Schreibverfahren lässt sich in dieser Hinsicht als *sich selbst verifizierende Schreibpraxis* auffassen. In diesem Sinne schreibt Benjamin in einem Brief an Hofmannsthal bei Gelegenheit des *Wahlverwandtschaften*-Essays von seinen „literarischen Versuchen", die den Nachweis zu erbringen hätten, „daß jede Wahrheit ihr Haus [...] in der Sprache",[42] d. h. die Urphänomene ihren angestammten Ort *im* sprachlichen Kunstwerk haben. Damit greift er einen Leitbegriff von Goethes Roman reflexiv auf, denn von ‚Versuchen' ist in den *Wahlverwandtschaften* allenthalben die Rede.

An zentraler Stelle ermuntert Charlotte ihren Ehemann Eduard, nach erstem Zögern, zu der – dem Studium der Natur chemischer Elemente entnommenen – experimentellen Konstellation der Wahlverwandtschaft, dem Partnertausch, mit dem (scheinbar) spontanen Ausruf: „Laß uns den Versuch machen!"[43] In Goethes

---

Das Urphänomen ist für Benjamin – mit anderen Worten – ‚nirgendwo', ist Konstruktion und regulative Idee des Essays.
41 GS II/1, S. 105.
42 Brief an Hugo von Hofmannsthal vom 13.01.1924, GB II, S. 409.
43 Johann Wolfgang von Goethe: *Die Wahlverwandtschaften. Ein Roman*, in: ders.: *Romane und Novellen I* (HA 6), S. 242–490, hier: S. 256. Zu Goethes naturwissenschaftlichen Konzepten und Methoden als Hintergrund des Romans vgl. Uwe Pörksen: „Goethe als in sich selbst versunkene mythische Natur? Die *Wahlverwandtschaften* sind ein Experiment vielseitiger Aufklärung", in: *Benjamins Wahlverwandtschaften. Zur Kritik einer programmatischen Interpretation*, hg. von Helmut Hühn, Jan Urbich und Uwe Steiner, Berlin 2015, S. 342–355.

naturwissenschaftlichen Studien ist das Wort ‚Versuch' bekanntlich ein Leitbegriff.⁴⁴ Im Essay *Der Versuch als Vermittler von Objekt und Subjekt* (1792) finden sich Goethes erste ausführliche Auseinandersetzung mit dem Erfahrungsbegriff und der Begriff einer Erfahrung „von einer höhern Art"⁴⁵, die sich aus einer Vielzahl von an Versuchen gemachten Einzelerfahrungen ergebe. Und auch in der Einleitung zur *Farbenlehre*, die Benjamin mit Sicherheit für seinen Goethe-Essay konsultiert hat,⁴⁶ wird die Aufgabe des „Versuches"⁴⁷ als Erstellung einer Ordnung aus der „große[n] Mannigfaltigkeit"⁴⁸ beschrieben: Mittels einzelner Beispiele, die besonderen Fall und allgemeinen Begriff miteinander verbinden, müsse diese „in eine leicht übersehbare Ordnung gestellt"⁴⁹ werden. Dies kann hier nur in aller Knappheit referiert werden.

Benjamin wählt in seinem Essay für den Nachweis eines im Kunstwerk verborgenen Potenzials „der philosophischen Erfahrung"⁵⁰, in der Sach- und Wahrheitsgehalt des Werkes gleichermaßen evident werden, einen Roman, der zum Inhalt nicht etwa eine schlichte Liebesgeschichte, sondern eine verführerisch schöne konstruierte Versuchsanordnung hat. Deren ästhetische Untersuchung erschließt – im Modus des Kommentars – den experimentellen Gehalt und die Sphärenvermengungen ihres Gegenstandes und stellt zugleich – im Modus der Kritik – den Versuch (*experimentum*) dar, eine paradigmatische Erfahrung (*experientia*) von Sinnverschiebungen und Sinn-Grenzen (*empeiría, peíros*) (in) der Sprache zu ermöglichen.⁵¹ In der spezifischen Beschaffenheit seines künstlerischen Gegenstandes, eines Romans „in der Form eines Experiments"⁵², findet Benjamins Essay dabei eine passende Reflexionsgrundlage, indirekt die eigene ambivalente Verfasstheit und Gattungsgeschichte zwischen objektbezogen-ex-

---

44 Vgl. dazu Bianca Bican und Manfred Wenzel: Art. „Versuch", in: *Goethe-Handbuch. Supplemente*, Bd. 2: *Naturwissenschaften*, hg. von Manfred Wenzel, Stuttgart / Weimar 2012, S. 685–686.
45 Johann Wolfgang von Goethe: *Der Versuch als Vermittler von Objekt und Subjekt*, in: ders.: *Naturwissenschaftliche Schriften I* (HA 13), S. 10–20, hier: S. 18.
46 Siehe Lindner: „‚Goethes Wahlverwandtschaften'. Goethe im Gesamtwerk", S. 479.
47 Johann Wolfgang von Goethe: *Zur Farbenlehre. Didaktischer Teil*, in: ders.: *Naturwissenschaftliche Schriften I* (HA 13), S. 314–523, hier: S. 327.
48 Ebd., S. 322.
49 Ebd., S. 327.
50 GS I/1, S. 128.
51 Vgl. Agamben: *Infanzia e storia*, S. VII–XV, zum *experimentum linguae* als einem ästhetisch-politischen Paradigma, dem zufolge die Möglichkeiten und Grenzen der Sprache nicht im Hinblick auf ihre Referenzialisierbarkeit in der empirischen Welt aufzusuchen seien, sondern in ihrer – beispielsweise im Medium von Kritik oder Essay eingeübten – Erfahrung ihrer reinen Selbstbezüglichkeit, d. i. ihrer ‚Potenz'.
52 Pörksen: „Goethe als in sich selbst versunkene mythische Natur?", S. 355.

perimentaler und ästhetisch-spekulativer Dimension, zwischen medial-materialer Bindung und dem Anspruch auf Sinnoffenheit zu thematisieren.

Was heißt das nun für den Status von Kommentar und Kritik? Benjamins zwischen Kommentar und Kritik changierende Schreibweise vermag, wie sich gezeigt hat, mittels des stellvertretenden Geltungsbereiches der Kunst jene paradoxe Verfasstheit der unbestimmten, nicht-intentionalen und sich plötzlich einstellenden philosophischen Erfahrung erscheinen zu lassen, die sich in der Sprache abspielt und doch wie voraussetzungslos einstellt. Paradox ist die Darstellung dieser Erfahrung nicht insofern, als sie sich als logisches Resultat einer Versuchsanordnung, als Ergebnis der kommentarisch-kritischen Schreibpraxis ergibt, sondern weil Studium und Versuch, kurz: der Essay selbst sich als eine nur im Medium des Ästhetischen statthabende und analogisch voranschreitende „höhere Erfahrung"[53] inszeniert. Und doch zeigt der Essay diese als von sich geschiedene, ja als erst noch kommende Erfahrung, und weist so stets zugleich über sich hinaus und sich selbst als nur vorläufig, als ‚Vorarbeit' aus.[54]

Das von subjektiver Intentionalität befreite „Zurückfragen"[55] zum Phänomenalen hat, mit anderen Worten, als unumgehbarer *Vorhof* höherer Erfahrung dieser „vorherzugehen"[56], präsentiert sich aber zugleich als ihr *Horizont*. Auf

---

53 GS II/1, S. 160.
54 Diese sich fortlaufend relativierende Selbstverifizierung vollzieht sich u. a. durch grammatikalische Konstruktionen, die Prozessualität, Unbestimmtheit und Hypothetisches indizieren, etwa durch Infinitivkonstruktionen oder Formulierungen mit dem Suffix „-bar" (z. B. ‚denkbar', ‚ablesbar', ‚durchdringbar', ‚greifbar', ‚fühlbar', ‚vollziehbar', ‚erkennbar', ‚bemerkbar', ‚anschaubar', ‚wahrnehmbar' etc.; zum kritischen Potenzial dieser Nachsilbe bei Benjamin, die strukturelle Möglichkeiten, d. h. Realisierung ebenso wie Abbruch oder Enthaltung impliziert, vgl. Webers Studie *Benjamin's -abilities*).
55 GS I/3, S. 833. In dem den Goethe-Essay flankierenden Fragment *Theorie der Kunstkritik* heißt es über die Kritik, ihr sei die „Einheit der Philosophie" zu erfragen aufgegeben, die weder schlichtweg gegeben noch mittels derselben Kategorien gedacht werden kann wie dasjenige, was aus ihr folgt (*epekeina tēs ousias*): „Die dergestalt enttäuschte Sehnsucht nach der Einheit, die nicht erfragt werden kann, äußert sich in einer andern Tendenz in der Antwort, die als ihr Zurückfragen sich bezeichnen ließe, ein Zurückfragen nach der verlornen Einheit der Frage, oder nach einer bessern Frage, in welcher die Einheit der Antwort zugleich erfragt wäre." Die heuristische Annäherung, in der das mit dem Gesagten nicht Gesagte doch zeigend mit-gesagt wäre (in „einer bessern Frage, in welcher die Einheit der Antwort zugleich erfragt wäre"), findet auf dem stellvertretenden Schauplatz der Kunst statt, wo das logische Problem – „die Tendenz auf ein Weiterfragen" – gleichsam ins Ontologische umgebogen erscheint, worauf das Wort ‚Zurückfragen' anzuspielen scheint: Es handelt sich nicht um ein Zurückfragen nach einem logischen Apriori, sondern nach einem *im* Phänomenalen (in einzelnen Kunstwerken) rekurrierenden Zustand, nach der die Phänomene (Kunstwerke) untereinander verbindenden Form ihres Sich-Gebens, die Benjamin im Trauerspiel-Buch ‚Ursprung' nennen wird. (Ebd.)
56 GS I/1, S. 128.

Benjamins Schreibpraxis zwischen Kommentar und Kritik übertragen ließe sich sagen: Kritik und Kommentar müssen als unterschieden gedacht werden, sind jedoch als zwei ineinandergreifende Einstellungen eines unabschließbaren selbstreflexiven Verstehensprozesses nicht voneinander zu trennen; ein Verstehensprozess, der sich erst und nur durch die kommentarische Durchdringung der Realia und die Rekonstruktion von Sachgehalten, wie z. B. der biografischen Erfahrungen des Autors oder stilistischer Besonderheiten des Textes, vollzieht und sich dabei auf die kritische, unmögliche Bedeutungen von möglichen scheidende Suche nach einem eigentlichen und wahren Sinn, einem vom Text verborgenen Wahrheitsgehalt von Worten und Bildern begibt. In Goethes Roman halten diese für Benjamin sämtlich eine Fülle möglicher philosophischer Erfahrungen bereit, besitzen sie letztlich auch einen unenthüllbaren Geheimnischarakter.

Der Kommentar ist, anders gesagt, als eine Art ‚Filter' zu denken, durch den die Dinge und Sachbezüge aufgespürt, erblickt und, im platonischen Sinne des *tà phainómena sózein*, ‚gerettet' werden, wobei sie doch getrennt von ihrem Filter nicht gesehen werden können.[57] Der Filter, der Kommentar, ist nicht Mittel zum Zweck oder Medium des Phänomenalen, sondern das Medium Kommentar/Filter *ist* schon die Erfahrung selbst. Die begriffliche Unterscheidungen vornehmende Kritik macht zugleich deutlich, dass diese im Schreiben-Denken sich einstellende philosophische Erfahrung zuletzt verschieden ist von den Erscheinungen, an denen sie sich allein zu entzünden vermag.

Am zentralen Beispiel von Benjamins Lesart des Phänomens der Ehe in Goethes Roman lässt sich das anschaulich zeigen. Der Stellenwert der Ehe in den *Wahlverwandtschaften* ist für Benjamin weder bloß als leitendes Thema einer Erzählung zu fassen, noch erschließt er sich durch persönliche Erfahrungen des Lesers oder durch das Wissen um Goethes eigenen problematischen Ehestand. Auch nicht die nachträgliche Rekonstruktion möglicher Umstände der „Entstehung"[58] des Romans und verschiedener materieller Aprioris, wie etwa der Kant'schen Definition der Ehe in *Die Metaphysik der Sitten* (1793),[59] gibt über diesen erschöpfend Auskunft. Und doch bedarf es nach Benjamin der genauen kommentarischen Behandlung und philologischen Analyse, um einen Zugang

---

[57] Auch der Kommentar ist für Benjamin – wie alle anderen Medien der Wahrnehmung von Kunstwerken – immer schon assoziiert und angereichert mit dem Erfahrungspotenzial der neuen Kunst, wie er später in *Das Kunstwerk im Zeitalter seiner technischen Reproduzierbarkeit* vertiefen wird.

[58] GS I/1, S. 226.

[59] Vgl. dort den Paragrafen über das Eherecht, dessen Definition der Ehe als „Geschlechtsgemeinschaft (*commercium sexuale*)" (AA VI, S. 277) Benjamin auf den ersten Seiten des Goethe-Essays zitiert (vgl. GS I/1, S. 128).

zum „Bereich poetischer Technik"[60], der *ars poetica* des Romans zu legen, mit welcher der Autor dessen Sachgehalte zu bewältigen und zugleich zu verschlüsseln sucht. Darüber hinaus sind die erst „mit seiner Dauer"[61] hervortretenden Wissensbestände im Roman und besonders in der Darstellung der Ehe als eines vielschichtigen Bedeutungskomplexes zu erschließen, um in der kritischen Durchdringung der einzelnen Bedeutungsschichten die Ehe als Konkretisierung und Umsetzung eines philosophischen Problems zu erkennen: nämlich der mythischen dunklen Naturmächte, die in der Zersetzung der Ehe entbunden werden. An ihr zeigt die Kritik paradigmatisch die prinzipielle Unenthüllbarkeit und „tiefste Dunkelheit"[62] des Ursprungs auf, also die nur fiktionale Handhabbarkeit der absoluten Wahrheit.

Mit der gattungsübergreifenden Kategorie des „Ausdruckslosen"[63] findet Benjamin das entscheidende Kriterium der Kunsthaftigkeit des Romans – sonst würde „es sich nicht um Dichtung, sondern allein um deren Vorläufer, das magische Schrifttum handeln"[64] – und auch seiner moralischen Valenz. Das Ausdruckslose ist „die kritische Gewalt"[65], die sich nach Benjamin im Roman, ja in jedem echten Kunstwerk von Neuem als Unterbrechung und Einspruch gegen eine falsche Totalität der (eigenen) Scheinhaftigkeit und Verhaftung im Mythischen darstellt. Dem entspricht die Zugriffsweise von Benjamins immanenter Kritik, denn der Sachgehalt, das Mythische als irrationale dunkle Macht, erweist sich in seiner kritischen Reflexion *negativ* als der Wahrheitsgehalt, wie Uwe Steiner prägnant beschreibt:

> Benjamin zufolge kommt die philosophische Dignität der Kunst gerade darin zum Ausdruck, dass sie in ihren Werken eben nicht die Wahrheit, sondern deren Unerreichbarkeit darstellt. [...] Noch im entlegensten Detail historisch-philologischer Erkenntnis bezeugt sich das philosophisch-kritische Wissen um den Abstand vom Zustand der Vollkommenheit. Indem die Kritik das Kunstwerk zu einem Ort dieses Wissens macht, wird sie zum Medium seines Fortlebens.[66]

---

60 Ebd., S. 145.
61 Ebd., S. 125.
62 Ebd., S. 183.
63 Ebd., S. 181.
64 Ebd., S. 158.
65 Ebd., S. 181.
66 Uwe Steiner: „Exemplarische Kritik. Anmerkungen zu Benjamins Kritik der *Wahlverwandtschaften*", in: *Benjamins Wahlverwandtschaften. Zur Kritik einer programmatischen Interpretation*, hg. von Helmut Hühn, Jan Urbich und Uwe Steiner, Berlin 2015, S. 37–67, hier: S. 62f.

Wenn Benjamin in einem Brief an Hofmannsthal gesteht, er sei sich „gewisser Dunkelheiten"[67] seines Essays über die *Wahlverwandtschaften* bewusst, scheint er ebendiese als wahrhaftigen Zug des Romans erkannte negative Bestimmung seines Wahrheitsgehaltes – als werkinterne Unterbrechung seines Verblendungszusammenhanges und der Illusion einer bruchlosen ‚großen Erzählung' – auf seinen eigenen kommentarisch-kritischen Versuch zu reflektieren und in dessen ästhetischer Form zu befestigen.[68] Denn Benjamins Essay lässt Unverständlichkeiten und damit Gelegenheiten kritischen Hinterfragens nicht nur zu, sondern konstruiert diese sogar, etwa durch das Weglassen der detaillierten Disposition und Absatzüberschriften für die 1924 und 1925 in zwei Teilen erfolgende Publikation in Hofmannsthals *Neuen Deutschen Beiträgen*, die dank der Vermittlung durch Florens Christian Rang zustande gekommen war.[69]

Die für Benjamin an Goethes Altersroman beispielhaft ablesbaren metareflexiven Brüche und (mit Hölderlin) „Cäsur[en]"[70], wie z. B. die Durchbrechung der formelhaft-beschwörenden Roman-Konstruktion durch die eingeschobene Novelle als „anti-mythischer Gegentext zum Roman"[71], lassen sich als intratextuelle Signaturen der „Grenze dessen" verstehen, „was im Kunstwerk sich fassen läßt",[72] d. h. was der Erfahrung (in) der Sprache zugänglich ist. Sie sind der Ort einer dem titelgebenden Experiment der Wahlverwandtschaft entsprechenden experimentellen *Transformation und Dislokation der Sprache*. In dieser Um-setzung der Sprache scheint sich, wie schon Agamben bemerkt hat, für Benjamin jene „reine Sprache"[73] anzukündigen, die sich wie die Übersetzung zwischen den natürlichen Sprachen aufhält, ohne doch einer von ihnen zu entsprechen.[74]

Agamben folgt damit der Beobachtung des Sprachwissenschaftlers Ernst Lewy, dessen Seminar zu Wilhelm von Humboldts Sprachtheorie Benjamin 1916 in Berlin besucht hatte und dessen Studie *Zur Sprache des alten Goethe. Ein Versuch über die Sprache des Einzelnen* (1913) er noch 1939 in einem seiner zahlreichen

---

67 Brief an Hugo von Hofmannsthal vom 13.01.1924, GB II, S. 410.
68 Vgl. GS I/1, S. 195: „Die Kunstkritik hat nicht die Hülle zu heben, vielmehr durch deren genaueste Erkenntnis als Hülle erst zur wahren Anschauung des Schönen sich zu erheben […]: zur Anschauung des Schönen als Geheimnis."
69 Vgl. GS I/3, S. 835–837.
70 GS I/1, S. 182.
71 Lindner: „‚Goethes Wahlverwandtschaften'. Goethe im Gesamtwerk", S. 484.
72 GS I/1, S. 182.
73 GS IV/1, S. 13. Gewissermaßen Indiz oder Platzhalter einer ‚reinen Sprache' sind für Benjamin das ‚Ausdruckslose' und die ‚Cäsur' als – mit einem zitierten Wort Hölderlins – „das reine Wort" (GS I/1, S. 181).
74 Vgl. Agamben: *Categorie italiane*, S. 98.

Lebensläufe als für seine „sprachphilosophischen Interessen"[75] bedeutend hervorhebt. Unter Rückgriff auf Humboldts sprachtheoretische Reflexionen, so der Werbetext des Verlags, suche Lewy – „bewusst in Gegensatz zu der herrschenden philologischen und historischen Sprachbetrachtung" – „innere Beziehungen zwischen der Sprache des alten Goethe und fernliegenderen Sprachtypen, besonders dem Sanskrit" aufzudecken.[76] In seiner Brief-Anthologie *Deutsche Menschen* (1936) kommt Benjamin in seinem Kommentar zu Goethe auf Lewys Studie zurück. Sie habe vorbildlich auf die „eigentümlichen grammatischen und syntaktischen Fügungen" des tendenziell elliptischen Goethe'schen Altersstils, auf „das Vorherrschen von Komposita, den Schwund des Artikels, die Betonung des Abstrakten und viele andere Züge hingewiesen, die zusammenwirkend zur Folge haben", wie Benjamin zitiert, „,jedem Wort einen möglichst großen Bedeutungsinhalt' zu geben".[77]

Der Verweis auf Lewys These ist an dieser Stelle insofern von besonderem Interesse, als Benjamin, wie in den vorhergehenden Kapiteln gezeigt wurde, in vergleichbarer Weise und mit denselben Begriffen auch an Hölderlins parataktischem ‚Spätstil'[78] eine herkömmliche Gattungsgrenzen streifende und überschreitende Tendenz abliest.[79] Durch kalkulierte Umstellungen regelmäßiger

---

[75] GS VI, S. 225; vgl. auch die Notiz zu Lewys Studie in Benjamins Sammelrezension *Hundert Jahre Schrifttum um Goethe* (1932) in GS III, S. 332.
[76] Aus der Verlagswerbung zit. n. Rahel E. Feilchenfeldt und Markus Brandis: *Paul Cassirer Verlag, Berlin 1898–1933. Eine kommentierte Bibliographie*, 2. verb. Aufl., München 2005, S. 309 f. Für eine Erweiterung der Sprachgrenzen, indem die individuelle Sprache „durch die fremde sprache gewaltig bewegen zu lassen" gelinge – „man hat keinen begriff in welchem maße das möglich ist bis zu welchem grade jede sprache sich verwandeln kann" –, plädierte ähnlich auch Rudolf Pannwitz in *Die Krisis der europaeischen Kultur* (1917), aus der Benjamin in seinem Übersetzer-Essay zustimmend zitiert (GS IV/1, S. 20).
[77] Ebd., S. 210.
[78] Die Rehabilitierung der späten Lyrik Hölderlins leistete bekanntlich Norbert von Hellingrath in seiner Dissertation zu den *Pindarübertragungen von Hölderlin* (1911), in der er zu zeigen versuchte, dass sich der sperrige Spätstil Hölderlins nicht aus einer krankhaften Störung, sondern nach der Übersetzung der sophokleischen Tragödien aus einem besonderen Formbewusstsein und einem Nachempfinden des griechischen Originals herleite; zur Fremdheit des objektiven Sprachgebrauchs der späten Hölderlin'schen Lyrik, in der Strukturverwandtschaften etwa mit „Beethovens Spätstil" zu erkennen seien, vgl. Adorno: „Parataxis", in: ders.: *Noten zur Literatur*, S. 473; vgl. auch Paul Böckmann: „Das ‚Späte' in Hölderlins Spätlyrik", in: *Hölderlin-Jahrbuch* 12 (1961/62), S. 205–221. Sein Interesse für Altersstile und späte Formen – etwa für das barocke Trauerspiel als geeignete Grundlage zur Ergründung von Ursprungsfragen, wie sie u. a. Alois Riegl in seiner *Spätrömischen Kunstindustrie* geleistet habe (vgl. GS VI, S. 219 u. S. 225) – bekundet Benjamin immer wieder.
[79] So erkennt Benjamin beispielsweise in Hölderlins spätem Gedicht *Blödigkeit* „das orientalische, mystische, die Grenzen überwindende Prinzip" (GS II/1, S. 124) oder in Karl Kraus den

Wortfügungen führt diese eine ästhetische Vorrangigkeit und ‚Urbildhaftigkeit'[80] begründende graduelle Annäherung an ein „volles dasein"[81] (Hellingrath), einen nie ganz erreichbaren autoritativen Ur-Text herbei und bewirkt so geradezu „eine Änderung der Wahrheit"[82] (Scholem). Diese gewissermaßen zu umstellen, in immer neuen Versuchen auf den richtigen Begriff zu bringen, ist Aufgabe einer zwischen Kommentar und Kritik vermittelnden Schreibpraxis. Als textuelle Selbstreflexion versucht sie, die sich in den Brüchen und Unebenheiten der Form des literarischen Kunstwerks abzeichnenden Grenzen des Sagbaren und seine Tendenzen, „‚jedem Wort einen möglichst großen Bedeutungsinhalt' zu geben"[83], nachzuvollziehen – und zugleich in den Faltenwürfen der eigenen Textualität aufzuzeigen, dabei mitunter mit der Gefahr des Manieristischen und Alexandrinischen oder Esoterischen spielend.

In der *Erkenntniskritischen Vorrede* seiner Monografie über den *Ursprung des deutschen Trauerspiels* wird Benjamin diese Dialektik von philosophischer Darstellung und Wahrheit weitertreiben. Die Suche nach einer sich textuell vollziehenden Wahrheit – nach dem ‚Ursprung' – ist nun dem von Benjamin so genannten „esoterischen Essay"[84] aufgetragen, der sich in seiner hochgradigen Selbstreflexivität, um eine Kant'sche Wendung zu bemühen, als ‚Traktat von der Methode' und zugleich als deren beispielhafte Einzeldarstellung ausgibt.

„Verschleierer der Grenzen zwischen Journalismus und Dichtung" (ebd., S. 336). Durch den Fokus auf gattungsüberschreitende und -konfundierende Tendenzen legitimiert und autorisiert Benjamin Methodik und Reichweite des eigenen Zugriffs: Statt wie die herkömmliche Ästhetik auf eine „Ergründung der einzelnen Gattungen der Dichtkunst" (ebd., S. 105) abzuzielen, sei seine Untersuchung – wie er im Hölderlin-Essay erklärt – auf alle Gattungen umgreifende gültige Einsichten aus und wolle zeigen, „was Apriori des einzelnen Gedichts, was ein solches des Gedichts überhaupt oder gar andrer Dichtungsarten, oder selbst der Dichtung überhaupt ist" (ebd., S. 108). Auch im Goethe-Essay sieht Benjamin Mediengrenzen überschreitende Tendenzen am Werk. So werden in Ottiliens schöner Gestalt und Sprachlosigkeit „die Grenzen der Epik gegen die Malerei überschritten" (GS I/1, S. 178), wodurch sie eine sich der Verantwortlichkeit des Autors entziehende „fremde Lebendigkeit" (ebd., S. 179) erhalte, die den Roman geeignet mache, an ihm das „Grundgesetz des Schrifttums" (ebd., S. 125) betreffende Fragen – wie des Verhältnisses von Sach- und Wahrheitsgehalt – zu exemplifizieren.

80 Vgl. GS IV/1, S. 21: Hölderlins Übersetzungen seien „Urbilder ihrer Form".
81 Hellingrath: *Pindarübertragungen von Hölderlin*, S. 52.
82 Scholem: *Tagebücher*, 1. Halbbd., S. 421.
83 GS IV/1, S. 210.
84 GS I/1, S. 207.

4 Die *Erkenntniskritische Vorrede* des Trauerspiel-Buchs. Der „esoterische Essay" als Traktat von der Methode

> Eine gute Vorrede muß zugleich die Wurzel und das Quadrat ihres Buchs sein.[1] (Friedrich Schlegel)

Die Rezeptionsgeschichte von Benjamins Monografie *Ursprung des deutschen Trauerspiels* beginnt mit einem nahezu ironischen Auftakt. Denn nur wenige Jahre nachdem seine Habilitationsschrift von der Universität Frankfurt auf Betreiben von Hans Cornelius, dem für Ästhetik und Allgemeine Kunstwissenschaft zuständigen Fachvertreter, abgelehnt worden war, wurde sie an derselben Universität zum Forschungsgegenstand. Kein anderer als Theodor W. Adorno, der junge Assistent von Cornelius, nahm Benjamins Arbeit in den Lektüre-Kanon seiner Philosophie-Seminare auf.[2] Für Adornos Habilitationsschrift zu Kierkegaard (1931) und seine bereits ausführlich besprochene Frankfurter Antrittsvorlesung (1931), in der er einen Begriff von aktueller Philosophie in Form des „ästhetischen Essays"[3] verfocht, spielte besonders die *Erkenntniskritische Vorrede* des Trauerspiel-Buchs eine zentrale Rolle, die auch im Mittelpunkt der folgenden Reflexionen steht. Benjamins lange verzweifelt verfolgten Habilitationspläne hingegen waren im Oktober 1925 endgültig gescheitert.[4]

Nicht nur von der ursprünglich vorgesehenen Kommission, die ihm „zur schleunigsten Rücknahme des Gesuches"[5] riet, wurde Benjamins Trauerspiel-Buch als unlesbar beurteilt, auch in seiner auf die Publikation im Jahr 1928 folgenden Wirkungsgeschichte war es zahlreichen Missverständnissen ausgesetzt. Doch schloss an Benjamins Monografie bald auch eine große Anzahl fruchtbarer Aktualisierungsversuche und Interpretationen an. Ja, diese war und ist Anlass für

---

[1] Friedrich Schlegel: *Charakteristiken und Kritiken I (1796–1801)*, hg. von Hans Eichner, in: ders.: *Kritische Friedrich-Schlegel-Ausgabe*, hg. von Ernst Behler, Bd. 2, München / Paderborn / Wien / Zürich 1967, S. 148.
[2] Adornos Seminar über das Trauerspiel-Buch fand im Sommersemester 1932 statt; zum Hintergrund vgl. GS I/3, S. 902 u. GB IV, S. 113 u. S. 128.
[3] Adorno: „Die Aktualität der Philosophie", in: ders.: *Philosophische Frühschriften*, S. 344; für eine detaillierte Rekonstruktion des Zusammenhanges zwischen Adornos Vorlesung und dem späteren Essay „Der Essay als Form" vgl. Kap. II.2.1.
[4] Vgl. dazu Burkhardt Lindner: „Habilitationsakte Benjamin. Über ein ‚akademisches Trauerspiel' und über ein Vorkapitel der ‚Frankfurter Schule'", in: *Zeitschrift für Literaturwissenschaft und Linguistik* 53/54 (1984), S. 147–165.
[5] Brief an Scholem vom 21.07.1925, GB III, S. 59.

eine kaum mehr zu überblickende Fülle an Forschungsliteratur, die sich oft auf Einzelfragen, etwa auf die Allegorie[6] oder Benjamins Begriff der Melancholie[7], auf Einzeldarstellungen der *Vorrede*[8] oder auf die systematische Untersuchung des Verhältnisses zwischen Trauerspiel-Buch und Barockphilologie[9] konzentriert hat. Die Vielfalt und Komplexität dieser Zugänge ist Chiffre auch der folgenden Kapitel, in denen die *Vorrede* verschiedenen Lektüren im Hinblick auf eine Theorie und Methodologie essayistischer Schreibpraktiken unterzogen wird.

Geriet die in der *Vorrede* aufgeworfene „Frage der Darstellung"[10] als Entwurf einer Darstellungstheorie zuletzt zunehmend in den Fokus der Forschung, besonders durch Jan Urbichs Studie *Darstellung bei Walter Benjamin*, muss es verwundern, dass ihre (Reflexion über ihre eigene) Darstellungsform bislang kaum in den Blick gekommen ist.[11] Dabei bringt Benjamin diese mit „dem esoterischen

---

[6] Vgl. Andreas Kablitz: *Zwischen Rhetorik und Ontologie. Struktur und Geschichte der Allegorie im Spiegel der jüngeren Literaturwissenschaft*, Heidelberg 2016, bes. S. 17–26; und Bettine Menke: „Allegorie, Personifikation, Prosopopöie. Steine und Gespenster", in: *Allegorie: Konfigurationen von Text, Bild und Lektüre*, hg. von Eva Horn und Manfred Weinberg, Opladen 1998, S. 59–73.
[7] Vgl. Ilit Ferber: *Philosophy and Melancholy: Benjamin's Early Reflections on Theater and Language*, Stanford 2013; Wolfgang Bock: *Walter Benjamin – Die Rettung der Nacht. Sterne, Melancholie und Messianismus*, Bielefeld 2000, v. a. S. 78–130; und die Beiträge in *Giochi per melanconici. Sull'Origine del dramma barocco tedesco di Walter Benjamin*, hg. von Andrea Pinotti, Mailand 2003.
[8] Neben Urbichs Studie *Darstellung bei Walter Benjamin* vgl. v. a. Beatrice Hanssen: „Philosophy at Its Origin: Walter Benjamin's Prologue to the *Ursprung des deutschen Trauerspiels*", in: *MLN* 110/4 (1995), S. 809–833; und Fred Lönker: „Benjamins Darstellungstheorie. Zur ‚Erkenntniskritischen Vorrede' zum ‚Ursprung des deutschen Trauerspiels'", in: *Urszenen. Literaturwissenschaft als Diskursanalyse und Diskurskritik*, hg. von Friedrich A. Kittler und Horst Turk, Frankfurt a. M. 1977, S. 293–322.
[9] Vgl. Bettine Menke: *Das Trauerspiel-Buch: Der Souverän – das Trauerspiel – Konstellationen – Ruinen*, Bielefeld 2010; Claude Haas und Daniel Weidner (Hg.): *Benjamins Trauerspiel: Theorie – Lektüren – Nachleben*, Berlin 2014; Achim Geisenhanslüke: *Trauer-Spiele: Walter Benjamin und das europäische Barockdrama*, Paderborn 2016.
[10] GS I/1, S. 207.
[11] Ausnahmen sind Rudolf Speth: *Wahrheit und Ästhetik. Untersuchungen zum Frühwerk Walter Benjamins*, Würzburg 1991, S. 214–217, und Dietrich Thierkopf: „Nähe und Ferne. Kommentare zu Benjamins Denkverfahren", in: *Text + Kritik. Zeitschrift für Literatur* 31/32 (1971), S. 3–18, zur Traktatform der *Vorrede*, wobei Benjamins Begriff ‚Traktat' bei Thierkopf schwer greifbar bleibt (im Traktat vollziehe „das denken selber sich nur im und als bruchstück [...], andernfalls es nur falsche totalität im erzwungenen und sinnlosen system erreicht"; ebd., S. 5). Urbich begreift die Form des Traktats als historisches Pendant zu Benjamins „posthistorischer Idee" der ‚Lehre', „in der sich das ‚Traktat' (bzw. der ‚esoterische Essay', 207) als Gestalt der Lehre entfaltet" (ders.: *Darstellung bei Walter Benjamin*, S. 71). Auch Heinrich Kaulen bezieht die *Vorrede* auf den „Traktat als eine subversive und – in höherer Absicht – destruktive Form des Wissens" (ders.: *Rettung und Destruktion. Untersuchungen zur Hermeneutik Walter Benjamins*, Tübingen 1987, S. 20) und ver-

Essay"[12] – ein Benjamin'scher Neologismus – und „dem scholastischen Terminus des Traktats"[13] auf zwei sich keineswegs selbst erklärende Formbegriffe. Den eigenartigen Begriff des esoterischen Essays, welcher der Forschung, obgleich er schon auf der ersten Seite der *Vorrede* exponiert fällt, bislang weitgehend entgangen ist, versuchen die folgenden Einzelkapitel in seinen theoretischen Implikationen zu erschließen. Denn auch im Trauerspiel-Buch umschreibt Benjamin die eigene Darstellungsweise mit selbstreflexiven Formbegriffen, deren reiches semantisches Potenzial sich aus vielfältigen intertextuellen Beziehungen zu eigenen wie fremden Texten und aus anzitierten Formtraditionen speist, in die sich die *Vorrede* einschreibt und die sie überschreitet.[14] Diese sind zunächst zu untersuchen, um dann sinnvoll die Frage nach einer Darstellungs- oder gar Gattungstheorie der *Vorrede* stellen zu können, die Heinz Schlaffer und zuletzt Werner Michler zu rekonstruieren versucht haben.[15] Doch geht es hier, wie schon in den vorhergehenden Kapiteln, nicht um die Frage, welcher Gattung die *Vorrede* zweifelsfrei zuzuordnen wäre und ob sie tatsächlich ein Essay oder Traktat *ist* oder nicht, was das Anliegen einer normativen Gattungspoetik wäre; vielmehr geht es

---

steht ‚Traktat' und ‚esoterischen Essay' – wie Urbich – als Synonyme, die er auch auf andere Texte Benjamins überträgt: So habe „schon die Schrift über den Übersetzer die Form eines esoterischen Essays, des lehrhaften philosophischen Traktats" (ebd., S. 19). Milena Massalongo: „Kritisches Schreiben als ‚historisches Experiment'. Walter Benjamins ‚esoterischer Essay'", in: *Wege des essayistischen Schreibens im deutschsprachigen Raum (1900–1920)*, hg. von Marina Marzia Brambilla und Maurizio Pirro, Amsterdam / New York 2010, S. 413–438, geht leider kaum auf den titelgebenden ‚esoterischen Essay' ein; lediglich Ernst: *Essayistische Medienreflexion*, S. 255 ff., streift im Rahmen medientheoretischer Überlegungen den Begriff ‚esoterischer Essay' als sich im Medium der Schrift vollziehende ‚kontemplative Darstellung' und „als Variante eines utopischen Essayismus" (ebd., S. 255).
12 GS I/1, S. 207.
13 Ebd., S. 208.
14 Nicht nur die Formzitate in der *Vorrede* besitzen einen funktionsstiftenden Charakter, sondern auch ihre zahlreichen Referenzen, Allusionen und Fehlzitierungen; vgl. Winfried Menninghaus: *Walter Benjamins Theorie der Sprachmagie*, Frankfurt a. M. 1995, S. 94: „Ob Platons Ideenlehre, der Topos des adamitischen Namengebens aus der Tradition der an die Kabbala anschließenden ‚mystischen' Sprachphilosophie, der Rekurs auf die mittelalterliche Traktatform, der Bezug zu Leibniz und Hegel, die versteckte Kritik an Kant und die gebrochene Wahlverwandtschaft mit romantischen Intentionen – Benjamin greift sie nicht auf, um sich in Traditionen zu stellen, sondern um die Traditionen für seinen Zusammenhang zu funktionalisieren."
15 Vgl. Schlaffer: „Walter Benjamins Idee der Gattung", und Michler: *Kulturen der Gattung*, S. 527–541, zu Benjamins Trauerspiel-Buch als ‚Gattungsschrift'; vgl. zuvor schon Peter Szondi über Benjamins *Erkenntniskritische Vorrede* als „Gattungspoetik" (ders.: *Poetik und Geschichtsphilosophie II*, S. 12). Auf Melandris philosophische Lesart der *Vorrede* in *I generi letterari e la loro origine* wird später ausführlicher eingegangen.

um die *Operativität* der von Benjamin zur Selbstbeschreibung seines Textes gewählten Formbegriffe.

Denn Essay und Traktat sind keinesfalls Synonyme. Sie stehen vielmehr, bedenkt man die diffuse Gattungsgeschichte des Essays, in dialektischer Spannung zueinander, die sich auf oft bemühte Begriffsoppositionen wie offen-geschlossen, kritisch-dogmatisch oder subjektiv-wissenschaftlich bringen lässt. Mit seiner paradoxen Definition des Essays, er verfahre „methodisch unmethodisch"[16], hat Adorno dieses Spannungsverhältnis wiederum dem modernen Essay als einer sich im Medium einer streng durchkomponierten Darstellung frei vollziehenden Reflexivität integriert, die in reflexiven Brüchen, Momenten des Abweichenden und Inkommensurablen die eigene widerspruchsvolle Formengeschichte spiegelt.[17] Gerade vor dem Hintergrund einer in der *Vorrede* umrissenen und mit einer nur schwer zugänglichen Lesart der „Platonischen Ideenlehre"[18] verwobenen Gattungstheorie bzw. -philosophie, die Gattungsbegriffen nicht als literaturwissenschaftlichen Klassifikationsbegriffen, sondern nur als Ideen „Wahrheit"[19] zubilligt, liegt es nahe, solche Formreflexionen – deren Probe aufs Exempel Benjamin mit dem deutschen Trauerspiel als Ausdruck der Trauer über den Verlust eines lebendigen Weltverhältnisses macht[20] – auf seinen eigenen Text

---

16 Adorno: „Der Essay als Form", in: ders.: *Noten zur Literatur*, S. 21.

17 Zum zwischen Antagonismus und Affinität changierenden Verhältnis zwischen Essay und Traktat vgl. Rohner: *Der deutsche Essay*, S. 128, der im Essay Montaignes und Bacons eine Überwindung des Systemzwangs des scholastischen Traktats sieht, wobei viele moderne Essayisten, besonders Adorno, eine „Rückbildung des Essays zum Traktat, sinnlicher Sprache zu theoretisierender Prosa, [...] zu monologischer Prosa" erkennen ließen; vgl. Joseph A. Kruse: Art. „Traktat", in: *Reallexikon der deutschen Literaturgeschichte*, hg. von Klaus Kanzog und Achim Masser, Bd. 4, 2. Aufl., Berlin / New York 1984, S. 530–546, hier: S. 533. Paul Michael Lützeler dagegen sieht schon bei den Gründungsvätern essayistischen Schreibens – Montaigne und Bacon – Essay und Traktat „auf der breiten Skala essayistischen Schreibens" als die „idealtypischen Extremmarken" ausgeprägt (ders.: *Die Schriftsteller und Europa: Von der Romantik bis zur Gegenwart*, 2. Aufl., Baden-Baden 1998, S. 27). Wie der Essay gattungsgeschichtlich mit dem Traktat verbunden ist, hält dieser in einer geschichtsphilosophischen Lesart auch als exemplarische Gestalt einer verknöcherten und institutionalisierten Bewusstseinsform her, die es durch eine neue offene und subjektive Form – den Essay – zu überwinden gelte; vgl. das Kapitel „Der systembildende Essay als Darstellungsform" in Holz: *Logos spermatikos*, S. 29–34, hier: S. 32: In der Essay-Form der 1920er-Jahre seien „entscheidende Ansätze zur Aufsprengung scholastisch und dogmatisch verfestigter Darstellungsweisen enthalten", ja es gehe „essayistisches Denken mit der revolutionierenden Bewegung unseres Jahrhunderts Hand in Hand".

18 GS I/1, S. 209.

19 Ebd., S. 218.

20 Vgl. Menke: *Das Trauerspiel-Buch*, sowie dies.: „Ursprung des deutschen Trauerspiels", in: *Benjamin-Handbuch. Leben – Werk – Wirkung*, hg. von Burkhardt Lindner, Stuttgart / Weimar

zu beziehen. Die *Vorrede* ließe sich daher als ‚Essay' bezeichnen, ohne dabei in einen Widerspruch oder Konflikt mit der vielschichtigen *histoire* des Traktats zu geraten.

Benjamins Abhandlung über den *Ursprung des deutschen Trauerspiels* – dies unterstreicht nur ihre Verortung im Grenzbereich zwischen unterschiedlichen Gattungen, Disziplinen und Wissenstraditionen – ist nicht nur beständiger Gegenstand des Forschungsinteresses. In ihrer hochgradigen Selbstreflexivität, die in der *Vorrede* ihren komplexesten Ausdruck gefunden hat, wurde sie in jüngerer Zeit selbst zum Vorbild einer neuen Literaturhistoriografie. Auf ein prägnantes Beispiel der Aktualisierung von Benjamins Reflexionen sei hier kurz eingegangen. Der umfangreiche Band *Eine neue Geschichte der deutschen Literatur* tritt – angeregt durch Benjamins Historismus-Kritik und seine Reflexionen über die spezifische Historizität von Kunstwerken – mit dem Anspruch kritischer Selbstbesinnung auf seine zentralen Kategorien von Geschichte und Literatur auf, aus der sich, wie David E. Wellbery in seiner programmatischen Einleitung deutlich macht, die Frage nach ‚neuen' literaturgeschichtlichen Darstellungsweisen ergebe. Wenn Wellbery betont, es gelte im Medium besonderer Darstellungsformen den „Eigensinn von Literatur" gegenüber einer Literaturgeschichtsschreibung zu bewahren, der Literatur nur als Beispiel und zur Illustrierung ihrer eigenen Klassifikationsschemata diene, beruft er sich explizit auf Benjamins „Idee von Geschichte" als Unterbrechung eines historischen Kontinuums,[21] der ein konstellatives Darstellungsverfahren entspreche[22] – und damit implizit auf die *Erkenntniskritische Vorrede* des Trauerspiel-Buchs. *Eine neue Geschichte der deutschen Literatur* ist an dieser Stelle deshalb von Interesse, weil sie sich neben der Referenz auf Benjamin in eine nicht näher konkretisierte Gattungstradition einschreibt und auf eine bestimmte Gattungs*form* rekurriert, nämlich auf den Essay: „Jeder Essay dieses Bandes ist buchstäblich als ‚Versuch', beinahe als ‚Experiment' zu verstehen."[23]

2011, S. 210–229, wo von einer Darstellung der *Erkenntniskritischen Vorrede* leider gänzlich abgesehen wird.

21 David E. Wellbery: „Einleitung", in: *Eine neue Geschichte der deutschen Literatur*, hg. von David E. Wellbery, Judith Ryan, Hans Ulrich Gumbrecht, Anton Kaes, Joseph Leo Koerner und Dorothea E. von Mücke, übers. von Christian Döring [u. a.], Berlin 2007, S. 15–24, hier: S. 15. „Mit wenigen Ausnahmen sieht die Gattung der Literaturgeschichte heute noch genauso aus wie am Ende des 19. Jahrhunderts. Vorrangig erzählend und nach Perioden oder Richtungen aufgeteilt, behandelt sie individuelle Texte als beispielhaft für umfassende Tendenzen." (Ebd., S. 19 f.)
22 Vgl. ebd., S. 22.
23 Ebd.

Statt eine Literaturgeschichte aus aufeinander aufbauenden und auseinander hervorgehenden Kapiteln zu entwickeln, stehen die einzelnen Essays als ergebnisoffene ‚Versuche über' in sich geschlossen nebeneinander. In seiner spezifischen, mit dem jeweiligen Gegenstand korrelierten Form könne der Essay, wie Wellbery diese Vorgehensweise erläutert, den Blick „auf das Besondere"[24], auf bedeutungsvolle „Kuriositäten"[25] richten und einzelne Texte sowie die ihnen zugehörenden „individuellen Biographien"[26] tatsächlich *als* „einzigartige Ereignisse"[27] darstellen. Kraft seiner formspezifischen intensiven „Durchdringung von Phantasie und begrifflicher Kraft"[28] unterschlage der Essay weder jenen Eigensinn der Literatur durch eine alles Individuelle subsumierende Begriffsapparatur, noch kippe dieses Verfahren in Beliebigkeit, Unverbundenheit und Disparatheit ihrer Ergebnisse. Vielmehr ermögliche die essayistische Wiedergabe der „Einzigartigkeit des literarischen Ereignisses", dass dieses „ein Schlaglicht auf ein Netzwerk von Verbindungen" werfe und „einen komplexen historischen Ausschnitt" darstelle.[29] Dieses Kompositionsprinzip wiederholt sich auf der Makroebene des interdisziplinären Essay-Bandes, der „eine veränderliche Gruppierung"[30], ein „Nebeneinander"[31] verschiedener *möglicher* Zugänge zu einer Geschichte der Literatur darbieten will. Die Problematik dieses methodischen Ansatzes (nicht nur der Literaturhistoriografie), die Wellbery in seiner Einleitung zu bedenken gibt, ließe sich als das erkenntnistheoretische und darstellungstechnische Kernproblem auch von Benjamins *Vorrede* bezeichnen: Es gelte, so Wellbery, in immer „neuen Diskursformen", neuen Essays, „sowohl die Einheit wie auch die Vielfalt – die Logik der Bewegung – zu erfassen",[32] d. h. die unverwechselbare Einzigartigkeit eines Kunstwerkes zu bewahren und es doch – durch den Rückbezug etwa auf Epochen-, Stil- oder Gattungsbegriffe – intelligibel zu machen.

Benjamins esoterischer Essay, sein von ihm so genannter „Versuch[]"[33] einer „Rettung der Phänomene vermittels der Ideen", mit der sich „die Darstellung der

---

24 Ebd., S. 15.
25 Ebd., S. 21.
26 Ebd.
27 Ebd., S. 15.
28 Ebd., S. 17.
29 Ebd., S. 21. Im Sinne von Benjamins Vorstellung eines „Jetzt der Erkennbarkeit" (GS I/3, S. 1237).
30 Wellbery: „Einleitung", in: *Eine neue Geschichte der deutschen Literatur*, hg. von Wellbery / Ryan / Gumbrecht [u. a.], S. 24.
31 Ebd., S. 16.
32 Ebd., S. 18.
33 GS I/1, S. 210 u. GS I/3, S. 948.

Ideen im Mittel der Empirie" vollziehe,[34] besitzt in zeitgenössischen methodologischen Reflexionen so manches Vorbild, das er sich partiell zu eigen macht und transformiert. Den Spuren dieser Entwürfe einer monografischen (Kunst-)Historiografie – insbesondere der Ästhetik (Croce), Romanistik und Kunstwissenschaft (Sedlmayr, Schlosser) –, die, ohne Einzelerkenntnisse zu liefern, auf das Einzelne geht und dabei, „durchaus unvermittelt"[35], auf eine Einheit der Erkenntnis abhebt, wird im Folgenden nachgegangen. Auch diese nämlich nehmen die Form des Essays als angemessene wissenschaftliche Darstellungsweise in Betracht, um der Singularität und besonderen Geschichtlichkeit der Werke gerecht zu werden, indem sich im konstellativen Nebeneinander einzelner Essays, so Benjamin, „Zusammenhänge von Kunstwerken untereinander" – d. h. ‚Ideen' – zeigen, „welche zeitlos und dennoch nicht ohne historischen Belang sind".[36]

Benjamins Auseinandersetzung mit der Darstellungsfrage in der *Vorrede* bricht sich in vielen Facetten, besitzt Schichten, die nicht voneinander zu trennen sind und hier in ihrer Komplexität rekonstruiert werden sollen. Die disziplinen- und formgeschichtliche Rekonstruktion eines essayistischen Monografismus, der eine Art Medialisierung eines über den Einzelgegenstand hinausweisenden Erkenntnisanspruches bei gleichzeitiger Bewahrung seiner Einzigartigkeit zu leisten versucht, schließt an philosophische Aspekte der Vermittelbarkeit von Einheit und Vielheit, Allgemeinem und Besonderem an. Denn Benjamin scheint die autoreflexive Form des esoterischen Essays, deren begriffliche Koordinationsstruktur Darstellungen der Möglichkeitsbedingungen des Erkennens hervorbringt, insofern als schreibpraktisches Pendant zu Kants Konzept des ästhetischen Urteils zu denken, als sie eine besondere mediale „Vermittlerrolle"[37] des ‚Begriffs' – als zur gleichen Zeit gliederndes Mittel und Ort der Vermittlung von ‚Phänomen' und ‚Idee' – mobilisiert, ohne dabei eine der Komponenten auf ein ‚Erstes' zurückzuführen, das außerhalb ihrer textuellen Relation läge. Diese schwebenden Vermittlungsversuche können auf eine implizite Gnoseologie des Paradigmas hin gelesen werden,[38] der zufolge in einer erst darstellend sich vollziehenden Konkretisierung ihrer Begriffe die Gegenstände des Erkennens nicht klassifiziert und

---

34 GS I/1, S. 214.
35 Ebd., S. 210.
36 Es gelte ihm, wie Benjamin am 09.12.1923 an Florens Christian Rang schreibt, „als ausgemacht, daß es Kunstgeschichte nicht gibt. [...] Die spezifische Geschichtlichkeit von Kunstwerken ist ebenfalls eine solche, welche sich nicht in ‚Kunstgeschichte' sondern nur in Interpretation erschließt. Es treten nämlich in der Interpretation Zusammenhänge von Kunstwerken untereinander auf, welche zeitlos und dennoch nicht ohne historischen Belang sind" (GB II, S. 392f.).
37 GS I/1, S. 214.
38 Zum ‚Paradigma' als textueller Erkenntnisfigur vgl. Kap. II.2.2.

rubriziert, sondern ‚benannt' werden. Gerade die geglückte Darstellung von Gattungsbegriffen als „Gattungsnamen"[39] ist für Benjamin *exemplum* für eine sich im Medium des Essays realisierende Synthese der irreduziblen Vielheit einzelner Momente des Kunstwerks, die eine ihm immanente Reflexivität indiziert – und zugleich eine unabschließbare ästhetisch-kritische Reflexion in Gang setzt.

Der medialen Dynamik dieses „kunstphilosophischen Versuchs"[40] und der Struktur seiner Darstellung korrespondiert, als eine Art ästhetische Selbstverständigungsfigur der *Vorrede*, die Figur von Eros aus Platons *Symposion*. Denn wie Eros zeichnet auch den esoterischen Essay ein Mangel aus: eine ontologische Mangelhaftigkeit der Sprache, die immer neue schriftliche Versuche ihrer Überwindung anregt. Das „Sehnen"[41] (*de-siderium*) des esoterischen Essays richtet sich – wie Eros – auf die Ideen, die Benjamin prägnant mal mit verschlossenen „Sternen", mal mit deutungsoffenen „Sternbilder[n]" (*sidera*) vergleicht:[42] Die „Wahrheit" komme der Philosophie in ihren immer neuen schriftlichen „Entwürfen", wie es zu Beginn der *Vorrede* heißt, ebenso wenig „von draußen herzugeflogen" wie die Schönheit;[43] sie bedürfe vielmehr der „Übung dieser ihrer Form"[44], ja bewähre sich nur im ununterbrochenen „Kampf um die Darstellung"[45]. In diesem wird, an wechselnden Gegenständen exerziert, die Idee einer Sprache umkreist, die „nicht als vermittelnde Anleitung zum Erkennen"[46] fungiert, sondern eine „Darstellung der Wahrheit"[47] als nicht-antizipierbarem Gehalt bewirkt. Die „einzige philosophischer Forschung geziemende Schreibweise"[48], die der Philosophie ‚schickliche' Schreibweise, welche die Aporie einer medialen Herstellung von Unmittelbarkeit reflexiv mitführt, fällt daher in eins mit einer

---

39 GS I/1, S. 223.
40 Ebd., S. 210.
41 Ebd., S. 211.
42 „Die Ideen verhalten sich zu den Dingen wie die Sternbilder zu den Sternen." (Ebd., S. 214) Und an anderer Stelle vergleicht Benjamin die Sterne den Ideen: „[D]ie Ideen sind die Sterne im Gegensatz zu der Sonne der Offenbarung. Sie scheinen nicht in den Tag der Geschichte, sie wirken nur unsichtbar in ihm." (GB II, S. 393)
43 GS I/1, S. 207.
44 Ebd., S. 208.
45 Ebd., S. 217. Lukács reflektiert ähnlich die Grenzen und – in intensiver Arbeit an der Darstellung frei werdenden – Möglichkeiten der medialen Verfasstheit des Essays: Im Essay „ist ein Kampf um die Wahrheit, um die Verkörperung des Lebens, das jemand aus einem Menschen, einem Zeitalter, einer Form herausgelesen hat; doch es hängt nur von der Intensität der Arbeit und der Vision ab, ob wir aus dem Geschriebenen eine Suggestion dieses einen Lebens erhalten" (ders.: „Über Form und Wesen des Essays", in: ders.: *Die Seele und die Formen*, S. 35).
46 GS I/1, S. 207.
47 Ebd., S. 207 f.
48 Ebd., S. 209.

‚geschickten' Schreibtechnik, die Prämisse „des philosophischen Stils"[49] erscheint als *savoir faire*. Wie die wahre Schönheit von Eros nach Benjamin darin gründet, *wie* sich „sein Sehnen auf die Wahrheit richtet"[50], wie er den Abstand zu ihr ausmisst und gestaltet, verbürgt die gelungene Darstellung des Sehnens, d. i. ihre *mediale Selbstvergewisserung*, den „Wahrheitsgehalt"[51] der Philosophie; von daher ist auch Benjamins Wort von der „Intentionslosigkeit"[52] der Wahrheit zu verstehen, die sich auf dem Umweg über die (schöne) Darstellung wie von selbst einstellt.[53]

Diese Denk- und Schreibfigur hilft die mediale Funktion des (Gattungs-)Begriffs aus einem neuen Blickwinkel zu betrachten. Wie der platonische Eros ein seine Medialität bildendes ‚Dazwischen' (*metaxý*) zwischen zwei Polen einnimmt – zwischen Sinnlichkeit und Verstand, Nicht-Wissen und Wissen, Leben und Form, Einzelnem und Allgemeinem –, stehen auch die Begriffe in der Mitte zwischen Idee und Phänomenen: In einer Art *double renversement* sind sie für Benjamin zugleich in der Konstellation der Phänomene dargestellte Idee wie in der Darstellung der Idee gerettetes Phänomen. „Aufgabe des Philosophen" sei es, sich immer wieder am „beschreibenden Entwurfe" solcher prekärer Harmonieverhältnisse zu versuchen,[54] indem sich sein eigenes Schreiben unablässig zwischen zwei Polen – zwischen Literatur und Wissenschaft, *experimentum* und *auctoritas*, *metaxý* und *lógos*, Essay und Traktat, Möglichkeiten und Erkenntnisgrenzen seines Mediums – einzupendeln sucht.[55]

---

49 Ebd., S. 212.
50 Ebd., S. 211.
51 Ebd., S. 208.
52 Ebd., S. 216.
53 „Darstellung als Umweg" (ebd., S. 208) heißt es in der *Vorrede* pointiert von der Methode dieses Schreib- und Erkenntnisverfahrens; eine Formel, die nicht nur an die leitmotivische Charakterisierung von Eros im *Symposion*, der sich durch ständigen Verzicht, Aufschub und Umweg auszeichnet, sondern auch an Sokrates' Wort aus dem *Phaidros* über die Kunst der Dialektik erinnert: „Dann allein, auf Umwegen, wird ihm das Große gelingen." (Platon: *Gastmahl / Phaidros / Phaidon*, ins Deutsche übertr. von Rudolf Kassner, Jena 1914, S. 86; vgl. *Phaidros* 274a2: *makrá hē períodos*, ‚langer Umweg') Einen methodischen Umweg beschreibt nicht nur Benjamins Text mittels seiner spezifischen (Theorie einer) philosophisch-literarischen Darstellungsweise, in der das *Was* durch das *Wie*, Methodizität durch Literarizität vermittelt und untrennbar verwoben sind, sondern auch die fortlaufenden, wechselnde Formbegriffe bemühenden Reflexionen über „die einzige philosophischer Forschung geziemende Schreibweise" (GS I/1, S. 209): Auf die sie selbst betreffende Frage nach dem „Begriff des philosophischen Stils" (ebd., S. 212) gibt die *Vorrede* in immer neuen Umschreibungen stets nur vorläufige, umwegige Antwort.
54 Ebd.
55 Dieses Verfahren setzt gleichsam die etymologische Grundbedeutung von ‚Essay' – *exagium*: ‚Wägen', ‚Abwiegen' – um; das Changieren zwischen autoritativem Lehrwort und (dessen) ex-

Das zu Kapitelbeginn aufgeworfene methodische Problem, „die spezifische Individualität der einzelnen Kunstwerke" im Gattungsbegriff mit „der philosophischen Erkenntnis" zu vermitteln, wie Peter Szondi pointiert, dekliniert die *Vorrede* darüber hinaus in geschichtstheoretischer Hinsicht.[56] Denn die Antinomie von „Einmaligkeit und Wiederholung"[57] als der Grundstruktur von Geschichte, die in den Thesen *Über den Begriff der Geschichte* angesichts ihrer heraufziehenden Katastrophe an Brisanz gewinnen wird, spiegelt sich für Benjamin auch in der ambivalenten Verfasstheit des Kunstwerks: Es besitzt eine irreduzible Individualität und ist kraft seiner material-kulturtechnischen Ausstattung als „unvertilgbare Signatur eines bestimmten Weltzustandes"[58] lesbar, d.h. auf seine Vor- und Nachgeschichte betreffende Kunst- und Lebensformen beziehbar. Die Herstellung solcher *Lesbarkeiten über das ästhetische Gebiet hinaus* leistet für Benjamin ein essayistisches Erkenntnisverfahren, das kraft seiner „Doppeleinsicht"[59] nicht nur den künstlerischen Wert des Kunstwerks beurteilt oder seine unmittelbare Faktizität analysiert, sondern sich auf die Suche nach virtuellen Denk- und Affektstrukturen begibt, die in ihm als einer unverwechselbaren, doch intelligiblen Gestalt gleichsam verkapselt sind. Der esoterische Essay führt so stets über den einzelnen Gegenstand, wie z.B. über das barocke Trauerspiel, hinaus und wirft philosophische Fragestellungen auf, die in Benjamins Sinne zum Treiben nicht (mehr) von Literaturwissenschaft und Ästhetik –

---

perimenteller Darstellung kennzeichnet auch den Traktat. Der sich in fortgesetzten „Versuchen", ein ‚Dazwischen' auszuloten, ergehende Philosoph nimmt entsprechend – wie es in der *Vorrede* heißt – selbst „die erhobne Mitte zwischen dem Forscher und dem Künstler" ein (ebd.).
56 Szondi: *Poetik und Geschichtsphilosophie II*, S. 12: „Aber es ist durchaus fraglich, ob die spezifische Individualität der einzelnen Kunstwerke es tatsächlich verbietet, von Gattungen zu reden, ob es nicht auch das historische Phänomen einer Gattung gibt, die [...] für sich der philosophischen Erkenntnis offensteht, der sie ihre ‚Idee' enthüllt. Walter Benjamins Buch über das barocke Trauerspiel, zumal dessen erkenntniskritische Einleitung, hat zu einer so beschaffenen Gattungspoetik, für welche Idee und Geschichte nicht im System, sondern in der Geschichtsphilosophie miteinander vermittelt sind, den Grund gelegt."
57 GS I/1, S. 226.
58 GS I/3, S. 924. „In jedem Ursprungsphänomen" – das Kunstwerk ist für Benjamin dafür (nur) epistemologisches Beispiel – „bestimmt sich die Gestalt, unter welcher immer wieder eine Idee mit der geschichtlichen Welt sich auseinandersetzt, bis sie in der Totalität ihrer Geschichte vollendet daliegt. Also hebt sich der Ursprung aus dem tatsächlichen Befunde nicht heraus, sondern er betrifft dessen Vor- und Nachgeschichte. Die Richtlinien der philosophischen Betrachtung sind in der Dialektik, die dem Ursprung beiwohnt, aufgezeichnet." (GS I/1, S. 226)
59 Ebd.: „Im nackten offenkundigen Bestand des Faktischen gibt das Ursprüngliche sich niemals zu erkennen, und einzig einer Doppeleinsicht steht seine Rhythmik offen."

wie noch im Hölderlin- und Goethe-Essay –, sondern von „Kunstphilosophie"[60] Anlass geben.

Deren zentraler Gedanke aber ist jene Idee der Gattung, die Benjamin in der *Vorrede* als gnoseologische Figur einer verschiedene Kulturphänomene prägenden isomorphen Struktur entwirft. Denn im Problem der Gattung artikuliert sich paradigmatisch die aporetische Beziehung zwischen Allgemeinem und Besonderem bzw. Individuellem,[61] zwischen Idee und Phänomen.[62] Zu dieser Problemstellung werden die folgenden Reflexionen immer wieder zurückkehren, da ausgehend von ihr die Relevanz der Gattungsreflexionen auch in anderen Texten Benjamins, die stets mit Gattungshybridisierungen einhergehen, für eine Analyse der essayistischen Formen seines Schreibens neu perspektiviert werden kann.

Worin aber könnte der esoterische Essay selbst als ‚Idee' bestehen? Welchen ‚Ursprung' konstruiert sich Benjamins *Vorrede* mittels dieser Idee, welche Erfahrungen und Sachgehalte sedimentieren sich in ihrer essayistischen Form? In den folgenden Einzelkapiteln wird diesen Fragen nachgegangen, um die Selbstreflexivität von Benjamins Essay weiter herauszuarbeiten. Dabei werden auch die

---

60 Ebd., S. 218.
61 Das ‚Individuelle' wird hier verstanden als Ausdruck des individuell Empfundenen, das ‚Besondere' als das ontologisch Einzelne.
62 Der ‚Sinn' von Gattungsbegriffen besteht auch Ernst Cassirer nach, wie er in der fünften Studie seiner 1942 veröffentlichten Schrift *Zur Logik der Kulturwissenschaften* ausführt, nicht in ihrer Funktion als Normbegriffe für eine Gattungspoetik oder „als bloße Wortmarken" (ders.: „Die ‚Tragödie der Kultur'", in: ders.: *Zur Logik der Kulturwissenschaften. Fünf Studien*, in: ders.: *Aufsätze und kleine Schriften (1941–1946)*, in: ders.: *Gesammelte Werke*, hg. von Birgit Recki, Bd. 24, Hamburg 2007, S. 462–486, hier: S. 477). Vielmehr seien künstlerische Gattungen – worin sich Cassirers Auseinandersetzung mit Benedetto Croces Gattungsverständnis zeigt, dem auch Benjamin in seiner *Vorrede* einen hohen Stellenwert einräumt – als zur jeweiligen *Singularität* des künstlerischen Ausdrucks zuinnerst dazuzählende Formen zu begreifen. Das Kunstwerk entstehe als solches erst in einer bestimmten Gattungsform, ähnlich wie sich für Benjamin die philosophische Reflexion erst in einer besonderen Darstellungsform entfaltet, die mit ihr – mit Cassirer – ein „untrennbares Ganze [sic]" (ebd., S. 480) bildet. Am Problem der Gattung werde exemplarisch ein „allgemeines Problem" (ebd.) offenkundig, ja „ein systematisches Grundproblem aller kulturwissenschaftlichen Betrachtung" (ebd., S. 476), nämlich die physiognomische Verschlingung von „Formkonstanz" und „‚Modifizierbarkeit' der Form" (ebd., S. 480) als „Rhythmus des Lebens" (ebd., S. 484), der in den Kulturphänomenen als stets neue individuelle Objektivation des Einzelnen zum Ausdruck komme: „So begegnen wir in den verschiedenen Kulturgebieten immer wieder demselben, in seiner Grundbeschaffenheit einheitlichen Prozeß" (ebd., S. 482), und noch „im Persönlichsten, Individuellen, Einmaligen" ereigne sich „die ewige Wiederkehr des Gleichen" (ebd., S. 481). Zu Cassirers Philosophie der symbolischen Formen als Gnoseologie des Isomorphismus im Sinne einer Reproduzierbarkeit der Beziehungen von Identität und Differenz in unterschiedlichsten Medien, deren *Korrespondenzen* nun – mit dem Gattungsbegriff als Erkenntnisparadigma – in Betracht kommen, vgl. Melandri: *I generi letterari e la loro origine*, S. 37.

ausführlichere und in mancher Hinsicht aufschlussreiche Erstfassung der *Vorrede*, der „inoffiziellen Einleitung"[63] des Trauerspiel-Buchs, aus Scholems Sammlung sowie Fragmente aus ihrer Entstehungszeit herangezogen.

4.1 Form und Sehnsucht. Zum Totalitätscharakter des Essays (von Lukács zu Benjamin)

> Aber jede Erfüllung einer Sehnsucht ist deren Vertilgung.[64]
> (Georg Lukács)

In den Nachweisen zum zweiten Teil des „Trauerspiel und Tragödie" überschriebenen Abschnitts seiner Trauerspiel-Studie führt Benjamin *Die Seele und die Formen. Essays* (1911) von Georg Lukács an.[65] Dieser bibliografische Verweis ist vordergründig in Benjamins Überlegungen über Trauerspiel und Tragödie einzuordnen, die der Tragödientheorie von Lukács' Essay zu Paul Ernst wichtige Impulse verdanken.[66] Doch unterhält auch die *Erkenntniskritische Vorrede* motivische wie formale Beziehungen zu Lukács' Essay-Sammlung. Dem „philosophischen Schrifttum" stellt sich für Benjamin, wie es gleich zu Beginn der *Vorrede* heißt, stets von neuem die „Frage der Darstellung",[67] die sich gleichermaßen an der darzustellenden „Sache selbst"[68] orientieren müsse wie an der Frage, welche Darstellungsform „eine gegenwärtig überhaupt zu erfüllende Form oder aber eine geschichtlich gebundene sei"[69]. Auch Lukács' Essays kreisen um die zentrale

---

63 Brief an Scholem vom 06.04.1925, GB III, S. 26. In Briefen und Entwürfen nennt Benjamin die *Vorrede*, dabei ihren esoterischen und vorläufigen Charakter betonend, auch „so etwas wie einen erkenntnistheoretischen Versuch" (GB II, S. 464) oder „Prolegomena zur Erkenntnistheorie, so eine Art zweites, ich weiß nicht, ob besseres, Stadium der frühen Spracharbeit [...], als Ideenlehre frisiert" (GB III, S. 14). In der ersten Textfassung der *Vorrede* fallen Umschreibungen wie „vorbereitende Betrachtung" in einem „propädeutischen Stadium" (GS I/3, S. 928), womit sich – neben der Hermetik des Textes und seinem wissenschaftskritischen Duktus – zum Teil erklärt, weshalb Benjamin den theoretischen Teil der *Vorrede* nicht mit seinem Habilitationsgesuch einreichte.
64 Lukács: „Metaphysik der Tragödie", in: ders.: *Die Seele und die Formen*, S. 218.
65 Vgl. GS I/1, S. 417–420.
66 Auf Lukács' Essay „Metaphysik der Tragödie: Paul Ernst" (1910) bezieht sich Benjamin schon in seinem Essay *Trauerspiel und Tragödie* (1916); vgl. dazu Laura Boella: „La statua tra le rovine. La riflessione del giovane Lukács su *Trauerspiel* e tragedia come fonte del *Trauerspielbuch* di Benjamin", in: *Giochi per melanconici. Sull'Origine del dramma barocco tedesco di Walter Benjamin*, hg. von Andrea Pinotti, Mailand 2003, S. 23–38.
67 GS I/1, S. 207.
68 Ebd., S. 208.
69 Ebd., S. 219.

Frage, nach welcher geschichtlich möglichen und gebotenen literarischen Form die Behandlung eines bestimmten Themas jeweils verlangt. Neue Formen entstehen und vergehen nach Lukács erst mit der Notwendigkeit eines neuen authentischen Ausdrucks für neue Erfahrungsqualitäten, sie werden so zu geschichtsphilosophischen Signaturen, in denen sich verschiedenste Spannungen und Antagonismen eines Weltzustandes formal objektivieren.

Auf eine Verwandtschaft der beiden Texte hat schon Palmier hingewiesen: „So fern Benjamins Analyse des Trauerspiels der Problemstellung von *Die Seele und die Formen* liegen mag, so begegnen sich beide doch in dem Willen, das literarische Werk aus einer philosophischen Perspektive zu erfassen, in der Bezugnahme auf den Platonismus"[70] sowie in der Bedeutung, die beide der Form des Essays zusprechen. Bezüglich „not only the Prologue itself, but also Benjamin's lifelong preference for the essay form as a vehicle of philosophical expression", macht auch Richard Wolin eine „marked indebtedness to the lead article of Lukács's *Soul and Form*, ,On the Nature and Form of the Essay'", geltend.[71] Diese Verwandtschaft komme vor allem in der fragmentarischen Natur ihrer Texte und in der Bevorzugung der Literaturkritik als Erkenntnisform der Philosophie zum Ausdruck. Auch Rainer Rochlitz erkennt einen solchen „dialogue souterrain avec le jeune Lukács"[72] und sieht Benjamins Begriff ,esoterischer Essay' im Sinne einer stets vorläufigen Übung – „,l'exercice' provisoire"[73] – beim jungen Lukács von *Die Seele und die Formen* und *Die Theorie des Romans* (1916) schon vorgeprägt.[74] Die für einen neuen philosophischen Begriff von Kritik rehabilitierten platonischen Ideen, die Benjamins *Vorrede* besonders mit Lukács' Essay „Über Form und Wesen des Essays" verbinden, seien – so Rochlitz – auf ein beiden Autoren gemeinsames Bedürfnis

---

70 Palmier: *Walter Benjamin*, S. 424.
71 Wolin: *Walter Benjamin. An Aesthetic of Redemption*, S. 85.
72 Rainer Rochlitz: „de la philosophie comme critique littéraire. Walter Benjamin et le jeune Lukács", in: *Revue d'esthétique* 1 (1981), S. 41–59, hier: S. 42; vgl. ders.: *Le désenchantement de l'art*, S. 50.
73 Rochlitz: „de la philosophie comme critique littéraire", S. 42.
74 Vgl. ebd., S. 58: Auch wenn sich Benjamin im Trauerspiel-Buch, so Rochlitz, nicht explizit auf *Die Theorie des Romans* beziehe, sprächen mehrere Passagen, v. a. zu Shakespeare und Calderón, dafür, dass Benjamin Lukács' Romantheorie kannte; ja, Benjamins Theorie des barocken Trauerspiels sei als deren „prolongation directe" (ebd., S. 50) zu verstehen. Vgl. auch Theodor W. Adorno: „Die Idee der Naturgeschichte" (1932), in: ders.: *Philosophische Frühschriften*, S. 345–365, hier: S. 355 ff., der hinsichtlich eines geschichtsphilosophisch und ästhetisch fundierten Begriffs einer ,Naturgeschichte' als Erster auf ein Nähe-Distanz-Verhältnis zwischen *Die Theorie des Romans* und dem Trauerspiel-Buch hingewiesen hat. In einem Brief an Scholem vom 30.10.1928 spricht Benjamin selbst gar davon, er entwerfe – gemeint ist sein Essay *Der Erzähler* – „eine neue ,Theorie des Romans', die sich Deines höchsten Beifalls und ihres Platzes neben Lukács versichert hält" (GB III, S. 420).

zurückzuführen, eine gegenüber den Kategorien von Subjekt und Objekt indifferente apriorische geschichtsphilosophische Konstellation zu konstruieren.[75] In dieser sei die Wahrheit des Kunstwerks beheimatet, die sich für Benjamin wie Lukács keinesfalls im Selbst-Ausdruck eines Schöpfersubjekts oder in der subjektiven Intention des Rezipienten erschöpfe, sondern deren Beziehung zur Geschichte zu ermitteln sei.[76] Der „aspect ‚essayiste' de ce platonisme"[77] bestehe, so Rochlitz, in der normativen Unabgeschlossenheit und Fragmentarität der Darstellung dieser Wahrheit (d. i. der Ideen), die auch der modernen Vereinzelung und der Zersplitterung jedes einheitlichen Sinns Rechnung trage. Und auch Robert Lane Kauffmann leitet Benjamins *Vorrede* und den Begriff des esoterischen Essays als adäquater Form eines „nonacquisitive ideal for philosophy" unmittelbar aus Lukács' „defense of the essay's philosophical legitimacy" ab,[78] wenn Benjamin auch dessen latentes „desire for wholeness"[79] fragmentiere.

Doch lassen sich Benjamins Trauerspiel-Buch als „grand essai, exercice de la vraie philosophie"[80] und die *Vorrede* als dessen Programmatik tatsächlich bruchlos von Lukács' Essay-Buch *Die Seele und die Formen* herleiten – oder mit diesem auch nur in ein fruchtbares Spannungsverhältnis bringen? In einer ersten vergleichenden Lektüre fällt zunächst ein deutlicher Kontrast auf: hier die strenge Gliederung der *Vorrede* in Kolumnen, die zentrale Begriffe der Philosophie wie Wahrheit, Erkenntnis oder Schönheit abhandeln; dort Lukács' Essay über den Essay, der einen Gedankenfluss wiederzugeben scheint, der keine bestimmten Themen oder Begriffe fokussiert, sondern diese fortlaufend verschiebt und konfundiert. Und auch Lukács' dezidiert negativer Konzeption von Geschichte und ihrer adäquaten Darstellung in der Sprache scheint Benjamin ein anderes essayistisches Schreibdispositiv entgegenzuhalten. Leitfaden der folgenden Überlegungen ist, dass sich Gemeinsamkeiten und Ähnlichkeiten beider Entwürfe essayistischen Schreibens ebenso wie ihre Differenz im Kontext ihrer Reflexionen über das *Symposion* als literarisches Darstellungsmedium der Ideenlehre und über Eros als Figur der Sehnsucht erschließen, der – mit einer treffenden

---

75 Vgl. Rochlitz: „de la philosophie comme critique littéraire", S. 42. Diese geschichtsphilosophische Konfiguration identifiziert Lukács mit einem idealisierten Griechentum, Benjamin gestaltet sie im Mythos adamitischer Namenssprache.
76 Was Benjamin nach der Lektüre von *Geschichte und Klassenbewußtsein* 1924 an Scholem schreibt, „daß Lukács von politischen Erwägungen aus in der Erkenntnistheorie, mindestens teilweise, [...] zu Sätzen kommt, die mir sehr vertraut oder bestätigend sind" (GB II, S. 483), scheint insofern auch für *Die Seele und die Formen* zu gelten.
77 Rochlitz: „de la philosophie comme critique littéraire", S. 42.
78 Kauffmann: „The Skewed Path: Essaying as Unmethodical Method", S. 229.
79 Ebd., S. 228.
80 Rochlitz: „de la philosophie comme critique littéraire", S. 44.

Formulierung Peter Bürgers – eine „formstiftende Kraft"[81] innewohnt. Benjamins und Lukács' Referenzen auf die platonischen Ideen sind, anders gesagt, nicht nur, wie Palmier und Rochlitz herausstellen, im Sinne einer *réécriture* einer mit den platonischen Ideen amalgamierten geschichtsphilosophischen Konzeption zu lesen, sondern auch im Hinblick auf ihre darstellungstechnische Funktion.[82]

Die reminiszenzartige Präsenz des *Symposion* und die Bezüge auf „Platon, den größten Essayisten, der je gelebt und geschrieben hat"[83], in Lukács' frühen Essays, die sich zu einer Art „Philosophie der Sehnsucht"[84] gruppieren, ermöglichen in der Tat eine Lesart des Essays als wandlungsfähiger Form der Sehnsucht. Die verstreuten kommentierenden Anmerkungen zum *Symposion* und zu Eros in der *Erkenntniskritischen Vorrede* legen es nahe, auch Benjamins Begriff von einem „esoterischen Essay"[85] dahingehend aufzufassen. Denn seiner Hybridität und virtuellen Teilhabe an anderen Formen, seiner formalen Offenheit und Zwischenstellung (*metaxý*) liegen ein konstitutiver Mangel und ein Sehnen zugrunde,

---

[81] Peter Bürger: „Die Kraft der Sehnsucht und die Zeit des Nachher. Der Essay bei Lukács und Adorno", in: *ndl. neue deutsche literatur* 51/551 (2003), S. 21–31, hier: S. 25.

[82] In der Sekundärliteratur zur *Vorrede* ist vor allem das ‚Platonische' von „Benjamins Ideenlehre" umstritten, die „als ästhetischer Platonismus" (Speth: *Wahrheit und Ästhetik*, S. 232) und Pseudoplatonismus, als Träger von einem „traditionellen Platonismus" (Michler: *Kulturen der Gattung*, S. 529) oder als „extrem antiplatonische Formulierung von Idee" (Tiedemann: *Studien zur Philosophie Walter Benjamins*, S. 81) identifiziert wird; Menninghaus verwirft den Bezug gänzlich: „Denn wie wenig Benjamins ‚Ideenlehre' in ihrer Verknüpfung sprachphilosophischer Erfahrung und geschichtsphilosophischer Interpretation mit der platonischen zu tun hat, braucht kaum ausgeführt zu werden." (Ders.: *Walter Benjamins Theorie der Sprachmagie*, S. 92) Hier geht es hingegen nicht darum, ob und inwiefern Benjamins Aneignung des Begriffs der ‚Idee' deren platonische Konzeption bewusst unterläuft oder ihm gar auf eine nur lückenhafte Platon-Lektüre zurückzuführende Fehler unterlaufen sind; vielmehr wird nach ihrer schreibpraktischen Operativität gefragt. Die Frage nach einem Anti- oder Pseudoplatonismus der *Vorrede* erübrigt sich zudem, bedenkt man, dass – mit Ernst Cassirer – eine gewisse „Paradoxie" bereits dem Umstand anhaftet, dass gerade die Ideenlehre, die Platon nicht für eine Wissenschaft von Kunst konzipierte und die ein *„Sein der Ästhetik verneint"*, derartige „ästhetische *Wirkungen*" zeitigen konnte. Denn die meisten ästhetischen Entwürfe und Theorien des Schönen blicken, so Cassirer, zur Formulierung eines nicht in abstrakter Allgemeinheit aufgehenden Formbegriffs „wie unter einem gedanklichen Zwang [...] immer wieder auf den Begriff und Terminus der ‚Idee' zurück". Es sei daher sinnvoller, die Frage nach dem *Modus* der Übertragung der platonischen Idee in den kunstphilosophischen Bereich zu stellen. (Ders.: „Eidos und Eidolon. Das Problem des Schönen und der Kunst in Platons Dialogen" (1924), in: ders.: *Aufsätze und kleine Schriften (1922–1926)*, in: ders.: *Gesammelte Werke*, hg. von Birgit Recki, Bd. 16, Hamburg 2003, S. 135–163, hier: S. 137 f.)

[83] Lukács: „Über Form und Wesen des Essays", in: ders.: *Die Seele und die Formen*, S. 38.

[84] Georg Lukács: „Sehnsucht und Form: Charles-Louis Philippe" (1910), in: ders.: *Die Seele und die Formen*, S. 133–151, hier: S. 134.

[85] GS I/1, S. 207.

„Stufenfolgen der erotischen Begehrungen"[86], wie Benjamin selbst sie charakterisiert. Die Sehnsucht ließe sich als ‚Ursprung' des esoterischen Essays deuten, als Streben nach Überwindung der ontologischen Entzweiung der Sprache in eine nominale und propositionale Semantik und nach Reinstaurierung der „benennenden Rechte"[87] der Worte in einer besonderen Darstellungsweise. Damit hat Benjamin mit großer Wahrscheinlichkeit den auf die Form der platonischen Dialoge referierenden Essay-Begriff von Lukács beliehen – und mit der Bezugnahme auf den Traktat zugleich einer neuen monografischen Formtradition eingeschrieben.

Lukács' Essay-Band durchziehen zahlreiche Lektürespuren von Platons *Symposion*. Besonders in den Essays „Über Form und Wesen des Essays", „Sehnsucht und Form" und „Metaphysik der Tragödie" wird Eros, literarischer Archetyp einer unstillbaren Sehnsucht, als Triebkraft und Berechtigungsgrund des Essays vorgestellt: Der Essay, so Lukács, gestalte unablässig die Sehnsucht, ohne sie je erfüllen oder aufheben, d. h. ihr eine konstante Form verleihen zu können. Bei Rudolf Kassner, dem Lukács in *Die Seele und die Formen* den Essay „Platonismus, Poesie und die Formen: Rudolf Kassner" (1908) widmet, konnte er die paradoxe Auffassung des Essays als der Form eines Unterwegsseins zur Form zu einer typologischen Bestimmung des Essayisten erweitert finden: Der Essayist oder „Kritiker", so Kassner in „Der Dichter und der Platoniker" (1900), sei „der sehnsüchtigste Mensch" und insofern „Platoniker".[88] Kassner, der neben seiner Tätigkeit als Essayist auch als Platon-Übersetzer, besonders als Übersetzer des *Symposion* (1903), hervorgetreten ist, zieht aus dieser Überblendung von Essayist und Platoniker Schlüsse für den spezifischen Darstellungs- und Rezeptionsmodus des Essays: Ist der Essayist ein rein „negatives Geschöpf" – „der Philosoph ohne System, der Dichter ohne Reim, der einsamste Gesellschaftsmensch, der Aristokrat ohne Wappen, der bohême ohne Abenteuer" – und der Essay Ausdruck dafür,

---

86 Ebd., S. 211. Vgl. Daniele Guastini: *Prima dell'estetica. Poetica e filosofia nell'antichità*, Rom / Bari 2003, S. 52–61, hier: S. 52, zur „via erotica" im *Symposion* und *Phaidros* als einem sich permanent aufschiebenden Erkenntnisprozess zwischen „sensibile e soprasensibile"; zum „desiderio erotico" bei Benjamin als Ausdruck der Suche nach einer Wahrheit, die anders als der Gegenstand wissenschaftlicher Erkenntnis nie besessen, sondern in der philosophischen Reflexion immer nur ersehnt werden kann, vgl. Fabrizio Desideri und Massimo Baldi: *Benjamin*, Rom 2010, S. 89.
87 GS I/1, S. 217.
88 Rudolf Kassner: „Der Dichter und der Platoniker. Aus einer Rede über den ‚Kritiker'", in: ders.: *Sämtliche Werke*, hg. von Ernst Zinn und Klaus E. Bohnenkamp, Bd. 1, Pfullingen 1969, S. 9–22, hier: S. 10.

dass es ihm an allem fehle, dann ist von ihm nur negativ, im Modus des Entzugs zu sprechen.[89]

Lukács ordnet Kassners Diagnose geschichtsphilosophisch ein, indem er den Essay als Ergebnis und Symptom einer Formgeschichte des Verlustes deutet, die er besonders in seinem Einleitungsessay „Über Form und Wesen des Essays" in kommentierenden Einschüben zum *Symposion* rekonstruiert. Dabei geht es ihm vorrangig um die *Dialogform* von Platons Text, der er Wesen, Form und geschichtsphilosophischen Ort des modernen Essays entgegensetzt. Gerade „Platons Dialoge"[90] seien als Vorform des Essays anzusehen – und zugleich sein unerreichbares, da nur in einem unwiederbringbaren bestimmten Punkt in der Geschichte, nämlich in der griechischen Antike realisiertes Formideal. „Der moderne Essay" jedoch habe, so Lukács, „den Lebenshintergrund verloren, der Platon und den Mystikern ihre Kraft gab".[91] Dieser Lebenshintergrund ist für den jungen Lukács von *Die Seele und die Formen* und *Die Theorie des Romans*, durch die sich ebenfalls der Begriff der Sehnsucht wie ein roter Faden zieht, eine stimmige Ordnung und vollkommene Harmonie zwischen Welt, Subjekt und seiner Sprache, zwischen den Individuen wie zwischen dem Ganzen und den Teilen. Die griechische „homogene Welt"[92] von Natur und Kultur – heißt es dazu in der *Theorie des Romans* – drückt sich in der *pólis* und der idealen *politeía* aus und spiegelt sich auch im platonischen Dialog wider: Wie im antiken *kósmos* Lukács zufolge alles mit allem interagiert und nur verschiedene Stufenfolgen einer zugrunde liegenden harmonischen Seinsstruktur ausgestaltet, bildet die Dialogform das schrittweise Suchen und Erreichen einer Übereinstimmung (*homología*) einer Gemeinschaft (*koinōnía*) von Sprechenden ab, weshalb der Dialog die geschichtsphilosophisch einzig gebotene Darstellungsform dieses griechischen Geistessegmentes sei. Für Platon seien alle Äußerungen des Lebens noch das „Paradigmatische" gewesen: Es „bedurfte" (noch) „keines vermittelnden Mediums", sondern korrespondierte *unmittelbar* mit einer bestimmten Form, dem

---

[89] Ebd., S. 9. Lukács umschreibt den Kritiker und Essayisten mit ähnlichen Worten: „Der Platoniker ist der Mensch ohne Schicksal, der Mensch, mit dem nichts geschieht; seine Form ist der Essay" (ders.: Brief an Leo Popper vom 25.04.1909, in: ders.: *Briefwechsel 1902–1917*, hg. von Éva Karádi und Éva Fekete, übers. von Ágnes Meller-Vértes, Stuttgart 1982, S. 66).
[90] Lukács: „Über Form und Wesen des Essays", in: ders.: *Die Seele und die Formen*, S. 25.
[91] Ebd., S. 40.
[92] Georg Lukács: *Die Theorie des Romans. Ein geschichtsphilosophischer Versuch über die Formen der großen Epik*, in: ders.: *Werkauswahl in Einzelbänden*, hg. von Frank Benseler und Rüdiger Dannemann, Bd. 2, Bielefeld 2009, S. 24; vgl. ebd., S. 21–27, zur Struktur des Griechentums als ‚geschlossener Kultur'.

Dialog – „so stark war hier die Übereinstimmung dieses Lebens und dieser Form".[93]

Ihren exemplarischen Ausdruck habe diese Einstimmigkeit in Platons Gestaltung des Lebens von Sokrates als *dialogischer Lebensform* gefunden. Im Essay „Sehnsucht und Form" heißt es bündig: „Sokrates war nie monologisch. [...] Sein ganzes Leben schien restlos aufzugehen in der Dialogform seines Denkens."[94] Doch könne man bereits bei Sokrates, wie es im Eingangsessay heißt, einen „tiefsten antigriechischen Gedanken"[95], ein zersetzendes Moment bemerken, nämlich eine zunehmende – schon von Nietzsche kritisierte – Präponderanz des Begriffs vor dem Gefühl. Sie habe das unmittelbare Erleben, dem Platon noch nahe stand, „in eine unendliche Ferne"[96] entrückt, und so den Begriff vom Ausdruck jeder Übereinstimmung mit dem Leben entbunden und in ein Spiel mit wechselnden haltlosen Perspektiven entlassen. In Sokrates als einer neuen Art von Mensch habe sich, wie Lukács unter Rekurs auf Nietzsche festhält, daher bereits eine *neue Form* angekündigt: „Das Leben des Sokrates ist aber", wie Lukács in offenem Widerspruch zu dessen Dialogform (oder im Spiel mit ihrer literaturgeschichtlichen Morphologie) formuliert, „das typische für die Form des Essays".[97] Der Essay wird so zum Ausdruck einer Verlusterfahrung, eines Verlustes nicht nur seiner paradiesischen Urform, des platonischen Dialogs, sondern einer „größtmöglichsten Entfernung von dem Leben"[98]. Zwischen dem Verlust der geschichtlichen Wirklichkeit der Vergangenheit, dem Griechentum, und einer in die Zukunft projizierten unbestimmten Utopie spannt Lukács eine negative Genealogie des modernen Essays auf.

In der Moderne sind Leben und Form, wie Lukács in *Die Seele und die Formen* mal explizit, mal Gattungs- mit Epochenreflexionen überblendend weiter thematisiert, miteinander unvereinbar geworden. Jede gelingende Kommunikation zwischen Leben und Form ebenso wie zwischen den Menschen werde vom Verlauf

---

93 Lukács: „Über Form und Wesen des Essays", in: ders.: *Die Seele und die Formen*, S. 38.
94 Lukács: „Sehnsucht und Form", in: ders.: *Die Seele und die Formen*, S. 135.
95 Lukács: „Über Form und Wesen des Essays", in: ders.: *Die Seele und die Formen*, S. 40.
96 Ebd., S. 26.
97 Ebd., S. 38. Auch Siegfried Kracauer rekonstruiert in seinem Essay „Das zeugende Gespräch" (1923) eine Genealogie des Essays über eine Idealtypologie der dialogischen Gesprächssituation „als Zwiesprache, die von dem Einzelnen an den Einzelnen ergeht" (ders.: „Das zeugende Gespräch", in: ders.: *Essays, Feuilletons, Rezensionen. 1906–1923*, in: ders.: *Werke*, hg. von Inka Mülder-Bach, Bd. 5/1, Berlin 2011, S. 604–611, hier: S. 604), hin zum – allerdings bei Kracauer aufgewerteten – Monolog als immanentem *télos* jedes Gesprächs: Die im Dialog über ‚vorletzte Dinge' gemachte Erfahrung des Anderen (als Einzelnen) münde in den Monolog als ein Ausgerichtet-Sein des Einzelnen auf „das Absolute", auf „die letzten Fragen" (ebd., S. 609).
98 Lukács: „Über Form und Wesen des Essays", in: ders.: *Die Seele und die Formen*, S. 33.

4.1 Form und Sehnsucht. Zum Totalitätscharakter des Essays — 209

der Geschichte, mit dem – wie er in seiner *Theorie des Romans* vertiefen wird – „die Lebensimmanenz des Sinnes"[99] entschwinde und sich „zwischen Ich und Welt unüberbrückbare Abgründe"[100] legten, mehr und mehr versagt. Die Natur ist in der Moderne zu einem Verrätselten geworden, nicht länger verstehbar und in heterogene, nicht mehr miteinander interagierende Momente zerfallen. Die zuerst von Simmel diagnostizierte „fragmentarische Wirklichkeit"[101] sedimentiert sich für Lukács auch im Formgebungsprozess: Der neue Lebenshintergrund verlange nach „einer neuen, eigenen Form"[102], welche die Diskrepanz von Leben und Form und die Unmöglichkeit glückender Kommunikation in die eigene ver-rückte Form reflexiv aufnimmt. Diese neue Form verschiebt die Suche nach einem im empirischen Leben nicht mehr gegebenen oder verfügbaren Sinn auf die Untersuchung, Kritik und Kommentierung von literarischen Kunstwerken, die allenfalls im Anzitieren und Camouflieren verschiedener Form-‚Masken' die Grenzen sprachlicher Interaktion auszuloten, zu gestalten und *via negationis* sichtbar zu machen vermag:[103]

> Die Form ist die Wirklichkeit in den Schriften des Kritikers, sie ist die Stimme, mit der er seine Fragen an das Leben richtet: das ist der wirkliche, der tiefste Grund dessen, daß Literatur und Kunst die typischen, natürlichen Stoffe der Kritik sind. Denn hier kann aus dem Endziel der Poesie ein Ausgangspunkt und ein Anfang werden; denn hier scheint die Form, selbst in ihrer abstraktesten Begrifflichkeit, etwas sicher und handgreiflich Wirkliches. [...] So scheint es, als ob jeder Essay in der größtmöglichsten Entfernung von dem Leben wäre, und die Trennung scheint um so größer zu sein, je brennender und schmerzlicher die tatsächliche Nähe der wirklichen Wesen beider fühlbar ist. Vielleicht hat der große Sieur de Montaigne etwas Ähnliches empfunden, als er seinen Schriften die wunderbar schöne und treffende Bezeichnung „Essays" gab. Denn eine hochmütige Courtoisie ist die einfache Bescheidenheit dieses Wortes. Der Essayist winkt den eigenen, stolzen Hoffnungen, die manchmal dem

---

[99] Lukács: *Die Theorie des Romans*, S. 31.
[100] Ebd., S. 25. Der Einsamkeit und Entfremdung bewirkende Geschichtsverlauf, der zu einer zunehmenden Trennung von subjektivem Bewusstsein und objektiven Lebensbedingungen führe, ist bei Lukács freilich durch den Erfolgszug des Kapitalismus bedingt, dem hier nicht näher nachgegangen werden kann; vgl. dazu Jay M. Bernstein: *The Philosophy of the Novel: Lukács, Marxism and the Dialectics of Form*, Brighton 1984.
[101] Georg Simmel: „Die Mode" (1905), in: ders.: *Philosophische Kultur. Über das Abenteuer, die Geschlechter und die Krise der Moderne. Gesammelte Essais*, mit einem Vorwort von Jürgen Habermas, Berlin 1998, S. 38–63, hier: S. 38.
[102] Lukács: „Über Form und Wesen des Essays", in: ders.: *Die Seele und die Formen*, S. 23.
[103] Ähnlich wie der Roman als „das Spiegelbild einer Welt, die aus den Fugen geraten ist" (Lukács: *Die Theorie des Romans*, S. 12) mit polemischer Geste zumindest „die Brüchigkeit des Weltaufbaus" (ebd., S. 29) in die Formenwelt hineinnehmen, wenn schon nicht erlösen könne.

Letzten nahe gekommen zu sein wähnen, ab – es sind ja nur Erklärungen der Gedichte anderer, die er bieten kann und bestenfalls die der eigenen Begriffe.[104]

Die Polyphonie, die der Essay im Erleben der Formen von Kunst und Literatur formal wie inhaltlich simuliert und orchestriert, ist nach Lukács der unausgesetzte Versuch „zu einem begrifflichen Neuordnen des Lebens"[105], das er jedoch selbst nie erreicht. Denn der moderne Essay verfährt unilateral und selbstbezüglich, ist *monologisches Schreiben*:[106] Er richtet über die Dinge, die, ohne erwidern zu können, angesprochen und besprochen, unablässig re(s)-zensiert werden,[107] womit der Essay zuletzt stets nur seine Einsamkeit und „hoffnungslose Sehnsucht"[108] nach einer möglichen Erwiderung, nach Dialogizität zum Ausdruck bringt.

Diese Sehnsucht ist Lukács' Essays selbst abzulesen, die sich den Anschein einer dialogischen Struktur zu geben versuchen oder deren Formresiduen vorweisen.[109] Der Auftaktessay „Über Form und Wesen des Essays" etwa gibt sich im Untertitel als „Ein Brief an Leo Popper" aus, doch referiert der Titel auf den bald darauf verstorbenen Leo Popper als Adressaten eher wie eine Widmung oder Plakette. Gerade die vorgeblich gewählte Form des Briefes, der sich an einen abwesenden und stumm bleibenden Adressaten oder an ein unbekanntes Publikum wendet, wird hier zur Form einer einseitigen Kommunikation, nur Ansprache, deren mögliche Erwiderung fingiert wird. In Form von den Text strukturierenden Fragen und retardierenden Reflexionen zeugen diese fiktiven

---

104 Lukács: „Über Form und Wesen des Essays", in: ders.: *Die Seele und die Formen*, S. 31–33.
105 Ebd., S. 23.
106 Als „eine Art reflektierender Monolog" steht auch für Max Bense der Essay in einem spannungsvollen Verhältnis zum sokratischen Zwiegespräch; doch fasst er den sokratischen Dialog und das Monologische des Essays, anders als Lukács, als zwei Erscheinungsformen derselben geistigen „Tendenz" auf: Auch der Essay hege „sokratische Absichten", womit er in Benses Ästhetik des Essays, die er zuletzt als Ethik profiliert, den Status einer ‚Urform' modernen philosophischen Denkens und Schreibens einnimmt (ders.: „Über den Essay und seine Prosa", S. 423).
107 Vgl. Lukács: „Über Form und Wesen des Essays", in: ders.: *Die Seele und die Formen*, S. 43: „Der Essay ist ein Gericht, doch nicht das Urteil ist das Wesentliche und Wertentscheidende an ihm (wie im System) sondern der Prozeß des Richtens."
108 Lukács: „Sehnsucht und Form", in: ders.: *Die Seele und die Formen*, S. 136.
109 Ähnlich bilden die dialogisch konzipierten Essays „Reichtum, Chaos und Form: Ein Zwiegespräch über Lawrence Sterne" (1909) und „Von der Armut am Geiste. Ein Gespräch und ein Brief" (1912) kein dialogisches Geschehen ab, sondern stellen das Versagen sprachlicher Kommunikation dar, indem sie in immer längere monologische Passagen münden. Auch seine *Theorie des Romans* hatte Lukács ursprünglich als „eine Kette von Dialogen" geplant, „in einer Stimmung der permanenten Verzweiflung über den Weltzustand" befand er zuletzt jedoch nur eine theoretische Form für adäquat (ders.: *Die Theorie des Romans*, S. 7).

Einwände nicht von einem lebendigen Gegenüber, sondern werden zum formalen Stilmittel.

In Annäherung und Abgrenzung zum platonischen Dialog als Essay *in nuce* also konturiert Lukács Wesen und Form des modernen Essays und akzentuiert dessen ontologische Mangelhaftigkeit, die für ihn geschichtsphilosophisch fundiert ist. Findet der Essay zwar keinen mit ihm korrespondierenden einheitlichen Lebenshintergrund mehr vor, kann er nach Lukács doch im Medium vorgefundener Formen („der Essay spricht immer von etwas bereits Geformtem"[110]) zumindest Möglichkeiten der Vermittlung zwischen Leben, Seele und Formen gestalten und ästhetisch erfahren lassen. Das moderne Problem des Selbstbezuges und der Individualität im gnoseologischen Sinn resoniert, so ließe sich resümieren, in der Monologizität des Essays. In dieser Hinsicht erscheint gerade Eros, wie er im *Symposion* in der von Sokrates kolportierten Beschreibung durch Diotima charakterisiert wird, als ästhetische Selbstverständigungsfigur des Essays: Der Essay ist – wie Eros – „der immer Kommende, der noch nie Angelangte"[111], „der reine Typus des Vorläufers"[112], eine gleichsam heimatlose philosophische Form, die eine nie eindeutig bestimmbare Zwischenposition zwischen Nicht-Wissen und Wissen, Nicht-Sinn und Sinn, Formlosigkeit und Form, empirischem und ‚wahrem' Leben innehat. Die Beschreibung von Eros in „Sehnsucht und Form" scheint insofern auf den Essay gemünzt zu sein:

> Eros ist in der Mitte: die Sehnsucht verbindet die Ungleichen, aber vernichtet zugleich jede Hoffnung auf ihr Einswerden; Einswerden ist ein Heimfinden, und die wahre Sehnsucht hat nie eine Heimat gehabt. [...] Die echte Sehnsucht ist stets nach innen gewendet, so sehr auch alle ihre Wege im Äußern liegen. Aber sie ist bloß nach innen gewendet, nie wird sie Ruhe im Innern finden.[113]

Der Essay ist Ausdruck einer Sehnsucht hervorrufenden Unvollständigkeit und Armut, Ungleichheit und Trennung des modernen Lebens, die gleichwohl eine verbindende Funktion zu erfüllen scheint. Denn indem er Reflexe des Mangels aus

---

110 Lukács: „Über Form und Wesen des Essays", in: ders.: *Die Seele und die Formen*, S. 34.
111 Ebd., S. 41.
112 Ebd., S. 42.
113 Lukács: „Sehnsucht und Form", in: ders.: *Die Seele und die Formen*, S. 135. Der Essay ist wie Eros in der ‚Mitte' (vgl. *Symposion* 203c–e): in der Mitte zwischen einer in der griechischen Antike imaginierten verlorenen Einheit, wo man „nur Antworten, aber keine Fragen, nur Lösungen (wenn auch rätselvolle), aber keine Rätsel, nur Formen, aber kein Chaos" kannte (Lukács: *Die Theorie des Romans*, S. 22), und der von Lukács so genannten ‚großen Ästhetik', die irgendwann einmal den Essay, den gerade das Aufwerfen immer neuer Fragen auszeichnet, überflüssig machen werde.

disparaten Bereichen aufnimmt und zu einer Epochensignatur anordnet, vermag der Essay das Ungleiche zu verbinden, zwischen den Frakturen der Moderne zumindest eine *relationale* „neue Einheit"[114] zu stiften. So wird der Essay zum legitimen objektiven Ausdruck eines sich in unterschiedlichen Erscheinungen spezifizierenden Lebensgefühls einer bestimmten Epoche. Die Sehnsucht nach Begegnung mit dem Anderen beispielsweise, die Lukács exemplarisch im platonischen Mythos des Kugelmenschen im *Symposion* ausgedrückt findet,[115] hallt für ihn wider in der Sehnsucht nach gelingender sprachlicher Kommunikation, nach der Überwindung der „Zweiheit"[116] von Bild und Begriff, nach mystischer Transparenz und schließlich in der Sehnsucht nach einer – Ästhetik, Politik und Ontologie in eins setzenden – „Erfüllung im großen, erlösenden System"[117].

Doch Lukács zögert, die aus dem Protest gegen eine Fragmentierung des modernen Lebens resultierende Sehnsucht vorbehaltlos als bloße Schwelle und Medium hin zur erlösenden Transzendierung zu sanktionieren, ist diese doch nur unter Aufgabe von Individualität als einem geschichtlichen Faktum zu haben, deren legitimer Statthalter der Essay ist. Der Essay und „die Tatsache seiner Existenz hat", wie Lukács daher einräumt, „noch einen anderen, selbständigeren Wert",[118] die Funktion seiner Variationen einer „Sehnsucht nach Wert und Form, nach Maß und Ordnung und Ziel"[119] bestehe nicht allein in der partiellen Vergegenwärtigung einer absenten Harmonie zwischen Leben und Form. Seine Sehnsucht ist vielmehr die „wahre Sehnsucht", der ein kritisches Potenzial innewohnt: Kraft seiner ironischen Gebärden und Gesten „entlarvt" der Essay – nietzscheanisch – „alles scheinbar Positive und Unmittelbare", alles vermeintlich Abgeschlossene als vermittelt, unvollständig und vorläufig.[120] Der moderne Essay dürfe daher stolz sein fragmentarisches Wesen hervorkehren – und sei nicht bloß „ein notwendiges Mittel zum letzten Ziel"[121], d. i. zum System:

---

114 Lukács: „Über Form und Wesen des Essays", in: ders.: *Die Seele und die Formen*, S. 23. Die „Möglichkeit einer solchen Einheit" (ebd.) *zeigt sich* Lukács nach allenfalls im Textgefüge des Essays, kann aber nicht diskursiv besprochen werden, da sie an das Gelingen seiner Form gebunden ist.
115 Vgl. Lukács: „Sehnsucht und Form", in: ders.: *Die Seele und die Formen*, S. 134. Mit der Entzweiung kam dem platonischen Mythos nach „die große Sehnsucht" (Platon: *Gastmahl / Phaidros / Phaidon*, S. 30) nach der verlorenen anderen Hälfte, d. i. nach der Heilung der verletzten Natur, in die Welt.
116 Lukács: „Über Form und Wesen des Essays", in: ders.: *Die Seele und die Formen*, S. 27.
117 Ebd., S. 42.
118 Ebd., S. 43.
119 Ebd., S. 42.
120 Ebd.
121 Ebd., S. 43.

4.1 Form und Sehnsucht. Zum Totalitätscharakter des Essays — 213

Denn jene Sehnsucht wäre im gefundenen System der Werte erfüllt und also aufgehoben, sie aber ist nicht bloß etwas, das einer Erfüllung harrt, sondern eine seelische Tatsache von eigenem Wert und Dasein: eine ursprüngliche und tiefe Stellungnahme zum Ganzen des Lebens, eine letzte, nicht mehr aufzuhebende Kategorie der Erlebnismöglichkeiten. Sie bedarf also nicht bloß einer Erfüllung, die sie ja aufheben würde, sondern auch einer Gestaltung, die sie – ihre eigenste und nunmehr unteilbare Wesenheit – zum ewigen Werte erlöst und errettet. Diese Gestaltung bringt der Essay.[122]

Als „Gestaltung" der eigenwertigen „Erlebnismöglichkeiten" des Sehnens, Strebens und Suchens erhält der Essay bei Lukács also einen ambivalenten Charakter: Er ist die literarische Form gewordene Sehnsucht nach *der* Form (des Lebens).[123] Er ist nicht das System – und enthält es doch potenziell, „immanent und unaussprechbar"[124]. In seiner Funktion als „Parerga vor dem System"[125] scheint Lukács den Essay insofern nicht nur als ‚Beiwerk', sondern – Derrida hat auf die Ambivalenz dieses Begriffes hingewiesen – auch als möglicherweise selbstständiges ‚Gegenwerk' zu denken.[126] Seine Stellung *vor* dem System markiert nicht nur eine „zeitlich-historische Differenz", sondern bedingt gegenüber dem System sein besonderes schöpferisches Potenzial: „Die Parerga vor dem System schaffen aus Eigenem ihre Voraussetzungen, erschaffen aus der Sehnsucht nach dem System die ganze Welt [...]."[127]

Der autogenerative, radikal selbstbezügliche Essay, den Lukács zwischen den Zeilen als ideale Alternative zum kommenden System auftauchen lässt, ließe jeden ohnehin vergeblichen, da stets nur kleinteiligen Versuch, die Wirklichkeit zusammenhängend zu beschreiben, fahren. Er bezöge sich allein noch – und dieser Gedanke scheint dem ‚esoterischen' Entwurf Benjamins nahe zu kommen – auf *Ideen*, wie z. B. auf *„Die* Dichtung" statt auf einzelne Dichtungen, auf die

---

122 Ebd.
123 „Ob das Leben" aber, so Judith Butler, „eine endgültige Form annehmen kann, bringt die offene Frage als neue Form hervor, ein Appell an das Unbekannte, das zur aktivierenden und unabschließbaren Form des Essays selbst wird." (Dies.: „Einleitung", in: Lukács: *Die Seele und die Formen*, S. 1–20, hier: S. 20)
124 Lukács: „Über Form und Wesen des Essays", in: ders.: *Die Seele und die Formen*, S. 43.
125 Ebd.
126 Zur Ambivalenz des Begriffs ‚Parergon' vgl. Jacques Derrida: *Die Wahrheit in der Malerei* (1978), hg. von Peter Engelmann, übers. von Michael Wetzel, Wien 1992, S. 74: „Ein *Parergon* tritt dem *ergon*, der gemachten Arbeit, der Tatsache, dem Werk entgegen, zur Seite und zu ihm hinzu, aber es fällt nicht beiseite, es berührt und wirkt, von einem bestimmten Außen her, im Inneren des Verfahrens mit [...]." Als ein solcher Nebentext oder Kommentar tritt das Parergon zwar zum tatsächlichen Geschehen nur hinzu, besitzt diesem gegenüber aufgrund seiner unaufhebbaren und nicht eindeutig bestimmbaren Nähe-Distanz jedoch eine gewisse Deutungshoheit.
127 Lukács: „Über Form und Wesen des Essays", in: ders.: *Die Seele und die Formen*, S. 43.

Idee des Tragischen anstatt auf einzelne Tragödien; in diesem Rückbezug auf die Ideen wäre nachträglich, so Lukács, auch „alles Morsche, Kleine und Unfertige" (platonisch) ‚gerettet'.[128] Diese kurz in Betracht kommende Möglichkeit des Essays, durch seine spezifische Medialität Ideen offenbarend darzustellen, enttarnt Lukács' Meta-Essay jedoch zuletzt als eine seiner eigenen selbstgefälligen Formphantasien, die nur wieder seine Defizitarität herausstellen und seine unrettbare Vereinzelung innerhalb der voneinander geschiedenen Formen manifestieren: „Aber nichts ist vom Richtigen durch tiefere Abgründe getrennt als sein Beinahe, diese schielende Kategorie eines genügsamen und selbstgefälligen Erkennens."[129] Die skizzierten Variationen des Essays bei Lukács sind jedoch nur vermeintlich gegensätzliche Auffassungen – ähnlich wie er bei Platon ein antigriechisches Moment in Sokrates diagnostizieren oder im Dialog eine Tendenz zur Monologisierung identifizieren konnte; sie sind vielmehr als philosophie-, d. i. epochengeschichtliche Positionswechsel zu begreifen, die sich in der Formengeschichte des – wie Eros – zwischen Ideen und Einzelnem, System und Individualität agierenden Essays *in nuce* spiegeln.

Mit seinem Entwurf des esoterischen Essays als „Darstellung der Ideen"[130] scheint Benjamin, wie bereits Wolin konstatiert hat, an dieser bei Lukács negativ formulierten Formvision anzusetzen.[131] Als „Alternative der philosophischen Form" gegenüber dem „Systembegriff des XIX. Jahrhunderts" ist der esoterische Essay für Benjamin jedoch nicht nur,[132] wie bei Lukács, eine Möglichkeit, Vorläufer oder „Antizipation im System"[133], sondern „die einzige philosophischer Forschung geziemende Schreibweise"[134]. Lukács' Auffassung des Essays, wonach dieser das schreibpraktische Pendant eines zu einer immer tiefer greifenden Spaltung zwischen Leben und Formen führenden Geschichtsverlaufes ist und sich zwischen affirmierender Negation und Utopie in einem paradoxen Bereits-noch-nicht des Systems aufhält, stellt Benjamin eine alternative Form- und Stiltradition entgegen. Sie habe sich, wie er gleich zu Beginn der *Vorrede* ausführt, in „allen

---

128 Ebd., S. 41.
129 Ebd.
130 GS I/1, S. 209.
131 Vgl. Wolin: *Walter Benjamin. An Aesthetic of Redemption*, S. 88: „The young Lukács also readily acknowledged the necessary relationship between the endeavor of criticism and the realm of ideas [...] in the same Neo-Platonic spirit which would find distinct resonance some fifteen years later in Benjamin's Prologue. [...] However, Lukács definitely failed to share Benjamin's view of the essay as an independent end in itself."
132 GS I/1, S. 207.
133 Ebd., S. 208.
134 Ebd., S. 209.

4.1 Form und Sehnsucht. Zum Totalitätscharakter des Essays — 215

Epochen"[135], und zwar gerade auch in jenen in latenten Spuren (wie z. B. in der Form des Traktats) ausprägen können, in denen – wie im scholastischen Mittelalter – der Begriff des Systems vorherrschend und scheinbar alternativlos war:

> Es ist dem philosophischen Schrifttum eigen, mit jeder Wendung von neuem vor der Frage der Darstellung zu stehen. Zwar wird es in seiner abgeschlossenen Gestalt Lehre sein, solche Abgeschlossenheit ihm zu leihen aber liegt nicht in der Gewalt des bloßen Denkens. Philosophische Lehre beruht auf historischer Kodifikation. So ist sie denn auch more geometrico nicht zu beschwören. [...] Die Alternative der philosophischen Form, welche durch die Begriffe von der Lehre und von dem esoterischen Essay gestellt wird, ist's, die der Systembegriff des XIX. Jahrhunderts ignoriert. Soweit er die Philosophie bestimmt, droht diese einem Synkretismus sich zu bequemen, der die Wahrheit in einem zwischen Erkenntnissen gezogenen Spinnennetz einzufangen sucht als käme sie von draußen herzugeflogen. [...] Will die Philosophie nicht als vermittelnde Anleitung zum Erkennen, sondern als Darstellung der Wahrheit das Gesetz ihrer Form bewahren, so ist der Übung dieser ihrer Form, nicht aber ihrer Antizipation im System, Gewicht beizulegen. Diese Übung hat sich allen Epochen, denen die unumschreibliche Wesenheit des Wahren vor Augen stand, in einer Propädeutik aufgenötigt, die man mit dem scholastischen Terminus des Traktats darum ansprechen darf, weil er jenen wenn auch latenten Hinweis auf die Gegenstände der Theologie enthält, ohne welche der Wahrheit nicht gedacht werden kann.[136]

Die Aktualität dieser Schreibweise sieht Benjamin in der Entwicklung „philosophischer Forschung"[137] angezeigt, die in eine Vielzahl einzel- und fachwissenschaftlicher Tendenzen zerfallen sei und sich mit einem transzendentalen Bewusstsein oder einer apriorischen Subjektivität auf eine unhaltbare Grundlage (*prôton pseudos*) berufe.[138] Ihr allein „Objektivität"[139] im Sinne geschichtlicher Bewährung verbürgendes „Darstellungsmedium"[140], d. i. die Sprache, habe sie, so Benjamin, entweder vergessen oder aber zu eliminieren versucht. Doch: „Eine Wissenschaft, die sich im Protest gegen die Sprache ihrer Untersuchungen ergeht, ist ein Unding."[141] Ebenso wenig wie die Philosophie ihr eigenes Darstellungs-

---

135 Ebd., S. 208.
136 Ebd., S. 207 f.
137 Ebd., S. 209.
138 Diese Tendenzen philosophischer Forschung sind – Benjamins Lesart nach – psychologistischer (Croce), positivistischer (R. M. Meyer), logizistischer (Cohen, Natorp), geistesgeschichtlicher (Dilthey, Walzel, Gundolf), historistischer, nominalistischer, phänomenologischer, spekulativer oder schlechthin szientistischer und subjektivistischer Art. Den Vorwurf falscher Grund-Voraussetzungen erhebt Benjamin auch an anderer Stelle, vgl. ebd., S. 155; vgl. dazu Anm. 20 in Kap. III.3.1.
139 GS I/1, S. 217.
140 Ebd., S. 222.
141 Ebd.

medium außer Acht lassen könne, wie die Wissenschaften *more geometrico* es zu tun pflegten, dürfe sie sich jedoch tautologisch in einer ruinösen ästhetizistischen Sprachkritik verlieren, für welche die Sprache und die Formen sich nur immer selbst mitteilen und allenfalls den Erkenntnisprozess erkennen lassen.[142]

Benjamin bezieht gegenüber diesen beiden Auffassungen, nach denen sich Denken um seine sprachliche Darstellung nicht zu kümmern habe oder aber es für das Denken aus der Sprache, die diesem ihre Struktur aufzwinge, keinerlei Entkommen gebe, eine sprach- und erkenntnistheoretische Zwischenposition. Mit ihr greift er sein in *Über das Programm der kommenden Philosophie* (1917) formuliertes Postulat, „eine Beziehung der Erkenntnis auf die Sprache"[143] sei unumgänglich, wieder auf und konkretisiert es zugleich. Die dort von der Philosophie geforderte „Reflexion auf das sprachliche Wesen der Erkenntnis"[144], wie sie Benjamin in Hamanns metakritischer Position ansatzweise formuliert findet, vollzieht sich in der *Vorrede* aber weder nur stilistisch – etwa rhapsodisch-aphoristisch wie bei Hamann – noch in Form eines Versuches einer systematischen Metareflexion über die Sprache überhaupt. Denn ist die Sprache das schlechthin Vorgegebene, in das wir so verstrickt sind, dass wir es nie in Gänze überblicken, also keinen Standpunkt außerhalb einnehmen können, der uns *durch* sie unser Verhältnis zur empirischen Welt auszusagen erlaubte, statt dieses nur immer partiell *in* ihr auszudrücken, muss dieses aporetische Problem verlagert, umgangen werden.

In der Deutung und Darstellung literarischer Gattungen „als Ideen"[145] erkennt Benjamin – so die lektüreleitende These – in der *Erkenntniskritischen Vorrede*

---

142 Vor dem „Abgrund" einer Sprachkritik, die stets nur auf ihre eigene Negativität verweise, könne – wie ein Gedanke aus *Über Sprache überhaupt und über die Sprache des Menschen* nahelegt – nur die Annahme bewahren, dass es „etwas von ihr [der Sprache] zu Unterscheidendes", aber sich gleichwohl nur in ihr Ausdrückendes gebe: „Die Ansicht, daß das geistige Wesen eines Dinges eben in seiner Sprache besteht – diese Ansicht als Hypothesis verstanden, ist der große Abgrund, dem alle Sprachtheorie zu verfallen droht, und über, gerade über ihm sich schwebend zu erhalten ist ihre Aufgabe." (GS II/1, S. 141)
143 Ebd., S. 168: „Die große Umbildung und Korrektur die an dem einseitig mathematisch-mechanisch orientierten Erkenntnisbegriff vorzunehmen ist, kann nur durch eine Beziehung der Erkenntnis auf die Sprache wie sie schon zu Kants Lebzeiten Hamann versucht hat gewonnen werden." Der grundlegende Fehler der „unter dem Einfluß des Positivismus" stehenden Neukantianer bestand nach Benjamin in der Verkennung dieser Tatsache, dass also „nicht Wissenschaft sondern Sprache die zu untersuchenden Begriffe *gibt*" und „das darreichende Faktum" darstellt (GS VI, S. 53); vgl. dazu Pierfrancesco Fiorato: „Unendliche Aufgabe und System der Wahrheit. Die Auseinandersetzung des jungen Benjamin mit der Philosophie Hermann Cohens", in: *Philosophisches Denken – Politisches Wirken. Hermann-Cohen-Kolloquium Marburg 1992*, hg. von Reinhard Brandt und Franz Orlik, Hildesheim / Zürich / New York 1993, S. 163–178.
144 GS II/1, S. 168.
145 GS I/1, S. 221.

4.1 Form und Sehnsucht. Zum Totalitätscharakter des Essays — 217

einen „Umweg"[146], diese Aporie, unsere sprachlich vermittelte Beziehung zur Welt zu sagen, zum Ausdruck zu bringen. Ihr Sinn scheint für Benjamin in ihrer Funktion medialer und geschichtlicher Selbstvergewisserung der Philosophie zu bestehen: Er fasst sie – mit einem Wort Agambens – wie ‚Siegel' auf, die unsere vielfältigen und systematisch nicht mitteilbaren *Erfahrungen der Grenzen der Sprache* ebendieser aufprägen.[147] In literarischen Gattungen drückt sich, anders gesagt, je eine bestimmte Stellung zur auch geschichtlich bedingten Erfahrung der Grenzen der Sprache aus. Die Frage nach dem jeweiligen Ursprung einer Gattung, dem ‚Warum' ihres Gegebenseins, führt zu je einer Antwort auf jene erkenntniskritische Frage nach den Artikulationsmöglichkeiten unserer Beziehung zwischen Welt und Sprache. Indem Benjamins esoterischer Essay verschiedene Gattungsbegriffe bemüht, auf die er sich selbst zu bringen versucht, positioniert er sich stets aufs Neue gegenüber der aporetischen Erfahrung der Grenzen der Sagbarkeit der sprachlichen Verfasstheit unserer Erkenntnis.

In ihrer konstitutiven Unabschließbarkeit opponiert diese Verfahrensweise einerseits gegen eine sich an den exakten Wissenschaften orientierende Philosophie, die eine vollständig und bruchlos realisierbare Identität des Erkenntnisgegenstandes mit seiner sprachlichen Darstellung postuliert. Der Aporie einer wissenschaftlichen Darstellung des Themas des Nicht-erreichen-Könnens ihres Gegenstandes, des referenziellen Versagens der Sprache, versucht sie andererseits zu entgehen, indem sie nicht nur die eigene Problematizität mittels thematischer und formaler Diskontinuitäten kritisch in die eigene Darstellung hineinnimmt (worin ihre Literarizität, ihre partielle Nähe zur Kunst besteht);[148] sondern diese auf die Metareflexion einzelner literarischer Formen verschiebt (worin ihre Überschneidungen mit der Literaturwissenschaft begründet sind).

Zur Profilierung dieser intermediären und sich in einem intermedialen Schreibkonzept ausbildenden Methode des Essays zieht Benjamin Platons Ideenlehre aus dem *Symposion* heran, die er in der *Vorrede* als Sprachphilosophie

---

146 Ebd., S. 208.
147 Vgl. Agamben: „Al di là dei generi letterari", S. 14 (meine Übers.): „Die Beziehung zwischen Mensch und Welt ist zwar durch die Sprache vermittelt, aber so, dass eben diese Beziehung unaussprechlich und unausgesprochen bleibt. Daraus ergibt sich der Sinn und die Notwendigkeit literarischer Gattungen: Sie bringen, jede auf ihre Weise, die Unmöglichkeit der Sprache zum Ausdruck, mit ihrem Verhältnis zur Welt zurechtzukommen. Die literarischen Gattungen sind also das Siegel, das die Erfahrung ihrer eigenen Grenzen der Sprache aufdrückt. […] Deshalb kommt die Philosophie, die den Grenzen der Sprache beikommen will, nicht umhin, sich mit den literarischen Gattungen auseinanderzusetzen, die ihre Schwelle markieren."
148 Im (dekonstruktivistischen) Sinne einer Reflexion nur immer der eigenen Negativität, des stets perpetuierten und nur stilistisch darstellbaren unüberwindbaren Abgrundes zwischen Sein und Sprache.

und verdeckte Gattungsphilosophie aufgreift. Auf ihrer Grundlage formuliert er seinen „Begriff des philosophischen Stils"[149] einer „platonisch auf Darstellung der Wesenheiten gerichteten Wissenschaftstheorie"[150], welche die spannungsreiche „erhobne Mitte zwischen dem Forscher und dem Künstler"[151] einzunehmen erlaube. Um Benjamins beharrliche Konzeption dieser Zwischenstellung (zwischen Literatur/Kunst und Wissenschaft, Einzelnem und Allgemeinem, Phänomen und Idee etc.), d. h. der *Media*lität der essayistischen Darstellungsweise der Philosophie, auf platonischer Folie nachvollziehen zu können, sind zunächst überblickshaft die wichtigsten Platon-Reminiszenzen in seinen früheren Texten zu rekapitulieren; besonders seine intensive Lektüre des *Symposion* reicht – wie Sigrid Weigel nachgewiesen hat[152] – bis in seine Jugend- und Studienjahre zurück. Die „formstiftende Kraft"[153] des Essays ist auch Benjamins Lesart zufolge eine in Eros zur ästhetischen Selbstverständigung findende Sehnsucht: Sie treibt den Essay „mit jeder Wendung von neuem"[154] zur virtuellen Teilhabe an anderen Formen, die er durchkreuzt und dabei reflektiert.

Benjamins erste Lektüre von Platon und insbesondere des *Symposion* fällt bereits in seine Jugendjahre. Sie hat in einer Reihe von Texten Ausdruck gefunden, in denen die Konzeption eines ‚geistigen' Eros eine der Vorlagen für seine frühe Sprachkonzeption darstellt.[155] Ihr zugrunde liegt die – von Lukács mit Nachdruck

---

[149] GS I/1, S. 212.
[150] Ebd., S. 221.
[151] Ebd., S. 212.
[152] Vgl. Weigel: *Entstellte Ähnlichkeit*, S. 157; Weigel fokussiert besonders den Zusammenhang zwischen Sprache und Eros als ein unterschätztes Leitmotiv bei Benjamin; zum pädagogischen Eros in Benjamins Frühschriften vgl. Johannes Steizinger: *Revolte, Eros und Sprache. Walter Benjamins „Metaphysik der Jugend"*, Berlin 2013, S. 138 ff.
[153] Bürger: „Die Kraft der Sehnsucht und die Zeit des Nachher", S. 25.
[154] GS I/1, S. 207.
[155] In einigen dieser Texte erprobte Benjamin auch die philosophische Dialogform, etwa in seinem *Gespräch über die Liebe* (ca. 1913) – einer Art, so Tiedemann und Schweppenhäuser, „Addendum zum Symposion" (GS VII/2, S. 560) –, wo er die Liebe als eine integrierende Kraft auffasst: „Hier gibt es nur Grade, nicht Unterschiede" (GS VII/1, S. 16), deren gemeinschaftsstiftende Wirkung sich im Gesprächsverlauf zu entfalten scheint. Die Dialogform der frühen Jahre verabschiedet Benjamin bald zugunsten der Suche nach anderen Formtraditionen seines Schreibens, die er – wie in Traktat und Kommentar – besonders in ihren *Schriftcharakter* betonenden Formen mit reicher intertextueller Verweisstruktur findet. Sie weisen nur noch formalisierte Spuren des Dialogischen auf, wie z. B. die *quaestio-responsio*-Struktur des Traktats. Auch der platonische Dialog ist nicht mehr Vorbild eigenen Schreibens, sondern wird im Trauerspiel-Buch zum ‚mortifizierten' Gegenstand der traktathaft-essayistischen Betrachtung (vgl. den Abschnitt „Tragischer, prozessualer und platonischer Dialog", GS I/1, S. 294–297). Die dialogische

4.1 Form und Sehnsucht. Zum Totalitätscharakter des Essays — 219

formulierte – Idee „in der Geschichte verlustig gegangener Unmittelbarkeit"[156], wie Weigel pointiert. Vor dem Hintergrund dieser Diagnose geht Benjamin in seinem Gespräch *Sokrates* (1916) die sokratische Methode und „Ironie"[157] heftig an, der er die platonische als „die reine erotische oder wissenschaftliche Frage" entgegenhält, die – statt wie bei Sokrates „ein bloßes Mittel zur Erzwingung" einer Antwort zu sein – absichtslos warte und so der Sprache eine gewisse Un-*mittel*-barkeit und damit Unabsehbarkeit des Erkennens zurückerstatte.[158] Die Intention hingegen (in der *Vorrede* wird Benjamin explizit „Intentionslosigkeit"[159] zur Methode erklären), die allen Erkenntnisversuchen von Sokrates zugrunde liege, der die Sprache und die Liebe zum Wissen zum bloßen Überredungsmittel herabgewürdigt habe, verfälsche schon immer seine Erkenntnis.[160]

In dem Fragment *VI Nähe und Ferne* aus seiner Notizsammlung *Schemata zum psychophysischen Problem* (ca. 1922–23) untersucht Benjamin die paradoxe Struktur von Eros, der zwar die Zeichen einer Mangelhaftigkeit an sich trage, zugleich aber treibende Kraft sei, Mangel und Zwiespalt zu überwinden: „Dergestalt sind Nähe und Ferne die Pole im Leben des Eros: daher ist Gegenwart und Trennung in der Liebe entscheidend."[161] Ein ausführliches Zitat aus dem *Symposion* behandelt vor allem die Zwischenstellung von Eros „mitten zwischen Gott und Sterblichem", Übersinnlichem und Sinnlichem, die seine Unvollständigkeit bedinge und ihm zugleich die „Kraft" verleihe, als Übersetzer und Sprachbote zu

---

Textgenese der *Vorrede* lässt sich nur noch dem symphilosophischen Briefwechsel mit Rang (vgl. GS I/3, S. 887 ff.), nicht aber der *Vorrede* selbst ablesen.
156 Weigel: *Entstellte Ähnlichkeit*, S. 162 f. Die *Vorrede*, in der die Figur von Eros deutlich präsent ist und die mit dem Sprach-Essay in tiefer Beziehung steht, lässt Weigel in ihren Ausführungen zu Eros und Sprache ganz beiseite. Vgl. dazu stattdessen Michael Bröcker: „Sprache", in: *Benjamins Begriffe*, hg. von Michael Opitz und Erdmut Wizisla, Bd. 2, Frankfurt a. M. 2000, S. 740–773, hier: S. 756, der punktuell die dialektische Geschichtsauffassung der *Vorrede* durch die Eros-Figur zu lesen versucht: „Das erotische Streben ist das Wesen der geschichtlichen Existenz, des Daseins in der Mittelbarkeit. Eros kann und darf das Ersehnte nicht erreichen, im Raum der Geschichte kann der Mensch der Wahrheit nicht vollständig habhaft werden."
157 GS II/1, S. 129. Das Gespräch entstand im selben Jahr, in dem, wie Benjamins Vermerk auf dem Widmungsblatt der Buchausgabe angibt, auch das Trauerspiel-Buch entworfen wurde (vgl. GS I/1, S. 203).
158 GS II/1, S. 131.
159 GS I/1, S. 216.
160 Vgl. Steizinger: *Revolte, Eros und Sprache*, S. 146: „Deshalb komme in der sokratischen Mäeutik nur das Immer-schon-Gewusste zur Sprache und damit ein Wissen, welches dem Gegenstand äußerlich ist. Für Benjamin zielt diese Methode auf die gewalttätige Aneignung des Objekts im intentionalen Akt der Erkenntnis […]."
161 GS VI, S. 86.

wirken, d.i. als interpretatives Medium.¹⁶² In *Die Aufgabe des Übersetzers* greift Benjamin diese Wesensbestimmung von Eros, der als Kind von Poros (der Fülle) und Penia (der Armut) zwar Mangel leidet, doch Mittel zu dessen Behebung ausfindig zu machen vermag,¹⁶³ zur Charakterisierung der Form der (wörtlichen) Übersetzung verdeckt auf: Die Übersetzung habe sich nicht wie eine Kopie mimetisch dem Original anzubilden, sie fungiere vielmehr intentionslos „liebend" als „Medium" zwischen diesem und der „reine[n] Sprache", so dass „die große *Sehnsucht nach Sprachergänzung* aus dem Werke spreche".¹⁶⁴ Wie die reine Sprache absent-präsent „in der Übersetzung sich bekundet"¹⁶⁵, ist es für Benjamin die Aufgabe der sich nach „der Wahrheit"¹⁶⁶ sehnenden Philosophie, deren Darstellung in immer neuen Versuchen einzuüben, ohne doch ihren Besitz vorzugeben.

Den Kerngedanken des Übersetzer- und des Sprach-Essays, dass in den Sprachen ein „Urvernehmen", ein nah-fernes Echo einer nominalen „Ursprache" und insofern Spuren der Wahrheit gegeben seien, reformuliert und ontologisiert Benjamin in der *Vorrede* mittels zweier sich verschränkender Momente der platonischen Ideenlehre:¹⁶⁷ Wie nach dem Theorem der *méthexis* die Dinge durch ihre ontologisch und somit auch medial distanzierte Teilhabe an den Ideen begründet sind, die als ein Beständiges durch sie hindurchscheinen,¹⁶⁸ hat die Sprache für Benjamin zwar Anteil an der Wahrheit und verfällt mithin nicht der Negativität; wie dem Grundsatz von *chōrismós* zufolge die Ideen in den Phänomenen nicht gegeben, sondern von ihnen durch einen Abgrund getrennt sind,¹⁶⁹ liegt jedoch auch die Wahrheit nicht offen in der Sprache zutage, ist ihr stets entzogen. Das hat für den echten Versuch einer sprachlichen Darstellung der Wahrheit zur Folge, dass – mit einer treffenden Formulierung aus Benjamins Essay *Karl Kraus* – „das erotische Urverhältnis von Nähe und Ferne"¹⁷⁰ in der

---

162 Ebd.
163 Vgl. *Symposion* 203c–d.
164 GS IV/1, S. 18 (meine Hervorhebungen).
165 Ebd., S. 17.
166 GS I/1, S. 209: „Die Wahrheit, vergegenwärtigt im Reigen der dargestellten Ideen, entgeht jeder wie immer gearteten Projektion in den Erkenntnisbereich. Erkenntnis ist ein Haben. [...] Diesem Besitztum ist Darstellung sekundär. Es existiert nicht bereits als ein Sich-Darstellendes. Gerade dies aber gilt von der Wahrheit."
167 Ebd., S. 216.
168 Vgl. GS I/3, S. 929: „Die Idee als Seinsgrund gründet das Ding durch dessen Anteil an der Idee. Das Sein des Gegenstandes lebt vom Sein der Idee. Diese Bestimmung der Idee als Sein definiert zugleich die Wahrheit als ein Sein."
169 Vgl. ebd., S. 936: „Die Ideen sind in der Welt der Phänomene nicht gegeben."
170 GS II/1, S. 362.

Darstellung selbst beibehalten werden muss. Kann die Wahrheit nicht besessen, sondern nur ersehnt und in Umrissen sichtbar gemacht werden, kommt ihr nur die Darstellung nahe, die sich ausdauernd verzögert und aufschiebt, die ihre *Sehnsucht im Taumel endloser Medialisierung gestaltet.* Dies scheint der Grund, wie es in der Erstfassung der *Vorrede* selbstreflexiv heißt, „der eigentümlichen philosophischen Funktion dieses retardierenden Stils"[171] und seiner „intermittierenden Rhythmik"[172]. Seine nur vermeintlich paradoxen Postulate sind:

> die Kunst des Absetzens im Gegensatz zur Kette der Deduktion; die Ausdauer der Abhandlung im Gegensatz zur Geste des Fragments; die Wiederholung der Motive im Gegensatz zum flachen Universalismus; die Fülle der gedrängten Positivität im Gegensatze zu negierender Polemik.[173]

Der esoterische Essay kann in dieser Hinsicht als dialektische Schreibpraxis verstanden werden, die sich – „in einer gewissermaßen asketischen Schule"[174], wie es am Ende der *Vorrede* heißt – an einer Mangelhaftigkeit als gegebener Struktur der Totalität orientiert. Die „sich dem Anblick der Totalität zunächst versagende Betrachtung"[175] verzichtet auf „Abgeschlossenheit"[176] ihrer Gestalt und sucht stattdessen in ihrer eigenen unabschließbaren Darstellungsweise gerade den Mangel, d. i. die Individualität, *als* Wahrheitsgehalt zu interpretieren und zu reproduzieren. Die ontologisch fundierte Defizitarität der Struktur der Realität bzw. der Sprache, die Platon als Verschränkung von Teilhabe und Trennung konzipiert und in die mythische Figur von Eros als Verkörperung des dynamischen Prinzips des Mangels übersetzt, ruft eine Sehnsucht hervor, die ebendiese Distanz und die Unzugänglichkeit des Ersehnten (der Ideen) voraussetzt;[177] zugleich aber bedarf sie einer gewissen Ahnung (eines Begriffes) von diesem, ohne welche die Sehnsucht keine Grundlage hätte.[178] Auch Benjamins esoterischer Essay scheint sich gerade jenen Gegenständen zu widmen, welche „die Ausdauer der Abhandlung"[179] – also ihre Sehnsucht – motivieren und legitimieren, und

---

171 GS I/3, S. 926.
172 GS I/1, S. 208.
173 Ebd., S. 212.
174 Ebd., S. 237.
175 Ebd.
176 Ebd., S. 207.
177 Vgl. *Symposion* 201e–202e.
178 Vgl. *Symposion* 203e: Eros ist Philosoph insofern, als er zwischen dem Tor und dem Weisen situiert ist, ihm zwar keine vollständige Einsicht zuteil wird, er aber doch manches versteht, was seine unablässige Suche nach Wissen in Gang setzt.
179 GS I/1, S. 212.

zugleich ihre Erfüllung vorenthalten. Seine eigentlichen Gegenstände findet er daher im ambivalenten Medium der Sprache selbst: Es sind „die dem Philosophen unschätzbaren Hinweise des Wortes"[180], im „latenten Hinweis"[181] in sogenannten „Ursprungsbegriffen"[182], „in den alten Worte[n]"[183], im „Wink im Worte"[184] auf den „Ideencharakter der Worte"[185]. Doch liegen diese Hinweise in den Worten, mit denen sie über sich hinaus auf „das Reich der Ideen"[186] verweisen, nie offen zutage; es bedarf des rettend-interpretierenden Eingriffs des Essays, der im verfügbaren Sprach- und Begriffsmaterial, etwa in tradierten Gattungs-, Stil- oder Epochenbegriffen, „nach Exemplarischem sich umsieht"[187] und es auf seine Tragfähigkeit als Ursprungsbegriff hin prüft.[188]

---

[180] GS I/3, S. 940.
[181] Ebd., S. 926.
[182] Ebd., S. 935.
[183] Ebd., S. 938.
[184] Ebd., S. 939.
[185] Ebd., S. 937.
[186] Ebd., S. 930.
[187] GS I/1, S. 224; vgl. GS I/3, S. 936: Das Gesetz des Ursprünglichen könne „sowohl in den ohnmächtigsten unbeholfensten Versuchen als in überreifen Erscheinungen seiner Spätzeit" anklingen, ja gerade dort, wo der befremdliche, stumm gewordene Sachgehalt des Werkes auf seinen verborgenen Wahrheitsgehalt hinweise, der in seiner kritischen Darstellung übertragen zur Sprache komme. In Benjamins Lesart der platonischen Idee als exemplarischer Darstellung von „einem versprengten Bruchstück" (GS I/1, S. 224) zeigt sich ein Unterschied zur Platon-Lektüre und Rezeption des *Symposion*, wie etwa Paul Natorp sie in seiner epochemachenden Abhandlung *Platos Ideenlehre. Eine Einführung in den Idealismus* (Leipzig 1903) unternimmt, die beispielhaft für die systematisch-wissenschaftliche neukantianische Platon-Auslegung steht. Natorp geht es um eine Bestimmung der logischen Funktion der Ideen, Eros figuriert dabei den Prozess „der wissenschaftlichen, vom *Sinnlichen in methodischer Induktion Stufe um Stufe fortschreitenden Erkenntnis*" (ebd., S. 173); Benjamin entwirft hingegen eine „Alternative der philosophischen Form" (GS I/1, S. 207) gegenüber induktiver und deduktiver Methode (vgl. ebd., S. 223), die stets aufs Neue mit einem zu einem ursprünglichen „Bild der Welt in seiner Verkürzung" (ebd., S. 228), d. i. zu einem Paradigma, gestalteten Bruchstück anhebt.
[188] Die Herausarbeitung der theoretischen Valenz des ‚Exemplarischen' besitzt allerdings auch einen apologetischen Zug insofern, als Benjamin in Briefen immer wieder darauf hinweist, auf welch schmalem Werkkanon seine Habilitationsschrift gründe, und er gegen enzyklopädisches Vorgehen polemisiert: „Mein Fundament ist merkwürdig – ja, unheimlich – schmal: die Kenntnis einiger weniger Dramen; längst nicht aller, die in Frage kommen. Eine enzyklopädische Lektüre der Werke in dem winzigen Zeitraum, der mir zur Verfügung steht, hätte unfehlbar einen unüberwindlichen dégout in mir erzeugt." (Brief an Rang vom 10.01.1924, GB II, S. 406) In der *Vorrede* setzt er explizit „einem enzyklopädischen Umfassen der Erkenntnisse der Wahrheit" den Bezug auf die „Verfassung der Ideenwelt" entgegen (GS I/1, S. 213).

Benjamins Bezug auf die „platonische Anamnesis"[189] als Vorbild dieses paradigmatisch verfahrenden Schreibdispositivs, das auf „das Wiedererkennen eines Unerhörten"[190] aus ist, hat jedoch zur Folge, dass, wie sich nur das Vergessene und Nicht-mehr-Gewusste erinnern lässt, das gehobene Wissen zugleich Züge des Nicht-Wissens (*agnoeín*) trägt. Aus seiner Verflechtung wissensbildender mit Wissen vorenthaltenden Strategien gewinnt Benjamins essayistisches Schreiben seinen unerschöpflichen Beweggrund, die „erotischen Begehrungen"[191] danach, immer neue Ähnlichkeiten, konstellative Möglichkeiten zwischen seinen Gegenständen aufzuspüren. Der esoterische Essay schafft so einen *Zwischenraum phantasmatischen Wissens*:[192] Er agiert wissensbildend, indem er bislang unerkannte „echte Verwandtschaft"[193] zwischen einzelnen Phänomenen zu erkennen gibt; zugleich ist dieses Wissen als textuelles, sich (nur) im Schreiben herstellendes und ansiedelndes intermediäres Wissen markiert. Der Deutung von Sternbildern vergleichbar,[194] greifen hier Wiedererkennen und Entdecken solcher Verwandtschaften im Verschiedenen, deren neue Konstellierung eine Idee erscheinen lässt, so ineinander, dass diese unentwirrbare Doppelheit sowohl dem esoterischen Essay als auch seinen Gegenständen, wie z. B. dem Begriff des Trauerspiels, den geheimnisvollen Charakter und Schein des „Ursprünglichen"[195] verleiht. Die spezifische ambivalente Struktur dieser Verfahrensweise wird im Folgenden näher beleuchtet.

---

189 Ebd., S. 217.
190 GS I/3, S. 936.
191 GS I/1, S. 211.
192 Vgl. ebd., S. 357: Die Kritik leiste eine „Ansiedlung des Wissens" in den Werken durch deren „Mortifikation", die sich durch Benennung und geordnete Darstellung ihrer jeweiligen Idee vollziehe, die – wie die Metapher des Sternbildes verdeutlicht – zwischen affektiver und transzendenter Dimension changiert. ‚Phantasmatisch' erscheint auch das sich im Traktat vollziehende und darstellende Wissen als geheimnisvolle Offenbarungswahrheit zwischen Vernunft und Glaube, *ratio* und *auctoritas*.
193 Ebd., S. 209.
194 Die Sehnsucht (*desiderium*), das Trachten nach der Wahrheit und einer verlorenen, allenfalls im Mythos wie dem der adamitischen Ursprache gestalteten Ganzheit, übersetzt sich gleichsam in intentionslose Be-trachtung (*consideratio*) und Auslegung von einzelnen Konstellationen, die von Ideen als von Sternen (*de sidera*) gebildet sind.
195 GS I/3, S. 936.

4.2 Die Paradigmatizität der Sprache ins Werk setzen. Die unendliche Aufgabe des Essays zwischen Einzelnem und Allgemeinem (Kant)[196]

> Man könnte vielmehr an der Bedeutung des Einzelnen irre werden; so energisch drängt die Forschung auf den *allgemeinen* Fall hin.[197] (Hermann Cohen)

In einem Brief an Gershom Scholem zeigt sich Benjamin Ende 1924 über die Anlage seiner als Habilitationsschrift projektierten Studie über das barocke Trauerspiel „überrascht": Nach Fertigstellung der Rohschrift sehe er sich plötzlich gegenüber der „tollste[n] Mosaiktechnik, die man sich denken kann".[198] Mit dem ironisierenden Bericht der Rezeption seines eigenen Textes als ‚Mosaik' nimmt Benjamin in seinem Brief an Scholem Bezug auf ihre Gespräche über den hebräischen Musiv- oder Mosaikstil, jene kaleidoskopartige Technik der Montage und Integration von Versatzstücken aus Texten der Überlieferung in neue, religiöse wie säkulare, Textzusammenhänge.[199] Benjamin macht diese stilistische

---

196 Dieses Kapitel ist die stark überarbeitete Fassung eines Aufsatzes: Vf.: „Prolegomena zu einem Begriff des Essays ausgehend von Walter Benjamins ‚Erkenntniskritischer Vorrede'", in: *Essay und Essayismus. Die deutschsprachige Essayistik von der Jahrhundertwende bis zur Postmoderne*, hg. von Sławomir Leśniak, Danzig 2015, S. 73–82.
197 Cohen: *Logik der reinen Erkenntnis*, S. 510.
198 Brief an Scholem vom 22.12.1924, GB II, S. 508.
199 Zum ‚Musivstil' (von griech. *mousa*: ‚Muse', ‚künstlerische Tätigkeit', wovon sich ‚Mosaik' ableitet), der dem spätantiken ‚Cento' (von griech. *kéntron*: ‚Flickwerk') entspricht, vgl. Benjamin E. Sax: Art. „Zitat", in: *Enzyklopädie jüdischer Geschichte und Kultur*, hg. von Dan Diner, Bd. 6, Stuttgart / Weimar 2015, S. 568–571, hier: S. 569–571. Benjamin und Scholem führten, wie dieser erinnert, lebhafte Gespräche über den Musivstil und Kraus, Heine, Sprachphilosophie, hebräische Prosa sowie die Dichtung des mittelalterlichen Judentums, vgl. Scholem: *Walter Benjamin – die Geschichte einer Freundschaft*, S. 136. Der dem Musivstil zugrunde liegende Gedanke sei, so Scholem, „daß das absolute, gleichsam bedeutungslose Wort der Offenbarung der Lehre [...] durch Einordnung in einen neuen Relationszusammenhang" mit spezieller Bedeutung erfüllt werden könne (ders.: „Über Journalismus, neuhebräische Dichtung und Musivstil]", in: ders.: *Tagebücher*, 2. Halbbd., S. 586–588, hier: S. 587); vgl. den skizzenhaft ausgeführten Entwurf des Essays „Das musivische Wort" aus Scholems Nachlass, wo der Blütezeit des Musivstils, in der „das Bewußtsein einer absoluten Sprache" im musivischen Wort vermittelt worden sei, dessen Verfallszeit gegenübergestellt wird, die Scholem mit dem Journalismus identifiziert, der den musivischen Stil nur noch rein mechanisch betreibe (zit. n. ebd., S. 586). Zu Scholems Reflexionen über den Musivstil und das innere Paradox der jüdischen Kommentartradition, die in der mosaikartigen, fragmentarischen Struktur des Kommentars die unendliche Auslegbarkeit des heiligen Textzeugen auch insofern bewahrt, als dieser trotz seiner Bündelung von Textbeständen mehr verschweigt als sagt, siehe Kap. III.2.3. Zur selbstreflexiven, nicht-mimetischen Funktion der

Analogie zum intertextuellen und konstellativen Verfahren des Trauerspiel-Buchs explizit, wenn er in der bereits Mitte September desselben Jahres beendeten *Erkenntniskritischen Vorrede* zur Illustration ihrer „mikrologischen Technik" den Ausdruck der „musivischen Arbeit" verwendet,[200] den Scholem wiederum in seinem Handexemplar der *Gesammelten Schriften* mit dem Zusatz „Begriff von mir vermittelt (aus der Judaistik)"[201] unterstreicht.

In der gegenüber der Erstfassung noch erheblich verdichteten Druckfassung der *Vorrede* wird das Bild des Mosaiks zum epistemologischen Modell einer der Philosophie adäquaten Verfahrens- bzw. Betrachtungsweise erweitert:

> Wie bei der Stückelung in kapriziöse Teilchen die Majestät den Mosaiken bleibt, so bangt auch philosophische Betrachtung nicht um Schwung. Aus Einzelnem und Disparatem treten sie zusammen [...]. Der Wert von Denkbruchstücken ist um so entscheidender, je minder sie unmittelbar an der Grundkonzeption sich zu messen vermögen und von ihm hängt der Glanz der Darstellung im gleichen Maße ab, wie der des Mosaiks von der Qualität des Glasflusses. Die Relation der mikrologischen Verarbeitung zum Maß des bildnerischen und des intellektuellen Ganzen spricht es aus, wie der Wahrheitsgehalt nur bei genauester Versenkung in die Einzelheiten eines Sachgehalts sich fassen läßt.[202]

Der Vergleich mit einem vielgliedrigen Mosaik aus bunten Glassteinen akzentuiert auch hier nicht nur stilistische oder literarische Aspekte. Diese Schreib- bzw. Schriftmetapher fügt sich vielmehr in eine ganze Reihe von Formreflexionen ein, mit denen Benjamin die Darstellungsweise der *Vorrede* als ästhetische Praxis und eigene Denkungsart ausweist, in der das „Denken" die „Betrachtung" oder „Kontemplation",[203] das Schreiben das (Sich-selbst-)Lesen mit einschließt. Sinnstiftung vollzieht sich im Medium dieser literarisch-philosophischen Schreibart, die Benjamin auch als „Doppeleinsicht"[204] charakterisiert, augenscheinlich nicht nur auf der semantischen Ebene des Textes, sondern im Zusammenspiel mit seinen aisthetischen Momenten, seiner Textualität und der Gestaltung des Schriftraums. Dieser sieht, wie es weiter heißt, „Stationen der Betrachtung"[205] vor, d. h. die Reflexion auf sein Geschrieben-Sein (als ‚Litteratur')

(intertextualitätstheoretisch relevanten) Bilder des Mosaiks, Gewebes und Teppichs für die ‚Textur' essayistischen Schreibens vgl. die Kapitel II.2.3 und II.2.4.
200 GS I/3, S. 927.
201 Zit. n. Sandro Pignotti: *Walter Benjamin – Judentum und Literatur. Tradition, Ursprung, Lehre mit einer kurzen Geschichte des Zionismus*, Freiburg 2009, S. 178.
202 GS I/1, S. 208.
203 Ebd.
204 Ebd., S. 226.
205 Ebd., S. 209. Diese ästhetische Reflexivität ermöglicht gerade die Schrift in ihrer z. B. durch Interpunktionszeichen, Wortgestalt und Druckbild organisierten Rhythmisierung: Es sei „der

und den „Glanz der Darstellung", in dem die einzelnen „Denkbruchstücke" nicht nur in begrifflich-logische, sondern auch in ästhetisch organisierte Reflexionsverhältnisse als in eine neue, unabsehbare „Relation" zueinander treten.

Wenn Benjamin weiter auf eine „echte Verwandtschaft"[206] zwischen „Mosaik und Traktat"[207] verweist, synthetisiert er zwei auf den ersten Blick geradezu konträre Darstellungsarten: hier eine antike Kunsttechnik, die metaphorisch für ein diskontinuierliches Schreibverfahren einsteht, das sich als nicht-hierarchisches Gefüge aus Texten, Zitaten und Bildern präsentiert; dort eine der literarisch-rhetorischen Großformen der Wissensvermittlung, deren strenge, diskursive Grundstruktur auf die *auctoritas* ihrer sorgsam abgewogenen Urteile abzielt. Benjamins „Identifizierung von Mosaik und Traktat", wie Rudolf Speth konstatiert, „kann nur spekulativ geschichtsphilosophisch gerechtfertigt werden".[208] Es handle sich eher um eine „Maskierung"[209] seiner eigenen Methode, die gerade in diesem Maskenspiel als esoterische, sich eindeutigen Lesarten entziehende Schrift erscheine.

Mit den Formbegriffen ‚Mosaik' und ‚Traktat' bringt Benjamin, wie sich hingegen argumentieren lässt, zwei ineinandergreifende Momente eines selbstreflexiven essayistischen Schreib- und Erkenntnisverfahrens in Stellung, das Wahrnehmung und Reflexion, *aísthēsis* und *epistḗmē*, Form und Inhalt, Rezeption und Produktion, Sach- und Wahrheitsgehalt im Schriftraum fortgesetzt zu einem – wie es in der *Vorrede* heißt – „bildnerischen und [...] intellektuellen Ganzen"[210] zu verknüpfen sucht. Der Verweis auf eine Traktat-Tradition akzentuiert Autorität und Objektivitätsanspruch dieser Schreibart, die anlässlich der darstellenden Durchdringung eines Einzelnen, Disparaten, Kontingenten auf seine intelligible Gestalt hin eine Art ursprüngliche Koexistenz von sinnlicher Wahrnehmung und sich im Sinnlich-Gegenständlichen vollziehender Reflexion simuliert, womit sie

---

Schrift eigen, mit jedem Satze von neuem einzuhalten und anzuheben. Die kontemplative Darstellung hat dem mehr als jede andere zu folgen" (ebd.).
206 Ebd.
207 Ebd., S. 208.
208 Speth: *Wahrheit und Ästhetik*, S. 217. „Benjamin hat die scholastische Form des Traktats", wie Speth weiter ausführt, „nicht deshalb zitiert, weil in ihm seine Methode vorgebildet ist, sondern weil die Scholastik zwar von der Unbegreiflichkeit der höchsten Geheimnisse des Glaubens ausgeht, sich aber dennoch um Einsicht und Darstellung bemüht [...]. In der scholastischen Methode ist keineswegs jener ‚retardierende Stil' (I, 926) zu finden, den Benjamin für seine Darstellungstheorie reklamiert. Vielmehr wollen gerade die Summa die zusammenfassenden Darstellungen des Wissensstoffs sein. Die Idee der ‚Denkbruchstücke', wie der Einzelheiten und der ‚Mosaiken' (I, 208), ist ihr fremd." (Ebd., S. 216 f.)
209 Ebd., S. 215.
210 GS I/1, S. 208.

die Ambivalenz ihrer Medialität, der Sprache selbst, einzuholen scheint. Als ‚ursprünglich' inszeniert sich diese am sinnlichen Einzelnen („bei der Stückelung in kapriziöse Teilchen") gewonnene und *gleichwohl* auf Allgemeingültigkeit abhebende Schreib- und Erkenntnisweise insofern, als sie ostentativ eine nichtvorgängige „Wahrheit" in sich (aus-)trägt.[211] *In dieser Hinsicht* erinnert sie an die Verstehensstruktur des ästhetischen Urteils, da sie – mit Urbich – „ihre Regeln der Entzifferung mit ihrer Präsentation erst miterzeugt und so das begriffliche Verstehen, das auf gegenstandsunabhängige und damit allgemeine Verstehensregeln angewiesen ist, irritiert"[212].

Den Begriff „von dem esoterischen Essay" bettet Benjamin, scheinbar bezugslos, in die zu Beginn der *Vorrede* aufgefächerten Formreflexionen über Mosaik und Traktat ein.[213] Er fällt gleich auf der ersten Seite:

> Wie deutlich es Mathematik belegt, daß die gänzliche Elimination des Darstellungsproblems, als welche jede streng sachgemäße Didaktik sich gibt, das Signum echter Erkenntnis ist, gleich bündig stellt sich ihr Verzicht auf den Bereich der Wahrheit, den die Sprachen

---

[211] Ebd.

[212] Urbich: *Darstellung bei Walter Benjamin*, S. 174. Zur Ähnlichkeit zwischen dem ästhetischen Urteil und der essayistischen Erkenntnisstruktur der *Vorrede*, die auf einem nicht-begrifflichen, dabei aber nicht unlogischen „Gefühl der Nähe" ihrer Gegenstände basiere (und zugleich ein solches beim Leser induziere), vgl. Gabrielli: *Sinn und Bild bei Wittgenstein und Benjamin*, S. 474. Mit Blick auf Benjamins Entwurf einer alternativen Denkungsart, die mit dem Einzelgegenstand eine darstellungsemergente Wahrheit korreliert, stellt schon Tiedemann fest, dass die *Vorrede*, „ohne auch nur den Namen Kants zu nennen" (ders.: *Studien zur Philosophie Walter Benjamins*, S. 18; vgl. ebd., S. 55 u. S. 73), mit dem sich Benjamin im frühen Gespräch mit Scholem und auch durch die Brille zeitgenössischer Kantexegese (Cohen, Natorp) auseinandersetzte, der Kant'schen Problematik einer besonderen Allgemeingültigkeit nicht-systematischer Einzelerkenntnis verpflichtet sei. „Kantisch gesprochen", wie Urbich feststellt, „verfährt die hermeneutische Vernunft der Darstellung nicht als subsumierende, sondern als reflektierende Urteilskraft" (ders.: *Darstellung bei Walter Benjamin*, S. 174) – also als, mit Kant, „das Vermögen, das Besondere als enthalten unter dem Allgemeinen zu denken" (KdU, Einleitung, S. 87; AA V, S. 179), ohne es in ihm aufgehen zu lassen; vgl. Glaudes / Louette: *L'essai*, S. 261, zur These, „que l'essai fonctionne grâce au jugement réfléchissant", was als spezifisches Gattungskriterium einer volatilen Form angesehen werden kann, die nicht rubrizierbar, sondern nur im stets neuen Nachvollzug *als* eine die Logik systematisch-begrifflicher Subsumption selbstreflexiv in Frage stellende alternative Verstehensstruktur zu ermitteln ist. Wolin fasst den essayistischen Erkenntnismodus bei Benjamin und Lukács in diesem Sinne als „an ‚infinite task' or a ‚regulative ideal' in the Kantian sense" (ders.: *Walter Benjamin. An Aesthetic of Redemption*, S. 95) auf: als sich ohne angebbare Regel wie von selbst einstellende „form of mediation" (ebd., S. 86).

[213] Was Oschmann über Benjamins Experimente kleiner Prosa festhält, gilt insofern auch für die *Vorrede*: Benjamins „*konkret* vollzogene Arbeit an der Formensprache […] geht unmittelbar mit einer Suche nach adäquaten Formbegriffen einher" (ders.: „Kleine Prosa – Kleine Phänomenologie", S. 237).

meinen, dar. Was an den philosophischen Entwürfen Methode ist, das geht nicht auf in ihrer didaktischen Einrichtung. Und dies besagt nichts anderes, als daß ihnen eine Esoterik eignet, die abzulegen sie nicht vermögen, die zu verleugnen ihnen untersagt ist, die zu rühmen sie richten würde. Die Alternative der philosophischen Form, welche durch die Begriffe von der Lehre und von dem esoterischen Essay gestellt wird, ist's, die der Systembegriff des XIX. Jahrhunderts ignoriert. Soweit er die Philosophie bestimmt, droht diese einem Synkretismus sich zu bequemen, der die Wahrheit in einem zwischen Erkenntnissen gezogenen Spinnennetz einzufangen sucht als käme sie von draußen herzugeflogen.[214]

‚Esoterisch' (im Sinne von ‚rätselhaft') erscheint der idiosynkratische Formbegriff ‚esoterischer Essay' schon deshalb, da er keinerlei dechiffrierbare Gattungstradition besitzt, vielmehr zu einer Fülle genealogischer Hypothesen Anlass gibt. So mag seine ‚Esoterik' ein Geheimwissen bezeichnen, das nicht oder (im aristotelischen Sinne gegenüber populären Exoterika) nur einem Zirkel Eingeweihter zugänglich ist.[215] Benjamins Verständnis nach scheint der Begriff ‚esoterisch' jedoch den methodischen Kern einer „philosophischen Form" zu treffen, die – anders als eine vom „Systembegriff" regierte Philosophie – nicht vorgibt, ihre „Wahrheit" käme „von draußen herzugeflogen"; durch vielerlei Selbstbezüge, die nicht nur ihr selbst, sondern zugleich Textualität und Sprachlichkeit überhaupt gelten, gibt sie vielmehr zu erkennen, dass sich ‚Wahrheit' *in* (*ésō*, ‚innen') und als Sprache bzw. Schrift her(aus)stellt. Die spezifische Wahrheit dieser Schreibform erschließt sich, anders gesagt, je erst aus ihrer „Innenarchitektur"[216], wie Benjamin ein Denkbild über die Form des Traktats in der *Einbahnstraße* überschreibt. Statt auf eine ästhetische oder systematische „Totalität"[217] abzuheben, bescheidet sie sich nicht nur mit ihrer Vorläufigkeit, dynamischen Verfasstheit und inneren Reflexivität, sondern sie präsentiert sich, ihre medialen Repräsentationsbedingungen problematisierend, als unendliche Serie von „philosophischen Entwürfen"[218], die sich durch unermüdliche „Übung dieser ihrer Form"[219] auszeichnen: als Essays.

---

214 GS I/1, S. 207.
215 Zu dieser Lesart vgl. Gabrielli: *Sinn und Bild bei Wittgenstein und Benjamin*, S. 457.
216 Der Traktat ist eine, so Benjamin, sich „nur von innen" (‚esoterisch') erschließende, sich gleichsam selbst verifizierende Form: „So ist auch die gegliederte Struktur des Traktats von außen nicht wahrnehmbar, sondern eröffnet sich nur von innen. Wenn Kapitel ihn bilden, so sind sie nicht verbal überschrieben, sondern ziffernmäßig bezeichnet. Die Fläche seiner Deliberationen ist nicht malerisch belebt, vielmehr mit den Netzen des Ornaments, das sich bruchlos fortschlingt, bedeckt. In der ornamentalen Dichtigkeit dieser Darstellung entfällt der Unterschied von thematischen und exkursiven Ausführungen." (GS IV/1, S. 111)
217 GS I/1, S. 237.
218 Ebd., S. 207.
219 Ebd., S. 208.

Diese Lesart würde erklären, weshalb Benjamin *allen* philosophischen Schriften „eine Esoterik" zuschreibt, „die abzulegen sie nicht vermögen, die zu verleugnen ihnen untersagt ist, die zu rühmen sie richten würde".[220] Der esoterische Essay zeigt mit seinem Attribut ‚esoterisch' gleichsam selbstreflexiv die Eigenschaft vor, die Benjamin der Philosophie überhaupt zuschreibt: ihren medialen und geschichtlichen Charakter.[221] Philosophie ist, wie es schon im ersten Satz der *Vorrede* heißt, wesentlich „Schrifttum"[222], mit dem geschichtlichen Wandel von Sprachformen und Gattungen realisiert sie sich stets in Form vorläufiger Entwürfe. Deren Spektrum zwischen unausweichlichen Grenzen und reflexiven Möglichkeiten ihrer Medialität lotet Benjamin mittels weiterer Gattungs- und Traditionsreferenzen aus: Mit der Prämisse, nur in beständiger Arbeit an der Darstellung erschließe sich ein genuiner „Bereich der Wahrheit, den die Sprachen meinen"[223], rekurriert er auf eine theologieaffine philosophische Tradition des ausdauernden Kommentierens, des bewahrenden Fort-Schreibens unendlicher Text-Auslegung, die bis in die Scholastik zurückreicht, der sein ursprüngliches Habilitationsvorhaben galt.[224] Reminiszenzartig verweist er zudem auf eine Tradition der „Übung"[225] (*áskēsis*) einer mystischen Schreibpraxis in

---

220 Ebd., S. 207.
221 Es bedürfe, um das Zitat aus *Über das Programm der kommenden Philosophie* erneut aufzugreifen, einer fortgesetzten „Reflexion auf das sprachliche Wesen der Erkenntnis" (GS II/1, S. 168).
222 GS I/1, S. 207.
223 Ebd.
224 Benjamin beabsichtigte zunächst – bis er in Heideggers Habilitation über Duns Scotus und dessen Ausarbeitung des Verhältnisses von Sein und Sprache Wesentliches schon behandelt fand – zum „großen Problemkreis Wort und Begriff (Sprache und Logos)" zu habilitieren, zu dem er „nur im Bereich scholastischer Schriften" fündig zu werden glaubte (GB II, S. 68). Von seiner Beschäftigung mit einem sprachphilosophischen Realismus der Scholastiker zeugt auch seine Auseinandersetzung mit der Vorstellung einer ‚Existenz' literarischer Gattungsbegriffe (zum Universalienproblem der Seinsweise literarischer Gattungen vgl. allg. Hempfer: *Gattungstheorie*, v. a. S. 30–37). Wie esoterischer Essay oder Traktat für Benjamin nicht einer einzigen Epoche angehören, kehrt auch diese ‚realistische' Sprachauffassung in immer neuem Gewand wieder, die er ebenso gegen einen mit Worten als mit leeren Begriffshülsen umgehenden Sprachgebrauch wie gegen ein magisches Raunen abgrenzt. In seinem zeitgleich entstehenden Essay *Der Sürrealismus. Die letzte Momentaufnahme der europäischen Intelligenz* (1929) etwa verweist Benjamin auf André Bretons Beobachtung, der „poetischen Erfahrung" der avantgardistischen „esoterischen Dichtung" liege „der philosophische Realismus des Mittelalters" zugrunde. „Dieser Realismus aber – der Glaube also an eine wirkliche Sonderexistenz der Begriffe [...] – hat immer sehr schnell den Übergang aus dem logischen Begriffsreich ins magische Wortreich gefunden." (GS II/1, S. 302)
225 GS I/1, S. 208.

einer, wie es am Ende der *Vorrede* heißt, „gewissermaßen asketischen Schule"[226], die eine Art sich verschriftlichendes Bewusstsein auszubilden sucht, also eine Synchronisierung ihrer Erkenntnisform und -gegenstände, von Innen und Außen.

All diese pluralistischen Verschiebungen und Umschreibungen einer adäquaten Form der Philosophie spezifizieren sich in der *Vorrede* im Begriff ‚esoterischer Essay', der auch Benjamins Text aus einer gattungstheoretisch nicht-normativen Perspektive zu betrachten erlaubt. Bemerkenswert ist dieser Formbegriff nicht allein aufgrund seines rätselhaften Gattungsursprungs und hinsichtlich einer noch nicht näher untersuchten Beziehung zwischen den Gattungsbegriffen der *Vorrede* und ihrer spekulativen Theorie „ästhetischer Gattungsnamen"[227]. Er fällt auch nicht allein seiner exponierten Stellung gleich auf der ersten Seite der *Vorrede* wegen auf; sondern schon deshalb, da er in deren Erstfassung noch fehlt:

> Die Alternative der philosophischen Form, welche durch die Begriffe der Lehre und der Esotherik bestimmt wird, ist es, welche der abendländische Systembegriff ignoriert.[228]

Für die Druckfassung von 1928 überschreibt Benjamin den Begriff „Esotherik" mit dem „esoterischen Essay"[229]. Bezieht man die oben zitierte Passage mit ein, in der Benjamin ‚Esoterik' als wesentliche Eigenschaft der Philosophie bestimmt, ergibt sich angesichts der Wortsubstitution bzw. des Wechsels der lexikalischen Kategorien in textgenetischer Perspektive eine Art synekdochische Beziehung zwischen Essay und Philosophie: Insofern die „[p]hilosophische Lehre", wie es zu

---

[226] Ebd., S. 237: „Nur eine von weither kommende, ja sich dem Anblick der Totalität zunächst versagende Betrachtung kann in einer gewissermaßen asketischen Schule den Geist zu der Festigung führen, die ihm erlaubt, im Anblick jenes Panoramas seiner selbst mächtig zu bleiben. Der Gang dieser Schulung ist es, der hier zu beschreiben war." Benjamin mag hier auch an die *Ejercicios espirituales* (1522–24) von Loyola, deren Lektüre er in seinem *Verzeichnis der gelesenen Schriften* vermerkt (vgl. GS VII/1, S. 446) und 1920 in der kleinen Skizze *Zu Ignatius von Loyola* festhält, gedacht haben. Wenn Benjamin dort auch die „Exercitien des Loyola" und dessen Ideal der „Askese" (GS VI, S. 71), der Vulgata folgend, als neurotisches „Zwangsdenken" (ebd., S. 72) versteht, hätte er in Loyolas *Geistlichen Übungen* doch vielleicht eine nicht gänzlich fremde Theorie und Praxis eines selbst-enthaltsamen Denkens und Schreibens als Modell für die Ausbildung eines sich fortlaufend verschriftlichenden ‚Beurteilen-Könnens', das der Essay inszeniert, ausgesprochen finden können.
[227] GS I/1, S. 223.
[228] GS I/3, S. 925.
[229] GS I/1, S. 207. Und aus dem Begriff der „philosophischen Erkenntnis" (GS I/3, S. 925) im ersten Satz der *Vorrede* wird – in einer Art *material turn* von der Erst- zur Druckfassung – die Wendung von dem „philosophischen Schrifttum" (GS I/1, S. 207).

Beginn der *Vorrede* heißt, „auf historischer Kodifikation" beruht,[230] sich also nur unbeabsichtigt und mit – bzw. erst am Ende[231] – der Zeit einzustellen vermag und damit als Darstellungs*praxis* entfällt, kristallisiert sich der esoterische Essay als einzige nicht-doktrinäre, sich in verschiedenen Formvarianten oder -masken ausprägende „Alternative der philosophischen Form"[232] gegenüber ihrem Ideal der Lehre und der falschen Totalität des Systems heraus. Der esoterische Essay gerät, anders gesagt, zum Agens der Philosophie unter den Bedingungen von Geschichte.

Er nimmt auch insofern eine paradigmatische Funktion ein, als sich das in der *Vorrede* auf allen Ebenen dialektisch durchdrungene Verhältnis zwischen Einzelnem und Allgemeinem in ihm als eigenständiger epistemologischer Alternative konkretisiert, die ihr Spannungsverhältnis zu ihrer eigenen Idee (von Philosophie) als selbstreflexives Verstehensmodell einer produktiven Identität/Differenz zwischen begrifflicher Umschreibung ihrer Gegenstände und in ihr sich unversehens einstellender Erscheinung eines rettenden Horizontes der Phänomene, d. i. der Ideen, performiert. Es handelt sich nicht um ein Entweder-Oder, sondern um ein dialektisches ‚Zugleich':

> Für die wahre Kontemplation dagegen verbindet sich die Abkehr vom deduktiven Verfahren mit einem immer weiter ausholenden, immer inbrünstigern Zurückgreifen auf die Phänomene, die niemals in Gefahr geraten, Gegenstände eines trüben Staunens zu bleiben, solange ihre Darstellung zugleich die der Ideen und darin erst ihr Einzelnes gerettet ist.[233]

Benjamin grenzt die reflexiv-sinnliche Verschränkung von „Darstellung" und „Kontemplation", von Aktivität und Passivität des Erkennens, ebenso gegen eine rein begriffliche deduktive Subsumptionslogik wie gegen die vermeintliche Unmittelbarkeit „eines trüben Staunens", d. i. „eine vielberufene intellektuelle Anschauung"[234] (im Sinne einer intuitiven „‚Schau'"[235] von Ideen), ab.[236] Der

---

[230] Ebd.
[231] Zum semantisch unbestimmten Begriff der ‚Lehre' und seinen messianischen Aspekten, denen hier nicht weiter nachgegangen werden kann, vgl. Urbich: *Darstellung bei Walter Benjamin*, S. 68–72, und Pignotti: *Walter Benjamin – Judentum und Literatur*, S. 158–216.
[232] GS I/1, S. 207.
[233] Ebd., S. 225. Der Essay realisiert gleichsam eine zweifache „Vermittlerrolle" der Begriffe als sowohl Mittel als auch Ort einer sich wie unvermittelt vollziehenden Mediation: „Durch ihre Vermittlerrolle leihen die Begriffe den Phänomenen Anteil am Sein der Ideen. Und eben diese Vermittlerrolle macht sie tauglich zu der anderen, gleich ursprünglichen Aufgabe der Philosophie, zur Darstellung der Ideen. Indem die Rettung der Phänomene vermittels der Ideen sich vollzieht, vollzieht sich die Darstellung der Ideen im Mittel der Empirie." (Ebd., S. 214)
[234] Ebd., S. 215.

esoterische Essay scheint bündig diese am sinnlichen Einzelnen gewonnene und gleichwohl auf eine gewisse Notwendigkeit und Allgemeingültigkeit – auf ‚Wahrheit' – abhebende Erkenntnis- und Darstellungsweise zu benennen, die sich als ein dem ästhetischen Urteil vergleichbares Beurteilungsvermögen ‚ohne alles Interesse' abspielt („Die Wahrheit ist der Tod der Intention."[237]). Doch gilt dieses gerade nicht dem Urteil des ‚Schönen' (es geht Benjamin weder um die Bewertung einzelner barocker Trauerspiele als ‚schön' noch um eine Unterscheidung von ‚Kunst' und ‚Nicht-Kunst'); sondern jener sich im textuellen Geschehen selbst beglaubigenden intentionslosen Ent-deckung eines ‚Ursprünglichen', d. i. eines Einzelnen im Lichte seiner ‚Idee' (wofür Benjamin die „Singulärsten und Verschrobensten der Phänomene"[238] gerade recht sind).[239] Die Differenz expliziert sich im Begriff der „Kunstphilosophie"[240], mit dem sich Benjamin in der *Vorrede* gegen eine Ästhetik positioniert, die sich an subjektiven Geschmacksurteilen oder am Konzept der „Einfühlung"[241] – eine implizite Kritik an einer divinatorischen Hermeneutik Dilthey'scher Prägung – orientiert.

Der essayistische Erkenntnismodus des „kunstphilosophischen Versuchs"[242] hingegen schließt eine Reflexion über die medialen Möglichkeitsbedingungen seiner Vermittlungsversuche zwischen Einzelnem und Allgemeinem ein, die sich

---

235 Ebd.
236 Den Vertretern induktiv-empirischer wie deduktiver Verfahrensweisen geisteswissenschaftlicher Forschung (wie z. B. Max Scheler, Konrad Burdach, Richard Moritz Meyer, Johannes Volkelt) wirft Benjamin unkritische „Häufung von Fakten" (ebd., S. 219) oder bloße „Projizierung in ein pseudo-logisches Kontinuum" (ebd., S. 223) vor: Ihre vergeblichen Versuche, ästhetische Gegenstände „auf Grund irgendwelcher Gemeinsamkeiten ‚unter' sich zu begreifen" (ebd., S. 224), und ihr Scheitern an der „Unmöglichkeit einer deduktiven Entwicklung der Kunstformen" (ebd., S. 225) aus reinen Ideen, kurz: ihre „kritische Ratlosigkeit" (ebd., S. 218 f.) sei auf ihr völliges Absehen vom „Darstellungsmedium der Wissenschaft" (ebd., S. 222) zurückzuführen; die angesichts ihrer methodologischen Aporien gebotene erkenntniskritische Revision wäre entsprechend eine Revision ihrer Darstellungsweisen.
237 Ebd., S. 216.
238 Ebd., S. 227.
239 „La découverte de l'originel" – wie Stéphane Mosès pointiert – „est une expérience qui porte en elle-même sa propre vérité, comparable en cela au jugement esthétique selon Kant [...]; reconnaître qu'un phénomène est originel c'est porter un jugement du même ordre que celui qui consiste à affirmer qu'une certaine œuvre d'art est belle." (Ders.: *L'Ange de l'Histoire. Rosenzweig, Benjamin, Scholem*, Paris 2006, S. 188 f.)
240 GS I/1, S. 218. Vgl. Kap. III.4.3 zu Benjamins Versuchen methodologischer Legitimierung einer Verortung seiner Trauerspiel-Arbeit in den „Grenzbezirken" (GS III, S. 374) des disziplinären Feldes.
241 GS I/1, S. 222 u. S. 234.
242 Ebd., S. 210.

zwischen begrifflichen und symbolischen Repräsentationsweisen als zwei verschiedenen, doch aufeinander verweisenden Arten der Darstellung bewegen. Ja, die Vermittlungsmodelle des Essays gelten nicht nur dem einzelnen Phänomen und seiner (nicht-dualistischen) Beziehung zu seiner Idee, sondern zugleich einem sich mit ihrer Ins-Werk-Setzung einstellenden ursprünglichen Einvernehmen zwischen sinnlichen, bildlichen und begrifflichen, „mitteilenden" und „benennenden" Aspekten der Sprache bzw. Schrift,[243] zwischen profanem „Zeichen"[244] und göttlichem „Namen[]"[245]. Der esoterische Essay ließe sich mit einem schon mehrfach bemühten epistemologischen Bild als ‚Schauplatz' der Verflechtung von zweierlei Sprach- oder Begriffsordnungen auffassen: einer geschlossen-logischen, traktathaften Ordnung, mittels der er seine Gegenstände auf eine Fülle einzelwissenschaftlicher Diskurse zu beziehen vermag (z. B. auf Barockphilologie, Ästhetik, Literaturgeschichte, Theologie, Judaistik, Erkenntnistheorie, Sprachphilosophie etc.); und einer sich selbst konstituierenden freieren mosaikartigen Ordnung eines intensiven Darstellungszusammenhangs, der diese heterogenen methodischen Zugänge mit ihren Formen- und Bildbeständen bezugsreich zu neuen, unabsehbaren Sinnkonfigurationen verknüpft. Der literarische Gattungsbegriff etwa ordnet sich nach Benjamin nicht nur sinnvoll „der Reihe ästhetischer Klassifikationsbegriffe"[246] ein, sondern birgt zugleich einen sich erst *im* Darstellungsgefüge erschließenden „wahren Sinn ästhetischer Gattungsnamen"[247], d. i. seine gebietsüberschreitende ‚Idee'.

---

[243] Ebd., S. 217.
[244] Ebd., S. 222.
[245] Ebd., S. 216. Die erlösende (Re-)Konstitution einer Sache im Vollzug ihrer Benennung fiele, anders gesagt, in eins mit dem Gelingen des Versuchs einer rettenden „Selbstverständigung" (ebd., S. 217) der Sprache im Namen. Denn der Name ruft, Benjamins Verständnis nach, eine (bruchstückhafte) Erinnerung der Sprache an sich selbst als ein bislang unerhörtes Anderes in sich selbst – als nicht-arbiträre, schöpferische, „adamitische" (ebd.) Namenssprache – hervor, die sich jedoch stets nur unvollständig und versehrt im Medium der Darstellung ergibt, d. i. als Geschichte. Zum Zusammenhang von Namen und Trauer vgl. Tiedemann: *Studien zur Philosophie Walter Benjamins*, S. 55–59; vgl. Gabrielli: *Sinn und Bild bei Wittgenstein und Benjamin*, S. 474–487; zum Begriff des Namens in der *Vorrede* vor dem Hintergrund von Benjamins früher mystischer Namensphilosophie vgl. Urbich: *Darstellung bei Walter Benjamin*, S. 359–365.
[246] GS I/1, S. 218. Zu dieser Partizipation seines Darstellungsverfahrens an zwei Begriffsordnungen schreibt Benjamin: „Trauerspiel als Begriff würde der Reihe ästhetischer Klassifikationsbegriffe sich problemlos einordnen. Anders verhält sich zum Bereich der Klassifikationen die Idee. Sie bestimmt keine Klasse und enthält jene Allgemeinheit, auf welcher im System der Klassifikationen die jeweilige Begriffsstufe ruht, die des Durchschnitts nämlich, nicht in sich." (Ebd.)
[247] Ebd., S. 223. In der Idee einer Gattung kommt nach Benjamin zugleich der geschichtliche Zustand „des Sprachlebens und seiner jeweiligen Möglichkeiten" (ebd., S. 230) sowie seiner

Dass allerdings die Sprache das Problem einer logisch-ontologischen Trennung von Einzelnem und Allgemeinem, als deren (symbolische[248]) Vermittlung sie sich unter Aufbietung ihrer aisthetischen und reflexiven Momente zu präsentieren vermag, überhaupt erst aufwirft, scheint Benjamins Begriff der Idee selbstreferenziell abzulesen zu sein. Denn sie ist keine regulative Norm oder „‚Hypothesis'"[249] (wie bei Kant), sondern selbst „ein Sprachliches"[250]; und zugleich ein kraft der Bildähnlichkeit der Darstellung sich zeigendes Anderes der Sprache. Die Idee ist ein im Wort sich der „nach außen gerichteten Mitteilung"[251] Versagendes, das jedoch in ihm potenziell präsent und nicht intentional, sondern nur *medial evozierbar* ist.[252] Sie leitet sich von keinem „äußeren Maßstab"[253] ab, sondern erzeugt sich „immanent"[254] (‚esoterisch') im Zuge der Darstellung des Phänomens in seiner unableitbaren „Erkennbarkeit"[255] im Medium der Schrift.

Mit seiner Besinnung auf die Darstellung, d.i. die Medialität des Erkennens, verwirft der esoterische Essay also keineswegs historisch geprägte Terminologien.[256] „Er möchte" vielmehr – wie Adorno den Essay charakterisiert – „mit Begriffen aufsprengen, was in Begriffe nicht eingeht".[257] Denn er stiftet eine

---

Grenzen zu je einem selbstreflexiven Ausdruck, der – wie ein ‚Siegel' (vgl. obige Anm. 147) – eine qualitativ distinkte Erfahrungsform unserer sprachlich strukturierten Beziehung zur Welt markiert. Das oxymoronische Wort ‚Trauerspiel' etwa erscheint Benjamin als Sediment der geschichtlich bedingten Erfahrung, dem Gefühl der „Trostlosigkeit der irdischen Verfassung" (GS I/1, S. 260) zumindest im Medium sprachlicher und theatralischer Darbietung noch „Intensität" (ebd., S. 261) abgewinnen zu können; vgl. dazu Michele Salonia: *Walter Benjamins Theorie der Kritik*, Berlin 2011, S. 96 f.

248 Vgl. Tiedemann: *Studien zur Philosophie Walter Benjamins*, S. 51 f.
249 GS I/1, S. 214.
250 Ebd., S. 216. Die Ideen seien keine „unerwünschte Abbreviatur" (ebd., S. 222), sondern „die allgemeinsten Verweisungen der Sprache" (ebd., S. 215) und daher „die Sprachform der wissenschaftlichen Darlegungen [...] außerhalb des Mathematischen" (ebd., S. 221).
251 Ebd., S. 217.
252 Vgl. ebd.: „[V]ielmehr löst in der philosophischen Kontemplation aus dem Innersten der Wirklichkeit die Idee als das Wort sich los, das von neuem seine benennenden Rechte beansprucht." Und weiter heißt es: „Worte sind, neben den Zeichen der Mathematik, das einzige Darstellungsmedium der Wissenschaft und sie selber sind keine Zeichen. Denn im Begriff, als welchem freilich das Zeichen entspräche, depotenziert sich eben dasselbe Wort, das als Idee sein Wesenhaftes besitzt." (Ebd., S. 222)
253 Ebd., S. 225.
254 Ebd.
255 GS I/2, S. 682.
256 Im Gegenteil: Neu eingeführte „Terminologien", so Benjamin, „entraten der Objektivität, welche die Geschichte den Hauptprägungen der philosophischen Betrachtungen gegeben hat" (GS I/1, S. 217).
257 Adorno: „Der Essay als Form", in: ders.: *Noten zur Literatur*, S. 32.

besondere Form der Beziehung in der Schrift, die weder auf eine Aufhebung des Einzelnen im Allgemeinen noch auf deren unüberbrückbare Trennung abzielt, sondern ihre nicht-antizipierbare Relation bewirkt, die noch die geringsten Einzelgegenstände in ein freies und gleichrangiges „konstruiertes Nebeneinander"[258] rückt. Die paradoxe Eigenart dieser ästhetischen Darstellungsweise besteht darin, dass sich in ihr eine neue „integrale Einheit"[259] der Phänomene in ihrer Mannigfaltigkeit begrifflich artikuliert, ohne dass sie der Identitätslogik des begrifflichen Systems unterworfen wird; sie formiert sich vielmehr in einem nicht-hierarchischen reflexionsanregenden ‚Dazwischen', in dem die Phänomene sowohl einander als auch einer sie umfassenden Idee neu (bzw. ‚ursprünglich') zugeordnet werden. Artikulation dieser starre Dualitäten und Hierarchien aushebelnden Verschaltung ist ein im Darstellungszusammenhang unversehens als „Ursprungsphänomen"[260] hervortretendes Einzelnes, das in den Rang eines Paradigmas aufsteigt:[261]

> Denn auch wenn es die reine Tragödie, das reine komische Drama, das nach ihnen benannt werden dürfte, nicht geben sollte, mögen diese Ideen Bestand haben. Dazu hat eine Untersuchung ihnen zu verhelfen, die nicht in ihrem Ausgangspunkt an alles dasjenige, was je als tragisch oder komisch mag bezeichnet worden sein, sich bindet, sondern nach Exemplarischem sich umsieht, und sollte sie auch nur einem versprengten Bruchstück diesen Charakter zubilligen können. ‚Maßstäbe' für den Rezensenten fördert sie so nicht.[262]

Kraft des ästhetischen oder, besser, des *textuellen Vermögens* (‚Zubilligen-Können'), einem einzelnen „versprengten Bruchstück" paradigmatische Geltung zuzuschreiben, sie gewissermaßen ins Werk zu setzen, ‚rettet' das essayistische Darstellungsverfahren die Phänomene vor ihrer fragmentierten Vereinzelung und legitimiert zugleich (Begriffe als) „Ideen"; auch wenn sich zu ihnen „die reine Tragödie, das reine komische Drama" nicht finden lässt, d. h. ihnen kein reiner Begriffsinhalt, ein allen einzelnen Fällen „Gemeinsames"[263], adäquat sein kann.[264] Mit anderen Worten: Der essayistische Erkenntnismodus leitet seine

---

258 Ebd. „Denn der Essay", so Adorno, „befindet sich nicht im einfachen Gegensatz zum diskursiven Verfahren. Er ist nicht unlogisch; gehorcht selber logischen Kriterien insofern, als die Gesamtheit seiner Sätze sich stimmig zusammenfügen muß." (Ebd., S. 31)
259 GS I/1, S. 210.
260 Ebd., S. 226.
261 Zum ‚Paradigma' als textuellem Erkenntnismodell des Essays siehe Kap. II.2.2.
262 GS I/1, S. 224.
263 Ebd., S. 227.
264 Die konstellative Darstellung inszeniert gewissermaßen eine am Beispiel in Gang gesetzte geistig-dynamische (nicht vitalistisch-passive) „Belebung der Erkenntniskräfte" (KdU, § 49, S. 253; AA V, S. 317): Sie ‚veranlasst viel zu denken', indem sie eine unkalkulierbare Anzahl von dem

Geltung weder aus einem transzendenten Telos ab (wie die Lehre) noch führt er sie auf eine systematisch-apriorische Regel zurück (es geht Benjamin um eine „Entkräftung der Regel als kritischer Instanz"[265]). Er expliziert seinen Geltungsanspruch vielmehr im Medium eines fortlaufenden Versuchs über das „Verhältnis des Einzelnen zur Idee und zum Begriff"[266], der sich selbst – dem ästhetischen Urteil vergleichbar – als *beispielhafter Vollzug einer nicht angebbaren Regel* artikuliert.[267] Diese Regel, sofern von einer ‚Regel' noch zu sprechen ist, konstituiert sich darstellungsemergent erst mit der konkreten paradigmatisierenden Gestaltung von „Exemplarischem" (d.h. eines Einzelnen in seinem doppelten Bezugsgeflecht zu Begriff und Idee) und ist ebenso wenig von ihm zu lösen, wie dieses anders als im Regelvollzug als sowohl Einzelnes als auch Statthalter einer neuen Totalität (d.i. als „Ursprungsphänomen"[268]) nicht zu erkennen ist.[269]

Der Essay stellt so je beispielhaft *und* singulär (d.i. paradigmatisch) eine das logisch-ontologische Problem der Vermittlung zwischen Einzelnem und Allgemeinem betreffende Lösung in Aussicht, die nur das sinnlich-reflexive Textgefüge im „Glanz der Darstellung"[270] ermöglicht; und die auch ‚nur' eine der schriftlichen Darstellung, also nicht ableit- oder übertragbar ist oder von ihr absehende Regeln oder Maßstäbe fördert, sondern sich allein in ihrer spezifischen, nur einem – mit einem Wort aus Benjamins Hölderlin-Essay – „fühlenden Erfassen"[271] als in sich stimmig erfahrbaren Form realisiert. Diese Verfahrensweise nimmt für Benjamin „die erhobne Mitte"[272] zwischen Wissenschaft und Kunst ein, denn sie operiert mit tradierten Begriffen, fügt diese aber in einen semantisch offenen Formzusammenhang ein, der ihre (Selbst-)Reflexion in Gang setzt. Sie setzt sich so selbst als

---

Beispiel zugrunde liegenden Analogieschlüssen nahelegt (vgl. KdU, § 59, S. 294–299; AA V, S. 351–354) und so „den Begriff selbst auf unbegrenzte Art ästhetisch erweitert" (KdU, § 49, S. 251; AA V, S. 315).
265 GS I/1, S. 225.
266 Ebd., S. 227: „Zwischen dem Verhältnis des Einzelnen zur Idee und zum Begriff findet keine Analogie statt: hier fällt es unter den Begriff und bleibt was es war – Einzelheit; dort steht es in der Idee und wird was es nicht war – Totalität. Das ist seine platonische ‚Rettung'."
267 Zum ästhetischen Urteil als „Beispiel einer allgemeinen Regel, die man nicht angeben kann", vgl. KdU, § 18, S. 156; AA V, S. 237. Siehe dazu Agamben: *Signatura rerum*, S. 22 f.
268 GS I/1, S. 226.
269 In der Erstfassung der *Vorrede* wird noch deutlicher, dass Benjamin „das Wort ‚Trauerspiel' {Novelle Epos}" selbst als „Exempel" für das hier in Frage stehende Verhältnisspiel zwischen Einzelnem und Allgemeinem sowie konkreter Darstellung und erkenntniskritischer Methode dient (GS I/3, S. 939), das sich auf verschiedenen Ebenen der Reflexion performativ fortsetzt und selbst beleuchtet.
270 GS I/1, S. 208.
271 GS II/1, S. 111.
272 GS I/1, S. 212.

das gesuchte, doch sich nur absichtslos medial (d.i. ‚esoterisch') ergebende, nicht-hierarchische Verhältnis zwischen sinnlichem Gegenstand und Erkenntnis in Szene. Im In-Erscheinung-treten-Lassen der Medialität (d.i. der Exteriorität) des Erkennens sowie in der Reflexion ihrer inneren Fragmentiertheit und Diskontinuität wirft der Essay diese Relation zugleich als unendliche Darstellungen evozierendes, d.i. als geschichtlich sich entfaltendes Problem auf.

In ihrer eigenen Schriftform, die sich mit einem Begriff aus Benjamins Essay *Lehre vom Ähnlichen* (1933) als sinnliches „Archiv unsinnlicher Ähnlichkeiten"[273] beschreiben ließe, scheint die *Vorrede* zu zeigen, was sich auf der Textebene ereignen soll. Die durch Leerzeilen im Schriftbild voneinander abgesetzten und argumentativ in sich geschlossenen absatzlosen Kolumnenblöcke unterbrechen die Darstellung zugunsten der Distinktheit ihrer Teile. Doch ermöglichen gerade diese Unterbrechungsintervalle eine sie umfassende Betrachtung: jenes unbestimmbare ‚fühlende Erfassen' von möglichen Bezügen und ‚unsinnlichen', d.i. plötzlich, in einem rätselhaften Nu darstellungsimmanent sich ergebenden Ähnlichkeiten und gleichsam selbstredenden „Konstellationen"[274], welche die Rezeption immer neuer Verweisungszusammenhänge nahelegen. Die *Vorrede* entwickelt keine sukzessiv fortschreitende Reflexion auseinander folgender Argumente, sondern organisiert mittels sich wiederholender Denkmuster, Inversionsfiguren, lexikalisch-semantischer Variationen oder analoger Wortbildungen (etwa mit den Vorsilben ‚um-' oder ‚ur-'), die verschiedenste Gegenstandsbereiche miteinander überblenden,[275] eine ästhetische Reflexivität, die eine Synchronizität, eine Gleichursprünglichkeit ihrer Momente simuliert und die Leserin zu Analogieschlüssen anhält. Der Text scheint so den Einsatz der Lektüre an un-

---

[273] GS II/1, S. 208. Benjamin betrachtet die Schrift als ein Archiv, in dem unendliche Serien unabsehbarer Korrespondenzen potenziell enthalten sind, die jedoch von der semiotischen, arbiträr verweisenden Seite der Sprache und Schrift nicht zu lösen, sondern in dieser – wie in einem „Vexierbild" (ebd., S. 208f.) – als in ihrem Anderen verborgen sind und nur „vorübergehend wie eine Gestirnkonstellation" (ebd., S. 206) aufscheinen.
[274] GS I/1, S. 215: „Die Ideen sind ewige Konstellationen und indem die Elemente als Punkte in derartigen Konstellationen erfaßt werden, sind die Phänomene aufgeteilt und gerettet zugleich. Und zwar liegen jene Elemente, deren Auslösung aus den Phänomenen Aufgabe des Begriffes ist, in den Extremen am genauesten zutage."
[275] Ganz unterschiedliche Wörter, denen etwa das Präfix ‚um-' oder ‚ur-' angeheftet ist, erscheinen auf unbestimmte Weise einander ähnlich, womit sie nicht nur die Reflexion über die Begründung ihrer lexikalisch markierten Analogieverhältnisse in Gang setzen, sondern auch die methodologische – oder topologische – Prämisse der *Vorrede* performieren: ein nicht-intentionales, stets von Neuem anhebendes Umschreiben (und *Um*-Schreiben), das sich tastend, zugleich enthüllend wie verhüllend, *zwischen* Phänomenen und Idee, Sagen und Zeigen bewegt. „Methode ist Umweg. Darstellung als Umweg" (ebd., S. 208).

terschiedlichen Stellen und damit die je neue Relationierung seiner sechzehn Sinneinheiten zu erlauben, die auch die zentrale Frage der Darstellung aus immer neuen, in gleichwertigen Analogien begründeten Perspektiven performieren und umkreisen.

Diese der Philosophie „geziemende Schreibweise"[276] stellt sich also selbst auf analoge Weise wie dasjenige dar, was sie zu erweisen hat: In jedem Reflexionsschritt hat der ambivalente Schreib- und Erkenntnismodus aus Sagen/Zeigen, dem am Singulären eine Wahrheit erscheinen zu lassen gelingt, die von ihrer spezifischen Darstellung nicht zu trennen ist und doch andere, ähnliche Vermittlungsmodi zu denken Anlass gibt, die Individualität und Beispielhaftigkeit seines Gegenstandes wie seiner selbst zum Ausdruck zu bringen. Damit hebt diese Verfahrensweise, die sich mit Bense als „sprachliche Individuation"[277] beschreiben ließe, auf eine Art ‚ästhetischen Gemeinsinn'[278] ab: Ihre spezifischen Urteile über die darstellungsunabhängig nicht einsehbare Paradigmatizität einzelner Gegenstände erscheinen als allgemeingültig und notwendig begründbar. Schreibt Benjamin im Hölderlin-Essay, „daß über lyrische Dichtung das Urteil, wenn nicht zu beweisen, so doch zu begründen ist"[279], hält er das allgemeine Prinzip dieser

---

276 Ebd., S. 209.
277 Max Bense: „Philosophische Prosa", in: ders.: *Ästhetik und Texttheorie*, in: ders.: *Ausgewählte Schriften*, hg. von Elisabeth Walther, Bd. 3, Stuttgart / Weimar 1998, S. 204–205, hier: S. 204. Den Begriff ‚philosophische Prosa' – es könne „Philosophieren selbst als ein Akt der Verfertigung von Prosa verstanden werden" (ebd.) – entwickelt Bense auch in Auseinandersetzung mit Benjamins Trauerspiel-Buch, das zeige, wie in „der Darstellung [...] der Gegenstand selbst verfertigt" werde (ders.: „Ein Begriff der Literatur", in: ebd., S. 178–179, hier: S. 178).
278 Vgl. KdU, § 40, S. 225; AA V, S. 293.
279 GS II/1, S. 108. Benjamin bindet das in der *Vorrede* und in einzelnen methodologisch relevanten Passagen des Trauerspiel-Buchs theoretisierte erkenntniskritische Verfahren an das des ‚ästhetischen Kommentars' im Hölderlin-Essay sowie an das zu Beginn des Goethe-Essays skizzierte Ineinander von ‚Kommentar' und ‚Kritik' zurück. Solche intertextuellen Bezüge stellt Benjamin selbst her, wenn er etwa in einer Fußnote auf seinen Goethe-Essay verweist (vgl. GS I/1, S. 418) oder mit dem wie beiläufigen Verweis auf die „barocke Geberde beim späten Goethe wie beim späten Hölderlin" (ebd., S. 403) eine epochentranszendierende Ausdrucksform thematisiert, die an einzelnen Erzeugnissen des literarischen Barock nur exemplifiziert werde. Die Aufgabe des ästhetischen Kommentars hatte Benjamin als erkenntnistheoretische Durchdringung der apriorischen Struktur des poetischen Gegenstandes (d. i. des ‚Gedichteten') bestimmt, die durch Abschriften und Variationen hindurchschimmere, doch insofern eine fiktionale Ontologie besitze, als dieser „letzte Grund", d. i. die „Voraussetzung des Gedichts", *zugleich* „Erzeugnis" seiner Rekonstruktion im Medium ästhetischer Kommentierung sei (GS II/1, S. 105). Auch die Suche nach dem ‚Ursprung' des deutschen Trauerspiels gestaltet sich für ihn ebenso als Finden wie als Erfinden eines ursprünglichen „Bauplan[s]" (GS I/1, S. 409), der einer „Reihe historischer Ausprägungen" (ebd., S. 227) zugrunde liege, doch einer essayistischen „Doppeleinsicht" (ebd., S. 226) bedürfe, um als deren Idee erst gehoben zu werden; der Ursprung weist daher die paradoxe

Begründungsversuche fest, die mit dem Trauerspiel-Buch freilich nicht mehr lyrischer Dichtung, sondern gerade dem „Singulärsten und Verschrobensten der Phänomene", „den entlegenen Extremen" gelten.[280] Ihre immanent gebildeten Kriterien treten mit dem Anspruch auf, verstanden werden können zu müssen, sind aber weder gelöst von ihrem Erkenntnisobjekt noch von dessen konkreter Darstellungsform mitteilbar, sondern nur in immer neuem Nachvollzug zugänglich (und auch insofern ‚esoterisch').

Die bleibende Aktualität solcher ‚Versuche über' jedoch erweist die Geschichte: So wie sich der esoterische Essay nur nach „historischer Kodifikation" zur „Lehre" fügen, konfigurieren kann, bewährt sich die Legitimität seiner Begriffe erst im Laufe der Geschichte.[281] Bis dahin stehen diese philosophischen Entwürfe, ihren Darstellungen von Ideen analog, als in sich geschlossene monografische Essays mit gleichwohl allgemeingültigem Geltungsanspruch – mit Adorno – „im mosaikhaften Verhältnis zu anderen Essays"[282]. Jede dieser Einzelinterpretationen ist ‚monografisch' weniger insofern, als sie sich mit einem bestimmten Autor oder einzelnen Werk auseinandersetzt, sondern als sie ihren interpretativen Zugang derart mit dem jeweiligen singulären Objekt korreliert, dass es zu einem „Bild der Welt in seiner Verkürzung"[283] gerät. Bezeichnend für diese Versuche, eine unableitbare spannungsreiche Ein(zel)heit zu erschreiben (*mónos gráphein*), ist das Motto aus Goethes *Materialien zur Geschichte der Farbenlehre*, das Benjamin der *Vorrede* programmatisch voranstellt: „[W]ie die Kunst

---

Zeitstruktur einer nachträglichen Anteriorität auf (vgl. Agamben: *Signatura rerum*, S. 106): „Damit erfüllt Darstellung des Ursprünglichen den Charakter der Entdeckung." (GS I/3, S. 936) Ist das Gedichtete für Benjamin (noch) ästhetisches Kriterium einer Bewertung des einzelnen Gedichtes, gilt der kunstphilosophische Begriff des Ursprungs – über den ästhetischen Geltungsbereich hinaus – dem Nachweis einer einzelne Gebilde umfassenden einheitlichen Sinnkonfiguration, die ein der Kunst „zumindest ebenbürtige[s] Gebilde" (GS I/1, S. 224) sei.
280 Ebd., S. 227.
281 Ebd., S. 207. Gemeint ist keine Rezeptionsästhetik *ante litteram*, sondern eine Art kritische Rezeptionsgeschichte intersubjektiver Begründungsversuche des Einzelwerkes, in dessen allmählicher – mit Benjamin – „Verbrennung [...] seine Form zum Höhepunkt ihrer Leuchtkraft kommt" (ebd., S. 211). Mit der Dringlichkeit der Verstehensversuche nimmt im Geschichtsverlauf aber auch die Komplexität und problematische Natur ihrer Gegenstände zu: Das Ziel „scheint" mit jeder Annäherung, wie es in Benjamins Fragment über die *Zweideutigkeit des Begriffs der „unendlichen Aufgabe" in der Kantischen Schule* (1918) heißt, „immer ferner zu rücken" (GS VI, S. 53).
282 Adorno: „Der Essay als Form", in: ders.: *Noten zur Literatur*, S. 25.
283 GS I/1, S. 228.

sich immer ganz in jedem einzelnen Kunstwerk darstellt, so sollte die Wissenschaft sich auch jedesmal ganz in jedem einzelnen Behandelten erweisen."[284]

Der hier skizzierte Begriff des Essays erhellt, um ein Zwischenfazit zu formulieren, Benjamins eigene literarisch-philosophische mediale Praxis und charakterisiert eine in der *Erkenntniskritischen Vorrede* aus wechselnden Perspektiven beleuchtete esoterische „Alternative der philosophischen Form"[285]. ‚Essayistisch' ist diese insofern, als sie ausgehend von einzelnen Gegenständen der Reflexion, die je augenblickshaft den Status eines Paradigmas einnehmen, die Möglichkeitsbedingungen der eigenen Form reflektiert. Die Schwierigkeit, Benjamins „esoterischen Essay"[286] zu bestimmen, scheint demnach gerade darin zu liegen, dass er selbst die Schwierigkeiten des Bestimmens, des Urteilens überhaupt, mit Adorno, „methodisch unmethodisch"[287] vorführt und medialisiert: Er präsentiert sich – im Wortsinne von *essayer* – in der Form eines beispielhaften „Versuchs"[288], einer fortgesetzten, sich eindeutiger Festschreibung entziehenden „Übung"[289]. Vielleicht besteht auch darin sein ‚esoterischer' Charakter: dass er nämlich eine Beziehung zu (s)einem ‚Außen', d. i. zu einem je Einzelnen, Singulären, zu unterhalten sucht, das doch stets nur als Ziel und Grenze des *theoreîn* (d. i. des Allgemeinen) auftreten kann.

Der esoterische Essay ließe sich in dieser Hinsicht als Verbund verschiedener Komplemente des Mangels (der Sprache) auffassen, die aber nicht als Sammelbecken von *disiecta membra*, als Fragmente, sondern als monadologische Ent-

---

284 Ebd., S. 207. Wie dem Vorwurf zu begegnen sei, „dass durch diese Methode die Kunst- und Literaturgeschichte die Form einer Reihe von Essays und Monografien annimmt, ohne jede Verbindung zwischen ihnen" (Croce: *Aesthetica in nuce*, S. 233; meine Übers.), hat Benedetto Croce zu begründen versucht: Im Nebeneinander beweglicher Gruppierungen von Einzelessays werde das einzelne Kunstwerk nicht auf bestimmte (literarhistorische, gattungsgeschichtliche etc.) Parameter zurückgeführt, sondern der unerschöpfliche Eigensinn von Kunst reproduziert (zum Vorwurf der Ungeschichtlichkeit dieser Auffassung vgl. Hempfer: *Gattungstheorie*, S. 53: „Literaturgeschichtsschreibung muß sich dergestalt auf ein Aneinanderreihen von einzelnen Essays zu einzelnen Dichtern und Werken reduzieren"; zur Fundierung von Croces Darstellungsmethode in Kants transzendentaler Ästhetik und der dritten Kritik vgl. dagegen Emilio Garroni: *Estetica. Uno sguardo-attraverso*, Mailand 1992, S. 62–73). Zu Ähnlichkeiten und Differenzen von Benjamins und Croces Begründungen essayistischer Methodik und des ontologischen Status textimmanenter Mediation zwischen Einzelnem und Allgemeinem, Historizität und zeitloser Aktualität des Kunstwerks, geschichtlicher und philosophischer Erkenntnis, vgl. Kap. III.4.3 und Kap. III.4.4.
285 GS I/1, S. 207.
286 Ebd.
287 Adorno: „Der Essay als Form", in: ders.: *Noten zur Literatur*, S. 21.
288 GS I/1, S. 210.
289 Ebd., S. 208.

würfe zur Sprache kommen. Das Monadologische, d. i. der sprachliche Selbstausdruck der Idee, transformiert die unmögliche Selbstsetzung der Sprache in die essayistische Praxis des Monografischen, die – wie im nächsten Kapitel erörtert wird – nicht allein eine zu Benjamins Zeit geläufige literatur- und kunstkritische Form, sondern auch als philosophische Reaktion auf das Problem der Begründung der Individualität zu verstehen ist.

4.3 Das Schreiben des Einzelnen. Monade und Monografie (Schlosser und Croce)

> Wie denn das Individuum überhaupt nur der Brennpunkt vieler kosmischen [sic] Strahlen ist der Spiegel des „Universalen" im Sinne wirklicher Geschichte, nicht toter Chronik.[290] (Julius von Schlosser)

> Wie die Konzeption vom konkreten Anstoß ausgelöst ward, so bewahrte sie sich durch all die Jahre hindurch die monographische Form.[291] (Theodor W. Adorno)

Die Kritik einzelner Kunstwerke im Lichte der monografischen Darstellung ihrer ‚Idee' sieht Benjamin, wie er an den Freund und Kritiker Florens Christian Rang Ende 1923 schreibt, im „Gegensatz gegen alle kurrenten Methoden der Kunstbetrachtung"[292]. Wenn er in einem nach Rückzug seines Habilitationsantrages verfassten ironischen Präludium zum Trauerspiel-Buch dessen hermetische *Erkenntniskritische Vorrede* einer „dornigen Hecke" vergleicht, hinter der ein „schönes Kind" schlafe, das sich statt vom „blendenden Rüstzeug der Wissenschaft" nur von einer „Ohrfeige" wecken lasse, „die schallend durch die Hallen der Wissenschaft gellen soll", spitzt er die Wirkung, die seine zu den Kunstwissenschaften gegenläufige Methode auf die vorgesehenen Gutachter seiner Arbeit hatte, zu einem Affront gegen die Wissenschaft überhaupt zu.[293] Mit seinem auf eine „integrale Einheit"[294] des Einzelnen gerichteten Verfahren bewegt sich Benjamins Entwurf allerdings nicht jenseits, sondern innerhalb eines Netzes

---

[290] Julius von Schlosser: „Ein Lebenskommentar", in: *Die Kunstwissenschaft der Gegenwart in Selbstdarstellungen*, hg. von Johannes Jahn, Leipzig 1924, S. 94–134, hier: S. 96.
[291] Adorno: „Charakteristik Walter Benjamins", in: ders.: *Über Walter Benjamin*, S. 20.
[292] Brief an Rang vom 09.12.1923, GB II, S. 393.
[293] GS I/3, S. 902. Gegenüber Scholem hebt Benjamin „die zehnzeilige Vorrede, die ich zum Trauerspielbuch an die Adresse der Universität Frankfurt geschrieben habe", als zu seinen „gelungensten Stücken" zählend hervor (GB III, S. 133).
[294] GS I/1, S. 210.

äquidistanter Beziehungen zu zeitgenössischen Kunst- und Literaturwissenschaften, mit denen er sich kritisch auseinandersetzt, meist implizit oder nur einzelnen Begriffsspuren ablesbar. Es geht im Folgenden daher weniger um eine Lesart der *Vorrede* als selbstreferenzieller Theorie essayistischer Schreibpraktiken als vielmehr um eine Rekonstruktion von Benjamins Reflexionen über eine Methodologie, d. h. eine eigene Logik essayistischen Schreibens. Mit ihr hat er nichts weniger als „eine positive Revolution der Methode"[295] im Sinn.

Schon seinen ersten Entwurf der *Vorrede* beschließt Benjamin mit einem in der Endfassung getilgten Passus, in dem er den Begriff der Idee knapp resümiert und einen Hinweis gibt, wie das Trauerspiel-Buch disziplinengeschichtlich zu verorten bzw. welcher Fachwissenschaft es gerade *nicht* zuzuordnen sei:

> Die Idee ist Monade – das heißt in Kürze: jede Idee enthält das Bild der Welt. Ihre[r] Darstellung ist zur Aufgabe nichts geringeres gesetzt, als dieses Bild der Welt in seiner Verkürzung zu zeichnen. Soviel, um die Absicht des folgenden Versuches ins Licht zu setzen. Bedarf es noch des Hinweises, daß er kein Beitrag zur Geschichte der Literatur ist? Er ist [ohne fragmentarisch zu sein] monographisch im strengsten Sinne und vermag daher vielleicht mit einige[r] Sicherheit de[m] eingangs vorgebrachten Terminus des Traktats in diesem Zusammenhang eine Stelle an[zu]weisen.[296]

Hinter dem selbsttheoretischen Verweis, sein Versuch verstehe sich als „monographisch im strengsten Sinne", verbirgt sich – was der Forschung bislang entgangen ist[297] – eine Referenz auf eine zu Benjamins Zeit besonders in der Kunstwissenschaft geführte komplexe methodologische Metareflexion, die nicht unwesentlich von Benedetto Croce beeinflusst war. Vordergründig ist Benjamins entschiedene Abgrenzung gegen eine mögliche Rezeption seiner „kunstphilosophischen Abhandlung"[298] als „Beitrag zur Geschichte der Literatur" den

---

[295] Ebd., S. 222.
[296] GS I/3, S. 948 (die eckigen Klammern vor und nach dem Einschub „[ohne fragmentarisch zu sein]" stammen nicht von den Herausgebern, sondern von Benjamin selbst).
[297] Allenfalls Michler charakterisiert Benjamins Trauerspiel-Buch als „Gattungstheorie bzw. [...] Gattungsmonographie" und weist darauf hin, dass seinerzeit „das germanistische Format der Gattungsmonographie auf dem Weg [war], zu einer der literaturwissenschaftlichen Standardgattungen neben Literaturgeschichte und Autorenmonographie zu werden" (ders.: *Kulturen der Gattung*, S. 527); zu denken ist etwa an die Heldenbiografien des George-Kreises von Bertram und Gundolf. Diese Entwicklung wurde, was Michler unerwähnt lässt, fächerübergreifend von methodologischen Reflexionen über die Form der Monografie begleitet, die auch solche über die Form und philosophiehistorische Relevanz der Bio- und Autobiografie einschlossen, exemplarisch die ‚allgemeinen Züge' einer Epoche der Menschheitsgeschichte hervortreten zu lassen (vgl. die mehrbändige *Geschichte der Autobiographie* (1907–1969) des Dilthey-Schülers Georg Misch).
[298] GS I/1, S. 218.

erschwerten Rahmenbedingungen seiner Habilitationsbemühungen an der Frankfurter Universität geschuldet, auf die bereits kurz eingegangen wurde. Wie er Ende Mai 1925 an Scholem schreibt, war „die Habilitation für Deutsche Literaturgeschichte mir wegen meiner ‚Vorbildung' zuletzt und unwiderruflich als unmöglich erklärt" worden, weshalb er sich „auf ‚Ästhetik' verschlagen" habe.[299] Dort drohten, so Benjamin, „von neuem die Widerstände von [Hans] Cornelius": „Denn der hat einen Lehrauftrag für ‚Allgemeine Kunstwissenschaft', welche mit der Ästhetik zusammen in einem Fach rangiert."[300] Über die erzwungene Neupositionierung seiner Qualifikationsschrift im akademischen Feld war Benjamin alles andere als glücklich, wohl zunächst weniger aus fachlichen als vielmehr aus strategischen Gründen. Denn er sah einen glücklichen Ausgang seines Habilitationsvorhabens wesentlich an das Wohlwollen von Franz Schultz geknüpft, dem Dekan der philosophischen Fakultät und Ordinarius für Germanistik an der Frankfurter Universität.[301] An diesen hatte ihn der Freund und Frankfurter Privatdozent Gottfried Salomon mit besten Empfehlungen vermittelt, nachdem sich Benjamins ursprünglicher Plan, sich in Philosophie zu habilitieren, zerschlagen hatte.

Einträge aus seinem *Verzeichnis der gelesenen Schriften* lassen darauf schließen, dass sich Benjamin im Zusammenhang mit der Verschiebung der disziplinären Zugehörigkeit seines Habilitationsprojektes auch die Frage nach der Begründung seiner Methode mit neuer Dringlichkeit stellt. So verzeichnet ein Eintrag die Lektüre von „870) Hans Cornelius: Die Elementargesetze der bildenden Kunst"[302], ein Beitrag zu *Grundlagen einer praktischen Ästhetik*, wie es im

---

299 GB III, S. 36.
300 Ebd.
301 So berichtete Benjamin Scholem noch im Februar desselben Jahres: „Die Dinge liegen nicht ungünstig: Schultz ist Dekan; auch sonst ist einiges praktisch gelagert." (Ebd., S. 15) Auf Franz Schultz geht die Idee zu einer „Arbeit über die Form des Trauerspiels" (GS I/3, S. 872) zurück. Schließlich war es, wie Benjamin im Juli 1925 Scholem informiert, ebendieser „Schultz, der vor der Fakultät sich meiner Habilitation für ‚Literaturgeschichte' widersetzte und diese dadurch auf den gegenwärtigen Stand hinausführte" (GB III, S. 60). In seiner Eigenschaft als Dekan der philosophischen Fakultät hatte Schultz am 27.05.1925 Hans Cornelius, den Fachvertreter für Ästhetik, aufgefordert, das Gutachten über Benjamins Arbeit zu verfassen (vgl. GS I/3, S. 900 f.), woraufhin Benjamin in einem für Cornelius aufgesetzten Exposé seine Arbeit „kunstwissenschaftlich analysierend" (ebd., S. 950) positioniert. Die Ästhetik beargwöhnt er, wie er Scholem mitteilt: „‚Ästhetik' ist einer der schlechtesten Starts – zudem – für diese Laufbahn." (GB III, S. 36) Zum disziplinengeschichtlichen Hintergrund zwischen sich ausdifferenzierender Ästhetik und Kunstwissenschaft in den 1920er-Jahren vgl. Karlheinz Barck: Art. „Ästhetik/ästhetisch", in: *Ästhetische Grundbegriffe. Studienausgabe*, hg. von Karlheinz Barck [u. a.], Bd. 1, Stuttgart / Weimar 2010, S. 308–400, v. a. S. 378 f. u. S. 389–391.
302 GS VII/1, S. 452.

Untertitel der Studie des für seine Habilitationsarbeit vorgesehenen Gutachters heißt. Die von Benjamin in dieser Zeit konsultierten Studien suchen sich, wollte man sie hier auf einen kleinsten gemeinsamen Nenner bringen, mehrheitlich im Rahmen allgemeinerer Methodendiskussionen ihrer eigenen Position im Koordinatennetz zwischen Literaturgeschichte, Ästhetik, Kunsttheorien und Kunstwissenschaft zu vergewissern, wobei eine gewisse Inkonsistenz der Begriffe in der Debatte ins Auge fällt.

Auf den Vermerk der Studie von Hans Cornelius folgt mit „871) Paul Merker: Neue Aufgaben der deutschen Literaturgeschichte (Leipzig 1921) (bis auf ein Kapitel)"[303] ein von Benjamin offenbar aufmerksam studiertes Buch, das einzelne Methoden der deutschen Literaturgeschichte überblickshaft abhandelt. Der spätere Mitherausgeber des *Reallexikons der deutschen Literaturgeschichte* (ab 1925/26) sah die akademische deutsche Literaturgeschichtsschreibung gegenwärtig an einem Scheideweg zwischen einer sich auf Wilhelm Scherer berufenden „Verbindung mit der alten philologischen Gesamtwissenschaft"[304] und einer neuen vielgestaltigen Richtung, die „bald auf dem Boden reiner Philologie steht, bald in bewußtem Gegensatz zu dieser sich vorwiegend als Kunstwissenschaft fühlt, bald wiederum eine Vermittlung zwischen diesen beiden Prinzipien anstrebt"[305]. Eine wechselseitige Übertragung der Methoden und analoge Betrachtung von literarischer und bildender Kunst – auch in Benjamins *Vorrede* ist nicht von Literatur im Besonderen, sondern ganz allgemein von „Kunstwerken"[306] die Rede – legitimiere eine in beiden Disziplinen zunehmende Fokussierung auf „die Formerklärung des Einzelwerkes"[307], wie sie etwa der Kunsthistoriker Heinrich Wölfflin oder der Germanist Oskar Walzel[308] geleistet hätten.

Ist der Begriff ‚Ästhetik' bei Merker bereits insofern negativ konnotiert, als er mit einer dogmatischen Kunstlehre identifiziert wird, ruft Wilhelm Worringers Studie *Formprobleme der Gotik* (1911), die in Benjamins *Verzeichnis* unter dem Eintrag „859"[309] geführte stilpsychologische Untersuchung des gotischen Form-

---

303 Ebd.
304 Paul Merker: *Neue Aufgaben der deutschen Literaturgeschichte*, Leipzig / Berlin 1921, S. 2.
305 Ebd., S. 3.
306 GS I/1, S. 224.
307 Merker: *Neue Aufgaben der deutschen Literaturgeschichte*, S. 48.
308 Vgl. Benjamins Rezension von *Das Wortkunstwerk. Mittel seiner Erforschung* (1926) von Oskar Walzel, einer „Folge von ästhetischen Essays" (GS III, S. 50): „Liebe zur Sache hält sich an die radikale Einzigkeit des Kunstwerks und geht aus dem schöpferischen Indifferenzpunkt hervor, wo Einsicht in das Wesen des ‚Schönen' oder der ‚Kunst' mit der ins durchaus einmalige und einzige Werk sich verschränkt und durchdringt. Sie tritt in dessen Inneres als in das einer Monade, die, wie wir wissen, keine Fenster hat, sondern in sich die Miniatur des Ganzen trägt." (Ebd., S. 51)
309 GS VII/1, S. 452.

4.3 Das Schreiben des Einzelnen. Monade und Monografie — 245

willens, nichts weniger als „eine Umwertung aller Werte auf kunstwissenschaftlichem Gebiete"[310] aus. Mit Konrad Fiedler fordert Worringer eine strenge „Trennung von Aesthetik und objektiver Kunsttheorie" zugunsten einer Kunstwissenschaft, die den „Machtanspruch" einer Ästhetik überwinde, die ihre letztlich subjektiven Wertungen am Schönheitsbegriff ausrichte und so eine Vorrangstellung klassischer Kunstprodukte konsolidiere.[311] Diese neue Kunstwissenschaft nehme ihre „Deutung nicht-klassischer Kunstkomplexe"[312] wie jener der Gotik oder des Barock nicht länger nach dem Können, sondern nach dem ‚Wollen' (Alois Riegl) vor und befördere so die „historische Wahrheit"[313] von Kunstwerken als Ausdruck eines einheitlichen Gestaltungswillens und Weltverhältnisses einer bestimmten Epoche statt nur die „Kenntnis ihrer äusseren Erscheinungsformen"[314].

Von einer empirischen, praktischen Ästhetik, wie sie der Frankfurter Lehrstuhlinhaber für Ästhetik und Allgemeine Kunstwissenschaft, Hans Cornelius, vertreten hat, grenzt sich Benjamin in der *Vorrede* explizit ab, wenn er nämlich den diffusen Begriff „Kunstphilosophie" in Stellung bringt, der „die Extreme, virtuell der historische Ablauf" als Forschungsgegenstand notwendig werden.[315] Mit ‚Kunstphilosophie' scheint Benjamin keine fachwissenschaftliche Ästhetik, also keine Philosophie der Kunst zu bezeichnen, sondern eine *philosophische Reflexion bei Gelegenheit einzelner Kunstwerke*.[316] Die auf Merkers Literaturgeschichte unmittelbar folgende Notiz „872) (Carl) Schmitt: Politische Theologie (München, Leipzig 1922)"[317] weist in diese Richtung. Noch in einem Brief an Schmitt von Ende 1930 versichert Benjamin diesem „eine Bestätigung meiner

---

310 Wilhelm Worringer: *Formprobleme der Gotik*, 3. Aufl., München 1912, S. 7.
311 Ebd., S. 6.
312 Ebd.
313 Ebd., S. 4.
314 Ebd.
315 GS I/1, S. 218.
316 Benjamin polemisiert in der *Vorrede* allenthalben sowohl gegen sämtliche Einzelwissenschaften, deren Disziplinentreue „methodische Inkohärenz" (ebd., S. 213) zur Folge habe, als auch gegen den unkritischen „Synkretismus kulturhistorischer, literargeschichtlicher, biographischer Betrachtung" (ebd., S. 234); gegen beide Richtungen bringt er die ‚Kunstphilosophie' in Stellung. Benjamins Habilitationspläne galten ursprünglich dem Fach Philosophie (vgl. GS I/3, S. 868), an Scholem schreibt er Mitte 1924 über die „philosophische Perspektive" seiner Arbeit (GB II, S. 464). Das Kunstwerk gelte es unter der Optik des Philosophen zu betrachten, ja es bedürfe, wie es in einem Exzerpt zum Trauerspiel-Buch heißt, der „Verwandlung des Kunstwerks in einen neuen, philosophischen Bereich" (GS I/3, S. 919).
317 GS VII/1, S. 452.

kunstphilosophischen Forschungsweisen durch Ihre staatsphilosophischen"[318]. In einem seiner *Lebensläufe* von 1928 betont er den methodologischen Vorbildcharakter von Schmitts kleiner Schrift über Begriff und Problem der Souveränität und erklärt seine im Trauerspiel-Buch verfolgte „Absicht", im Kunstwerk „einen integralen, nach keiner Seite gebietsmäßig einzuschränkenden Ausdruck der religiösen, metaphysischen, politischen, wirtschaftlichen Tendenzen einer Epoche" zu erkennen:

> Dieser Versuch, den ich in größerem Maßstabe in dem erwähnten „Ursprung des deutschen Trauerspiels" unternahm, knüpft einerseits an die methodischen Ideen Alois Riegls in seiner Lehre vom Kunstwollen, andererseits an die zeitgenössischen Versuche von Carl Schmitt an, der in seiner Analyse der politischen Gebilde einen analogen Versuch der Integration von Erscheinungen vornimmt, die nur scheinbar gebietsmäßig zu isolieren [sind]. Vor allem aber scheint mir eine derartige Betrachtung Bedingung jede[r] eindringlich physiognomische[n] Erfassung der Kunstwerke in dem worin sie unvergleichbar und einmalig sind.[319]

Worin genau bestand Schmitts „Versuch der Integration" nur vermeintlich heterogener Erscheinungen und inwieweit ist er Benjamins Auffassung vom Kunstwerk als einem „integralen [...] Ausdruck" analog? In seiner *Politischen Theologie* (1922) hatte Schmitt festgehalten, im Begriff der Souveränität der frühen Neuzeit sei offensichtlich geworden, dass „die juristische Gestaltung der historisch-politischen Wirklichkeit einen Begriff finden konnte, dessen Struktur mit der Struktur metaphysischer Begriffe übereinstimmte"[320]. Ja, das theologische, „metaphysische Bild"[321], das sich eine bestimmte Epoche von der Welt mache, stimme prinzipiell mit ihrer Bewusstseinslage und der Form ihrer sozialen und politischen Organisation überein, die ihr im Medium eines diesem Bild entsprechenden Begriffes „ohne weiteres einleuchtet"[322]. Die Realisierung einer solchen „Evidenz" von Strukturanalogien zwischen ontologisch voneinander geschiedenen Gebieten verlangt nach Schmitt eine „radikale Begrifflichkeit",[323] die im zuvor ausgeführten Sinn als Paradigma aufgefasst werden kann: als epistemologische Figur oder versinnlichter Begriff, neben dessen ‚eigentlichen' Gebrauch die bildhafte Erzeugung von Ähnlichkeitsstrukturen zwischen distinkten Bereichen, z. B.

---

318 GB III, S. 558.
319 GS VI, S. 219.
320 Carl Schmitt: *Politische Theologie. Vier Kapitel zur Lehre von der Souveränität*, 3. Aufl., Berlin 1979, S. 59.
321 Ebd.
322 Ebd., S. 59f.
323 Ebd., S. 59.

zwischen Politik, Soziologie und Theologie, tritt.³²⁴ Wenn Benjamin die weitläufigen Umrisse einer kunstphilosophischen Untersuchung skizziert, die im Kunstwerk „einen integralen, nach keiner Seite gebietsmäßig einzuschränkenden Ausdruck der religiösen, metaphysischen, politischen, wirtschaftlichen Tendenzen einer Epoche erkennt"³²⁵, geht es ihm offenbar um einen vergleichbaren Versuch, weniger qualitative Differenzen zwischen einzelnen Gebieten zu ermitteln, als vielmehr Korrespondenzen zwischen zwar verschiedenen, aber zu einem Bild, zu einer Physiognomie und neuen individuellen Einheit sich verdichtenden ‚Knoten' lesbar zu machen.³²⁶

Um einzelne Kunstwerke überhaupt als integrale Ausdrücke lesen zu können, in denen als in reflexionsanregenden Paradigmen Korrespondenzen wie in einem Spannungs- oder Kraftfeld zutage treten, bedarf es nach Benjamin eines sich simultan vollziehenden Prozesses der Integration verschiedener methodischer Ansätze und Schreibpraktiken. In seiner Forderung nach einem integrativen Verfahren – im Kontext der Geschichtsthesen wird er den Begriff „integrale Prosa"³²⁷ messianisch perspektivieren – sieht sich Benjamin von Croces Methode bestärkt, wie er in dem zitierten *Lebenslauf* kurz zuvor festhält:

> Wie Benedetto Croce durch Zertrümmerung der Lehre von den Kunstformen den Weg zum einzelnen konkreten Kunstwerk [fr]eilegte, so sind meine bisherigen Versuche bemüht, den Weg zum Kunstwerk durch Zertrümmerung der Lehre vom Gebietscharakter der Kunst zu bahnen. Ihre gemeinsame programmatische Absicht ist[,] den Integrationsprozeß der Wissenschaft, der mehr und mehr die starren Scheidewände zwischen den Disciplinen[,] wie sie den Wissenschaftsbegriff des vorigen Jahrhunderts kennzeichnen, niederlegt, durch eine Analyse des Kunstwerks zu fördern, die in ihm einen integralen, nach keiner Seite gebietsmäßig einzuschränkenden Ausdruck der religiösen, metaphysischen, politischen, wirtschaftlichen Tendenzen einer Epoche erkennt.³²⁸

Im Hinblick auf den zu fördernden „Integrationsprozeß der Wissenschaft" sind auch die in der *Vorrede* aufgerufenen Formbegriffe, Gattungstypologien und Textmetaphern, wie ‚esoterischer Essay', ‚Versuch', ‚philosophische Betrachtung', ‚Kontemplation', ‚Traktat' oder ‚Mosaik', zu lesen. Sie beleuchten nicht nur ein-

---

324 Agamben sieht in der logischen Struktur von Schmitts Souveränitätsbegriff die des Paradigmas konkretisiert, dieser wird ihm gar zum Paradigma des Paradigmas; vgl. DeCaroli: „Paradigm/Example", S. 145.
325 GS VI, S. 219.
326 Benjamins Physiognomik ist croceanischer Prägung, sein Konzept des ‚integralen Ausdrucks' zitiert darüber hinaus den Grundbegriff der physiognomischen Ästhetik *par excellence*; zu Croces Begriff von Kunst als Ineinander von ‚Intuition' und ‚Ausdruck' vgl. Kap. III.4.4.
327 GS I/3, S. 1238.
328 GS VI, S. 218 f.

zelne Facetten von Benjamins philosophischem Stil, sondern sind auch in Bezug auf seinen Untersuchungsgegenstand, das deutsche Trauerspiel, zu verstehen, das gerade mittels pluraler textueller Zugänge, die verschiedene Wissensfelder evozieren, als überaus vielschichtiges integrales Gebilde erscheint, d. i. als einheitliche „Ansiedlung des Wissens"[329] aus verschiedensten Gebieten.[330] Das aus einer evidenten Formation von Einzelgegenständen als „Monade" (d. i. als Idee) sich ergebende einheitliche „Bild der Welt in seiner Verkürzung" interagiert mit einer Darstellungspraxis,[331] deren fortgesetzter Integrationsprozess verschiedener Begriffe, Formen und Methoden nicht zerfaserte, fragmentierte Einzelaspekte erzeugt, sondern sich selbst als dicht gewebtes monografisches Gebilde realisiert: als eine Art variable Totalität.

Mit dem Begriff des ‚Monografischen', der sich nicht nur am Ende der ersten Version der *Vorrede*, sondern auch an anderer Stelle bei Benjamin findet, beruft er sich auf die eingangs genannte, besonders in der zeitgenössischen Kunstwissenschaft geführte Methodenreflexion, nach der sich die adäquate Erkenntnis der spezifischen Historizität und Wahrheit einzelner Kunstwerke erst in einer bestimmten Darstellungsweise verwirkliche. Benjamin, der die „Frage der Darstellung"[332] gleich im ersten Satz der *Vorrede* als Konsequenz ebenso wie als Möglichkeitsbedingung jeder neuen Wendung der Philosophie bestimmt, konnte hier Anregungen für eine Darstellungsform finden, die eine Rettung des Einzelnen („τὰ φαινόμενα σώζειν"[333]) kraft seiner Überführung in eine neue „integrale Einheit"[334] vollzieht, wozu sich das (romantische) Konzept des Fragmentarischen, wie er mehrfach betont, gerade nicht eigne.[335]

---

[329] GS I/1, S. 357.
[330] So interagieren z. B. die Reflexionen über die ins Mittelalter verweisende Traktatform des Trauerspiel-Buchs (vgl. ebd., S. 208 f.) mit den „mittelalterliche[n] Tendenzen" des Trauerspiels (GS I/3, S. 950), „die intermittierende Rhythmik eines beständigen Einhaltens, stoßweisen Umschlagens und neuen Erstarrens" (GS I/1, S. 373) des Trauerspiels ist mit Benjamins eigener Darstellungsweise korreliert, die für sich „unablässige[s] Atemholen" und „den Antrieb ihres stets erneuten Einsetzens" mit einer „intermittierenden Rhythmik" reklamiert (ebd., S. 208).
[331] Ebd., S. 228.
[332] Ebd., S. 207.
[333] Ebd., S. 214.
[334] Ebd., S. 210.
[335] Es stehe, wie es in der *Vorrede* heißt, „die Ausdauer der Abhandlung im Gegensatz zur Geste des Fragments" (ebd., S. 212), und in ihrem bereits zitierten ersten Entwurf schreibt Benjamin über seinen kunstphilosophischen Versuch: „Er ist [ohne fragmentarisch zu sein] monographisch im strengsten Sinne" (GS I/3, S. 948).

4.3 Das Schreiben des Einzelnen. Monade und Monografie — 249

Für die epistemologische Kraft „streng monographische[r] Arbeiten"[336], die er nicht nur in der Kunstwissenschaft, sondern vereinzelt auch in der romanistischen Literaturgeschichte finden konnte,[337] interessierte sich Benjamin noch lange nach Abschluss seines „monographisch im strengsten Sinne"[338] verfahrenden Trauerspiel-Buchs. Bereits mit seiner Dissertation hatte er eine „Monographie über den romantischen Begriff der Kunstkritik"[339] vorgelegt, später wird er sich „in gewohnter monographischer Form der Bestimmung des Flaneurs im Gesamtkontext der Passagen zuwenden"[340]. Dass Benjamins Verwendung des Begriffs ‚Monografie' über die landläufige Bezeichnung einer selbstständigen Publikation mit argumentbasierter Thesenbildung hinausgeht, belegt eindrucksvoll seine Rezension *Strenge Kunstwissenschaft*, die hier im Hinblick auf die in der *Vorrede* entwickelte adäquate Darstellungs- und Erkenntnisform (der Geschichtlichkeit) des einzelnen Kunstwerks in Betracht kommt.[341] Die schon in die Besprechung *Literaturgeschichte und Literaturwissenschaft* (1931) aufgenommene Diagnose des Essayisten und Literaturhistorikers Walter Muschg von einer Aktualität, wie Benjamin resümiert, „der monographischen Behandlung der Werke und der Formen"[342] als „Mikrokosmos"[343] oder „Mikroaeon"[344] ihrer Zeit greift er in seiner Rezension des Bandes *Kunstwissenschaftliche Forschungen* (1931) wieder auf, die Ende Juli 1933 unter dem Pseudonym Detlef Holz in der *Frankfurter Zeitung* erschienen ist:

> Wie sehr die universalhistorische Auffassung der Kunstgeschichte, in deren Zeiten der Eklektizismus freies Spiel hatte, die echte Forschung in Fesseln schlug, gibt erst der heutige Stand der Dinge zu erkennen. Und zwar nicht nur in der Kunstwissenschaft. „Für die Gegenwart", heißt es in einer programmatischen Auseinandersetzung des Literarhistorikers Walter Muschg, „darf gesagt werden, daß sie in ihren wesentlichen Arbeiten nahezu ausschließlich auf die Monographie gerichtet ist. Der Glaube an den Sinn einer Gesamtdarstellung ist in dem heutigen Geschlecht in hohem Maß verloren. Statt dessen ringt es mit

---

336 GS III, S. 370.
337 Nämlich bei Karl Vossler, dem gemeinsamen Freund von Benedetto Croce und Julius von Schlosser.
338 GS I/3, S. 948.
339 GS I/1, S. 64.
340 Brief an Adorno vom 23.02.1939, GB VI, S. 224.
341 Zur Einbettung von Benjamins Methodenreflexionen in die zeitgenössische Kunstwissenschaft und zu seiner Wahlverwandtschaft mit dem Warburg-Kreis vgl. überblickshaft Ezio Raimondi: *Le pietre del sogno. Il moderno dopo il sublime*, Bologna 1985, v. a. das Kapitel „Benjamin, Riegl e la filologia", S. 159–197.
342 GS III, S. 289.
343 Ebd., S. 290.
344 Ebd.

Gestalten und Problemen, die es in jener Epoche der Universalgeschichten hauptsächlich durch Lücken bezeichnet sieht." „Die Abkehr vom unkritischen Realismus der Geschichtsbetrachtung, das Verwelken der makroskopischen Konstruktionen" sind in der Tat die wichtigsten Signaturen der neuen Forschung. Dem ganz entsprechend Sedlmayrs programmatischer Artikel, der das vorliegende Jahrbuch eröffnet: „Die werdende Phase der Kunstwissenschaft wird in bisher nicht gekannter Weise die *Erforschung einzelner Gebilde* in den Vordergrund stellen müssen ... Sobald das einzelne Kunstwerk als eine eigene, noch unbewältigte Aufgabe der Kunstwissenschaft angesehen wird, steht es in mächtiger Neuheit und Nähe vor uns. Früher bloß Medium der Erkenntnis, Spur eines anderen, das aus ihm erschlossen werden sollte, erscheint es jetzt als eine in sich ruhende *kleine Welt* eigener und besonderer Art." Es machen dieser Ankündigung gemäß drei streng[345] monographische Arbeiten den Hauptbestand des neuen Jahrbuchs aus.[346]

Gegen eine additiv und unkritisch verfahrende universalgeschichtliche Behandlung von Kunstwerken, die sie gemäß äußerer Merkmale einander zu- und in eine historische Gesamtentwicklung einordnet, plädiert der Kunsthistoriker Hans Sedlmayr, aus dessen Einleitungsessay „Zu einer strengen Kunstwissenschaft" Benjamin zustimmend zitiert, für die vorrangige *„Erforschung einzelner Gebilde"* in Form monografisch strukturierter Untersuchungen.[347] Aus ihnen ergibt sich

---

[345] Auf das Desiderat einer sich monografisch realisierenden ‚strengen' Wissenschaft, der das einzelne Kunstwerk als ein Besonderes in einer Allgemeinheit darzustellen gelänge, weist Benjamin schon vor seiner Besprechung *Strenge Kunstwissenschaft* hin, wenn er sie in der *Vorrede* gegen das „Haften an der Vielgestaltigkeit auf der einen, die Gleichgültigkeit gegen das strenge Denken auf der anderen Seite" als „Bestimmungsgründe einer unkritischen Induktion" (GS I/1, S. 220) abgrenzt. Mit dem Begriff des ‚strengen Denkens' mag Benjamin auf Husserls Postulat einer Selbstbestimmung von Methode und Fundament (einer Phänomenologie des Bewusstseins) als Möglichkeitsbedingung einer *Philosophie als strenger Wissenschaft* (1910) anspielen. Mit seinem Plädoyer für ein Zurückgehen „auf die Sache selbst" (GS I/1, S. 208) wendet sich Benjamin jedoch explizit gegen deren intentionale „Erzeugung im Bewußtsein" (ebd., S. 209), die nur auf Kosten der Spezifik des Einzelnen in eine Erkenntniseinheit überführt werden könne; gegen sie bringt er seinen Begriff von Wahrheit als „ein Sich-Darstellendes" (ebd.) in Stellung, in dem Methode und Darstellungsform eins und dem Gegenstand nicht äußerlich sind, sondern das Einzelne sich wie unvermittelt als objektiv gegebene (und nicht als intentional erzeugte) „integrale Einheit" (ebd., S. 210) einstellt.
[346] GS III, S. 370 (Hervorhebungen im Originaltext).
[347] Sedlmayr hatte bereits in „Eine ‚genetische Monographie'" (Rezension zu A. E. Popp: *Die Medici-Kapelle Michelangelos*, München 1922), in: *Kritische Berichte zur kunstgeschichtlichen Literatur* 2 (1928/29), S. 187–192, hier: S. 187, „die Monographie von Einzelkunstwerken" als „eine der geforderten Formen wissenschaftlicher Forschung" bestimmt, da „die neuen Aufgaben" der Kunstwissenschaft – die Revision fixierter Vorstellungen von Geschichte und Kunst – mit „dieser neuen Arbeitsform" korrelierten. Denn es gelte das einzelne Kunstwerk „als in sich geschlossenes Ganzes" (ebd., S. 188) und zugleich als Produkt des Gesamtgeschehens zu verstehen, d. h. die Analyse der Strukturprinzipien eines konkreten Gebildes mit einer Theorie der Geschichte als

4.3 Das Schreiben des Einzelnen. Monade und Monografie — 251

Sedlmayr nach nicht nur ein je neues Bild der Struktur von Welt und Geschichte, sondern diese Einzelbetrachtungen interagieren, korrigieren und ergänzen sich, so dass aufgrund der vor- und rückläufigen Erkenntnis der Einzelgebilde, des „Kleinsten und Kleinen"[348], das Gesamtgeschehen als dynamischer Prozess einsichtig werde. Sedlmayrs Entwurf einer neuen Kunstwissenschaft musste Benjamin besonders in dessen zweifachem methodischen Zugriff auf das konkrete einzelne Gebilde – auf seine phänomenale Eigenart und sich aus ihr erschließende Verwandtschaftsverhältnisse – zusagen, der an Benjamins Methode eines Ineinanders von Kommentar und Kritik erinnert.

Für Sedlmayr interagieren dabei idealerweise eine philologisch-quellenkritische Rekonstruktion der objektiven, äußeren Form des Einzelwerks und eine Analyse „von dem ‚inneren Stil', der nur im Verstehen der Gebilde erfasst werden kann"[349], d. h. im unmittelbaren Ein(s)sehen seiner inneren Gesetzmäßigkeit, das eine Art reproduzierendes Weiterdenken (z. B. fragmentarisch überlieferter Werke) einschließt. Auf der Basis philologisch erhärteter Daten dürfe der Kunsthistoriker legitimerweise, so Sedlmayr, „das bisher nur verschämt angewendete *Gedankenexperiment*", ja „auch das perhorreszierte *reale Experiment*" und „Erkenntnisse aus ähnlichen Versuchen" heranziehen, „um sich Funktion und

---

eines dynamischen Geschehens in einem Prozess wechselseitiger Überprüfung, Korrektur und Verifizierung der gewonnenen Erkenntnisse zu verbinden. Damit werde „die monographische Betrachtung zur Forderung des Tages", da in ihrer spezifischen Form eine anschauliche „vorwärtstreibende Spannung [...] zwischen der Theorie des großen Geschehens und der Theorie des einzelnen Gebildes" herzustellen gelinge (ebd.). Dieses ‚anschauliche Verstehen' oder ‚begreifende Sehen', das „die monographische Betrachtung" ermögliche, führe „zu Erfahrungen ganz neuer Art": nicht nur zum plastischen Wahrnehmen und Begreifen des jeweiligen einzelnen Gebildes als eines Komplexes *innerer* Strukturzusammenhänge, sondern – der Analogie nach – auch zum „Sehen (und Ahnen) der Struktur anderer Gebilde" (ebd., S. 189). Der Vorteil einer ‚genetischen Monografie', wie Sedlmayr sie in Popps Buch beispielhaft realisiert sieht, bestehe darin, dass sie das Einzelgebilde im Hinblick auf seinen entelechischen „Endzustand" (ebd.) vorausgehender Strukturen, d. h. als sowohl abgeschlossenes als auch dynamisches Gebilde verstehen könne, das „Spuren der Vergangenheit und Keime der Zukunft" (ebd., S. 190) in sich trage; anders gesagt: dass ihr einzelnes Gebilde und historisches Geschehen wechselseitig auseinander zu erklären gelinge. (Benjamins Gedanke eines ‚Nachlebens' kultureller und künstlerischer Ausdrucksformen, mittels welcher geschichtliche Korrespondenzen – z. B. zwischen Barock und Expressionismus – konfigurierbar werden, liegt diesem Konzept nicht fern.) Die „Form der Künstler-Monographie" (ebd., S. 191) hingegen, die Schlosser mit Croce fordern wird, ist nach Sedlmayr „in strenger Weise gegenwärtig noch nicht möglich" und drohe in „Vulgär-Psychologie" abzudriften (ebd., S. 192), sofern sie die Einheit eines Œuvres in der empirischen Person des Künstlers statt in inneren Strukturgesetzen künstlerischer Gestaltung verankere.
348 Hans Sedlmayr: „Zu einer strengen Kunstwissenschaft", in: *Kunstwissenschaftliche Forschungen* 1 (1931), S. 7–32, hier: S. 30.
349 Ebd., S. 9.

Zusammenhang der sogenannten ‚Teile' eines Gebildes klar zu machen" und den dynamischen Charakter des Kunstwerks zu erfassen.[350] Dieses gehe nicht in seiner Faktizität auf, sondern dränge von sich aus stets zu seinem *„eigenen Ideal"*[351] hin. Das in einer experimentellen Darstellung zustande kommende „Evidenzerlebnis"[352] der ‚lebendigen' individuellen Physiognomie des Kunstwerks führe, ist es auch an einem konkreten Einzelgebilde gewonnen, über dieses gleichwohl hinaus, womit das singuläre Phänomen einen paradigmatischen Erkenntnisstatus für das Verstehen des geschichtlichen Werdens an sich gewinne. Es erscheint – wie Benjamin zitiert – je „als eine in sich ruhende *kleine Welt*", als Monade, in der sich, so Sedlmayr weiter, *„virtuell die ganze historische Situation konzentriert"*.[353] Die Struktur der monografischen Darstellung habe dem entsprechend eine Exemplarizität zu adaptieren, um selbst nicht in Subjektivität und Fragmentarität abzugleiten, sondern ‚strenge' Wissenschaftlichkeit zu garantieren, d.h. eine gegenstandsorientierte Erkenntnis allgemeiner Art.

Sedlmayr betont allerdings, dass zum Schutz der Autonomie des einzelnen Kunstwerks stets „die Eigenart eines Gebietes"[354], nämlich des ästhetischen, zu wahren, also das Kunstwerk zuvorderst als *Kunst*werk anzusehen sei, und nicht ausschließlich als Ausdruck z.B. einer bestimmten Persönlichkeit, Epoche oder der „Struktur der ‚großen Welt'"[355]. Benjamins Programm einer „Zertrümmerung der Lehre vom Gebietscharakter der Kunst"[356] richtet sich hier hingegen an der von ihm als wegweisend veranschlagten Monografie *Spätrömische Kunstindustrie* (1901–23) von Alois Riegl aus, die zwar gleichfalls auf die „eingehende Ausdeutung des Einzelwerks"[357] setze. Doch überwinde sie dessen ästhetischen Gebietscharakter mittels einer – mit Otto Pächt, dem Herausgeber des rezensierten Bandes – „Darlegungsform", die „einen Übergang vom Einzelgegenstand auf seine geistige Funktion" leiste.[358] Diese „geistige Funktion" richtet sich nach Benjamin dabei nicht, wie es weiter heißt, auf das „‚Große Ganze' oder [...] die

---

350 Ebd., S. 25.
351 Ebd., S. 18.
352 Ebd., S. 12.
353 Ebd., S. 20. Benjamin schreibt in ähnlicher Diktion über die Darstellungsweise der „kunstphilosophischen Abhandlung", dass in ihr ‚Geschichte' „nur als der farbige Rand einer kristallinischen Simultaneität" erscheine: „Notwendig werden der Kunstphilosophie die Extreme, virtuell der historische Ablauf." (GS I/1, S. 218)
354 Sedlmayr: „Zu einer strengen Kunstwissenschaft", S. 26.
355 Ebd., S. 27.
356 GS VI, S. 218f.
357 GS III, S. 372.
358 Ebd.

‚umfassenden Zusammenhänge'"[359]; vielmehr betreffe sie jenen gebietsmäßig nicht eingeschränkten und doch zuinnerst dem einzelnen Werk zugehörigen „Bedeutungsgehalt"[360], seinen im Goethe-Essay und im Trauerspiel-Buch thematisierten „Wahrheitsgehalt"[361]. Mit dem mitunter als unbedeutend erscheinenden und gleichwohl zu kommentierenden „Sachgehalt"[362] sowie mit Material und Technik der Werke ist dieser Bedeutungsgehalt für Benjamin so verschlungen, dass er nicht zuletzt wieder in eine Dichotomie zwischen Sinn und Sinnlichkeit des Werkes, zwischen einer gesamtgeschichtlichen Entwicklung und dem bloßen Einzelphänomen aufzulösen ist, wie er Sedlmayr in der ersten Fassung seiner Rezension unterstellt.[363] Der Bedeutungsgehalt sei vielmehr gerade im Unbedeutenden, Unscheinbaren, im individuellen Detail, Extrem oder „verschmähte[n] Grenzfall"[364], im „Zufälligen, Äußerlichen, ja Kuriosen des Kunstwerks"[365] verborgen. Zutage trete er erst in einer Darstellung, die *selbst* „in Grenzbezirken sich daheim zu fühlen" wisse und neue disziplinäre „Randgebiete" erschließe,[366] wie der aus der akademischen Welt ebenso wie aus Deutschland exilierte Benjamin, eine neue intellektuelle Heimat umreißend, in seinem Essay *Strenge Kunstwissenschaft* schreibt.

Die detailliert dokumentierte Rezeptionsgeschichte seiner Buchbesprechung belegt eindrücklich die Missverständnisse, denen Benjamins Bevorzugung der Monografie des einzelnen Kunstwerks ausgesetzt war. Sie bezeugt indirekt auch, dass sich die in programmatischen Vorworten, Rezensionen und einzelnen Aufsätzen führender Fachvertreter besonders der Kunstwissenschaft entspinnenden Reflexionen über die Aktualität monografischer Darstellung als Ausdruck eines neuen Kunst- und Geschichtsverständnisses eher an deren Rändern abspielte. Benjamin selbst erkennt in ihnen „die wichtigsten Signaturen der neuen Forschung"[367]. Der an den *Kunstwissenschaftlichen Forschungen* als Autor beteiligte Carl Linfert,[368] der Benjamin diese zur Besprechung hatte zukommen lassen,

---

[359] Ebd., S. 374.
[360] Ebd., S. 372.
[361] GS I/1, S. 125 u. S. 208.
[362] GS III, S. 372; vgl. GS I/1, S. 125 u. S. 208.
[363] Vgl. GS III, S. 367. Vgl. Salvatore Tedesco: *Il metodo e la storia*, Palermo 2006, darin das Kapitel „Strenge Kunstwissenschaft. Estetica e storia dell'arte in un saggio di Walter Benjamin del 1933", S. 115–129, v. a. S. 117 ff.
[364] GS III, S. 373.
[365] Ebd., S. 372.
[366] Ebd., S. 374.
[367] Ebd., S. 370.
[368] Linfert, dessen Beitrag Benjamin besonders enthusiastisch bespricht, geht es weniger um das fertig ausgeführte Kunstwerk als vielmehr um seine immanenten Formmöglichkeiten, um die

berichtet ihm in einem ausführlichen Brief von einer Unterredung mit Friedrich T. Gubler, dem damaligen Leiter des Feuilletons der *Frankfurter Zeitung*, und mit dessen Vorgänger Benno Reifenberg. Die Reaktion von Gubler und Reifenberg, die Benjamins Rezension zunächst ablehnten, ist bezeichnend für eine allgemeine Skepsis gegenüber einer Wissenschaft, die ihre „Strenge, Konkretheit und Gegenstandsnähe"[369] an das Gelingen ihrer eigenen Form knüpft:

> Vor allem hatte er[370] nun gar kein Verständnis dafür, weshalb die Form der *Monographie* eine besondere Dignität haben könnte. Und er pries dann schlankweg die ‚Universalhistorie', die doch so große Früchte getragen habe [...]. In diesem Zusammenhang rief er auch aus: ‚Was ist das denn schon, wenn Sie und ihre Gesinnungsgenossen von der *Grenze* ausgehen?' Darauf konnte ich ihm nur sagen, daß das doch bei Ihnen deutlich gesagt stände und daß gerade dies bei Riegl sich als der einzige Weg erwiesen habe, um die schlechte Universalhistorie mit den konventionell-klassischen Höhepunkt-Perioden und dem bloß Minderwertigen dazwischen zu überwinden. [...] Erst bei Riegl sei *aus* der Einzeltatsache wieder der Sinn des Gesamtgangs der Kunstgeschichte gefunden worden. Nicht um Wölfflin auszuschalten, sondern um den gern vom Durchschnitt übergangenen Riegl für das heranzuziehen, was W. nicht für seine Aufgabe erkannt habe, sei der Zug von Wölfflin über Riegl bis zur bewußten Bevorzugung der ‚Monographie des Kunstwerks' von Ihnen skizziert worden. [...] Es handelt sich eben nicht um Personen-Monographie, die allerdings keinen besonderen Weg in die Universalhistorie bietet, sondern um die Monographie des Kunstwerks selber, von der aus allerdings der Zugang zur Universalhistorie so deutlich ist, daß sie nun erst wieder sinnvoll wird und nicht in die Gefahr des Überblicks ohne jede Entdeckung gerät [...].[371]

Die an Riegl anschließende Methoden-Diskussion um – wie Linfert formuliert – „die Monographie des Kunstwerks selber", auf die sich Benjamin anlässlich seiner Besprechung der *Kunstwissenschaftlichen Forschungen* bezieht, wurde insbesondere von Vertretern der Wiener Schule geführt, mit der Benjamin, wie Wolfgang Kemp gezeigt hat, „besonders enge Verbindungen"[372] unterhielt und zu deren zweiter Generation auch Hans Sedlmayr zählte. Eine *Theorie* monografi-

---

„skizzenhaften Versuchsformen", die dem Kunstwerk vorausgehen, und seine „Idealentwürfe" (Carl Linfert: „Die Grundlagen der Architekturzeichnung", in: *Kunstwissenschaftliche Forschungen* 1 (1931), S. 133–246, hier: S. 134).
369 Sedlmayr: „Zu einer strengen Kunstwissenschaft", S. 30.
370 Gemeint ist Friedrich T. Gubler.
371 Zit. n. GS III, S. 655 f. (Hervorhebungen im Originaltext). Der Brief ist datiert auf den 13.12.1932.
372 Wolfgang Kemp: „Walter Benjamin und die Kunstwissenschaft, Teil 1: Benjamins Beziehungen zur Wiener Schule", in: *kritische berichte* 1/3 (1973), S. 30–50, hier: S. 31. Benjamin habe den „akuten Hang zum Monographischen bei Riegl", wie Kemp unterstreicht, „zuerst gespürt und herausgestellt" sowie die Rezeption und Weiterentwicklung „der neuen Methode" innerhalb der Kunstwissenschaft verfolgt (ebd., S. 45).

schen Schreibens jedoch, mit der Benjamin mit großer Wahrscheinlichkeit in Kontakt gekommen ist, entwarf der Doktorvater von Sedlmayr: Julius von Schlosser. Schlosser, der heute hauptsächlich als Autor philologischer Quellenstudien und kunstliterarischer Analysen bekannt ist,[373] hat im Rahmen seiner intensiven Auseinandersetzung und seines Briefwechsels mit Benedetto Croce, als dessen Übersetzer er zudem wirkte, eine neue Form kritischer Kunsthistoriografie auf den Weg zu bringen versucht. Diese habe stets, wie Schlosser seine intellektuelle Biografie resümierend in seinem „Lebenskommentar" (1924) schreibt, vom „*Einzelkunstwerk*"[374] in seiner Autonomie und kontingenten Individualität als dem eigentlich ‚Historischen' auszugehen und sich ebenso gegen eine positivistische und formalistische Kunsthistorie wie gegen eine nur auf den Inhalt abzielende Kulturgeschichte zu wenden, die künstlerische Phänomene als zuvorderst von ihrem kulturellen Kontext determiniert begreift. Diese neue Kunstgeschichtsschreibung, die Schlosser mit Croce als philosophisch-historische Kritik verstand, sollte eine Auffassung des Kunstwerks als eines bloßen historischen Dokumentes oder Symptoms des Zeitgeistes hinter sich lassen, welche die Kunsthaftigkeit des einzelnen Kunstwerkes als gelungener Einheit zugunsten allgemeiner, d. h. ungeschichtlicher, Muster und Maßstäbe, die stets nur Hilfskategorien sein könnten, gänzlich aus dem Blick verliere. Vielmehr gelte es, über die philologische Quellen-Forschung und -Kritik hinauszugelangen, die nur einen ersten, allerdings unumgänglichen, approximativen Zugang zum Kunstwerk lege. Dessen adäquate Untersuchungsform sei allein seine „innere Kritik'"[375], die aber nicht auf einem Geschmacksurteil basiere, sondern selbst wesentlich ‚Geschichte' sei. Die methodologischen Prämissen dieser ‚inneren Kritik', die den ‚inneren Stil' des Kunstwerks zu erfassen habe, führt Schlosser in „*Stilgeschichte" und „Sprachgeschichte" der bildenden Kunst* (1935) aus, wo er die auch für Benjamin relevante Darstellungsfrage konkretisiert, die sich für beide nur aus einer philosophischen Revision der Begriffe von Kunst und Geschichte (der Kunst) erschließt.[376]

---

[373] Besonders als Autor von *Die Kunstliteratur. Ein Handbuch zur Quellenkunde der neueren Kunstgeschichte*, Wien 1924. Mit Schlossers Studie über *Die Kunst- und Wunderkammern der Spätrenaissance. Ein Beitrag zur Geschichte des Sammelwesens* (1908) beschäftigte sich Benjamin, wie eine Notiz aus seinen Aufzeichnungen *Über einige Motive bei Baudelaire* nahelegt, im Kontext seines Interesses für die Figur des Sammlers: „Über den feudalen Sammler vgl Julius von Schlosser über Raritätenkabinette und Kunstkammern." (GS I/3, S. 1177)
[374] Schlosser: „Ein Lebenskommentar", S. 113.
[375] Ebd., S. 108.
[376] Es bedürfe, so Schlosser, „einer philosophischen Begriffsbestimmung des Wesens aller Kunst" (Julius von Schlosser: „*Stilgeschichte" und „Sprachgeschichte" der bildenden Kunst. Ein Rückblick*, München 1935, S. 12). Dafür gelte es „aus dem Tal der ‚Philologie' auf den Berg der

Gegenstand der echten Stilgeschichte sei, so Schlosser, „die ‚Biographie', d. i. die innere (nicht äußere) Geschichte der ‚inselhaften' *schöpferischen* ‚Monade'"[377]. Was versteht Schlosser hier unter dem (Leibniz'schen) Begriff ‚Monade', den Benjamin als Kurzdefinition von ‚Idee' gebraucht?[378] Monade ist für Schlosser zunächst die Künstlerpersönlichkeit; nicht aber im Sinne der empirischen, sondern – in korrigierender Aneignung des ästhetischen Denkens Croces – „der *idealen* Person des Künstlers"[379], d. i. als schöpferisch-geistiges Prinzip, das sich je individuiere und konkretisiere, womit im weiteren Sinne auch das Kunstwerk als dessen individuelle Manifestation zur inselhaften Monade werde. ‚Inselhaft' ist für Schlosser, der den Ausdruck von dem (Benjamin aus seinem Studium bekannten[380]) Neukantianer Jonas Cohn übernimmt,[381] nur das „*echte* Kunstwerk"[382] als einzigartige, unübersetzbare konkrete Einheit von Form und Inhalt. Sie verlange nach einem neuen wissenschaftlichen Zugriff und einer neuen Darstellungsart, die dem Kunstwerk als einem unverwechselbaren einheitlichen Ausdruck gerecht werde. Dafür sind nach Schlosser, der hier seinem „große[n] Freund

---

‚Philosophie'" (ders.: „Ein Lebenskommentar", S. 102) zu gelangen und – wie bei Croce – eine „Einheit von Philosophie und Geschichte überhaupt" (ebd., S. 123) zu realisieren. Zu Schlossers Aneignung des ästhetischen Denkens Croces vgl. Andreas Beyer: „‚Pfadfindung einer zukünftigen Kunsthistoriographie'. Julius von Schlosser, Benedetto Croce und Roberto Longhi", in: *kritische berichte* 16/4 (1988), S. 24–28.

377 Schlosser: *„Stilgeschichte" und „Sprachgeschichte" der bildenden Kunst*, S. 13.
378 Vgl. GS I/3, S. 948: „Die Idee ist Monade – das heißt in Kürze: jede Idee enthält das Bild der Welt."
379 Schlosser: „Ein Lebenskommentar", S. 125.
380 Benjamin besuchte – mit einigem Missbehagen – 1913 in Freiburg ein Seminar des Rickert-Schülers Jonas Cohn über Kants dritte Kritik und Schillers Ästhetik, vgl. GB I, S. 112.
381 Vgl. Schlosser: „Ein Lebenskommentar", S. 129 f.: „Das Monadische des Kunstwerks, das was ein moderner deutscher Aesthetiker (eben jener J. Cohn) glücklich bildhaft seine ‚Inselhaftigkeit' genannt hat, läßt eine andere als (von *diesem* Gebiet aus gesehen) rein äußerliche Verbindung zwischen der einen und der anderen Künstlerperson nicht zu; [...] jedes *echte* Kunstwerk trägt, wie die ideale Künstlerpersönlichkeit, die es in sich schließt, einen Maßstab in, nicht außer sich, und alle Versuche, jene in Richtungen und Gattungen einzufangen, bleiben schematisch"; vgl. ders.: *„Stilgeschichte" und „Sprachgeschichte" der bildenden Kunst*, S. 10. Den Begriff ‚Inselhaftigkeit' übernimmt auch der junge Lukács von Simmel zur Beschreibung des großen „künstlerischen Werkes", das „ein neues, in sich geschlossenes, sich mit nichts berührendes und mit nichts vergleichbares Leben" besitze und insofern aus jeder „Ursachenreihe", wie sie die Literaturgeschichte konstruiere, herausfalle: „In allen Kunstwerken gibt es irgendeine ‚Inselhaftigkeit', wie Simmel sagt: womit sie sich dagegen wehren, daß sie ein Teil der Kontinuität irgendeiner Entwicklung werden." (Georg Lukács: „Zur Theorie der Literaturgeschichte" (1910), in: *text + kritik* 39/40 (1973), S. 24–51, hier: S. 46)
382 Schlosser: „Ein Lebenskommentar", S. 130.

4.3 Das Schreiben des Einzelnen. Monade und Monografie — 257

Benedetto Croce"[383] und dessen zentraler Unterscheidung zwischen ‚Kunst' (*poesia*) und ‚Nicht-Kunst' (*non-poesia*) folgt, ausdrücklich weder Klassifikationen durch abstrakte Gattungen noch kunstgeschichtliche Periodisierungen geeignet, auch wenn das Kunstwerk immer auch an einer tradierten Kulturgeschichte (der Grammatik, Technik etc.) partizipiere. Um jedoch jener inneren Geschichte des Kunstwerkes und des in ihm zum individuellen Ausdruck kommenden schöpferischen Prinzips habhaft zu werden, seien die Parameter seiner Kritik und Erkenntnis aus ihm selbst heraus, d. i. werkimmanent, zu entwickeln.

Dies geschehe in einer Art skeptischen und sich idealerweise in der Monografie realisierenden *Zusammenschau* seiner einzelnen Momente.[384] Zu diesen gehören für Schlosser zwar auch Dokumente und (literarische) Quellen, die aber nicht länger in einer lückenlosen Taxonomie zu erfassen und zu klassifizieren, sondern als *mannigfaltiger Ausdruck eines einheitlichen theoretischen Konstruktes*, nämlich einer „individuelle[n] Künstlerphysiognomie"[385], anzuordnen seien. Kunstgeschichte ist für Schlosser also nichts mit der bloßen Vorhandenheit von Kunstwerken Gegebenes. Sie ergibt sich vielmehr erst in der ästhetisch-kritischen (Re-)Konstruktion eines unendlichen Prozesses individueller ‚poetischer'[386] Manifestationen. Diese erscheinen je unverwechselbar und gleichursprünglich als Lösung eines in *dieser* konkreten Gestalt zuvor undenkbaren, aber sich stets von Neuem im einzelnen Kunstwerk wiederholenden Problems, d. i. des Problems der Individualität. Sie erscheinen, mit anderen Worten, als paradigmatischer Ausdruck einer möglichen Mediation zwischen Einzelnem und Allgemeinem. Die monografische Form, d. i. für Schlosser besonders die Künstlermonografie, ist für ihn die geeignete Darstellungsform philosophisch-historischer Forschung, da sie diesen zentralen Parameter ‚echter' Kunst, nämlich die charakteristische Darstellung eines Individuellen als Allgemeines, der eigenen Struktur anverwandle.[387] *Die Monografie* individuiert nach Schlosser, anders gesagt, den poetischen

---

383 Ebd., S. 105.
384 Vgl. Julius von Schlosser: *Tote Blicke. Geschichte der Porträtbildnerei in Wachs. Ein Versuch* (1911), hg. von Thomas Medicus, Berlin 1993, S. 120 f.: „Als Historiker sind wir ‚Theoretiker' und ‚Skeptiker' vor allem in der ursprünglichen schönen Bedeutung dieser Worte, des Schauens; so *schauen* wir die geschichtlichen Phänomene, weder um sie zu ‚richten', noch um sie zu ‚retten', sondern um sie in ihrer Entwicklung zu *begreifen*."
385 Schlosser: „Ein Lebenskommentar", S. 108.
386 Im Sinne von Croces Begriff von ‚poesia' (vgl. ders.: *Aesthetica in nuce*, darin das Kapitel „In che cosa consiste l'arte o poesia", S. 193–196); vgl. dazu Kap. III.4.4.
387 Diese strukturelle Analogie betont auch Ricardo de Mambro Santos: „Die Geschichte findet, wie auch die Kunst, nach Schlosser ihren Zweck und ihr Maß im Individuum, so dass die Ausgestaltung einer monografischen Studie in ihrer eigenen Struktur zwangsläufig die grundlegenden Parameter jeder historisch-ästhetischen Analyse beinhaltet: Das Individuelle ist das Allge-

Ausdruck, sie *reproduziert die Individualität der nicht-empirischen künstlerischen Geste*, die als solche zwar unvergleichbar und auf kein apriorisches Prinzip zurückführbar sei, als irreduzible Form-Inhalt-Einheit der ästhetisch-kritischen Reflexion jedoch zweckmäßig entgegenkomme.

Für Schlosser ist daher „die *Monographie*, der Essai"[388] Organon einer – wie Croce in einer Rezension treffend schreibt – „storiografia individualizzante"[389], einer ‚individualisierenden Geschichtsschreibung'. Denn in seiner dichten, geschlossenen literarischen Form, die selbst eine bestimmte Handschrift trägt, vermag der Essay „das Höchst-Individuelle, das Einmalige und Nichtzuwiederholende"[390] als „Spiegel des ‚Universalen' im Sinne wirklicher Geschichte, nicht toter Chronik"[391] darzustellen. Die Essay-Monografie ist, so Schlosser, „die *innere* [...] literarische Form aller ‚Stilgeschichte'"[392], nur „das (anscheinend) ‚Fragmentarische' und ‚Systemlose'"[393]; tatsächlich interferiere sie mit anderen Essays in einem offenen, sich stetig wandelnden Bezugssystem, das „die *innere* Struktur"[394] der Geschichte plastisch und lebendig hervortreten lasse. Als Ausdruck der idealen inneren „Biographie"[395] eines Einzelwerkes (be-)schreibt die Essay-Monografie die Physiognomie eines nicht bloß faktischen, sondern paradigmatischen, d.h. mannigfaltige Ausdrucksmöglichkeiten in sich schließenden „lebendigen Lebens"[396]. Der monografische Essay wird bei Schlosser, mit anderen Worten, zu einer ‚Lebens-Form', in der – wie im Kunstwerk – der „alte Dualismus

---

meine" (ders.: *Viatico Viennese. La storiografia critica di Julius von Schlosser e la metodologia filosofica di Benedetto Croce*, Rom 1998, S. 58; meine Übers.); vgl. Hubert Locher: „Kunstbegriff und Kunstgeschichte – Schlosser, Gombrich, Warburg", in: *Die Etablierung und Entwicklung des Faches Kunstgeschichte in Deutschland, Polen und Mitteleuropa*, hg. von Wojciech Bałus und Joanna Wolańska, Warschau 2010, S. 391–410, v.a. S. 397.

388 Schlosser: „*Stilgeschichte*" und „*Sprachgeschichte*" der bildenden Kunst, S. 20. Der durch „die literarische äußere Form des Buches, in dem die Essais zusammengefaßt sind", gegebene Zusammenhang zwischen den Einzelessays sei rein äußerlich und der vermeintlichen „,Einheit'" der Kunstwerke vergleichbar, die kunstgeschichtliche Darstellungen in der Regel konstruieren; der Einzelessay betreffe hingegen „die *innere* Form" des in Frage stehenden Werkes und liefere so den eigentlichen „,Grund'" für jede Geschichte der Kunst (ebd., S. 24).

389 Benedetto Croce: Rezension zu Julius von Schlosser: *Ueber die ältere Kunsthistoriographie der Italiener*, in: *La Critica. Rivista di letteratura, storia e filosofia* 27/5 (1929), S. 375–376, hier: S. 376.

390 Schlosser: „*Stilgeschichte*" und „*Sprachgeschichte*" der bildenden Kunst, S. 10.

391 Schlosser: „Ein Lebenskommentar", S. 96.

392 Schlosser: „*Stilgeschichte*" und „*Sprachgeschichte*" der bildenden Kunst, S. 20.

393 Ebd., S. 22.

394 Ebd.; vgl. Croce: *Aesthetica in nuce*, S. 233.

395 Schlosser: „Ein Lebenskommentar", S. 125.

396 Ebd., S. 131.

zwischen ‚Inhalt' und ‚Form'"³⁹⁷ sowie zwischen Leben und Form, Geschichte und Theorie „in einer konkreten Einheit"³⁹⁸ überwunden wird.

Die Ähnlichkeit zwischen Schlossers und Benjamins Konzeptionen ist unverkennbar, schon aufgrund ihrer terminologischen Schnittmenge. Neben zentralen Begriffen wie ‚Monade', ‚Monografie', ‚Essay', ‚Diskontinuität', ‚Inneres', ‚Einzelnes' oder ‚Einheit' teilen beide den Fokus auf die Individualität und spezifische Geschichtlichkeit des Kunstwerkes, ihre Croce-Rezeption und eine dezidiert erkenntnistheoretische Vorgehensweise, die mit Darstellungsreflexionen einhergeht.³⁹⁹ Ohne seinen punktuellen Vergleich näher auszuführen, erkennt auch Georges Didi-Huberman eine tiefe Verwandtschaft zwischen Schlossers *„philosophical commitment to singularities"*⁴⁰⁰, seinem Verfahren philologisch-philosophischer Kritik als „a documented history guided by singularities, but constructed philosophically"⁴⁰¹, und der zwischen einzelnem Phänomen und Idee vermittelnden erkenntniskritischen Methode der *Vorrede*. Widmen sich beide „Einzelnem und Disparatem"⁴⁰², fallen ihre methodologischen Begründungen für dessen monografische Darstellungsform doch unterschiedlich aus, da bei Benjamin und Schlosser dieses Einzelne, dessen „Einheit"⁴⁰³ aufzuweisen sei, einen gänzlich verschiedenen Stellenwert besitzt.

Schlossers (und Sedlmayrs) Erkenntnisinteresse gegenüber singulären Phänomenen gilt, sofern es deren Funktion als kulturgeschichtliches Dokument übersteigt und das philosophische Problem der Kunst und Geschichte betrifft, zuvorderst ‚echten' Einzelkunstwerken, den ‚Originalen'. Einzig sie seien kritisierbar, da sie als konkrete Einheit von Form und Gehalt, als „Pulsschlag des Lebens"⁴⁰⁴, dem ästhetischen – d. i. für Schlosser mit Croce zugleich das

---

397 Ebd., S. 116.
398 Ebd., S. 117. Die „echte Kritik", die sich dem echten Kunstwerk als einem „‚gelungenen Ausdruck' im Sinne Croces" widme, dem, „was Schiller unter ‚lebender Gestalt' verstand", sei immer auch „eine [Kritik] des *Lebens*" (ebd., S. 128); vgl. Benedetto Croce: *Grundriß der Ästhetik. Vier Vorlesungen*, übers. von Theodor Poppe, Leipzig 1913, S. 84.
399 Auch hinter Benjamins „Begriff des philosophischen Stils" (GS I/1, S. 212) mag sich eine Schlosser-Referenz verbergen.
400 Georges Didi-Huberman: „Viscosities and Survivals. Art History Put to the Test by the Material", in: *Ephemeral Bodies: Wax Sculpture and the Human Figure*, hg. von Roberta Panzanelli, Los Angeles 2008, S. 154–169, hier: S. 158.
401 Ebd., S. 159.
402 GS I/1, S. 208.
403 Ebd., S. 209.
404 Schlosser: „Ein Lebenskommentar", S. 117.

geschichtliche[405] – Urteil als einem Ineinander von Erkennen und Erleben zweckmäßig entgegenkämen. Die ‚echte' Kritik, die Schlosser, bei allen Vorbehalten gegen die Ästhetik, auch „eine Art ‚historischer Aesthetik'"[406] nennt, widmet sich nicht der akribischen Beschreibung des individuellen Kunstwerkes, sondern empfängt – worin er weiter Croce folgt – eine in ihm zum nuancenreichen Ausdruck kommende einheitliche ‚Anschauung', ein zu immer neuen Kritiken in Form von monografischen Essays, d. h. zu Kunsthistoriografie Anlass gebendes *vario sentire*. Die Kritik habe in ihrer eigenen essayistischen Form die empfangene ‚Intuition' des Kunstwerkes, d. i. seine spezifische Ausdrucksgestalt des menschlichen Denk- und Empfindungskosmos, wiederzugeben, womit sich – und nichts anderes ist für Schlosser und Croce Geschichte (der Kunst) – eine Zyklizität immer neuer *intuizioni-espressioni* zwischen Künstler, Werk und Kritiker entspinnt.[407]

In einem seiner Entwürfe zur *Vorrede* formuliert Benjamin „Reservate gegen Croces Gleichsetzung von Kritik und Geschichte"[408] und trifft damit auch Schlossers Konzeption. Eine Auffassung von Kunst als unmittelbarem Ausdruck einer schöpferischen Künstler-Monade und von Kritik als Werturteil, das in der Kritiker-Persönlichkeit oder im Zeit-Geschmack fundiert ist, weckte bei Benjamin, wie er in der *Vorrede* Croce unterstellt, den Verdacht auf „Psychologismus"[409] und Subjektivismus. Die „spezifische Geschichtlichkeit von Kunstwerken"[410], über die er in dem zitierten Brief an Rang reflektiert, sei damit nicht zu erschließen. Das einzelne literarische Werk erhält für Benjamin sein unverwechselbares historisches Gepräge nicht von einem biografischen Leben, es ist nicht Spiegel einer – faktischen oder idealen – Künstlerpersönlichkeit, und daher im Zuge seiner

---

405 Zu dieser Korrelation zwischen ästhetischem und geschichtlichem Urteil vgl. Croce: *Grundriß der Ästhetik*, S. 82f.; vgl. dazu Vincenzo Martorano: *Estetica e teoria della storiografia. Studio sulla prima filosofia di Benedetto Croce (1893–1900)*, Mailand 2008, v. a. S. 110–115.
406 Schlosser: „Ein Lebenskommentar", S. 119.
407 Vgl. ebd., S. 127, zur „Einsicht, daß ‚Kritik' und ‚Historie' im Wesen eins, daß alle Geschichte ein ‚Gegenwärtiges', ein ‚Erlebnis' sei"; vgl. Benedetto Croce: *La Poesia. Introduzione alla critica e storia della poesia e della letteratura* (1936), hg. von Giuseppe Galasso, Mailand 1994, S. 181 („critica della poesia è storia della poesia"). Zu Croces Begriff ‚vario sentire' und seinem Verständnis von Kunst als ‚Ausdruck' (*espressione*), d. h. ‚schöner', ‚lyrischer Anschauung' (*intuizione*), siehe das folgende Teilkapitel.
408 GS I/3, S. 920. Benjamin scheint Croce indirekt nicht nur ein tendenzielles Abgleiten in Historismus, in eine (Hegel'sche) einfache Periodisierung der Geschichte der Kunstwerke auf der Grundlage der Geschichtlichkeit einander im Wechsel ablösender konkurrierender ‚Intuitionen', sondern darüber hinaus eine Überbetonung der Geschichtlichkeit der Kritik selbst vorzuwerfen.
409 GS I/1, S. 225.
410 Brief an Rang vom 09.12.1923, GB II, S. 392.

4.3 Das Schreiben des Einzelnen. Monade und Monografie — 261

„philosophischen Kritik"[411] zunächst „vom empirischen Subjekt"[412] des Künstlers und Kritikers, von dessen Geschichte, ordnenden Kategorien, Projektionen und Intentionen zu lösen. Diese vereinzelnde Trennung beschreibt Benjamin wiederholt mit der drastischen Formel einer „Mortifikation der Werke"[413], die auch vor ihrer scheinbar organischen Werkgestalt und Einheit, ihrer Entstehungs- und Deutungsgeschichte nicht haltmacht, diese vielmehr, ebenso wie die „verwerfliche Fiktion einer Kontinuität der Kunstgeschichte"[414], allegorisch zerschlägt.

Kehrseite der „Mortifikation" des Werkes, seiner kritischen Zersetzung, ist für Benjamin freilich der ebenfalls darstellend sich vollziehende Versuch seiner epistemologischen (und messianischen) „Rettung"[415]. Anstelle der zertrümmerten *falschen*, da auf intentionaler Erkenntnis beruhenden Einheit des Werkes ist im Essay – Medium und Operator philosophischer Kritik – seine *objektive* „integrale Einheit"[416] zu bewerkstelligen, indem „in einer Entwicklung der Formensprache des Werks"[417], d. h. ihm immanenter, aber unausgeführt gebliebener Möglichkeitsstrukturen, das Kunstwerk in seiner „objektiv notwendigen"[418] Gestalt (re-)konstruiert und so als (versehrter) sprachlicher Ausdruck einer geschichtlich fälligen „Idee einer Form"[419] enthüllt wird: als „eine objektive Interpretation der Welt"[420]. Mit anderen Worten: als neuartiger und nirgends ableitbarer, doch alle Bereiche des Denkens, Fühlens und Wissens einer bestimmten Zeit durchdringender Ausdruck unseres stets in sprachlicher/n Form/en vermittelten Weltbezugs. Bleibt dieser selbst zur Gänze unsagbar, findet er nach Benjamin in der Idee einer Form oder Gattung – wie z. B. in der Idee des Trauerspiels – doch immer wieder einen originären Selbst-Ausdruck.[421] Nicht nur zeigt

---

411 GS I/1, S. 358.
412 Ebd., S. 318.
413 Ebd., S. 357; der Begriff ‚Mortifikation' fällt zuerst in dem oben zitierten Brief an Rang, vgl. GB II, S. 393. Mit einem verwandten Bild beschreibt Benjamin die Aufgabe philosophischer Darstellung als „eine Verbrennung des Werkes, in welcher seine Form zum Höhepunkt ihrer Leuchtkraft kommt" (GS I/1, S. 211).
414 GS I/3, S. 918.
415 GS I/1, S. 214.
416 Ebd., S. 210.
417 Ebd., S. 225.
418 Ebd., S. 230.
419 Ebd.
420 Ebd., S. 228.
421 Vgl. Agamben: „Al di là dei generi letterari", S. 12–14. Der mit den barocken Trauerspielen in und als Geschichte aufbrechende Wahrheitsgehalt etwa besteht für Benjamin, pointiert gefasst, in der von ihnen ausgedrückten Erfahrung und Empfindung von Geschichte *als* Trauerspiel: als vermeintlich einmaliger, doch wie unter einem Zwang sich wiederholender Verlauf (vgl. GS I/3, S. 935), in dessen Zentrum der nicht länger in eine *historia salutis* eingebettete, sondern auf sich

er („als Dokument des Sprachlebens und seiner jeweiligen Möglichkeiten"[422]) einen konkreten geschichtlichen Zustand der Sprache und ihr je virtuell immanenter objektiver Denk-, Bedeutungs- und Gefühlsstrukturen an; sondern er offenbart eine sich mit jeder Idee einer Form neu ausprägende reflexive Beziehung oder gar (rettende) Differenz einer Zeit zum eigenen Geschichtlich-Sein, die dem Einzelwerk in seiner philosophischen Kritik wie eine messianische Signatur abzulesen ist.

Die spezifische Historizität des Werkes – zwischen dem, was es seinem ‚Sachgehalt' nach ist, und dem, was es der ihm inhärenten Idee seiner Form nach hätte sein können, sollen oder möglicherweise unentdeckt wesentlich ist – verlagert sich in dieser Hinsicht auch bei Benjamin auf die Seite der Rezeption und Kritik. Scheint das Erkenntnisvehikel von Croces (und Schlossers) Systementwurf, das nachschöpfende ästhetische Urteil des Kritikers, die Geschichte weniger des Werkes als vielmehr seiner Kritiken zum Ausdruck zu bringen, gilt Benjamins Erkenntnisinteresse dieser zu (re-)produzierenden Eigenzeit des Werkes als in ihm sedimentiertem ‚Wahrheitsgehalt', der mit einem bestimmten historischen Moment in Verbindung steht, ohne doch auf ihn zurückzuführen zu sein. Vielmehr kommt *dieser* nun im Darstellungsgefüge des Essays konzentriert zur Anschauung in der selbstredenden synchronen Sprachgestalt einer Idee, in der zwischen verschiedenen Phänomenen, zwischen Kunstwerk und Kritik, Vergangenheit und Gegenwart, Wirklichkeit und Möglichkeit zuvor unabsehbare Relationen unwillkürlich sich zu erkennen geben, die nicht länger auf bloßer Chronologie, kausaler Sukzession oder – wie Benjamin Croces Konzeption (fehl-)deutet – auf dem intentionalen Bewusstsein eines ‚fühlenden' Subjekts beruhen; sondern auf einer Art Selbstdarstellung der Geschichte, in der ihr Material und ihre Deutung, Begriff und Darstellung so ineinandergreifen, dass sich – und das ganz gleichgültig, ob ihre Kunsthaftigkeit nun in Frage steht oder nicht – plötzlich auch Konstellationen und „Zusammenhänge von Kunstwerken" sehen lassen, „welche zeitlos und dennoch nicht ohne historischen Belang sind".[423] Im Medium des Essays öffnet

---

und die eigene Handlungs(un)fähigkeit zurückgeworfene Mensch steht. Es ist gerade ihre epistemologisch aufschlussreiche Stereotypik (im Wortsinne von *stereós*: ‚fest', ‚räumlich', und *týpos*: ‚Form'), d. i. ihre partielle Durchsichtigkeit auf die Idee ihrer Form, ihr formales Prinzip, das sich im Szenischen, Figuralen und Sprachlichen, im immer gleichen „Bild des Schauplatzes, genau: des Hofes" (GS I/1, S. 271) ebenso wie in der peinlichen Bindung an „stereotype Wendungen" (ebd., S. 270) spiegelt, welche die barocken Trauerspiele nach Benjamin besonders geeignet macht, distanzierte Einsicht in den allgemeinen antinomischen Charakter der Geschichte und damit eine für ihn (wieder) aktuelle Geschichtserfahrung zu ermöglichen.

422 Ebd., S. 230.
423 Brief an Rang vom 09.12.1923, GB II, S. 393. Vgl. GS I/3, S. 835, zur *Theorie der Kunstkritik*: „Ganz so forscht der wahre Kritiker nach den Geschwistern des Kunstwerkes."

sich so der virtuelle Erfahrungsraum einer möglichen anderen Geschichte bzw. eines möglichen *Anderen* als Geschichte.

4.4 Zum Ursprung „ästhetischer Gattungsnamen" im Medium des Essays (Croce und Adorno)

> Schwer verläßt / Was nahe dem Ursprung wohnt, den Ort.[424] (Friedrich Hölderlin)

Benjamins monografisches Schreiben besitzt in dieser Hinsicht einen gewissen ‚genealogischen' Charakter, der sich in der *Erkenntniskritischen Vorrede*, wie bereits gestreift, sowohl in verdeckter, indirekter als auch in offener Auseinandersetzung mit Benedetto Croces Begründungsversuchen des einzelnen Kunstwerkes in seiner Individualität und spezifischen Geschichtlichkeit expliziert. Auch für Croce ist deren theoretische Fundierung wesentlich eine Aufgabe der Kritik als Darstellung, was eine beständige Hinterfragung ihrer Form ebenso wie ihrer Begriffe nötig macht. Wird Croce in der Forschung meist, wenn überhaupt, nur als gattungstheoretischer Widerpart Benjamins – Benjamins sogenannter Gattungsrealismus auf der einen, Croces Nominalismus auf der anderen Seite – gehandelt,[425] geht seine Bedeutung für die *Vorrede* tatsächlich darüber hinaus.[426]

---

[424] Friedrich Hölderlin: *Die Wanderung*, in: ders.: *Gedichte nach 1800*, in: ders.: *Sämtliche Werke*, hg. von Friedrich Beißner, Bd. 2, Stuttgart 1953, S. 144–148, hier: S. 144.

[425] Vgl. Schlaffer: „Walter Benjamins Idee der Gattung", S. 286 f.: „‚Realistischer' als Benjamin hat in der Moderne wohl niemand die Existenz von Gattungen behauptet", die er gegen Croces Nominalismus „verteidigt". Dieter Burdorf teilt diese Auffassung: „Die wohl radikalste Gegenposition zu Croce bezieht – Jahrzehnte vor Adorno und mit erheblichem Einfluss auf diesen – Walter Benjamin in der ‚Erkenntniskritischen Vorrede'"; Benjamin vertrete „gegen Croces konsequenten Nominalismus" hier „einen uneingeschränkten erkenntnistheoretischen Realismus" (ders.: „Form und Formation. Zur Konstitution literaturwissenschaftlichen Wissens", in: *Der Begriff der Literatur. Transdisziplinäre Perspektiven*, hg. von Alexander Löck und Jan Urbich, Berlin / New York 2010, S. 119–136, hier: S. 129 f.).

[426] Benjamins Croce-Rezeption wurde in der Forschung bislang nur sporadisch untersucht; zu erwähnen sind Rosalia Peluso: „La disputa sul barocco e altri motivi crociani in Benjamin", in: *Bollettino Filosofico* 28 (2013), S. 283–301, sowie dies.: Art. „barocco", in: *Lessico crociano. Un breviario filosofico-politico per il futuro*, hg. von Rosalia Peluso, Neapel 2016, S. 119–130; Gabriele Scaramuzza: „Croce nella *Vorrede* al ‚Dramma barocco'", in: *Giochi per melanconici. Sull'Origine del dramma barocco tedesco di Walter Benjamin*, hg. von Andrea Pinotti, Mailand 2003, S. 269–273; Luca Viglialoro: „Genere e origine. Adorno lettore di Croce nella *Ästhetische Theorie*", in: *Rivista di Studi Italiani* 33/2 (2015), S. 225–236, sowie ders.: *Origine dell'arte. Studi sull'estetica di Croce*, Neapel / Salerno 2018, v. a. S. 84–88.

Gerade Croces „vehemente Kritik" an geläufigen Kategorien der Ästhetik, so Benjamin, sei „mehr als alles andere angetan, den wahren Sinn ästhetischer Gattungsnamen ins rechte Licht zu setzen".[427]

Die schematisierende Rezeption seiner Croce-Lesart hat Benjamin gewissermaßen antizipiert oder gar gelenkt, pointiert er doch 1925 in seinem thesenartigen *Exposé* der Trauerspiel-Arbeit, diese verteidige den ästhetischen Gattungsbegriff gegen den italienischen Philosophen und Kunstkritiker als seinen „Bestreiter"[428]. Hans Cornelius hatte das Exposé separat angefordert, da ihm die bereits zur Begutachtung vorliegende Trauerspiel-Arbeit größte Verständnisschwierigkeiten bereitete, wie er später in seinem für das Scheitern von Benjamins Habilitationsgesuch verantwortlichen Gutachten bekannte.[429] Benjamins deutliche, gleichsam in einer Rollensprache geschriebene Distanzierung von Croce galt also wohl dem Adressaten Cornelius, dem Lehrstuhlinhaber für Allgemeine Kunstwissenschaft. Ironischerweise steht diese Selbstauslegung geradezu im Gegensatz zu einer von Benjamin in der *Vorrede* insinuierten Affinität zweier gattungstheoretischer Positionen – seiner eigenen und der Croces –, deren gemeinsamer Fluchtpunkt die erklärte „Rettung"[430] des Einzelnen sei.

Dass Croces „Zertrümmerung der Lehre von den Kunstformen" seinem Versuch einer „Zertrümmerung der Lehre vom Gebietscharakter der Kunst" in diesem Anliegen entspreche, ja Croce erst „den Weg zum einzelnen konkreten Kunstwerk" als einem gebietsüberschreitenden „integralen [...] Ausdruck" – ein zentraler Begriff Croces – freigelegt habe, hält Benjamin in dem schon zitierten *Lebenslauf* von 1928 fest.[431] Nach Scheitern seiner Habilitationsbemühungen scheint sich Benjamin freier und ohne akademische Rücksichten gegenüber Croce und einem der Hauptprinzipien seiner Ästhetik, der Kritik an herkömmlichen literarischen und künstlerischen Gattungen (*generi letterari e artistici*), ja an sämtlichen „generalia"[432] als dem individuellen Kunstwerk grundsätzlich heteronom, positionieren zu können. Diesem ist nach Croce – wie im vorhergehenden Kapitel ausgeführt wurde – allein die Mono-grafie als, im Wortsinne, ein

---

427 GS I/1, S. 223.
428 GS I/3, S. 951: „Sonach ist der ‚Ursprung' des deutschen Trauerspiels seine in konkreter Fülle entwickelte Idee. Als Idee, im Gegensatz zum allgemeinen Begriff, wird der ästhetische Gattungsbegriff gegen seine Bestreiter, zumal gegen Croce und Burdach verteidigt."
429 Vgl. GS VI, S. 771 f.
430 GS I/1, S. 214.
431 GS VI, S. 218 f. (vgl. dazu Kap. III.4.3). Ein konkreter äußerer Anlass für die Abfassung des Textes ist nicht bekannt.
432 Croce: *Grundriß der Ästhetik*, S. 46.

4.4 Zum Ursprung „ästhetischer Gattungsnamen" im Medium des Essays

unvermitteltes ‚Schreiben des Einzelnen' angemessen.[433] Auch auf Benjamins Vorhaben, nach seiner Abkehr vom akademischen Betrieb zu „le premier critique de la littérature allemande"[434] aufzusteigen, mag der Herausgeber und Beiträger der wichtigsten Literaturzeitschrift Italiens – *La Critica. Rivista di letteratura, storia e filosofia* (1903–44) – gewirkt haben, der in der literaturkritischen Theorie ebenso wie in der Praxis einen unmittelbaren, intensiven Zugriff auf das singuläre Werk verfolgte. Benjamin galt Croce daher, wie er Scholem aus Capri berichtet, als „der führende Philosoph Italiens, der dazu in Neapel Professor ist"[435], wo er ihm bei einem Aufenthalt im Frühjahr 1924 anlässlich des „Internationalen Kongreßes für Philosophie" auch flüchtig begegnet ist.

Benjamins Auseinandersetzung mit dem italienischen *homme de lettres* in der *Vorrede* nun basiert auf Croces *Grundriß der Ästhetik* (*Breviario di estetica*, 1913), der in den beiden Abschnitten „Die Kunstgattungen bei Croce" und „Ursprung", in denen die zwei titelgebenden Kategorien des *Ursprungs des deutschen Trauerspiels* (‚Ursprung' und ‚Gattung') verhandelt werden, explizit als Referenztext angeführt und ausführlich zitiert wird.[436] Die Präsenz von Croce-Annotationen in den umfangreichen und verschiedenste Themenspektren abdeckenden bibliografischen Listen,[437] die Benjamin für seine Vorstudien zum Trauerspiel-Buch

---

433 Vgl. Croce: *La Poesia*, S. 139 (meine Übers.): „Entscheidend ist nur, dass die Dichtung in einer ihrem Wesen oder ihrer eigenen Logik nach monografischen Form behandelt wird, die sich immer auf das konkrete einzelne Werk bezieht."
434 Brief an Scholem vom 20.01.1930, GB III, S. 502.
435 Brief an Scholem vom 10.05.1924, GB II, S. 448. Benjamin besuchte im Rahmen der Siebenhundertjahrfeier der Universität Neapel Anfang Mai 1924 den Philosophie-Kongress, bei dem auch Croce zugegen war. Der neapolitanische Philosoph von internationalem Rang war in Deutschland über einen langen Zeitraum hinweg nicht nur in einschlägigen Zeitschriften, etwa in der von Max Dessoir herausgegebenen *Zeitschrift für Ästhetik und Allgemeine Kunstwissenschaft*, mit eigenen Beiträgen und in Besprechungen seiner Bücher präsent. Croce wurde von zahlreichen Denkern diverser Fachrichtungen und mit sehr unterschiedlicher intellektueller Biografie rezipiert, u. a. von Max Weber, Georg Lukács, Ernst Cassirer, Hermann Cohen oder Alfred Baeumler, um nur einige Namen zu nennen; mit Julius von Schlosser, Karl Vossler, Friedrich Meinecke und Thomas Mann stand er außerdem in teils regem Austausch.
436 In seinem *Verzeichnis der gelesenen Schriften* vermerkt Benjamin im Eintrag „925" die Lektüre von „Benedetto Croce: Grundriß der Ästhetik (übers. von Theodor Poppe, Leipzig 1913)" (GS VII/1, S. 454). Croce hatte seinen *Grundriß* 1912 in Form von vier Vorlesungen für die Einweihung des Rice Institute in Houston geschrieben, 1913 erschienen die italienische Fassung und eine deutsche Übersetzung.
437 Benjamin legte zahlreiche bibliografische Listen in Briefumschlägen an, dazu gehören u. a. die Notate: „Lukács: Benedetto Croce: Zur Theorie und Geschichte der Historiographie (Archiv f. Sozialwissenschaft 1915)" (AdK, Berlin, Walter Benjamin Archiv 508/2-3), „B. Croce: Estetica come scienza dell'espressione e linguistica generale Milano-Palermo-Napoli 1907" (AdK, Berlin, WBA

angelegt hat und die auch eine frühe Rezension von Lukács anführen,[438] lässt allerdings auf eine Kenntnis nicht nur des *Grundrißes* schließen. Aus zweiter und erster Hand ist Benjamin offenbar u. a. mit Croces Hauptwerk *Aesthetik (Estetica,* 1902)[439] in Berührung gekommen. In deren theoretischem Teil, auf den ein zweiter geschichtlicher folgt, widmet sich Croce – wie später in verdichteter Form auch im *Grundriß* – einer umfassenden Elimination grundsätzlicher ‚Vorurteile' *(pregiudizi)* der Ästhetik, die der einheitlichen, intuitiven Erfassung des einzelnen Kunstwerkes als unableitbarem spannungsvollen ‚Ausdruck' von Individualität und Universalität, Geschichtlichkeit und Über- oder Außerzeitlichkeit im ästhetischen Urteil *(giudizio estetico)* entgegenstehen. Zu diesen die irreduzible Einzigartigkeit des Kunstwerkes verfehlenden *Vor*urteilen zählt für Croce neben der Unterteilung der Kunst nach Gattungen oder Kunstarten insbesondere auch „[il] problema dell'origine dell'arte"[440], d. i. das (historische) Problem des Ursprungs der Kunst. Demgegenüber sucht Croce, *via negationis,* mit dem vielschichtigen Begriff der ‚Intuition' (oder „Anschauung"[441]) ein dem Kunstwerk und seinen Kritiken *nicht vorausgesetztes Apriori* zu begründen.

Wenn Benjamin Croce in der *Vorrede* in einer ins Enigmatische verdichteten, von der Forschung bislang unberücksichtigt gebliebenen Bemerkung eine „im Problem des Ursprungs" zu verortende Affinität zu seiner „Ideenlehre" der Gattungen zuschreibt und die Begriffe ‚Idee' und ‚Intuition' darüber in Beziehung setzt,[442] nimmt er vermutlich nicht nur auf die explizit angeführte Passage aus

---

508/10; Literatur zu „Wort und Begriff II"), „Croce: Aesthetik Teil II" (AdK, Berlin, WBA 510/1) und „Croce: Corneille" (AdK, Berlin, WBA 507/2).

438 Zentraler Gegenstand von Lukács' Besprechung von Croces zuerst auf Deutsch veröffentlichter Essay-Sammlung *Zur Theorie und Geschichte der Historiographie* (1915) ist dessen – Lukács' Urteil nach ebenso dogmatische wie relativistische – Prämisse einer „Identität der Philosophie mit der Geschichte" (Georg Lukács: Rezension zu Benedetto Croce: *Zur Theorie und Geschichte der Historiographie,* in: *Archiv für Sozialwissenschaft und Sozialpolitik* 39 (1915), S. 878–885, hier: S. 879). Lukács' Ausführungen zum „Problem der Geschichtlichkeit" (ebd., S. 880) bei Croce führten möglicherweise zu Benjamins Notiz „Reservate gegen Croces Gleichsetzung von Kritik und Geschichte", die er in einer Skizze zu einem projektierten Schlussteil der Trauerspiel-Arbeit über den „Begriff der Kritik" festhält (GS I/3, S. 920).

439 Die erste deutsche Übersetzung von Croces *Estetica come scienza dell'espressione e linguistica generale. Teoria e storia* (Mailand 1902) erschien kurze Zeit später unter dem Titel *Aesthetik als Wissenschaft des Ausdrucks und allgemeine Linguistik. Theorie und Geschichte,* übers. von Karl Federn, Leipzig 1905.

440 Benedetto Croce: *Estetica come scienza dell'espressione e linguistica generale. Teoria e storia,* Bari 1958, S. 145.

441 Croce: *Grundriß der Ästhetik,* S. 9: Die Kunst sei „Intuition, und Intuition bedeutet *Theorie* im ursprünglichen Sinn von Anschauung".

442 GS I/1, S. 226.

4.4 Zum Ursprung „ästhetischer Gattungsnamen" im Medium des Essays — 267

dem *Grundriß* Bezug, in der die Ursprungsproblematik der Kunst zumindest offen nicht thematisiert wird. Statt die ‚Dunkelheit' des Croce-Zitats aufzuklären, vertieft Benjamin sie noch mit der Behauptung, Croce selbst sei aufgrund ‚psychologistisch' verpuppter Kategorien diese konstruktive Seite seiner Gattungskritik „verschlossen"[443] geblieben. Diese These mündet unmittelbar in Benjamins vieldiskutierten Ursprungsgedanken, d. i. das gnoseologische und darstellungstechnische Problem eines geschichtlich rekurrierenden originären Sinn- und Differenzgeschehens. Benjamin umkreist es im rhythmischen Anheben und Absetzen des Gedankens:

> Selbstverständlich ist der Radikalismus, der die ästhetische Terminologie einer Anzahl ihrer besten Prägungen berauben, die Kunstphilosophie zum Schweigen bringen würde, auch für Croce nicht letztes Wort. Vielmehr heißt es: „Wenn man den theoretischen Wert der abstrakten Klassifikation leugnet, so heißt das nicht den theoretischen Wert jener genetischen und konkreten Klassifikation leugnen, die übrigens nicht ‚Klassifikation' ist, die vielmehr Geschichte genannt wird." Mit diesem dunklen Satze streift der Autor, nur leider allzusehr beeilt, den Kern der Ideenlehre. Ihn läßt ein Psychologismus, der seine Bestimmung der Kunst als ‚Ausdruck' durch eine andere, als ‚Intuition', zersetzt, das nicht gewahren. Es bleibt ihm verschlossen, wie die von ihm als ‚genetische Klassifikation' bezeichnete Betrachtung mit einer Ideenlehre von den Kunstarten im Problem des Ursprungs übereinkommt. Ursprung, wiewohl durchaus historische Kategorie, hat mit Entstehung dennoch nichts gemein. Im Ursprung wird kein Werden des Entsprungenen, vielmehr dem Werden und Vergehen Entspringendes gemeint. Der Ursprung steht im Fluß des Werdens als Strudel und reißt in seine Rhythmik das Entstehungsmaterial hinein. Im nackten offenkundigen Bestand des Faktischen gibt das Ursprüngliche sich niemals zu erkennen, und einzig einer Doppeleinsicht steht seine Rhythmik offen. Sie will als Restauration, als Wiederherstellung einerseits, als eben darin Unvollendetes, Unabgeschlossenes andererseits erkannt sein. In jedem Ursprungsphänomen bestimmt sich die Gestalt, unter welcher immer wieder eine Idee mit der geschichtlichen Welt sich auseinandersetzt, bis sie in der Totalität ihrer Geschichte vollendet daliegt.[444]

Das von Benjamin beiläufig und sehr verkürzt konstatierte Näheverhältnis zu einer (ungeschriebenen) Croce'schen Gattungsphilosophie und damit sein eigener Entwurf historisch gegebener und gleichwohl erst im Darstellungsvollzug in Form „ästhetischer Gattungsnamen"[445] sich konkretisierender ‚Ideen' klären sich, vergegenwärtigt man sich Croces begriffliche Prämissen (‚Intuition' und ‚Ausdruck') seiner in der *Aesthetik* geübten Kritik an der Ursprungsfrage sowie deren

---
443 Ebd.
444 Ebd., S. 225 f. Benjamins komplexer Ursprungsbegriff als *fulcrum* sprach-, erkenntnis-, geschichts-, technik- und medienphilosophischer Reflexionen spielt weiter in den Kapiteln III.5 und III.6 eine vertiefte Rolle.
445 GS I/1, S. 223.

Implikationen für sein essayistisches, monografisches Schreiben. Croce selbst hat es treffend als „sintesi di sensibilità e pensiero"[446] bezeichnet, als unableitbare Synthese von Bild und Begriff, Sinnlichkeit und Sinn, Möglichkeit und Bestimmtheit. Benjamins Bemühungen, dem Einzelnen schreibend in seiner Unverwechselbarkeit und spezifischen historischen Dimension gerecht zu werden, indem es der textuellen Formation der kunstphilosophischen „Idee einer Form"[447] oder Gattung im „esoterischen Essay"[448] integriert wird, dem mit dieser die Physiognomie einer bestimmten Zeit in ihren auch *virtualiter* vorhandenen Zügen freizulegen gelingt, kommen dem nahe. Jean-Michel Palmier hat daher zu Recht bemerkt, das Verfahren der *Vorrede* „steht dem der *Ästhetik* Croces nicht so sehr entgegen, wie man meinen könnte"; sein einschränkender Zusatz: „sofern man an die Stelle von dessen [Croces] Psychologismus eine ‚Ideenlehre' setzt", macht allerdings deutlich, dass sich diese Nähe zweier auf den ersten Blick grundlegend verschiedener Konzeptionen nur über den Weg begrifflicher Klärung zeigt.[449]

Dafür bietet sich ein Rezeptionsumweg an. Im Rahmen seiner Reflexionen über das „sogenannte Ursprungsproblem"[450] und über Begriff und Realität der Gattungen beruft sich Adorno in der *Ästhetischen Theorie*, vermittelt durch Benjamin, wiederholt auf Croce.[451] Nicht nur stellt Adorno in deren „Früher Einleitung" zwischen Croces „Idee des Konkreten", des einzelnen Kunstwerks als monadologischer Einheit, und Benjamins Beschäftigung im Trauerspiel-Buch mit spezifischen Form- und Gattungsfragen als „Bereichen, die sonst als bloße Exempla gelten", eine Analogie fest.[452] Benjamin verteidige im Trauerspiel-Buch,

---

446 Croce: *La Poesia*, S. 113.
447 GS I/1, S. 230. Vgl. Kap. III.4.2 zur medialen Dynamik dieser textuellen Formierung, die Benjamin gleichermaßen gegen induktive wie deduktive Verfahren literaturwissenschaftlicher Begriffsbildung abgrenzt: „Während die Induktion die Ideen zu Begriffen durch den Verzicht auf ihre Gliederung und Anordnung herabwürdigt, vollzieht die Deduktion das gleiche durch deren Projizierung in ein pseudo-logisches Kontinuum. Das philosophische Gedankenreich entspinnt sich nicht in der ununterbrochenen Linienführung begrifflicher Deduktionen, sondern in einer Beschreibung der Ideenwelt. Ihre Durchführung setzt mit jeder Idee von neuem als einer ursprünglichen an." (Ebd., S. 223)
448 Ebd., S. 207.
449 Palmier: *Walter Benjamin*, S. 879.
450 Adorno: *Ästhetische Theorie*, S. 482.
451 Adornos sich über Jahre erstreckende Auseinandersetzung mit Croce belegt etwa das 1964 angelegte Konvolut von Croce-Zitaten für die *Negative Dialektik*, siehe das Typoskript „Ts 53473–53486" im Theodor W. Adorno Archiv, Frankfurt a. M.
452 Adorno: *Ästhetische Theorie*, S. 494. Croces „radikalen Nominalismus" sieht Adorno in einer direkten Beziehung zu einer allgemeinen Abwanderung von „sogenannten Prinzipienfragen" der Ästhetik „in spezifische Formprobleme und Materialien", von denen sich Benjamin und Lukács in ihren Arbeiten zum Trauerspiel und Roman mittelbar „Aufschluß über die traditionellen großen

4.4 Zum Ursprung „ästhetischer Gattungsnamen" im Medium des Essays

indem er „von allgemeinen Grundsätzen" ablasse und sich ins Konkrete versenke, „hintersinnig Croces Nominalismus".[453] Denn die von Croce angestoßene Erosion der Erkenntnisgeltung von Allgemeinbegriffen im Bereich der Kunst habe mit dem verursachten „Niedergang der ästhetischen Gattungen als Gattungen"[454] erst den Weg für einen anderen Begriffsgebrauch freigemacht, dem offenbar der ‚Hintersinn' von Benjamins methodischer Nähe zu Croce gelte.

Adorno thematisiert jedoch indirekt auch den Problemzusammenhang zwischen Benjamins „Wissenschaft vom Ursprung"[455] und Croces *Wissenschaft des Ausdrucks*, wie der Untertitel der *Aesthetik* lautet. Wenn Adorno in den *Paralipomena* der *Ästhetischen Theorie* im Exkurs „Theorien über den Ursprung der Kunst" gleich zu Beginn auf Croces „Kritik an der Ursprungsfrage"[456] in der *Aesthetik* zu sprechen kommt, spiegelt sich in seiner Zustimmung (der Sache nach) und Ablehnung (ihrer Begründung nach) Benjamins durchaus ambivalente Haltung gegenüber Croces unbedingtem, unvermitteltem „Festhalten am Einzelnen"[457] wider. Wo Benjamin jedoch in Croces Konzeption einer gleichzeitigen Identität und Differenz zwischen ‚Ausdruck' und ‚Intuition', zwischen einzelnem Kunstwerk als unableitbarer, individueller geschichtlicher Ausdruckstatsache und

---

Fragen der Ästhetik" erhofften (ebd.); vgl. GS I/1, S. 222: Man müsse „notwendig beim einzelnen Problem auf [...] Fragen echter Methodik stoßen".

453 Adorno: *Ästhetische Theorie*, S. 494.
454 Ebd., S. 296.
455 GS I/1, S. 227.
456 Adorno: *Ästhetische Theorie*, S. 481.
457 GS I/1, S. 223. Im Abschnitt „Allgemeines und Besonderes" würdigt Adorno Croce als Vorläufer eines ästhetischen Nominalismus, der durch die Zurückweisung jeder einsinnigen Klassifizierbarkeit von Kunstwerken, etwa durch die Zuschreibung von Gattungen, deren irreduzible Polysemie und Geschichtlichkeit herausgehoben habe: „Croces kunstkritische Erfahrung, jedes Werk sei, wie es englisch heißt, on its own merits zu beurteilen, trug jene geschichtliche Tendenz in die theoretische Ästhetik. Wohl nie hat ein Kunstwerk, das zählt, seiner Gattung ganz entsprochen." (Adorno: *Ästhetische Theorie*, S. 297) Doch um „das Besondere zu erretten" (ebd., S. 299), taugen nicht – wie er Croce vorwirft – übergeschichtliche (idealistische) oder ungeschichtliche (‚psychologistische') Kategorien, sondern bedarf es ästhetischer Begriffe, die, selbst „radikal geschichtlich" (ebd., S. 532), den spezifischen Doppelcharakter des Kunstwerkes zwischen Autonomie und *fait social* vermitteln. Übt Adorno einerseits Kritik am Subsumptionsmechanismus von Gattungskategorien als ‚Annihilierung' des Besonderen, sei an Begriffen wie dem der Gattung in der ästhetischen Theorie andererseits festzuhalten, da radikale Individuation die *spezifische* Historizität und das Gemachtsein von Kunst verkenne und so in ästhetischen Relativismus münde (vgl. ebd., S. 302). Wenn Kunst zwar gegen Allgemeinbegriffe generell opponiere, seien Gattungsbegriffe doch „kein schierer flatus vocis" (ebd., S. 532), da Kunst aufgrund ihrer „Sprachähnlichkeit" (ebd., S. 304) einer Übersetzung in die ästhetische Reflexion zweckmäßig entgegenkomme.

zeitloser ontologischer Einstimmigkeit der Kunst,[458] eine Nähe zur Ursprungsdialektik seiner Ideenlehre zu erkennen scheint,[459] sieht Adorno schlichtweg eine nominalistische Aporie. Denn anders als Benjamin rekapituliert er Croces Auseinandersetzung mit dem Problem des Ursprungs allein aus einer entstehungsgeschichtlichen Blickrichtung: als Frage nach der Genese der Kunst. Ausführlich kommentiert er dafür eine Passage aus dem besagten Paragrafen „Critica del problema dell'origine dell'arte" der *Estetica*:

> Von den Ästhetikern hat Croce, in Hegelschem Geist, als erster wohl die Frage nach dem geschichtlichen Ursprung der Kunst als ästhetisch irrelevant beurteilt: „Weil diese ‚geistige' Aktivität ihr [sc. der Geschichte] Gegenstand ist, kann man an ihr erkennen, wie widersinnig es ist, sich das historische Problem des Ursprungs der Kunst zu stellen ... Wenn die Expression eine Form des Bewußtseins ist, wie kann man dann den historischen Ursprung von etwas suchen, das kein Produkt der Natur ist und das von der menschlichen Geschichte vorausgesetzt wird? Wie kann man die historische Genesis von dem aufzeigen, was eine Kategorie ist, kraft der man jede Genesis und jedes historische Faktum begreift?" So richtig indessen die Intention, das Älteste nicht mit dem Begriff der Sache selbst zu konfundieren, die erst durch Entfaltung wird, was sie ist, so fragwürdig Croces Argumentation. Indem er Kunst umstandslos mit Ausdruck identifiziert, der ‚von der menschlichen Geschichte vorausgesetzt' sei, wird ihm Kunst abermals zu dem, was sie der Geschichtsphilosophie am letzten sein dürfte, einer ‚Kategorie', einer invarianten Form des Bewußtseins, der Form nach statisch, auch wenn Croce sie als solche als reine Aktivität oder Spontaneität vorstellt.[460]

Adorno stimmt Croces Verdikt, nach dem Ursprung ‚der' Kunst zu fragen sei „ästhetisch irrelevant", als Ablehnung ihrer historischen Begründung zu, die den Ursprung der Kunst mit einem bestimmten Punkt der Menschheitsgeschichte identifiziert und das, was Kunst sei, aus frühesten künstlerischen Äußerungen, aus einem materialen Apriori heraus zu erklären sucht. Für Adorno ist (besonders die moderne) Kunst „eine sehr späte Stufe"[461], ein im Konflikt mit einer „Andersheit"[462] erst „Gewordenes"[463]. Die konstitutive Bedeutung dessen jedoch für Kunst, was *nicht* Kunst ist, etwa der Wissens-, Erfahrungs- oder Materialbestand

---

[458] „Die Gattung oder die Klasse ist", wie Benjamin aus dem *Grundriß* zitiert, „eine einzige, die Kunst selbst oder die Intuition, während die einzelnen Kunstwerke im übrigen zahllos sind: alle original" (Croce: *Grundriß der Ästhetik*, S. 46; vgl. GS I/1, S. 224).

[459] Vgl. ebd., S. 226: „Die Richtlinien der philosophischen Betrachtung sind in der Dialektik, die dem Ursprung beiwohnt, aufgezeichnet. Aus ihr erweist in allem Wesenhaften Einmaligkeit und Wiederholung durcheinander sich bedingt."

[460] Adorno: *Ästhetische Theorie*, S. 480 f. (der Zusatz in eckigen Klammern stammt von Adorno). Vgl. Croce: *Estetica*, S. 145 f.

[461] Adorno: *Ästhetische Theorie*, S. 482.

[462] Ebd., S. 263.

[463] Ebd., S. 27 f.

4.4 Zum Ursprung „ästhetischer Gattungsnamen" im Medium des Essays — 271

eines bestimmten geschichtlichen Momentes (d. i. das, was Benjamin „Entstehungsmaterial"[464] nennt), verkenne Croce, was seine berechtigte Kritik an der Ursprungsfrage auf tönerne Füße stelle. Der Impetus seiner Kritik sei idealistisch-essenzialistisch geprägt: Mit seiner Auffassung von Kunst als sich stets selbst gleichem „Ausdruck" missdeute Croce sie als invariante, statische „Form des Bewußtseins"; statt „reine Aktivität oder Spontaneität" zu sein, nehme Kunst in Croces ästhetischem System den Status einer geschichtsphilosophischen „‚Kategorie'" ein. Das einzelne Kunstwerk sinke damit, im Hegel'schen Sinne, zu einem bloßen Moment, einer flüchtigen Spur des sich geschichtlich vollziehenden absoluten Geistes und seiner teleologischen ‚Entwicklungsgeschichte' herab – und sei gerade nicht, wie von Croce intendiert, singuläres Ausdrucksgeschehen.[465] Benjamins Kritik in der *Vorrede*, Croces „Psychologismus"[466] verfehle zuletzt die Unverwechselbarkeit des Einzelnen, da er das Binom Intuition-Ausdruck im Sinne einer idealistischen Subjektivität als intentionales Apriori des Kunstwerks auffasse (und nicht als unableitbares und zielloses „Erscheinen des Differenten"[467]), zielt in eine ähnliche Richtung. Mit der heiklen Passage von Intuition und Ausdruck, zeitloser Einheit der Kunst und Vielfalt historisch gegebener Kunstwerke, Philosophie und Geschichte treffen Adorno und Benjamin den paradoxen Kern von Croces Ästhetik, der sich – führt man sich deren Grundriss vor Augen – eher als ein dialektisches Kraft- oder Spannungsfeld erweist.

Die Frage nach einem historischen oder materialen Ursprung der Kunst zu stellen, auf den zuletzt alle künstlerischen Ausdrucksstatsachen zurückzuführen

---

464 GS I/1, S. 226.
465 In dem auch an anderer Stelle geäußerten Vorwurf, Croce betreibe „eine mehr oder minder positivistische Entwicklungslehre" (Adorno: *Ästhetische Theorie*, S. 297), scheint noch ein anderer Aspekt angesprochen zu sein, nämlich die Unterstellung einer Affinität zu einem evolutionistischen Gattungsbegriff (Fabrizio Desideri übersetzt entsprechend „dottrina evoluzionistica", vgl. Theodor W. Adorno: *Teoria estetica*, übers. und hg. von Fabrizio Desideri und Giovanni Matteucci, Turin 2009, S. 267); die implizite Referenz auf ein biologisches Gattungsmodell verfehlt jedoch Croces zirkuläres Geschichtsmodell einer ‚reziproken' Bedingtheit von Vor- und Nachgeschichte, das jedem geschichtlichen Momentum eine Art Teil-Autonomie zu sichern sucht (vgl. Croce: *Grundriß der Ästhetik*, S. 52 f.). Vgl. dazu Paolo D'Angelo: *L'estetica di Benedetto Croce*, Rom / Bari 1982, S. 64 („il referente polemico più immediato dell'*Estetica* è la teoria positivistica alla Brunetière"), und Hempfer: *Gattungstheorie*, S. 61; vgl. Croces Polemik gegen ein Gattungs- und Kunstverständnis, das auf einem darwinistischen „positivistico evoluzionismo" (ders.: *La Poesia*, S. 183) basiert.
466 GS I/1, S. 225.
467 Jeanne Marie Gagnebin fasst mit dieser Formel bündig Benjamins Ursprungsbegriff zusammen, dies.: *Geschichte und Erzählung bei Walter Benjamin*, übers. von Judith Klein, Würzburg 2001, S. 25.

seien, bedeutet für Croce: Mythologie zu betreiben.[468] Denn jedes Kunstwerk ist für ihn – völlig ungeachtet seiner Artifizialität, kanonischen Geltung oder ‚Größe' – irreduzible Gestaltung einer in sich geschlossenen, autonomen Totalität *sui generis*, die nicht der metaphysischen oder positivistischen Spekulation, sondern allein der ästhetischen Kritik bedarf. Die Ursprungsfrage hingegen forscht, wie Croce in der *Estetica* deutlich macht, haltlos nach dem Prinzip dessen, was als Erfahrungsgrund jedweden Begriffs von einem selbstgenügsamen Ursprung eine *selbst* nicht rein begrifflich, sondern nur ‚intuitiv' und also nie restlos feststellbare absolute Grenze des Erkenn- und Sagbaren darstellt.[469] Der Versuch seiner umfänglichen Erfassung ist daher an (aporetische) Herausforderungen gebunden, die sowohl Benjamins Darstellung des Ursprungs als auch dem in wenigen Zügen zu skizzierenden Kritik-Begriff Croces eingeschrieben sind.[470]

Mit jedem einzelnen Kunstwerk ereignet sich für Croce – Heideggers Verständnis vom Ursprung des Kunstwerkes nicht unähnlich[471] – ein „salto"[472] oder ‚Ur-Sprung'. Nicht nur bringt es ‚Kunst' zum Ausdruck bzw. überhaupt erst hervor; sondern es ist – wie Adorno zitiert – insofern „der menschlichen Geschichte vorausgesetzt"[473], als es in seiner konstitutiven Ursprünglichkeit (im Wortsinne

---

468 Wenn überhaupt, könne von einem geschichtlichen Ursprung der Kunst nur im Sinne eines erstmaligen Erscheinens relevanter ästhetischer Ausdrucksweisen gesprochen werden, die den Beginn menschlicher Kulturgeschichte markieren (vgl. Croce: *Estetica*, S. 146).
469 Vgl. die von Adorno zitierte rhetorische Frage aus der *Estetica*: „Wie kann man die historische Genesis von dem aufzeigen, was eine Kategorie ist, kraft der man jede Genesis und jedes historische Faktum begreift?" (Adorno: *Ästhetische Theorie*, S. 480 f.)
470 Der Anspruch kann hier freilich keine umfassende Darstellung von Croces Ästhetik sein, Begriffe und Denkfiguren werden nur im Hinblick auf die formulierte Fragestellung rekonstruiert; weiterführend siehe die zitierten Studien von D'Angelo, Peluso, Zimmer, Schulz-Buschhaus und Viglialoro.
471 Auch Heidegger vertritt in seinem Aufsatz zum *Ursprung des Kunstwerkes* (1935–36) die Idee des Ursprungs als einer sich nachträglich bewährenden Anteriorität, die für ihn hinsichtlich der ontologischen Struktur, des ‚Wesens' des Kunstwerkes in Betracht kommt: Erst „das wirkliche Werk" gebe – im hermeneutischen „Kreisgang" – „das Wesen der Kunst" zu erkennen und werde so zum Ursprung ‚der' Kunst, der es doch selbst entspringe (Heidegger: *Der Ursprung des Kunstwerkes*, S. 3). Im Kunstwerk werde (deren) „Wahrheit seiend, d. h. geschichtlich" (ebd., S. 66); nicht als offen zutage liegender Besitz, sondern als in ihm „*Gestalt*" (ebd., S. 51) annehmender, sich je wiederholender „Urstreit" zwischen Entbergung von Wahrheit und „Nochnicht(des Un-)Entborgenen" (ebd., S. 48).
472 D'Angelo: *L'estetica di Benedetto Croce*, S. 49; vgl. ebd., S. 46, zum „carattere extratemporale dell'*a priori*" der Kunst bei Croce. Vgl. Croce: *Aesthetica in nuce*, S. 206 (meine Übers.): „Das Apriori also steht nie für sich, sondern nur in den einzelnen Produkten, die es hervorbringt [...]."
473 Adorno: *Ästhetische Theorie*, S. 480.

4.4 Zum Ursprung „ästhetischer Gattungsnamen" im Medium des Essays — 273

von „originalità"[474]), d. i. seiner unbedingten Erscheinung, gegenüber allen anderen, ihm vielfältig verbundenen Ausdruckstatsachen des theoretischen wie praktischen Lebens ein unbestimmtes Surplus („un di più"[475]), eine nicht nur quantitative, sondern auch qualitative Differenz an Möglichkeiten des Weltbezugs markiert, die in ihrem freien Nachvollzug im ästhetischen Urteil gleichsam ein Erkennen und Fühlen *iuxta propria principia* hervorrufe. Indem es dieser Erfahrung eines Unbedingten im Bedingten, eines Ungeschichtlichen im Geschichtlichen Raum und Gestalt gibt, setzt sich das einzelne Kunstwerk für Croce von sämtlichen anderen Ausdruckserscheinungen ab; und stimmt doch mit allen, vergangenen wie kommenden, Kunstwerken (*poesie*) wesenhaft in dem überein, was es zu Kunst (*poesia*) macht, nämlich in seiner zirkulären untrennbaren Einheit von *espressione* und *intuizione*, *individuale* und *universale*, kurz: in seiner dialektischen, auf ein die bloße Empirie transzendierendes Anderes hinweisenden Erscheinungsform als „das individuell gewordene Universale"[476].

Als deren Ermöglichungsgrund und zugleich Inhalt ‚ist' die Intuition oder Kunst für Croce also nicht ohne die konkrete geschichtliche Äußerung, es gibt sie nur als im Kunstwerk „ausgedrückte Intuitionen"[477] (als *intuizione-espressione*). Sie ähneln darin Benjamins ‚Ideen' als eigentümlichen „universaliis [sic] in re"[478], die sich je nur in ihrem – wie Benjamin weiter schreibt – „sprachlichen Aus-

---

474 Croce: *Aesthetica in nuce*, S. 197. Vgl. Giorgio Agamben: *Der Mensch ohne Inhalt*, aus dem Ital. von Anton Schütz, Berlin 2012, S. 81: „Originalität bedeutet Nähe zum Ursprung. Das Kunstwerk ist originell, insofern es sich in einem bestimmten Verhältnis zu seinem Ursprung, seiner formalen *archē* befindet, [...] es in aufrechterhaltener Nähe zu seinem Ursprung verharrt."
475 Viglialoro: *Origine dell'arte*, S. 26.
476 Croce: *Grundriß der Ästhetik*, S. 46. Jedes Kunstwerk ist für Croce individueller Ausdruck eines Universalen und stimmt zugleich, paradoxerweise, mit allen seinen mannigfaltigen Äußerungen, ohne Ansehen der Gattung, Kunstform oder kanonischen Geltung, in dem immer selben ‚poetischen' Charakter überein; vgl. dazu Ulrich Schulz-Buschhaus: „Benedetto Croce und die Krise der Literaturgeschichte", in: *Der Diskurs der Literatur- und Sprachhistorie. Wissenschaftsgeschichte als Innovationsvorgabe*, hg. von Bernard Cerquiglini und Hans Ulrich Gumbrecht, Frankfurt a. M. 1983, S. 280–302, hier: S. 289 f.
477 Croce: *Grundriß der Ästhetik*, S. 34. Zum schwankenden ontologischen Status der Expression zwischen Erkenntnistätigkeit, ästhetischem Akt und (sprachlicher) Objektivierung der Intuition vgl. Robert Zimmer: *Einheit und Entwicklung in Benedetto Croces Ästhetik. Der Intuitionsbegriff und seine Modifikationen*, Frankfurt a. M. 2011, v. a. S. 31–47.
478 GS I/1, S. 220. Die Ideen, obwohl „ewige Konstellationen" (ebd., S. 215), zeigen sich nach Benjamin nur „im Mittel der Empirie" (ebd., S. 214), d. h. sie sind *mit* und *in* der Geschichte gegeben und unterscheiden sich insofern von Platonischen Ideen *epekeina tês ousias* (Platon: *Staat*, 508b8–9); zur Paradoxie von Benjamins Ideen-Begriff vgl. schlüssig Wolin: *Walter Benjamin. An Aesthetic of Redemption*, S. 92 f., und Urbich: *Darstellung bei Walter Benjamin*, S. 147–158.

druck"[479] zu erkennen geben. Croce grenzt den Begriff der Intuition insofern klar von dem ab, was Benjamin ihm unterstellt: von ‚Psychologismus'. Intuitionen sind für Croce keine diffusen vorbewussten Gefühle der Person des Künstlers, kein ungeordneter Komplex unmittelbarer Gefühlsreflexe; sondern synthetisch-gestalteter und sich materiell darbietender Ausdruck des ganzen (virtuellen) menschlichen Erfahrungs- und Empfindungsspektrums unter dem Gesichtspunkt eines bestimmten ‚Bild' oder, wie Croce auch schreibt, „Theorese"[480] gewordenen ‚Gefühls' („,,contemplazione del sentimento'"[481]).

Alle Fragestellungen, die das einzelne Werk nicht in seiner monadologischen Erscheinungsform als „un mondo a sé"[482] erfassen und wiedergeben, können für Croce daher zwar z. B. von kulturgeschichtlichem Interesse (wie die Frage nach einer Entstehungsgeschichte der Kunst) oder praktischem Nutzen (wie herkömmliche Kategorien der Gattungen oder Kunstformen) sein. Doch sind sie – wie Adorno richtig schreibt – „ästhetisch irrelevant"[483], da sie nicht die Sphäre des Ästhetischen als *prinzipiell* anderes, nicht restlos bestimmbares Gebiet theoretischen Erkennens erreichen, das weder bloß sensibel (bildhaft) noch rein intelligibel (begrifflich), sondern ‚intuitiv' ist. Allgemeine Kategorien wie Epochen-, Stil- oder Gattungsbegriffe, die Unterteilung in Kunstarten, ja selbst der Begriff ‚Kunst' verfehlen folglich das Wesentliche des Kunstwerkes als irreduzible Synthese aus Erkennen und Fühlen (als *espressione poetica*). Sie geben allenfalls ein heuristisches „Netz von generalia"[484] ab, die zu bestimmten Zwecken (d. h.

---

[479] GS I/1, S. 222.
[480] Croce: *La Poesia*, S. 20 (meine Übers.): Der „dichterische Ausdruck" (d. i. das Kunstwerk) sei, „anders als das Gefühl, eine Theorese, ein Erkennen", da die Dichtung stets das Besondere mit dem Allgemeinen verknüpfe. Croce grenzt das ästhetische Feld intuitiver Erkenntnis sowohl gegen die bloße Empfindung als auch gegen den Begriff bzw. die Logik ab, seine ästhetische Konzeption ist gewissermaßen zwischen Baumgartens Begriff einer *cognitio sensitiva* (die das sinnliche Fundament der Logik darstellt, jedoch *cognitio inferior* ist) und Kants Begriff ‚Anschauung' angesiedelt (die auf die Arbeit des Begriffs angewiesen bleibt und ohne ihn ‚blind' ist); vgl. dazu D'Angelo: *L'estetica di Benedetto Croce*, S. 38 f.
[481] Croce: *Aesthetica in nuce*, S. 194. Vgl. Croce: *Grundriß der Ästhetik*, S. 20: „Die Intuition ist in Wahrheit die Produktion *eines* Bildes und nicht etwa einer unzusammenhängenden Masse von Bildern [...]."
[482] Croce: *Aesthetica in nuce*, S. 233. Ist die im Kunstwerk und seiner Kritik zum Ausdruck kommende Intuition für Croce ‚eine Welt für sich', versteht Benjamin die im esoterischen Essay dargestellte Idee als „Monade" oder „Bild der Welt in seiner Verkürzung" (GS I/1, S. 228).
[483] Adorno: *Ästhetische Theorie*, S. 480.
[484] Croce: *Grundriß der Ästhetik*, S. 46; vgl. ebd., S. 47: Gattungsbegriffe seien allenfalls als „eine Art Register" zu Zwecken der „Kenntnis der Kunst" und „Erziehung zur Kunst" geeignet. Zu Croces Kritik an literarischen und künstlerischen Gattungen vgl. auch ders.: *Aesthetica in nuce*, S. 220–222, ders.: *La Poesia*, S. 178–186, und ders.: *Estetica*, S. 40–42.

4.4 Zum Ursprung „ästhetischer Gattungsnamen" im Medium des Essays — 275

„ästhetisch irrelevant") etwa der Didaktik, Kommunikation, Archivierung etc. mit ihm als geschichtlichem Dokument (als *espressione letteraria*) umgehen, seinen – mit Benjamin – ‚Sachgehalt' betreffen.[485] ‚Pseudoästhetische' Begriffe (*concetti pseudoestetici*) wie etwa der deduzierte Gattungsbegriff haben Croce nach also durchaus ihre Berechtigung, doch taugen sie weder als Kriterien – wie es im *Grundriß* heißt – „für das spontane Kunstschaffen noch für das philosophische Urteil"[486]. Einziges ästhetisches Kriterium für Croce ist, ob ein (mit Kant) ‚viel zu denken veranlassendes', aber auf keine bestimmten Begriffe oder Daten zu bringendes Objekt eines ‚Fühlens anderer Art' („vario sentire"[487]) vorliegt. Sein ‚Wahrheitsgehalt' erscheint als eine der Gesamtheit seiner Aspekte abzulesende *innere Differenz* zum eigenen Bedingt- und Geschichtlich-Sein.

---

485 Als geschichtliche Dokumente seien Gattungen – ebenso wie biografische, psychologische, soziologische etc. Daten – durchaus zu untersuchen, auch wenn sie nicht essenziell zum Verständnis des sich nur intuitiv erschließenden Wahrheitsgehaltes des singulären Kunstwerkes seien. Croces Bestimmungsversuche des begrifflich Unbestimmbaren verfahren daher – darin Adornos Vorgehen ähnlich – meist durch Negationen und Relationen (Kunst sei *nicht* positivistisch, moralisch, im Sinne begrifflicher Erkenntnis, als Willensleistung etc. zu verstehen, auch wenn sie den Sphären von Praxis und Logik, wie er im Einzelnen ausdifferenziert, nicht bezugslos gegenüberstehe; vgl. ders.: *Grundriß der Ästhetik*, S. 7 ff.). Das aus diesem negativen Ansatz resultierende dialektische – und nicht, wie man vermuten könnte, dualistische oder auf eine (romantische) Identität seiner Momente abhebende – Verfahren ähnelt dem Benjamin'schen Ineinander von Kommentar und Kritik, Sach- und Wahrheitsgehalt, das sie gar mit ähnlichen Bildern beschreiben: „Denn die Exegese liefert dem Geist jene Voraussetzungen an historischen Kenntnissen, die er nötig hat als das Holz, das im Feuer der Phantasie verbrannt werden muß." (Croce: *Grundriß der Ästhetik*, S. 73) Und in Benjamins *Wahlverwandtschaften*-Essay heißt es: „So fragt der Kritiker nach der Wahrheit, deren lebendige Flamme fortbrennt über den schweren Scheitern des Gewesenen und der leichten Asche des Erlebten." (GS I/1, S. 126)
486 Croce: *Grundriß der Ästhetik*, S. 46.
487 Croce: *La Poesia*, S. 130. Dieses andersgeartete ‚Fühlen' umfasst den (idealen) Künstler, das einzelne Kunstwerk und die virtuelle Gesamtheit seiner Kritiken und Kritiker. Auch in der *Vorrede* fällt der Begriff. Schreibt Benjamin von einem den barocken Trauerspielen eigenen „Gefühl" der Trauer, das „weder der Gefühlszustand des Dichters noch des Publikums", sondern ein „innig an die Fülle eines Gegenstands gebundenes Fühlen" sei (GS I/1, S. 318), korrespondiert diesem objektgebundenen, d.i. ‚objektiven' Gefühl rezeptionsseitig ein nicht-intentionales „Gefühl ihrer Nähe", einer wesenhaften „Zusammengehörigkeit" (ebd., S. 215), die nicht restlos bestimmbar, da offenbar in einer alle ihre Aspekte durchdringenden *reflexiven Geste* fundiert ist: in ihrem Gefühl der Trauer angesichts einer „entleerte[n] Welt" (ebd., S. 318). Benjamins Idee der Gattung fängt ebendieses ‚Gefühl' in einem einheitlichen Ausdruck anschaulich ein. Wenn seine Freundin Asja Lacis, gemeinsame Gespräche auf Capri über die dort in Teilen entstandene Trauerspiel-Arbeit erinnernd, Benjamins Kurzdefinition von ‚Gattung' als distinkten Ausdruck einer neuartigen „Weltempfindung" (zit. n. GS I/3, S. 879) resümiert, scheint ein solches andersartiges Fühlen benannt zu sein, das zugleich ein Fühlen eines Anderen ist.

Betont Croce zwar einerseits, deren absichtsloser Nachvollzug im ästhetischen Urteil sei geistiger Natur, eine sich vom Künstler – gleichgültig ob Dichter, Bildhauer oder Musiker – zum Kritiker intuitiv fortsetzende überpersönliche Erfahrung eines spannungsreichen ‚inneren Bildes', benennt er andererseits deren individuelle materiale Ausprägungen: Es sind „saggi e monografie"[488], Essays und Monografien. Die sich im Medium ästhetischer Kritik eines ‚originalen' Kunstwerkes vollziehende „ri-creazione"[489] (‚Nachschöpfung') oder „rievocazione"[490] (‚Wiederaufführung') eines konkreten Ineinanders von *intuizione-espressione* hat für Croce demnach nichts mit ‚Einfühlung' – gegen die auch Benjamin in der *Vorrede* polemisiert – zu tun,[491] sondern eher mit seiner *ré-écriture*,[492] mit seinem nun dezidiert sprachlichen, reflexiven Ausdruck.

Tatsächlich ist bereits Croces Begriff ‚Intuition', in dem Benjamin ein Äquivalent zu seinem Ideen-Begriff zu erkennen scheint, gnoseologischer und darstellungstechnischer – und nicht psycholog(ist)ischer – Natur.[493] Bezeichnend dafür sind die Synonyme, die Croce im *Grundriß* für *intuizione* anführt, sie lauten u. a. „‚contemplazione'", „‚rappresentazione'", „‚visione'" oder „‚figurazione'".[494] In der *Vorrede* finden sich, ob zufällig oder nicht, ähnliche visuell-figurative Begriffe, mit denen Benjamin seine philosophisch-literarische Methode zur „Beschreibung der Ideenwelt"[495] charakterisiert: „Kontemplation"[496] und „Betrachtung"[497], „originäre[] Darstellung"[498], „Einsicht"[499] oder „Doppeleinsicht"[500] sowie „Konfiguration"[501]. Es sind sämtlich Begriffe für einen *nicht-formalisierbaren Darstellungs- und Erkenntnismodus*, der mit seinem Gegenstand korreliert ist: mit

---

[488] Croce: *Aesthetica in nuce*, S. 233.
[489] Croce: *La Poesia*, S. 113.
[490] Ebd., S. 135.
[491] Vgl. GS I/1, S. 222. Zu Croces Kritik an einer Einfühlungsästhetik im Sinne Friedrich Theodor Vischers und an der unzulässigen Einführung psychologischer *concetti pseudoestetici* in den ästhetischen Bereich, der einer strengen philosophischen Grundlegung bedürfe, vgl. D'Angelo: *L'estetica di Benedetto Croce*, S. 50–56.
[492] Die „untergründige Präsenz Croces" (Schulz-Buschhaus: „Benedetto Croce und die Krise der Literaturgeschichte", S. 296) etwa in Roland Barthes' Theoriebildung verwundert insofern nicht.
[493] Vgl. D'Angelo: *L'estetica di Benedetto Croce*, S. 39.
[494] Benedetto Croce: *Breviario di estetica*, in: ders.: *Breviario di estetica – Aesthetica in nuce*, hg. von Giuseppe Galasso, 3. Aufl., Mailand 1990, S. 11–190, hier: S. 22.
[495] GS I/1, S. 223.
[496] Ebd., S. 208, S. 217 u. S. 225.
[497] Ebd., S. 208–210, S. 217, S. 223 u. S. 225 f.
[498] Ebd., S. 212.
[499] Ebd., S. 226.
[500] Ebd.
[501] Ebd., S. 214 u. S. 227.

4.4 Zum Ursprung „ästhetischer Gattungsnamen" im Medium des Essays

dem aus einem Nicht-Sein in ein In-Präsenz-Sein übertretenden originalen Kunstwerk (der ‚ausgedrückten Intuition') bei Croce; mit einer sich in einem unableitbaren Ursprungsgeschehen vollziehenden Ins-Werk-Setzung eines neuen Sinns (der Gestaltwerdung einer ‚Idee') bei Benjamin.[502]

Als mit ihrem eigenen Gestalt- oder Gattungsschema nahezu in eins fallende Form scheint sich der monografische Essay als Szene der ‚Wiederaufführung' (*rievocazione*) eines Ursprünglichen bzw. Originals besonders zu eignen. Denn in seiner Charakteristik als – mit Adorno – „individuell zusammengeschlossene Einheit, in der doch das Ganze erscheint"[503], führt der Essay gleichsam seine eigene nicht-reproduzierbare technische Bedingung mit, ‚zer-zeigt' sie,[504] und erzeugt so eine *virtuelle Synchronizität* von konkreter Wirklichkeit, Möglichkeit und Entelechie (s)einer Form. Wenn Benjamin in der Erstfassung der *Vorrede* ‚Ursprung' als „eine eigne Formation, eine eigne Gesetzlichkeit"[505] bezeichnet und Croce ‚Originales' als eigengesetzliche „formazione dell'intuizione-espressione" oder auch als „tecnica interiore'" (‚innere Technik') beschreibt,[506] umreißen beide eine ihren Erkenntnisgegenständen zugehörende gnoseologische Darstellungsform, der ihr nicht-vorgängiges Prinzip innewohnt: eine ‚Formation' im Sinne einer „dynamischen Einheit"[507] von Prinzip, Prozess und Produkt einer Formwerdung, der ihre mögliche Umbildung oder Neuformation implizit ist. Auch Benjamins wohl prägnanteste Definition des Ursprungs als ein „dem Werden und Vergehen Entspringendes"[508] evoziert eine sinnlich-reflexive Darstellungsweise

---

502 Vgl. ebd., S. 226: „In jedem Ursprungsphänomen bestimmt sich die Gestalt, unter welcher immer wieder eine Idee mit der geschichtlichen Welt sich auseinandersetzt [...]." Mit dem (Goethe'schen) Gestaltbegriff rekurriert Benjamin auf zeitgenössische morphologische Literatur- und Gattungsauffassungen; zur Ähnlichkeit von Benjamins Begriff ‚Ursprungsphänomen' und Goethes Begriffen ‚Urphänomen' und ‚Typus' vgl. das Kapitel „Gestalt und Funktion" in Wiesenthal: *Zur Wissenschaftstheorie Walter Benjamins*, S. 17–33, und Tiedemann: *Studien zur Philosophie Walter Benjamins*, S. 79 ff.; vgl. auch Anm. 32 in Kap. III.3.1.
503 Adorno: „Der Essay als Form", in: ders.: *Noten zur Literatur*, S. 15. Dabei stellen Benjamins und Croces Schreibweisen geradezu zwei Pole des Essayistischen dar: Der wort- und geistreiche subjektive Essayismus, die ungewöhnliche und oft mit Invektiven, Polemiken und Anekdoten gespickte Prosa Croces auf der einen Seite; Benjamins auf „Objektivität" (GS I/1, S. 217) abzielendes, sich auf eine Traktat-Tradition berufendes, mit Zitat- und Montagetechniken operierendes esoterisches Schreiben auf der anderen Seite.
504 Vgl. Anm. 7 in Kap. II.1.1.
505 GS I/3, S. 935.
506 Croce: *Aesthetica in nuce*, S. 215.
507 Burdorf: „Form und Formation", S. 125.
508 GS I/1, S. 226. Das partizipiale Substantiv ‚Entspringendes', das diese Dynamik fortgesetzter Formgestaltung impliziert, ließe sich auch als Gerundiv im Sinne eines dem Werden und Ver-

(den „esoterischen Essay"[509]), die in dessen intrinsisch organisierte Verfasstheit „Einsicht"[510] gewährt, indem sie sich selbst aus dem gegebenen Sprach- und Formenmaterial auf unerfindliche (‚esoterische'), nicht-reproduzierbare Weise (per-)formiert:

> Der Ursprung steht im Fluß des Werdens als Strudel und reißt in seine Rhythmik das Entstehungsmaterial hinein. Im nackten offenkundigen Bestand des Faktischen gibt das Ursprüngliche sich niemals zu erkennen, und einzig einer Doppeleinsicht steht seine Rhythmik offen.[511]

Obgleich also dezidiert historische Kategorie, ist Benjamins Ursprungsbegriff ebenso räumlich wie zeitlich konnotiert. Er bezeichnet, mit Tiedemann, „ein Kraftfeld"[512], das sich als eine eigenzeitliche „Rhythmik"[513] evozierende zwecklose Neuordnung des Gegebenen konstituiert. Als deren kritisch reflektierte Erfahrung bietet sich die im Essay, in der spezifischen „Gliederung und Anordnung"[514] seiner Begriffe (zu Ideen), (re-)produzierte ästhetische Formation dar. ‚Ursprung' stellt sich, anders gesagt, im nicht-diskursiven, in sich verweisungsreichen Textraum des Essays, jenseits jeder Linearität oder zeitlichen Bedingtheit (im Sinne von „Entstehung"[515]), als Form einer ‚Zweckmäßigkeit ohne Zweck' dar: als *diskontinuierlich rekurrierender Zustand freier, unbedingter Relationalität*. Die „Schönheit"[516] dieser zwischen Sagen und Zeigen, „Begriff" und bildhafter „Konfiguration" pendelnden Darstellung ist gnoseologisch fundiert:[517] Soll „das Ursprüngliche"[518] nicht zu einem restlos sagbaren Objekt der „Erkenntnis"[519], sondern als Erfahrungsgrund unbedingter Simultaneität, einer spannungsreichen

---

gehen notwendigerweise ‚zu Entspringenden' verstehen: als zukunftsoffenes, ein ethisches Erfordernis einschließendes Wiederholungsgeschehen.
509 Ebd., S. 207.
510 Ebd., S. 226.
511 Ebd.
512 Tiedemann: *Studien zur Philosophie Walter Benjamins*, S. 78: „[S]o ist Ursprung dialektisch, als ein Kraftfeld bestimmt." Tiedemann mag auf Adornos Bestimmung des Essays anspielen, der „ein Kraftfeld [ist], so wie unterm Blick des Essays jedes geistige Gebilde in ein Kraftfeld sich verwandeln muß" (Adorno: „Der Essay als Form", in: ders.: *Noten zur Literatur*, S. 22).
513 GS I/1, S. 226.
514 Ebd., S. 223.
515 Ebd., S. 226.
516 Ebd., S. 210. Vgl. ebd., S. 210–212, den Abschnitt über „Philosophische Schönheit" (der Darstellung).
517 Ebd., S. 214.
518 Ebd., S. 226.
519 Ebd., S. 209.

4.4 Zum Ursprung „ästhetischer Gattungsnamen" im Medium des Essays — 279

Identität/Differenz von *aísthēsis* und *epistḗmē*, Einmaligkeit und Wiederholung, Einzelnem und Allgemeinem, Phänomen und Idee (oder Ausdruck und Intuition), adäquat erfasst werden, muss auch seine Darstellung sich letzter begrifflicher Bestimmung entziehen – und doch ‚viel zu denken geben'. Für sie gilt, wie es, in Allusion an romantische Denkfiguren, im zitierten Ursprungsparagrafen der *Vorrede* heißt: „Sie will als Restauration, als Wiederherstellung einerseits, als eben darin Unvollendetes, Unabgeschlossenes andererseits erkannt sein."[520]

Die *réécriture* eines historischen Ursprungsgeschehens, eines dem zielgerichteten Zeit- und Geschichtsverlauf Entspringenden, fügt diesem, wie Benjamin in den Geschichtsthesen vertiefen und im Konzept des dialektischen Bildes konkretisieren wird, einen „Sprung"[521], eine reflexive Zäsur zu, die Zeit, Geschichte und den gewöhnlichen Sprachgebrauch gleichsam stillstellt und in einem neuen, anderen Licht betrachten: ‚einsehen' (*intuire*) lässt.[522] Hegt Croce

---

520 Ebd., S. 226.
521 GS IV/1, S. 425: „Nicht der Fortgang von Erkenntnis zu Erkenntnis ist entscheidend, sondern der Sprung in jeder einzelnen Erkenntnis selbst."
522 Vgl. GS I/1, S. 227: „Denn das in der Idee des Ursprungs Ergriffene hat Geschichte nur noch als einen Gehalt, nicht mehr als ein Geschehn, von dem es betroffen würde." Die (diachrone) Geschichte erscheint nur mehr „als der farbige Rand einer kristallinischen Simultaneität" (ebd., S. 218), sie ist Gegenstand der Betrachtung geworden. Wie für Benjamin ‚Ursprung' keinen chronologischen Anfangspunkt meint, ist auch das von ihm evozierte ‚Ende' kein bloßer Abbruch der Chrono-Logik; sie lassen vielmehr Geschichte als Episode oder Stadium – zwischen einem ‚Davor' und einem ‚Danach' – lesbar werden. Sie sind die zwei Gesichter derselben revolutionär-eschatologischen Idee einer befreiten Geschichte, der die messianische Idee einer anderen Sprache, eine „befreite Prosa" (GS I/3, S. 1235) korrespondiert (vgl. dazu Kap. III.6.2); vgl. Giorgio Agamben: „Lingua e storia. Categorie linguistiche e categorie storiche nel pensiero di Benjamin", in: *Walter Benjamin. Tempo storia linguaggio*, hg. von Lucio Belloi und Lorenzina Lotti, Rom 1983, S. 65–82, v. a. S. 77–79; zur Verschränkung der Kategorien von „*eschaton*" und „divine *arche*" in Benjamins Sprachauffassung vgl. auch Hanssen: „Philosophy at Its Origin", S. 816; vgl. Urbich: *Darstellung bei Walter Benjamin*, S. 225–230; zur Paradoxalität einer originären anderen Zeitordnung, die dem Phänomenalen in versprengten Spuren einer Erinnerung an eine befreite Zeit ablesbar ist, die nicht gewesen ist, sondern – im Sinne eines „*futuro anteriore*" – vielmehr ‚gewesen sein wird', vgl. Agamben: *Signatura rerum*, S. 106; vgl. Wolin: *Walter Benjamin. An Aesthetic of Redemption*, S. 96: „[O]rigin refers to a history of a different type: not empirical history, in which the inessential being of the phenomenon persists in its mere facticity, unredeemed, but a type of *essential history*, in which the phenomenon stands revealed as it will one day in the light of Messianic fulfillment." Dazu passt, was Adorno – wohl mit Seitenblick auf die Ursprungsarchäologie der *Vorrede* – über den Essay schreibt: „Darum läßt sich der Essay von dem depravierten Tiefsinn nicht einschüchtern, Wahrheit und Geschichte stünden unvereinbar einander gegenüber. Hat Wahrheit in der Tat einen Zeitkern, so wird der volle geschichtliche Gehalt zu ihrem integralen Moment; das Aposteriori wird konkret zum Apriori" (Adorno: „Der Essay als Form", in: ders.: *Noten zur Literatur*, S. 17 f.; zum „Zeitkern" der Wahrheit vgl. auch das *Passagen-Werk*, GS V/1, S. 578).

zwar den Geltungsbereich des Ästhetischen als Raum eines solchen Erkennens und Fühlens *sub specie originis* ebenso streng ein wie Benjamin ihn mit der *Vorrede* auf die „Verschrobensten der Phänomene"[523] hin überschreitet, zeigt sich für beide dergestalt im Essay ein vom Ursprung Betroffenes in reflexiver Differenz zu sich selbst als bloß historischem, ja als irgend ableitbarem Phänomen. Der ontologische und epistemologische Status dieses sich in stets neuer Gestalt ereignenden originären Sinn- und Differenzgeschehens oszilliert in seiner essayistischen Darstellung mithin zwischen *individuale* und *universale*, zwischen „Entdeckung" und „Wiedererkennung":

> Damit erfüllt Darstellung des Ursprünglichen den Charakter der Entdeckung. Einer Entdeckung aber, die in einzigartiger tiefster Weise sich verbindet mit der Wiedererkennung.[524]

Benjamins befremdlich erscheinende These nun einer „im Problem des Ursprungs"[525] verorteten Konvergenz zwischen seiner Idee von Gattung und einer von Croce im *Grundriß der Ästhetik* konzedierten „genetischen und konkreten Klassifikation"[526] könnte – um auf die eingangs aufgeworfene Frage zurückzukommen – auf die Erfordernis einer ‚Klassifikation' abheben, die ein im Darstellungsvollzug des Essays als ‚ursprünglich' (bzw. in Croces Sinne: als ‚Kunst') Wiedererkanntes *im gleichen Zuge* in eine ihm je spezifische geschichtliche Perspektive einrückt, ohne dabei seinen rettenden Ursprungshorizont dreinzugeben.[527] Wenn Croce – wie Benjamin zitiert – diese ‚Klassifikation' im gleichen Satz „übrigens nicht ‚Klassifikation'", sondern „vielmehr Geschichte genannt" wissen will,[528] kristallisiert sich, in einer sich selbst korrigierenden Denkbewegung,

---

[523] GS I/1, S. 227.
[524] GS I/3, S. 936.
[525] GS I/1, S. 226.
[526] Ebd., S. 225; vgl. Croce: *Grundriß der Ästhetik*, S. 48.
[527] Eben zur Beantwortung des auch von Croce adressierten „dilemma tra storicità e astoricità dell'arte" (Vittorio Stella: *Il giudizio dell'arte. La critica storico-estetica in Croce e nei crociani*, Macerata 2005, S. 55), d. h. der Frage, „wie Kunstwerke sich zum geschichtlichen Leben verhalten", die doch ihrem „Wesentlichen nach geschichtslos" seien (Brief an Rang vom 09.12.1923, GB II, S. 392), braucht es nach Benjamin „eine Lehre von den verschiednen Arten von Texten" (ebd., S. 394).
[528] GS I/1, S. 225; vgl. Croce: *Grundriß der Ästhetik*, S. 48. Croce meint hier die mit der empirischen Geschichte interferierende, aber nicht übereinstimmende ‚Geschichte' in einem emphatischen Sinne: „la Storia" (Croce: *Breviario di estetica*, S. 74); die deutsche Übersetzung überträgt die im italienischen Text mittels Majuskel in das Wort ‚storia' eingefügte semantische Differenz in eine – in Benjamins Wiedergabe des Zitats getilgte – typografische Sperrung von ‚Geschichte'. Insofern sich die ‚Geschichte' eines Werkes für Croce mit seinem ästhetischen Urteil wie unvermittelt einstellt „oder, genauer gesagt, jenes Urteil eben diese Geschichte ist" (Croce: *La Poesia*,

4.4 Zum Ursprung „ästhetischer Gattungsnamen" im Medium des Essays — 281

‚Gattung' als eine Art *reflexives Scharnier* zwischen Philosophie und Geschichte heraus: nicht als abstraktes „Zwischenelement"[529], das ein Einzelnes gemäß bestimmter Merkmale in die Erzählung einer bruchlosen Gattungs- oder Kunstgeschichte einfügt; sondern als *selbst* konkreter sprachlicher Ausdruck der Erfahrung ihres auf unbestimmte Weise in ihrer inneren Differenz zu ihrer Zeit Einander-Ähnelns[530]. Die einleitend zitierte enigmatische Textpassage aus der *Vorrede* ließe sich von hier aus auch als methodische Leerstelle auffassen, die diesem auf das charakteristische „Sinndefizit"[531] einer Zeit bezogenen ‚Mehr' („*un di più*"[532]) performativ korrespondiert, das in Gestalt wechselnder „ästhetischer Gattungsnamen"[533] ‚Geschichte' als durch Möglichkeiten und Sinnüberschüsse gekennzeichnete *fühlend* zu *erfassen* vermöchte. Solange diese in ihrer „Totalität"[534] nicht vorliegt, erweist sich die in jedem Ursprünglichen offenbar werdende heikle Passage von Geschichte und Philosophie, Bedingtheit und Möglichkeit, Einzelheit und Einheit für Benjamin als stets von Neuem zu leistende Aufgabe des Essays, nicht nur einem Einzelnen, sondern anlässlich seiner darstellenden Benennung auch historisch gegebenen Begriffen, der Sprache, etwas zurückzuer-

---

S. 134; meine Übers.), könnte das Zugeständnis jener ‚Klassifikation' auch dahingehend gelesen werden, dass sie die reale Vielheit der Werke in einem einheitlichen ‚Ausdruck' zusammenführt, der nicht ihren historischen oder strukturalen Vergleich, aber ihre *Zusammenschau* als individuelle Schattierungen sich geschichtlich realisierender Intuition(en) ermöglicht, anders gesagt: ihre (ontologische) Einheit in der Vielheit, d. i. ‚Kunst' unter den Bedingungen der Geschichte sehen lässt. Geschichte (der Kunst) erscheint damit, *vice versa*, als Gewebe ineinander vor- und rückläufig und sich wechselseitig bereichernd aufeinander beziehbarer monadenhafter Knotenstellen, die eine Art Individualisierung der zuvor ungestalteten Zeit leisten, anders gesagt: ‚Geschichte' (*la Storia*) schreiben.
529 Croce: *Grundriß der Ästhetik*, S. 46 (meine Hervorhebungen): „Zwischen das Universale und das Besondere schiebt sich *in philosophischer Betrachtung* kein Zwischenelement ein, keine Reihe von Gattungen oder Arten, von ‚generalia'"; vgl. GS I/1, S. 224.
530 D. i. das „Gefühl ihrer Nähe" (ebd., S. 215); vgl. obige Anm. 487.
531 Schlaffer: „Walter Benjamins Idee der Gattung", S. 288; vgl. ebd.: „Das ästhetisch verfestigte Resultat" – gemeint ist Benjamins Idee von Gattung – „überdauert die Bedingungen, unter denen es zustande kam, weil es nicht bloßer Ausdruck der historischen Fakten ist, sondern ein Sinnentwurf, der mit dem wirklichen Verlauf der Geschichte *nicht* übereinstimmt. [...] Aus der Differenz zwischen den geschichtlichen Umständen der ‚Entstehung' und ihrer ästhetischen Ideation im ‚Ursprung' bildet sich das autonome Weltbild der Gattung, das der kunstphilosophischen Einsicht zugänglich ist."
532 Viglialoro: *Origine dell'arte*, S. 26.
533 GS I/1, S. 223.
534 Ebd., S. 226.

statten:[535] ein über ihre „offenkundige profane Bedeutung"[536] hinausweisendes ‚Mehr'.

Benjamins fortgesetzte Reflexion über die Geschichtlichkeit der Kritik und ihrer Begriffe, über ihre Bedingtheit und Offenheit, wird flankiert von seiner Tätigkeit als Literaturkritiker und Rezensent, die seine theoretische Arbeit an den ‚großen Texten' stets begleitet und sich in Schreibformen wie der im Goethe-Essay mit dem ‚Kommentar' geschichtlicher Sachgehalte interagierenden ‚Kritik' konkretisiert.[537] Zu einer erst noch zu entwerfenden ethischen „Technik des Kritikers" aber gehöre, wie Benjamin nach Abschluss des Trauerspiel-Buchs in *Die Aufgabe des Kritikers* (1931) postuliert, wesentlich eine „Theorie des kritischen Zitats".[538] Schon im Juni 1925 hatte er das Druckmanuskript des Trauerspiel-Buchs mit einer in diese Richtung weisenden und als „vielleicht" nötig in Aussicht gestellten, „aber" zugleich (noch) vorenthaltenen Leseanweisung an Hugo von Hofmannsthal geschickt:

> Die Technik der gehäuften Zitationen bedarf vielleicht einer Erklärung; aber ich möchte mich hier auf den Hinweis beschränken, daß die akademische Intention der Arbeit nichts als ein Anlaß, und zwar als ein ironisch aufgenommener dieser Schreibart mir gewesen ist.[539]

Einen möglichen Lektüreschlüssel auch für die Zitationstechnik und kritische Schreibart des Trauerspiel-Buchs, das, so Benjamin an Scholem, „fast ganz aus Zitaten besteht"[540], kann – nach Klärung seiner gnoseologischen Grundlagen – nachträglich sein Essay *Karl Kraus* liefern. Dieser entsteht parallel zu seinen Reflexionen über die Aufgabe des Kritikers und erweitert, Sprache als kritische Funktion, Deklination und Artikulation der Technik auffassend, progressiv die Operativität seiner essayistischen Schreibpraxis.

---

535 Hier lohnt es, aus dem in vielen Punkten ausführlicheren und weniger hermetischen ersten Entwurf der *Vorrede*, der sich stellenweise wie ein Kommentar der Druckfassung liest, zu zitieren: „[F]ür die philosophisch geleitete Begriffsbildung liegen die Richtlinien im Ursprung und genauer gesagt in jener ihm innewohnenden Antinomie nach der in allen wesenhaften Erscheinungen das Moment der Einmaligkeit und der Wiederholung einander bedingen. [...] Es ist nicht etwa das, was ihnen gemeinsam wäre (ein sauber abgezogner Begriff) sondern was erst in simultaner Vergegenwärtigung gewisser Punkte sich als Darstellung formt." (GS I/3, S. 936)
536 GS I/1, S. 216; vgl. ebd., S. 216f.: „Sache des Philosophen ist es, den symbolischen Charakter des Wortes [...] durch Darstellung in seinen Primat wieder einzusetzen. [...] In dieser Erneuerung stellt das ursprüngliche Vernehmen der Worte sich wieder her."
537 Vgl. ebd., S. 125.
538 GS VI, S. 171.
539 GB III, S. 50.
540 GB II, S. 508.

5 Kritische Zitationstechniken nach *Karl Kraus*. Den Ursprung der Sprache herbeizitieren

> Seine [des Essays] Form kommt dem kritischen Gedanken nach, daß der Mensch kein Schöpfer, daß nichts Menschliches Schöpfung sei. Weder tritt der Essay selbst, stets bezogen auf schon Geschaffenes, als solche auf, noch begehrt er ein Allumfassendes, dessen Totalität der der Schöpfung gliche.[1] (Theodor W. Adorno)

Benjamins Langessay *Karl Kraus* (1931), der eine Vielzahl von Zitaten und unterschiedlichen Zitationsweisen zusammenführt und miteinander verflicht, entwirft eine implizite Theorie des Zitats. Diese Zitationstheorie und -praxis ist im Rahmen einer Untersuchung von Benjamins essayistischen Schreibweisen schon allein deshalb von Interesse, weil der Essay eine der intertextuellen Formen schlechthin ist und ganz wesentlich mit Zitaten operiert, die der Essayist als ein schreibender Leser wie Blumen am Wegesrand seiner Lektüren pflückt. Wenn im Kraus-Essay vom „rettenden und strafenden Zitat"[2] die Rede ist, erschöpft sich dessen Bedeutung aber keineswegs in für den Essay gemeinhin typischen Zitationsmodi, wie z. B. im Ausweis von Belesenheit, im bescheidenen Zurücktreten des Autors hinter die zitierten Stimmen, im spielerischen Montieren verschiedener Zitatfunde oder im ironischen Maskenspiel und Demaskieren zitierter Autoren.[3] Im Kraus-

---

[1] Adorno: „Der Essay als Form", in: ders.: *Noten zur Literatur*, S. 26.
[2] GS II/1, S. 363.
[3] Zitierend setzen Essays „spielerisch Denkrichtungen in Gang, wobei sie diese immer wieder an die (Lektüre-)Erfahrung zurückbinden und auf die Assoziationsfreudigkeit des belesenen Rezipienten bauen" (Doren Wohlleben: *Schwindel der Wahrheit. Ethik und Ästhetik der Lüge in Poetik-Vorlesungen und Romanen der Gegenwart*, Freiburg i. Br. / Berlin 2005, S. 27). Schon Montaigne charakterisiert den Essay als mittels ausgefeilter Zitationstechniken operierenden Intertext, der auch verschiedenste Gattungsaspekte anzitiert, simuliert, verfremdet, hybridisiert, sich zu eigen macht und oft genug gegen den Urheber wendet; vgl. Bachmann: *Essay und Essayismus*, S. 114 f.: „Das *Zitat* ist seit Montaigne und Bacon unentbehrliches Instrument des Essayisten; mit dieser Waffe trifft er den Kontrahenten in dessen Nervenzentren." Zitierend vermag der Essay, um Montaigne selbst zur Funktion der Zitate in seinen *Essais* zu zitieren, ein ironisches, den Zitierten entlarvendes Maskenspiel zu treiben sowie den Eindruck und die persuasive Kraft des eigenen Schreibens geschickt zu intensivieren, vgl. ders.: *Essais*, S. 201: „Bei meinen Zitaten prüfe man, ob ich sie so zu wählen wußte, daß sie die Aussagekraft meiner eignen Erfindungen steigern; denn ich lasse andre sagen, was ich weniger gut zu sagen vermag: manchmal aus Schwäche meiner Sprache, manchmal aus Schwäche meines Verstands. Meine Anleihen zähle ich nicht, ich wiege sie." (II, 10: „Über Bücher") Zum Montaigne'schen Topos des ‚Pflückens' von Zitaten vgl. Kap.

Essay ist es Benjamin um eine kritische Stoßrichtung des Zitierens zu tun, die eine dezidiert politische und ethische Dimension aufweist.[4]

Diese im Kraus-Essay entworfene und praktizierte Technik kritischen Zitierens ist mit Benjamins komplexem Konzept des ‚Ursprungs' verknüpft. Die Rekonstruktion des Ursprungs hatte Benjamin in der *Erkenntniskritischen Vorrede* des Trauerspiel-Buchs als Aufgabe einer „philosophischen Kritik"[5] bestimmt, zu deren Darstellungsmitteln wesentlich „das autoritäre Zitat"[6] gehöre. Die Darstellung eines „Ursprungsphänomen[s]"[7], in der eine qualitativ neue, sich in der Sprache sedimentierende Erfahrung lesbar wird – wie z. B. das barocke Trauerspiel als kollektive Erfahrung einer Entfremdung und Desemantisierung der Lebenswelt –, wurde in der *Vorrede* als unendliche (re-)konstruktive Aufgabe des „esoterischen Essay[s]"[8] bezeichnet.[9] Die in der *Vorrede* zentrale Kategorie des Ursprungs, von der Samuel Weber zu Recht schreibt, es sei „durchaus bedenklich und symptomatisch, dass die meisten Interpreten Benjamins kaum auf seinen

---

II.2.3; Benjamin bemüht diese Lese- und Schreibmetapher des Essays u. a. für die Geschichtsthesen, siehe Kap. III.6.

4 Im zeitgleich zum Kraus-Essay entstandenen Entwurf *Die Aufgabe des Kritikers* kündigt Benjamin eine erst noch zu entwickelnde „Theorie des kritischen Zitats" an, die das zentrale Moment einer „Technik des Kritikers" sei (GS VI, S. 171). Zitat und Kritik sind ohne einander tatsächlich überhaupt nicht denkbar: Kritik als Scheide- und Unterscheidungskunst (*kritikḗ téchnē*) sowie Kunst im Sinne von *ars*, d. i. von *Modus*, der Rekombination oder Rekonstruktion des Geschiedenen, geht stets von Vorgefundenem aus, vom vorgefundenen Text oder als Text lesbaren kulturellen Artefakt, das die Kritik selektiv aufruft, zitiert. Das Zitat bezeichnet, im allgemeinsten Sinne, die Herstellung einer Text-Text-Relation zwischen vorgefundenem und neuem Text, es ist die basalste intertextuelle Operation – aber auch ein kritisches Verfahren. ‚Kritisch' ist die von Benjamin in *Die Aufgabe des Kritikers* in Aussicht gestellte Zitationstechnik nicht nur insofern, als das kritische Zitat Agens der deutenden und urteilenden essayistischen Literatur- und Kulturkritik ist; kritisch ist dieses Zitieren auch im Sinne von ‚prekär' oder ‚gefährlich', da es immer auch Verlust, Verschiebung, Entstellung oder Erzeugung von nicht-stabilem Sinn bedeutet: „Zitate in meiner Arbeit", wie Benjamin in der *Einbahnstraße* schreibt, „sind wie Räuber am Weg, die bewaffnet hervorbrechen und dem Müßiggänger die Überzeugung abnehmen" (GS IV/1, S. 138).
5 GS I/1, S. 358.
6 Ebd., S. 208.
7 Ebd., S. 226.
8 Ebd., S. 207.
9 Diese dialektische Rekonstruktionsarbeit des Essays will Benjamin „als Restauration, als Wiederherstellung einerseits, als eben darin Unvollendetes, Unabgeschlossenes andererseits erkannt" wissen (ebd., S. 226): Seine Darstellung einer „Idee" in einer „Reihe historischer Ausprägungen" besteht nicht etwa in der detaillierten und erschöpfenden Auslegung einzelner Trauerspiele (ebd., S. 227), sondern sucht und arrangiert exemplarische „autoritäre Zitat[e]" (ebd., S. 208) derart, dass die ursprüngliche Idee in ihren Umrissen als anwesend-abwesend erscheint.

Ursprungsbegriff näher eingehen"[10], kehrt auch im Kraus-Essay im Rahmen seiner Zitationstheorie wieder und verbindet darüber hinaus Benjamins Text mit seinem Objektbereich, mit Kraus' eigener Ursprungsmetaphysik.[11]

Ja, der ‚Ursprung' stellt das *fulcrum* dar, in dem hier zentrale sprach-, erkenntnis- und geschichtsphilosophische Reflexionen Benjamins mit technik- und medienphilosophischen Ansätzen zusammenlaufen. Wurden besonders letztere von der Forschung bislang eher vernachlässigt, sind sie für das Verständnis nicht nur von Benjamins Konzept des Zitats und damit der Kritik und des Essays unverzichtbar, sondern sie erhellen auch eine weitere Facette des komplexen Begriffs des Ursprungs und geben einen differenzierten Begriff von Benjamins ambivalentem und noch zu wenig erforschtem Begriff der Technik,[12] der nur aus seinem Ursprungsbegriff heraus angemessen zu verstehen ist. Vor dem Hintergrund nämlich einer Auseinandersetzung mit der Technik und der – wie es in den *Paralipomena zum Kraus* heißt – „Sprache in der technifizierten Welt"[13] im Kraus-Essay erhält die in der *Vorrede* am „Exempel"[14] des Ursprungs des deutschen Trauerspiels vorgeführte Schreibpraxis des Ursprungs ein anderes Gepräge. Mit seiner Theorie des kritischen Zitats, wie Benjamin es im Kraus-Essay als Ineinander von „Ursprung" und „Zerstörung" skizziert und performiert,[15] wird die Neuausrichtung des Konzepts des Ursprungs vor dem Hintergrund einer in *Erfahrung und Armut* (1933) diagnostizierten „ungeheuren Entfaltung der Technik"[16] sinnfällig. Diese ist für Benjamin keinesfalls auf technische Artefakte oder Handlungskomplexe beschränkt, sie dehnt sich vielmehr zunehmend auch auf ihre komplexen immateriellen Feinstrukturen – Sprache, Kunst, Literatur – aus,

---

10 Samuel Weber: „‚Mitteilbarkeit' und ‚Exponierung' – Zu Walter Benjamins Auffassung des ‚Mediums'", http://www.theater-wissenschaft.de/mitteilbarkeit-und-exponierung-zu-walter-benjamins-auffassung-des-mediums (letzter Aufruf am: 23.10.2022).
11 Vgl. Massimo Cacciari: *Dallo Steinhof. Prospettive viennesi del primo Novecento*, 2. Aufl., Mailand 2005, S. 251–257.
12 Eine frühe Ausnahme ist Massimo Cacciari: „Di alcuni motivi in Walter Benjamin", in: *Critica e storia. Materiali su Benjamin*, hg. von Franco Rella, Venedig 1980, S. 41–71, der bereits auf die intrinsische Verflechtung von Benjamins Begriffen von Technik und Ursprung hinweist. Eine der wenigen Studien zur Technik bei Benjamin ist der Band von Kyung-Ho Cha (Hg.): *Aura und Experiment. Naturwissenschaft und Technik bei Walter Benjamin*, Wien / Berlin 2017.
13 GS II/3, S. 1110.
14 GS I/3, S. 939.
15 GS II/1, S. 363: „Vor der Sprache weisen sich beide Reiche – Ursprung so wie Zerstörung – im Zitat aus. Und umgekehrt: nur wo sie sich durchdringen – im Zitat – ist sie vollendet."
16 Ebd., S. 214.

die sie durchdringt und verändert.[17] Das kritische Zitat und damit der Essay, der mit diesem operiert, können vor diesem Hintergrund in einem ersten Schritt näher beschrieben werden.

Kritisch ist die von Benjamin im Kraus-Essay theoretisierte Zitationstechnik als Ausdruck und Bewältigungsstrategie einer als *Krise* wahrgenommenen Technifizierung der Sprache. Mit ‚Technik' und ‚Technifizierung' ist hier, um an Massimo Cacciaris Interpretation anzuschließen, nicht etwa eine bereits vollzogene ideale Verfassung und Rationalisierung der Zeichen oder ein linearer Fortschritt zu einer solchen gemeint. Benjamin interessiert sich vielmehr für die spannungsreiche geschichtliche Konstellation, welche der gegenwärtige Stand der Technik ausbildet, der von ihrer Idee als eines reibungslosen geschlossenen Systems stets differiert.[18] Als in sich, etwa in der Auseinandersetzung mit ihrem Material, immer auch Differenzen und Abweichungen ausbildend, kann die Technik – und die technifizierte Sprache – aber selbst zum Ausdruck dieser ihre immanente Struktur darstellenden latenten Krise, d.h. aber: zum Ausdruck ihrer eigenen Kritik werden. Das kritische Zitat kann die Technik zwar nicht überwinden, aber diesen ihr eigenen kritischen Kern ausloten – weniger als Diskurs über die Technik als vielmehr als ihr eigener (selbst-)kritischer Ausdruck, was Benjamin über Kraus' ambivalente Schreibtechnik auch pointiert: „Ausdruck *für* und Kampf *gegen* diese Verstrickung"[19] der Technik fallen bei ihm in eins. Benjamins Kritik an der Technik und einer Technifizierung der Sprache ist also, was im

---

17 Max Bense hat in Benjamin einen der ersten Theoretiker erkannt, der dieses „Eindringen der Technik in Zonen, die bisher unerreichbar waren, und ihre Umwandlung in Metatechnik" untersucht, beispielsweise in der „Explikation der proustschen Erinnerungsbilder" (ders.: „Kybernetik oder Die Metatechnik einer Maschine" (1951), in: ders.: *Philosophie der Mathematik, Naturwissenschaft und Technik*, in: ders.: *Ausgewählte Schriften*, hg. von Elisabeth Walther, Bd. 2, Stuttgart / Weimar 1998, S. 429–446, hier: S. 436f.). Im Versuch, neue hybride Schreib- und Denkstrategien zu entwickeln und mit ihnen zu experimentieren, habe Benjamin, so Bense, die einzige Bewältigungsstrategie einer universalen Technifizierung gesehen. Dabei tendiert Bense allerdings dazu, Benjamins Schreibweisen und -konzepte verkürzend auf der Folie seines eigenen ‚metatechnischen' Schreibprogramms zu interpretieren, wie er es beispielhaft in seinem Essay über den Essay, seine bevorzugte Darstellungsform, als „das Ergebnis einer literarischen ‚ars combinatoria'" entworfen hat (ders.: „Über den Essay und seine Prosa", S. 422; vgl. Anm. 62 in Kap. II.2.1). Benjamin hingegen fasst den Essay nicht als metatechnischen Versuch einer geistigen Bewältigung der Technik auf, sondern als die kritische Form, die *in* der Technik selbst nach Störmomenten sucht, mittels derer der Prozess technischer Transformation unterbrochen und reflexiv zum Ausdruck gebracht werden kann (vgl. Cacciari: „Di alcuni motivi in Walter Benjamin", S. 66f.).
18 Die moderne Technik sei „offenbar kein rein naturwissenschaftlicher Tatbestand", sondern „zugleich ein geschichtlicher" (GS II/2, S. 474).
19 GS II/1, S. 348 (meine Hervorhebungen).

Folgenden am Kraus-Essay näher ausgeführt wird, unmittelbar mit der Frage nach der literarischen Technik der Werke (und der „Technik des Kritikers"[20]) verbunden.[21] Der Essay als autoreflexive und hybride Form, die stets vom Gegebenen ausgeht und dieses von innen heraus zu transformieren versucht, scheint in dieser Hinsicht die Schreibtechnik darzustellen, kraft welcher die Technik selbst partiell als ein kritisches *operari* aufgefasst werden kann;[22] anders gesagt: kraft welcher gerade die Technik im intensiven Spannungsfeld, das der Essay erzeugt, zu einem ‚ursprünglichen' Ausdruck kommen und *in* ihrer ‚Dämonie' (d. i. Zweckhaftigkeit und Naturverfallenheit) einen „realeren Humanismus"[23] (einen zweckfreien, spielerischen Charakter) *sehen lassen* kann.

Diese Neuausrichtung von Benjamins essayistischem Schreiben vollzieht sich im Rahmen einer allgemeinen „Journalisierung der Literatur"[24] und eines „Funktionsübergang[s] von Dichtung und Publizistik"[25], der auch den Publikationsort des Kraus-Essays betrifft: Der Essay *Karl Kraus* erscheint in der *Frankfurter Zeitung*, der Hölderlin-Essay kursierte in wenigen Exemplaren nur im engen Freundeskreis.[26] Dieser das eigene Schreiben transformierende Medienwechsel wird von Benjamins Kraus-Essay, wie im Folgenden untersucht wird, aber (selbst-)kritisch reflektiert: Der Essay verweist einerseits auf seine teilweise zur

---

20 GS VI, S. 171.
21 Man müsse, so Kraus, „den ganzen Tiefstand der Menschheit, über den sie sich mit ihrem technischen Hochflug beträgt, auf ihre dämonische Ahnungslosigkeit vor der eigenen Sprache zurückführen" (Karl Kraus: „Der Reim", in: ders.: *Heine und die Folgen. Schriften zur Literatur*, hg. und kommentiert von Christian Wagenknecht und Eva Willms, Göttingen 2014, S. 272–309, hier: S. 273). Nur mittels eines technischen Wissens von der Sprache sei, mit anderen Worten, der Dämonie der Technik beizukommen.
22 Vgl. Cacciari: „Di alcuni motivi in Walter Benjamin", S. 69.
23 GS II/1, S. 366. „Bote" dieses „realeren Humanismus" ist für Benjamin Kraus selbst (ebd.). Wenn er diesen als „Dämon" (ebd., S. 350) charakterisiert, reflektiert er die Zweideutigkeit und Schuldhaftigkeit allen Schreibens in einer technifizierten Welt, das zu einem ursprünglichen Ausdruck nur noch in deren Negation und im Auffinden jener technikeigenen Leerstellen finden kann, die sich ihrer universalen Zweckhaftigkeit entziehen.
24 Reinhart Meyer: *Titel und Normen. Untersuchungen zur Terminologie der Journalprosa, zu ihren Tendenzen, Verhältnissen und Bedingungen*, in: ders.: *Novelle und Journal*, Bd. 1, Stuttgart 1987, S. 125. Eine, wie Adorno 1935 an Benjamin schreibt, „Urgeschichte des Feuilletons, zu der Ihr Kraus soviel enthält" (GS V/2, S. 1132), als exemplarischer Konfrontation von Kunst, Technik und kapitalistischem Verwertungsinteresse beabsichtigte Benjamin ausgehend von Baudelaires Theorie der *nouveauté* im Rahmen seiner Passagenarbeit zu schreiben (vgl. die Briefe an Horkheimer von August und September 1938, GB VI, S. 149–151 u. S. 162 f.).
25 Vgl. das gleichnamige Kapitel in Wolfgang Preisendanz: *Heinrich Heine. Werkstrukturen und Epochenbezüge*, 2., verm. Aufl., München 1983, S. 21 ff.
26 Zu Benjamins Hinwendung zur Publizistik und seiner damit verbundenen Neuausrichtung der Literatur-Kritik vgl. Witte: *Walter Benjamin – Der Intellektuelle als Kritiker*, S. 137–144.

Ununterscheidbarkeit tendierende Nähe zum Feuilleton und dessen außerliterarische Zwecksetzungszusammenhänge wie Unterhaltung oder Information,[27] präsentiert sich andererseits aber als eine mittels verschiedener Gesten der Zitation auf sich selbst verweisende kritische literarische Kulturtechnik. Als eine solche legt sie im zitierenden Ausstellen des technischen Charakters der Zeitungssprache, des „Knoten[s], zu dem Technik und Phrase sich verbunden haben"[28], die dem Technischen eigenen teleologischen Steuerungskräfte offen und setzt sie partiell außer Kraft.

Wenn im Folgenden mit zwei Essay-Begriffen, einem im Sinne von Benjamins und Kraus' Schreiben positiv besetzten und einem mit dem „Feuilletonismus" konvergierenden „Essayismus",[29] der Gegenstand ihrer beider Kritik ist, operiert wird, so ist das folglich der These geschuldet, dass Benjamins Auffassung einer *Ambiguität der Technik* mit seiner *Konzeption des Essays als ambivalenter Form* korreliert ist. Der Feuilletonismus und der mit ihm korrespondierende Essayismus erscheinen als degenerierte Formen, die an einer mit dem Medienwechsel zur Zeitung als öffentlichem Medium einhergehenden „Depotenzierung des Einzelnen"[30] (des Lesers wie des Autors) mitwirken. Demgegenüber entwirft Benjamin im Kraus-Essay ein essayistisches Schreibkonzept, das die eigene Verortung im Medium der Zeitung als dem „adäquate[n] Ausdruck der Masse"[31] und mithin das in den früheren Kapiteln bereits aus verschiedenen Perspektiven diskutierte Individualitätsproblem reflektiert. Dieses konkretisiert sich hier zudem in der Frage nach der Autorschaft – und in jener nach dem Ursprung.[32]

Individualität nämlich, das legt dieses Schreibkonzept nahe, stellt sich in einem Zeitalter der Vermassung und der mit dieser einhergehenden Ornamen-

---

[27] Zu einer Grenzüberschreitung und -verschleierung der Formen um 1900, der Ästhetisierung nicht-literarischer Gebrauchsformen und einer ‚Journalisierung' literarischer Prosaformen, wie sie sich exemplarisch an der Nähe von Feuilleton und Essay zeigen, vgl. Uwe Spörl: „Literarische Gebrauchsformen", in: *Handbuch Fin de Siècle*, hg. von Sabine Haupt und Stefan Bodo Würffel, Stuttgart 2008, S. 444–471, v. a. S. 448 ff.
[28] GS II/1, S. 337.
[29] Ebd., S. 336.
[30] Dirk Oschmann: „Anonymität als Symptom in der Literatur der Weimarer Republik", in: *Anonymität und Autorschaft. Zur Literatur- und Rechtsgeschichte der Namenlosigkeit*, hg. von Stephan Pabst, Berlin / Boston 2011, S. 289–306, hier: S. 290.
[31] Ebd., S. 299.
[32] Zum Zitieren als Gemengelage doppelter oder pluraler Autorschaft, in der, paradoxerweise, „nicht der Urheber, den die Zitation zuschreibt, spricht, sondern der Zitierende, indem er seine eigene Autorschaft einklammert", also seine eigene Stimme kraft der Geste der Zitation der fremden hervortreten lässt, vgl. Roussels „Vorwort", in: *Kreativität des Findens. Figurationen des Zitats*, hg. von Martin Roussel, München 2012, S. 7–12, hier: S. 7.

tierung, d. h. Deindividualisierung kultureller Ausdrucksweisen nur noch negativ kraft der Gesten der Unterbrechung her. Eine dieser unterbrechenden Gesten aber ist die Zitation. Im Zitieren, wie Benjamin es versteht, wird die individuelle Physiognomie einer geheimen „Autorität"[33] und abwesenden Figur, die ihre Spuren im Werk nur noch in Form von ausdruckslosen Gesten hinterlassen kann, und zugleich die mediale Natur jedes Subjektivierungsprozesses sichtbar. Diese aber drückt sich in der von Benjamin stets betonten fundamentalen Ambivalenz der Technik zwischen zweckhafter „Beherrschung" und zweckfreiem „Zusammenspiel" aus und spiegelt sich im Essay als (selbst-)kritischer literarischer Form, die in einem Nähe-Distanz-Verhältnis zum Feuilletonismus steht.[34]

Wenn Kraus als der „Schöpfer des Feuilletons"[35], wie Benjamin ihn in *Karl Kraus* bezeichnet, es in Benjamins Essay über ihn wiederum – wie Kraus in einem im April 1931 in Berlin gehaltenen Vortrag urteilt – „mit abgründigem Feuilletonismus"[36] zu tun habe, reflektieren beide Autoren die Konsequenzen von Medienwechsel und veränderten Produktionsbedingungen auf ihre eigenen Darstellungsverfahren, die sich auf keine Schöpfungspoetologie mehr berufen können. ‚Ursprung' (als ambivalente Individualisierungspraxis) scheint sich allenfalls in der partiellen ‚Zerstörung', in der Unterbrechung und Kritik vorherrschender Formen und zweckhafter Formgebungsprozesse wie dem Feuilletonismus oder, mit einem Wort von Kraus, der „Utiliteratur"[37] ergeben zu können. Damit kommt die Form des Essays, um den als Motto zitierten Gedanken Adornos aufzugreifen, „dem kritischen Gedanken nach, daß der Mensch kein Schöpfer, daß nichts Menschliches Schöpfung sei"[38]. Bewahrt der Essay in seiner Literarizität und seinem nicht-wirklichkeitsmimetischen Charakter ein sich Zwecken Entziehen-

---

33 GS II/1, S. 343. Benjamins Vorbild des Zitatgestus als eines individualisierenden Zeigens ist das „mimische Genie" (ebd., S. 347) Karl Kraus. In *Was ist das epische Theater?* (1939) wird Benjamin an seine Überlegungen über das Zitat anschließen: „Der zitierbare Gestus" (GS II/2, S. 535) – wie ein Abschnitt des Essays überschrieben ist – gehe ebenfalls mit einer „Unterbrechung", nämlich eines linearen Handlungsverlaufes und der Zuschauererwartung, einher, die nicht leer, sondern „eines der fundamentalen Verfahren aller Formgebung" sei (ebd., S. 536).
34 Der Ambivalenz der Technik geht Benjamin im Kunstwerk-Aufsatz weiter nach: „Ernst und Spiel, Strenge und Unverbindlichkeit treten in jedem Kunstwerk verschränkt auf, wenn auch mit Anteilen sehr wechselnden Grades. Damit ist schon gesagt, daß die Kunst der zweiten wie der ersten Technik verbunden ist. [...] Die erste hat es wirklich auf Beherrschung der Natur abgesehen; die zweite viel mehr auf ein Zusammenspiel zwischen der Natur und der Menschheit." (GS VII/1, S. 359; zweite Fassung)
35 GS II/1, S. 336.
36 Zit. n. GS II/3, S. 1082.
37 Karl Kraus: „Heine und die Folgen", in: ders.: *Heine und die Folgen*, S. 77–114, hier: S. 78.
38 Adorno: „Der Essay als Form", in: ders.: *Noten zur Literatur*, S. 26.

des, weist er zugleich auf seinen medialen, reale Zwecke bedienenden journalistischen Kontext hin. Indem diese Ambivalenz nicht aufgelöst, sondern in spannungsreiche Oppositionsverhältnisse gebracht wird, zeigt Benjamins Essay die Doppelgesichtigkeit des Mediums (der Sprache) selbst zwischen Instrumentalität und Nicht-Instrumentalität und erweitert so, indirekt, die historische Semantik von ‚Technik'.[39]

Benjamins Begriff des Zitats ist damit auch als die poetologische Konsequenz eines umfassenden medialen Strukturwandels zu verstehen, der sich in einer alles Individuelle einebnenden phrasenhaften Sprache abzeichnet bzw. von dieser konstituiert wird. Darüber hinaus weist er insofern eine *ethische* Stoßrichtung auf, als das Zitat für Benjamin als Modell von Rettung und Erlösung fungieren kann – Josef Fürnkäs spricht gar von Benjamins „Philosophie und Theologie des Zitats"[40]. Diese allerdings erscheint bei Benjamin radikal *profaniert* im Sinne einer Unterbrechung und *Resemantisierung herrschender Dispositive.*[41] Denn im Konzept eines das System der Zwecke aussetzenden Gestus des Zitierens – augenblickshaft dieses sehen lassend – begegnen sich eine nicht-instrumentale Sprachauffassung und Benjamins mit der Formel einer „‚Teleologie ohne Endzweck'"[42] bündig benannte Neu-Konzeption des Politischen.[43]

Die im kritischen Zitieren erfolgende Unterbrechung und Auftrennung eines Text- oder Sinn-Zusammenhanges ist bei Benjamin mit einer sprach- und erkenntnisphilosophischen Dimension ausgestattet, die im Hinblick auf den Essay

---

39 ‚Technik' ist hier insofern als Synonym von ‚Medium' aufzufassen, als Oberbegriff für eine doppelte Medialität zwischen Instrumentalität (‚Beherrschung' und ‚Dämonie') auf der einen und Nicht-Instrumentalität (‚Zusammenspiel' und ‚Humanität') auf der anderen Seite.
40 Josef Fürnkäs: „Zitat und Zerstörung. Karl Kraus und Walter Benjamin", in: *Verabschiedung der (Post-)Moderne? Eine interdisziplinäre Debatte*, hg. von Jacques Le Rider und Gérard Raulet, Tübingen 1987, S. 209–225, hier: S. 215. Witte sieht im Kraus-Essay Benjamins „radikalsten Versuch [...], zu einer Synthese von theologischem und materialistischem Denken zu gelangen" (ders.: *Walter Benjamin – Der Intellektuelle als Kritiker*, S. 179).
41 Im Sinne von Giorgio Agambens Essay „Lob der Profanierung", in: ders.: *Profanierungen*, S. 70–91, wo eine Praxis (,profanare') beschrieben wird, die das von Dispositiven hergestellte System der Zwecke durchbricht und dessen medialen Kern – und damit die Einlassstelle seiner Kritik – *sehen lässt*; mit dem Begriff „controdispositivo" (ders.: *Che cos'è un dispositivo?*, S. 28) hat Agamben diese jedem Dispositiv – insbesondere der Sprache – eingeschriebene ‚negative Potenz' bezeichnet. Wenn Kraus nach Benjamin „selbst die Zeitung zitierbar zu machen" (GS II/1, S. 363) versteht oder Benjamin in den Geschichtsthesen textile Text- und Schreibmetaphern gegen die Metapher einer Sprache als universalem ‚Netz' bemüht, ist dieses ‚profanare il dispositivo' gemeint, d.i. der Versuch einer Resemantisierung von Dispositiven.
42 Brief an Scholem vom ca. 01.12.1920, GB II, S. 109.
43 Für eine Rekonstruktion von Benjamins Begriff der Geste als eines ‚Mittels ohne Zweck' vgl. Giorgio Agamben: *Karman. Breve trattato sull'azione, la colpa e il gesto*, Turin 2017, v. a. S. 131–136.

als Versuch des Schreibens des Ursprungs (der Sprache) einleitend noch kurz umrissen und später weiter ausgeführt und vertieft wird. Das kritische Zitat, dessen Verweisungscharakter im neuen Textzusammenhang ausgestellt wird und nur rekonstruktiv – mit Dieter Mersch – „vermittels einer Durchquerung der Archive"[44] zu ermessen ist, kann auch als *epistemischer Index*, als Paradigma verstanden werden: Am je singulären, individuellen sprachlichen Fall *lässt* das Zitat-Paradigma die Möglichkeiten einer Selbst(mit)teilung[45] der Sprache exemplarisch *sehen*. Das kritische Zitat, in dem die Sprache in sich selbst eine Scheidung (*krínein*) zwischen Bildlichkeit und Begrifflichkeit, Unmittelbarkeit und Instrumentalität vollzieht,[46] wird so zur Einlassstelle ästhetischer Autoreflexivität. Benjamins wohl kürzeste Definition des Zitats – „Ein Wort zitieren heißt es beim Namen rufen"[47] – meint nichts anderes als eine solche Technik der Herstellung von Paradigmatizität.

An früherer Stelle wurde diese Schreibstrategie einer im Paradigma zur Darstellung gebrachten Reflexion des Textes über seine eigene Sprachlichkeit sowie über die Textualität des Denkens als essayistisch bezeichnet: als unausgesetzter Versuch, bei Gelegenheit eines paradigmatisch aufgefassten Gegenstandes den Doppelcharakter der Sprache, d. h. die Medialität des Mediums, anschaulich werden zu lassen.[48] Dieses im Schreiben stattfindende Emergieren

---

44 Mersch: *Epistemologien des Ästhetischen*, S. 160. Mersch charakterisiert mit dieser Formulierung eine Reflexionsweise, die von nie explizit, sondern durch die Erschließung eines multiplen Verweisungsspielraumes operierenden „singulären Paradigmata" (ebd., S. 158) in Gang gesetzt wird; eine Beschreibung, die sich auf den epistemischen Status von Benjamins Zitat-Begriff übertragen ließe. Mersch legt – wenn er auch den Begriff ‚Zitat' nicht verwendet – eine solche Lesart nahe, wenn er die von Paradigmata inszenierten „*epistemologische[n] Skandale*" – sich als Singularitäten zu zeigen und darin zugleich ein Generelles zu behaupten – mit Benjamins Einsicht engführt, „dass in jedem Begriff selbst ein Eigenname" wohne (ebd., S. 161). Dieses Aufzeigen des Namens im Begriff im Sinne eines Erzeugens von Paradigmatizität aber leistet das Zitat.
45 Im Sinne eines Sinnfällig-Werdens der Sprache als eines reinen Mediums (= Selbstmitteilung) in der, wie z. B. im Zitat, selbst-kritischen Operation (= Selbstteilung). Vgl. dazu Weber: „‚Mitteilbarkeit' und ‚Exponierung' – Zu Walter Benjamins Auffassung des ‚Mediums'".
46 Die im Kraus-Essay entworfene und inszenierte essayistische Technik des kritischen Zitats kann in dieser Hinsicht auf Benjamins Essay *Über Sprache überhaupt und über die Sprache des Menschen*, auf die dort geübte Kritik an einer instrumentellen Sprachauffassung sowie die Utopie einer unmittelbaren Sprache, bezogen werden, vgl. GS II/1, S. 142; noch in der *Vorrede* theoretisiert Benjamin einen Begriff philosophischer Darstellung, die gerade „nicht als vermittelnde Anleitung zum Erkennen" (GS I/1, S. 207) gemeint sei.
47 GS II/1, S. 362.
48 Vgl. Kap. II.2.2.

und Sinnfällig-Werden einer nicht-instrumentalen Sprache als eines Mittels ohne Zweck, die sich selbst und unser In-der-Sprache-Stehen aufzeigt, ist auf komplexe Weise mit Benjamins Ursprungsbegriff verflochten. Die Abwesenheit einer klaren Zweckmäßigkeit nämlich macht die Sprache im Hier und Jetzt ihres Sich-Ereignens zu einem (selbst-)generativen Dispositiv. Der schillernde ‚Ursprung', um die Koordinaten der folgenden Überlegungen – über Ursprung, Destruktion, Technik, Zitat, Feuilleton und Essay – zu bündeln, ergibt sich vor dem Hintergrund der im Essay kraft des kritischen Zitats statthabenden Unterbrechung einer Sprache der Zwecke und des identischen Sinns als *im* Medialen als Spur verborgene Amedialität oder Un-mittelbarkeit, die zu (er-)finden Aufgabe des Benjamin'schen Essays ist.

Benjamins Zitat-Konzept(e) und seine Auffassungen von Ursprung und Technik erhellen damit beispielhaft den Übergang von einer eher metaphysischen Aufgabe essayistischer (Literatur-)Kritik, wie er sie etwa im Goethe-Essay oder im frühen Hölderlin-Essay mit dem Begriff eines von der Kritik zu rekonstruierenden ‚Gedichteten' als paradoxen Versuch einer Rückkehr zum Gebiet der Möglichkeit entwirft, hin zu einer materialistischen. Deren Ziel ist zwar auch die Rekonstruktion eines Ursprungs; doch ergibt sich dieser nur noch, negativ, durch Zerstörung und weist darin eine eminent politische Stoßrichtung auf:[49] In der Kraus'schen destruktiven Zitationstechnik will Benjamin nichts weniger als den Ausdruck „revolutionärer Praxis"[50] erkennen.

5.1 Aporien der „Sprache in der technifizierten Welt". Essay und Feuilleton als technologisch bedingte Schreibweisen

> „Du kamst vom Ursprung – Ursprung ist das Ziel"[51]
> (Karl Kraus nach Walter Benjamin)

Im von Benjamin selbst als „Essay[]"[52] bezeichneten Essay *Karl Kraus* findet sich ein nicht markiertes, leicht variiertes Selbstzitat aus der *Erkenntniskritischen*

---

[49] Dieser revolutionäre Impetus wird später, u. a. in *Der Autor als Produzent* (1934), bekanntlich in das Programm einer ‚operativen Schreibweise' münden, vgl. GS II/2, S. 686.
[50] GS II/1, S. 342.
[51] Ebd., S. 360. Benjamin gibt den Vers, indem er ihn in Anführungszeichen setzt, als authentisches Kraus-Zitat aus; tatsächlich spricht in Kraus' Gedicht *Der sterbende Mensch* (in: ders.: *Gedichte*, in: ders.: *Schriften*, hg. von Christian Wagenknecht, Bd. 9, Frankfurt a. M. 1989, S. 66–68, hier: S. 68) „Gott" den Vers: „Du bliebst am Ursprung. Ursprung ist das Ziel." An Benjamins verfremdendem Eingriff in das Zitat zeigen sich *in nuce* und – nur für den Leser, der den originalen Vers kennt, erkennbar – in Abgrenzung zu Kraus' Ursprungsbegriff als des Inbegriffs einer

Vorrede des Trauerspiel-Buchs, das die Frage nach dem Ursprung in eine implizite Theorie einer rettenden Zitationstechnik einbettet.[53] Das (Wieder-)Aufscheinen eines verloren gegebenen Ursprungs und die Rettung und Erlösung der Vergangenheit sollen sich durch die Zerstörung ihres herrschenden Narrativs herstellen, deren Operator das dekontextualisierende Zitat ist. Die Vergangenheit (wieder) in ihre Ursprünglichkeit einzusetzen, heißt für Benjamin aber nicht, diese in etwas wirklich Gewesenes zu integrieren, wie es Anliegen des Historismus sei. In seiner messianischen Konzeption, wie er sie später in den Thesen *Über den Begriff der Geschichte* näher ausführen wird, geht es ihm um eine gewaltsame Unterbrechung der Tradition und Überlieferbarkeit der Kultur wie auch der Erfahrung – und damit um eine Transfiguration der Vergangenheit im Hinblick auf ihre „Glück" erzeugende Vollendung, d. i. ihre „Erlösung";[54] „erst der erlösten Menschheit ist ihre Vergangenheit", so Benjamin weiter, „in jedem ihrer Momente zitierbar geworden".[55] Diese geschichtsphilosophisch erweiterte und nobilitierte Technik des

---

„zeitlosen Wahrheit'" (GS V/1, S. 578) Benjamins eigenes Konzept von Ursprung sowie seine Auffassung von dessen spezifischer Zeitlichkeit: ‚Ursprung' ist für Benjamin an einen „Zeitkern" (ebd.) gebunden und entfaltet sich als eine Art nachträgliche Vorzeitigkeit kraft einer essayistischen Schreibtechnik, die vorgegebene Sinnzusammenhänge unterbricht und deren Fragmente neu anordnet.
52 GB IV, S. 20.
53 Über „die apokryphe Zitattheorie Walter Benjamins" im Kraus-Essay vgl. Josef Fürnkäs: „Zitat und Zerstörung", S. 211. Für eine Rekonstruktion von Benjamins Kraus-Lektüre vgl. Alexander Honold: *Der Leser Walter Benjamin. Bruchstücke einer deutschen Literaturgeschichte*, Berlin 2000, S. 207–276; Hermann Dorowin: „Der Essay als Kraftstation. Walter Benjamin Karl Kraus", in: *Der Essay als Universalgattung des Zeitalters. Diskurse, Themen und Positionen zwischen Jahrhundertwende und Nachkriegszeit*, hg. von Michael Ansel, Jürgen Egyptien und Hans-Edwin Friedrich, Leiden / Boston 2016, S. 246–261; Jan Philipp Reemtsma: „Der Bote. Walter Benjamin über Karl Kraus", in: *Sinn und Form* 43/1 (1991), S. 104–115; Sigrid Weigel: „Eros and Language: Benjamin's Kraus Essay", in: *Benjamin's Ghosts: Interventions in Contemporary Literary and Cultural Theory*, hg. von Gerhard Richter, Stanford 2002, S. 278–295. Zu Kraus und seiner Zitierweise in jüdisch-messianischer Perspektive vgl. Benjamin E. Sax: „Walter Benjamin's Karl Kraus: Negation, Quotation, and Jewish Identity", in: *Shofar* 32/3 (2014), S. 1–29; Paul Reitter: *The Anti-Journalist. Karl Kraus and Jewish Self-Fashioning in Fin-de-Siècle Europe*, Chicago / London 2008, v. a. S. 137–174. Zu literaturtheoretischen Dimensionen von Benjamins Zitat-Begriff und -Praxis vgl. Manfred Voigts: „Zitat", in: *Benjamins Begriffe*, hg. von Michael Opitz und Erdmut Wizisla, Bd. 2, Frankfurt a. M. 2000, S. 826–850, sowie Bettine Menke: „Das Nach-Leben im Zitat. Benjamins Gedächtnis der Texte", in: *Gedächtniskunst: Raum – Bild – Schrift. Studien zur Mnemotechnik*, hg. von Anselm Haverkamp und Renate Lachmann, Frankfurt a. M. 1991, S. 74–110.
54 GS I/2, S. 693.
55 Ebd., S. 694. Zu diesem Aspekt siehe Giorgio Agamben: „Walter Benjamin und das Dämonische. Glück und geschichtliche Erlösung im Denken Benjamins", in: ders.: *Die Macht des Denkens*,

Zitierens entwickelt er bereits in Auseinandersetzung mit Karl Kraus, dem „größten Techniker des Zitats"[56], der wie keiner sonst zitierend „zu reinigen, aus dem Zusammenhang zu reißen, zu zerstören"[57] wusste. Treffender aber noch beschreibt Benjamin mit dessen Zitationstechnik indirekt die eigene kritische Schreibpraxis. In dem besagten Selbstzitat aus der *Vorrede* nämlich wird in nur einem Satz, der implizit die Ursprungsphilosophie des Trauerspiel-Buchs anzitiert, eine Konzeption der Zitation als Technik des Ursprungs vorbereitet und abgesteckt:

> Dieser „Ursprung" – das Echtheitssiegel an den Phänomenen – ist Gegenstand einer Entdeckung, die in einzigartiger Weise sich mit dem Wiedererkennen verbindet. Der Schauplatz dieser philosophischen Erkennungsszene ist im Werk von Kraus die Lyrik und ihre Sprache der Reim [...].[58]

Indem Benjamin den Begriff „Ursprung" in doppelte Anführungszeichen setzt, weist er ihn als (Pseudo-)*terminus technicus* aus und verweist auf einen oder mehrere (reale oder fingierte) Prätexte, denen er entwendet wurde. Die Anführungszeichen markieren zugleich eine Distanzierung und machen kenntlich, dass der Sinn des Gemeinten – des Ursprungs – hier *anders* als gewohnt zu verstehen sei. Die der ambivalenten Verfasstheit des Ursprungs entsprechende Erkenntnisform sei eine mit einem „Wiedererkennen" verbundene „Entdeckung", die Benjamin bereits in der *Erkenntniskritischen Vorrede* in Anlehnung an das platonische erkenntnistheoretische Konzept der Anamnesis konturiert hatte. Exemplarisch ereignet sie sich, wie Benjamin im Kraus-Essay konstatiert, auf dem „Schauplatz" der Kraus'schen Lyrik. Das philosophische Erkennen, das sich hier einstellen soll, realisiert sich im Anschaulich-Werden der Sprache kraft der (Re-)Aktivierung ihrer aisthetischen, besonders ihrer lautklanglichen Qualitäten. Durch den Reim wird eine Gleichzeitigkeit simuliert: Jedes Reimpaar, ein Zusammenspiel von Variation und Wiederholung, in dem zwei Worte semantisch unterschieden und zugleich metrisch gleichgesetzt werden, ist Szene eines sich in der Entdeckung ereignenden Wiedererkennens, eines sich im ‚Zitieren' des Klanges abspielenden Erinnerns. Als spezifische Eigenzeitlichkeit der poetischen Struktur des Gedichtes, die zurück und nach vorne zugleich ausgerichtet ist, stellt

---

S. 237–273, v. a. S. 258–261; zur messianischen Konzeption einer Erlösung der Geschichte durch eine destruktive Zitationspraxis vgl. auch Sax: „Walter Benjamin's Karl Kraus".
56 GS II/3, S. 1125.
57 GS II/1, S. 365.
58 Ebd., S. 360. In der *Vorrede* heißt es: „Das Echte – jenes Ursprungssiegel in den Phänomenen – ist Gegenstand der Entdeckung, einer Entdeckung, die in einzigartiger Weise sich mit dem Wiedererkennen verbindet." (GS I/1, S. 227)

der Reim „eine Art Miniaturmodell von der Struktur der messianischen Zeit"[59] dar. In dieser Hinsicht kann der Reim, wie Agamben gezeigt hat, als eschatologisches Modell einer Simultaneität möglicher sprachlicher Zustände gelesen werden.[60] Doch scheint in Kraus' Gedichten gerade durch die vom Reim sinnlich antizipierte messianische Zeit auch ein der Sprache eingeprägter Ur-Sprung, d.i. ihre ursprüngliche innere Zwiespältigkeit, vergegenwärtigt zu werden.

Diese hat sich nach Benjamin mit dem „Zeitungsapparat"[61] insofern unversöhnlich vertieft, als durch ihn die „Ferne"[62] der Alltags- und Begriffssprache zu einer (idealen) ursprünglichen Namenssprache zunimmt. Allein in der Intensivierung ihrer non-verbalen, ästhetischen Dimension, wie z.B. in der Homophonie, scheint sie (wieder) nahegebracht werden zu können. Im Reim als in einer anderen oder in einem Anderen der Sprache, so Benjamin, werde ein „Rauschen aller Quellen im Ursprung"[63] und damit eine sinnliche Vorahnung des Glücks vernehmbar. In Kraus' Lyrik kommt für ihn eine solche „platonische Sprachliebe"[64], d.h. die unstillbare und im Gedicht noch intensivierte Sehnsucht nach einer (platonisch-romantischen) Versöhnung von Sprache und Wirklichkeit, zu vollendetem Ausdruck.

Auch ihr aber scheint für Benjamin das sprachkritische Zeichen einer (Selbst-)Täuschung der Sprache anzuhaften, durch sie käme, und sei es als Träger der Sprache des Reims, ein vorsprachliches Ursprüngliches zum Vorschein. ‚Ursprung' aber ist für Benjamin kein mystischer Ort, ist nicht Ausdruck genuiner Spontaneität. ‚Ursprung' bedeutet für ihn bewusste (Re-)Konstruktion, die etwa über die kritische, zersetzende und persiflierende Auseinandersetzung mit der (Sprach-)Tradition erfolgt, wie z.B. mit der romantischen Idee einer Ursprungspoesie. Diese Ambiguität, die nicht allein Kraus' lyrischer Sprachverwendung, sondern auch seinem Prosa-Schreibstil inhärent ist, scheint Benjamin durch die überzeichneten Beschreibungen der ‚Person', der Masken von Karl Kraus kari-

---

59 Agamben: *Die Zeit, die bleibt*, S. 93; der Reim verwandle jedes Gedicht, so Agamben, in „eine soteriologische Maschine" (ebd., S. 96). Zu Kraus' Dichtung als einer Art Ursprungsphilosophie, die, einem ‚erotischen' Impuls folgend, im Reim einen ursprünglichen Einklang von Sprache und Welt zu realisieren sucht, vgl. Christopher J. Thornhill: *Walter Benjamin and Karl Kraus: Problems of a ‚Wahlverwandtschaft'*, Stuttgart 1996, S. 13–15; zum „Reim als Emblem des Ursprungs" vgl. auch Christian Schulte: *Ursprung ist das Ziel. Walter Benjamin über Karl Kraus*, Würzburg 2003, S. 113–115.
60 Vgl. Agamben: *Die Zeit, die bleibt*, S. 93–100.
61 GS II/1, S. 336.
62 Ebd., S. 362.
63 Ebd., S. 361.
64 Ebd., S. 362.

kieren zu wollen: Kraus ist „Bote"[65] und „ein neuer Engel"[66] ebenso wie „Satiriker"[67] und Sprach-„Berserker"[68]. Er ist, wie Benjamin mit einem Bild pointiert, das an Kafkas chimärische Wesen aus Mensch und Tier erinnert, „ein Geschöpf aus Kind und Menschenfresser"[69]. In Kraus' Zitationsverfahren, das in seinem Feuilletonismus seine effektivste Gestalt gefunden hat, fallen entsprechend Ursprung und Destruktion in eins.[70] Benjamins vielgestaltiges Porträt von Kraus ist die groteske Karikatur einer hybriden Schreibtechnik, deren Paradigmen im Folgenden untersucht werden. Die grelle Kraus'sche Physiognomie, die Benjamin in den mit den drastischen Worten „Allmensch"[71], „Dämon"[72] und „Unmensch"[73] überschriebenen drei Kapiteln des Kraus-Essays zeichnet, ist nicht nur seiner Lyrik aufgeprägt, sondern besonders seiner feuilletonistischen Produktion. Ihr ist jener Zwiespalt abzulesen, Vorbote und zugleich Verzögerung oder gar Verhinderung einer ‚neuen' Sprache zu sein. Zugleich aber ist sie für Benjamin exemplarischer Ausdruck nicht nur der Verfasstheit des gegenwärtigen Sprachniveaus, sondern – und darin liegt für Benjamin die Aktualität von Kraus' Schreiben – des *medialen Kerns der Technik*. Was ist damit gemeint? Und welche Rückschlüsse lassen diese Reflexionen über Ursprung und Technik auf Benjamins Auffassung des Essays zu?

Noch der sich in Kraus' Gedichten aussprechenden Sehnsucht nach einer ‚Integralität' der Sprache, nach dem Namen, wie sie im Reim anklingt, scheint unabstreifbar die Illusion – Benjamin spricht an anderer Stelle auch von „Fetisch"[74] – des Schöpferischen anzuhaften: als wäre eine „menschliche, natürliche, edle Sprache"[75] im Zeitalter technisch-medialer Reproduzierbarkeit möglich. Einer solchen Trugbildhaftigkeit der Sprache jedoch entziehen sich Kraus' Verse, wenn sie, wie im Gedicht *Der Reim* – „Er ist so seicht und ist so tief / wie jede Sehnsucht, die ihn rief."[76] –, ironisch-autoreflexiv unentschieden lassen, ob sie nun Seichtigkeit oder Tiefe, Ferne oder Nähe herstellen. Damit aber schaffen sie nach Benjamin einen Möglichkeitsraum des Sinns, stellen einen Schauplatz bereit, auf dem sich (philosophisches) Erkennen ereignen *kann*, aber

---

65 Ebd., S. 366.
66 Ebd., S. 367.
67 Ebd., S. 355.
68 Ebd., S. 365.
69 Ebd., S. 367.
70 Vgl. ebd., S. 336.
71 Ebd., S. 334.
72 Ebd., S. 345.
73 Ebd., S. 354.
74 Ebd., S. 367.
75 Ebd., S. 366.
76 Karl Kraus: *Der Reim*, in: ders.: *Gedichte*, S. 94–96, hier: S. 94.

nicht behauptet wird. Ein solcher selbstkritischer Zug zeichnet besonders die Kraus'sche Prosa aus. Ja, sie ist „die Sprache der Nüchternheit"[77], wie Benjamin unter implizitem Rekurs auf Schreibreflexionen im Hölderlin-Essay[78] und in der *Erkenntniskritischen Vorrede*[79] feststellt. Diese nüchterne Sprache nun versteht er, worauf später noch eingegangen wird, als Ausdruck und Agens einer neuen „Humanität [...], die sich an der Zerstörung bewährt"[80] und mittels „polemischer Technik"[81] eingeklagt wird. Angesichts eines aufziehenden technischen Zeitalters vermag sich diese prosaische Sprache nach Benjamin gerade dort als „Bote realeren Humanismus"[82] zu bewähren, wo sie selbst – statt dem „Fetisch schöpferischen Daseins"[83], d.i. einer längst verlorenen ‚ersten Natur' nachzuhängen und hinterherzudichten – gleichsam in den *Strudel der Technik* eintaucht und von innen heraus deren Transformation und Demythifizierung betreibt. Aufgabe dieser Prosa sei es, „das neue Verhältnis zur Technik"[84] zu schaffen und aus ihm jenen Ursprung und „einen Schlüssel zum Glück"[85] (zurück) zu gewinnen sowie *ein sich selbst schreibendes Subjekt* herzustellen.[86] In der kalkulierten Auseinan-

---

[77] GS II/1, S. 367. Ähnlich äußert sich Karl Kraus im Essay „Der Reim" (1927) zu seinem Verständnis von Dichtung, die sich „nicht dem Rausch [...], sondern dem klarsten Bewußtsein verdankt" (ders.: „Der Reim", in: ders.: *Heine und die Folgen*, S. 289), das sich noch *im* Gedicht selbst als Bewusstsein dessen auszudrücken habe, „daß ein Gedicht im höchsten Grade etwas ist, was ‚gemacht' werden muß (es kommt von ‚poiein')" (ebd., S. 275) – d.h. auf einem technischen Wissen über die Sprache basiert.
[78] Vgl. GS II/1, S. 125; vgl. Anm. 117 in Kap. III.2.3.
[79] Vgl. GS I/1, S. 209.
[80] GS II/1, S. 367.
[81] Im Fragment *Falsche Kritik* (1930–31) umreißt Benjamin in diesem Sinne „das Bild von Karl Kraus als des einzigen Bewahrers polemischer Kraft und polemischer Technik in dieser Zeit" (GS VI, S. 175).
[82] GS II/1, S. 366.
[83] Ebd., S. 367.
[84] GS II/3, S. 1106.
[85] Die Möglichkeit, die Technik enthalte, werde sie ‚nüchtern' aufgefasst, „einen Schlüssel zum Glück" (GS III, S. 250), erwägt Benjamin am Ende seiner Jünger-Rezension; vgl. dazu Reemtsma: „Der Bote", S. 109 f.
[86] In Benjamins Reflexionen über einen auf einer Neuausrichtung unseres Verhältnisses zur Technik gründenden „realeren Humanismus" (GS II/1, S. 366) kündigt sich *der* Topos der Technikphilosophie als einer Technikethik an, die von der (romantischen) technikkritischen Position einer Unversöhnlichkeit von Technik und Sinn, wie sie z.B. Günther Anders, aber auch Adorno in *Über Technik und Humanismus* (1953) vertreten haben, abrückt. Sie weist auf eine *„technologische Sinnverschiebung"*, eine radikale Reorganisation unserer „Sinnkultur" voraus, auf der – so Erich Hörl mit Gilbert Simondon – einmal „möglicherweise sogar ein neuer posthumaner Humanismus des technologischen Zeitalters" erwachsen mag (ders.: „Die technologische Bedingung. Zur

dersetzung mit der Technik formiert sich so idealerweise eine Sprachgestalt, der in jeder ihrer Wendungen abzulesen ist, dass ‚Ursprung' nicht länger als vor- oder nichttechnische Entität zu haben ist. Sie zeigt vielmehr an sich selbst, dass die Möglichkeit des Ursprungs – als Ziel der essayistischen Schreibbewegung: „Ursprung ist das Ziel"[87] – auf einer unausweichlichen *„technologischen Bedingung"*[88] beruht, um einen Gedanken von Erich Hörl schreibtheoretisch zu explizieren. Diese liegt auch dem Essay als einer Ursprungstechnik zugrunde: Weist sie einerseits entlarvend, mit Hörl, „unablässig auf den ursprünglichen Fehler, auf den stets fehlenden, fehlerhaften, verfehlten Ursprung"[89] hin, hält sie sich andererseits offen für einen in der Technizität aller Lebensverhältnisse *trotzdem* verborgenen Sinn. Dieser erscheint als möglich nur, solange er verborgen bleibt bzw. in der Schönheit der Darstellung selbst verbergend verfertigt wird.

Als technologisch bedingte Schreib- und Erfahrungsweisen konturiert Benjamin im Kraus-Essay ‚Feuilletonismus' und ‚Essayismus', die er auf diffuse Weise miteinander korreliert. Kraus' gattungsüberschreitender Feuilletonismus „in Poesie und Prosa"[90], in dem sich seine Suche nach einem ursprünglichen Namen vollziehe, erreicht für Benjamin seine höchste Stufe in der – prinzipiell unabschließbaren[91] – konfrontativen, imitierenden und (selbst-)entlarvenden

---

Einführung", in: *Die technologische Bedingung. Beiträge zur Beschreibung der technischen Welt*, hg. von Erich Hörl, Berlin 2011, S. 7–53, hier: S. 11 f.).
87 GS II/1, S. 360.
88 Hörl: „Die technologische Bedingung", S. 15. Wenn der Essaytheoretiker und Technikphilosoph Max Bense in seinen Reflexionen über *Ästhetik und Texttheorie* seinen Begriff der literarischen Darstellung direkt von Benjamins *Erkenntniskritischer Vorrede* des Trauerspiel-Buchs ableitet und daran anschließend für „eine technologische Auffassung dessen, was wir ‚darstellen' nennen" (ders.: „Ein Begriff der Literatur", in: ders.: *Ästhetik und Texttheorie*, S. 178), plädiert, versucht er die *Vorrede* als kaschierte Techniktheorie zu deuten. Bense geht von der Beobachtung aus, dass Benjamin zu Beginn der *Vorrede* die der Philosophie aufgegebene „Frage der Darstellung", die gleich darauf mit dem „esoterischen Essay" als „Alternative der philosophischen Form" engführt wird (GS I/1, S. 207), zwar von der Methode der Mathematik abgrenzt; doch stehen, wie Bense schreibt, „mit Logik und Mathematik auf der einen und Prosa und Poesie auf der anderen Seite zwei Funktionen des Geistes gegenüber, Erkennen und Darstellen, die beide auf Einbildungskraft und auf Äußerung angewiesen sind" (Bense: „Ein Begriff der Literatur", in: ders.: *Ästhetik und Texttheorie*, S. 178). Nach Bense haben wir es hier mit zwei zwar verschiedenen, aber einander entsprechenden Verfertigungsweisen zu tun: mit „spirituellen Technologien" (ebd., S. 179). Zum Unterschied zwischen Benses Auffassung des Essays als „kalkülatorische Prosa" (Bense: „Über den Essay und seine Prosa", S. 416) und Benjamins Konzeption eines ‚technologisch bedingten' (selbst-)kritischen Essays vgl. obige Anm. 17.
89 Hörl: „Die technologische Bedingung", S. 16.
90 GS II/1, S. 336.
91 Zur endlosen Iterierbarkeit von Kraus' Schreiben vgl. Elias Canetti: „Karl Kraus, Schule des Widerstands" (1965), in: ders.: *Das Gewissen der Worte. Essays*, München / Wien 1975, S. 39–49,

Auseinandersetzung mit einem kulturellen Artefakt und mächtigen technischen Dispositiv,[92] nämlich mit der Zeitung:

> Aus dem Sprachkreis des Namens, und nur aus ihm, erschließt sich das polemische Grundverfahren von Kraus: das Zitieren. Ein Wort zitieren heißt es beim Namen rufen. So erschöpft sich auf ihrer höchsten Stufe die Leistung von Kraus darin, selbst die Zeitung zitierbar zu machen.[93]

In seiner „Einleitung zu Benjamins ‚Schriften'" betont Adorno, „Benjamins Wahlverwandtschaft mit Karl Kraus" bestünde besonders darin, „profane Texte so zu betrachten, als wären es heilige".[94] In der jüdischen Bibelexegese wird der heilige Text als unumstößliche, „die höheren Potenzen göttlicher Rede"[95] erst in der Deutungstradition enthüllende Autorität zitiert, exzerpiert und kompiliert. Das „Geheimnis der Autorität"[96] von Kraus hingegen legitimiert sich nicht länger durch eine dem Referenztext zugrunde liegende Wahrheit, die er zitierend dem eigenen Text integrieren würde. In einem radikal säkularen technischen Zeitalter beweist sich Kraus in „seiner polemischen Autorität"[97] nach Benjamin gerade in der Unterbrechung von unechten Zusammenhängen.[98] Diese aber webt und verknüpft besonders das Dispositiv Zeitung als (informations-)technisches Netz.

„Der Journalismus nämlich ist", so Benjamin, Operator und „Ausdruck der völlig veränderten Funktion der Sprache in der technifizierten Welt."[99] Einseitig auf den Wunsch ihrer Leser nach mitteilbaren, rasch konsumierbaren Erlebnissen

---

hier: S. 46: „Seiten reihen sich gleichwertig an Seiten. Sie mögen besser oder weniger gut gelungen sein – in einer eigentümlichen Verzahnung [...] setzen sie sich immer weiter fort, ohne daß ein notwendiges Ende abzusehen wäre."
92 Zum hier verwendeten Dispositiv-Begriff vgl. obige Anm. 41.
93 GS II/1, S. 362f. Von Gesprächen mit Benjamin über einen Zusammenhang zwischen der Zitationstechnik von Karl Kraus und seinem „Verfallensein an die Sprache", der Sprache des Journalismus, jüdischer Sprachphilosophie und Musivstil berichtet Scholem in *Walter Benjamin – die Geschichte einer Freundschaft*, S. 136.
94 Adorno: „Einleitung zu Benjamins ‚Schriften'", in: ders.: *Noten zur Literatur*, S. 573.
95 Sax: Art. „Zitat", S. 569.
96 GS II/1, S. 343.
97 Ebd.
98 „Einen Text zitieren", wie es im Essay *Was ist das epische Theater?* heißt, „schließt ein: seinen Zusammenhang unterbrechen." (GS II/2, S. 536)
99 GS II/3, S. 1110. Und weiter heißt es ebendort über die Ambivalenz des technologisch bedingten Funktionswandels der Sprache: „Die Phrase in dem von Kraus so gnadenlos denunzierten Sinne ist in diesem Umbildungsprozeß der Sprache ein Durchgangsstadium. In ihm trägt sie den Stempel des Warencharakters. Und doch: die Befreiung der Sprache ist heute identisch mit der Befreiung der Phrase [...]."

statt individuellen Erfahrungen hin ausgelegt, operiert die Zeitung mit hohlen, eingängigen Worthülsen und korrumpierten Semantiken. Als öffentliches Medium beschleunigt sie so den allgemeinen Sprachverschleiß, mittels dessen die Technik ihre – mit einem zwischen den Weltkriegen, u. a. bei Heidegger und Jaspers, später bei Plessner und Blumenberg, kursierenden Topos – ‚Dämonie' ausübt und festigt. Die vom „Zeitungsapparat" produzierten *Phrasen* und wiederholbaren Gemeinplätze sind nach Benjamin eine besonders monströse, kraft ihrer Reproduzierbarkeit alles Individuelle einebnende „Ausgeburt der Technik".[100] Doch sei gerade die Phrase auch objektiver Ausdruck eines in allen seinen Bereichen „veränderten Lebens"[101] und, wie Benjamin später im Kunstwerk-Aufsatz ausführt, einer sich durch die „ungeheure technische Apparatur unserer Zeit"[102] vollziehenden Neuorganisation und Konformierung der Wahrnehmung. Die neuen medialen Sachverhalte, besonders die Zeitung, sind für Benjamin also ein notwendiges Übel und ambivalente Subjektivierungsdispositive.[103] Sie (re-)produzieren, wie er in *Erfahrung und Armut* schreiben wird, eine universale „Erfahrungsarmut"[104]. Doch erweitern und schärfen sie zugleich die Sinne und stellen selbst den ‚Filter' dar, mittels dessen sich die Dinge und wir uns präziser ausdrücken können, *sehen lassen*. Die so stattfindende (Re-)Ästhetisierung kann für Benjamin, anders gesagt, zum Träger einer neuen intensivierten Erfahrungsform werden: Indem sie im Gestus des Zitats ihren eigenen technischen Charakter und damit ihre Entfremdung und unüberbrückbare Distanz – zum Sinn, zur ‚Echtheit', zum ‚Ursprung' – ausstellt, kann gerade die Zeitungsphrase zu einem (negativen) Echtheitsfaktor werden, d. h. zu einer *ontologischen Distanz zur reinen Technisierung*.

Mit anderen Worten: Die Phrase, deren Bekämpfung sich nach Benjamin Kraus' gesamtes Schaffen verschrieben hat, kann zum Index einer – mit Agamben – allgemeinen „*Nichtnähe zum Ursprung*"[105] werden. Denn zwar steht die Phrase als stereotype Redewendung für den Verlust individueller Ausdrucksmöglichkeiten und ist Werkzeug der instrumentellen Vernunft, mittels dessen sich die

---

100 GS II/1, S. 336.
101 Ebd., S. 337.
102 GS I/2, S. 445 (erste Fassung).
103 Im Sinne eines ontologisch geprägten, jeder ideologischen Diskursivierung oder, mit Foucault, ‚Diskursbegründung' vorausgehenden Prozesses von Subjektivierung.
104 GS II/1, S. 215.
105 Agamben: *Der Mensch ohne Inhalt*, S. 82: „*Die Reproduzierbarkeit – hier verstanden als das Paradigma eines Verhältnisses der Nichtnähe zum Ursprung – ist darum der wesentliche Status der Produkte der Technik, so wie die Originalität oder die Echtheit der wesentliche Status des Kunstwerks ist.*"

Technik die „Herrschaft über die Dinge"[106] sichert. Doch zeigt sich in der Phrase exemplarisch auch die Ambivalenz der Technik. Heideggers nicht-instrumentales Technik-Verständnis, demzufolge Technik wesentlich Hervor-bringung eines Verborgenen ins Unverborgene ist,[107] liegt der im Kraus-Essay aus immer neuen Perspektiven konturierten Auffassung von einer Zweideutigkeit der Technik nicht fern und hilft an dieser Stelle, diese noch näher zu fassen.

Für Heidegger ist Technik keine *creatio ex nihilo*. Sie schafft, wie er in seinem Vortrag „Die Frage nach der Technik" (1953) ausführt, keine reale Struktur der Welt, sondern ent-birgt diese vielmehr, d. h. sie vermag Wirklichkeit, z. B. die Natur, aber vor allem auch die Sprache, als verfügbaren „Bestand"[108] anschauen zu lassen. Die Phrase nun, um auf Benjamins Kraus-Porträt zurückzukommen, ist nicht nur ein Instrument der Technik unter anderen; kraft der Isolierung, Exponierung, Entstellung und Hypertrophierung der Phrase vermag sich eine Enthüllung – eine „Entlarvung"[109], wie Benjamin schreibt – der Technik und der Zeitung als einem ihrer wirkmächtigsten Dispositive zu ereignen. Für diese ist die reifizierte Sprache nur mehr Rohstofflieferant, Steinbruch für die fortlaufende Produktion neuer „sprachlicher [...] Fakten"[110], mittels welcher die Technik überhaupt ihre willkürliche Herrschaft über die Welt ausbreitet. Das Ereignis einer solchen „Selbstentlarvung" der Technik hat für Benjamin auf besondere Weise im Schreiben von Karl Kraus statt:

> Seine Polemik ist ja von jeher die innigste Verschränkung einer, mit den vorgeschrittensten Mitteln arbeitenden, Entlarvungstechnik und einer, mit archaischen operierenden, Kunst des Selbstausdrucks. Auch in dieser Zone aber bekundet, durch Zweideutigkeit, sich der Dämon: Selbstausdruck und Entlarvung gehen in ihr als Selbstentlarvung ineinander über.[111]

Kraus' Essayismus wird damit, um ein Wort von Benjamin wieder aufzunehmen, zum Schauplatz: zum *Schauplatz einer Selbstenthüllung der Technik* und einer neuen, nun vorrangig technisch bestimmten Ontologie. In dieser Selbstenthüllung der Technik, wie sie sich beispielhaft durch Kraus' mimisch-destruktive Zitationstechnik vollzieht, mittels welcher er „selbst die Zeitung zitierbar"[112] macht,

---

[106] GS II/1, S. 335.
[107] Vgl. Martin Heidegger: „Die Frage nach der Technik", in: ders.: *Vorträge und Aufsätze*, Pfullingen 1954, S. 13–44.
[108] Ebd., S. 24.
[109] GS II/1, S. 346.
[110] Ebd., S. 335.
[111] Ebd., S. 345 f.
[112] Ebd., S. 363.

zeigt sich aber, negativ, der ‚Ursprung'. Die Frage nach dem Ursprung und die nach der Technik gehören also untrennbar zusammen. Eine Entlarvungs- und Ursprungstechnik in Benjamins Sinne hat sich folglich selbst eine Hybridizität zu eigen zu machen, in der sich noch die Unterscheidung von Echtheit und Unechtheit als hinfällig, als (Selbst-)Fiktion einer universalen Unechtheit erweist, der gegenüber einen äußeren Standpunkt einzunehmen unmöglich ist. „Ausdruck für und Kampf gegen diese Verstrickung"[113] sind nach Benjamin bei Kraus einerlei. Denn im Zuge der Technifizierung aller Lebensbereiche lösen sich frühere Demarkationslinien wie die zwischen Technischem und Kultur auf. Auch Kultur operiert zunehmend nach den Modellen von Konstruktion und Reproduktion und präsentiert sich als Agglomerat verschiedener Kulturtechniken. Die Zeitung ist das technische Dispositiv – oder, mit Heidegger, das „Gestell"[114], d. i. der notwendige Erfahrungs- und Erkenntnisfilter –, wo Kultur und das Technische besonders effektiv verschwimmen und neu organisiert werden. Der Essay und das Feuilleton sind für Benjamin offenbar die hybriden Träger sowohl von deren Operativität als auch ihrer möglichen Selbstkritik – oder, anders gesagt, der Ort der Veröffentlichung und Offenlegung jener neuen Ontologie.

Wie Adolf Loos das Ornament als ‚Verbrechen' und Verwischung der Trennung von Leben oder Nicht-Künstlerischem und Kunst auffasste, polemisiert zwar auch Kraus gegen jede kunstgewerbliche Mischung von „Information und Kunstwerk"[115], womit er sich ebenso gegen eine Ästhetisierung der Information wie gegen eine De-Authentifizierung oder, mit Adorno, „Entkunstung"[116] des Künstlerischen wendet. Seine verbalen Ausfälle gegen Essayismus und Feuilletonismus als Symptome einer allgegenwärtigen Unechtheit der Zeit, auf die später noch ausführlicher eingegangen wird, können nach Benjamin aber nicht darüber hinwegtäuschen, dass er selbst der geschickteste „Ornamentiker" und „Verschleierer der Grenzen zwischen Journalismus und Dichtung" gewesen sei.[117]

Auch die Publikationsgeschichte von Benjamins Kraus-Essay dokumentiert eine solche Grenzverschleierung, ein Hinüberfließen der hohen Buchkultur in den

---

113 Ebd., S. 348. Das „Sein" der Journalisten, so Benjamin, mag dem von Kraus „so entgegengesetzt oder so verwandt sein wie immer. In der Tat ist aber beides der Fall." (Ebd., S. 335)
114 Heidegger: „Die Frage nach der Technik", S. 27 f. Zu Heideggers Begriff ‚Gestell' als Ausdruck des ambivalenten Wesens der Technik, in dem sich die Erschließung sowie die Verbergung und Verstellung eines Zugangs zur Wahrheit vollziehen, mit anderen Worten: das der Welt und Natur seine ‚Dämonie' auferlegt, sie verfügbar macht, zugleich aber auch Möglichkeiten der Erschließung eines neuen Sinn- und Sein-Verständnisses in sich birgt, vgl. Roberto Esposito: *Due. La macchina della teologia politica e il posto del pensiero*, Turin 2013, S. 18–24.
115 GS II/1, S. 336.
116 Adorno: *Ästhetische Theorie*, S. 33.
117 GS II/1, S. 336.

Journalismus und einen Prozess der Auflösung und Umgestaltung literarischer Formen in Zeiten des Hochkapitalismus: Benjamin hatte den Kraus-Essay für einen Band mit literarischen Essays konzipiert,[118] mit dem er seinen Status „comme le premier critique de la littérature allemande"[119], wie er an Scholem schreibt, untermauern wollte. Einer den Rowohlt-Verlag erfassenden Finanzkrise wegen erschien er jedoch, fragmentiert, in vier Folgen in der *Frankfurter Zeitung*.[120] Der literarische Essay *Karl Kraus* also war keine rasche Gelegenheitsarbeit – Benjamin hatte an ihm „außerordentlich lange, nahezu ein Jahr [...] unter völliger Beiseitesetzung sämtlicher persönlicher und materieller Verpflichtungen gearbeitet"[121] –, wurde aber in Form eines Zeitungsartikels gedruckt. Gerade als solcher entfaltet er sein Störpotenzial. Denn die Zeitung als (Bedeutungs-)Träger des Kraus-Essays lässt die Leserin glauben, sie habe es mit einem reibungslos rezipierbaren Erzeugnis der Tagespresse zu tun. Diese von der Zeitung installierte Erwartung wird von Benjamins Essay, der in seiner ästhetischen Komplexität zum langsamen Lesen und zum Wieder-Lesen zwingt, radikal ent-täuscht. Doch handelt es sich um ein Lesen, in dem sich zugleich die Simulation einer anderen möglichen Erfahrung ereignet.

Gerade mittels seiner simulierten, übersteigerten, aber auch widerständigen Hybridität scheint der (Kraus-)Essay der Technik also etwas zurückzuerstatten. Er lässt sie als mögliches Instrument einer paradoxerweise durch ihre Destruktivität noch beschleunigten ‚Rettung' anschaulich werden, von der zu Eingang des Kapitels die Rede war. In seinem Vortrag *Der Autor als Produzent* (1934) wird Benjamin diesen Gedanken radikalisieren, inwiefern die Adaption und wissende Anverwandlung technischer Standards unumgänglich und ein Aufbrechen des gegenwärtigen Sprachentwicklungsstandes nur *von innen heraus* möglich sind: Man müsse „die schriftstellerische *Technik* der Werke"[122], so Benjamin, und „die Vorstellungen von Formen oder Gattungen der Dichtung an Hand von technischen Gegebenheiten unserer heutigen Lage umdenken"[123]. In einem solchen „gewaltigen Umschmelzungsprozeß literarischer Formen mitten innestehen[d]"[124], sei es

---

118 An Scholem schreibt Benjamin am 25.04.1930: „Mein Vertrag mit Rowohlt über den Essayband ist abgeschlossen. Ich habe für diesen noch eine ganze Anzahl Stücke fertigzustellen und arbeite zur Zeit an einem ‚Karl Kraus' [...]." (GB III, S. 522)
119 Brief an Scholem vom 20.01.1930, ebd., S. 502.
120 Zur Textgeschichte vgl. GS II/3, S. 1078 ff.
121 Brief an Scholem vom 05./06.02.1931, GB IV, S. 11.
122 GS II/2, S. 686.
123 Ebd., S. 687.
124 Ebd.

die auch ethische Aufgabe des einzelnen Schriftstellers, Formenentgrenzung und technisch-avantgardistische Neuerungen noch zu steigern. So könne gerade die Zeitung – wie es im Fragment *Die Zeitung* (1934) heißt – zu einem möglichen messianisch-apokalyptischen „Schauplatz" einer „Rettung" (der Sprache) werden:

> [E]s ist der Schauplatz der hemmungslosen Erniedrigung des Wortes – die Zeitung also –, auf welchem seine Rettung sich vorbereitet.[125]

Im „rettenden und strafenden Zitat"[126] von Karl Kraus findet diese Denkfigur einer mittels bestimmter Darstellungsverfahren herbeigeführten Steigerung, Krise und (partiellen) Implosion der Technik ein schreibpraktisches Pendant.[127] Der Essay erweist sich, um die bisherigen Überlegungen zu bündeln, als hybrider und hybridisierender Operator der Technik, des technischen Dispositivs der Zeitung, das er zugleich (selbst-)kritisch unterläuft. Als wirkmächtigste Zutat einer solchen Sprengkraft ist dem Essay ebenso wie Kraus' Feuilletonismus in Benjamins Augen eine sich auf vielfältige Weise realisierende Technik des Zitierens an die Hand gegeben, deren verschiedene Modi und Funktionsweisen im Folgenden näher beleuchtet werden.

---

125 Ebd., S. 629. In *Der Autor als Produzent* wiederum zitiert Benjamin mit ebendiesem Satz – unter der Apostrophe „ein linksstehender Autor" (ebd., S. 687) – sich selbst, vgl. ebd., S. 688.
126 GS II/1, S. 363.
127 In dieser Hinsicht fällt Scholems Urteil, der die besondere (selbst-)kritische Darstellungstechnik des Essays und die Bindung von Benjamins Konzept des Ursprungs an die Frage der Technik außer Acht zu lassen scheint, zu einseitig aus. Benjamin begehe in seinem Essay über Karl Kraus, so Scholem in einem Brief vom 30.03.1931, „auf selten intensive Art Selbstbetrug", weil er der Fehleinschätzung erliege, eine materialistische Methode streng angewandt zu haben, statt sich auf eine „Metaphysik der Sprache" zu konzentrieren, „welche recht eigentlich das ist, womit Du [...] eine hochmächtige Figur in der Geschichte kritischen Denkens sein könntest, als legitimer Fortsetzer der fruchtbarsten und echtesten Traditionen" eines Hamann und Humboldt (zit. n. GB IV, S. 27). Dabei zielt Benjamin, wie er in der Untersuchung der Kraus'schen Zitationspraxis vorführt, auf ein autoreflexives Schreiben ab, dessen Entlarvungstechniken sich gerade insofern als (sprach-)kritisch erweisen, als sie noch das eigene Sprachmaterial, den eigenen Sprachbestand, als geschichtlich und kulturtechnisch präformiert auffassen und folglich stets mit einer „Selbstentlarvung" (GS II/1, S. 346) einhergehen. Diese ereignet sich mehr zeigend als sagend im Medium des Essays, der ein ästhetisches (Sprach-)Wissen hervorbringt sowie einen Ursprung (der Sprache) (re-)konstruiert, der gerade nicht (wie z.B. bei Hamann) mythisch amalgamiert ist, sondern je der Auseinandersetzung mit der Technik entspringt.

5.2 Zwischen Sagen und Zeigen. Gesten der Zitation bei Benjamin und Kraus

Die oft martialische Kriegsmetaphorik, mit der Benjamin das Zitieren umschreibt, reflektiert das Wesen des Technischen selbst. Schon in dessen aristotelischer Prägung herrscht der Aspekt der Ermächtigung, des Angriffs und des Krieges vor.[128] Einen der zentralen Aspekte der Zitation sieht Benjamin entsprechend, wie gezeigt wurde, in der Dekontextualisierung, Fragmentierung und Kritik.[129] Doch erschöpft sich weder das Kraus'sche noch das Benjamin'sche Zitationsverfahren in seinem destruktiven Charakter, sondern ist, wie bereits aus verschiedenen Perspektiven untersucht wurde, in eine geschichts- und sprachphilosophische Konzeption eingebettet, die medien- und technikphilosophische Ansätze aufweist.

Kraus' Auffassung „der göttlichen Gerechtigkeit *als* Sprache" stattet seine Mission einer strengen „Sprachprozeßordnung", der er die in einer akribischen „Philologie der Journale" aufgespürten sprachlichen Fakten unterzieht, in Benjamins Lesart überdies mit einer theologischen Dignität und geheimen Autorität aus.[130] Kraus zitiere die Begriffe, so Benjamin, vor den Richtstuhl einer göttlichen Sprache.[131] Mit dieser juridisch-theologischen Metapher reinstauriert Benjamin wie beiläufig die ursprüngliche Bedeutung des Wortes *citare*, das zunächst das Vorladen, das ,Zitieren' vor Gericht bezeichnete und dessen semantisches Spektrum später auch das Berufen auf schriftliche Quellen und das Anrufen der Götter umfasst.[132] Die im Zitat erhobene Anklage, so Benjamin, „lautet auf Hochverrat des Rechtes an der Gerechtigkeit. Genauer, des Begriffs am Worte, aus dem er sein

---

128 Vgl. Mersch: *Ereignis und Aura*, S. 59f.
129 Für das Kraus'sche „mimische Genie", das in fremde sprachliche Wendungen „hineinkriech[t] [...] um zu vernichten" (GS II/1, S. 347), ihnen den Halt des früheren Textgefüges nimmt und so zitierte Begriffe und Ausdrücke wie ihren Autor bloß-stellt, hat Benjamin ein 1928 in der *Einbahnstraße* veröffentlichtes Porträt, ein *Kriegerdenkmal* – wie die Prosaminiatur überschrieben ist – errichtet, nach Scholem „eine der schönsten Seiten, die er je geschrieben hat" (ders.: *Walter Benjamin – die Geschichte einer Freundschaft*, S. 176).
130 GS II/1, S. 349 (meine Hervorhebung). Für eine jüdisch-messianische Lesart vgl. Sax: „Walter Benjamin's Karl Kraus", und Reitter: *The Anti-Journalist*, S. 137–174.
131 Gleichsam im Sinne jener im Medium der Schrift vollzogenen Antizipation einer „citation à l'ordre du jour" (GS I/2, S. 694), von der die dritte Geschichtsthese handelt.
132 Zum weiten Bedeutungsfeld des Begriffs ,Zitat' vgl. Hans-Ulrich Simon: Art. „Zitat", in: *Reallexikon der deutschen Literaturgeschichte*, hg. von Klaus Kanzog und Achim Masser, Bd. 4, 2. Aufl., Berlin / New York 1984, S. 1049–1081, und Rudolf Helmstetter: Art. „Zitat", in: *Reallexikon der deutschen Literaturwissenschaft. Neubearbeitung des Reallexikons der deutschen Literaturgeschichte*, gemeinsam mit Harald Fricke, Klaus Grubmüller und Jan-Dirk Müller hg. von Klaus Weimar, Bd. 3, 3. Aufl., Berlin / New York 2007, S. 896–899.

Dasein hat: vorsätzliche Tötung der Phantasie"[133]. Wie das „Recht" einem kodifizierten profanen Bereich und institutionalisierten System angehöre, üben nach Benjamin auch die Begriffe ihre „Rechtsprechung",[134] ihre Gewalt und „Herrschaft über die Dinge"[135], gemäß einer regelhaften Begriffslogik aus. Die „Gerechtigkeit" hingegen, auf die sich das Recht zwar berufe, an dem es jedoch durch Verleugnung seines Ursprungs aus der Phantasie „Hochverrat" begehe, walte in einer göttlichen, einer idealen Sphäre. Sie ist dem stets auf Berechenbarkeit und Verallgemeinerbarkeit abzielenden menschlichen Zugriff radikal entzogen und erscheint daher als Willkür.[136]

Ebenso gehen die Worte nach Benjamin über den abgezirkelten Gebietscharakter der Begriffe hinaus. Sie stellen das Archiv, d. h. eine Simultaneität von Möglichkeiten (der Begriffsverwendung) dar, deren Prinzip, wie es im Kraus-Essay hieß, die „Phantasie"[137] und nicht eine instrumentelle Logik (eine Zweck-Mittel-Relation) darstellt, welcher der Begriff unterworfen ist. Wird das Wort zum Begriff und löst sich seine multiple Referenzialität auf, wird also die antisystematische Bedeutungsfülle eingeschränkt, monosemiert, dann erstarrt und erstirbt die Phantasie, der auch der Begriff entspringt und der er „sein Dasein"[138] verdankt. Kraus' Zitationstechnik, die sich an fremden Texten, Sätzen, Begriffen gütlich hält und sich diese einverleibt, sie zersetzt und in das „Gefüge eines neuen Textes"[139] integriert, setzt für Benjamin jene verschüttete Mehrdeutigkeit (wieder) frei, allerdings versehrt und bruchstückhaft. Dadurch werden zugleich die eigentlichen oder unbewussten Intentionen des zitierten Autors, meist in greller

---

[133] GS II/1, S. 349.
[134] Ebd.
[135] Ebd., S. 335.
[136] Auf eine Beziehung zwischen den Begriffen ‚Recht' und ‚Gerechtigkeit' im Kraus-Essay und deren Gegenüberstellung im Essay *Zur Kritik der Gewalt* (1921) verweist Benjamin in einer Notiz in den umfangreichen *Paralipomena zum Kraus*: „Kritik der Gewalt: Recht und dämonische Sphäre" (GS II/3, S. 1097). Benjamin stiftet so indirekt eine Beziehung zwischen der auf einer Begriffslogik fußenden dämonischen Rechtssphäre und der dämonischen „Zweideutigkeit" (d. i. einer mit der „Selbstentlarvung" in eins fallenden „Entlarvungstechnik"; GS II/1, S. 345 f.) der Kraus'schen Sprache, die zwar mit der Begriffssprache, mit journalistischen Phrasen, als ihrem gegebenen Sprachbestand operiert; durch ihre Zersetzung in Zitat und Satire aber ihre Instrumentalität zu zerstören und so gleichsam das Recht (wieder) ‚namhaft' zu machen versucht, d. h. mittels negativer Begriffsarbeit eine ‚gerechte' Sprache in ihr Recht zu setzen trachtet, und damit womöglich eine nicht-instrumentelle Technik als reines Mittel oder gerechten Zweck.
[137] Ebd., S. 349.
[138] Ebd.
[139] Ebd., S. 363.

Überzeichnung, enthüllt.[140] In Benjamins Lesart (re-)aktiviert Kraus kraft dieses indirekten Darstellungsverfahrens der Zitation – negativ, anklagend – einen ursprünglichen, sich dem unmittelbaren Zugriff entziehenden Bedeutungshof des Wortes, d. h. den Vorschein des Namens:

> Es [das Zitat] ruft das Wort beim Namen auf, bricht es zerstörend aus dem Zusammenhang, eben damit aber ruft es dasselbe auch zurück an seinen Ursprung.[141]

Der solcherart aus Zitaten des Ursprungs bestehende Text wird zu jener „philosophischen Erkennungsszene"[142], die Benjamin in der Kraus'schen Lyrik heraufbeschworen sah und die im essayistischen Textgefüge umgesetzt wird. Im Aufbrechen strenger begrifflicher Determinierungen, in der Zertrümmerung des Gebietscharakters der Begriffe, sucht Kraus so der „Armut an Begriffen", wie es in einem Notat aus den Vorstudien zum Kraus-Essay heißt, einen göttlichen „Reichtum der Wortbedeutung" (wieder) zuzuschreiben.[143] Benjamin erkennt in diesem Bedeutungsreichtum den idealen Ursprung wie das ideale Ziel der Suchbewegung von Kraus' Schreiben. Tatsächlich aber charakterisiert er damit mittelbar seine eigene essayistische Schreibtechnik. Denn diese beruht nicht auf einem Wissen, auf das sich als ein gewusstes, induktiv oder axiomatisch-deduktiv zu gewinnendes allgemeines und verallgemeinerbares Wissen die Wissenschaft, die Philosophie und die Technik verlassen. Kraft der prinzipiell unabschließbaren Zerlegung, Umsetzung, Neuanordnung und Zusammenstellung der kleinsten Bestandteile der Sprache im zitierenden, kritisierenden, kommentierenden und deutenden Prozess des Lesens-Schreibens sucht Benjamin vielmehr ein individuelles und im Essay je paradigmatisch dargestelltes *Erfahrungswissen um das Mögliche* zu gewinnen, d. h. um die Gestaltbarkeit der Sprache; oder, anders gesagt, um eine Unerschöpflichkeit möglicher (literarischer) Formen.

Benjamin erkennt bei Kraus neben dem Zitieren von andernorts geschriebenen oder gesprochenen Worten, Phrasen, Sätzen oder Satzteilen – mit oder ohne *signa citationis*, die vom Zitierten Distanz nehmen oder dieses exponieren – noch weitere Techniken der Zitation, die nicht einmal mehr der Konstellierung oder

---

140 Vgl. ebd., S. 343, zu der „polemischen Autorität" von Kraus, „die die Geisteswelt eines Autors, und je nichtiger diese ist um so sicherer, im Vertrauen auf eine wahrhaft prästabilierte, versöhnende Harmonie voll und intakt aus einem einzigen Satzstück, einem einzigen Worte, einer einzigen Intonation zu heben versteht".
141 Ebd., S. 363.
142 Ebd., S. 360.
143 GS II/3, S. 1098. Vgl. Agamben: *Der Mensch ohne Inhalt*, S. 138 ff., der darstellungstheoretisch wie schreibpraktisch an Benjamins Zitationstechnik einer „Auflading [des Textes] mit Wahrheit" (ebd., S. 138) anknüpft.

Kommentierung des Zitatmaterials bedürfen. Das Kraus'sche Diktum „Erwarten Sie von mir kein eigenes Wort. [...] Wer etwas zu sagen hat, trete vor und schweige!"[144] pointiert ein solches zum Auslöschen der eigenen Stimme tendierendes Zitationsverfahren, ein in oder im Text „gewendetes Schweigen"[145]. Nicht aber führt dieses zum Eindruck eines gesichtslosen Textes, sondern es lässt paradoxerweise gerade eine *individuelle Physiognomie* und die stilistische „Idiosynkrasie"[146] einer Schreibweise hervortreten, in der, so Benjamin, „Persönliches und Sachliches [...] zusammenfällt"[147] und hybridisiert wird.

Die Kraus'sche Ursprungsarchäologie, Zitation als – im buchstäblichen Sinn – ein ‚Aufrufen' (des Wortes als Namen), ereignet sich überdies mittels mikroskopisch-chirurgischer Einschnitte in die materiale Textgestalt. Denn, um einen Gedanken aus Agambens *Idea della prosa*, einer selbst aus einer Vielzahl kaschierter Zitate bestehenden Sammlung kleiner Prosaminiaturen, wiederzugeben: Wo die Sprache aufhört, beginnt nicht etwa die Sprachlosigkeit, sondern die Materie des Wortes.[148] Wie Benjamin vorführt, vermag Kraus im zitierten Satz kraft einer präzisen typografischen Minimalintervention in ein einzelnes Wort dieses so zu ent-stellen, dass es jenen „Reichtum der Wortbedeutung"[149] frei-setzt – und so das Zitat mit einem neuen Wahrheitsgehalt ausstattet und radikal aktualisiert. Kraus, so Benjamin,

> versetzt sie [die Zeitung] in seinen Raum, und mit einem Mal muß die Phrase es inne werden: im tiefsten Bodensatze der Journale ist sie nicht sicher vor dem Zustoß der Stimme, die auf den Schwingen des Wortes herabfährt, um sie ihrer Nacht zu entreißen. Wunderbar, wenn sie nicht strafend, sondern rettend naht, wie, auf den Schwingen des Shakespeareschen, jener Zeile, in welcher einer vor Arras nach Haus berichtet, wie in der Frühe auf dem letzten zerschossenen Baume vor seiner Stellung eine Lerche zu singen begonnen habe. Eine einzige Zeile, und nicht einmal seine eigene, genügt Kraus, um in dies Inferno rettend hinabzufahren, eine einzige Sperrung: „Es war die Nachtigall und nicht die Lerche, die dort auf dem G r a n a t baum saß und sang." Im rettenden und strafenden Zitat erweist die Sprache sich als die Mater der Gerechtigkeit. Es ruft das Wort beim Namen auf, bricht es zerstörend aus dem Zusammenhang, eben damit aber ruft es dasselbe auch zurück an seinen Ursprung.[150]

---

144 GS II/1, S. 338. „Kraus hat Artikel geschrieben, in denen nicht ein einziges Wort von ihm ist" (GS II/3, S. 1093), heißt es in einem Schema zum *Karl Kraus*.
145 GS II/1, S. 338.
146 Ebd., S. 346.
147 Ebd., S. 343.
148 Vgl. Giorgio Agamben: *Idea della prosa*, Macerata 2002, S. 15.
149 GS II/3, S. 1098.
150 GS II/1, S. 363.

Benjamin zitiert Kraus hier nicht direkt, sondern ahmt, das Zitierte modifizierend und transformierend, einen Kraus'schen Zitationsgestus nach. Die Passage nimmt Bezug auf einen 1916 in der Rubrik „Glossen" in der *Fackel* wiedergegebenen Bericht eines belgischen Soldaten von der Front an der Yser. Als er am Waldrand Wache hielt, habe ihn der „ohrenzerreißende Kriegslärm [...] bis ins Mark erschüttert[]", während er zugleich „stundenlang den prächtigen Triller einer Nachtigall" vernahm, die sang, „als herrsche tiefster Friede im Walde in dieser herrlichen, vom Monde beschienenen Frühlingsnacht".[151] Kraus rahmt den Kriegsreport mit zwei Versen aus *Romeo und Julia*, mit dem fett gesetzten Titel „Es war die Nachtigall und nicht die Lerche" und einer letzten Zeile: „Sie sang des Nachts auf dem G r a n a t baum dort...".[152] Benjamin versetzt die Szenerie an die Front vor Arras, von der nun ein deutscher Soldat nach Hause berichtet, der dem Gesang nicht einer Nachtigall, sondern einer Lerche lauscht, die den anbrechenden Morgen, d. h. Unheil verkündet. Die in den berühmten Vers aus *Romeo und Julia* eingefügte Sperrung – eine bekanntlich besonders von Nietzsche systematisch eingesetzte und zum aufmerksamen Lesen und Wahrnehmen von übersehenen Äquivalenzen nötigende Technik[153] – lässt in den Granatbaum

---

151 Karl Kraus: „Es war die Nachtigall und nicht die Lerche", in: *Die Fackel* Nr. 431–436 (2. August 1916), S. 24.
152 Ebd. In William Shakespeares *Romeo und Julia* (1597) heißt es im 3. Akt, 5. Szene, 2. u. 4. Vers: „It was the nightingale, and not the lark, / [...] Nightly she sings on yon pomegranate tree." Vgl. Gal Hertz: „Karl Kraus's Citationality: Between War Experience and Poetic Language", in: *Texturen des Krieges. Körper, Schrift und der Erste Weltkrieg*, hg. von Galili Shahar, Göttingen 2015, S. 145–164; António Ribeiro: „Karl Kraus und Shakespeare. Die Macht der Epigonen", in: *Karl Kraus: Diener der Sprache, Meister des Ethos*, hg. von Joseph P. Strelka, Tübingen 1990, S. 237–265; Irene Fantappiè: *Karl Kraus e Shakespeare. Recitare, citare, tradurre*, Macerata 2012.
153 Vgl. Friedrich Nietzsche: *Zur Genealogie der Moral*, in: KSA 5, S. 245–412, hier: S. 297 f. Adorno erblickt in diesem Aufzeigen von Äquivalenzen ein epistemologisches Stilprinzip des Essays, der „Äquivokationen nicht aus Schlamperei, nicht in Unkenntnis ihres szientifischen Verbots [benutzt], sondern um heimzubringen, wozu die Äquivokationskritik, die bloße Trennung der Bedeutungen selten gelangt: daß überall, wo ein Wort Verschiedenes deckt, das Verschiedene nicht ganz verschieden sei, sondern daß die Einheit des Worts an eine wie sehr auch verborgene in der Sache mahnt" (ders.: „Der Essay als Form", in: ders.: *Noten zur Literatur*, S. 31). Benjamins Kapitalismuskritik in seinem Fragment *Kapitalismus als Religion* – ein Beispiel für diese Äquivokationstechnik – kreist um die schon von Nietzsche in der *Genealogie der Moral* aufgespürte „dämonische Zweideutigkeit" (GS VI, S. 102) des Wortes ‚Schuld', das den Begriff monetärer, ökonomischer Schulden und den einer moralischen, existenziellen Schuld umfasst. Die „Einheit des Worts" gemahnt Benjamin, mit Adorno gesprochen, „an eine wie sehr auch verborgene in der Sache", die sich hier nicht etwa als einfache Analogie, sondern als intrinsische Verflechtung der Dynamiken von Kapitalanhäufung und -organisation mit der Struktur religiöser Praktiken entpuppt, die Benjamin folglich immer anzitiert, schreibt er von ‚Schuld' oder ‚Schulden' (zu dieser Homonymie vgl. das Vorwort der Herausgeber in *Der Kult des Kapitals. Kapitalismus und Religion*

sprichwörtlich eine Granate herabfahren, macht ihn, wie Benjamin schreibt, zum „zerschossenen Baume". Ist „der bezaubernd schöne Schlag der Nachtigall, in einsamen Gebüschen, an einem stillen Sommerabende, bei dem sanften Lichte des Mondes"[154] für Kant noch beispielhafter Ausdruck für das unnachahmliche ‚Naturschöne', wird der Vogelsang bei Kraus und Benjamin durch die Sperrung zum Klageruf einer Natur, derer sich die Technik bemächtigt hat.

Das typografisch hervorgehobene Wort „G r a n a t baum"[155] *zeigt* durch die eingefügte Sperrung die Naturbewältigung durch die Technik als eine in der Sprache, im einzelnen Wort, statthabende Bedeutungsverschiebung und Verschiebung von Signifikanten: Vor dem Hintergrund der Erfahrungen des Stellungskrieges hört man, auch in der Shakespeare-Lektüre, bei dem Wort ‚Granatbaum' mit all seinen impliziten Konnotationen (als verbotene Frucht, ikonisches Fruchtbarkeitssymbol oder Bild für den Reichtum des verheißenen Landes Israel) fortan unweigerlich das Geschoss mit. Im Zitat können aber zugleich, wie hier in der Sperrung nur weniger Buchstaben, frühere, latent stets präsente Bedeutungsschichten – ein anderer ‚Text' – im Wort erinnert, reaktualisiert und so der von einer technologisierten Sprache vermeintlich gedeckte Ist-Zustand ins Wanken gebracht werden. Agamben pointiert dieses Benjamin'sche Verfahren im Rahmen seines Kommentars zum Römerbrief: „Die gesperrten Ausdrücke [...] werden sozusagen hypergelesen, zweimal gelesen – und diese doppelte Lektüre kann, wie Benjamin nahelegt, jener palimpsestartigen Lektüre des Zitats entsprechen."[156]

Diese zitierend vollzogene (Re-)Dynamisierung der Sprache,[157] die fortlaufend ein Anderes im Wort, eine heimliche Präsenz anderer Texte im Text, aufdeckt, birgt insofern tatsächlich, wie Benjamin über Kraus schreibt, das Potenzial „revolutionärer Praxis"[158]. Gerechtigkeit vollzieht sich, um das frühere Zitat wieder aufzugreifen, als und in der Sprache. Der Gesang der Nachtigall, von der im Kraus'schen Kriegsreport noch tatsächlich berichtet wird, wird in Benjamins verfremdeter Wiedergabe des Frontberichtes nur mehr im Shakespeare-Zitat

---

bei Walter Benjamin, hg. von Mauro Ponzi, Sarah Scheibenberger, Dario Gentili und Elettra Stimilli, Heidelberg 2017, S. 9–15).
154 KdU, § 42, S. 236; AA V, S. 302. Vgl. Adorno: *Ästhetische Theorie*, S. 267 f.
155 GS II/1, S. 363.
156 Agamben: *Die Zeit, die bleibt*, S. 154.
157 *Citare* – als Intensivum von lat. *ciere*, griech. *kinéō* – bedeutet auch ‚in Bewegung setzen'. ‚Zitieren' meint insofern eine sich nie ganz im konkreten Zitat erschöpfende, sondern immer über dieses hinausweisende Möglichkeit eines neuen Ausdrucks, neuer Bedeutung und damit neuer Lesweisen (vgl. *Dictionnaire étymologique de la langue latine. Histoire des mots*, hg. von Alfred Ernout und Antoine Meillet, 4. Aufl., Paris 1959, S. 119 f.).
158 GS II/1, S. 342.

beschworen, also im Medium der Literatur. Inmitten einer technisierten Natur wird die Nachtigall mit ihrem menschenähnlichen ‚Gesang' zum besonders eindringlichen stellvertretenden Zeichen eines dynami(ti)schen Potenzials, der Sprengkraft von Kunst und Dichtung, welche die totale Destruktivität der Technik nicht das letzte Wort haben lässt. Kraus setzt ihr „die ewig neue, die unausgesetzte Klage"[159] entgegen.

Eine solche – im erweiterten Sinne – zitierend erfolgende (Wieder-)Anreicherung der Begriffe (er-)findet einen ursprünglichen Reichtum der Wortbedeutungen, oder anders gesagt: den Ursprung der Sprache. Er erschließt sich für Benjamin offenbar nur demjenigen, der über ein gewisses technisches Sprachwissen verfügt und dieses *im* Schreiben, z. B. mittels erweiterter Zitationstechniken, der Hybridisierung verschiedener Gattungsaspekte oder der Enthüllung von Äquivalenzen, so umsetzt, dass jener *Ursprung als Synchronizität von Möglichkeit und Wirklichkeit* (wieder) hergestellt wird. So wird die durch die Zeitung perpetuierte Willkürherrschaft der begrifflichen Sprache über die Dinge aufgebrochen. Zu einem solchen Operator des Ursprungs und „Schauplatz für die Heiligung des Namens"[160] wird der (Benjamin'sche) Essay nur *via* Übersteigerung und Vorzeigen des zerstörerischen Potenzials der Technik, d. h. auf dem *Umweg der Technik*.

Heideggers Feststellung, die Technik sei unser unausweichliches „Geschick"[161], ließe sich vor diesem Hintergrund auch als Prämisse des Kraus-Essays angeben. Für Heidegger wie für Benjamin sind weder eine naive Technikkritik noch Technikbejahung begründet, vielmehr ist die Suche nach dem „Rettenden"[162], d. h. nach dem verborgenen Sinn im Wesen der Technik selbst, geboten. Die Zeit krankt für Benjamin nicht an der Technik, sondern am „Zweierlei eines veränderten Lebens und einer mitgeschleppten Lebensform"[163] – und überholter literarischer Formen, möchte man hinzufügen. Mit anderen Worten: Die Zeit krankt an der Diskrepanz zwischen der Technisierung der Lebenswelt und überkommenen Sprach- und Lebensformen.[164] Der ‚Ursprung', der zu Kapitelbeginn als „Gegenstand einer Entdeckung, die in einzigartiger Weise sich mit dem

---

159 Ebd., S. 345.
160 Ebd., S. 359.
161 Heidegger: „Die Frage nach der Technik", S. 32.
162 Ebd., S. 36. Zum Ausgangspunkt seiner Überlegungen über die Ambivalenz der Technik und unser Verhältnis zu ihr macht Heidegger bekanntlich die Verse „Wo aber Gefahr ist, wächst / Das Rettende auch" aus Hölderlins Hymne *Patmos*.
163 GS II/1, S. 337.
164 Vgl. ebd., S. 367: „Der Durchschnittseuropäer hat sein Leben mit der Technik nicht zu vereinen vermocht, weil er am Fetisch schöpferischen Daseins festhielt."

Wiedererkennen verbindet"[165], eingeführt wurde, stellt sich für Benjamin nur noch auf dem Umweg der Technik her und ist insofern eine Wiederbegegnung der Technik mit sich selbst. Diese Selbstbegegnung aber schließt eine Transformation der Technik ein. Als Grenzgänger „zwischen Journalismus und Dichtung" wird der Essay zum *fulcrum* dieser (Selbst-)Enthüllung und möglichen neuen Verhüllung – zum „Verschleierer" – der Technik. Es ist, so Benjamin,

> das erste Anliegen von Kraus gewesen, Information und Kunstwerk auseinanderzuhalten. Der Schmock ist im Herzen eins mit dem Ornamentiker. Als Ornamentiker, als Verschleierer der Grenzen zwischen Journalismus und Dichtung, als Schöpfer des Feuilletons in Poesie und Prosa ist Kraus nicht müde geworden, Heine zu denunzieren,[166] ja späterhin, als den Verräter des Aphorismus an die Impression, selbst Nietzsche ihm zur Seite zu stellen. „Meine Auffassung", heißt es von diesem, „ist, daß er zur Mischung aus Elementen ... der zersetzten europäischen Stile aus dem letzten Halbjahrhundert noch die Psychologie hinzugebracht hat, und daß das neue Niveau der Sprache, das er geschaffen hat, das Niveau des Essayismus ist, wie das Heinesche das des Feuilletonismus." Beide Formen erscheinen als Symptome der chronischen Krankheit, von welcher alle Einstellungen, alle Standpunkte nur die Fieberkurve bestimmen: der *Unechtheit*. Die Entlarvung des Unechten ist es, aus der dieser Kampf gegen die Presse entstand. „Wer nur diese große Entschuldigung: zu können, was man nicht ist, in die Welt gebracht hat?" Die Phrase. Sie ist aber eine Ausgeburt der Technik.[167]

Benjamin unterscheidet „Essayismus" und „Feuilletonismus" als zwei eigenständige „Formen", die aber miteinander verwandt sind. Denn beide erscheinen als „Symptome" der „*Unechtheit*" der Zeit. In der (schönen) Darstellung des Essays kann, wie eingangs ausgeführt wurde, eine verbergende Verfertigung von Sinn stattfinden. Gerade die Kunstähnlichkeit von Essayismus und Feuilletonismus, ihre Nähe zur „Dichtung", scheint aber auch die Zeitung als ihr notwendiges ‚Gestell', d. i. als technisches Dispositiv, vergessen machen zu können und sie damit zu einem Instrument der Unechtheit werden zu lassen. Doch vermögen beide Formen zum Symptom oder – um einen Benjamin'schen Begriff wieder aufzugreifen – Schauplatz zu werden, auf dem sich kraft einer tiefen Skepsis gegenüber jedem vermeintlich ursprünglichen Sprechen und einer Verstehbarkeit von Welt und Auffindbarkeit ihres Sinnes eine (Selbst-)Entlarvung zeigend vollzieht. Der Begriff ‚Symptom', mit dem Benjamin hier vermutlich wiederum

---

[165] Ebd., S. 360.
[166] In seinem Essay „Heine und die Folgen" (1910) verunglimpft Kraus Heinrich Heine als Pionier des feuilletonistischen Stils in Deutschland: „Und selbst im Stil der modernsten Impressionsjournalistik verleugnet sich das Heinesche Modell nicht. Ohne Heine kein Feuilleton. Das ist die Franzosenkrankheit, die er uns eingeschleppt hat." (Kraus: „Heine und die Folgen", in: ders.: *Heine und die Folgen*, S. 78)
[167] GS II/1, S. 336.

Nietzsche herbeizitiert, für den Symptome bekanntlich vor allem Phänomene sind, an denen Prozesse des Niedergangs und der Dekadenz abzulesen sind, steht nämlich nicht direkt für die Krankheit ein, das Symptom ‚ist' nicht die Krankheit. Symptome indizieren vielmehr komplexe und nicht-eindeutige Relationen zu (Krankheits-)Ursachen, oder anders formuliert: Sie enthalten ein *Wissen* (über die Krankheit), das sich erst mittels Studium enthüllen kann. Die an Essayismus und Feuilletonismus augenfällige Verschleierung und Entgrenzung herkömmlicher Gattungsgrenzen, ihr Stilsynkretismus, Formeneklektizismus und ihre Erweiterung durch die modernen Medien, kurz: ihr Hybridismus, sind für Benjamin Zeichen einer erst noch zu entlarvenden „chronischen Krankheit". Die Möglichkeit der Technik einer solchen (Selbst-)Entlarvung scheint mit den Symptomen als ihrem impliziten Wissen also bereits gegeben.[168] Schafft Nietzsche – dem Kraus-Zitat in *Karl Kraus* nach – „das neue Niveau der Sprache" und sieht Benjamin in Kraus wiederum den „Schöpfer des Feuilletons in Poesie und Prosa", dann nicht im Sinne ganz neuer Formen. Sie praktizieren vielmehr ein selbstreflexives Schreiben im Angesicht einer Nicht-Nähe zum Ursprung im Zeitalter absoluter Gegenwärtigkeit der Technik.

Mit dem in den Kulturteil der Zeitung verwiesenen bzw. diesen bezeichnenden Feuilleton oder mit einem allgemeinen feuilletonistischen Zeitungsjargon deckt sich dieser medien- und gattungsübergreifende Feuilleton-Begriff nicht mehr. Zwar weist er sein kritisches Bezogensein auf die Zeitung als Publikationsmedium in der eigenen Bezeichnung – ‚Feuilleton' als der Zeitung beigegebenes ‚Blättchen' – selbstreflexiv aus, scheint aber zugleich mit einem erweiterten Begriff des Essayistischen zu konvergieren. Reklamiert Benjamin für seinen Kraus-Essay den Gattungsbegriff ‚Essay' und differenziert er in der zitierten Passage zwischen ‚Essayismus' und ‚Feuilletonismus', verweist er auf eine expansive Schreibtechnik, die auf kein bestimmtes Publikationsorgan mehr festgelegt ist und sich identischer Reproduzierbarkeit entzieht.[169] In ihr geht mit dem Gestus des Zeigens

---

[168] Das lässt sich bei Nietzsche – wie auch bei Kraus – etwa daran beobachten, dass er neue-alte Formen der „Mischung der Gattungen" (aus Essay, Aphorismus, Prosagedicht etc.) schuf und etablierte, die er zugleich kritisch betrachtete, ja als „ein Zeichen künstlerischer Schwäche" bekämpfte (Helmuth Kiesel: *Geschichte der literarischen Moderne. Sprache, Ästhetik, Dichtung im zwanzigsten Jahrhundert*, München 2004, S. 153).

[169] Wenn Hildegard Kernmayer, Barbara von Reibnitz und Erhard Schütz von „der unseligen Dichotomisierung von Essay und Feuilleton" schreiben, im Rahmen derer bislang „Benjamins und Kracauers Textformen gerne dem Nobilitätsbereich von Ersterem zugeschlagen wurden" (dies.: „Perspektiven der Feuilletonforschung. Vorwort", in: *Zeitschrift für Germanistik* 22/3 (2012), S. 494–508, hier: S. 497), dann drückt sich in dieser Diagnose das Dilemma aus, Essay und Feuilleton nach eindeutig klassifizierbaren formalen oder inhaltlichen Aspekten kaum voneinander unterscheiden zu können, es zugleich jedoch mit zwei verschiedenen Formen zu tun zu

auch ein – mit einem bereits eingeführten Begriff von Dieter Mersch – ‚Zer-Zeigen'[170] einher: Indem diese ästhetische Schreibpraxis noch ihre Form des (Sich-)Zeigens und In-Erscheinung-Tretens im Hinblick auf ihre prekäre Form, Materialität und Medialität zu erkennen gibt, vollzieht sich ein diskursiv nicht sagbares, ein sich dem Techno-logischen entziehendes ästhetisches Wissen.

Der Essay *Karl Kraus* bedient sich, wie gezeigt wurde, zeitgemäßer schreib- und drucktechnischer Möglichkeiten und kommt mit der eigenen Fragmentierung und Portionierung der gesteigerten, aber kurzen Aufmerksamkeitsspanne und zerstreuten Lesetechnik der Zeitungsleser entgegen, ihrer – wie es im Kunstwerk-Essay heißt – „von der Technik veränderten Sinneswahrnehmung"[171]. Zugleich geht der Essay sein eigenes Medium, nämlich die Zeitung, kritisch an, die für Benjamin „Agent"[172] der Technik ist. Mittels unentwegter Formreflexionen und -hybridisierungen präsentiert sich der Essay gegenüber einem scheinbar ausweglosen Prozess des Anschwellens und der universalen ‚Informatisierung' der Technik als ein alternatives Wissen über Form, Formwerdung und Formgestaltung. Zwar verfährt der Essay, anders gesagt, gemäß der unabschließbaren (technischen) Verzahnung von Tradition und Innovation; doch stiftet er durch die individuelle Anordnung von Wörtern, Sätzen, Zitaten und Gattungsaspekten jenes von Benjamin in Aussicht gestellte „neue Verhältnis zur Technik"[173]. In ihm übt nicht länger die Phrase als – mit Elias Canetti – „das Alleralgemeinste"[174] ihre nivellierende Macht aus, sondern die sich unter der technologischen Bedingung ausbildende ästhetische Schreibpraxis erweist sich als *autoreflexive Selbsttechnik*.

Wenn Canetti rückblickend dankbar über Kraus festhält: „Dank ihm begann ich zu fassen, daß *der einzelne Mensch eine sprachliche Gestalt hat*, durch die er sich von allen anderen abhebt"[175], dann ist eine solche sich mittels einer hybriden Schreibtechnik vollziehende Subjektbildung angesprochen, eine Technik des Sich-Erschreibens einer individuellen, distinkten sprachlichen Gestalt. Kraus' allgemeine Ontologie der Technik ist für Benjamin insofern eine mediale. Aus medientheoretischer Sicht ist das eine bemerkenswerte Bündelung zweier nicht

---

haben. Mit einem Begriff des Essays als einer Form mit besonderem (selbst-)kritischen Potenzial, das noch die Reflexion dieser instabilen ‚Dichotomisierung' einschließt, wurde dieser Aporie hier zu begegnen versucht.

170 Vgl. Anm. 7 in Kap. II.1.1.
171 GS I/2, S. 469 (erste Fassung).
172 Ebd., S. 439.
173 GS II/3, S. 1106.
174 Canetti: „Karl Kraus, Schule des Widerstands", in: ders.: *Das Gewissen der Worte. Essays*, S. 45.
175 Ebd. (meine Hervorhebungen).

zwangsläufig miteinander verbundener Diskurse: Die sich gegen ein bestimmtes Stadium der Technik richtende (Selbst-)Kritik, die sich durch das Medium Feuilleton expliziert, schließt eine Medienkritik mit ein, Medien- und Techniktheorie kreuzen sich.

Den ewigen, letztgültig nie entscheidbaren Nahkampf zwischen Ästhetik und Technik, der im Kraus-Essay auf einem seiner Schauplätze ausgetragen wird, führt Benjamin im *Passagen-Werk* fort. Der Gestus des Zeigens in Kraus' Zitationsverfahren, das die eigene Stimme verschwinden macht, wird in der literarischen Montagetechnik des *Passagen-Werks* bekanntlich zum dominierenden stilistischen und methodischen Prinzip, das zu einem ausschließlich aus Zitaten bestehenden Werk hinführen sollte: „Ich habe nichts zu sagen. Nur zu zeigen."[176] In der Figur des Sammlers, besonders des Lumpensammlers, wird Benjamin die Technik des Zitierens nicht mehr nur von Worten, sondern auch von Dingen und Waren zu einer revolutionär-subversiven Kulturtechnik erweitern. Ihr ist es nicht um die Bewahrung und Überlieferung von Kultur, Tradition und Autorität, sondern um deren Entstellung, Entfremdung und Transformation zu tun. Ein solches Zitieren hat für Benjamin seinen geschichtsphilosophischen Ort – mit einem Wort aus dem Kraus-Essay – „an der Schwelle des Weltgerichts"[177] bzw. eröffnet diese Schwelle erst.

Der Kritiker und Essayist wird so zu einer paradigmatischen Schwellenfigur. Sein Erscheinen ist, mit Agamben, kaum in „einer traditionsverhafteten Gesellschaft [...] denkbar, da es an keinem Punkt möglich ist, jene Maschen der Tradition zu durchbrechen, durch die die Vergangenheit überliefert wird"[178]. Es bleibt ihm daher nur der stets vorläufige ‚kritische' Einspruch im Wortsinne von Unterscheidung, Unterbrechung und Auftrennung jenes engmaschigen Netzes, das der Sprachbestand darstellt. Diesen Einspruch erfordern wie ermöglichen für Benjamin erst die kritischen Zeiten.[179] „Wir können das Netz in dem wir stehen nicht zuziehn"[180], heißt es zu Beginn des Fragmentes *Kapitalismus als Religion* (1921); doch seine immanente Kritik, etwa kraft des „kritischen Zitats"[181], ist in

---

176 GS V/1, S. 574. Programmatisch heißt es: „Diese Arbeit muß die Kunst, ohne Anführungszeichen zu zitieren, zur höchsten Höhe entwickeln." (Ebd., S. 572)
177 GS II/1, S. 348.
178 Agamben: *Der Mensch ohne Inhalt*, S. 139.
179 Auch für Max Bense gehört der Essayist und Kritiker „keinem Stadium an, sondern einem Confinium, und in soziologischer Sicht kommt darin zum Ausdruck, daß er als Typ zwischen den Klassen und als Zeitgenosse zwischen den Zeiten, dort, wo die offenen oder geheimen Revolutionen, die Widerstände, die Umschichtungen sich vollziehen oder vorbereitet werden, seine Freunde finden wird" (Bense: „Über den Essay und seine Prosa", S. 419 f.).
180 GS VI, S. 100.
181 Ebd., S. 171.

Benjamins vermeintlich auswegloser Diagnose implizit angelegt. In den Thesen *Über den Begriff der Geschichte* und ihren verstreuten Paralipomena greift Benjamin die sich im Essay realisierende selbstreflexive Technik der Zitation und Kritik, Zwischenräume im Netz der Sprache sehen zu lassen, wieder auf und integriert sie in den Horizont einer Schreibethik der „befreite[n] Prosa"[182].

---

[182] GS I/3, S. 1235.

6 Ein „Strauß flüsternder Gräser".
Die Thesen *Über den Begriff der Geschichte* als selbstreflexive Schreibästhetik

> Es ist klar, dass die Geschichte aus rein ästhetischer Sicht, d. h. in Bezug auf die *Weise* der Darstellung, keine Gattung bildet, sondern eine Produktion ist, die an verschiedenen Gattungen teilhat, ein Inhalt, der mit verschiedenen Mitteln zum Ausdruck kommen kann.[1]
> (Benedetto Croce)

In Briefen und Notizen, auf Deutsch und Französisch, erprobt Benjamin für seine Thesen *Über den Begriff der Geschichte* (1940) verschiedene Formbegriffe. Er umschreibt sie als „einige Gedanken"[2], „Aufzeichnungen"[3], „Betrachtungen"[4], „Reflexionen"[5], „reduziert[en]"[6] Text, „einige Fragmente"[7], „une première tentative de fixer un aspect de l'histoire"[8], „un petit essai sur le concept d'histoire"[9], dem ein „caractère dépouillé"[10] (,sachlich', ,nüchtern') sowie „der Charakter des Experiments eignet"[11]. Bereits in Benjamins Versuchen, die Form der Geschichtsthesen begrifflich zu fassen, kristallisieren sich diese vor den Augen des Lesers, noch bevor er einen Blick in den Text selbst geworfen hat, als hybride Grenzform heraus. Sie ist, wie Heinrich Kaulen resümiert, „eine ganz eigenartige philosophisch-literarische Form, die keinem traditionellen Gattungsbegriff mehr zugeordnet werden kann"[12].

Tatsächlich sind die ‚Geschichtsphilosophischen Thesen' keine Thesen im eigentlichen Sinne, es handelt sich bei ihnen nicht um apodiktische Lehrsätze.[13]

---

1 Benedetto Croce: *La storia ridotta sotto il concetto generale dell'arte* (1893), hg. von Giuseppe Galasso, Mailand 2017, S. 39 (meine Übers.).
2 Brief an Gretel Adorno von Ende April / Anfang Mai 1940, GB VI, S. 435.
3 Ebd.
4 Ebd., S. 436.
5 Ebd.
6 Ebd.
7 Brief an Theodor W. Adorno vom 07.05.1940, ebd., S. 447.
8 Brief an Max Horkheimer vom 22.02.1940, ebd., S. 400.
9 Brief an Stephan Lackner vom 05.05.1940, ebd., S. 441.
10 Brief an Horkheimer s.o., ebd., S. 401.
11 Brief an Gretel Adorno s.o., ebd., S. 436.
12 Kaulen: *Rettung und Destruktion*, S. 201.
13 Den Begriff ‚These' als passenden Genre-Begriff für *Über den Begriff der Geschichte* problematisiert schon Benjamins Pariser Freund Pierre Missac, der moniert, keiner habe den Text bis-

Eher noch sind die in mehreren fragmenthaften Notaten vorliegenden kleinen Prosastücke, die Jeanne Marie Gagnebin als „Koexistenz mehrerer gleichrangiger Versionen"[14] bewertet, in einem ersten Beschreibungsversuch als Bündel von Reflexionen *über* geschichtsphilosophische Thesen aufzufassen. Sigrid Weigel versteht sie dahingehend als „Reflexionen über Geschichts*konzepte*, Denkbilder über Vorstellungen von Geschichte – über den Begriff *der* Geschichte eben"[15]. Den Begriff ‚These' gebraucht Benjamin selbst nur an wenigen Stellen und zögerlich. Wie er im April 1940 an Gretel Adorno in Erinnerung an ein gemeinsames „Gespräch unter den Bäumen der marronniers"[16] in Paris drei Jahre zuvor schreibt, händige er ihr seine geheim zu haltenden Kabinettstücke

> mehr als einen auf nachdenklichen Spaziergängen eingesammelten Strauß flüsternder Gräser denn als eine Sammlung von Thesen aus.[17]

Mit dieser topisch-autoreflexiven Metapher essayistischen Schreibens, *en passant* fremde Sentenzen als mögliche Zitate, Mottos und Denkanstöße für eigene Schreibversuche zu ‚pflücken', pointiert Benjamin gleich mehrere Aspekte der Genese und auch der adäquaten Rezeption der Thesen. Sie hilft überdies, die Koordinaten der folgenden Reflexionen über die Darstellungsform der Thesen

---

lang „unter einem poetischen Aspekt zu erfassen" versucht, obwohl man wisse, „welche Bedeutung Benjamin Fragen der ‚Form' zuerkannte" (ders.: „Es sind Thesen! Sind es Thesen?", in: *Materialien zu Benjamins Thesen ‚Über den Begriff der Geschichte'. Beiträge und Interpretationen*, hg. von Peter Bulthaup, Frankfurt a.M. 1975, S. 318–336, hier: S. 318); Missac schlägt Umschreibungen wie „Übung" (ebd., S. 321) oder „Kombinatorik ungeahnter Möglichkeiten" (ebd., S. 323) vor, ohne diese jedoch mit Benjamins Programm eines neuen Begriffs der Geschichte in Beziehung zu setzen. Wenn im Folgenden von Benjamins letztem Text trotzdem als von ‚den Thesen' die Rede ist, ist dies der seit der Herausgabe der *Schriften* (1955) gängigen Bezeichnungsweise geschuldet und meint keine Gattung im engeren Sinn. Es wird weiterhin aus den GS zitiert und für Abweichungen die im Rahmen der neuen kritischen Gesamtausgabe von Gérard Raulet besorgte Neuausgabe der Geschichtsthesen (= WuN 19) herangezogen.

14 Jeanne Marie Gagnebin: „Über den Begriff der Geschichte", in: *Benjamin-Handbuch. Leben – Werk – Wirkung*, hg. von Burkhardt Lindner, Stuttgart / Weimar 2011, S. 284–300, hier: S. 285; vgl. Raulet: „Die überlieferten Texte der Thesen sind ohne eine abschließende Fassung letzter Hand formal als gleichwertige Fassungen einer Fragment gebliebenen Arbeit Benjamins anzusehen […]." (WuN 19, S. 160)

15 Weigel: *Entstellte Ähnlichkeit*, S. 61.

16 GB VI, S. 435.

17 Ebd., S. 435f. Die Textbezeichnung ‚Geschichtsphilosophische Thesen' findet sich bei Benjamin selbst nicht.

und ihre Lesart als Schreibästhetik, die eine Schreib*ethik* impliziert, zu veranschaulichen.[18]

Die Thesen waren nicht, so ließe sich das Bild in einem ersten Schritt entziffern, als systematische Sammlung konzipiert, sie präsentieren sich vielmehr als das wie zufällige Ergebnis verstreuter Lektürefunde. Zu einer Art Text-Bouquet arrangiert, d. h. zu einer nach ästhetischen Aspekten organisierten neuen Ordnung, die Benjamins eigenen Angaben nach über zwanzig Jahre hinweg heranreifte,[19] sind sie wiederum Gelegenheit zu erneuter Reflexion, zu „nachdenklichen Spaziergängen". Dafür bedarf es dem Verständnis ihres Autors nach offenbar eines aufmerksamen Zuhörens, eines philologischen ebenso wie ästhetischen umherschweifenden Sinns, um das die Grenze zwischen bloßer Materialität des Mediums und seiner Semantik, Sinnlichkeit und Sinn umspielende Flüstern der einzelnen „Gräser", der individuellen Textfragmente dechiffrieren zu können.

Die These II handelt sogar ganz explizit von einer auf keinen Signifikanten mehr reduzierbaren reinen Materialität flüchtiger Lautlichkeit, die uns allenfalls noch als „ein Hauch der Luft" berührt, streift und vergeht – und uns doch (be-)trifft:

> Streift denn nicht uns selber ein Hauch der Luft, die um die Früheren gewesen ist? ist [sic] nicht in Stimmen, denen wir unser Ohr schenken, ein Echo von nun verstummten?[20]

---

[18] Dabei fallen zwangsläufig wichtige Themen unter den Tisch bzw. können nur im Hinblick auf die hier formulierte Fragestellung behandelt werden, wie z. B. Benjamins Auseinandersetzung mit Politischer Theorie, mit dem Marxismus, Messianismus und der Sozialdemokratie, Benjamins Denkfigur des ‚Eingedenkens' und seine Beschäftigung mit Proust und Freud, der Zusammenhang zwischen Geschichtsschreibung und Erzähltheorie, die Verbindung zwischen den Thesen und dem Passagenprojekt oder Benjamins Surrealismus-Rezeption. Vgl. dazu die einschlägigen Beiträge in Peter Bulthaup (Hg.): *Materialien zu Benjamins Thesen ‚Über den Begriff der Geschichte'. Beiträge und Interpretationen*, Frankfurt a. M. 1975, und Franco Rella (Hg.): *Critica e storia. Materiali su Benjamin*, Venedig 1980; die Einzelstellenkommentare von Michael Löwy: *Walter Benjamin: Avertissement d'incendie. Une lecture des thèses „Sur le concept d'histoire"*, Paris 2001, und Dario Gentili: *Il tempo della storia. Le tesi „sul concetto di storia" di Walter Benjamin*, Neapel 2002; und bes. die Studien von Fabrizio Desideri: *Walter Benjamin: il tempo e le forme*, Rom 1980, v. a. S. 307–357; Irving Wohlfarth: „On the Messianic Structure of Walter Benjamin's Last Reflections", in: *Glyph. Textual Studies* 3 (1978), S. 148–212; sowie Sami R. Khatib: *„Teleologie ohne Endzweck". Walter Benjamins Ent-stellung des Messianischen*, Marburg 2013.
[19] Er habe, wie Benjamin Gretel Adorno schreibt, die Thesen „an die zwanzig Jahre bei mir verwahrt, ja, verwahrt vor mir selber gehalten" (GB VI, S. 435).
[20] GS I/2, S. 693.

Das Gesprochene, zumal das Geflüsterte und Hingehauchte, weist als ein Taktiles und Gegenwärtiges, das der Materialität und Singularität der Stimme entspringt, immer schon auf einen bedeutsamen *Überschuss* hin, der über einen bestimmten Aussageinhalt hinausgeht oder diesen gar subversiv kommentiert. Benjamins Thesen scheinen in sinnlichen Präsenzspuren und im plötzlichen Abbrechen der dichten kleinen Prosaminiaturen gerade auf dessen Abwesenheit, d. h. auf einen Mangel (der Sprache bzw. Schrift) hinzudeuten, den zu ermitteln es eines medienästhetisch erweiterten Ansatzes bedarf. Er erlaubt die negativen Spuren in den Thesen – das „Echo von nun verstummten" Stimmen – als eine im Medialen mitgeführte nicht-formalisierbare Bedeutsamkeit zu lesen.

Der „bürgerliche[n] Auffassung der Sprache" als eines bloßen, leeren „Mittels" von Sinn,[21] von der Benjamin in seinem Essay *Über Sprache überhaupt und über die Sprache des Menschen* (1916) die Idee der Sprache als des sich selbst mitteilenden „Mediums"[22] abgesetzt hatte, steht diese Sprach- bzw. Schreibkonzeption diametral entgegen. In seinem berühmten Brief an Martin Buber des gleichen Jahres hatte Benjamin, der sich angesichts der Verheerungen des Ersten Weltkrieges die Frage nach einem „politisch wirksamen Schrifttum"[23] mit zunehmender Dringlichkeit stellte, die politischen Konsequenzen einer solchen instrumentell-technischen Sprachauffassung abgesteckt, die eine Absehbarkeit des Denkens und Handelns impliziere. In Abgrenzung zu dieser skizziert er in seinem Brief an Buber eine nicht-lineare Schreibpraxis, die etwa von strengen syntaktischen Bindungen zugunsten der Konzentration auf das einzelne Wort und „das dem Wort versagte"[24] absähe. Ein solches Schreiben würde, so Benjamin, einen im Wort verkapselten nicht-sagbaren Sinn-Überschuss, ohne ihn aufzu-

---

21 GS II/1, S. 144.
22 Ebd., S. 145. Die Sprache sei „im reinsten Sinne das ‚Medium'" (ebd., S. 142), *in* dem (und nicht *durch* das) sich ‚etwas' mitteile, nämlich „*ein geistiges Wesen, d. i. eine Mitteilbarkeit schlechthin*" (ebd., S. 145 f.); die Idee einer ‚Potenzialität' (,Mitteil*bar*keit') des Medialen ist für die folgenden Lektüren leitend. Zur Kontinuität zwischen Benjamins früher messianisch-esoterischer Sprachphilosophie mit ihrer Idee einer „reinen Sprache" (ebd., S. 153) und seinem politisch-revolutionären Geschichtsbegriff vgl. auch Kaulen: *Rettung und Destruktion*, S. 253 f.: „Denn was die reine Sprache vor der Sprache bloßer Mitteilung auszeichnet: die Befreiung von heteronomen und instrumentellen Zwecken [...] ist hier zum Inhalt des gesellschaftlichen Gesamtprozesses geworden", in dem sich Sprache „in Praxis erfüllt und in ihr aufgehoben ist".
23 GB I, S. 325. Gegen „eine ohnmächtige zum bloßen Mittel herabgewürdigte Sprache und Schrift als eine ärmliche schwache Tat deren Quelle nicht in ihr selbst sondern irgend welchen sagbaren und aussprechbaren Motiven liegt" beschreibt Benjamin in seinem Brief an Buber vom 17.07.1916 andere Wirkungskanäle von Sprache und Schrift: Im Schreiben und Lesen eines dichten Wortgefüges sei – ganz „un-*mittel*-bar" – die auf andere Gebiete übertragbare „heilsame" Erfahrung eines Unzugänglichen und Selbstgenügsamen möglich (ebd., S. 326).
24 Ebd.

heben, in immer neue lesbare Konstellationen zum Gesagten bringen, so dass – mit Samuel Weber – für den aufmerksamen, auf Spuren des Medialen achtenden Leser „in der Wiederkehr des Vergangenen auch das Kommende"[25] evident werde, d. h. ein in den realen Strukturen von Sprache und Welt verborgenes Mögliches.

Dieses ‚Mögliche' inszenieren die Geschichtsthesen mittels textueller Spuren einer Amedialität oder Un-mittelbarkeit der Sprache. Benjamins Kritik an einem linear-progressiven Geschichtsbegriff, den er als fatalen Mythos zu entlarven sucht, äußert sich dieser Lesart nach weniger diskursiv, sondern expliziert sich im Medium einer die Konturen einer kommenden gerechten Sprache umreißenden ästhetischen Schreibweise. Benjamins vielschichtigem Begriff der Geschichte ist daher, wie auch Stéphane Mosès zu bedenken gibt, nicht ohne Einbeziehung ästhetischer Formreflexionen beizukommen, da er in keine *Theorie*, sondern in ein verschiedene Lesarten ermöglichendes „modèle esthétique de l'histoire"[26] eingebettet ist. Ja, in Benjamins unzeitgemäßen Prosastücken, deren Veröffentlichung er zeit seines Lebens kategorisch ausschloss,[27] scheint gerade *in* ihrer Medialität und Formenhybridität, in ihren literarischen Referenzen, rhetorischen Darstellungsmomenten, Formreflexionen („die befreite Prosa"[28]) und Medienmetaphern („die Fesseln der Schrift"[29], die „sympathetische[] Tinte"[30]) ein besonderes Verhältnis von Sprache, Geschichte und Politischem thematisch zu werden.[31] Den komplexen Zusammenhang zwischen Benjamins Sprach- und

---

25 Samuel Weber: „Der Brief an Buber vom 17.7.1916", in: *Benjamin-Handbuch. Leben – Werk – Wirkung*, hg. von Burkhardt Lindner, Stuttgart / Weimar 2011, S. 603–608, hier: S. 608.
26 Mosès: *L'Ange de l'Histoire*, S. 176.
27 Die Unzeitgemäßheit seiner Thesen erkannte Benjamin hellsichtig selbst. An Gretel Adorno schreibt er Ende April / Anfang Mai 1940: „Daß mir nichts ferner liegt als der Gedanke an eine Publikation dieser Aufzeichnungen (nicht zu reden von einer in der Dir vorliegenden Form) brauche ich Dir nicht zu sagen. Sie würde dem enthusiastischen Mißverständnis Tor und Tür öffnen." (GB VI, S. 436)
28 GS I/3, S. 1235.
29 Ebd., S. 1235 u. S. 1238.
30 Die ‚sympathetische Tinte', eine unsichtbare oder sich verändernde Geheimtinte, liest Benjamin als hinter dem Geschichtstext verborgenen materialen Ausdruck von Teilnahme, von *sympátheia*, des Geschichtsschreibers an seiner *eigenen* Zeit: „Das Geschehen, das den Historiker umgibt und an dem er teil nimmt, wird als ein mit sympathetischer Tinte geschriebener Text seiner Darstellung zu Grunde liegen." (GS V/1, S. 595) In diesem Zusammenhang wäre auch die spezifische Materialität der Streifbänder, Briefe und Briefkonzepte zu berücksichtigen, auf deren Vorder- und Rückseiten Benjamin die ersten Entwürfe der Geschichtsthesen niederschrieb.
31 Zur Vernetzung sprachlicher und historischer Kategorien in den Thesen vgl. Agamben: „Lingua e storia. Categorie linguistiche e categorie storiche nel pensiero di Benjamin"; Karlheinz Barck: „Schrift/Schreiben als Transgression. Walter Benjamins Konstruktion von Geschichte(n)", in: *global benjamin. Internationaler Walter-Benjamin-Kongress 1992*, hg. von Klaus Garber und

Geschichtsdenken erlaubt das selbstreflexive Bild der flüsternden, kaum mehr vernehmbaren Stimmen einleitend noch näher zu erschließen.

Diese nämlich können, mit einer Formulierung aus Weigels Aufsatz „Die Stimme der Toten", „als Erscheinungsform für die Wiedergänger der Geschichte(n) im Text"[32] aufgefasst werden; aber nicht als „*Nach*hall des Gewesenen, sondern *Wider*hall der an die ,begrabene Zeit' adressierten Fragen und Resonanz der Erfahrungen und Leidenschaften der Heutigen"[33].

> Die Nähe dieses Konzepts einer Stimme, die das Kontinuum der Zeit durchschlägt und die Stimmen der Toten als Resonanz der Gegenwart begreift, zu Walter Benjamins Geschichtstheorie ist offensichtlich,[34]

wie Weigel in einer Fußnote ihres Beitrages betont, ohne diesen Zusammenhang weiter auszuführen, der eine Lesart der Thesen als Schreibethik stützen kann. Denn mit dem Bild ,flüsternder Gräser' inszeniert Benjamin deren Verortung in einer schwundhaften Stimmlichkeit, in einer erinnerten Gegenwärtigkeit individueller Stimmen. Mehr noch, als dass diese an eine bestimmte Sprache gebunden wären, gehören sie zu bestimmten Körpern und deren konkreten Widerfahrnissen. Stimmen werden – vernimmt man sie einzeln – erkannt, noch bevor man

---

Ludger Rehm, Bd. 1, München 1999, S. 231–251, zu „Benjamins Theorie der Schrift und Praxis des Schreibens, die als Bestandteil seiner Sprachtheorie nicht einfach in seine Theorie der Geschichte münden, sondern diese eigentlich begründen" (ebd., S. 232); und Vittoria Borsò: „Benjamin – Agamben. Biopolitik und Gesten des Lebens", in: *Benjamin – Agamben. Politik, Messianismus, Kabbala / Politics, Messianism, Kabbalah*, hg. von Vittoria Borsò, Claas Morgenroth, Karl Solibakke und Bernd Witte, Würzburg 2010, S. 35–48. Die politische Funktion der ästhetischen Methode eines ,profanierenden', von äußeren Zwecken emanzipierten Mediengebrauchs besteht nach Borsò mit Agamben in einer Ausbildung von Spuren der *potenza*, d. i. einer sich *in* der Schrift mitteilenden Möglichkeitserfahrung; vgl. Giorgio Agamben: „Bartleby o della contingenza", in: Giorgio Agamben und Gilles Deleuze: *Bartleby. La formula della creazione*, Macerata 1993, S. 45–89, v. a. S. 58 f.

32 Sigrid Weigel: „Die Stimme der Toten. Schnittpunkte zwischen Mythos, Literatur und Kulturwissenschaft", in: *Zwischen Rauschen und Offenbarung. Zur Kultur- und Mediengeschichte der Stimme*, hg. von Friedrich Kittler, Thomas Macho und Sigrid Weigel, 2. Aufl., Berlin 2008, S. 73–92, hier: S. 74. Nach Weigel „ist die Stimme weder Medium noch Metapher, weder materieller Klang noch Stellvertreter eines Sinnkonzepts; sie ist jenseits jener Opposition angesiedelt [...]. Die Echostimme jener Textspuren, die von den Gewesenen hinterlassen wurden und die in der Jetztzeit der Lektüre hörbar werden" (ebd., S. 75); Textspuren, die im Rahmen des Lektüreparadigmas einer Gedächtnisszene und der Lesbarkeit der Kultur in verschiedensten kulturellen Artefakten als „Schauplatz des Gewesenen, Abwesenden und Anderen" (ebd., S. 76) wahrnehmbar seien.

33 Ebd., S. 79.
34 Ebd., S. 76.

weiß, in welcher Sprache sie sprechen und was sie sagen. Aufgrund dieser Bindung an Zeit und Körper zeichnen sie Flüchtigkeit, Präsenz, Singularität und Intensität aus, zugleich besitzen sie einen appellativen, dringlichen Charakter; durch ihre Nähe zum bloßen Geräusch oder Rauschen, zumal als ‚Strauß', tendieren sie zu Unbestimmtheit und Mehrdeutigkeit.[35]

„Nicht mehr bloßer Laut und noch nicht Bedeutung"[36], wie Agamben in seinem Essay „Die Idee der Sprache" pointiert, bedeuten flüsternde Stimmen einen medialen Zwischenraum. Die Thesen performieren, etwa durch die Mobilisierung des gestischen[37] Potenzials der Schrift und in dialektischen Bildern, ebendieses ‚Dazwischen': zwischen Stimme und Schrift, Sinnlichkeit und Sinn, Medium und Instrument bzw. ‚Apparat', Poesie und Prosa. Das Flüstern lässt sich als eine der Selbstmetaphern der Thesen für die medialen Spuren einer solchen im Text mitgeführten Potenz[38] auffassen; sie weist zudem auf einen in den vorhergehen-

---

[35] Die flüsternde Stimme ist mit Sybille Krämer als hybrides aisthetisches Phänomen jenseits des „bipolaren, konzeptuellen Schema[s] von ‚Oralität/Literalität'" zu verstehen, das nicht nur ein Phänomen der Zeit ist, sondern auch potenzielle Spiel- und Handlungsräume zu erschließen vermag (dies.: „Die ‚Rehabilitierung der Stimme'. Über die Oralität hinaus", in: Stimme. Annäherung an ein Phänomen, hg. von Doris Kolesch und Sybille Krämer, Frankfurt a. M. 2006, S. 269–295, hier: S. 271); zur Stimme als mehrdeutiger Spur vgl. dies.: „Das Medium als Spur und als Apparat", in: Medien, Computer, Realität. Wirklichkeitsvorstellungen und Neue Medien, hg. von Sybille Krämer, Frankfurt a. M. 1998, S. 73–94; vgl. Dieter Mersch: Was sich zeigt. Materialität, Präsenz, Ereignis, München 2002, v. a. S. 117 f.
[36] Giorgio Agamben: „Die Idee der Sprache", in: ders.: Die Macht des Denkens, S. 27–40, hier: S. 31; vgl. ebd., S. 32, über den „flatus vocis", „die Stimme als reine Anzeige eines Sprachereignisses" jenseits bestimmter, determinierender Bedeutungen; zum irreduziblen Charakter der voce vgl. ders.: „Experimentum vocis", in: ders.: Che cos'è la filosofia?, Macerata 2016, S. 11–45. Vgl. das Kapitel „Präsenz und Ethik der Stimme", in: Mersch: Posthermeneutik, S. 270–286, v. a. S. 271: „Der Hörer hört nicht nur die Stimme, vernimmt nicht nur ihr Gesagtes und, falls er es versteht, ihr Gemeintes; er spürt sie auch. D. h. auch, der Hörer vernimmt nicht nur ein Gesprochenes im Sinne der Hermeneutik; vielmehr tritt er durch die Aufnahme und Entgegennahme der Stimme – anders als durch die Schrift – in Berührung."
[37] Unter ‚Geste' wird hier „die Darbietung einer Mittelbarkeit [medialità], das Sichtbarmachen eines Mittels [mezzo] als solchem" verstanden: Die Geste „lässt das In-einem-Medium-Sein [l'essere-in-un-medio] des Menschen erscheinen und öffnet ihm auf diese Weise die ethische Dimension" (Giorgio Agamben: „Noten zur Geste", in: ders.: Mittel ohne Zweck. Noten zur Politik, aus dem Ital. von Sabine Schulz, 2. Aufl., Zürich / Berlin 2006, S. 47–56, hier: S. 54). Vgl. Luca Viglialoro: „Die Geste des Autors: Autorenkonzepte bei Agamben und Foucault", in: Kaleidoskop Literatur. Zur Ästhetik literarischer Texte von Dante bis zur Gegenwart, hg. von Sven Thorsten Kilian, Lars Klauke, Cordula Wöbbeking und Sabine Zangenfeind, Berlin 2018, S. 649–662.
[38] ‚Potenz' als – mit Agamben – ‚Kraft' im Sinne eines Ermöglichungsraumes, der keine eindeutig identifizierbaren Akteure (mehr) besitzt, sondern sich durch namenlose Operationen frei konfiguriert. Die Begriffe ‚Potenz' und ‚Potenzialität' werden in den folgenden Teilkapiteln theoretisch präzisiert.

den Kapiteln diskutierten Benjamin'schen Begriff zurück: den ‚Ursprung'. In medialen Gesten, die den Argumentationsverlauf der Thesen unterbrechen und ihr Medium selbst in Erscheinung treten lassen, taucht – negativ – wieder Benjamins Frage nach einem Ursprung (der Sprache) auf, der in einem neuen nichtgewaltsamen Sprachgebrauch zu restituieren wäre („Ursprung ist das Ziel"[39]), in dem Sprache und Praxis koinzidieren. In den Paralipomena zu den Thesen imaginiert er diese ursprüngliche Koinzidenz, seine frühen sprachphilosophischen Überlegungen spekulativ weitertreibend, als ein jeder Teleologie und allen Zwecken enthobenes *Fest*: Seine Sprache wäre „die festlich begangene"[40], d. h. ein reines, un-mittelbares Medium und genuin politisches *operari*. Mit der bildhaften Umschreibung, die Geschichtsthesen seien eher ein „Strauß flüsternder Gräser denn als eine Sammlung von Thesen"[41], reflektiert Benjamin offenbar diesen Gedanken einer im Medialen mitgeführten „reinen Mittelbarkeit ohne Zweck, die sich den Menschen mitteilt"[42] – und zwar nicht mehr durch einen tradierten Gattungsbegriff, sondern eine reflexionsanregende, auf keinen eindeutigen Sinn oder Prätext beziehbare intermediale Textmetapher.

Dieses Schreiben-Denken auf der Grenze zwischen Sinn und Sinnlichkeit mündet in den Notizen zu den Thesen in jene Idee einer ‚befreiten Prosa', mit der Benjamin eine Form des Schreibens, Denkens und Handelns im Sinn zu haben scheint, die das ganze Formenspektrum als Spektrum freier Erfahrungsmöglichkeiten in sich trüge.[43] Die Form des Essayistischen besitzt dabei, nach wie vor, paradigmatischen Rang. Denn gerade im Medium „de l'*essai* ou du *fragment*"[44],

---

39 GS I/2, S. 701.
40 GS I/3, S. 1239.
41 GB VI, S. 435 f.
42 Agamben: „Noten zur Geste", in: ders.: *Mittel ohne Zweck*, S. 55.
43 „Es gibt keine Gedankenwelt, die nicht eine Sprachwelt wäre, und man sieht nur das an Welt, was durch die Sprache vorausgesetzt ist" (GS VI, S. 158), notiert Benjamin um 1935 in einer Textskizze zu Übersetzungsproblemen und meint damit auch den von jeder Nationalsprache vermittelten Weltausschnitt; dem stellt er im Kontext der Thesen die Idee einer alle Einzelsprachen integrierenden „Universalsprache" als Organon einer „Universalgeschichte" gegenüber (GS I/3, S. 1235).
44 Michael Löwy: „La philosophie de l'histoire de Walter Benjamin", in: *Walter Benjamin. Ästhetik und Geschichtsphilosophie / Esthétique et philosophie de l'histoire*, hg. von Gérard Raulet und Uwe Steiner, Bern 1998, S. 199–208, hier: S. 199: „L'expression ‚philosophie de l'histoire' risque d'induire en erreur. Il n'y a pas, chez Benjamin, de *système philosophique*: toute sa réflexion prend la forme de l'*essai* ou du *fragment* [...]." Vereinzelt wurde innerhalb der Essay-Forschung der Versuch unternommen, dem literarischen Charakter der Thesen beizukommen und sie als Essay zu lesen. Bachmann etwa will Benjamins Essayismus generell als Konstruktion und ‚Kristallisation von Geschichte' verstanden wissen (vgl. ders.: *Essay und Essayismus*, S. 99 ff.), geht aber nicht näher auf die Geschichtsthesen ein; Chryssoula Kambas sieht diese gar in der „Tradition

wie Michael Löwy die Thesen zuordnet, scheint sich für Benjamin als in einem Reservoir verschiedener Darstellungs-, d. h. Erfahrungsmodi ein neuer Begriff der Geschichte und des Politischen[45] ausbilden zu können. „Geschichtsdarstellung ist in ihrer Medialität" – und Gattungshybridität, ließe sich hinzufügen –, wie Timo Skrandies betont, bei Benjamin „stets ein politisches Unterfangen."[46] Der Begriff ‚Essay' liegt hier folglich nicht nur als Bezeichnung einer literarisch fixierbaren Textsorte nahe, deren Merkmale Kürze, Fragmentarizität, Diskontinuität oder intertextuelle Verweisdichte sind; sondern darüber hinaus als *Chiffre* für eine ästhetische Schreibethik, deren dialektische Struktur einen produktiven Zwischenraum zwischen Bild und Denken, Theorie und Praxis, Möglichkeit und Wirklichkeit öffnet, in dessen komplexe Relationalität sich ein messianisches[47] Moment als ethisches „Erfordernis"[48] einnistet, das sich als nicht-vorausgesetztes intersubjektives Prinzip zu erkennen gibt: als „die Idee der Prosa selbst, die von allen Menschen verstanden wird"[49].

Deren textuelle, mediale Erfahrung vermöchte nach Benjamin offenbar die Vorstellung eines automatischen „Fortschritts des Menschengeschlechts" zu entkräften, der ein Begriff der Geschichte als eines Fortgangs durch „eine

---

Montaignes" (dies.: *Walter Benjamin im Exil. Zum Verhältnis von Literaturpolitik und Ästhetik*, Tübingen 1983, S. 218) – ein Versuch gattungsgeschichtlicher Bestimmung, der den politischen Gehalt der Thesen als Darstellungsmodus spezifisch moderner Erfahrungen übergeht.

45 Der Begriff des ‚Politischen' bezieht sich hier nicht auf bestimmte politische Institutionen, sondern begreift gerade die Sprache als primäre Subjektivierungspraxis als den Ort des Politischen *par excellence*; vgl. dazu Agamben: „Noten zur Politik", in: ders.: *Mittel ohne Zweck*, S. 95–102, und Claas Morgenroth: „Benjamin – Agamben. Politik des Posthistoire", in: *Benjamin – Agamben. Politik, Messianismus, Kabbala / Politics, Messianism, Kabbalah*, hg. von Vittoria Borsò, Claas Morgenroth, Karl Solibakke und Bernd Witte, Würzburg 2010, S. 129–147, v. a. S. 129 f.

46 Timo Skrandies: „Die ‚Zäsur in der Denkbewegung'. Das Politische und die Medialität der Geschichtsdarstellung bei Walter Benjamin", in: *Das Politische und die Politik*, hg. von Thomas Bedorf und Kurt Röttgers, Berlin 2010, S. 252–273, hier: S. 272.

47 Mit dem Wort ‚messianisch' ist, mit Khatib, hier eine Figur „zutiefst moderne[r] Erfahrung politischer Dringlichkeit, geschichtlichen Bruchs und ethischen Strebens" (ders.: *„Teleologie ohne Endzweck"*, S. 22) gemeint, die bei Benjamin nicht in Form einfacher Dualitäten zum Ausdruck kommt, sondern – im Medium der Sprache und der Geschichte – in Form von „antithetischen Polarisierungen, Differenzierungen und Nicht-Beziehungen [...]. Mehr noch: Das Messianische handelt von nichts anderem als dieser Spannung, der paradoxen Beziehung einer Nicht-Beziehung" (ebd., S. 25).

48 Zum Wort ‚Erfordernis' als messianischer Modalität, die eine Art inverse Hermeneutik einfordert, vgl. Agamben: *Die Zeit, die bleibt*, S. 51: „Die Erfordernis ist eine Beziehung zwischen dem, was ist oder gewesen ist, und seiner Möglichkeit, und diese geht der Wirklichkeit nicht voraus, sondern folgt ihr."

49 GS I/3, S. 1239.

homogene und leere Zeit" zugrunde liege.⁵⁰ Dieser idealistische Geschichtsbegriff spiegelt sich für Benjamin in einem Sprachverständnis, das nach dem ‚Sinn' immer außerhalb, getrennt von sich sucht, damit aber einen unendlichen *Aufschub* der Geschichte, d.h. sowohl eines gegenwärtigen „Glücks" als auch einer „Erlösung" der Vergangenheit bewirkt.⁵¹ Einen verhängnisvollen Fortschrittsglauben, der die „revolutionäre[] Chance"⁵² des Augenblicks verspielt, hätte Benjamin vielleicht auch in Lukács' post-romantischem utopischen Essayismus, von dem zuvor ausführlich die Rede war, erkannt.⁵³ Wie für den jungen Lukács die Verwirklichung der Utopie des Essays, d.i. die Auflösung der in ihm ausgetragenen Gegensätze von Seele bzw. Leben und Formen, Kontingenz und Notwendigkeit, innerhalb des Geschichtsverlaufes liegt, besitzt zwar auch Benjamins später Essayismus kein äußeres Erfüllungsziel. Doch sucht er jede Zielgerichtetheit außer Kraft zu setzen und allenfalls im *hic et nunc* einen selbstgenügsamen Überblick über das historische Geschehen herzustellen, der momenthaft „ein wahrhaft Neues"⁵⁴ sehen ließe. „Die Geschichte ist Gegenstand einer Konstruktion, deren Medium nicht die homogene und leere Zeit sondern die von ‚Jetztzeit' erfüllte bildet."⁵⁵

Benjamins Darstellungs- und Geschichtsdenken, das die paradoxe Formel einer „‚Teleologie ohne Endzweck'"⁵⁶ zusammenführt, hebt auf diese absichtslose „Konstruktion" eines gleichsam nach innen gerichteten, intensiven Mediums ab, auf eine Sphäre ‚unmittelbarer Mittelbarkeit'. Der Essayismus der Thesen ließe sich als deren profanes Modell lesen: Kraft ihrer semantischen und ästhetischen Komplexität gelangt, wie unvermittelt und zwecklos, ihr eigenes Medium (partiell) zur Sichtbarkeit, zugleich wecken sie in vielfältigen textuellen Gesten und in immer neuen kleinen Formen des Mangels die *promesse du bonheur* einer noch ausstehenden anderen Medialität. Zu diesen Mangelfiguren gehören auch die zahlreichen *exerga*, unmarkierten Selbstzitate und oft von *dixit*-Formeln⁵⁷

---

50 GS I/2, S. 701.
51 Ebd., S. 693.
52 Ebd., S. 703.
53 Vgl. Kap. III.4.1.
54 GS V/1, S. 593.
55 GS I/3, S. 1256. Der „Begriff der Gegenwart als Jetztzeit, in welche gleichsam Splitter der messianischen eingesprengt sind", so Benjamin, „stiftet zwischen Geschichtsschreibung und Politik einen Zusammenhang, der mit dem theologischen zwischen dem Eingedenken und der Erlösung identisch ist. Diese Gegenwart schlägt sich in Bildern nieder, welche man dialektische nennen kann." (Ebd., S. 1248)
56 GB II, S. 109.
57 Zum Beispiel: „Ein Augenzeuge [...] schrieb" (GS I/2, S. 702), „sagt Lotze" (ebd., S. 693), „Flaubert [...] schreibt" (ebd., S. 696), „entgegnete Marx" (ebd., S. 699), „verkündet Josef Dietz-

eingeleiteten mehrsprachigen oder gerafften Zitate aus literarischen und philosophischen Texten (von Brecht und Nietzsche, Scholem und Fourier, Keller, Flaubert, Marx und Kraus etc.), die den Eindruck eines in Zitaten geschriebenen Textes vermitteln – eines ‚Straußes flüsternder Gräser'.[58] Gerade im Herausstellen der Unvermeidlichkeit des Sprachnetzes scheint dieser auf einen originären Selbstausdruck, auf ein Diaphan-Werden der Sprache, und im Versuch der Restitution ihres Ursprungs auf ihr messianisches Ende abzuheben. Benjamins Geschichtsthesen lassen sich in dieser Hinsicht, wie die folgenden exemplarischen Textanalysen zeigen sollen, als Ineinander einer Ästhetik und Ethik essayistischen Schreibens lesen.

6.1 *Experimenta litterarum*. Befreiungsversuche aus der mythologischen „Apparatur" von Sprache und Schrift

> Wir können das Netz in dem wir stehen nicht zuziehn. Später wird dies jedoch überblickt werden.[59]
> (Walter Benjamin)

> Denn auch das Schreiben [...] ist eine Vorrichtung, und die Geschichte der Menschen ist vielleicht nichts anderes als ein immerwährender Nahkampf mit den Vorrichtungen, die sie selbst, allen voran die Sprache, hervorgebracht haben.[60] (Giorgio Agamben)

In den Thesen *Über den Begriff der Geschichte* kehrt „verborgen"[61], wie Adorno schreibt, ein Thema wieder, auf das Benjamin in allen Werkphasen – vom Hölderlin-Essay bis zum Trauerspiel-Buch und *Passagen-Werk* – Bezug nimmt: der

---

gen" (ebd.), „sagt ein neuerer Biologe" (ebd., S. 703); mittels rhetorischer Formeln des *ipse dixit* unterstreicht Benjamin zwar nicht belegbare, aber persönliche und je mit einem einzigartigen Moment verknüpfte paradigmatische Erfahrungen mit der Geschichte, die zusammengenommen einen facettenreichen, ‚objektiven' Begriff von Geschichte geben.

58 Der Erlösung der Vergangenheit entspräche die Herstellung ihrer vollständigen ‚Zitierbarkeit', vgl. ebd., S. 694: „Das will sagen: erst der erlösten Menschheit ist ihre Vergangenheit in jedem ihrer Momente zitierbar geworden."

59 GS VI, S. 100.

60 Giorgio Agamben: „Der Autor als Geste", in: ders.: *Profanierungen*, S. 57–69, hier: S. 68.

61 Adorno schreibt rückblickend: „Die Versöhnung des Mythos ist das Thema von Benjamins Philosophie. Aber es bekennt sich, wie in guten musikalischen Variationen, kaum je kahl ein, sondern hält sich verborgen" (ders.: „Charakteristik Walter Benjamins", in: ders.: *Über Walter Benjamin*, S. 15).

Mythos. Im Essay *Zur Kritik der Gewalt* (1921) hatte Benjamin mit dem Begriff „mythische Gewalt"[62] ein teleologisches, instrumentelles Mittel bezeichnet, das in der rechtstiftenden Gewalt des Stärksten, d. i. des Siegers der Geschichte, zum Ausdruck komme. Ihm setzt er „ein völlig gewaltloses, reines Mittel"[63] als eine andere Form der Beziehungsstiftung entgegen, die im Kontext von Darstellungsdenken und -praxis der Geschichtsthesen aufgegriffen und weiterentwickelt wird. Sie können demnach als Schreibversuche gelesen werden, als mythisch entlarvte Bildbestände aus narrativen Einbettungen zu befreien, ihren – mit Hans Blumenberg – ‚Terror' zu unterbrechen; im freien ‚Spiel' mit dem mythologischen Material, in der Hybridisierung und neuen Relationierung gegebener Formen und Bilder, zielen sie stattdessen auf die Gestaltung plastischer Zwischenräume zwischen Sinn und Sinnlichkeit, Wirklichkeit und Möglichkeit, die kognitive wie sinnlich-affektive Effekte, d. i. eine neue Erfahrung (von Sprache und Geschichte), hervorrufen.[64] Die Ambiguität von Benjamins Umgang mit dem Mythos hat bereits Winfried Menninghaus hervorgehoben: „Benjamins Mythos-Theorie zielt auf eine Sprengung des Mythos, will jedoch nicht gleichzeitig das ganze Potential seiner Erfahrungsformen preisgeben."[65]

Dieses Potenzial möglicher Erfahrungsformen wird im Folgenden in den schreib- und medienästhetischen Strategien der Thesen aufgesucht: dort, wo diese die Schwelle oder dynamische Koexistenz ihrer eigenen Instrumentalität (d. i. ihrer Verstrickung in Mythos) und plastischen Medialität (d. i. einer vom Mythos „befreite[n] Prosa"[66]) inszenieren. Dieses Ineinanderspielen von Schreibästhetik, Mythos und Geschichte sowie technischer und politischer Gewalt wird an einer paradigmatischen Text- bzw. Schreibmetapher der Thesen einsichtig: der des Schachautomaten.

---

[62] GS II/1, S. 197.
[63] Ebd., S. 184.
[64] Zu diesen antithetischen Begriffen als zwei prinzipiell verschiedenen Weisen der Mythenbearbeitung – „als reiner Ausdruck der Passivität dämonischer Gebanntheit *oder* als imaginative Ausschweifung anthropomorpher Aneignung der Welt" – siehe Hans Blumenberg: „Wirklichkeitsbegriff und Wirkungspotential des Mythos", in: *Terror und Spiel. Probleme der Mythenrezeption*, hg. von Manfred Fuhrmann, München 1971, S. 11–66, hier: S. 13.
[65] Winfried Menninghaus: *Schwellenkunde. Walter Benjamins Passage des Mythos*, Frankfurt a. M. 1986, S. 65.
[66] GS I/3, S. 1235.

Der Schachautomat als selbstreflexive Schreibmetapher

Mit dem berühmten Bild des Schachautomaten, das Benjamin aus Charles Baudelaires Übersetzung von Edgar Allan Poes Essay *Maelzel's Chess-Player* (1836) kannte und das von der Benjamin-Forschung bislang erstaunlicherweise kaum auf seine reiche multi-mediale Rezeptionsgeschichte hin befragt wurde,[67] öffnet sich in der ersten These ein spannungsreicher Schriftraum. In äußerster Ver-

---

[67] Benjamin las 1925 Baudelaires Übersetzung *Le joueur d'échecs de Maelzel* in den *Histoires grotesques et sérieuses* (1865), wie er im *Verzeichnis der gelesenen Schriften* festhält (vgl. GS VII/1, S. 457); vgl. Gagnebin: „Über den Begriff der Geschichte", S. 295; Khatib: „*Teleologie ohne Endzweck*", S. 437 ff.; und Joshua Robert Gold: „The Dwarf in the Machine: A Theological Figure and Its Sources", in: *MLN* 121/5 (2006), S. 1220–1236. Benjamin mag zudem den Roman *Le Joueur d'échecs* (1926) von Henry Dupuy-Mazuel gekannt haben, der im gleichen Jahr von Raymond Bernard als Stummfilm, 1938 als Tonfilm mit surrealistischen Einflüssen von Jean Dréville verfilmt wurde. Zudem war er sicherlich mit den romantischen Automatenmotiven vertraut, etwa mit dem wahrsagenden ‚Türken' in E. T. A. Hoffmanns Erzählung *Die Automate* (1814), in dem die Kempelen'schen Sprach- und Schachautomaten hybridisiert erscheinen, oder mit dessen satirischem Roman *Lebens-Ansichten des Katers Murr* (1819–21), wo das orakelnde ‚unsichtbare Mädchen' Chiara, das der Magier Severino in einer Kiste verborgen hält, mit dem Kempelen'schen Zwerg verglichen wird. Zum historischen Hintergrund: Der in ganz Europa vorgeführte Schachautomat des ungarischen Maschinenbauers Baron Wolfgang von Kempelen war Ende des 18. Jh.s eine Sensation, schien in ihm doch die Vision einer perfekten Synthese von Mechanik und Imaginationskraft Realität geworden zu sein. Der Apparat bestand aus einer ‚orientalisch' gekleideten lebensgroßen Figur hinter einer Holzkiste, auf der ein Schachbrett ruhte und in deren Innerem die komplizierte Mechanik sowie ein im Schachspiel geübter Mensch, der die Holzpuppe an Drähten lenkte, untergebracht waren. Die oft wiederholte Behauptung, es habe sich dabei um einen Kleinwüchsigen gehandelt, ist ein Mythos, der ebenso alt ist wie der Automat selbst und zu den abenteuerlichen Spekulationen des zeitgenössischen Publikums zählt; tatsächlich engagierten Kempelen und Mälzel die talentiertesten Schachspieler ihrer Zeit. Das Geheimnis des Schachautomaten, den Kempelens Nachfolger Johann Nepomuk Mälzel auch in den USA vorführte, wurde erst 85 Jahre nach dessen erstem Auftritt enthüllt, danach wurde er zum kuriosen Ausstellungsstück im Chinesischen Museum in Philadelphia, wo er 1854 bei einem Brand zerstört wurde. Zur Rezeptionsgeschichte vgl. Ernst Strouhal: „Kempelens Schachspieler. Quellenstudien zur Rezeptionsgeschichte des ‚Türken' 1769–1804", in: *Scacchia Ludus. Studien zur Schachgeschichte*, hg. von Hans Holländer und Ulrich Schädler, Bd. 1, Aachen 2008, S. 385–438; Marion Faber (Hg.): *Der Schachautomat des Baron von Kempelen*, Dortmund 1983, v. a. S. 65–124; und Tom Standage: *The Turk: The Life and Times of the Famous Eighteenth-Century Chess-Playing Machine*, New York 2002. Wurde der ‚Schachtürke' zunächst, gemäß der Einbettung des königlichen Schachspiels in die galante Kultur des *court* und des Salons, am Wiener Hof zum reinen Amüsement vorgeführt, markiert er insofern eine historische Schwellensituation, als Kempelen, noch mehr aber Mälzel, durch die Vorführung des Automaten vor schaulustigem und zahlendem bürgerlichen Publikum in Automatenhallen und auf Jahrmärkten zuletzt ihren Lebensunterhalt bestritten.

dichtung zunehmend instabiler werdender Oppositionen fordert die Benjamin'sche *réécriture* dieses Motivs die Leserin wie zu einem Schachspiel mit ungewissem Ausgang heraus, ja der „Text der Thesen selbst" ist, wie Agamben bemerkt hat, „als ein Schachbrett zu betrachten, auf dem sich eine entscheidende theoretische Schlacht abspielt".[68]

Agambens nicht näher ausgeführter Vergleich greift auf eine traditionsreiche Text- und Sprachmetapher zurück, die – am bekanntesten wohl bei Saussure[69] – als Symbol der Sprache als eines geschlossenen Zeichensystems Karriere machte. Liest man aus der selbstreflexiven Textmetapher des Schachautomaten aber allein das Spielbrett heraus, verschiebt sie sich unwillkürlich zu einem semiotischen Modell, dessen mediale und technische Vorrichtung aus dem Blick gerät. Statt Aufstellung und Stellungsverhältnisse der Figuren, also die Struktur des Spielfeldes, zu beschreiben, wendet sich Benjamin in der ersten These, die hier vollständig wiedergegeben wird, aber gerade der „Apparatur" des Schachspiels bzw. der Vertextung zu:

> Bekanntlich soll es einen Automaten gegeben haben, der so konstruiert gewesen sei, daß er jeden Zug eines Schachspielers mit einem Gegenzuge erwidert habe, der ihm den Gewinn der Partie sicherte. Eine Puppe in türkischer Tracht, eine Wasserpfeife im Munde, saß vor dem Brett, das auf einem geräumigen Tisch aufruhte. Durch ein System von Spiegeln wurde die Illusion erweckt, dieser Tisch sei von allen Seiten durchsichtig. In Wahrheit saß ein buckliger Zwerg darin, der ein Meister im Schachspiel war und die Hand der Puppe an Schnüren lenkte. Zu dieser Apparatur kann man sich ein Gegenstück in der Philosophie vorstellen. Gewinnen soll immer die Puppe, die man ‚historischen Materialismus' nennt. Sie kann es ohne weiteres mit jedem aufnehmen, wenn sie die Theologie in ihren Dienst nimmt, die heute bekanntlich klein und häßlich ist und sich ohnehin nicht darf blicken lassen.[70]

Die scheinbar unbelebte intelligente Apparatur pariert nicht nur jeden gegnerischen Schachzug „mit einem Gegenzuge", in ihrem inneren Aufbau setzen sich antagonistische Relationen fort: von Leben und Technik, Präsenz und Repräsentation, Materialität und Strukturalität. Dabei bleibt unentschieden, ob die vor dem Brett sitzende „Puppe in türkischer Tracht", die „man" der Selbstauslegung

---

[68] Agamben: *Die Zeit, die bleibt*, S. 153.
[69] Vgl. Ferdinand de Saussure: *Grundfragen der allgemeinen Sprachwissenschaft*, hg. von Charles Bally und Albert Sechehaye, übers. von Herman Lommel, 3. Aufl., Berlin / New York 2001, S. 104 f. Zum Schachspiel als gnoseologischem Modell von Literatur vgl. Nikolaos Karatsioras: *Das Harte und das Amorphe. Das Schachspiel als Konstruktions- und Imaginationsmodell literarischer Texte*, Berlin 2011.
[70] GS I/2, S. 693.

des Bildes nach „historischen Materialismus' nennt"[71], oder ein im Inneren des Automaten hinter Spiegeln verborgener „buckliger Zwerg", d. i. „die Theologie", die Züge ausführt. Zwar lenkt der Zwerg – der Metapher nach – „die Hand der Puppe an Schnüren"; doch nimmt die Puppe zugleich – wie es in der philosophischen Deutungsalternative heißt – den Zwerg „in ihren Dienst", so dass sich die Positionen von Aktivität und Passivität, Autonomie und Heteronomie überkreuzen und zu einem geradezu kybernetischen Zwischenraum ausdehnen,[72] in dem die Frage nach (mythischem) Handlungszwang und (freier) Handlungsoption auf dem Spiel zu stehen scheint. Es handelt sich, mit Michael Löwy, um ein dialektisches „équilibre délicat entre les deux composantes"[73], das den ontologischen Grund der Apparatur im Ungewissen belässt.

Die verworrenen Oppositionsverhältnisse zwischen einem sichtbaren marionettenhaften historischen Materialismus und einer *in abscondito* agierenden zwergenartigen Theologie legen indes eine Hinterfragung der allzu eingängigen Selbstallegorese des Textes nahe. Die Forschung, die zuvorderst der Frage nach dem jüdisch-messianischen oder marxistischen Erbe der Thesen nachgegangen ist, hat ihre Deutung vor allem auf die suggestive Leseanleitung der ersten These gegründet: „Zu dieser Apparatur kann man sich ein *Gegenstück* in der Philosophie vorstellen."[74] Dieser Satz, liest man ihn isoliert von der in den beiden folgenden Sätzen konstruierten Symmetrie zwischen Zwerg-Theologie und Puppe-historischem Materialismus, legt aber zunächst nur eine Strukturgleichheit zwischen Apparatur und Philosophie offen: Die Philosophie verfährt *wie* die auf Täuschung

---

71 Benjamin nimmt hier – gemäß dem Plädoyer für den „historischen Materialisten" als „distanzierten Betrachter" in These VII (ebd., S. 696) – gestisch kritische Distanz noch zur eigenen Position und Auffassung eines „historischen Materialismus'" (ebd., S. 693), der, wie die Anführungszeichen suggerieren, *anders* als der orthodoxe aufzufassen sei, nämlich als Mitspieler der Theologie bzw. ihres auf keine bestimmten Quellen, keine bestimmte Schrift mehr zurückzuführenden *Bildraumes*, mit dem Benjamins Schreiben, wie es in einem Denkbild heißt, „wie das Löschblatt [...] vollgesogen" ist (GS I/3, S. 1235).
72 Die Frage, ob eine dem Menschen überlegene lernende Schachmaschine denkbar sei und ob sich an dieser „an essential difference between the potentialities of the machine and the mind" ablesen lasse, hat auch Norbert Wiener, den Vater der die Kombinatorik wiederbelebenden Kybernetik, beschäftigt; ders.: *Cybernetics: or Control and Communication in the Animal and the Machine*, 2. Aufl., Cambridge (Massachusetts) 1985, S. 164.
73 Löwy: *Walter Benjamin: Avertissement d'incendie*, S. 33; dieses umsichtig auszuhaltende „équilibre délicat" hat in der Forschung, wurde es zugunsten *einer* der Positionen entschieden, zu völlig konträren Deutungen geführt, zur These einer Instrumentalisierung der Theologie durch den historischen Materialismus oder *vice versa*; vgl. ebd., sowie Khatib: „*Teleologie ohne Endzweck*", S. 438 ff.
74 GS I/2, S. 693 (meine Hervorhebung).

basierende Apparatur,⁷⁵ deren Erfolg, historisch verbürgt, wesentlich auf ihrer der Vorstellung von Zaubertricks entliehenen Inszenierung basierte.⁷⁶ Zwar vermögen weder die Apparatur noch die Philosophie sich über den eigenen ontologischen Grund letzte Gewissheit zu verschaffen, doch können sie den (mythischen) Täuschungscharakter ihrer scheinbar transparenten, lückenlosen rationalen Struktur *sehen lassen*.⁷⁷

Damit wird auch die Stichhaltigkeit der von These I inszenierten symmetrischen Selbstallegorese fragwürdig, ja die vermeintliche Grenze zwischen allegorischem Bild und philosophischer Allegorese, *pictura* und *subscriptio*, wird von einer abgründigen dialektischen Denkbewegung erfasst, in der die zunächst so triftig erscheinende Deutung des Bildmotivs von diesem selbst wieder desavouiert wird. Will die Philosophie – so ließe sich sein latenter Nebensinn fassen – nicht ihrem eigenen trickreichen „System von Spiegeln" und der „Illusion" einer Transparenz der Sprache aufsitzen,⁷⁸ bedarf es einer Schreibpraxis, die der Philosophie inhärente Widersprüche und ihre Grundlegungsproblematik sowie ihre mit Technik, Politik, Religion und Mythos unterhaltenen Allianzen nicht zu entwirren sucht, sondern in hyperlesbare Spannungsbilder überträgt: sichtbar macht. So entwickeln die Thesen keinen expliziten Geschichtsbegriff, sondern es wird *in* dynamischen Bildkonstruktionen, wie es in einer Variante der ersten These heißt, „„der Streit um den wahren Begriff der Geschichte"⁷⁹ als Problem der Sprache dargestellt und verhandelt. Festgezurrt werden Bild und Begriff der Geschichte durch ein einziges Wort: Wie der Schachautomat „konstruiert"⁸⁰ ist, ist

---

75 Vgl. Weigel: *Entstellte Ähnlichkeit*, S. 62, zur Beobachtung, dass Benjamin in der ersten These durch das prekäre Korrespondenzverhältnis zwischen der Metapher der Schachapparatur und ihrem philosophischen Gegenstück das Feld seiner ‚theoretischen Schreibweise' absteckt, die „jenseits des Gegensatzes von poetischer Sprache und philosophischem Diskurs" situiert sei.
76 Zur historischen Inszenierungspraxis und Einbettung des ‚Schachtürken' in den Orientalismus- und Exotismuskult der Zeit vgl. Strouhal: „Kempelens Schachspieler".
77 Nach dem Augenzeugenbericht „Ueber den Schachspieler des Herrn von Kempelen und dessen Nachbildung" (1789) des Freiherrn Joseph Friedrich zu Racknitz, in: *Der Schachautomat des Baron von Kempelen*, hg. von Faber, S. 7–48, hier: S. 15, gestand Kempelen vor der Vorführung stets „mit edler Aufrichtigkeit" freimütig, „bey seiner Maschine komme Täuschung vor" und werde „nicht durch bloßen Mechanismus" bewegt. Das unheimliche Rätsel bestand also im verborgen bleibenden *Modus* der Täuschung.
78 GS I/2, S. 693.
79 GS I/3, S. 1247: „Ich könnte mir ein Pendant zu dieser Apparatur in der Philosophie umso leichter vorstellen, als der Streit um den wahren Begriff der Geschichte wohl in Gestalt einer Partie zwischen zwei Partnern sich denken läßt."
80 GS I/2, S. 693.

auch die Geschichte, wie es in These XIV heißt, „Gegenstand einer Konstruktion".[81]

Wie der rückwärtsgewandte „Engel der Geschichte" der IX. These die Vergangenheit als „eine einzige Katastrophe, die unablässig Trümmer auf Trümmer häuft",[82] erkennt, sieht sich auch dieses Vertextungsprinzip einem beständig wachsenden Archiv von Fragmenten, Spuren und Resten von Erzählungen und ihrer einstigen lebensweltlichen Einbettung gegenüber. Doch nehmen mit dem anschwellenden Trümmerhaufen auch die Möglichkeiten einer konstellativen Schreibtechnik, eines kybernetisch-kombinatorischen *ludus* zu, in dem noch den kleinsten Resten und Spuren „Erkennbarkeit"[83] zukommen und sich eine gerade an den „Schroffen u[nd] Zacken"[84] des Faktischen aufblitzende andere Modalität zeigen kann. Sie emergiert aus einer medien- und formenübergreifenden Konstellation als flüchtiges dialektisches Bild:

> Nicht so ist es, daß das Vergangene sein Licht auf das Gegenwärtige oder das Gegenwärtige sein Licht auf das Vergangne wirft, sondern Bild ist dasjenige, worin das Gewesene mit dem Jetzt blitzhaft zu einer Konstellation zusammentritt. Mit andern Worten: Bild ist die Dialektik im Stillstand. Denn während die Beziehung der Gegenwart zur Vergangenheit eine rein zeitliche ist, ist die des Gewesnen zum Jetzt eine dialektische: nicht zeitlicher sondern bildlicher Natur. Nur dialektische Bilder sind echt geschichtliche [...]. Das gelesene Bild, will sagen das Bild im Jetzt der Erkennbarkeit trägt im höchsten Grade den Stempel des kritischen, gefährlichen Moments, welcher allem Lesen zugrunde liegt.[85]

‚Bild' ist das dialektische Bild nicht nur im Sinne jenes aus Kunstwerken, Texten, Mythologemen, Erinnerungen und kulturellen Artefakten bestehenden individuellen wie kollektiven Bilderfundus, aus dem Benjamins Schreiben schöpft.[86] Der spannungsreiche Bildcharakter dieses gnoseologischen Prinzips und Vertextungsverfahrens besteht in der ästhetischen Vergegenwärtigung eines „Gewesnen" oder Abwesenden *als* gewesen und absent.[87] So hatte Benjamin im *Theo-*

---

81 Ebd., S. 701.
82 Ebd., S. 697.
83 Ebd., S. 695.
84 GS I/3, S. 1242.
85 GS V/1, S. 578.
86 Zu den Facetten und Entwicklungsschritten von Benjamins Begriff des dialektischen Bildes vgl. Ansgar Hillach: „Dialektisches Bild", in: *Benjamins Begriffe*, hg. von Michael Opitz und Erdmut Wizisla, Bd. 1, Frankfurt a. M. 2000, S. 186–229, und Rita Bischof: „Plädoyer für eine Theorie des dialektischen Bildes", in: *global benjamin. Internationaler Walter-Benjamin-Kongress 1992*, hg. von Klaus Garber und Ludger Rehm, Bd. 1, München 1999, S. 92–123.
87 Das grundlegende Darstellungsproblem, eine „Geschichte der Unterdrückten" zu schreiben, ohne ein neues lineares Geschichtskontinuum vorzutäuschen, reflektiert Benjamin als aporeti-

logisch-politischen Fragment in einem dialektischen Bild das geschichtsphilosophische Verhältnis zwischen dem Messianischen und der „Ordnung des Profanen"[88] niedergelegt. Seine politische Aktualität gewinnt das dialektische Bild, scheinbar paradox, kraft der appellativen Evidenzierung einer, wie es in einer Anmerkung zu den Geschichtsthesen heißt, nicht sichtbaren „messianischen Kraft in der Geschichte". Benjamin vergleicht sie – wie zuvor Lukács den Essay – mit dem ultravioletten Ende des Farbspektrums:

> Der historische Materialist, der der Struktur der Geschichte nachgeht, betreibt auf seine Weise eine Art von Spektralanalyse. Wie der Physiker ultraviolett im Sonnenspektrum feststellt, so stellt *er* eine messianische Kraft in der Geschichte fest. Wer wissen wollte, in welcher Verfassung sich die „erlöste Menschheit" befindet, welchen Bedingungen das Eintreten dieser Verfassung unterworfen ist und wann man mit ihm rechnen kann, der stellt Fragen, auf die es keine Antwort gibt. Ebensogut könnte er sich danach erkundigen, welche Farbe die ultravioletten Strahlen haben.[89]

Indem im dialektischen Bild Wirklichkeit und Möglichkeit in ein zwischen Differenz und Identität oszillierendes Spannungsverhältnis gebannt werden, vollzieht sich, wie Benjamin schreibt, die „Liquidierung des Mythos im dialektischen Bild"[90], d.i. die Aufzehrung einer als Schein entlarvten mythischen Totalitätsvorstellung einer Unentrinnbarkeit der Geschichte (und Sprache). Es wird so zum Modell einer medial verfahrenden Geschichtsschreibung, die auf dem Trümmerfeld der Moderne vermeintlich eindeutige oder abgegriffene Bilder – wie z.B. Schachspiel und -automat als autonome Text- und Weltmodelle – aufliest, um an ihnen als an fragilen Trägermaterialien bislang nicht sichtbare, latente Bilder des Gewesenen zu entwickeln, die von in der Vergangenheit unterdrückten und

---

sches „Problem der Tradition" (GS I/3, S. 1236), denn unbedingt zu vermeiden sei die „falsche Lebendigkeit der Vergegenwärtigung" als „Beseit[ig]ung jedes Nachhalls der ‚Klage' aus der Geschichte" (ebd., S. 1231). Für einen Vergleich mit Kosellecks Überlegungen zu den Darstellungsaporien einer ‚Geschichte der Verlierer' siehe Kap. III.6.2.

88 GS II/1, S. 203. Benjamins Begriff des ‚Profanen' findet sich in engster Beziehung zur „Idee des Glücks", der die zu stiftende „Ordnung des Profanen" einzig gelte: „Erst der Messias selbst vollendet alles historische Geschehen, und zwar in dem Sinne, daß er dessen Beziehung auf das Messianische selbst erst erlöst, vollendet, schafft. [...] Darum ist das Reich Gottes nicht das Telos der historischen Dynamis; es kann nicht zum Ziel gesetzt werden. Historisch gesehen ist es nicht Ziel, sondern Ende. Darum kann die Ordnung des Profanen nicht am Gedanken des Gottesreiches aufgebaut werden [...]. Die Ordnung des Profanen hat sich aufzurichten an der Idee des Glücks." (Ebd.)
89 GS I/3, S. 1232.
90 Ebd., S. 1174.

überlesenen Hoffnungen und Möglichkeiten zeugen.[91] In dieser ,profanatorischen' – im Sinne einer sich an der Idee einer radikal weltbezogenen neuen Ordnung der Geschichte und Politik ausrichtenden – Schreibpraxis formieren sich mittelbar ethische Ansprüche, indem sie mediale Kontinuitäten zwischen Sprache und Geschichte stiftet, Geschichte *als* Text betrachtet. In der Aufzeichnung *Das dialektische Bild* aus dem Umkreis der Geschichtsthesen heißt es entsprechend:

> (Will man die Geschichte als einen Text betrachten, dann gilt von ihr, was ein neuerer Autor von literarischen sagt: die Vergangenheit habe in ihnen Bilder niedergelegt, die man denen vergleichen könne, die von einer lichtempfindlichen Platte festgehalten werden. „Nur die Zukunft hat Entwickler zur Verfügung, die stark genug sind, um das Bild mit allen Details zum Vorschein kommen zu lassen. […]" […] Die historische Methode ist eine philologische, der das Buch des Lebens zugrunde liegt. „Was nie geschrieben wurde, lesen" heißt es bei Hofmannsthal. Der Leser, an den hier zu denken ist, ist der wahre Historiker.)[92]

Der „wahre Historiker" sieht nach Benjamin davon ab, wie der historistische ein ewiges Bild davon, „„wie es denn eigentlich gewesen ist""[93], rekonstruieren zu wollen; ebenso wenig liest er bloß subjektiv-willkürlich Sinn in das Gewesene hinein. Um in Benjamins fotomechanischem Bild zu bleiben: Damit „das Bild mit allen Details zum Vorschein kommen" und auch das nie Geschriebene lesbar werden kann, bedarf es eines besonderen, essayistischen Dispersionsmediums, in dem Potenzialität und Aktualität, Sinnlichkeit und Sinn, Materialität und Signifikation, Messianisches und profane Ordnung unwillkürlich zu dialektischen Bildern emulgieren. Sie zeigen das Ineinander-Auseinander vermeintlich stabiler Dichotomien, ihre wechselseitige Bezogenheit, ohne dass dabei ihre Identität behauptet würde. In den dialektischen Bildern als im Text performierten singulären Zeigehandlungen kommt so, mit Sami R. Khatib, das „Medium von historischer Erkenntnis"[94] zum Vorschein, d. i. die Sprache selbst; doch nicht länger als mythische Gewalt und Kontrolle ausübende feste Struktur, die den Erfahrungshorizont verengt und Handlungsmöglichkeiten ausblendet, sondern als

---

[91] Vgl. GS II/3, S. 1064, zur gedächtnistheoretischen Funktion der dialektischen Bilder als „Bilder, die wir nie sahen, ehe wir uns ihrer erinnerten". Für eine psychoanalytisch-philosophische Lesart von Benjamins Geschichtsbegriff entlang der Figur der ‚Retroaktivität' vgl. Sami R. Khatib: „Geschichte, Retroaktivität, Text. Erkundungen zum ‚Begriff der Geschichte' mit Walter Benjamin und Slavoj Žižek", in: *Retrospektivität und Retroaktivität. Erzählen – Geschichte – Wahrheit*, hg. von Marcus Andreas Born, Würzburg 2009, S. 235–249.
[92] GS I/3, S. 1238.
[93] GS I/2, S. 695.
[94] Khatib: *„Teleologie ohne Endzweck"*, S. 523.

beweglicher, nicht-lokalisierbarer Schauplatz, als Spiel von Verengung und Erweiterung, als das sich Benjamins Thesen in einem Prozess der Selbstmedialisierung selbst darzustellen scheinen.

Vor diesem Hintergrund lässt sich die hybride Apparatur *einerseits* als Bild einer mythologischen Vertextungsmaschine oder – um einen literarischen Vergleich Rolf Tiedemanns heranzuziehen – experimentell-assoziativen „Écriture automatique"[95] lesen. In diesem Sinne heißt es in einem Nachlassnotat zu den Thesen: „Die Grundkonzeption des Mythos ist die Welt als Strafe – [...] die ins Kosmische projizierte Strafe des Nachsitzens: die Menschheit hat ihren Text in unzähligen Wiederholungen nachzuschreiben."[96] Zwar kommt das einzelne Spiel, der einzelne Text, zu einem Abschluss; doch schließt sich daran, Zug um Zug, Wort um Wort, ein neuer Text, eine neue Lektüre an, deren Wiederholung allerdings unendliche Varianten von Spiel- bzw. Textformationen produziert. Das auch als eschatologisches Sinnbild fungierende Schwarz-Weiß des Schachfeldes, das durch die bloße Präsenz des Schachbretts in Benjamins Denkbild aufgerufen wird, stürzt dieser Lesart nach in eine Art dialektischen Strudel und evoziert als Symbol der Schwelle, jenseits jeder Binarität, eine volatile Mitte, die sich auf dem zentrumslosen Schach- oder Textfeld zu immer neuen Konstellationen verschiebt, in denen sich die vormaligen Ordnungen – die statische binär-mosaikhafte des Schachbretts und die dynamisch-konstellative der Figuren – überlagern und zu einer neuen Erkenntnisstruktur verdichten.

Als traditionelle Schriftmetapher verweist das Schachspiel, radikal profaniert, überdies auf die weißen und schwarzen Flammen des altjüdischen Überlieferungsmythos der Tora. Auch die jüdische Kommentierungspraxis, auf deren Folie in einem früheren Kapitel Benjamins Hölderlin-Essay gelesen wurde,[97] verfährt gewissermaßen interaktiv. Der Schachautomat, der nur responsiv agiert („jeden Zug eines Schachspielers mit einem Gegenzuge erwidert"[98]), also immer mit den schwarzen Figuren spielt, ließe sich als endloses skripturales Kommentierungsgeschehen einer sich mit jedem Zug, mit jedem geschriebenen Wort weiter entfernenden Offenbarung im weißen Feuer des mündlichen Gotteswortes lesen. Dieses will gleichwohl in immer neuen Übersetzungsversuchen erinnert werden,

---

95 Tiedemann: *Studien zur Philosophie Walter Benjamins*, S. 151: „Benjamins dialektische Bilder besitzen ihre Pendants in den surrealistischen Verfahrungsweisen; [...] Traumprotokoll, Écriture automatique, Collage sind die Formen, in denen der Surrealismus das Ineinander von Neu und Alt abbildet"; vgl. dazu einschlägig Josef Fürnkäs: *Surrealismus als Erkenntnis: Walter Benjamin – Weimarer Einbahnstraße und Pariser Passagen*, Stuttgart 1988, v. a. S. 175 ff.
96 GS I/3, S. 1234.
97 Vgl. Kap. III.2.3.
98 GS I/2, S. 693.

ohne dass der Kommentar dabei die Absenz des ursprünglichen Wortes verdeckt, vielmehr als bedeutsame Leerstelle – als ‚Flüstern' – mitführt.[99] Das Dispositiv der Schrift, erkennt man im Schachautomaten eine solche profanierte Schreibmetapher, häuft, indem sie sich unaufhaltsam von einem ursprünglichen Text oder Wort entfernt, Auslegung auf Auslegung, „Trümmer auf Trümmer"[100]; gleichwohl sind ihnen – wie es im Anhang der Thesen heißt – „Splitter der messianischen [Zeit] eingesprengt"[101]. Lesbar werden sie erst in jenem „kritischen, gefährlichen Moment[]"[102], in der schockartig sich einstellenden Einsicht in die Unmöglichkeit der Stillstellung der Maschine, der Abschließbarkeit des Textes der Geschichte. Erst in diesem kritischen Moment stellt sich, wie Benjamin in ähnlichem Wortlaut in seinen *Notizen zu einer Theorie des Spiels* (1929–30) festhält, die Fähigkeit ein, das „Brett", d. i. den ‚Text' der Wirklichkeit, zu lesen:

> Aber es ließe sich auch vertreten, daß im letzten Augenblick, da alles drängt, im kritischen Momente der Gefahr (des Verpassens) erst sich die Fähigkeit einfindet, auf dem Brett sich zurechtzufinden, das Brett umsichtig zu lesen [...].[103]

Indem also *andererseits* das Bild des Schachautomaten in einer medienästhetischen Lektüre als Selbstausdruck des unausweichlichen und von seinem (mythischen) Ursprung wie (messianischen) Ziel unendlich differierenden Gefängnisses der Sprache gleichsam retheoretisiert wird, gerät es zum dialektischen Bild. Als solches lässt es die Denkmöglichkeit auftauchen, den Glauben an einen „automatischen Fortschritt"[104] und die „servile Einordnung in einen unkontrollierbaren Apparat" zu unterbrechen und, wie es in These X weiter heißt, „das politische Weltkind aus den Netzen zu lösen".[105] Das Bild des pseudotechnischen

---

99 Zu dieser jüdischen Schriftmetapher vgl. Moshe Idel: „‚Schwarzes Feuer auf weißem Feuer'. Text und Lektüre in der jüdischen Tradition", in: *Texte und Lektüren. Perspektiven in der Literaturwissenschaft*, hg. von Aleida Assmann, Frankfurt a. M. 1996, S. 29–46; zur Stimme im Kontext religiöser Erfahrung im Judentum, nach welcher Gott als „Medium der Verkündigung" keine laute Stimme wählt, sondern sich „im leisen, säuselnden Echo" – das in Benjamins Bild der ‚flüsternden Gräser' nachhallen mag – vernehmen lässt, siehe ders.: „Die laut gelesene Tora. Stimmengemeinschaft in der jüdischen Mystik", in: *Zwischen Rauschen und Offenbarung. Zur Kultur- und Mediengeschichte der Stimme*, hg. von Friedrich Kittler, Thomas Macho und Sigrid Weigel, 2. Aufl., Berlin 2008, S. 19–53, hier: S. 20 f.
100 GS I/2, S. 697.
101 Ebd., S. 704.
102 GS V/1, S. 578.
103 GS VI, S. 189.
104 GS I/3, S. 1239.
105 GS I/2, S. 698. Für Strouhal besteht das Aktualitätspotenzial dieser ambivalenten „Metaphernmaschine" (ders.: „Kempelens Schachspieler", S. 387) darin, dass der Schachautomat als

Schach-/Sprachautomaten kippt, *sieht* man es *als* selbstreflexive Schreibmetapher und nimmt man seine mediale Ambivalenz in Betracht, unwillkürlich in die Darstellung eines paradoxen Profanierungsmittels, das eine andere Auffassung von Sprache hervortreten lässt: die „Idee der Prosa"[106]. Gerade diese aber stellt für Benjamin, wie er im Kunstwerk-Essay schreibt, „die geschichtliche Aufgabe"[107] dar.

Von der „Apparatur" zum „Medium"

Die Apparatur, die mythische Tiefenstrukturen repetierende Vorrichtung moderner Technik und politischer Gewalt, erweitert sich dieser Lesart nach im dialektischen Bild unversehens zu einem nicht-instrumentellen Medium als zu ihrem positiven Korrelat. Dieses erscheint als Ermöglichungsraum neuer Erfahrungen, die zwar ebenfalls technologisch und „geschichtlich bedingt"[108] sind, in ihrer medialen Neuorganisation jedoch eine neue geschichtliche Wirksamkeit entfalten. Die Komplementarität beider Begriffe reflektiert Benjamin bereits in *Das Kunstwerk im Zeitalter seiner technischen Reproduzierbarkeit* (1935–36), wo der Begriff ‚Apparatur' – worauf Antonio Somaini hingewiesen hat[109] – gleichsam die negative Rückseite des ‚Mediums' darstellt.[110] In diesem Sinne lotet Benjamin im

---

„evokatorisches Objekt" fungiert, durch das „entfremdetes Leben" sichtbar" wird: „Die Begegnung mit ihm evoziert die Sehnsucht nach Einheit und Eigensinn des Subjekts, das jenseits der allgemeinen automatenhaften Scheinlebendigkeit seine Freiheit bewahren will." (Ebd., S. 403)
106 GS I/3, S. 1235 u. S. 1238 f.
107 GS I/2, S. 445 (erste Fassung).
108 Ebd., S. 439.
109 Vgl. Antonio Somaini: „Walter Benjamin's media theory and the tradition of the *media diaphana*", in: *Zeitschrift für Medien- und Kulturforschung* 7/1 (2016), S. 9–25, hier: S. 10: „What we may consider as Benjamin's ‚media theory' is therefore the study of the interplay between the historically-evolving domain of the technical and material *Apparate*, and the ‚*Medium* of perception' in which they operate, determining different ‚articulations of the real'." Zu einem kraft der Materialität des Mediums generierbaren Surplus, das die (instrumentale) Mittelbarkeit technischer Apparaturen und der Zeichen übersteigt, vgl. auch Krämer: „Das Medium als Spur und als Apparat", S. 78 f.
110 Benjamin greift hier womöglich zeitgenössische medien- und technikphilosophische Konzepte auf. Mit Fritz Heiders Medienbegriff aus *Ding und Medium* (1926) etwa teilt er die Auffassung, erst der Versuch, das Medium unserer Wahrnehmung selbst wahrzunehmen und als bildbar, nämlich als Kopplung loser Elemente aufzufassen, könne neues Handlungspotenzial erschließen; vgl. das Vorwort in Fritz Heider: *Ding und Medium*, hg. und mit einem Vorwort versehen von Dirk Baecker, Berlin 2005, S. 7–20. Benjamins ambivalentem Technik- und Medienverständnis nicht unähnlich, erkennt auch Ernst Kapp in seinen *Grundlinien einer Philosophie der Technik*

Kunstwerk-Essay am Beispiel des Films die ambivalente Verfasstheit neuer technischer Medien und damit ihr politisches Potenzial aus: Es sei „*die filmische Darstellung der Realität*" deshalb so bedeutungsvoll, „*weil sie den apparatfreien Aspekt des Wirklichen [...] gerade auf Grund ihrer intensivsten Durchdringung mit der Apparatur gewährt*".[111] Denn es werde „durch Betonung versteckter Details" zwar „die Einsicht in die Zwangsläufigkeiten vermehrt, von denen unser Dasein regiert wird"; doch würden wir im selben Zuge „eines ungeheuren und ungeahnten Spielraums" versichert.[112] Den sich in der Ausleuchtung der Negativität des Daseins eröffnenden ungeheuren Spielraum als solchen wahrzunehmen, d. h. die „ungeheure technische Apparatur unserer Zeit zum Gegenstande der menschlichen Innervation zu machen – das ist die geschichtliche Aufgabe"[113]. Selbstreflexives Paradigma seines Begriffs von ‚Medium' freilich, dessen Koordinaten Benjamin schon im Sprach-Essay gelegt hatte, ist für ihn auch später noch die Sprache, weshalb seine medientheoretischen Überlegungen, wie Samuel Weber unterstreicht, stets in Bezug auf seine Bemühungen zu begreifen sind, eine nicht-instrumentelle Konzeption von Sprache zu erarbeiten.[114]

Die in der ersten Geschichtsthese augenfällige Verzahnung medien- und sprachphilosophischer, ästhetischer, geschichtlicher und politischer Aspekte erfasst treffend Agambens Dispositiv-Begriff. Am Ende seines Essays *Che cos'è un dispositivo?* kommt Agamben auf eine zunehmende Disseminierung der Dispositive, heterogener Ensembles von Praktiken und Wissensbeständen, in Mikro- und Tiefenstrukturen, in Denken, Fühlen, Gesten und Handlungen zu sprechen. Gerade aber weil sie, so Agamben, sämtliche unserer Lebensbereiche als Kontroll- und Subjektivierungsmechanismen durchwuchern, entziehen sie sich dem lückenlosen Zugriff der „macchina governamentale"[115]. Das lasse zwar nicht

---

(1877) in der fortschreitenden Komplexität technischer Apparaturen andererseits zivilisatorisches Potenzial und eine prothetische Erweiterung unserer Wahrnehmungsapparatur, andererseits sieht er in künstlichen Automaten und Doubles menschlicher Intelligenz einen Ausdruck mechanistischer Welt- und Staatsauffassungen.
111 GS I/2, S. 459 (erste Fassung).
112 Ebd., S. 461.
113 Ebd., S. 445.
114 Vgl. Samuel Weber: Art. „Benjamin's Writing Style", in: *Encyclopedia of Aesthetics*, hg. von Michael Kelly, Bd. 1, New York / Oxford 1998, S. 261–264, hier: S. 262f.: „Benjamin's insistence, in this essay of 1916, on the irreducible mediality of language qua impartibility indicates that his concern with the ‚media' originates not in his later studies of radio, film, and photography, but rather in his effort to elaborate a noninstrumental conception of *language*."
115 Agamben: *Che cos'è un dispositivo?*, S. 34; vgl. Anm. 41 in Kap. III.5. Mit seinem Begriff der ‚gouvernementalen Maschine' knüpft Agamben, wie mit dem Dispositiv-Begriff, an Foucaults Konzepte von Biopolitik und Gouvernementalität an, die er in einen erweiterten Begriff des Po-

darauf schließen, dass den Dispositiven ein genuin revolutionäres Moment abzugewinnen wäre, kraft dessen sich die ‚Regierungsmaschine' anhalten ließe; doch sieht Agamben in der paradoxen Situation, dass sie in ihrer diffusen Allgegenwärtigkeit ihrer totalen Kontrolle entgehen, eine mögliche Einlassstelle für ihre Kritik und Modifikation, d. i. ihre ‚Profanierung' und Rückerstattung für einen ‚neuen Gebrauch' (*nuovo uso*), der tatsächlich an ihren uneingelösten Ursprung anknüpfe: an ein Glücksverlangen. Ist der Leerlauf der auf eine Katastrophe – und nicht auf das verheißene erlösende Ende der Geschichte – zusteuernden gouvernementalen Maschine, als deren Repräsentation sich der Schachautomat als vermeintlich selbsttätiger Mechanismus der Formierung und Manipulation auch deuten ließe,[116] für Agamben zwar nicht aufzuhalten, plädiert er doch eindringlich für den Versuch einer Retheoretisierung und „restituzione all'uso comune"[117] der Dispositive, deren Paradigma auch für ihn die Sprache ist. Benjamins Schreibethik der Geschichtsthesen lässt sich auf diesen Entwurf eines neuen Sprach- und Schriftgebrauchs hin lesen, der sich an jener „Idee des Glücks"[118] aufrichtet.

Der hybride Schachapparat, den der im Automateninneren (ein-)sitzende Zwerg steuert, veranschaulicht demnach die in Benjamins spätem Essayismus zum Vorschein kommende Ambivalenz des Medialen (und des Mythischen), dessen Darbietung in seiner Unausweichlichkeit – wie es im Kunstwerk-Essay hieß – erst einen „ungeheuren und ungeahnten Spielraum[]"[119] erschließt. So weiß sich der verborgene Zwerg, der als „ein Meister im Schachspiel [...] die Hand der Puppe an Schnüren lenkte", zwar selbst in einer unvermeidlichen Vorrichtung

---

litischen einträgt, das mit dem Ästhetischen untrennbar interagiert. Für eine kritische Lesart dieser Konzeption des Politischen vgl. Janine Böckelmann und Frank Meier (Hg.): *Die gouvernementale Maschine. Zur politischen Philosophie Giorgio Agambens*, Münster 2008.
116 Für eine ‚biopolitische' Deutung des ‚Türken' vgl. auch Strouhal: „Kempelens Schachspieler", S. 408. Die fatalen sozioökonomischen Folgen flächendeckender Automation und Nachahmung spezifisch menschlicher Fähigkeiten reflektiert – in einer Art Umkehrung der von La Mettrie 1748 mit der Formel des ‚L'homme machine' beschworenen Maschinisierung des Menschen – schon Jean Paul, wenn auch satirisch, in seinem Essay „Unterthänigste Vorstellung unser, der sämmtlichen Spieler und redenden Damen in Europa, entgegen und wider die Einführung der Kempelischen Spiel- und Sprachmaschinen" (1785), in: ders.: *Satirische Jugendwerke*, in: ders.: *Sämtliche Werke. Historisch-kritische Ausgabe*, hg. von Eduard Berend, Bd. I/1, Weimar 1927, S. 275–292: Kempelen wolle durch die fabrikmäßige Herstellung seelenloser Spiel- und Sprachmaschinen „uns Damen und Spielern [...] Brod und Arbeit aus den Händen schlagen" (ebd., S. 276); und nicht nur das: Jean Paul imaginiert eine automatische Rechtsprechung und Besetzung der Gerichte mit den Sprach-Maschinen, die „so gut richten würden, daß es mit uns bald aus wäre" (ebd., S. 281).
117 Agamben: *Che cos'è un dispositivo?*, S. 34.
118 GS II/1, S. 203; vgl. obige Anm. 88.
119 GS I/2, S. 461.

einbegriffen; doch vermag er diese prothetisch als Erweiterung und Intensivierung seines Erfahrungsraumes zu gebrauchen und „dieser Apparatur" ein mediales und politisches Surplus abzugewinnen.[120] Die im Kunstwerk-Aufsatz als „die geschichtliche Aufgabe" bestimmte menschliche Innervierung der „technische[n] Apparatur",[121] nämlich „im Angesicht der Apparatur seine Menschlichkeit bei[zu]behalten" und sie derart „dem eignen Triumph dienstbar" zu machen,[122] führt der unter dem Schachtisch wie in einem Käfig hockende Zwerg vor, dessen Spiel- und Schreibzüge, dessen Sprach*gebrauch*, das Mediale des nur scheinbar homogenen und leeren Automatismus sehen lassen.[123] Dieser erweist sich, liest man die erste These „gegen den Strich"[124], als nicht selbsttätig (*autómatos*), sondern als um ein Schach*spiel* herum aufgebauter Pseudo-Automat. Seine Züge kalkuliert keine unfehlbare intelligente Apparatur, sondern führt ein – wenn auch entstellter, buckliger – menschlicher Zwerg aus, der an das „bucklicht Männlein"[125] aus Benjamins Essay *Franz Kafka* (1934) erinnert. Als „Insasse des entstellten Lebens"[126] geht er nicht im jeweiligen Schachzug, im bloßen Lebensakt

---

120 Ebd., S. 693. Aufschlussreich ist hier die mechanische Vorrichtung des Automaten: Mittels eines Pantografen, eines ‚Alleschreibers', konnten die von dem verborgenen Schachspieler auf einem Taschenschachbrett ausgeführten Züge durch den ausführenden Arm des ‚Schachtürken' in größerem Maßstab auf das auf dem Tisch aufruhende Schachbrett übertragen, sozusagen ‚potenziert' werden.
121 Ebd., S. 445.
122 Ebd., S. 450.
123 In der Rezeptionsgeschichte des Schach-Androïden scheint sich für Benjamin zudem eine ‚Dialektik der Aufklärung' hohen Aktualitätsgrades auszudrücken, die wohl gerade *aufgrund* ihrer Technikbegeisterung auf den Schachautomaten hereinfallen konnte. Den Fortschrittsoptimismus und Vernunftglauben der Aufklärung macht Benjamin zumindest indirekt für die Untätigkeit der „Gegner des Faschismus" (ebd., S. 698) mitverantwortlich, als deren Metakommentar sich seine Rundfunkgeschichte *Cagliostro* (1931) liest. Sie erzählt von dem gleichnamigen Hochstapler und Zauberer, der gerade „in diesem freien und kritischen Zeitalter der Aufklärung" so viel Erfolg haben konnte, „weil die Leute so fest davon überzeugt waren, daß Übernatürliches nicht wahr sei [...]. Hätten sie weniger feste Überzeugungen und mehr Beobachtungsgabe gehabt, so hätte es ihnen nicht geschehen können." (GS VII/1, S. 194)
124 GS I/3, S. 1240.
125 GS II/2, S. 425.
126 Ebd., S. 432. Im Kafka-Essay heißt es vom „bucklicht Männlein" weiter, es werde „verschwinden, wenn der Messias kommt, von dem ein großer Rabbi gesagt hat, daß er nicht mit Gewalt die Welt verändern wolle, sondern nur um ein Geringes sie zurechtstellen werde" (ebd.). Vgl. dazu Irving Wohlfarth: „Märchen für Dialektiker. Walter Benjamin und sein ‚bucklicht Männlein'", in: *Walter Benjamin und die Kinderliteratur. Aspekte der Kinderkultur in den zwanziger Jahren*, hg. von Klaus Doderer, Weinheim / München 1988, S. 121–176, und Burkhardt Lindner: „Engel und Zwerg. Benjamins geschichtsphilosophische Rätselfiguren und die Herausforderung

auf, sondern führt immer auch Lebens- und Spiel*möglichkeiten* mit: die Möglichkeit der Freude am Spiel, des Irrtums, aber auch eines plötzlichen Zögerns oder Innehaltens.¹²⁷ In einer „Dialektik im Stillstand"¹²⁸ erfährt sie ihre schreibpraktische Umsetzung:

> Der materialistischen Geschichtsschreibung ihrerseits liegt ein konstruktives Prinzip zugrunde. Zum Denken gehört nicht nur die Bewegung der Gedanken sondern ebenso ihre Stillstellung. Wo das Denken in einer von Spannungen gesättigten Konstellation plötzlich einhält, da erteilt es derselben einen Chock [...] das Zeichen einer messianischen Stillstellung des Geschehens, anders gesagt, einer revolutionären Chance im Kampfe für die unterdrückte Vergangenheit.¹²⁹

In einer Variante der These I kommt die in seiner Fehlbarkeit und partiellen Dysfunktionalität schlummernde Widerstandsfähigkeit des Lebens – oder eines individuellen ästhetischen Sprachgebrauchs – angesichts einer scheinbar restlos technifizierten Welt zum Ausdruck, wenn es in der konditionalen Wendung heißt, dass der Zwerg erst dann „die Hand der Puppe an Schnüren lenkte, *wenn* er den Gegenzug einmal gefunden hatte"¹³⁰. Der Zwerg lässt zudem kindliche Züge

---

des Mythos", in: *„Was nie geschrieben wurde, lesen". Frankfurter Benjamin-Vorträge*, hg. von Lorenz Jäger und Thomas Regehly, Bielefeld 1992, S. 235–265.

127 Edgar Allan Poe vermutete einen Menschen im Inneren des Schachautomaten gerade aufgrund der detektivischen Beobachtung, dass dieser nicht immer, sondern *fast* immer gewann, es sich folglich um keine „reine Maschine" handeln konnte (ders.: „Maelzels Schachspieler", in: *Der Schachautomat des Baron von Kempelen*, hg. von Faber, S. 129–149, hier: S. 142). Das von Poe implizit als spezifisch ‚menschlich' diagnostizierte Moment, nämlich „den Charakter der Möglichkeit" in allen Verhaltensweisen und Äußerungen zu bewahren, ließe sich mit Agamben auf den Begriff ‚Lebens-Form' (*forma-di-vita*) bringen: Dieser meint „ein Leben *[vita]* – das menschliche Leben –, in dem die einzelnen Weisen, Akte und Verläufe des Lebens niemals einfach *Tatsachen* sind, sondern immer und vor allem Lebens*möglichkeiten [possibilità di vita]*, immer und vor allem Potenz *[potenza]*." (Giorgio Agamben: „Lebens-Form", in: ders.: *Mittel ohne Zweck*, S. 13–20, hier: S. 13)
128 GS V/1, S. 578.
129 GS I/2, S. 702f.
130 GS I/3, S. 1247 (meine Hervorhebung). Benjamins „winzige Geschichte" (GS IV/2, S. 1083) *Rastelli erzählt ...* (1935) unterhält verborgene Beziehungen zur „Legende" (GS I/3, S. 1247) des Schachautomaten: Der Ich-Erzähler gibt die Geschichte nach dem mündlichen Bericht des Jongleurs Rastelli wieder, der seinen Erfolg der Komplizenschaft mit einem „Zwergenknabe[n]" (GS IV/2, S. 778) zu verdanken habe, der sich bei Vorführungen in einem Ball so versteckt hielt, dass er ihm durch die geschickte Bedienung von Sprungfedern den Anschein von Lebendigkeit verleihen konnte. Nach einer erfolgreichen Vorführung am Hof des Sultans wird dem Jongleur durch einen Boten verspätet ein Brief überreicht, in dem sich der Zwerg wegen Krankheit entschuldigt und zur Absage des Auftritts vor dem Sultan rät. Schlagartig findet eine Umkehrung statt: Der Zwerg scheint nun über das Spiel von *simulatio* und *dissimulatio* zu verfügen. Für den Jongleur wie für

erkennen. An sie erinnert nicht nur seine Kleinheit, sondern auch sein Spielzeug, das Schachspiel, aber auch die Puppe selbst. Wie in der *Berliner Kindheit* für das unter dem „Eßtisch, unter den es sich gekauert hat"[131], Verstecken spielende Kind Wirklichkeit und Denkmöglichkeit verschwimmen, ist die Position des Zwerges unter „einem geräumigen Tisch"[132] als der Zweckrationalität der Erwachsenenwelt entzogener Raum der Imagination und eines vergessenen Glücksversprechens lesbar. „Wahrhaft revolutionär", wie es in Benjamins *Programm eines proletarischen Kindertheaters* (1928–29) heißt, „wirkt das *geheime Signal* des Kommenden, das aus der kindlichen Geste spricht."[133]

Ruft man sich darüber hinaus in Erinnerung, dass Benjamin zeit seines Lebens mit wechselnden Spiel- und Gesprächspartnern leidenschaftlich gerne Schach spielte und das Schachspiel gerade während seines Exils in Frankreich, von wo aus er mit Sorge das Erstarken des Faschismus beobachtete, eine besondere Funktion einnahm, wird es auch in biografischer Hinsicht zum Widerstandsdispositiv.[134] Brecht, Benjamins wohl bekanntester Schachpartner, greift in seinem lyrischen Nachruf *An Walter Benjamin, der sich auf der Flucht vor Hitler entleibte* (1941) ausgerechnet die politische Metapher des Schachspiels auf. Benjamins Schachspiel-Technik beruht auch nach Brecht weniger auf einem herkömmlichen agonalen Prinzip, in seinen Versen erscheint sie vielmehr als subversive Widerstandspraxis, die ihr Potenzial aus der Enthaltung, im Aussetzen – oder ‚Aussitzen' – am Schach- oder Schreibtisch schöpft. Spielend-schreibend vermochte er, dies legen Brechts Verse nahe, den Gegner Faschismus als noch nie dagewesene Gefahr für das Leben sichtbar zu machen; doch sei er dessen totalitärer Willkür und Gesetzlosigkeit zuletzt nicht gewachsen gewesen: „Ermattungstaktik war's, was dir behagte / Am Schachtisch sitzend in des Birnbaums Schatten. / Der Feind, der dich von deinen Büchern jagte / Läßt sich von unsereinem nicht ermatten."[135]

---

den Leser – nach dem zitierten Brief bricht der Bericht unversehens ab und spart mittels dreier Gedankenstriche des Rätsels Lösung aus – bleibt unentscheidbar, ob er es mit einer wunderbaren Verselbstständigung der Technik oder mit einem Bluff des Zwerges zu tun hat.
131 GS IV/1, S. 253.
132 GS I/2, S. 693.
133 GS II/2, S. 769. Zur messianischen Dimension der (kindlichen) Geste eines Im-Medium-Seins bei Benjamin vgl. Reinhold Görling: „Im Medium sein", in: *Geste. Bewegungen zwischen Film und Tanz*, hg. von Reinhold Görling, Timo Skrandies und Stephan Trinkaus, Bielefeld 2009, S. 267–292.
134 Vgl. Benjamins Brief an die gerade nach Palästina ausgewanderte Kitty Marx-Steinschneider, eine langjährige Freundin Scholems, vom 01.05.1933 aus Ibiza: „Schachpartien sind seltene Höhepunkte der Geselligkeit." (GB IV, S. 198)
135 Zit. n. GS II/3, S. 1366. Hannah Arendt berichtet in einem Brief an Scholem vom 17.10.1941 von ihrer auf die Internierung folgenden gemeinsamen Zeit mit Benjamin in Lourdes im Juni 1940:

Im Wechselspiel von Bild und Begriff, Sagen und Zeigen – um die bisherigen Überlegungen zu resümieren – zielt Benjamins später Essayismus der Geschichtsthesen darauf, sein Medium in seiner „Mitteilbarkeit"[136] erfahren zu lassen, d. i. in seinem Vermögen, nicht in Mitteilungen aufzugehen, sondern immer einen ‚Rest' zurückzuhalten, eine Potenz, die befreit ist von instrumentellen Zwecken und so eine andere Erfahrungsweise der Welt in sich trägt. Den Motiven der Schrumpfung und körperlichen Deformität, des Rätselhaften, Heimlichen, Schwachen und Flüchtigen,[137] entsprechen auf der Ebene der Darstellung die Kleinheit und Fragmentarität der Prosaminiaturen, deren weiße Zwischenräume Ungesagtes evident werden lassen, sowie die Vorläufigkeit und Ungesichertheit ihrer Textgestalt. Mittels der Unterstreichungen, Motti, Fremd- und Selbst-Zitate, Streichungen, Aussparungen, Überschreibungen, von Benjamin auf zerschnittenen Briefen und Papierstreifen notierten Listen der Texte und Dinge, die noch ‚fehlen' („manquent"[138]), noch zu lesen und herbeizuzitieren wären, stellt der Text der Thesen der Leserin die Geschichte in ihrer Vielstimmigkeit und Medialität vor Augen – als „Strauß flüsternder Gräser"[139]. Gerade in seinen ästhetischen und semantischen Unbestimmtheitszonen werden so, *sub specie ludi*, geltende Sinn- und Kontinuitätszuschreibungsmuster („‚Gesetze' für den Ablauf der Ereignisse in

---

„Benji und ich spielten von morgens bis abends Schach und lasen in den Pausen Zeitungen, sofern es welche gab. Das ging alles ganz gut und schön bis zu dem Augenblick, wo der Waffenstillstandsvertrag mit der berühmten Auslieferungsklausel veröffentlicht wurde. [...] Und Benjamin begann zum ersten Male zu mir und wiederholt von Selbstmord zu reden. Dass dieser Ausweg eben doch bliebe." (WuN 19, S. 326)

136 GS II/1, S. 145.
137 Vgl. z. B. „Die Vergangenheit führt einen heimlichen Index mit, durch den sie auf die Erlösung verwiesen wird." (GS I/2, S. 693) „Dann ist uns wie jedem Geschlecht, das vor uns war, eine *schwache* messianische Kraft mitgegeben, an welche die Vergangenheit Anspruch hat." (Ebd., S. 694) „Das wahre Bild der Vergangenheit *huscht* vorbei." (Ebd., S. 695) Es sei „jede Sekunde die kleine Pforte, durch die der Messias treten kann" (GS I/3, S. 1252), und die messianische Zeit „im Grunde nur eine leichte Verrückung der Dinge" (WuN 19, S. 127).
138 GS I/3, S. 1259.
139 GB VI, S. 435 f. Im Rekurs auf die einleitenden Reflexionen sei auf den Deutungsversuch von Mladen Dolar verwiesen, der die erste Geschichtsthese kursorisch als „Prolegomenon zu einer Theorie der Stimme zu nutzen" versucht (ders.: *His Master's Voice. Eine Theorie der Stimme*, aus dem Engl. von Michael Adrian und Bettina Engels, Frankfurt a. M. 2014, S. 10), indem er die Interaktion von Kempelens Schachautomaten mit seiner polyglotten Sprechmaschine fokussiert. Das eigentliche Geheimnis, das im Inneren des die Mechanismen des Denkens vorführenden Schachautomaten aufbewahrt wurde, ist nach Dolar die dem Denken vorausgehende menschliche Stimme als ein sich dem Sagen entziehendes Medium von Bedeutung gewesen, das „die Fäden der denkenden Maschine zog" (ebd., S. 18): „Wenn die Puppe, die man ‚historischen Materialismus' nennt, gewinnen soll, dann sollte sie die Stimme in ihren Dienst nehmen." (Ebd., S. 19)

der Geschichte"[140]) von Geschichtsmodellen und Herrschaftsnarrativen zur Disposition gestellt, die – mit Andreas Greiert – „alle gegenwärtig nicht wirklichen Möglichkeiten" des Wahrnehmens und Erfahrens, Erkennens und Handelns unterdrücken, „so daß noch der Gedanke an Befreiung vom Bann des Mythos verschluckt wird".[141] Benjamins bislang kaum erforschte Idee einer ‚befreiten Prosa' lässt sich als immanentes Ziel sowie als Entgrenzung dieser negativen medialen Schreibästhetik verstehen.

6.2 Zur Idee einer „befreiten Prosa". Der Essay als Form der Selbstmedialisierung

> Wir gehen vorwärts; [...] ist das nicht das Glück jeder, zumindest prosaförmigen, Produktivität?[142]
> (Walter Benjamin)

> Es ist merkwürdig und hat einen tiefen Grund: die Poesie hat Gesetze, die Prosa hat keine; die Poesie die Sprache des Menschen, der von der Freiheit herkommt, die Prosa die Sprache des Menschen, der sich von den Fesseln löst.[143] (Rudolf Kassner)

In einer Reihe loser Notizen zur Idee einer „befreite[n] Prosa"[144] kommentiert (oder verschlüsselt) Benjamin – einmal mehr auf dem Schauplatz der Gattungsfrage – die in den Geschichtsthesen formulierte Aufgabe des Geschichtsschreibers, die Geschichte nicht der Sieger, sondern der Besiegten zu schreiben. In diesem Kranz aus Notaten nimmt eine Schreibpraxis weitere Konturen an, die ihre Skripturalität als selbstreflexives Paradigma der Unfreiheit und sich doch zugleich als mögliches Emanzipationsmedium, als medialen Zwischenraum darbietet, in dem sich auch das Nicht-Gesagte und Unerhörte einzunisten vermöchte und *als* Unabgegoltenes, d.i. als *(noch) nicht-verwirklichte Möglichkeit* mitgeführt würde.

Mit seinem Begriff der Geschichte umkreist Benjamin diesen eigenartigen Modus einer Möglichkeit auch noch des Vergangenen. In der zweiten Ge-

---

140 GS I/3, S. 1231.
141 Andreas Greiert: *Erlösung der Geschichte vom Darstellenden. Grundlagen des Geschichtsdenkens bei Walter Benjamin 1915–1925*, München 2011, S. 501.
142 GS IV/1, S. 414.
143 Kassner: „Der Dichter und der Platoniker", S. 14.
144 GS I/3, S. 1235.

schichtsthese wird sie im Irrealis als ein zwar nicht realisiertes, aber dennoch als mögliche Gelegenheit jederzeit präsentes „Glück" konkretisiert:

> Glück, das Neid in uns erwecken könnte, gibt es nur in der Luft, die wir geatmet haben, mit Menschen, zu denen wir hätten reden, mit Frauen, die sich uns hätten geben können. Es schwingt, mit andern Worten, in der Vorstellung des Glücks unveräußerlich die der Erlösung mit. Mit der Vorstellung von Vergangenheit, welche die Geschichte zu ihrer Sache macht, verhält es sich ebenso.[145]

Über seine verpasste Aktualität als geschichtliches Ereignis hinaus besitzt dieses utopische Glück nach Benjamin „eine *schwache* messianische Kraft"[146], eine bestimmte Potenz,[147] die die Vorstellung einer – schon in der Erstfassung der *Erkenntniskritischen Vorrede* kritisierten – „flachen, einzig dem Kausalverlaufe zugewandten Geschichtsbetrachtung"[148] unterschlage. Doch sei die messianische Kraft, so Benjamin, „an welche die Vergangenheit Anspruch hat", nicht billig „abzufertigen".[149] „Der historische Materialist", schließt die zweite These, „weiß darum."[150] Die These VI handelt in diesem Sinne von einer durch ihn zu leistenden Freilegung eines latenten Widerstandspotenzials der „Tradition", die es zugleich zu retten und zu destruieren gelte:

> Vergangenes historisch artikulieren heißt nicht, es erkennen ‚wie es denn eigentlich gewesen ist'. Es heißt, sich einer Erinnerung bemächtigen, wie sie im Augenblick einer Gefahr aufblitzt. [...] Die Gefahr droht sowohl dem Bestand der Tradition wie ihren Empfängern. Für beide ist sie ein und dieselbe: sich zum Werkzeug der herrschenden Klasse herzugeben. In jeder Epoche muß versucht werden, die Überlieferung von neuem dem Konformismus abzugewinnen [...].[151]

Der (ge-)rechte Artikulationsmodus des Vergangenen, den Benjamin hier umreißt, sieht nicht nur ein Infragestellen der Tradition und ihrer Repräsentationsweisen vor, sondern auch die Integration des Nicht-Geschehenen als zwar verpasster, deshalb aber nicht unwirksamer Möglichkeit des Vergangenen („wie sie im Augenblick einer Gefahr aufblitzt"). Um diese dem Geschichtsschreiber aufgegebene

---

145 GS I/2, S. 693.
146 Ebd., S. 694.
147 Siehe obige Anm. 38.
148 GS I/3, S. 935.
149 GS I/2, S. 694.
150 Ebd.
151 Ebd., S. 695. Vgl. GS I/3, S. 1242: „So stark wie der destruktive Impuls, so stark ist in der echten Geschichtsschreibung der Impuls der Rettung." Es gelte daher: „Die destruktiven Kräfte entbinden, welche im Erlösungsgedanken liegen" (ebd., S. 1246).

eigenartige Modalität, „im Vergangenen den Funken der Hoffnung anzufachen"[152], theoretisch zu fassen, lohnt ein kurzer Rekurs auf Agambens Konzept der ‚Potenzialität' oder *potenza (di non)*, mit dem er gleichsam die abendländische ontologische Priorisierung der Wirklichkeit gegenüber der Möglichkeit zu korrigieren versucht.

Im Kontext sowohl seines (bio-)politischen als auch (medien-)ästhetischen Denkens rekonstruiert Agamben, ausgehend von Aristoteles' Reflexionen über die Modalitäten der Substanz im IX. Buch der *Metaphysik*, den Begriff der *potenza (dýnamis)* als Antagonisten des Aktes (*enérgeia, actus*). Schon Aristoteles, so Agamben, denke eine Form des Tuns, die nicht zwangsläufig in einem Werk (*érgon*) als in ihrem Erfüllungsziel (*télos, entelecheía*) aufgeht und sowohl ihre mögliche Aktualisierung im Akt als auch ihre Suspendierung oder gar reflexive Exponierung einschließt (als ‚Impotenzialität' oder *adynamía*[153]). Der spezifische Modus dieser Potenz ist für Agamben nicht entweder Nicht-Sein oder Im-Akt-Sein, sondern eine „presenza privativa"[154], die er als eigenwertige *dritte Form* charakterisiert. Diese „potenza suprema"[155] schließe auch die Möglichkeit ein, *nicht* zum Akt überzugehen, sei also durch die Ambivalenz einer ‚Potenz zu' und einer ‚Potenz nicht zu' (*potenza-di-non*) gekennzeichnet. Letztere vermag sich für Agamben, mit Aristoteles, besonders in Kunst, Theorie und Politik als in reflexiven Bereichen genuin menschlicher *Praxis* zu entfalten. In Momenten etwa der Kontemplation oder Kritik werde die Logik der Produktivität und des zweckgebundenen Schaffens (*poíēsis*) ausgesetzt und öffne sich zur Denkmöglichkeit einer neuen Lebenspraxis, die Agamben „inoperosità"[156] (‚Werklosigkeit') oder „attività improduttive"[157] (‚unproduktive Tätigkeiten') nennt.

---

152 GS I/2, S. 695.
153 Vgl. Giorgio Agamben: „Die Macht des Denkens", in: ders.: *Die Macht des Denkens*, S. 313–330, hier: S. 323 f.: „*Adynamia*, ‚Unvermögen', heißt hier nicht die Abwesenheit jedes Vermögens, sondern Vermögen-nicht-zu (Potenz, nicht zum Akt überzugehen), *dýnamis mē energeīn*." Zu Agambens Konzept von *potenza (di non)* und *impotenza* im Kontext seiner Nietzsche-Rezeption vgl. Vf.: „‚Destruktion der Ästhetik'? Agamben als Leser von Nietzsche in *L'uomo senza contenuto*", in: *Zeitschrift für Ästhetik und Allgemeine Kunstwissenschaft* 62/1 (2017), S. 155–169.
154 Giorgio Agamben: *Creazione e anarchia. L'opera nell'età della religione capitalistica*, Vicenza 2017, S. 36.
155 Ebd., S. 38.
156 Ebd., S. 47. Agambens Poetik und Politik der ‚inoperosità' hat eine „tatsächliche Wahrheit" im Sinn, die verschüttet gegangen sei, weil „der moderne Mensch nicht in der Lage zu sein scheint, sich Kontemplation, Untätigkeit und Fest als etwas anderes vorzustellen als Pause oder Negation der Arbeit" (ebd., S. 49; meine Übers.).
157 Ebd., S. 17. Benjamin erwägt verschiedene Formen eines solchen ‚unproduktiven Tuns', etwa zu Beginn von These X: „Die Gegenstände, die die Klosterregel den Brüdern zur Meditation an-

In Benjamins Konzept des „Ausdruckslosen"[158], das im Goethe-Essay einen dem (literarischen) Kunstwerk immanenten Widerstand gegen den (eigenen) Schein sinnhafter Totalität bezeichnet, sieht Agamben ein Beispiel für eine solche reflexive Praxis der Unterbrechung blinder Produktivität und Erschöpfung der Potenz im Akt. Insbesondere in der Sprache werde auf diese Weise ein Mögliches erfahrbar. Dabei sei gerade in besonders gelungenen Werken – wie Agamben mit Henri Focillon erklärt – ein ‚Zittern' als eine vom Werk nicht ausgeschöpfte *Potenz des Sagen-Könnens* wahrzunehmen.[159] Diese jedoch könne je erst *im* Gebrauch des Mediums als entbunden von bestimmten Zielen und Zwecken, aber gleichwohl als zweckmäßig für die Erschließung möglicher neuer erfahren werden. Im Lichte der sie flankierenden Fragmente können Benjamins Geschichtsthesen, wie im Folgenden gezeigt werden soll, in diesem Sinne als weltbildende Schreibethik gelesen werden, in die sein Essayismus mündet: In der Umsteuerung teleologischer (kapitalistischer, kausaler, historistischer, narrativer etc.) Dispositive versucht er schreibend Möglichkeiten aufzuzeigen, die begrifflich nicht eingeholt werden können, sich aber als negative Medialität im Medium der Schrift einnisten und ‚wirksam' zu sein beanspruchen.[160]

Zwischen Theorie und Praxis: zur Textpraxis des Historikers als einer „geistigen Tätigkeit" (von Benjamin zu Koselleck und zurück)

Die spezifische „theoretische Armatur"[161] des Essayismus der Geschichtsthesen kann über einen kurzen Exkurs zu einer anderen Theorie der Geschichte noch differenzierter beleuchtet werden, welche die Textpraxis des Historikers vor einer bestimmten Praxis des Lebens in den Blick nimmt: als Stiften in sich stimmiger, kohärenter Lebenszusammenhänge, innerhalb derer sich nicht nur der Einzelne, sondern Gemeinschaft zu formieren und ‚Kraft' zu schöpfen vermag. In seinem

---

wies, hatten die Aufgabe, sie der Welt und ihrem Treiben abhold zu machen. Der Gedankengang, den wir hier verfolgen, ist aus einer ähnlichen Bestimmung hervorgegangen." (GS I/2, S. 698)
158 GS I/1, S. 181; vgl. ebd.: „Was diesem Schein Einhalt gebietet, die Bewegung bannt und der Harmonie ins Wort fällt ist das Ausdruckslose." Es „zwingt [...] die zitternde Harmonie einzuhalten und verewigt durch seinen Einspruch ihr Beben".
159 Vgl. Agamben: *Creazione e anarchia*, S. 40.
160 ‚Wirksam' im Sinne einer Effektivität für Gedanken und Gefühle als den Elementen der Konstruktion von Realität; vgl. Niklaus Largier: *Zeit der Möglichkeit. Robert Musil, Georg Lukács und die Kunst des Essays*, Hannover 2016, S. 56 f., zum Essay als Ort einer „inszenierten nicht-hermeneutischen Effektivität", kraft welcher jedes im Essay verwendete Bild oder Wort eine „von Sinn und Inhalt strukturell befreite plastische Dimension" zurückgewinne.
161 GS I/2, S. 702.

berühmten späten Aufsatz „Erfahrungswandel und Methodenwechsel. Eine historisch-anthropologische Skizze" (1988) korreliert Reinhart Koselleck die geschichtlichen Erfahrungsweisen sowohl der in vergangene Geschichte Involvierten als auch des Historikers mit einem die Modi der Historiografie bestimmenden historischen Erkenntnisgewinn. Im letzten Paragrafen seines Aufsatzes kommt er auf „Die Geschichte der Sieger – eine Historie der Besiegten" zu sprechen: Während der Historiker meist geneigt sei, die Geschichte der Sieger, die sich ihnen (und ihm) im Sieg als sinnhaft gezeigt und bestätigt habe, „durch eine langfristige Ex-post-Teleologie"[162] zu konsolidieren, seien die Besiegten gezwungen, über deren unerwarteten Verlauf zu reflektieren. Sie müssen sich, so Koselleck, auf die Suche nach Gründen begeben, um die Erfahrung der Niederlage – und damit die Bedingungen möglicher Geschichte – fassen und theoretisch einholen zu können.

Wie sich Koselleck diese Erfahrung vorstellt, erhellt ein Rückblick auf die zu Anfang seines Aufsatzes rekonstruierte Begriffsgeschichte des Wortes ‚Erfahrung'. Erfahrung stellt sich nach Koselleck nicht bloß psychologisch-rezeptiv, also als ein Erlebnis ein, wie das womöglich überraschende geschichtliche Ereignis der erlittenen Niederlage, sondern erschließt – dem weiten semantischen Feld von ‚er-fahren' nach – zugleich einen Raum des Erkundens und Erkennens. Ja, sie ist eine, so Koselleck, eigenwertige „geistige Tätigkeit"[163]. Diese Tätigkeit nun ist insofern eine eigenartige Handlungsweise oder Praxis, als sie unproduktiv im oben erläuterten Sinne von ‚werklos' ist. Denn sie bringt zunächst kein konkretes Ergebnis hervor, sie entäußert und erschöpft sich nicht unmittelbar in einem ‚Werk', ihr ist keine Finalität inhärent. In dieser Hinsicht bedeutet die nach Koselleck gerade von den Besiegten praktizierte „geistige Tätigkeit" gewissermaßen ‚Untätigkeit'. Doch nicht im Sinne von Inaktivität, sondern vielmehr als ein sich von unmittelbaren Zwecksetzungen befreiendes aktives und effektives Betrachten, Studieren, Erforschen und Erweitern des eigenen ‚Erfahrungsraumes'[164].

In seinem Essay „Vom Sinn und Unsinn der Geschichte" (1997) expliziert Koselleck die auch ästhetisch bedingte, da sich im Medium der Sprache vollziehende theoretische Tätigkeit:

---

162 Reinhart Koselleck: „Erfahrungswandel und Methodenwechsel. Eine historisch-anthropologische Skizze", in: ders.: *Zeitschichten. Studien zur Historik*, mit einem Beitrag von Hans-Georg Gadamer, 5. Aufl., Frankfurt a. M. 2018, S. 27–77, hier: S. 68.
163 Ebd., S. 28.
164 Vgl. Reinhart Koselleck: „‚Erfahrungsraum' und ‚Erwartungshorizont' – zwei historische Kategorien", in: ders.: *Vergangene Zukunft. Zur Semantik geschichtlicher Zeiten*, Frankfurt a. M. 1989, S. 349–375.

> Der Mensch kann sie [dieselbe Geschichte] sowohl als übermächtiges Subjekt begreifen, dem er sich ausgeliefert sieht, wie auch als Objekt seiner eigenen Tätigkeit – im Tun und im Durchdenken. Erst in der sprachlichen Reflexion, also auch ästhetisch bedingt und begründet, lassen sich die verschiedenen Erfahrungsschichten zusammenführen.[165]

Koselleck beschreibt diese theoretisch-ästhetische Praxis plastisch als einen Versuch, „sich auch die Niederlagen einzuverleiben, um daraus Erkenntnis zu gewinnen"[166]. Sie könne sich selbst aus der Erfahrung erzwungener Passivität ergeben und sich mithilfe literarischer, narrativer Darstellungsstrategien noch erweitern.[167] Diese Denk- und Schreibpraxis, die Koselleck nach gerade den

---

165 Reinhart Koselleck: „Vom Sinn und Unsinn der Geschichte", in: ders.: *Vom Sinn und Unsinn der Geschichte. Aufsätze und Vorträge aus vier Jahrzehnten*, hg. von Carsten Dutt, Berlin 2010, S. 9–31, hier: S. 23.
166 Koselleck: „Erfahrungswandel und Methodenwechsel", S. 68. Das Vermögen einer ‚Einverleibung' noch der eigenen Niederlagen schreibt Koselleck explizit der jüdischen Tradition zu.
167 Zum Ineinander von Analyse und Erzählung, um noch „das Aporetische, das Unlösbare, die Unsinnigkeiten" der Geschichte „einsichtig machen zu können", vgl. Koselleck: „Vom Sinn und Unsinn der Geschichte", S. 16. Der Gedanke narrativer Modellierung von Geschichte und ihre Konzeption als transgenerische Textform geht natürlich Kosellecks geschichtstheoretischen Überlegungen nicht nur weit voraus, sondern wird nach ihm, z. B. von Hayden White, fortgesetzt. Auch Benjamins Reflexionen finden vor dem Hintergrund eines gegen Ende des 19. Jh.s virulenten Methodenstreits über die angemessene Darstellungsform von Geschichte statt, der nicht nur Aristoteles' Gegenüberstellung von Dichtung und Geschichtsschreibung in der *Poetik* als Darstellung des Möglichen und des Wirklichen fortführt, sondern aufgrund dieses problematischen Ähnlichkeitsverhältnisses den Status von Geschichte als Wissenschaft überhaupt hinterfragt. Als Form der Darstellung des je nur Individuellen, von dem sich keine Gesetzmäßigkeiten ableiten lassen, hat es die Geschichte mit einer anderen Art von Wissen zu tun, das sie in prekäre Nähe zu Literatur und Kunst rückt (vgl. Georg Simmel: *Die Probleme der Geschichtsphilosophie. Eine erkenntnistheoretische Studie*, Leipzig 1892). Ein markantes, Benjamin womöglich bekanntes Beispiel für die innerhalb der Geschichtswissenschaften betriebene Suche nach alternativen Modellen der Geschichtsschreibung gegenüber einer orthodoxen positivistischen Historiografie ist Benedetto Croces Essay *La storia ridotta sotto il concetto generale dell'arte* (1893). In überspitzter Abgrenzung zu zeitgenössischen Diskursen über Methodologie und Epistemologie der v. a. deutschsprachigen Geschichtswissenschaften (u. a. Droysen, von Ranke, Bernheim, von Hartmann, von Zimmermann, Windelband, Dilthey, Lazarus) entwickelt Croce seine These, Geschichte stelle kein eigenes ‚genere' dar, sondern sei eine sich verschiedener Gattungen und Medien bedienende ‚Produktion von Individualitäten'. Croce zielt dabei auf keine narrativistische Reduktion von Geschichte ab, wie sie später etwa Paul Ricœur forciert; wenn für ihn die Geschichtserzählung zwar nicht ohne literarische Prinzipien, wie das der poetischen Verdichtung und Darstellung historischer Beispiele, auskommt, interagieren diese doch unauflöslich mit der vorbereitenden Arbeit der Philologie, mit Kritik, Kommentar und Interpretation. Während Croces Konzeption der Historiografie jedoch eine immer schon unhintergehbare Nähe zur Kunst aufweist, hat Benjamin eine Geschichtsschreibung im Sinn, die in der beharrlichen Arbeit an Sprache und Text ihr Ästhetisches *als* Ethisches erst *konstruiert*.

Besiegten in der von ihnen real erfahrenen Ohnmacht offensteht, birgt und nährt, anders gesagt, eine eigenartige Potenz. Mit der Metapher eines Sich-Einverleibens von Erfahrungen mittels einer bestimmten historiografischen Praxis zitiert Koselleck vermutlich implizit eine zentrale Passage aus Nietzsches Historienschrift, auf die auch Benjamins Geschichtsthesen rekurrieren.[168] In der entsprechenden Textstelle in *Vom Nutzen und Nachtheil der Historie für das Leben* (1874) sucht Nietzsche das lebensnotwendige „Vermögen" nicht nur der Integration, sondern gleichermaßen der ästhetischen Gestaltung und Beleuchtung bzw. Ausblendung von Erinnertem („das Vergessen-können") zu bestimmen.[169] Es geht Nietzsche hier um eine Einschränkung des *bloß* „historischen Sinnes"[170] im Medium sprachlich-textueller Stilisierung. Denn „durch und durch nur historisch empfinden", hieße im Mahlstrom des Werdens ohne Halt und damit ohne jede Möglichkeit zum „Handeln" und eigenen „Glück" dahintreiben.[171] Daher bedürfe es, so Nietzsche, einer das historische Empfinden korrigierenden

> Kraft, aus sich heraus eigenartig zu wachsen, Vergangenes und Fremdes umzubilden und einzuverleiben, Wunden auszuheilen, Verlorenes zu ersetzen, zerbrochene Formen aus sich nachzuformen.[172]

Diese „p l a s t i s c h e K r a f t"[173] umschreibt Nietzsche im Kontext seines vitalistischen Lebensbegriffes mit dem bei Koselleck prominent wieder auftauchenden

---

168 Der These XII ist als Motto ein Satz aus dem Vorwort von Nietzsches Historienschrift vorangestellt: „Wir brauchen Historie, aber wir brauchen sie anders, als sie der verwöhnte Müßiggänger im Garten des Wissens braucht." (GS I/2, S. 700)
169 Friedrich Nietzsche: *Vom Nutzen und Nachtheil der Historie für das Leben*, in: KSA 1, S. 243–334, hier: S. 250.
170 Ebd., S. 251.
171 Ebd., S. 250.
172 Ebd., S. 251.
173 Ebd. Den Begriff ‚plastische Kraft' übernimmt Nietzsche vermutlich von Jacob Burckhardt, der die plastische im Sinne einer geschichtsformenden Kraft als Vermögen der ‚großen' Renaissance-Menschen – „jede Störung der innern Harmonie getrauen sie sich vermöge ihrer plastischen Kraft wiederherzustellen" – bestimmt (ders.: *Die Cultur der Renaissance in Italien. Ein Versuch*, in: ders.: *Werke. Kritische Gesamtausgabe*, hg. von Mikkel Mangold, Bd. 4, München / Basel 2018, S. 337). Burckhardts Begriff der plastischen Kraft leitet sich wiederum von Herders ästhetischer Anthropologie her; dazu und zur Genealogie des Begriffs ‚Kraft' im Diskurs der Ästhetik vgl. Christoph Menke: *Kraft. Ein Grundbegriff ästhetischer Anthropologie*, Frankfurt a. M. 2008, S. 46–66. Das von Menke mit Nietzsche diskutierte ‚Vermögen' des ‚Nichtkönnen könnens' (vgl. ebd., S. 110–113), das auf einen ersten Blick dem hier entwickelten Begriff einer nichtzweckmäßigen, essayistischen Schreib- und Denkpraxis ähneln mag, ist an jenen vitalistischen Lebens- und Subjektbegriff von Nietzsche geknüpft, dem es um einen auch physiologisch verstandenen „Zustand der ‚Kraftsteigerung und Fülle'" (ebd., S. 112) geht. Die hier in Rede stehende

Bild des „Horizontes" als einer flexiblen Scheidelinie und Verschränkung von Erfahrung und Erwartung, Vergangenheit und Zukunft, Historischem und Unhistorischem, die eine „jedes Lebendige" fördernde Historie zu leisten habe.[174] Der Versuch theoretischer und stilistischer Bewältigung des Erlittenen kann auch nach Koselleck, um mit der korporalen Metaphorik der Einverleibung zu sprechen, zu einem Wachstum der Kräfte und zur Schaffung eines ‚Erwartungshorizontes' und damit eines potenziellen Handlungsspielraums führen, ohne dass sich diese Kraft unmittelbar in zweckhafte und produktive Handlungen umsetzte: „Im Besiegtsein liegt offenbar ein *unausschöpfbares Potential* des Erkenntnisgewinns."[175]

Dieses unerschöpfliche Potenzial ist nach Koselleck jedoch als sich *auf lange Sicht* aktualisierender historischer Erkenntniszuwachs zu verstehen, d. h. als sich in der Wiederholung und Tradierung der anfangs noch sprachlosen Erfahrung des Besiegtseins als einer „Urerfahrung aller Geschichten"[176] ausbildender Erfahrungsraum. Er eröffne die Möglichkeit einerseits des Umschreibens vergangener Geschichte und andererseits der Prognostik und künftigen Kontingenzbewältigung – allerdings weniger für die unmittelbar Betroffenen als vielmehr für spätere Generationen. Unabhängig von beispielsweise nationaler Identität falle ihnen die Rolle der Besiegten zeitweise zu:

> Die Hypothese hat also manches für sich, daß gerade aus ihren einmaligen, ihnen aufgenötigten Erfahrungsgewinnen Einsichten entspringen, die von längerwährender Dauer und damit größerer Erklärungskraft zeugen. Mag die Geschichte – kurzfristig – von Siegern gemacht werden, die historischen Erkenntnisgewinne stammen – langfristig – von den Besiegten.[177]

Dem Historiker als dem Geschichts*schreiber* kommt für Koselleck folglich eine ethisch-politische Aufgabe zu: Sind zwar „Sprache und Geschichte, Reden und Tun nicht nahtlos zur Deckung zu bringen"[178], sind die Strukturen möglichen Handelns doch immer nur in sprachlicher Gestalt präsent. Die Möglichkeitsstrukturen des Handelns, des Politischen sind, anders gesagt, im Geschichtstext

---

Benjamin'sche ‚Kraft' hingegen ist gerade nicht subjektzentriert; sie ist vielmehr eine *desubjektivierende Potenz*, die eine Anonymität auszeichnet, die sie von einer Subjekttheorie Nietzsches (oder Herders) deutlich unterscheidet.

174 Nietzsche: *Vom Nutzen und Nachteil der Historie für das Leben*, in: KSA 1, S. 251.
175 Koselleck: „Erfahrungswandel und Methodenwechsel", S. 77 (meine Hervorhebungen).
176 Ebd.
177 Ebd., S. 68.
178 Ebd., S. 60.

offenzulegen, ein möglicher Handlungsspielraum zeigt sich im zur Sprache gekommenen Raum von ‚Urerfahrungen' wie besonders jener des Besiegtseins.

Ob Koselleck als bedeutender Theoretiker der Geschichte mit seiner These, die Besiegten schrieben „langfristig" die Geschichte, implizit an Benjamin anschließt, soll an dieser Stelle keine Rolle spielen (wahrscheinlicher ist wohl beider Rezeption von Carl Schmitts Theorem, die Besiegten seien die besseren Historiker[179]). Auf dem Umweg über Kosellecks Versuch einer Geschichtsschreibung der Besiegten wird jedoch die Spezifik – und vielleicht notwendige Anschlusslosigkeit – von Benjamins philosophischem Begriff einer Geschichtsschreibung greifbarer, die in jener Idee einer ‚befreiten Prosa' gipfelt. In ihrer Prämisse auf einen ersten Blick Kosellecks Modell verblüffend ähnlich, hätte auch diese das Potenzial, das herkömmliche Prinzip der Historiografie, nach welcher Geschichte immer die Geschichte der Sieger ist,[180] zu unterbrechen und eine „Tradition der Unterdrückten"[181] zu stiften. Für Koselleck wie für Benjamin vollzieht sich diese Um- oder Überschreibung der Geschichte der Sieger und die Ausbildung eines *geschichtlichen Möglichkeitssinns* kraft einer theoretischen Praxis, die besonders eine Textpraxis ist. Koselleck nach, um gleich den zentralen Unterschied der beiden Konzeptionen zu benennen, bildet sich in jener ‚geistigen Tätigkeit' der theoretischen Durchdringung der selbst erfahrenen Geschichte sowie fremder Erfahrungsschichten – im Sinne auch der Hermeneutik Gadamers als prinzipiell nicht endendes und eine sich stetig erweiternde Sinnkultur ausbildendes Gespräch der Generationen – eine Art geschichtlich zunehmendes strategisches Erfahrungswissen aus. Dieses vermag aus jedem Besiegten potenziell einen Sieger werden zu lassen, der sich allerdings wiederum in die formale Ordnung von Sieg und Niederlage als einer – Benjamin würde wohl sagen: mythischen – Grundstruktur von Geschichte einfügt.[182]

---

179 Vgl. Siegfried Weichlein: „Die Verlierer der Geschichte. Zu einem Theorem Carl Schmitts", in: *Trugschlüsse und Umdeutungen. Multidisziplinäre Betrachtungen unbehaglicher Praktiken*, hg. von Christian Giordano, Jean-Luc Patry und François Rüegg, Berlin 2009, S. 147–165.
180 Vgl. These VII zu Benjamins Kritik am historistischen „Verfahren der Einfühlung"; rhetorisch wirft er die Frage auf, „in wen sich denn der Geschichtsschreiber des Historismus eigentlich einfühlt. Die Antwort lautet unweigerlich in den Sieger. Die jeweils Herrschenden sind aber die Erben aller, die je gesiegt haben. Die Einfühlung in den Sieger kommt demnach den jeweils Herrschenden allemal zugut." (GS I/2, S. 696)
181 „Geschichte hat nicht nur die Aufgabe, der Tradition der Unterdrückten habhaft zu werden sondern auch sie zu stiften" (GS I/3, S. 1246).
182 Vgl. Koselleck: „Erfahrungswandel und Methodenwechsel", S. 77: „Die einmal von den Besiegten – und welche Sieger gehörten auf die Dauer nicht dazu? – methodisch in Erkenntnis überführte Erfahrung bleibt abrufbar über allen Erfahrungswandel hinweg. Darin mag ein Trost

Benjamin hingegen erkennt eine *jedem* Versuch, „der Tradition der Unterdrückten habhaft zu werden", inhärente prinzipielle „Aporie",[183] da diese Tradition in Form einer kontinuierlichen Erzählung, d. h. eines nachträglich rekonstruierten hermeneutisch-signifikativen Sinnzusammenhanges, zwangsläufig wieder zu einer der langfristigen Sieger und zu einer Frage historischer Deutungshoheit gerate. Die Vorstellung, „die Geschichte sei etwas, das sich erzählen lasse"[184], sich also an einem teleologischen Fluchtpunkt wie z. B. an der Idee der Weltgeschichte als eines Heilsgeschehens ausrichte, sei daher zu verwerfen, sie führe immer bloß zur Bestätigung und Festigung des *status quo*. Einer in Benjamins Sinne echten Tradition der Unterdrückten scheint nur eine Schreibpraxis gerecht zu werden, die diese Aporie nicht wieder in gewaltsame dichotomische Strukturen und in das Schema von Siegern und Besiegten auflöste, sondern in ihre Gestaltung eines spannungsreichen Formzusammenhanges als in ein – erneut mit Löwy – „équilibre délicat"[185] aufnähme.

Benjamins später Essayismus der verstreuten Manuskripte, Entwürfe und Fassungen der Thesen, die jeden Werk- und Gattungsbegriff sprengen und die immer selben Gedanken und Bilder in immer komplexere und scheinbar dysfunktionale Differenzierungen und Verflechtungen überführen, setzt derart eine Schreibontologie neuer Relationen in Kraft: Seine von Zweck-, Sinn- und Werksetzungen befreite Prosa lässt die geschichtliche Welt nicht (wie für Koselleck) mit stetig wachsendem Erkenntnisgewinn im Verlauf des Geschichtsprozesses, sondern als *selbst* dynamisches Beziehungsgefüge, als „Textur"[186] sehen, fühlen und begreifen. Als Ermöglichungsraum erscheint sie – mit Benses treffendem Wort über die ihm vorschwebende Essay-Prosa – „unter den im Schreiben geschaffenen Bedingungen"[187].

---

enthalten sein, vielleicht ein Gewinn. Er bestünde in der Praxis darin, uns Siege zu ersparen. Aber dagegen spricht jede Erfahrung."
183 GS I/3, S. 1236: „(Grundlegende Aporie: ‚Die Geschichte der Unterdrückten ist ein Diskontinuum.' – ‚Aufgabe der Geschichte ist, der Tradition der Unterdrückten habhaft zu werden.') Weiteres zu diesen Aporien: ‚Das Kontinuum der Geschichte ist das der Unterdrücker. Während die Vorstellung des Kontinuums alles dem Erdboden gleichmacht, ist die Vorstellung des Diskontinuums die Grundlage echter Tradition.'"
184 Ebd., S. 1240.
185 Löwy: *Walter Benjamin: Avertissement d'incendie*, S. 33.
186 GS II/2, S. 479. Der „Gegenstand" dieser prosaischen Historiografie werde, so Benjamin in *Eduard Fuchs, der Sammler und der Historiker* (1937), „nicht von einem Knäuel purer Tatsächlichkeiten, sondern von der gezählten Gruppe von Fäden gebildet [...], die den Einschuß einer Vergangenheit in die Textur der Gegenwart darstellen" (ebd.).
187 Bense: „Über den Essay und seine Prosa", S. 418. Der Titel von Benses Essay über den Essay ist bezeichnend, ist doch vom Essay auf den ersten Seiten keine Rede, sondern von der „Frage,

Die in der Forschung viel diskutierte Analogie, die Benjamin zwischen Text und Geschichte und zuletzt zwischen „Idee der Prosa" und „messianische[r] Welt" herstellt,[188] kann vor diesen Überlegungen nun noch eingehender als Versuch gedeutet werden, in einer die eigene Medialität zunehmend in Erscheinung treten lassenden selbstreflexiven Schreibpraxis eine mediale Kontinuität zwischen befreiter Prosa und befreiter Welt zu stiften, die auf deren ontologische Koinzidenz anspielt. Am besten trifft diese der geschichtlichen Welt nicht vorgängig zugesprochene, sondern erst *in der Selbstmedialisierung des Textes sich entfaltende Ontologie* eine Formulierung aus einer überarbeiteten Fassung von Benses Essay „Über den Essay und seine Prosa". Die Prosaiker, als deren Meister „Walter Benjamin und seine großartige, skandierende Prosa der klaren Bilder und verwirrten Reflexion"[189] gelten könne, seien zuletzt, so Bense, „an der ontologischen Arbeit der Sichtbarmachung"[190] im Medium einer mit jedem ihrer Gegenstände zugleich sich selbst mitteilenden Prosa interessiert:

> Eine solche Prosa klärt und belebt die Objekte, von denen sie redet und die sie erkennen und mitteilen will, zugleich aber spricht sie auch über sich selbst, teilt sich gleichsam selbst [...] mit.[191]

---

wann ein Stück wirklicher Prosa vorliege" (ebd., S. 415); der Essay wird erst später als Wesen und Grenzen der Prosa erfüllende und zugleich hinterfragende Schreibform eingeführt: Er sei „ein Stück Prosa" *par excellence* und „Ausdruck dieses Confiniums zwischen Poesie und Prosa" (ebd., S. 417). In Benses Essay „Ästhetik und Metaphysik einer Prosa. Henri Michaux' ,Passages'", in: Henri Michaux: *Passagen*, übers. von Elisabeth Walther, Eßlingen a. N. 1950, S. 7–32, wird die Verflechtung von Essayismus, Kritik und Prosa um Möglichkeiten schreibender „Selbstdarstellung" (ebd., S. 10) erweitert, in der das Experimentelle ins Existenzielle kippt (Benses Prosa-Reflexionen stehen wie bei Benjamin mit Haschisch-Experimenten in Verbindung), das Ästhetische ins Ontologische: Es geht Bense mit Michaux um mediale Erfahrungen der Grenzüberschreitung und Wahrnehmungsschärfung sowie um eine in disparaten Formen der „Zwischenprosa" (ebd., S. 11) statthabende *„ontologische Dispersion"* (ebd., S. 32).
188 GS I/3, S. 1235 u. S. 1238 f.
189 Max Bense: „Über den Essay und seine Prosa", in: ders.: *Plakatwelt. Vier Essays*, Stuttgart 1952, S. 23–37, hier: S. 31.
190 Ebd., S. 25. In ähnlichem Duktus schreibt Holz über Benjamins Prosa, in ihrem Medium werde der Gegenstand „transparent auf allgemeine Wesenheiten, die dem Bereich der Ontologie zugehören" (ders.: „Prismatisches Denken", S. 69), sie rücke „den Gegenstand so ins Licht, daß er aus sich heraus zu strahlen beginnt" (ebd., S. 62).
191 Bense: „Über den Essay und seine Prosa" (1952), S. 26.

Zur „prosaförmigen Produktivität" als Medium einer neuen Praxis

Seine „Idee der Prosa" und ihr Verhältnis zur „messianischen Welt" umkreist Benjamin in den Aufzeichnungen zu den Geschichtsthesen in einer Reihe spekulativer Varianten, die womöglich als Alternativthesen vorgesehen waren. Eine mit der Sigle „B 14" überschriebene handschriftliche Fassung ist mit rotem Buntstift umrandet:[192]

> Die messianische Welt ist die Welt allseitiger und integraler Aktualität. Erst in ihr gibt es eine Universalgeschichte. Was sich heute so bezeichnet, kann immer nur eine Sorte von Esperanto sein. Es kann ihr nichts entsprechen, eh die Verwirrung, die vom Turmbau zu Babel herrührt, geschlichtet ist. Sie setzt die Sprache voraus, in die jeder Text einer lebenden oder toten ungeschmälert zu übersetzen ist. Oder besser, sie ist diese Sprache selbst. Aber nicht als geschriebene sondern vielmehr als die festlich begangene. Dieses Fest ist gereinigt von aller Feier und er [sic] kennt keine Festgesänge. Seine Sprache ist *die Idee der Prosa selbst*, die von allen Menschen verstanden wird wie die Sprache der Vögel von Sonntagskindern.[193]

In zwei weiteren – von Benjamin gestrichenen, aber aufbewahrten – Varianten werden die Grenzen eines ontologischen Risses zwischen Sprache und Welt weiter umspielt und konfundiert. In einer Version aus dem Konvolut *Neue Thesen* heißt es:

> Die messianische Welt ist die Welt allseitiger und integraler Aktualität. Erst in ihr gibt es eine Universalgeschichte. Aber nicht als geschriebene sondern als die festlich begangene. Dieses Fest ist gereinigt von aller Feier. Es kennt keinerlei Festgesänge. Seine Sprache ist *die befreite Prosa*, die die Fesseln der Schrift gesprengt hat. (Die Idee der Prosa fällt mit der messianischen der Universalgeschichte zusammen. Vgl im „Erzähler": die Arten der Kunstprosa als das Spektrum der geschichtlichen.)[194]

Eine weitere Variante findet sich im Nachlass in dem Notat *Das dialektische Bild*:

> Die messianische Welt ist die Welt allseitiger und integraler Aktualität. Erst in ihr gibt es eine Universalgeschichte. Aber nicht als geschriebene, sondern als die festlich begangene. Dieses Fest ist gereinigt von aller Feier. Es kennt keinerlei Festgesänge. Seine Sprache ist *integrale Prosa*, die die Fesseln der Schrift gesprengt hat und von allen Menschen verstanden wird (wie die Sprache der Vögel von Sonntagskindern). – Die Idee der Prosa fällt mit der messianischen Idee der Universalgeschichte zusammen (die Arten der Kunstprosa als das Spektrum der universalhistorischen – im „Erzähler").[195]

---

192 Zur Manuskriptgeschichte vgl. Khatib: *„Teleologie ohne Endzweck"*, S. 559 f.
193 GS I/3, S. 1239 (meine Hervorhebungen).
194 Ebd., S. 1235 (meine Hervorhebungen).
195 Ebd., S. 1238 (meine Hervorhebungen).

Der prophetische Ton und die metaphorische Dichte der Textpassagen stellen ihre Deutung vor erhebliche Schwierigkeiten, die daher mit einer Beobachtung auffälliger grammatischer und sprachlicher Eigenheiten beginnt. In Variationsreihen einzelner Passagen, Sätze oder Wörter und in ihrer je neuen Relationierung durch etwa wechselnde Attribuierung (wie z. B. „Idee der Prosa", „befreite Prosa" oder „integrale Prosa") löst sich die Bestimmtheit, das Festgeschrieben-Sein der Bilder zugunsten ihrer Beweglichkeit und Plastizität und eines Universal-Werdens ihres Bedeutungshorizontes auf. In der meist paratakischen Aneinanderreihung der Abstrakta („Welt", „Universalgeschichte", „Sprache", „Schrift", „Feier", „Fest", „Idee", „Prosa" etc.) scheint sich die Idee der Prosa wie flächig, nicht-hierarchisch auszubreiten.[196] Sie setzt sich gleichsam selbstreflexiv im Schriftraum als paradoxes Prinzip einer relationalen Ästhetik (und Ethik) um, das je erst *in* der Schreibpraxis entsteht und eine textuelle Eigenzeit inszeniert. So induziert der durchgängige Einsatz des futurischen Präsens einen Eindruck von Unmittelbarkeit der „messianischen Welt". Die zahlreichen Perfektpartizipien („geschrieben", „begangen", „gereinigt", „gesprengt", „verstanden", „geschlichtet", „befreit") bezeichnen passivische Zustände, die in einem relativen Zeitverhältnis zu ihrer Eigenzeit, einem Bereits-noch-nicht stehen: Sie sind in der messianischen Gegenwart als eine Art vorgängige Zukunft bereits vollzogen, zum Abschluss gebracht.

Die Verwirrung von Zeitvorstellungen und jeder Diachronie wirft die Frage nach dem Verhältnis von messianischer Welt und Sprache auf. Ist die „festlich begangene"[197] Sprache *conditio sine qua non* der messianischen Welt? Oder fügt diese erst, das babylonische Trauma heilend, alle Einzelsprachen zusammen und befreit ‚die' Sprache? In der Variante „B 14" heißt es über die messianische Welt: „Sie setzt die Sprache voraus, in die jeder Text einer lebenden oder toten ungeschmälert zu übersetzen ist. Oder besser, sie ist diese Sprache selbst."[198] Den kurz erwogenen Gedanken einer Voraussetzung, eines kausalen Zusammenhanges korrigiert und ‚verbessert' Benjamin. Die messianische Welt „ist diese Sprache selbst", beide fallen in eins, womit sich jegliches Bedingungsverhältnis und jede Intentionalität aufheben. Die der messianischen Welt vorausgesetzte Sprache ist

---

196 Adorno geht in seinem Essay „Parataxis", in: ders.: *Noten zur Literatur*, näher auf Benjamins „Begriff der Reihe" (ebd., S. 471) und seine Praxis der Reihung von Abstrakta ein – auch dort, wo vordergründig von Hölderlins später Lyrik die Rede ist: Die gleichwertig nebeneinander gereihten Abstrakta seien nicht länger an bestimmte signifikative Funktionen „gekettet" (ebd.), sondern vielmehr „von der Fessel wegstrebende Gefüge" (ebd., S. 472), die eine plastische, ja „leibhafte Gegenwart von der Konstellation der Worte" (ebd., S. 473) herstellten.
197 GS I/3, S. 1239.
198 Ebd.

zugleich schon die durch sie befreite Prosa. Diese Sprache bezeichnet, re-präsentiert offenbar nicht länger, sondern sie präsentifiziert: Sie *ist*. Sie ist ein eigenartiges ‚Mittel' geworden und nicht länger Mittel für äußere Zwecke. Als solches könnte sie, um einen Begriff aus Benjamins Essay *Zur Kritik der Gewalt* wieder aufzugreifen, als „ein völlig gewaltloses, reines Mittel"[199] charakterisiert werden: In der reinen *Selbstmitteilung*, in der Mitteilung ihrer ungeteilten „Mitteilbarkeit"[200], wird diese Sprache zum diaphanen Medium eines anderen Zustandes und einer neuen Praxis. Im Essay *Der Erzähler* (1936) hatte Benjamin das Diaphan-Werden der Sprache im Medium einer neuen historiografischen Prosa mit der Metapher von „dem reinen, farblosen Licht der geschriebenen Geschichte"[201], die er in den nachgelassenen Notizen zu den Thesen mit dem Bild der „ultravioletten Strahlen"[202] messianisch perspektiviert, vorweggenommen.

Die Leserin von Benjamins verstreuten Notizen wohnt hier einer sich im Versuch, „Denkunmögliches"[203] zu denken, selbst korrigierenden und formierenden Denk- und Textbewegung bei, die keine positive Utopie entwirft, sondern sich von bestimmten negativen Vorstellungen absetzt, wie etwa von einer künstlich konstruierten Universalsprache „Esperanto"[204]. Aus dieser Hemmung teleologischer Dispositive gewinnt die essayistische Prosa ihre Potenz. Damit knüpft Benjamin auch an sprachphilosophische Reflexionen aus seinem Übersetzer-Essay an, wo er in den immer neuen Übersetzungen einzelner Werke den Versuch einer „Integration der vielen Sprachen zur einen wahren"[205] erkannte, die in allen Sprachen gemeint sei: Wenn alle Einzelsprachen „bis ans messianische Ende ihrer Geschichte wachsen"[206], so Benjamin, entbinde sich zuletzt „die reine Sprache"[207], die befreit sei von jedem „schweren und fremden Sinn"[208], d. i. von ihrem Ausdruckscharakter. Zwar nehme mit jedem neuen Übersetzungsversuch zugleich ein Mangel zu, d. i. die – auch an Benjamins „esoterischen Essay"[209] und seine ‚erotisierende' Dynamik denken lassende – Erfahrung einer von keiner Sprache zu leistenden restlosen Vermittlung von Sprache und Sinn oder Wahrheit; doch treten diese unendlichen Vermittlungsversuche zuletzt wie Bruchstü-

---

199 GS II/1, S. 184.
200 Ebd., S. 145.
201 GS II/2, S. 451.
202 GS I/3, S. 1232.
203 Ebd., S. 1240.
204 Ebd., S. 1239.
205 GS IV/1, S. 16.
206 Ebd., S. 14.
207 Ebd.
208 Ebd., S. 19.
209 GS I/1, S. 207.

cke eines Gefäßes zu einer Konstellation zusammen, welche die Idee jener reinen, wahren Sprache erkennen lasse, der „das Symbolisierende zum Symbolisierten selbst zu machen"[210] gelänge.

Die messianische Universalsprache, als deren profanes Modell die ‚Idee der Prosa' gelesen werden könnte, umschreibt Benjamin als eine Art Negativ dieser reinen Sprache. Sie stellt sich nicht durch allmähliche Reduzierung ihres Begriffscharakters am Ende der (Sprach-)Geschichte ein, sondern umfasst vielmehr von jeher alle Sprachen und alle Weisen des Symbolisierens: Sie ist „die Sprache [...], in die jeder Text einer lebenden oder toten ungeschmälert zu übersetzen ist"[211]. Doch eine Sprache, wie Khatib bündig bemerkt, „die alles sagt, sagt nur sich selbst, da sie auf nichts außerhalb ihrer Medialität mehr verweist"[212]. Die messianische Sprache teilt sich, anders gesagt, *in* ihrer und *als* Medialität mit – und wird daher auch, wie es in zwei der zitierten Varianten heißt, „von allen Menschen verstanden"[213]. Ihr Verstehen gründet nicht länger auf entzweienden signifikativ-kommunikativen Funktionen, sondern auf der plastischen Erfahrung ihrer Medialität und Selbst(re)präsentation, wie sie Benjamin auch in Fest und Spiel als profanen Modellen der Selbst- und Freiheitserfahrung erkennt.

Ja, in der Korrektur und Hemmung dualistischer Denkweisen und Dispositive performiert Benjamins Schreiben gleichsam das Wesen der Prosa selbst, wie es sich in ihrer Etymologie verrät: ‚Prosa' wendet sich – *pro-versa* – vom poetischen Duktus als von einer durch Metrum und Reim erzwungenen Wiederkehr und damit Rückwärtsgewandtheit der Elemente (‚Vers' vom Partizip *versus* von *vertere*, ‚wenden', ‚kehren', abgeleitet) und wiederholten Bestätigung bestehender Struk-

---

210 GS IV/1, S. 19.
211 GS I/3, S. 1239.
212 Khatib: „*Teleologie ohne Endzweck*", S. 577.
213 GS I/3, S. 1238 f. Dieser uneingeschränkt verstehbaren Sprache kann nach Benjamin „nichts entsprechen, eh die Verwirrung, die vom Turmbau zu Babel herrührt, geschlichtet ist" (ebd., S. 1239). Tatsächlich geht es in der ätiologischen Erzählung weniger – wie sie meist gedeutet wird – um das Vergehen menschlicher Hybris, das mit der Sprachverwirrung Gottes gerechte Strafe erfährt; vielmehr besteht ihre Funktion darin, „den gegenwärtigen Zustand der Verwirrung oder Vielheit der Sprachen als einen nicht ursprünglichen zu erklären" (Claus Westermann: *Genesis 1–11 (Teil 2)*, in: *Biblischer Kommentar Altes Testament*, hg. von Siegfried Herrmann und Hans Walter Wolff, Bd. I/1, 3. Aufl., Berlin 1985, S. 722). Im Medium der biblischen Geschichte wird für Benjamin, in einer Art Kurzschluss, der gegenwärtige Sprachzustand – negativ – als „der ‚Ausnahmezustand', in dem wir leben", erkennbar: „Wir müssen zu einem Begriff der Geschichte kommen, der dem entspricht." (GS I/2, S. 697) Die allen gleichermaßen zukommende „*eine* Sprache" birgt demgegenüber unabsehbares Handlungs- und Gestaltungspotenzial, ja kraft ihr könne den Menschen – wie es in *Gen* 11,6 heißt – „nichts mehr unmöglich sein, / was sie sich zu tun vornehmen".

turen ab.²¹⁴ Das Prinzip einer ‚prosaischen' Geschichtsschreibung wäre demnach nicht länger ein rekonstruierendes und kontrollierendes, das auf einer affirmierten Regularität der gegebenen Weltordnung gründet, innerhalb deren Strukturen die Textproduktion und Sinngebung sich abzuspielen gezwungen sind; sondern ein diese aufsprengendes, überbietendes und neu verknüpfendes Prinzip, das eine eigene Ordnung zu (er-)finden sucht – ohne dabei auf eine neue Totalität im romantischen Sinne abzuheben.²¹⁵

---

214 Zur Wortgeschichte und metaphorischen Verwendung der Begriffe ‚Prosa' und ‚prosaisch' sowie zum negativen Bezogen-Sein der Prosa auf Poesie vgl. Karlheinz Barck: Art. „Prosaisch – poetisch", in: *Ästhetische Grundbegriffe. Studienausgabe*, hg. von Karlheinz Barck [u. a.], Bd. 5, Stuttgart / Weimar 2010, S. 87–112. „Reflexionen über einen Begriff der Prosa als Geburtshelfer transmedialer Sprache in Kunst und Wissenschaft" könnten, so Barck, ein „möglicher Ausweg aus einer dualistischen Denkweise" (ebd., S. 112) sein, d. h. ein Denken der Potenzialität eröffnen. Für einen mit Benjamin und Agamben entwickelten medienästhetischen Prosa-Begriff als „nothing but language, language itself in its sharing and its division", als noch den Dualismus Philosophie-Dichtung überwindende „language as midst and milieu", vgl. Alexander García Düttmann: „Integral Actuality: On Giorgio Agamben's *Idea of Prose*", in: *The Work of Giorgio Agamben: Law, Literature, Life*, hg. von Justin Clemens, Nicholas Heron und Alex Murray, Edinburgh 2008, S. 28–42, hier: S. 30; vgl. Ralf Simon: *Die Idee der Prosa. Zur Ästhetikgeschichte von Baumgarten bis Hegel mit einem Schwerpunkt bei Jean Paul*, München 2013, S. 81: „Prosa ist der Name für den diffusen Überschneidungsbereich instabiler Unterscheidungen."

215 Irving Wohlfarth bestimmt Benjamins Idee der Prosa „as the medium in which the Messianic scheme is enacted" (ders.: „The Politics of Prose and the Art of Awakening: Walter Benjamin's Version of a German Romantic Motif", in: *Glyph. Textual Studies* 7 (1980), S. 131–148, hier: S. 131), und zwar kraft „its newfound freedom in informal, performative modes" (ebd., S. 133). Die neu gewonnene Freiheit einer solchen Prosa denkt Benjamin auch als (nicht-teleologisches) geschichtliches Zu-sich-Kommen der Formen – aber weniger im Sinne eines von der Forschung unter Rückgriff auf seine Dissertation *Der Begriff der Kunstkritik in der deutschen Romantik* oft veranschlagten romantischen Erbes. Benjamin lenkt den Akzent seiner Konzeption einer „integrale[n] Prosa" (GS I/3, S. 1238) gerade *nicht* auf einen Totalitäts- oder Systemcharakter im Sinne romantischer ‚Universalpoesie'. Der komplexe Zusammenhang zwischen Benjamins spätem Prosa-Begriff und der Bestimmung der Prosa als „Idee der Poesie" (GS I/1, S. 101) und absolutes „Reflexionsmedium der poetischen Formen" (ebd., S. 102) in seiner Doktorarbeit kann hier nicht nachvollzogen werden; vgl. dazu Günter Oesterle: „‚Die Idee der Poesie ist die Prosa'. Walter Benjamin entdeckt ‚einen völlig neuen Grund' romantischer ‚Kunstphilosophie'", in: *Walter Benjamin und die romantische Moderne*, hg. von Heinz Brüggemann und Günter Oesterle, Würzburg 2009, S. 161–173; und Vivian Liska: „Messianic Language and the Idea of Prose: Benjamin and Agamben", in: *Bamidbar. Journal for Jewish Thought and Philosophy* 2/2 (2012), S. 44–56. Stehen Benjamins Überlegungen über ein befreiendes Wesen der Prosa in ihrer messianischen Perspektivierung wohl einzig da, ist nicht zu übersehen, dass die Essay-Tradition von Nietzsche bis Kassner und Bense von Reflexionen über das nicht-regelgeleitete Wesen der Prosa begleitet und verschiedenen anthropologischen Zuständen oder – über Vico, Hegel und Jochmann – geschichtsphilosophischen Stadien assoziiert wird. Lohnenswert wäre daher eine Lektüre der Geschichtsthesen auf der Folie von Benjamins Rezension *Die Rückschritte der Poesie von Carl Gustav*

Benjamin schöpft hier die ganze metaphorische Wortbedeutung von ‚Prosa' aus, der er sich offenbar bewusst war. Im Zusammenhang mit einem anderen profanen Modell der Unterbrechung linearer Zeitvorstellungen, nämlich dem Haschischrausch, der uns als „genießende Prosawesen höchster Potenz"[216] selbst erfahren lasse, hält er in dem kurzen Essay *Haschisch in Marseille* (1932) fest: „Wir gehen vorwärts; [...] ist das nicht das Glück jeder, zumindest prosaförmigen, Produktivität?"[217] Das ‚Vorwärtsgehen' (*pro-vertere*) der Prosa ergibt sich, negativ, aus der Umwendung oder Korrektur einer (falschen) Wendung,[218] messianisch formuliert: aus einer Richtig-Stellung der „Entstellungen"[219]. Die Idee ‚prosaförmiger Produktivität', wie Benjamin sie beschreibt, ist augenscheinlich an kein äußeres Ziel mehr gebunden, sondern ihr Ausagieren selbst, das Vorwärtsgehen, *ist* schon „Glück". Sie scheint eine eigenwertige unproduktive Produktivität oder passive Aktivität zu sein: Sie ist kritische Intervention in den gegebenen Sprach- und Formenbestand, fügt ihm nichts Neues hinzu, sondern lässt ihn *in einem anderen Licht* erscheinen und gewinnt ihm so nicht-vorausgesetzte, neue Erfahrungsqualitäten ab. „Eine solche Prosa klärt und belebt"[220], um Benses Worte wieder aufzugreifen; sie setzt, anders gesagt, einen Moduswechsel in Kraft (und nicht die projektive Hinwendung zu einem System wie im romantischen Denken).

Die ‚prosaförmige Produktivität' bricht weiter mit dem kapitalistischen Begriff von Arbeit und Produktivität im Sinne von Herstellung und Entäußerung. Sie erinnert eher an die in These XI ausgebreiteten „Phantastereien" und die frühsozialistische Gesellschaftsutopie von Charles Fourier über „eine Arbeit, die, weit entfernt die Natur auszubeuten, von den Schöpfungen sie zu entbinden imstande

---

Jochmann (1937), die nicht nur über den Begriff der Prosa eine untergründige Beziehung zu den Thesen unterhält, sondern auch über das Porträt des Essayisten Jochmann, das deutlich an den „Engel der Geschichte" (GS I/2, S. 697) der IX. These erinnert (vgl. GS II/2, S. 577). Benjamin geht der „geschichtlichen Konstruktion" (ebd., S. 579) einer gegenläufigen Entwicklung von historischem Fortschritt und poetischem Vermögen in „der eigentümlichen Schönheit des Essays" (ebd., S. 580) von Jochmann nach: Die Kehrseite von zu beklagenden „Rückschritten der Poesie" seien „die Triumphgesänge fortschreitenden Glückes" (ebd., S. 583), die „prosaische Rede" nichts anderes als „die dritte Sprache" (ebd., S. 584), die die messianische Sprache vorwegnehme.
216 GS IV/1, S. 414.
217 Ebd.
218 Vgl. Klaus Weissenberger: Art. „Prosa", in: *Historisches Wörterbuch der Rhetorik*, hg. von Gert Ueding, Bd. 7, Tübingen 2005, Sp. 321–348, hier: Sp. 321, über die „pro(r)sa [oratio]" als „nach vorne gekehrte Rede" (*prosa* von *prorsa*, von *proversa*: *pro-* und *versus*).
219 GS II/2, S. 433 (Kafka-Essay): „Niemand sagt ja, die Entstellungen, die der Messias zurechtzurücken einst erscheinen werde, seien nur solche unseres Raums. Sie sind gewiß auch solche unserer Zeit."
220 Bense: „Über den Essay und seine Prosa" (1952), S. 26.

ist, die als mögliche in ihrem Schoße schlummern".²²¹ In ihrer eigenartigen Potenzialität ist diese Prosa keine solche, die aus sich heraus schöpfend tätig ist; sie ist vielmehr dazu imstande, aus zweckgebundenem Handeln (*poíēsis*) und aus instrumentellen Denk- und Sprachmustern als aus universalen mythischen Verstrickungen Möglichkeiten zu entbinden, die schon immer unerkannt, gewaltlos „in ihrem Schoße schlummern". Eine solche Prosa vermöchte kritisch in vorhandene Text- und Sprachbestände zu intervenieren, denen sie nichts Neues schaffend hinzufügte (*poieín*), sondern die sie innerhalb der „Fesseln der Schrift"²²² gattungsübergreifend hemmte, korrigierte, umsteuerte und, sich selbst in der Verflechtung ihrer Motive affizierend, zu einer neuen Lebenspraxis öffnend außer Kraft setzte.

Benjamin wendet sich in den zitierten Nachlass-Notizen sowohl gegen die rekursiv-poetische („Feier" und „Festgesänge") als auch gegen die diskursive Laufrichtung des Textes (die „geschriebene" Sprache) und imaginiert eine „festlich begangene" Sprache, die eine neue kognitive und sinnliche Erfahrung weder herbeiführt noch voraussetzt, sondern *ist*.²²³ Die homonyme Wendung des ‚festlichen Begehens', die eine bestimmte Modalität des Tuns (ein Tun- bzw. ein Sprechen-Können) anzuzeigen scheint, stellt eine Transformierung und Transgression herkömmlicher Vorstellungen von Zeit, Raum und Geschichte in Aussicht. Die Begehung eines Festes bezeichnet ja eine ganz spezifische Handlungsweise, eine Praxis, in der die Vorstellung eines anzugehenden Ziels aufgehoben ist: Es ist kein Gehen auf ein äußeres Ziel hin, sondern die Realisierung und Praktizierung einer Selbstzweckhaftigkeit des Tuns und Seins. Wie das Spiel erschließt das Fest – als *rite de passage* – die beglückende Erfahrung einer erfüllten (messianischen) Zeit, die das lineare Zeitkontinuum unterbrechen

---

221 GS I/2, S. 699.
222 GS I/3, S. 1235 u. S. 1238. Benjamins Medienmetapher der „Fesseln der Schrift" nimmt eine schon in der klassischen Rhetorik gebräuchliche Bestimmung der *prosa oratio* als ungebundener *oratio soluta* auf: Nach Cicero ist die Prosa gegenüber der durch Reim und Metrum ‚gefesselten' Poesie ‚liberior', eine allein durch Grammatik und Syntax geregelte ‚gelöste Rede', die nahezu ‚sine vinculis', also ohne ‚Fesseln', und ‚nach vorn gewendet' statt wie die Poesie zwanghaft rekursiv sei (vgl. Weissenberger: Art. „Prosa", Sp. 321f.). Siehe auch Barck: Art. „Prosaisch – poetisch", über die „emblematische Formel von souveräner Prosa und sklavischer Poesie, die später Hegel in seiner *Ästhetik* umkehren" (ebd., S. 91) und zu einem geschichtsphilosophischen Grundbegriff – „Prosa der Verhältnisse vs. Poesie des Lebens" (ebd., S. 93) – umwerten wird. Zur medialen Schriftlichkeit von Prosa und der schon früh am Gegensatzpaar Poesie-Prosa exemplarisch reflektierten Mediendifferenz von Mündlichkeit-Schriftlichkeit vgl. ebd., S. 98, und Michel Sandras: *Idées de la poésie, idées de la prose*, Paris 2016, v. a. S. 59ff.
223 GS I/3, S. 1235 u. S. 1238f.

würde und die Zeit selbst festlich werden ließe.[224] Diese in einem bestimmten Sprach- und Schreibgebrauch zu erzeugende Schwellenerfahrung eröffnet ein(en), mit Victor Turner, „Augenblick reiner Potentialität, in dem gleichsam alles im Gleichgewicht zittert"[225].

Die Formel des festlichen Begehens indiziert darüber hinaus eine Verräumlichung der Zeitvorstellung. Sie ist in ihrer Zielgerichtetheit als leeres Mittel äußerer, ferner Zwecke unterbrochen und breitet sich nun auf ein *Relationales*, auf einen Erfahrungsraum hin aus, der neue Verbindungen und Gemeinschaft stiftendes ‚reines Mittel' ist. Benjamins Begriff der „Jetztzeit" („als Modell der messianischen [Zeit]") ist in dieser Hinsicht auch als Raum- und Schreibmetapher zu verstehen: In einem Darstellungszusammenhang, der einzelne Momente, sprachliche Figuren oder Bilder historischer Ereignisse nach einem von bestimmten Inhalten befreiten Formungsprinzip neu konstelliert, erscheint Ge-

---

[224] Werden ‚Fest' und ‚Feier' alltagssprachlich oft synonym verwendet, verlaufen Feier und Feiertag eher kontrolliert und strukturiert und sind mit dem sich im Feiern erneuernden Mythos verknüpft (vgl. These XV, GS I/2, S. 701: Es kehre „in Gestalt der Feiertage" der „Tag, mit dem ein Kalender einsetzt", immer wieder); das Fest hingegen kann „auch ohne besonderen Anlaß Ausdruck von gesteigertem Leben oder sich selbst der Anlaß sein" (Gerhard Marcel Martin: Art. „Feste und Feiertage, V. Ethisch", in: *Theologische Realenzyklopädie*, hg. von Gerhard Krause und Gerhard Müller, Bd. 11, Berlin / New York 1983, S. 132–134, hier: S. 132). Benjamin selbst denkt das Fest sowohl als heiliges, die normale Zeit aussetzendes als auch als politisches Fest, das die Möglichkeit der Revolte, der Umkehrung der Verhältnisse und der Installierung einer neuen Zeit eröffnet (vgl. These XV, GS I/2, S. 702, zum kollektiven Schießen nach den Turmuhren in der Juli-Revolution als symbolischem Akt des Unterbrechens der geltenden Zeit- und Geschichtsrechnung). Zum Fest als *tempus par excellence* siehe Károly Kerényi: „Vom Wesen des Festes. Antike Religion und ethnologische Religionsforschung", in: *Paideuma. Mitteilungen zur Kulturkunde* 1/2 (1938), S. 59–74; zur (Un-)Möglichkeit des Festes unter den Bedingungen der Moderne und im Kontext von Benjamins Geschichtsdenken vgl. Furio Jesi: *Il tempo della festa*, hg. von Andrea Cavalletti, Rom 2013, S. 96 (meine Übers.): „Das Fest als festliche Zeit ist bei Benjamin ein gnoseologisches Modell, das als *conditio sine qua non* die Kollektivität und Selbstbestätigung in der festlichen Erfahrung voraussetzt."

[225] Victor Turner: „Das Liminale und das Liminoide in Spiel, ‚Fluß' und Ritual. Ein Essay zur vergleichenden Symbologie", in: ders.: *Vom Ritual zum Theater. Der Ernst des menschlichen Spiels*, aus dem Engl. von Sylvia M. Schomburg-Scherff, mit einer aktuellen Einleitung von Erika Fischer-Lichte, Frankfurt a. M. / New York 2009, S. 28–94, hier: S. 69. Benjamins Idee der Prosa, die in multiplen Lebensbereichen – Spiel, Kindheit, Fest, Rausch, Revolte – strukturell analoge Erfahrungen der Freiheit und Selbstgenügsamkeit wachruft, mag an andere Theoretiker der Transgression und Schwelle denken lassen, etwa an Georges Bataille oder an Michail Bachtin und sein Konzept des Karnevalesken. Als *literaturwissenschaftliches* Konzept bietet sich Bachtins Theorem einer ‚Karnevalisierung der Literatur' an, um Aspekte wie Gattungshybridität, Stilsynkretismus, Intertextualität etc. von Benjamins später Prosa zu untersuchen; doch während Bachtin ein solches ‚Gegenfest' rein innerliterarisch konzipiert, zielt Benjamin gerade auf eine immer radikalere *Überschreitung des ästhetischen Gebietes* ab.

schichte nicht länger als chrono-logischer „homogene[r] Verlauf", sondern wird als plastischer Handlungsraum einsehbar, d.h. als politischer Raum.[226] Jeder Moment in ihm hält potenziell eine qualitativ andere, erfüllte Zeiterfahrung bereit, ja die Erfahrung einer, wie es in These XVII heißt, möglichen „messianischen Stillstellung des Geschehens, anders gesagt, einer revolutionären Chance im Kampfe für die unterdrückte Vergangenheit"[227]. Die „integrale Prosa"[228] kann als dieses an kein Bewegungsziel und keinen äußeren Sinn (mehr) gebundene Medium verstanden werden, in dem in ständigen Versuchen der neuen Relationierung, Durchdringung und Verkehrung dualistischer Beziehungen die Erfahrung einer Ontologie glücklicher Übereinstimmung von Denken und Praxis, Sprache und Welt operiert wird.[229] In der unabsehbaren Neuordnung des Sprachmaterials hebt dieses Schreiben auf die intensive Erfahrung der Form und Plastizität ihrer Elemente ab und erzeugt – wie Niklaus Largier zum Essay ausführt – „eine Zeiterfahrung, deren ästhetische Qualitäten sich als *Form eines neuen Lebens* in der Welt niederschlagen"[230]. Von festem Sinn und Inhalt gelöste Formgesten und -effekte, die den Schreibenden wie Lesenden gleichsam anrühren, evozieren textüberschreitende, auch auf andere Bereiche übertragbare Erfahrungen der Offenheit und Möglichkeit.

Diese Lesart stützen Exzerpte aus der Studie *Vie des formes* (1934) des französischen Kunsthistorikers Henri Focillon, die Benjamin im Umkreis der Geschichtsthesen anlegte. Auch Kracauer wird sich im Rahmen seiner späten Theorie der Geschichte auf Focillon beziehen, der am Beispiel der Entstehung und des Vergehens künstlerischer Formen Geschichte in eruptiven Ereignissen zu

---

226 GS I/2, S. 703. „Dieser Begriff" – heißt es in einem Notat zu den Thesen über „einen Begriff der Gegenwart als Jetztzeit" – „stiftet zwischen Geschichtsschreibung und Politik einen Zusammenhang" (GS I/3, S. 1248). Vgl. ebd., S. 1234f.: Man müsse „im Raum des politischen Handelns den ... Bildraum entdecken. [...] Dieser gesuchte Bildraum ..., die Welt allseitiger und integraler Aktualität"; die ‚integrale Prosa' ließe sich als politische Potenzen freisetzende Operationalisierung dieses Bildraums verstehen.
227 GS I/2, S. 703.
228 GS I/3, S. 1238.
229 Vgl. Holz zu Benjamins relationaler Schreibpraxis, die einen „Bereich der Ontologie" erschließe, indem sie „die *Welt* als ein universales Beziehungsgefüge einsehen" lasse (ders.: „Prismatisches Denken", S. 69). Benjamins Begriff der ‚Jetztzeit' benenne dieses Beziehungsgefüge bzw. sei die dialektische Kippstelle zwischen einem linearen Nacheinander und einem plastischen Nebeneinander: „Erst durch diese nicht methodologisch, sondern ontologisch zu verstehende Kategorialität des historischen Befundes wird Geschichte überhaupt lebendig." (Ebd., S. 105)
230 Largier: *Zeit der Möglichkeit*, S. 57 (meine Hervorhebungen).

denken ermöglicht habe.[231] Benjamin interessiert sich insbesondere für Focillons „Definition des ‚klassischen Stils'" als eines stillgestellten Spannungsverhältnisses, in dem er seine Idee einer „messianischen Stillstellung" des historischen Geschehens, die mit seiner „Idee der Prosa"[232] korreliert ist, wiedererkennt:

> Zur messianischen Stillstellung des Geschehens könnte man die Definition des „klassischen Stils" bei Focillon heranziehen: „Brève minute de pleine possession des formes, il se présente ... comme un bonheur rapide, comme l'ἀκμή des Grecs: le fléau de la balance n'oscille plus que faiblement. Ce que j'attends, ce n'est pas de la voir bientôt de nouveau pencher, encore moins le moment de la fixité absolue, mais, dans le miracle de cette immobilité hésitante, le tremblement léger, imperceptible, qui m'indique qu'elle vit." Henri Focillon: Vie des formes Paris 1934 p 18[233]

Focillon charakterisiert den klassischen Stil als eine sich wie von selbst und flüchtig herstellende Simultaneität und Beherrschtheit der Formen oder Formmöglichkeiten („pleine possession des formes"). Sie erstarre nicht zu Einförmigkeit, sondern sei in sich beweglich, was sich durch Gesten des Zitterns und Zögerns, „le tremblement léger, imperceptible", mitteile. Die klassische Form stelle sich „comme un bonheur rapide", als flüchtiges Glück ein. Sie ist nach Focillon als *akmé* zu beschreiben, d. i. als glücklicher Höhepunkt und höchste Reife. In einer solchen „immobilité hésitante" treten äußere Referenzen in den Hintergrund, die klassische Form stellt sich vor allem selbst dar: Sie *zeigt*, dass sie *lebt*. Und mehr: Das sich nicht regelgeleitet und chronologisch, sondern wie ein unverhofftes Glück augenblickshaft im klassischen Stil selbst darstellende Leben der Formen, wie Focillons Buch überschrieben ist, scheint uns unser eigenes Lebendigsein zu zeigen. Als ein Phänomen des Bruchs, als qualitative Zäsur lässt das Kunstwerk uns *lebendig fühlen*, d. h. einer unableitbaren, unverfügbaren Handlungspotenz inne sein, unvermittelt eine Veränderung der geschichtlichen Situation bewirken zu können – ‚Geschichte zu schreiben' („‚faire date'"):

> Focillon über l'œuvre d'art: „A l'instant où elle naît, elle est phénomène de rupture. Une expression courante nous le fait vivement sentir: ‚faire date', ce n'est pas intervenir passi-

---

231 Focillon sei „sich des problematischen Charakters chronologischer Zeit bewußt" gewesen (Siegfried Kracauer: *Geschichte – Vor den letzten Dingen*, aus dem Amerikan. von Karsten Witte, in: ders.: *Schriften*, hg. von Karsten Witte, Bd. 4, Frankfurt a. M. 1971, S. 136), an diesem im Medium der Kunst einsehbaren Prinzip von Geschichte – „Brüche im Prozeß" (ebd., S. 147) – habe sich auch die Geschichtsschreibung im Allgemeinen zu orientieren.
232 GS I/3, S. 1235 u. S. 1238 f.
233 Ebd., S. 1229.

vement dans la chronologie, c'est brusquer le moment." Henri Focillon: Vie des formes Paris 1934 p 94[234]

Benjamins Interesse für Focillons Feier des klassischen Stils ist bemerkenswert. Im Rahmen geschichtsphilosophischer Reflexionen im *Passagen-Werk* und Trauerspiel-Buch hatte er sich gerade mit Formen des Verfalls und der Spätzeit, mit extremen, fragmentierten, allegorischen Darstellungen als geschichtlichen Signaturen beschäftigt. Aus ihnen las er eine implizite Kritik am Schein klassischer zeitloser Schönheit und auratischer Totalität heraus. Wie Cornelia Zumbusch gezeigt hat, ist aber auch Focillons Begriff des Lebens der Formen nicht ahistorisch gemeint. Dieser habe „less to do with the impression of life an artwork is capable of conveying than with the self-reproduction of forms"[235], die sich wieder als geschichtliche formieren. ‚Leben' hier nämlich, so Zumbusch, „means the transition from a state of potentiality into one of actuality", das Leben der Form (seine *dýnamis*) bestehe in seiner „potential productivity".[236]

Mit den einleitenden Reflexionen Agambens ließe sich diese ‚potenzielle Produktivität' als *potenza-di-non* auffassen: In einem „tremblement léger"[237], einem kaum wahrnehmbaren Moment eines der Form inhärenten Widerstandes, das sie plötzlich selbst darbietet, wird sie als sich nicht im Akt erschöpfende freie Potenz, d. i. als ‚lebendig', erfahrbar.[238] Analog scheint sich Focillon das beim Betrachter einer solchen lebenden Form sich einstellende Gefühl des Lebendigseins als *Selbstgefühl der eigenen Potenz (zu tun und nicht zu tun)* vorzustellen („nous le fait vivement sentir"[239]).[240] Wie auch Zumbusch zeigt, ist Focillons

---

234 Ebd., S. 1229 f.
235 Cornelia Zumbusch: „The Life of Forms. Art and Nature in Walter Benjamin and Henri Focillon", in: *Aisthetis. Pratiche, linguaggi e saperi dell'estetico* 8/2 (2015), S. 117–132, hier: S. 120.
236 Ebd.
237 GS I/3, S. 1229.
238 Vgl. Agamben: *Creazione e anarchia*, S. 41 f. Das Kunstwerk ist für Agamben, wie er mit Focillon ausführt, gerade in seiner zitternden Selbstdarbietung, in der es einen Rest an ‚Potenz' nicht im Akt auflöst, sondern zurückhält und sich so als kontingent (als ‚lebendig') zeigt, Ausdruck einer Notwendigkeit und kritischen, politischen Stellungnahme gegenüber dem (bloßen) Leben.
239 GS I/3, S. 1229.
240 Vgl. Zumbusch: „The Life of Forms", S. 124: „Benjamin posits life as a simultaneously procreative and semantic concept: firstly, whatever can bring forth something else by transforming and translating itself into new forms has life; secondly, whatever expresses and thereby reveals itself." Im Übersetzer-Essay bestimmt Benjamin in diesem Sinne das „Fortleben der Kunstwerke" als Aufgabe des Übersetzungsprozesses; den Lebensbegriff will er nicht von der Natur, sondern von der Geschichte her verstanden wissen: „Daß man nicht der organischen Leiblichkeit allein Leben zusprechen dürfe, ist selbst in Zeiten des befangensten Denkens ver-

Auffassung eines Lebens der Formen „based on analogy", wobei er zugleich „the distinction – just as decisive – between forms of art and organic forms" betone.[241]

Diese Überlegungen können eine Lesart der Geschichtsthesen und der sie begleitenden Notizen als Schreibästhetik einer Selbstmedialisierung stützen, die kraft der Herstellung medialer Kontinuität Gebietsgrenzen zu überwinden sucht, wie z. B. zwischen künstlerischen und organischen Formen, zwischen Sprache, Politik und Geschichte. Sie tut dies, indem sie in ihnen die gleichen, mit Borsò, „Gesten des Lebens"[242] im genannten Sinne einer potenziellen (Selbst-)Produktivität immer neuer Formen aufspürt, die für Benjamin auch dem Geschichtsprozess innewohnt. Eine im Kunstwerk – *potentialiter* – eintretende „pleine possession des formes", ein uneingeschränktes Verfügen-Können über (mögliche) Formen, bedeutet indes auch für Focillon nicht nur ein flüchtiges, lebhaftes Glück („un bonheur rapide");[243] dem Gefühl unbeschränkter Formmöglichkeiten könne „l'énergie révolutionnaire des inventeurs"[244] entspringen, wie es in einem weiteren unkommentierten Exzerpt Benjamins aus Focillons *Vie de formes* im *Passagen-Werk* heißt.

Was Focillon dem (klassischen) Künstler zuspricht, die Fähigkeit, *in* einer konkreten Form andere mögliche einsichtig zu machen und sie derart als lebendig erfahren zu lassen, überträgt Benjamin auf den Geschichtsschreiber. Wie der Künstler habe dieser nicht nur die Wirklichkeit, sondern in deren andersartiger Beleuchtung „ein wahrhaft Neues"[245], ein in ihr eingenistetes Mögliches in all seinen zwar versäumten, aber gleichwohl denkbaren Formen, d. h. die Wirklichkeit in ihrer Veränderbarkeit zur Anschauung zu bringen. Sie erscheint so als ein sich plötzlich öffnender Übergang, als Schwelle. In einer Notiz aus dem Kreis der Entwürfe und Fassungen der Thesen führt Benjamin diesen Gedanken näher aus:

> In Wirklichkeit gibt es nicht einen Augenblick, der *seine* revolutionäre Chance nicht mit sich führte – sie will nur als eine spezifische definiert sein, nämlich als Chance einer ganz neuen Lösung im Angesicht einer ganz neuen Aufgabe. Dem revolutionären Denker bestätigt sich die eigentümliche revolutionäre Chance jedes geschichtlichen Augenblicks aus der politi-

---

mutet worden. [...] Denn von der Geschichte, nicht von der Natur aus, geschweige von so schwankender wie Empfindung und Seele, ist zuletzt der Umkreis des Lebens zu bestimmen." (GS IV/1, S. 11) Benjamins komplexem Verständnis von ‚Leben' kann hier nicht weiter nachgegangen werden; weiterführend siehe Daniel Weidner: „Fort-, Über-, Nachleben. Zu einer Denkfigur bei Benjamin", in: *Benjamin-Studien* 2 (2011), S. 161–178.
241 Zumbusch: „The Life of Forms", S. 119.
242 Vgl. Borsòs Aufsatz „Benjamin – Agamben. Biopolitik und Gesten des Lebens".
243 GS I/3, S. 1229.
244 GS V/1, S. 611.
245 Ebd., S. 593.

> schen Situation heraus. Aber sie bestätigt sich ihm nicht minder durch die Schlüsselgewalt dieses Augenblicks über ein ganz bestimmtes, bis dahin verschlossenes Gemach der Vergangenheit. Der Eintritt in dieses Gemach fällt mit der politischen Aktion strikt zusammen; und er ist es, durch den sie sich, wie vernichtend immer, als eine messianische zu erkennen gibt.[246]

Der im Denken statthabende „Eintritt in dieses Gemach" bislang verschlossener, unerkannt gebliebener Möglichkeiten und neuer Ordnungen wird auch hier als jenes besondere Tätigsein aufgefasst, das nicht primär auf die Umsetzung eines äußeren Ziels – nicht auf das Messianische als „Ideal" und „als eine ‚unendliche Aufgabe'" – gerichtet ist, also nicht weiterhin der Logik der Produktivität und Progression folgt; sondern als ein reflexives Tätigsein, das in seinem eigenen Vollzugsmodus des Entbunden-Seins von äußeren Zielen das Messianische als einen anderen Modus von Zeit und Welt („säkularisiert") erfahren lässt.[247] Die dem „revolutionären Denker" augenblickshaft zustoßende beglückende Erfahrung einer präformierte Strukturen sprengenden Offenheit und Freiheit stellt sich in einer besonderen *Selbsterfahrung des Denkens* ein. Das Schreiben ließe sich als das sinnlich-kognitive „Gemach" verstehen, in dem sich kraft der Verflechtung und Inversion von Kategorien wie Subjekt und Objekt, Theorie und Praxis, Passion und Aktion eine solche ‚Revolution' im Wortsinne einer ‚Umkehr' oder ‚Rückkehr' des Denkens (zu sich selbst) zu vollziehen vermag.

Von hier aus erklärt sich, warum in den Paralipomena zu den Thesen von einer mit der messianischen Welt konvergierenden ‚befreiten' und nicht etwa, was vielleicht näher zu liegen schiene, von einer ‚befreienden' Prosa die Rede ist. Das passivische Perfektpartizip ‚befreit' unterstreicht die Selbstbezüglichkeit und Abgeschlossenheit dieser un-*mittel*-baren Sprache. Doch ist die in der Partizipialform angezeigte Vorzeitigkeit eine solche, die in der messianischen Welt erst ‚gewesen sein wird'. Die sich in Benjamins essayistischer Schreibpraxis, vom Essay über Hölderlin bis hin zu den Geschichtsthesen, in verschiedenen Formen ausdrückende aporetische Denkfigur einer nachträglichen Vorzeitigkeit erlaubt auch das Medium ihres Erscheinens – Sprache und Schrift – nicht als bloßes

---

246 GS I/3, S. 1231.
247 Ebd.: „Marx hat in der Vorstellung der klassenlosen Gesellschaft die Vorstellung der messianischen Zeit säkularisiert. Und das war gut so. Das Unheil setzt damit ein, daß die Sozialdemokratie diese Vorstellung zum ‚Ideal' erhob. Das Ideal wurde in der neukantischen Lehre als eine ‚unendliche Aufgabe' definiert. [...] War die klassenlose Gesellschaft erst einmal als unendliche Aufgabe definiert, so verwandelte sich die leere und homogene Zeit sozusagen in ein Vorzimmer, in dem man mit mehr oder weniger Gelassenheit auf den Eintritt der revolutionären Situation warten konnte."

Mittel zu denken, sondern als jenen medialen Zwischen- oder Ermöglichungsraum einer sich aus starren Formvorgaben zu lösen suchenden Praxis des Denkens und Schreibens: Sie ist ein Drittes zwischen einem instrumentalen Sprachgebrauch und der messianischen „Idee der Prosa"[248], das *innerhalb* der „Fesseln der Schrift"[249] als in einem dynamisch-relationalen Medialitätsraum die auf andere Bereiche übertragbare absichtslose Erfahrung eines Dazwischens zu ermöglichen sucht. In ihr wären zuletzt dualistische Spaltungen aufgehoben und zu neuer Sinnstiftung überwunden. Die Leseempfehlung des Essayisten Rudolf Kassner könnte daher auf Benjamins Essays gemünzt sein:

> Lesen Sie die guten Prosaiker und Sie werden finden, dass diese nie mit grossen Worten beginnen. Sie nehmen die unscheinbaren und ordinären Worte, durchleuchten sie und machen sie ungewöhnlich mit einem Sinne, den die Anderen nicht kennen, bis sie ganz Licht, ganz eigenster Sinn sind. Die letzten Sätze sind da immer wie ein Abklingen von Handschellen bei einem Gefangenen [...].[250]

---

[248] Ebd., S. 1235 u. S. 1238f.
[249] Ebd., S. 1235 u. S. 1238.
[250] Kassner: „Der Dichter und der Platoniker", S. 18.

Schlussbetrachtung

In einem Bild von Paul Klee, *Architektur der Ebene* (1923), werden die Spektralfarben vor der Betrachtenden wie ein Teppich ausgelegt. Durch die flächige, quasi mosaikartig strukturierte Komposition erscheint die Darstellung des Farbspektrums als statisch und doch zugleich in leichter, wellenartiger Bewegung. Wollte man für Benjamins Formen des Essayistischen ein Bild und abstraktes Korrelat finden, das deren paradoxe, zwischen Offenheit und Geschlossenheit, Dynamik und Statik unentschiedene Verfasstheit evident werden lässt – in diesem Bild des von Benjamin geliebten Malers ließe sich ein Pendant aus der Malerei für seine essayistische Darstellungspraxis und kaschiert entwickelte Darstellungstheorie erkennen.[1] Klees Bild fordert die Rezeption heraus, lenkt sie und reißt sie mit sich in einen Prozess der Wahrnehmungsanpassung. Auch der Essay besitzt, wie in den Teilkapiteln in textnahen Interpretationen und Analysen von Benjamins Schreibformen gezeigt wurde, eine vielstrebige Architektur, ist ein selbstorganisiertes Ineinander von Produktion und Rezeption, Poetik und Ästhetik. Er ließ sich als unabschließbarer Versuch auffassen, in einer als zersplittert erfahrenen modernen Welt den Ursprung (*archê*) der Sprache zu (re-)konstruieren (*téktōn*), der sich jedoch nie unmittelbar, sondern nur im Medium anderer Formen als variable Totalität zeigt. Unter diesen nimmt der Essay die autoreflexive Form *par excellence* ein, stellt, mit Lukács gesprochen, „die ultravioletten Strahlen"[2] dar: Seine teppichhafte Architektonik, d. i. seine Multireferenzialität, leistet einen stets neu perspektivierten Überblick über das Formenspektrum, dessen Ränder und Schwellen der Essay als Gattung besetzt.

Seine selbstreflexiven und medialen Darstellungsstrategien dehnen sich, wie argumentiert wurde, zu einer Form der Selbstmedialisierung aus, die sich als schreibend-denkende Durchdringung von Oppositionen und damit als Ermöglichungsraum neuer Erfahrungs- und Gestaltungsweisen des Lebens darbietet. Mittels der als Medialisierungsagenten aufgefassten Reflexionen über Gattungen

---

[1] Vgl. Benjamins Brief an Scholem vom 23.07.1920: „Kennen Sie Klee? Ich liebe ihn sehr" (GB II, S. 93). Scholem machte auf Klees Zeichnung *Angelus Novus* (1920), die Benjamin 1921 erwarb und zunächst bei Scholem unterstellte, ein Gedicht, das Benjamin zwei Jahrzehnte später wiederum der IX. These *Über den Begriff der Geschichte* als Motto voranstellte.
[2] Lukács: „Über Form und Wesen des Essays", in: ders.: *Die Seele und die Formen*, S. 30. Über die ‚Nicht-Farbe' Ultraviolett reflektiert Benjamin zuvor schon seine messianische „Idee der Prosa" (GS I/3, S. 1235 u. S. 1238f.), in der sein Essayismus gipfelt: „Der historische Materialist, der der Struktur der Geschichte nachgeht, betreibt auf seine Weise eine Art von Spektralanalyse. Wie der Physiker ultraviolett im Sonnenspektrum feststellt, so stellt *er* eine messianische Kraft in der Geschichte fest." (Ebd., S. 1232)

Paul Klee: *Architektur der Ebene*, 1923, Aquarell und Bleistift auf Papier auf Karton, 28/28,2 x 17,2/18,1 cm (bpk / Nationalgalerie, SMB, Museum Berggruen / Volker-H. Schneider).

und zuletzt über die potenziell alle Formen annehmende „integrale Prosa"[3] performieren Benjamins Formen essayistischer Durchkreuzung und progressiver Überholung dualistischer Denkweisen die eigene Medialität, ein Dazwischen-Sein zwischen Literatur und Philosophie, Möglichkeit und Wirklichkeit, Sprache und Welt. Um diese sich zu einer *Schreibontologie* neuer Relationen erweiternde Schreibästhetik beschreiben zu können, die sich kohärenten hermeneutischen Sinnzuschreibungen widersetzt, bedurfte es einer besonderen Methodologie, die im kritischen Anschluss an das literaturwissenschaftliche Repertoire wie Textanalyse und gattungstheoretische Reflexion auch andere geisteswissenschaftliche Ansätze und Methoden einbezieht, wie z. B. der Medienästhetik, die in einem (medien-)umfassenden Sinne verstanden wurde.

Wie Benjamins Essayismus eine literarische Formenvielfalt bündelt, integriert und vernetzt er auch verschiedenste außerliterarische Kontexte und Diskursfelder (Sprach- und Repräsentationskrise, Kunst, Wissenschaft, Judentum, Medien, Technik, Politik, Mythos, Geschichte, Stadterfahrung, Emigration etc.), deren je spezifische geistesgeschichtliche Physiognomie für jeden der analysierten Texte funktional erschlossen wurde. Innerhalb dieser sich im ersten Drittel des 20. Jahrhunderts verschiebenden und zuspitzenden Problemkonstellationen bewegt sich freilich nicht nur Benjamins, sondern auch die zeitgenössische Essayistik. In kritischer Auseinandersetzung beispielsweise mit dem literarischen Schrifttum (Broch, Musil), mit dynamischen Kulturerscheinungen (Simmel, Freud) und neuen audiovisuellen Medien (Kracauer), im Studium urbaner Mythologie (Hessel) oder in der Vivisektion des Zeitgeistes (Benn, Baum) spürt sie die ästhetischen und aisthetischen, materiellen und geschichtlichen Prätexte ihrer Schreibversuche auf. Trotz der Disparatheit ihrer Formen, Themen und medialen Präsentationen verbindet die essayistischen Produktionen gerade diese als gattungsspezifisch zu bezeichnende kritische Integrationsleistung noch des Entlegensten. Mit der bei Adorno, Benjamin, Bloch, Lukács, Kassner und Popper prominenten Metapher des Teppichs wurde eine komplexe Selbstmetapher dieser essayistischen Reflexionsform der Vernetzung herausgearbeitet, die besonders im kunstphilosophischen Diskurs der Jahrhundertwende als interkünstlerisches und interdiskursives Denkparadigma fungiert: als paradigmatischer Ausdruck von angesichts einer als krisenhaft empfundenen Weltlage ähnlich gemachten Schreiberfahrungen von Autoren ganz unterschiedlicher Façon. Sie versuchen, jeder auf seine Weise, kritisch die Grenzen und die sprachliche Konstitution der Erfahrungen zu hinterfragen, die der/n literarischen Form/en zugrunde liegen.

---

3 Ebd., S. 1238.

Keiner dieser in Grenzbereichen Schreibenden aber hat wie Walter Benjamin den Essay als die transmediale Reflexionsform zu gebrauchen verstanden, die der Erfahrung der Sprache selbst als des primären Mediums unserer realen und möglichen Weltzugänge Gestalt gibt. In der beständigen Einübung ihrer Selbsterkundung gewinnt ein ästhetisches *éthos* Kontur. Es bemisst sich, wie gezeigt wurde, nicht zuletzt danach, inwieweit sich sein Schreiben-Denken aus einer bestimmten vorgeschriebenen Gattungsordnung, welche die Erfahrung nur wieder in vorgeprägte Bahnen lenkt und regelt, und, allgemeiner, aus dualen Schemata befreit – zugunsten einer sich schreibend-denkend realisierenden *Selbstmedialisierung der Erfahrung*. Diese Textontologie speist sich aus dem prozessualen und weltbildenden Charakter des Schreibens und der Schrift, was ihrer Leserin eine im Voraus nicht bestimmte, interaktive und fortwährend kritische Haltung abverlangt. In diesen dynamischen Verflechtungen dialektischer Pole und sich überlagernder nicht-hierarchischer Sinn-Netze realisiert sich Benjamins essayistische Schreibästhetik als Schreibethik.

Literaturverzeichnis

1 Siglen

AA   Immanuel Kant: *Gesammelte Schriften*, Bd. 1–22 hg. von der Preußischen Akademie der Wissenschaften, Bd. 23 hg. von der Deutschen Akademie der Wissenschaften zu Berlin, ab Bd. 24 hg. von der Akademie der Wissenschaften zu Göttingen, Berlin 1900 ff.

GB   Walter Benjamin: *Gesammelte Briefe*, 6 Bde., hg. im Auftrag des Theodor W. Adorno-Archivs von Christoph Gödde und Henri Lonitz, Frankfurt a. M. 1995–2000.

GS   Walter Benjamin: *Gesammelte Schriften*, 7 Bde., unter Mitwirkung von Theodor W. Adorno und Gershom Scholem hg. von Rolf Tiedemann und Hermann Schweppenhäuser, Frankfurt a. M. 1991.

HA   Johann Wolfgang von Goethe: *Werke. Hamburger Ausgabe in 14 Bänden*, hg. von Erich Trunz, neubearb. Aufl., München 1981 ff.

KdU   Immanuel Kant: *Kritik der Urteilskraft*, in: ders.: *Werke*, hg. von Wilhelm Weischedel, Bd. 10, Frankfurt a. M. 1974.

KSA   Friedrich Nietzsche: *Sämtliche Werke. Kritische Studienausgabe in 15 Einzelbänden*, hg. von Giorgio Colli und Mazzino Montinari, 3. Aufl., München / Berlin / New York 1999.

WuN   Walter Benjamin: *Werke und Nachlaß. Kritische Gesamtausgabe*, im Auftrag der Hamburger Stiftung zur Förderung von Wissenschaft und Kultur hg. von Christoph Gödde und Henri Lonitz in Zusammenarbeit mit dem Walter Benjamin Archiv, Frankfurt a. M. 2008 ff.

2 Primärliteratur

Adorno, Theodor W.: *Über Walter Benjamin. Aufsätze, Artikel, Briefe*, hg. von Rolf Tiedemann, Frankfurt a. M. 1970.

Adorno, Theodor W.: *Zur Metakritik der Erkenntnistheorie. Drei Studien zu Hegel*, in: ders.: *Gesammelte Schriften*, hg. von Gretel Adorno und Rolf Tiedemann, Bd. 5, Frankfurt a. M. 1971.

Adorno, Theodor W.: *Negative Dialektik*, in: ders.: *Gesammelte Schriften*, hg. von Rolf Tiedemann, Bd. 6, Frankfurt a. M. 1973.

Adorno, Theodor W.: *Ästhetische Theorie*, hg. von Gretel Adorno und Rolf Tiedemann, Frankfurt a. M. 1973.

Adorno, Theodor W.: *Kulturkritik und Gesellschaft II. Eingriffe, Stichworte, Anhang*, in: ders.: *Gesammelte Schriften*, hg. von Rolf Tiedemann, Bd. 10/2, Frankfurt a. M. 1977.

Adorno, Theodor W. / Horkheimer, Max: *Dialektik der Aufklärung. Philosophische Fragmente*, in: Theodor W. Adorno: *Gesammelte Schriften*, hg. von Rolf Tiedemann, Bd. 3, Frankfurt a. M. 1981.

Adorno, Theodor W.: *Philosophische Frühschriften*, in: ders.: *Gesammelte Schriften*, hg. von Rolf Tiedemann, Bd. 1, Frankfurt a. M. 2003.

Adorno, Theodor W.: *Kierkegaard. Konstruktion des Ästhetischen*, in: ders.: *Gesammelte Schriften*, hg. von Rolf Tiedemann, Bd. 2, Frankfurt a. M. 2003.

Adorno, Theodor W.: *Noten zur Literatur*, in: ders.: *Gesammelte Schriften*, hg. von Rolf Tiedemann, Bd. 11, Frankfurt a. M. 2003.

Adorno, Theodor W.: *Theodor W. Adorno & Siegfried Kracauer. Briefwechsel 1923–1966*, hg. von Wolfgang Schopf, in: ders.: *Briefe und Briefwechsel*, hg. vom Theodor W. Adorno Archiv, Bd. 7, Frankfurt a. M. 2008.
Adorno, Theodor W.: *Teoria estetica*, übers. und hg. von Fabrizio Desideri und Giovanni Matteucci, Turin 2009.
Agamben, Giorgio: „Lingua e storia. Categorie linguistiche e categorie storiche nel pensiero di Benjamin", in: *Walter Benjamin. Tempo storia linguaggio*, hg. von Lucio Belloi und Lorenzina Lotti, Rom 1983, S. 65–82.
Agamben, Giorgio / Deleuze, Gilles: *Bartleby. La formula della creazione*, Macerata 1993.
Agamben, Giorgio: *Categorie italiane. Studi di poetica*, Venedig 1996.
Agamben, Giorgio: *Infanzia e storia. Distruzione dell'esperienza e origine della storia*, Turin 2001.
Agamben, Giorgio: *La comunità che viene*, Turin 2001.
Agamben, Giorgio: *Idea della prosa*, Macerata 2002.
Agamben, Giorgio: *Homo sacer. Die souveräne Macht und das nackte Leben*, aus dem Ital. von Hubert Thüring, Frankfurt a. M. 2002.
Agamben, Giorgio: „What is a Paradigm? Lecture at European Graduate School", August 2002, http://www.egs.edu/faculty/agamben/agamben-what-is-a-paradigm-2002.html; Transkript abrufbar unter: https://www.maxvanmanen.com/files/2014/03/Agamben-What-is-a-paradigm1.pdf (letzter Aufruf am: 23.10.2022).
Agamben, Giorgio: *Che cos'è un dispositivo?*, Rom 2006.
Agamben, Giorgio: *Die Zeit, die bleibt. Ein Kommentar zum Römerbrief*, aus dem Ital. von Davide Giuriato, Frankfurt a. M. 2006.
Agamben, Giorgio: *Mittel ohne Zweck. Noten zur Politik*, aus dem Ital. von Sabine Schulz, 2. Aufl., Zürich / Berlin 2006.
Agamben, Giorgio: *Signatura rerum. Sul metodo*, Turin 2008.
Agamben, Giorgio: *Nudità*, Rom 2009.
Agamben, Giorgio: *Der Mensch ohne Inhalt*, aus dem Ital. von Anton Schütz, Berlin 2012.
Agamben, Giorgio: *Stanzen. Wort und Phantasma in der abendländischen Kultur*, aus dem Ital. von Eva Zwischenbrugger, 2. Aufl., Zürich 2012.
Agamben, Giorgio: *Die Macht des Denkens. Gesammelte Essays*, aus dem Ital. von Francesca Raimondi, Frankfurt a. M. 2013.
Agamben, Giorgio: *L'uso dei corpi*, Vicenza 2014.
Agamben, Giorgio: „Al di là dei generi letterari", in: Enzo Melandri: *I generi letterari e la loro origine*, Macerata 2014, S. 7–14.
Agamben, Giorgio: *Profanierungen*, aus dem Ital. von Marianne Schneider, 5. Aufl., Frankfurt a. M. 2015.
Agamben, Giorgio: *Che cos'è la filosofia?*, Macerata 2016.
Agamben, Giorgio: *Karman. Breve trattato sull'azione, la colpa e il gesto*, Turin 2017.
Agamben, Giorgio: *Creazione e anarchia. L'opera nell'età della religione capitalistica*, Vicenza 2017.
Arendt, Hannah: *Walter Benjamin – Bertolt Brecht. Zwei Essays*, München 1971.
Arendt, Hannah: *Vom Leben des Geistes*, Bd. 1: *Das Denken*, aus dem Amerikan. von Hermann Vetter, 2. Aufl., München / Zürich 1989.
Aristoteles: *Rhetorik*, übers. und hg. von Gernot Krapinger, Stuttgart 1999.

Baeumler, Alfred: *Kants Kritik der Urteilskraft. Ihre Geschichte und Systematik*, Bd. 1: *Das Irrationalitaetsproblem in der Aesthetik und Logik des 18. Jahrhunderts bis zur Kritik der Urteilskraft*, Halle 1923.
Barthes, Roland: *Le Plaisir du texte*, in: ders.: *Œuvres complètes*, Bd. 2: 1966–1973, hg. von Éric Marty, Paris 1994, S. 1493–1532.
Barthes, Roland: *Das Rauschen der Sprache. Kritische Essays IV*, hg. und übers. von Dieter Hornig, Frankfurt a. M. 2006.
Benjamin, Walter: *Briefe*, hg. und mit Anmerkungen versehen von Gershom Scholem und Theodor W. Adorno, 2 Bde., Frankfurt a. M. 1978.
Benjamin, Walter: *Gesammelte Schriften* (= GS), 7 Bde., unter Mitwirkung von Theodor W. Adorno und Gershom Scholem hg. von Rolf Tiedemann und Hermann Schweppenhäuser, Frankfurt a. M. 1991.
Benjamin, Walter: *Gesammelte Briefe* (= GB), 6 Bde., hg. im Auftrag des Theodor W. Adorno-Archivs von Christoph Gödde und Henri Lonitz, Frankfurt a. M. 1995–2000.
Benjamin, Walter: *Werke und Nachlaß. Kritische Gesamtausgabe* (= WuN), im Auftrag der Hamburger Stiftung zur Förderung von Wissenschaft und Kultur hg. von Christoph Gödde und Henri Lonitz in Zusammenarbeit mit dem Walter Benjamin Archiv, Frankfurt a. M. 2008 ff.
Bense, Max: „Über den Essay und seine Prosa", in: *Merkur. Deutsche Zeitschrift für europäisches Denken* 1/3 (1947), S. 414–424.
Bense, Max: „Ästhetik und Metaphysik einer Prosa. Henri Michaux' ‚Passages'", in: Henri Michaux: *Passagen*, übers. von Elisabeth Walther, Eßlingen a. N. 1950, S. 7–32.
Bense, Max: „Über den Essay und seine Prosa", in: ders.: *Plakatwelt. Vier Essays*, Stuttgart 1952, S. 23–37.
Bense, Max: *Philosophie der Mathematik, Naturwissenschaft und Technik*, in: ders.: *Ausgewählte Schriften*, hg. von Elisabeth Walther, Bd. 2, Stuttgart / Weimar 1998.
Bense, Max: *Ästhetik und Texttheorie*, in: ders.: *Ausgewählte Schriften*, hg. von Elisabeth Walther, Bd. 3, Stuttgart / Weimar 1998.
Bloch, Ernst: *Das Prinzip Hoffnung*, 3 Bde., Frankfurt a. M. 1973.
Bloch, Ernst: *Geist der Utopie*, 2. Aufl., Frankfurt a. M. 1977.
Bloch, Ernst: „Bildersturm und Ornamente", in: *Bloch-Almanach* 20 (2001), S. 9–27.
Canetti, Elias: *Das Gewissen der Worte. Essays*, München / Wien 1975.
Cassirer, Ernst: *Substanzbegriff und Funktionsbegriff. Untersuchungen über die Grundfragen der Erkenntniskritik*, Berlin 1910.
Cassirer, Ernst: *Idee und Gestalt. Goethe, Schiller, Hölderlin, Kleist. Fünf Aufsätze*, Berlin 1921.
Cassirer, Ernst: *Freiheit und Form. Studien zur deutschen Geistesgeschichte*, in: ders.: *Gesammelte Werke*, hg. von Birgit Recki, Bd. 7, Hamburg 2001.
Cassirer, Ernst: *Philosophie der symbolischen Formen. Erster Teil: Die Sprache*, in: ders.: *Gesammelte Werke*, hg. von Birgit Recki, Bd. 11, Hamburg 2001.
Cassirer, Ernst: *Philosophie der symbolischen Formen. Dritter Teil: Phänomenologie der Erkenntnis*, in: ders.: *Gesammelte Werke*, hg. von Birgit Recki, Bd. 13, Hamburg 2002.
Cassirer, Ernst: „Eidos und Eidolon. Das Problem des Schönen und der Kunst in Platons Dialogen", in: ders.: *Aufsätze und kleine Schriften (1922–1926)*, in: ders.: *Gesammelte Werke*, hg. von Birgit Recki, Bd. 16, Hamburg 2003, S. 135–163.

Cassirer, Ernst: *Zur Logik der Kulturwissenschaften. Fünf Studien*, in: ders.: *Aufsätze und kleine Schriften (1941–1946)*, in: ders.: *Gesammelte Werke*, hg. von Birgit Recki, Bd. 24, Hamburg 2007, S. 355–486.

Cohen, Hermann: *Logik der reinen Erkenntnis*, in: ders.: *System der Philosophie*, Bd. 1, 2., verb. Aufl., Berlin 1914.

Croce, Benedetto: *Grundriß der Ästhetik. Vier Vorlesungen*, übers. von Theodor Poppe, Leipzig 1913.

Croce, Benedetto: Rezension zu Julius Schlosser: *Ueber die ältere Kunsthistoriographie der Italiener*, in: *La Critica. Rivista di letteratura, storia e filosofia* 27/5 (1929), S. 375–376.

Croce, Benedetto: *Estetica come scienza dell'espressione e linguistica generale. Teoria e storia*, Bari 1958.

Croce, Benedetto: *Breviario di estetica – Aesthetica in nuce*, hg. von Giuseppe Galasso, 3. Aufl., Mailand 1990.

Croce, Benedetto: *La Poesia. Introduzione alla critica e storia della poesia e della letteratura*, hg. von Giuseppe Galasso, Mailand 1994.

Croce, Benedetto: *La storia ridotta sotto il concetto generale dell'arte*, hg. von Giuseppe Galasso, Mailand 2017.

Derrida, Jacques: „La Loi du genre/The Law of Genre", in: *Glyph. Textual Studies* 7 (1980), S. 176–232.

Derrida, Jacques: *Die Wahrheit in der Malerei*, hg. von Peter Engelmann, übers. von Michael Wetzel, Wien 1992.

Derrida, Jacques: *Dissemination*, hg. von Peter Engelmann, übers. von Hans-Dieter Gondek, Wien 1995.

Enzensberger, Hans Magnus: *Nomaden im Regal. Essays*, Frankfurt a. M. 2003.

Goethe, Johann Wolfgang von: *Werke. Hamburger Ausgabe in 14 Bänden* (= HA), neubearb. Aufl., hg. von Erich Trunz, München 1981 ff.

Heidegger, Martin: „Die Frage nach der Technik", in: ders.: *Vorträge und Aufsätze*, Pfullingen 1954, S. 13–44.

Heidegger, Martin: *Erläuterungen zu Hölderlins Dichtung*, 4., erw. Aufl., Frankfurt a. M. 1971.

Heidegger, Martin: *Der Ursprung des Kunstwerkes*, in: ders.: *Holzwege*, in: ders.: *Gesamtausgabe*, hg. von Friedrich-Wilhelm von Herrmann, Bd. 5, Frankfurt a. M. 1977, S. 1–74.

Hellingrath, Norbert von: *Pindarübertragungen von Hölderlin. Prolegomena zu einer Erstausgabe*, Jena 1911.

Hölderlin, Friedrich: *Gedichte*, in: ders.: *Gesammelte Werke*, hg. von Wilhelm Böhm, Bd. 2, 2., verm. Aufl., Jena 1909.

Hölderlin, Friedrich: *Gedichte nach 1800*, in: ders.: *Sämtliche Werke*, hg. von Friedrich Beißner, Bd. 2, Stuttgart 1953.

Jean Paul: „Unterthänigste Vorstellung unser, der sämmtlichen Spieler und redenden Damen in Europa, entgegen und wider die Einführung der Kempelischen Spiel- und Sprachmaschinen", in: ders.: *Satirische Jugendwerke*, in: ders.: *Sämtliche Werke. Historisch-kritische Ausgabe*, hg. von Eduard Berend, Bd. I/1, Weimar 1927, S. 275–292.

Kant, Immanuel: *Gesammelte Schriften*, Bd. 1–22 hg. von der Preußischen Akademie der Wissenschaften, Bd. 23 hg. von der Deutschen Akademie der Wissenschaften zu Berlin, ab Bd. 24 hg. von der Akademie der Wissenschaften zu Göttingen, Berlin 1900 ff. (= AA, Akademie-Ausgabe).

Kant, Immanuel: *Kritik der Urteilskraft* (= KdU), in: ders.: *Werke*, hg. von Wilhelm Weischedel, Bd. 10, Frankfurt a. M. 1974.
Kassner, Rudolf: „Der Dichter und der Platoniker. Aus einer Rede über den ‚Kritiker'", in: ders.: *Sämtliche Werke*, hg. von Ernst Zinn und Klaus E. Bohnenkamp, Bd. 1, Pfullingen 1969, S. 9–22.
Kassner, Rudolf: „Die Ethik der Teppiche", in: ders.: *Sämtliche Werke*, hg. von Ernst Zinn und Klaus E. Bohnenkamp, Bd. 2, Pfullingen 1974, S. 104–112.
Kracauer, Siegfried: *Geschichte – Vor den letzten Dingen*, aus dem Amerikan. von Karsten Witte, in: ders.: *Schriften*, hg. von Karsten Witte, Bd. 4, Frankfurt a. M. 1971.
Kracauer, Siegfried: *Das Ornament der Masse. Essays*, mit einem Nachwort von Karsten Witte, Frankfurt a. M. 1977.
Kracauer, Siegfried: *Essays, Feuilletons, Rezensionen. 1906–1923*, in: ders.: *Werke*, hg. von Inka Mülder-Bach, Bd. 5/1, Berlin 2011.
Kraus, Karl: „Es war die Nachtigall und nicht die Lerche", in: *Die Fackel* Nr. 431–436 (2. August 1916), S. 24.
Kraus, Karl: *Gedichte*, in: ders.: *Schriften*, hg. von Christian Wagenknecht, Bd. 9, Frankfurt a. M. 1989.
Kraus, Karl: *Heine und die Folgen. Schriften zur Literatur*, hg. und kommentiert von Christian Wagenknecht und Eva Willms, Göttingen 2014.
Kristeva, Julia: *Σημειωτική. Recherches pour une sémanalyse*, Paris 1969.
Leibniz, Gottfried Wilhelm: „Schreiben an Gabriel Wagner. Vom Nutzen der Vernunftkunst oder Logik", in: ders.: *Opera philosophica. Pars prior*, hg. von Johann Eduard Erdmann, Berlin 1840, S. 418–426.
Leibniz, Gottfried Wilhelm: *Dissertatio de Arte Combinatoria*, in: ders.: *Philosophische Schriften*, hg. von der Leibniz-Forschungsstelle der Universität Münster, in: ders.: *Sämtliche Schriften und Briefe (Akademie-Ausgabe)*, Reihe 6, Bd. 1: 1663–1672, Berlin 1990, S. 163–230.
Lukács, Georg: Rezension zu Benedetto Croce: *Zur Theorie und Geschichte der Historiographie*, in: *Archiv für Sozialwissenschaft und Sozialpolitik* 39 (1915), S. 878–885.
Lukács, Georg: „Zur Theorie der Literaturgeschichte", in: *text + kritik* 39/40 (1973), S. 24–51.
Lukács, Georg: *Heidelberger Philosophie der Kunst (1912–1914)*, aus dem Nachlaß hg. von György Márkus und Frank Benseler, in: ders.: *Frühe Schriften zur Ästhetik I*, in: ders.: *Werke*, Bd. 16, Darmstadt / Neuwied 1974.
Lukács, Georg: *Briefwechsel 1902–1917*, hg. von Éva Karádi und Éva Fekete, übers. von Ágnes Meller-Vértes, Stuttgart 1982.
Lukács, Georg: *Die Theorie des Romans. Ein geschichtsphilosophischer Versuch über die Formen der großen Epik*, in: ders.: *Werkauswahl in Einzelbänden*, hg. von Frank Benseler und Rüdiger Dannemann, Bd. 2, Bielefeld 2009.
Lukács, Georg: *Die Seele und die Formen. Essays*, mit einer Einleitung von Judith Butler, in: ders.: *Werkauswahl in Einzelbänden*, hg. von Frank Benseler und Rüdiger Dannemann, Bd. 1, Bielefeld 2011.
Montaigne, Michel de: *Les Essais*, hg. von Jean Balsamo, Michel Magnien und Catherine Magnien-Simonin, Paris 2007.
Montaigne, Michel de: *Essais*, erste moderne Gesamtübers. von Hans Stilett, 9. korrigierte Aufl., Berlin 2016.

Musil, Robert: *Tagebücher, Aphorismen, Essays und Reden*, in: ders.: *Gesammelte Werke in Einzelausgaben*, hg. von Adolf Frisé, Bd. 2, Hamburg 1955.

Nietzsche, Friedrich: *Sämtliche Werke. Kritische Studienausgabe in 15 Einzelbänden* (= KSA), hg. von Giorgio Colli und Mazzino Montinari, 3. Aufl., München / Berlin / New York 1999.

Platon: *Gastmahl / Phaidros / Phaidon*, ins Deutsche übertr. von Rudolf Kassner, Jena 1914.

Platon: *Phaidon / Symposion / Kratylos*, in: ders.: *Werke in acht Bänden. Griechisch/Deutsch*, hg. von Gunther Eigler, Bd. 3, bearb. von Dietrich Kurz, griech. Text von Léon Robin und Louis Méridier, dt. Übers. von Friedrich Schleiermacher, Darmstadt 1974.

Popper, Leo: „Volkskunst und Formbeseelung", in: *Die Fackel* Nr. 324–325 (2. Juni 1911), S. 37–39.

Schlegel, Friedrich: „Über die Unverständlichkeit", in: ders.: *Charakteristiken und Kritiken I (1796–1801)*, hg. von Hans Eichner, in: ders.: *Kritische Friedrich-Schlegel-Ausgabe*, hg. von Ernst Behler, Bd. 2, München / Paderborn / Wien / Zürich 1967, S. 363–372.

Schleiermacher, Friedrich: *Hermeneutik und Kritik*, hg. und eingeleitet von Manfred Frank, Frankfurt a. M. 1977.

Schmitt, Carl: *Politische Theologie. Vier Kapitel zur Lehre von der Souveränität*, 3. Aufl., Berlin 1979.

Scholem, Gershom: „Tradition und Kommentar als religiöse Kategorien im Judentum", in: *Eranos-Jahrbuch* 31 (1962), S. 19–48.

Scholem, Gershom: „Erinnerungen", in: *Über Walter Benjamin. Mit Beiträgen von Theodor W. Adorno, Ernst Bloch, Max Rychner, Gershom Scholem, Jean Selz, Hans Heinz Holz und Ernst Fischer*, Frankfurt a. M. 1968, S. 30–36.

Scholem, Gershom: *Walter Benjamin und sein Engel. Vierzehn Aufsätze und kleine Beiträge*, hg. von Rolf Tiedemann, Frankfurt a. M. 1983.

Scholem, Gershom: *Zur Kabbala und ihrer Symbolik*, 6. Aufl., Frankfurt a. M. 1989.

Scholem, Gershom: *Briefe II (1948–1970)*, hg. von Thomas Sparr, München 1995.

Scholem, Gershom: *Tagebücher nebst Aufsätzen und Entwürfen bis 1923*, hg. von Karlfried Gründer und Friedrich Niewöhner, 1. Halbbd.: 1913–1917, Frankfurt a. M. 1995.

Scholem, Gershom: *Walter Benjamin – die Geschichte einer Freundschaft*, Berlin 1997.

Scholem, Gershom: *Tagebücher nebst Aufsätzen und Entwürfen bis 1923*, hg. von Karlfried Gründer, Herbert Kopp-Oberstebrink und Friedrich Niewöhner, 2. Halbbd.: 1917–1923, Frankfurt a. M. 2000.

Seneca, Lucius Annaeus: *Epistulae morales ad Lucilium / Briefe an Lucilius*, lat.-dt., hg. und übers. von Rainer Nickel, Bd. 2, Düsseldorf 2009.

Simmel, Georg: *Aufsätze und Abhandlungen 1901–1908*, in: ders.: *Gesamtausgabe*, hg. von Rüdiger Kramme, Angela Rammstedt und Otthein Rammstedt, Bd. 7/1, Frankfurt a. M. 1995.

Simmel, Georg: *Philosophische Kultur. Über das Abenteuer, die Geschlechter und die Krise der Moderne. Gesammelte Essais*, mit einem Vorwort von Jürgen Habermas, Berlin 1998.

3 Sekundärliteratur

Albrecht, Michael von: „Der Teppich als literarisches Motiv", in: *Deutsche Beiträge zur geistigen Überlieferung* 7 (1972), S. 11–89.

Albrecht, Michael von: *Literatur als Brücke. Studien zur Rezeptionsgeschichte und Komparatistik*, Hildesheim / Zürich / New York 2003.
Althaus, Thomas / Bunzel, Wolfgang / Göttsche, Dirk: „Ränder, Schwellen, Zwischenräume. Zum Standort Kleiner Prosa im Literatursystem der Moderne", in: *Kleine Prosa. Theorie und Geschichte eines Textfeldes im Literatursystem der Moderne*, hg. von Thomas Althaus, Wolfgang Bunzel und Dirk Göttsche, Tübingen 2007, S. IX–XXVII.
Ansel, Michael / Egyptian, Jürgen / Friedrich, Hans-Edwin (Hg.): *Der Essay als Universalgattung des Zeitalters. Diskurse, Themen und Positionen zwischen Jahrhundertwende und Nachkriegszeit*, Leiden / Boston 2016.
Assmann, Jan: „Text und Kommentar. Einführung", in: *Text und Kommentar. Archäologie der literarischen Kommunikation IV*, hg. von Jan Assmann und Burkhard Gladigow, München 1995, S. 9–33.
Ast, Friedrich: *Grundlinien der Grammatik, Hermeneutik und Kritik*, Landshut 1808.
Bachmann, Dieter: *Essay und Essayismus*, Stuttgart / Berlin / Köln / Mainz 1969.
Barck, Karlheinz: „Schrift/Schreiben als Transgression. Walter Benjamins Konstruktion von Geschichte(n)", in: *global benjamin. Internationaler Walter-Benjamin-Kongress 1992*, hg. von Klaus Garber und Ludger Rehm, Bd. 1, München 1999, S. 231–251.
Barck, Karlheinz: Art. „Ästhetik/ästhetisch", in: *Ästhetische Grundbegriffe. Studienausgabe*, hg. von Karlheinz Barck [u.a.], Bd. 1, Stuttgart / Weimar 2010, S. 308–400.
Barck, Karlheinz: Art. „Prosaisch – poetisch", in: *Ästhetische Grundbegriffe. Studienausgabe*, hg. von Karlheinz Barck [u.a.], Bd. 5, Stuttgart / Weimar 2010, S. 87–112.
Benke, Stefanie: *Formen im „Teppich des Lebens" um 1900. Lebensphilosophie, der junge Lukács und die Literatur*, Duisburg 2008.
Bensmaïa, Réda: *Barthes à l'Essai. Introduction au texte réfléchissant*, Tübingen 1986.
Berg, Gunhild (Hg.): *Wissenstexturen. Literarische Gattungen als Organisationsformen von Wissen*, Frankfurt a. M. / Berlin / Bern [u.a.] 2014.
Berg, Nicolas: Art. „Essay", in: *Enzyklopädie jüdischer Geschichte und Kultur*, hg. von Dan Diner, Bd. 2, Stuttgart / Weimar 2012, S. 265–271.
Berger, Bruno: *Der Essay. Form und Geschichte*, Bern / München 1964.
Berndt, Frauke / Tonger-Erk, Lily: *Intertextualität. Eine Einführung*, Berlin 2013.
Bernstein, Jay M.: *The Philosophy of the Novel: Lukács, Marxism and the Dialectics of Form*, Brighton 1984.
Bertram, Georg W.: „Was die Kunst der Philosophie zu denken gibt", in: *Allgemeine Zeitschrift für Philosophie* 34/1 (2009), S. 79–97.
Bertram, Georg W.: „Autonomie als Selbstbezüglichkeit: Zur Reflexivität in den Künsten", in: *Zeitschrift für Ästhetik und allgemeine Kunstwissenschaft* 55/2 (2010), S. 223–234.
Bertram, Georg W.: „Selbstbezüglichkeit und Reflexion in und durch Literatur", in: *Der Begriff der Literatur. Transdisziplinäre Perspektiven*, hg. von Alexander Löck und Jan Urbich, Berlin / New York 2010, S. 389–408.
Bettini, Sergio: „Poetica del tappeto orientale", in: ders.: *Tempo e forma. Scritti 1935–1977*, hg. von Andrea Cavalletti, Macerata 1996, S. 159–176.
Beyer, Andreas: „‚Pfadfindung einer zukünftigen Kunsthistoriographie'. Julius von Schlosser, Benedetto Croce und Roberto Longhi", in: *kritische berichte* 16/4 (1988), S. 24–28.
Bican, Bianca / Wenzel, Manfred: Art. „Versuch", in: *Goethe-Handbuch. Supplemente*, Bd. 2: *Naturwissenschaften*, hg. von Manfred Wenzel, Stuttgart / Weimar 2012, S. 685–686.

Bischof, Rita: „Plädoyer für eine Theorie des dialektischen Bildes", in: *global benjamin. Internationaler Walter-Benjamin-Kongress 1992*, hg. von Klaus Garber und Ludger Rehm, Bd. 1, München 1999, S. 92–123.
Blumenberg, Hans: „Wirklichkeitsbegriff und Wirkungspotential des Mythos", in: *Terror und Spiel. Probleme der Mythenrezeption*, hg. von Manfred Fuhrmann, München 1971, S. 11–66.
Bock, Wolfgang: *Walter Benjamin – Die Rettung der Nacht. Sterne, Melancholie und Messianismus*, Bielefeld 2000.
Böckelmann, Janine / Meier, Frank (Hg.): *Die gouvernementale Maschine. Zur politischen Philosophie Giorgio Agambens*, Münster 2008.
Böckmann, Paul: „Das ‚Späte' in Hölderlins Spätlyrik", in: *Hölderlin-Jahrbuch* 12 (1961/62), S. 205–221.
Böhme, Hartmut: „Mythologie und Ästhetik des Textilen", in: *Kunst & Textil. Stoff als Material und Idee in der Moderne von Klimt bis heute*, hg. von Markus Brüderlin, Ostfildern 2013, S. 46–59.
Böhn, Andreas: *Das Formzitat. Bestimmung einer Textstrategie im Spannungsfeld zwischen Intertextualitätsforschung und Gattungstheorie*, Berlin 2001.
Boella, Laura: „La statua tra le rovine. La riflessione del giovane Lukács su *Trauerspiel* e tragedia come fonte del *Trauerspielbuch* di Benjamin", in: *Giochi per melanconici. Sull'Origine del dramma barocco tedesco di Walter Benjamin*, hg. von Andrea Pinotti, Mailand 2003, S. 23–38.
Borsche, Tilman: „Die innere Form der Sprache. Betrachtungen zu einem Mythos der Humboldt-Herme(neu)tik", in: *Wilhelm von Humboldts Sprachdenken*, hg. von Hans-Werner Scharf, Essen 1989, S. 47–65.
Borsò, Vittoria: „Benjamin – Agamben. Biopolitik und Gesten des Lebens", in: *Benjamin – Agamben. Politik, Messianismus, Kabbala / Politics, Messianism, Kabbalah*, hg. von Vittoria Borsò, Claas Morgenroth, Karl Solibakke und Bernd Witte, Würzburg 2010, S. 35–48.
Brambilla, Marina Marzia / Pirro, Maurizio (Hg.): *Wege des essayistischen Schreibens im deutschsprachigen Raum (1900–1920)*, Amsterdam / New York 2010.
Braungart, Wolfgang / Kauffmann, Kai (Hg.): *Essayismus um 1900*, Heidelberg 2006.
Brecht, Christoph: „Essayismus", in: Moritz Baßler, Christoph Brecht, Dirk Niefanger und Gotthart Wunberg: *Historismus und literarische Moderne*, Tübingen 1996, S. 281–292.
Brenk, Markus: Art. „Sprache und Literatur", in: *Handbuch der Reformpädagogik in Deutschland (1890–1933)*, hg. von Wolfgang Keim und Ulrich Schwerdt, Bd. 2, Frankfurt a. M. 2013, S. 1045–1092.
Bröcker, Michael: „Sprache", in: *Benjamins Begriffe*, hg. von Michael Opitz und Erdmut Wizisla, Bd. 2, Frankfurt a. M. 2000, S. 740–773.
Brüggemann, Werner: *Der Orientteppich. Einblicke in Geschichte und Ästhetik*, Wiesbaden 2007.
Bürger, Peter: „Über den Essay. Ein Brief an Malte Fues", in: ders.: *Das Denken des Herrn. Bataille zwischen Hegel und dem Surrealismus. Essays*, Frankfurt a. M. 1992, S. 7–14.
Bürger, Peter: „Die Kraft der Sehnsucht und die Zeit des Nachher. Der Essay bei Lukács und Adorno", in: *ndl. neue deutsche literatur* 51/551 (2003), S. 21–31.
Bürger, Peter: *Theorie der Avantgarde*, Neuausgabe, erweitert um neue Texte, Göttingen 2017.

Bulthaup, Peter (Hg.): *Materialien zu Benjamins Thesen 'Über den Begriff der Geschichte'. Beiträge und Interpretationen*, Frankfurt a. M. 1975.
Burckhardt, Jacob: *Die Cultur der Renaissance in Italien. Ein Versuch*, in: ders.: *Werke. Kritische Gesamtausgabe*, hg. von Mikkel Mangold, Bd. 4, München / Basel 2018.
Burdorf, Dieter: *Poetik der Form. Eine Begriffs- und Problemgeschichte*, Stuttgart / Weimar 2001.
Burdorf, Dieter: „Form und Formation. Zur Konstitution literaturwissenschaftlichen Wissens", in: *Der Begriff der Literatur. Transdisziplinäre Perspektiven*, hg. von Alexander Löck und Jan Urbich, Berlin / New York 2010, S. 119–136.
Busch, Kathrin: „Philosophischer Essayismus im Zeitalter künstlerischen Experimentierens", in: *Virtualität und Kontrolle*, hg. von Hans-Joachim Lenger, Michaela Ott, Sarah Speck und Harald Strauß, Hamburg 2010, S. 152–164.
Butrym, Alexander J. (Hg.): *Essays on the Essay. Redefining the Genre*, Athens / London 1989.
Cacciari, Massimo: „Di alcuni motivi in Walter Benjamin", in: *Critica e storia. Materiali su Benjamin*, hg. von Franco Rella, Venedig 1980, S. 41–71.
Cacciari, Massimo: *Wohnen. Denken. Essays über Baukunst im Zeitalter der völligen Mobilmachung*, aus dem Ital. von Reinhard Kacianka, Klagenfurt / Wien 2002.
Cacciari, Massimo: *Dallo Steinhof. Prospettive viennesi del primo Novecento*, 2. Aufl., Mailand 2005.
Caimi, Mario Pedro Miguel: *Essay als Form der Philosophie*, Wolnzach 2001.
Camargo, Martin: Art. „Ars Dictaminis", in: *Encyclopedia of Rhetoric and Composition: Communication from Ancient Times to the Information Age*, hg. von Theresa Enos, New York / London 2010, S. 36–38.
Carboni, Massimo: *Estetica dell'Ornamento*, Palermo 1996.
Černý, Lothar: Art. „Essay", in: *Historisches Wörterbuch der Philosophie*, hg. von Joachim Ritter und Karlfried Gründer, Bd. 2, Basel / Stuttgart 1972, Sp. 746–749.
Cha, Kyung-Ho (Hg.): *Aura und Experiment. Naturwissenschaft und Technik bei Walter Benjamin*, Wien / Berlin 2017.
Curtius, Ernst Robert: *Europäische Literatur und lateinisches Mittelalter*, 8. Aufl., Bern / München 1973.
D'Angelo, Paolo: *L'estetica di Benedetto Croce*, Rom / Bari 1982.
D'Angelo, Paolo (Hg.): *Forme letterarie della filosofia*, Rom 2012.
DeCaroli, Steven: „Paradigm/Example", in: *The Agamben Dictionary*, hg. von Alex Murray und Jessica Whyte, Edinburgh 2011, S. 144–147.
Desideri, Fabrizio: *Walter Benjamin: il tempo e le forme*, Rom 1980.
Desideri, Fabrizio / Baldi, Massimo: *Benjamin*, Rom 2010.
Didi-Huberman, Georges: „Viscosities and Survivals. Art History Put to the Test by the Material", in: *Ephemeral Bodies: Wax Sculpture and the Human Figure*, hg. von Roberta Panzanelli, Los Angeles 2008, S. 154–169.
Didi-Huberman, Georges: *Survivance des lucioles*, Paris 2009.
Dillon, Brian: *Essayism*, London 2017.
Di Stefano, Elisabetta (Hg.): *Estetiche dell'ornamento*, Mailand 2006.
Doebeling, Marion: Art. „Walter Benjamin", in: *Encyclopedia of the Essay*, hg. von Tracy Chevalier, London / Chicago 1997, S. 78–79.
Dolar, Mladen: *His Master's Voice. Eine Theorie der Stimme*, aus dem Engl. von Michael Adrian und Bettina Engels, Frankfurt a. M. 2014.

Dorowin, Hermann: „Der Essay als Kraftstation. Walter Benjamins *Karl Kraus*", in: *Der Essay als Universalgattung des Zeitalters. Diskurse, Themen und Positionen zwischen Jahrhundertwende und Nachkriegszeit*, hg. von Michael Ansel, Jürgen Egyptien und Hans-Edwin Friedrich, Leiden / Boston 2016, S. 246–261.

Düttmann, Alexander García: „Integral Actuality: On Giorgio Agamben's *Idea of Prose*", in: *The Work of Giorgio Agamben: Law, Literature, Life*, hg. von Justin Clemens, Nicholas Heron und Alex Murray, Edinburgh 2008, S. 28–42.

Eco, Umberto: *Semiotik und Philosophie der Sprache*, aus dem Ital. von Christiane Trabant-Rommel und Jürgen Trabant, München 1985.

Eco, Umberto: *Die Suche nach der vollkommenen Sprache*, aus dem Ital. von Burkhart Kroeber, 3. Aufl., München 2002.

Eco, Umberto: *Scritti sul pensiero medievale*, Mailand 2012.

Ernout, Alfred / Meillet, Antoine: *Dictionnaire étymologique de la langue latine. Histoire des mots*, 4. Aufl., Paris 1959.

Ernst, Christoph: *Essayistische Medienreflexion. Die Idee des Essayismus und die Frage nach den Medien*, Bielefeld 2005.

Esposito, Roberto: *Due. La macchina della teologia politica e il posto del pensiero*, Turin 2013.

Eßlinger, Eva / Volkening, Heide / Zumbusch, Cornelia (Hg.): *Die Farben der Prosa*, Freiburg i. Br. / Berlin / Wien 2016.

Faber, Marion (Hg.): *Der Schachautomat des Baron von Kempelen*, Dortmund 1983.

Faber, Richard: *Der Collage-Essay: Eine wissenschaftliche Darstellungsform. Hommage à Walter Benjamin*, Hildesheim 1979.

Fantappiè, Irene: *Karl Kraus e Shakespeare. Recitare, citare, tradurrre*, Macerata 2012.

Feilchenfeldt, Rahel E. / Brandis, Markus: *Paul Cassirer Verlag, Berlin 1898–1933. Eine kommentierte Bibliographie*, 2., verb. Aufl., München 2005.

Ferber, Ilit: *Philosophy and Melancholy: Benjamin's Early Reflections on Theater and Language*, Stanford 2013.

Figal, Günter: *Erscheinungsdinge. Ästhetik als Phänomenologie*, Tübingen 2010.

Fiorato, Pierfrancesco: „Unendliche Aufgabe und System der Wahrheit. Die Auseinandersetzung des jungen Benjamin mit der Philosophie Hermann Cohens", in: *Philosophisches Denken – Politisches Wirken. Hermann-Cohen-Kolloquium Marburg 1992*, hg. von Reinhard Brandt und Franz Orlik, Hildesheim / Zürich / New York 1993, S. 163–178.

Flothow, Dorothea / Oppolzer, Markus / Coelsch-Foisner, Sabine (Hg.): *The Essay: Forms and Transformations*, Heidelberg 2017.

Flusser, Vilém: *Dinge und Undinge. Phänomenologische Skizzen*, München 1993.

Friedrich, Hugo: *Montaigne*, Bern 1949.

Frisby, David: *Fragments of Modernity: Theories of Modernity in the Work of Simmel, Kracauer and Benjamin*, Cambridge 1985.

Fürnkäs, Josef: „Zitat und Zerstörung. Karl Kraus und Walter Benjamin", in: *Verabschiedung der (Post-)Moderne? Eine interdisziplinäre Debatte*, hg. von Jacques Le Rider und Gérard Raulet, Tübingen 1987, S. 209–225.

Fürnkäs, Josef: *Surrealismus als Erkenntnis: Walter Benjamin – Weimarer Einbahnstraße und Pariser Passagen*, Stuttgart 1988.

Gabriel, Gottfried / Schildknecht, Christiane (Hg.): *Literarische Formen der Philosophie*, Stuttgart 1990.

Gabrielli, Paolo: *Sinn und Bild bei Wittgenstein und Benjamin*, Bern 2004.

Gagnebin, Jeanne Marie: *Geschichte und Erzählung bei Walter Benjamin*, übers. von Judith Klein, Würzburg 2001.
Gagnebin, Jeanne Marie: „Über den Begriff der Geschichte", in: *Benjamin-Handbuch. Leben – Werk – Wirkung*, hg. von Burkhardt Lindner, Stuttgart / Weimar 2011, S. 284–300.
Garroni, Emilio: *Sinn und Paradox. Die Ästhetik, keine Fachphilosophie*, übers. von Annette Kopetzki, Frankfurt a. M. 1991.
Garroni, Emilio: *Estetica. Uno sguardo-attraverso*, Mailand 1992.
Geisenhanslüke, Achim: *Trauer-Spiele: Walter Benjamin und das europäische Barockdrama*, Paderborn 2016.
Gentili, Dario: *Il tempo della storia. Le tesi „sul concetto di storia" di Walter Benjamin*, Neapel 2002.
Geulen, Eva: „Nachlese: Simmels Goethe-Buch und Benjamins *Wahlverwandtschaften*-Aufsatz", in: *Morphologie und Moderne. Goethes ‚anschauliches Denken' in den Geistes- und Kulturwissenschaften seit 1800*, hg. von Jonas Maatsch, Berlin / Boston 2014, S. 195–218.
Gladigow, Burkhard: „Der Kommentar als Hypothek des Textes", in: *Text und Kommentar. Archäologie der literarischen Kommunikation IV*, hg. von Jan Assmann und Burkhard Gladigow, München 1995, S. 35–49.
Glaudes, Pierre / Louette, Jean-François: *L'essai*, Paris 2011.
Görling, Reinhold: „Im Medium sein", in: *Geste. Bewegungen zwischen Film und Tanz*, hg. von Reinhold Görling, Timo Skrandies und Stephan Trinkaus, Bielefeld 2009, S. 267–292.
Göschl, Albert: *Die Logik des essayistischen Gedankens. Zur Analyse der italienischen Essayistik zwischen Fin de Siècle und Zweitem Weltkrieg vor dem Hintergrund der Gattungsgeschichte*, Heidelberg 2016.
Gold, Joshua Robert: „The Dwarf in the Machine: A Theological Figure and Its Sources", in: *MLN* 121/5 (2006), S. 1220–1236.
Graevenitz, Gerhart von: „*Contextio* und *conjointure*, Gewebe und Arabeske. Über Zusammenhänge mittelalterlicher und romantischer Literaturtheorie", in: *Literatur, Artes und Philosophie*, hg. von Walter Haug und Burghart Wachinger, Tübingen 1992, S. 229–257.
Greber, Erika: *Textile Texte. Poetologische Metaphorik und Literaturtheorie. Studien zur Tradition des Wortflechtens und der Kombinatorik*, Köln / Weimar / Wien 2002.
Greiert, Andreas: *Erlösung der Geschichte vom Darstellenden. Grundlagen des Geschichtsdenkens bei Walter Benjamin 1915–1925*, München 2011.
Groddeck, Wolfram: „Ästhetischer Kommentar. Anmerkungen zu Walter Benjamins Hölderlinlektüre", in: *Le pauvre Holterling* 1 (1976), S. 17–21.
Guastini, Daniele: *Prima dell'estetica. Poetica e filosofia nell'antichità*, Rom / Bari 2003.
Gumbrecht, Hans Ulrich: *Diesseits der Hermeneutik. Die Produktion von Präsenz*, übers. von Joachim Schulte, Frankfurt a. M. 2004.
Gumbrecht, Hans Ulrich: „Essay, Leben, gelebte Erfahrung. Georg Lukács 1910 und die Situation der Literaturwissenschaft heute", in: *Wissen – Vermittlung – Moderne. Studien zu den ungarischen Geistes- und Kulturwissenschaften um 1900*, hg. von Csongor Lörincz, Köln / Weimar / Wien 2016, S. 41–58.
Gurisatti, Giovanni: *Costellazioni. Storia, arte e tecnica in Walter Benjamin*, Macerata 2010.
Haas, Claude / Weidner, Daniel (Hg.): *Benjamins Trauerspiel: Theorie – Lektüren – Nachleben*, Berlin 2014.
Haas, Gerhard: *Studien zur Form des Essays und zu seinen Vorformen im Roman*, Tübingen 1966.

Haas, Gerhard: *Essay*, Stuttgart 1969.
Haas, Gerhard: „Zur Geschichte und Kunstform des Essays", in: *Jahrbuch für Internationale Germanistik* 7/1 (1975), S. 11–39.
Hahne, Nina: *Essayistik als Selbsttechnik. Wahrheitspraxis im Zeitalter der Aufklärung*, Berlin / Boston 2015.
Hamburger, Michael: „Essay über den Essay", in: *Akzente* 12/4 (1965), S. 290–292.
Hanssen, Beatrice: „Philosophy at Its Origin: Walter Benjamin's Prologue to the *Ursprung des deutschen Trauerspiels*", in: *MLN* 110/4 (1995), S. 809–833.
Heider, Fritz: *Ding und Medium*, hg. und mit einem Vorwort versehen von Dirk Baecker, Berlin 2005.
Helmstetter, Rudolf: Art. „Zitat", in: *Reallexikon der deutschen Literaturwissenschaft. Neubearbeitung des Reallexikons der deutschen Literaturgeschichte*, gemeinsam mit Harald Fricke, Klaus Grubmüller und Jan-Dirk Müller hg. von Klaus Weimar, Bd. 3, 3. Aufl., Berlin / New York 2007, S. 896–899.
Hempfer, Klaus W.: *Gattungstheorie. Information und Synthese*, München 1973.
Hempfer, Klaus W.: „Die potentielle Autoreflexivität des narrativen Diskurses und Ariosts *Orlando Furioso*", in: *Erzählforschung. Ein Symposion*, hg. von Eberhard Lämmert, Stuttgart 1982, S. 130–156.
Henrich, Dieter: *Werke im Werden. Über die Genesis philosophischer Einsichten*, München 2011.
Hertz, Gal: „Karl Kraus's Citationality: Between War Experience and Poetic Language", in: *Texturen des Krieges. Körper, Schrift und der Erste Weltkrieg*, hg. von Galili Shahar, Göttingen 2015, S. 145–164.
Hillach, Ansgar: „Dialektisches Bild", in: *Benjamins Begriffe*, hg. von Michael Opitz und Erdmut Wizisla, Bd. 1, Frankfurt a. M. 2000, S. 186–229.
Hocke, Gustav René: „Die französische Essayistik", in: *Der französische Geist. Die Meister des Essays von Montaigne bis Giraudoux*, hg. von Gustav René Hocke, Deutsch von Peter M. Schon, Zürich 1988, S. 5–27.
Hörl, Erich: „Die technologische Bedingung. Zur Einführung", in: *Die technologische Bedingung. Beiträge zur Beschreibung der technischen Welt*, hg. von Erich Hörl, Berlin 2011, S. 7–53.
Hogrebe, Wolfram: *Kant und das Problem einer transzendentalen Semantik*, Freiburg i. Br. / München 1974.
Holz, Hans Heinz: „Prismatisches Denken", in: *Über Walter Benjamin. Mit Beiträgen von Theodor W. Adorno, Ernst Bloch, Max Rychner, Gershom Scholem, Jean Selz, Hans Heinz Holz und Ernst Fischer*, Frankfurt a. M. 1968, S. 62–110.
Holz, Hans Heinz: *Logos spermatikos. Ernst Blochs Philosophie der unfertigen Welt*, Darmstadt / Neuwied 1975.
Holz, Hans Heinz: *Philosophie der zersplitterten Welt. Reflexionen über Walter Benjamin*, Bonn 1992.
Holz, Hans Heinz: „Kontinuität und Bruch im Denken Walter Benjamins", in: *Bruch und Kontinuität. Jüdisches Denken in der europäischen Geistesgeschichte*, hg. von Eveline Goodman-Thau und Michael Daxner, Berlin 1995, S. 129–139.
Honold, Alexander: *Der Leser Walter Benjamin. Bruchstücke einer deutschen Literaturgeschichte*, Berlin 2000.

Horn, Eva / Menke, Bettine / Menke, Christoph (Hg.): *Literatur als Philosophie – Philosophie als Literatur*, München 2006.
Hühn, Helmut / Urbich, Jan: „Einleitung: Benjamins *Wahlverwandtschaften*-Essay", in: *Benjamins Wahlverwandtschaften. Zur Kritik einer programmatischen Interpretation*, hg. von Helmut Hühn, Jan Urbich und Uwe Steiner, Berlin 2015, S. 9–33.
Idel, Moshe: „‚Schwarzes Feuer auf weißem Feuer'. Text und Lektüre in der jüdischen Tradition", in: *Texte und Lektüren. Perspektiven in der Literaturwissenschaft*, hg. von Aleida Assmann, Frankfurt a. M. 1996, S. 29–46.
Idel, Moshe: „Die laut gelesene Tora. Stimmengemeinschaft in der jüdischen Mystik", in: *Zwischen Rauschen und Offenbarung. Zur Kultur- und Mediengeschichte der Stimme*, hg. von Friedrich Kittler, Thomas Macho und Sigrid Weigel, 2. Aufl., Berlin 2008, S. 19–53.
Iser, Wolfgang: „Die Wirklichkeit der Fiktion. Elemente eines funktionsgeschichtlichen Textmodells der Literatur", in: *Rezeptionsästhetik. Theorie und Praxis*, hg. von Rainer Warning, München 1975, S. 277–324.
Jacob, Joachim: „Theorie und Begriff des Schönen bei Benjamin", in: *Benjamins Wahlverwandtschaften. Zur Kritik einer programmatischen Interpretation*, hg. von Helmut Hühn, Jan Urbich und Uwe Steiner, Berlin 2015, S. 68–89.
Jahraus, Oliver / Ort, Nina (Hg.): *Theorie – Prozess – Selbstreferenz. Systemtheorie und transdisziplinäre Theoriebildung*, Konstanz 2003.
Jander, Simon: *Die Poetisierung des Essays. Rudolf Kassner – Hugo von Hofmannsthal – Gottfried Benn*, Heidelberg 2008.
Jennings, Michael W.: *Dialectical Images. Walter Benjamin's Theory of Literary Criticism*, Ithaca / London 1987.
Jesi, Furio: „Il testo come versione interlineare del commento", in: *Caleidoscopio benjaminiano*, hg. von Enzo Rutigliano und Giulio Schiavoni, Rom 1987, S. 217–220.
Jesi, Furio: *Il tempo della festa*, hg. von Andrea Cavalletti, Rom 2013.
Just, Klaus Günther: Art. „Essay", in: *Deutsche Philologie im Aufriß*, hg. von Wolfgang Stammler, Bd. 2, 2. überarb. Aufl., Berlin 1960, Sp. 1897–1948.
Just, Klaus Günther: „Versuch und Versuchung. Zur Geschichte des europäischen Essays", in: ders.: *Übergänge. Probleme und Gestalten der Literatur*, Bern / München 1966, S. 7–25.
Kablitz, Andreas: *Zwischen Rhetorik und Ontologie. Struktur und Geschichte der Allegorie im Spiegel der jüngeren Literaturwissenschaft*, Heidelberg 2016.
Kähler, Hermann: *Von Hofmannsthal bis Benjamin. Ein Streifzug durch die Essayistik der zwanziger Jahre*, Berlin / Weimar 1982.
Kambas, Chryssoula: *Walter Benjamin im Exil. Zum Verhältnis von Literaturpolitik und Ästhetik*, Tübingen 1983.
Kambas, Chryssoula: „Esthétique et interprétation chez Walter Benjamin", in: *Revue germanique internationale* 8 (1997), S. 71–84.
Karatsioras, Nikolaos: *Das Harte und das Amorphe. Das Schachspiel als Konstruktions- und Imaginationsmodell literarischer Texte*, Berlin 2011.
Kauffmann, Robert Lane: *The Theory of the Essay: Lukács, Adorno, and Benjamin*, San Diego 1981.
Kauffmann, Robert Lane: „The Skewed Path: Essaying as Unmethodical Method", in: *Essays on the Essay. Redefining the Genre*, hg. von Alexander J. Butrym, Athens / London 1989, S. 221–240.

Kaulen, Heinrich: *Rettung und Destruktion. Untersuchungen zur Hermeneutik Walter Benjamins*, Tübingen 1987.
Kaulen, Heinrich: „‚Die Aufgabe des Kritikers'. Walter Benjamins Reflexionen zur Theorie der Literaturkritik 1929–1931", in: *Literaturkritik – Anspruch und Wirklichkeit*, hg. von Wilfried Barner, Stuttgart 1990, S. 318–336.
Kavoulakos, Konstantinos: *Ästhetizistische Kulturkritik und ethische Utopie. Georg Lukács' neukantianisches Frühwerk*, Berlin / Boston 2014.
Kelm, Holden: *Hegel und Foucault. Die Geschichtlichkeit des Wissens als Entwicklung und Transformation*, Berlin / München / Boston 2015.
Kemp, Wolfgang: „Walter Benjamin und die Kunstwissenschaft, Teil 1: Benjamins Beziehungen zur Wiener Schule", in: *kritische berichte* 1/3 (1973), S. 30–50.
Kerényi, Károly: „Vom Wesen des Festes. Antike Religion und ethnologische Religionsforschung", in: *Paideuma. Mitteilungen zur Kulturkunde* 1/2 (1938), S. 59–74.
Kernmayer, Hildegard / Reibnitz, Barbara von / Schütz, Erhard: „Perspektiven der Feuilletonforschung. Vorwort", in: *Zeitschrift für Germanistik* 22/3 (2012), S. 494–508.
Khatib, Sami R.: „Geschichte, Retroaktivität, Text. Erkundungen zum ‚Begriff der Geschichte' mit Walter Benjamin und Slavoj Žižek", in: *Retrospektivität und Retroaktivität. Erzählen – Geschichte – Wahrheit*, hg. von Marcus Andreas Born, Würzburg 2009, S. 235–249.
Khatib, Sami R.: *„Teleologie ohne Endzweck". Walter Benjamins Ent-stellung des Messianischen*, Marburg 2013.
Kienpointner, Manfred: Art. „Inventio", in: *Historisches Wörterbuch der Rhetorik*, hg. von Gert Ueding, Bd. 4, Tübingen 1998, Sp. 561–587.
Kiesel, Helmuth: *Geschichte der literarischen Moderne. Sprache, Ästhetik, Dichtung im zwanzigsten Jahrhundert*, München 2004.
Klaus, Carl H. / Stuckey-French, Ned (Hg.): *Essayists on the Essay: Montaigne to Our Time*, Iowa 2012.
König, Christoph / Lämmert, Eberhard (Hg.): *Literaturwissenschaft und Geistesgeschichte 1910 bis 1925*, Frankfurt a. M. 1993.
Kohler, Georg / Müller-Doohm, Stefan (Hg.): *Wozu Adorno? Beiträge zur Kritik und zum Fortbestand einer Schlüsseltheorie des 20. Jahrhunderts*, Weilerswist 2008.
Korstvedt, Benjamin M.: *Listening for Utopia in Ernst Bloch's Musical Philosophy*, Cambridge 2010.
Koschorke, Albrecht: „Ein neues Paradigma der Kulturwissenschaften", in: *Die Figur des Dritten. Ein kulturwissenschaftliches Paradigma*, hg. von Eva Eßlinger, Tobias Schlechtriemen, Doris Schweitzer und Alexander Zons, Berlin 2010, S. 9–31.
Koselleck, Reinhart: „‚Erfahrungsraum' und ‚Erwartungshorizont' – zwei historische Kategorien", in: ders.: *Vergangene Zukunft. Zur Semantik geschichtlicher Zeiten*, Frankfurt a. M. 1989, S. 349–375.
Koselleck, Reinhart: „Vom Sinn und Unsinn der Geschichte", in: ders.: *Vom Sinn und Unsinn der Geschichte. Aufsätze und Vorträge aus vier Jahrzehnten*, hg. von Carsten Dutt, Berlin 2010, S. 9–31.
Koselleck, Reinhart: „Erfahrungswandel und Methodenwechsel. Eine historisch-anthropologische Skizze", in: ders.: *Zeitschichten. Studien zur Historik*, mit einem Beitrag von Hans-Georg Gadamer, 5. Aufl., Frankfurt a. M. 2018, S. 27–77.
Krämer, Sybille: *Berechenbare Vernunft. Kalkül und Rationalismus im 17. Jahrhundert*, Berlin / New York 1991.

Krämer, Sybille: „Das Medium als Spur und als Apparat", in: *Medien, Computer, Realität. Wirklichkeitsvorstellungen und Neue Medien*, hg. von Sybille Krämer, Frankfurt a. M. 1998, S. 73–94.
Krämer, Sybille: „Die ‚Rehabilitierung der Stimme'. Über die Oralität hinaus", in: *Stimme. Annäherung an ein Phänomen*, hg. von Doris Kolesch und Sybille Krämer, Frankfurt a. M. 2006, S. 269–295.
Kramer, Sven: *Rätselfragen und wolkige Stellen. Zu Benjamins Kafka-Essay*, Lüneburg 1991.
Kraus, Jiří: *Rhetoric in European Culture and Beyond*, Prag 2014.
Kruse, Joseph A.: Art. „Traktat", in: *Reallexikon der deutschen Literaturgeschichte*, hg. von Klaus Kanzog und Achim Masser, Bd. 4, 2. Aufl., Berlin / New York 1984, S. 530–546.
Küntzel, Heinrich: *Essay und Aufklärung. Zum Ursprung einer originellen deutschen Prosa im 18. Jahrhundert*, München 1969.
Lachmann, Renate: Art. „Intertextualität", in: *Fischer Lexikon Literatur*, hg. von Ulfert Ricklefs, Bd. 2, Frankfurt a. M. 1996, S. 794–809.
Lacoue-Labarthe, Philippe: „Poetry's Courage", in: *Walter Benjamin and Romanticism*, hg. von Beatrice Hanssen und Andrew Benjamin, New York / London 2002, S. 163–179.
Lacoue-Labarthe, Philippe: *Heidegger and the Politics of Poetry*, übers. von Jeff Fort, Urbana / Chicago 2007.
Largier, Niklaus: *Zeit der Möglichkeit. Robert Musil, Georg Lukács und die Kunst des Essays*, Hannover 2016.
Latini, Micaela: „Geist des Ornaments. Anmerkungen zu Ernst Blochs Betrachtungen über die Dekorationskunst", in: *Bloch-Almanach* 24 (2005), S. 57–68.
Leśniak, Sławomir: *Thomas Mann, Max Rychner, Hugo von Hofmannsthal und Rudolf Kassner. Eine Typologie essayistischer Formen*, Würzburg 2005.
Leśniak, Sławomir (Hg.): *Essay und Essayismus. Die deutschsprachige Essayistik von der Jahrhundertwende bis zur Postmoderne*, Danzig 2015.
Lindner, Burkhardt: „Habilitationsakte Benjamin. Über ein ‚akademisches Trauerspiel' und über ein Vorkapitel der ‚Frankfurter Schule'", in: *Zeitschrift für Literaturwissenschaft und Linguistik* 53/54 (1984), S. 147–165.
Lindner, Burkhardt: „Engel und Zwerg. Benjamins geschichtsphilosophische Rätselfiguren und die Herausforderung des Mythos", in: *„Was nie geschrieben wurde, lesen". Frankfurter Benjamin-Vorträge*, hg. von Lorenz Jäger und Thomas Regehly, Bielefeld 1992, S. 235–265.
Lindner, Burkhardt: „‚Goethes Wahlverwandtschaften'. Goethe im Gesamtwerk", in: *Benjamin-Handbuch. Leben – Werk – Wirkung*, hg. von Burkhardt Lindner, Stuttgart / Weimar 2011, S. 472–493.
Linfert, Carl: „Die Grundlagen der Architekturzeichnung", in: *Kunstwissenschaftliche Forschungen* 1 (1931), S. 133–246.
Liska, Vivian: „Messianic Language and the Idea of Prose: Benjamin and Agamben", in: *Bamidbar. Journal for Jewish Thought and Philosophy* 2/2 (2012), S. 44–56.
Locher, Hubert: „Kunstbegriff und Kunstgeschichte – Schlosser, Gombrich, Warburg", in: *Die Etablierung und Entwicklung des Faches Kunstgeschichte in Deutschland, Polen und Mitteleuropa*, hg. von Wojciech Bałus und Joanna Wolańska, Warschau 2010, S. 391–410.
Lönker, Fred: „Benjamins Darstellungstheorie. Zur ‚Erkenntniskritischen Vorrede' zum ‚Ursprung des deutschen Trauerspiels'", in: *Urszenen. Literaturwissenschaft als Diskursana-

lyse und Diskurskritik, hg. von Friedrich A. Kittler und Horst Turk, Frankfurt a. M. 1977, S. 293–322.

Löwy, Michael: „La philosophie de l'histoire de Walter Benjamin", in: *Walter Benjamin. Ästhetik und Geschichtsphilosophie / Esthétique et philosophie de l'histoire*, hg. von Gérard Raulet und Uwe Steiner, Bern 1998, S. 199–208.

Löwy, Michael: *Walter Benjamin: Avertissement d'incendie. Une lecture des thèses „Sur le concept d'histoire"*, Paris 2001.

Lützeler, Paul Michael: *Die Schriftsteller und Europa: Von der Romantik bis zur Gegenwart*, 2. Aufl., Baden-Baden 1998.

Lyotard, Jean-François: *La condition postmoderne. Rapport sur le savoir*, Paris 1979.

Mambro Santos, Ricardo de: *Viatico Viennese. La storiografia critica di Julius von Schlosser e la metodologia filosofica di Benedetto Croce*, Rom 1998.

Mannheim, Karl: *Ideologie und Utopie*, 7. Aufl., Frankfurt a. M. 1985.

Martin, Gerhard Marcel: Art. „Feste und Feiertage, V. Ethisch", in: *Theologische Realenzyklopädie*, hg. von Gerhard Krause und Gerhard Müller, Bd. 11, Berlin / New York 1983, S. 132–134.

Martorano, Vincenzo: *Estetica e teoria della storiografia. Studio sulla prima filosofia di Benedetto Croce (1893–1900)*, Mailand 2008.

Masheck, Joseph: „The Carpet Paradigm. Critical Prolegomena to a Theory of Flatness", in: *Arts Magazine* 51/1 (1976), S. 82–109.

Massalongo, Milena: „Kritisches Schreiben als ‚historisches Experiment'. Walter Benjamins ‚esoterischer Essay'", in: *Wege des essayistischen Schreibens im deutschsprachigen Raum (1900–1920)*, hg. von Marina Marzia Brambilla und Maurizio Pirro, Amsterdam / New York 2010, S. 413–438.

Matassi, Elio: „Musical Carpets: Philosophy of the History of Music ‚contra' the Sociology of Music", in: *Ad Parnassum. A Journal of Eighteenth- and Nineteenth-Century Instrumental Music* 5/9 (2007), S. 71–86.

McCarthy, John A.: Art. „German Essay", in: *Encyclopedia of the Essay*, hg. von Tracy Chevalier, London / Chicago 1997, S. 322–336.

Melandri, Enzo: *La linea e il circolo. Studio logico-filosofico sull'analogia*, Bologna 1968.

Melandri, Enzo: *I generi letterari e la loro origine*, Macerata 2014.

Menke, Bettine: „Das Nach-Leben im Zitat. Benjamins Gedächtnis der Texte", in: *Gedächtniskunst: Raum – Bild – Schrift. Studien zur Mnemotechnik*, hg. von Anselm Haverkamp und Renate Lachmann, Frankfurt a. M. 1991, S. 74–110.

Menke, Bettine: „Allegorie, Personifikation, Prosopopöie. Steine und Gespenster", in: *Allegorie: Konfigurationen von Text, Bild und Lektüre*, hg. von Eva Horn und Manfred Weinberg, Opladen 1998, S. 59–73.

Menke, Bettine: *Sprachfiguren: Name – Allegorie – Bild nach Benjamin*, Weimar 2001.

Menke, Bettine: *Das Trauerspiel-Buch: Der Souverän – das Trauerspiel – Konstellationen – Ruinen*, Bielefeld 2010.

Menke, Bettine: „Ursprung des deutschen Trauerspiels", in: *Benjamin-Handbuch. Leben – Werk – Wirkung*, hg. von Burkhardt Lindner, Stuttgart / Weimar 2011, S. 210–229.

Menke, Christoph: *Kraft. Ein Grundbegriff ästhetischer Anthropologie*, Frankfurt a. M. 2008.

Menke, Christoph: *Die Souveränität der Kunst. Ästhetische Erfahrung nach Adorno und Derrida*, 4. Aufl., Frankfurt a. M. 2012.

Menninghaus, Winfried: *Schwellenkunde. Walter Benjamins Passage des Mythos*, Frankfurt a. M. 1986.
Menninghaus, Winfried: *Walter Benjamins Theorie der Sprachmagie*, Frankfurt a. M. 1995.
Merker, Paul: *Neue Aufgaben der deutschen Literaturgeschichte*, Leipzig / Berlin 1921.
Mersch, Dieter: *Ereignis und Aura. Untersuchungen zu einer Ästhetik des Performativen*, Frankfurt a. M. 2002.
Mersch, Dieter: *Was sich zeigt. Materialität, Präsenz, Ereignis*, München 2002.
Mersch, Dieter: *Medientheorien zur Einführung*, Hamburg 2006.
Mersch, Dieter: *Posthermeneutik*, Berlin 2010.
Mersch, Dieter: „Mediale Dinge und ihre ästhetische Reflexion", in: *Heterotopien. Perspektiven der intermedialen Ästhetik*, hg. von Nadja Elia-Borer, Constanze Schellow, Nina Schimmel, Bettina Wodianka, Bielefeld 2013, S. 53–80.
Mersch, Dieter: *Epistemologien des Ästhetischen*, Zürich / Berlin 2015.
Meyer, Reinhart: *Titel und Normen. Untersuchungen zur Terminologie der Journalprosa, zu ihren Tendenzen, Verhältnissen und Bedingungen*, in: ders.: *Novelle und Journal*, Bd. 1, Stuttgart 1987.
Michler, Werner: *Kulturen der Gattung. Poetik im Kontext, 1750–1950*, Göttingen 2015.
Missac, Pierre: „Es sind Thesen! Sind es Thesen?", in: *Materialien zu Benjamins Thesen ‚Über den Begriff der Geschichte'. Beiträge und Interpretationen*, hg. von Peter Bulthaup, Frankfurt a. M. 1975, S. 318–336.
Mittelstraß, Jürgen: *Die Häuser des Wissens. Wissenschaftstheoretische Studien*, Frankfurt a. M. 1998.
Morgenroth, Claas: „Benjamin – Agamben. Politik des Posthistoire", in: *Benjamin – Agamben. Politik, Messianismus, Kabbala / Politics, Messianism, Kabbalah*, hg. von Vittoria Borsò, Claas Morgenroth, Karl Solibakke und Bernd Witte, Würzburg 2010, S. 129–147.
Mosès, Stéphane: *L'Ange de l'Histoire. Rosenzweig, Benjamin, Scholem*, Paris 2006.
Müller, Adolf: *Ästhetischer Kommentar zu den Tragödien des Sophokles*, Paderborn 1904.
Müller-Doohm, Stefan: *Adorno. Eine Biographie*, Frankfurt a. M. 2003.
Müller-Doohm, Stefan: „Sprachphilosophische Aspekte im Denken von Theodor W. Adorno", in: *Philosophie in literarischen und ästhetischen Gestalten*, hg. von Reinhard Schulz, Oldenburg 2005, S. 131–155.
Müller-Funk, Wolfgang: *Erfahrung und Experiment. Studien zu Theorie und Geschichte des Essayismus*, Berlin 1995.
Müller-Funk, Wolfgang: *Die Dichter der Philosophen. Essays über den Zwischenraum von Denken und Dichten*, München 2013.
Nägele, Rainer: „Benjamin's Ground", in: *Benjamin's Ground. New Readings of Walter Benjamin*, hg. von Rainer Nägele, Detroit 1988, S. 19–37.
Nagl, Ludwig / Silverman, Hugh J. (Hg.): *Textualität der Philosophie: Philosophie und Literatur*, Wien / München 2004.
Natorp, Paul: *Platos Ideenlehre. Eine Einführung in den Idealismus*, Leipzig 1903.
Naumann, Barbara: „Umschreibungen des Symbolischen. Ernst Cassirers Goethe", in: *Cassirer und Goethe. Neue Aspekte einer philosophisch-literarischen Wahlverwandtschaft*, hg. von Barbara Naumann und Birgit Recki, Berlin 2002, S. 1–23.
Nicholsen, Shierry Weber: *Exact Imagination, Late Work. On Adorno's Aesthetics*, Cambridge 1997.

Nübel, Birgit: *Robert Musil – Essayismus als Selbstreflexion der Moderne*, Berlin / New York 2006.
Oesterle, Günter: „‚Die Idee der Poesie ist die Prosa'. Walter Benjamin entdeckt ‚einen völlig neuen Grund' romantischer ‚Kunstphilosophie'", in: *Walter Benjamin und die romantische Moderne*, hg. von Heinz Brüggemann und Günter Oesterle, Würzburg 2009, S. 161–173.
Ophälders, Markus: „Metamorphose, Ursprung, Untergang. Goethes Erbe in Spenglers Morphologie und Benjamins dialektischer Konstruktion von Erfahrung mit Geschichte", in: *Spengler ohne Ende. Ein Rezeptionsphänomen im internationalen Kontext*, hg. von Gilbert Merlio und Daniel Meyer, Frankfurt a. M. 2014, S. 45–62.
Oschmann, Dirk: „Gestalt und Naturgeschichte. Benjamins *Erzähler*-Aufsatz im Horizont der zeitgenössischen Gattungspoetologie", in: *Schönheit, welche nach Wahrheit dürstet. Beiträge zur deutschen Literatur von der Aufklärung bis zur Gegenwart*, hg. von Gerhard R. Kaiser und Heinrich Macher, Heidelberg 2003, S. 299–318.
Oschmann, Dirk: „Kracauers Herausforderung der Phänomenologie. Vom Essay zur ‚Arbeit im Material'", in: *Essayismus um 1900*, hg. von Wolfgang Braungart und Kai Kauffmann, Heidelberg 2006, S. 193–211.
Oschmann, Dirk: „Kleine Prosa – Kleine Phänomenologie. Benjamins Erkundungen der Lebenswelt", in: *Kleine Prosa. Theorie und Geschichte eines Textfeldes im Literatursystem der Moderne*, hg. von Thomas Althaus, Wolfgang Bunzel und Dirk Göttsche, Tübingen 2007, S. 235–251.
Oschmann, Dirk: „Die Sprachlichkeit der Literatur", in: *Der Begriff der Literatur. Transdisziplinäre Perspektiven*, hg. von Alexander Löck und Jan Urbich, Berlin / New York 2010, S. 409–426.
Oschmann, Dirk: „Anonymität als Symptom in der Literatur der Weimarer Republik", in: *Anonymität und Autorschaft. Zur Literatur- und Rechtsgeschichte der Namenlosigkeit*, hg. von Stephan Pabst, Berlin / Boston 2011, S. 289–306.
Oschmann, Dirk: „Erzählendes Denken – Denkendes Erzählen. Ernst Blochs *Spuren*", in: *Textgelehrte. Literaturwissenschaft und literarisches Wissen im Umkreis der Kritischen Theorie*, hg. von Nicolas Berg und Dieter Burdorf, Göttingen 2014, S. 65–79.
Palmier, Jean-Michel: *Walter Benjamin. Lumpensammler, Engel und bucklicht Männlein. Ästhetik und Politik bei Walter Benjamin*, hg. und mit einem Vorwort versehen von Florent Perrier, aus dem Franz. von Horst Brühmann, Frankfurt a. M. 2009.
Parret, Herman (Hg.): *Kants Ästhetik / Kant's Aesthetics / L'esthétique de Kant*, Berlin / New York 1998.
Peluso, Rosalia: „La disputa sul barocco e altri motivi crociani in Benjamin", in: *Bollettino Filosofico* 28 (2013), S. 283–301.
Peluso, Rosalia: Art. „barocco", in: *Lessico crociano. Un breviario filosofico-politico per il futuro*, hg. von Rosalia Peluso, Neapel 2016, S. 119–130.
Peursen, Cornelis-Anthonie van: „Ars Inveniendi bei Leibniz", in: *Studia Leibnitiana* 18/2 (1986), S. 183–194.
Pfeiffer, Rudolf: *History of Classical Scholarship. From the Beginnings to the End of the Hellenistic Age*, Oxford 1968.
Pfister, Manfred: „Konzepte der Intertextualität", in: *Intertextualität. Formen, Funktionen, anglistische Fallstudien*, hg. von Ulrich Broich und Manfred Pfister, Tübingen 1985, S. 1–30.

Pignotti, Sandro: *Walter Benjamin – Judentum und Literatur. Tradition, Ursprung, Lehre mit einer kurzen Geschichte des Zionismus*, Freiburg 2009.
Pinotti, Andrea (Hg.): *Giochi per melanconici. Sull'Origine del dramma barocco tedesco di Walter Benjamin*, Mailand 2003.
Pörksen, Uwe: „Goethe als in sich selbst versunkene mythische Natur? Die *Wahlverwandtschaften* sind ein Experiment vielseitiger Aufklärung", in: *Benjamins Wahlverwandtschaften. Zur Kritik einer programmatischen Interpretation*, hg. von Helmut Hühn, Jan Urbich und Uwe Steiner, Berlin 2015, S. 342–355.
Ponzi, Mauro / Scheibenberger, Sarah / Gentili, Dario / Stimilli, Elettra (Hg.): *Der Kult des Kapitals. Kapitalismus und Religion bei Walter Benjamin*, Heidelberg 2017.
Preisendanz, Wolfgang: *Heinrich Heine. Werkstrukturen und Epochenbezüge*, 2., verm. Aufl., München 1983.
Primavesi, Patrick: *Kommentar, Übersetzung, Theater in Walter Benjamins frühen Schriften*, Basel / Frankfurt a. M. 1998.
Raimondi, Ezio: *Le pietre del sogno. Il moderno dopo il sublime*, Bologna 1985.
Rajewsky, Irina O.: *Intermedialität*, Tübingen / Basel 2002.
Reemtsma, Jan Philipp: „Der Bote. Walter Benjamin über Karl Kraus", in: *Sinn und Form* 43/1 (1991), S. 104–115.
Reisch, Heiko: *Das Archiv und die Erfahrung. Walter Benjamins Essays im medientheoretischen Kontext*, Würzburg 1992.
Reitter, Paul: *The Anti-Journalist. Karl Kraus and Jewish Self-Fashioning in Fin-de-Siècle Europe*, Chicago / London 2008.
Rella, Franco (Hg.): *Critica e storia. Materiali su Benjamin*, Venedig 1980.
Rentsch, Thomas: Art. „Paradigma", in: *Historisches Wörterbuch der Philosophie*, hg. von Joachim Ritter und Karlfried Gründer, Bd. 7, Basel 1989, Sp. 74–81.
Ribeiro, António: „Karl Kraus und Shakespeare. Die Macht der Epigonen", in: *Karl Kraus: Diener der Sprache, Meister des Ethos*, hg. von Joseph P. Strelka, Tübingen 1990, S. 237–265.
Richter, Gerhard: *Thought-Images: Frankfurt School Writers' Reflections from Damaged Life*, Stanford 2007.
Rochlitz, Rainer: „de la philosophie comme critique littéraire. Walter Benjamin et le jeune Lukács", in: *Revue d'esthétique* 1 (1981), S. 41–59.
Rochlitz, Rainer: *Le désenchantement de l'art. La philosophie de Walter Benjamin*, Paris 1992.
Rohner, Ludwig: *Der deutsche Essay. Materialien zur Geschichte und Ästhetik einer literarischen Gattung*, Neuwied / Berlin 1966.
Roussel, Martin (Hg.): *Kreativität des Findens. Figurationen des Zitats*, München 2012.
Sabel, Johannes: *Die Geburt der Literatur aus der Aggada. Formationen eines deutsch-jüdischen Literaturparadigmas*, Tübingen 2010.
Salonia, Michele: *Walter Benjamins Theorie der Kritik*, Berlin 2011.
Salzani, Carlo: „Il linguaggio è il sovrano: Agamben e la politica del linguaggio", in: *Rivista Italiana di Filosofia del Linguaggio* 9/1 (2015), S. 268–280.
Sandras, Michel: *Idées de la poésie, idées de la prose*, Paris 2016.
Saussure, Ferdinand de: *Grundfragen der allgemeinen Sprachwissenschaft*, hg. von Charles Bally und Albert Sechehaye, übers. von Herman Lommel, 3. Aufl., Berlin / New York 2001.
Sax, Benjamin E.: „Walter Benjamin's Karl Kraus: Negation, Quotation, and Jewish Identity", in: *Shofar* 32/3 (2014), S. 1–29.

Sax, Benjamin E.: Art. „Zitat", in: *Enzyklopädie jüdischer Geschichte und Kultur*, hg. von Dan Diner, Bd. 6, Stuttgart / Weimar 2015, S. 568–571.
Scaramuzza, Gabriele: „Croce nella *Vorrede* al ‚Dramma barocco'", in: *Giochi per melanconici. Sull'Origine del dramma barocco tedesco di Walter Benjamin*, hg. von Andrea Pinotti, Mailand 2003, S. 269–273.
Schäfer, Peter: „Text, Auslegung und Kommentar im rabbinischen Judentum", in: *Text und Kommentar. Archäologie der literarischen Kommunikation IV*, hg. von Jan Assmann und Burkhard Gladigow, München 1995, S. 163–186.
Schärf, Christian: *Geschichte des Essays. Von Montaigne bis Adorno*, Göttingen 1999.
Schaub, Mirjam: *Das Singuläre und das Exemplarische. Zu Logik und Praxis der Beispiele in Philosophie und Ästhetik*, Zürich 2010.
Scheibenberger, Sarah: Rezension zu Peter V. Zima: *Essay / Essayismus. Zum theoretischen Potenzial des Essays: Von Montaigne bis zur Postmoderne*, in: *Germanisch-Romanische Monatsschrift* 63/4 (2013), S. 529–530.
Scheibenberger, Sarah: „Prolegomena zu einem Begriff des Essays ausgehend von Walter Benjamins ‚Erkenntniskritischer Vorrede'", in: *Essay und Essayismus. Die deutschsprachige Essayistik von der Jahrhundertwende bis zur Postmoderne*, hg. von Sławomir Leśniak, Danzig 2015, S. 73–82.
Scheibenberger, Sarah: „‚Destruktion der Ästhetik'? Agamben als Leser von Nietzsche in *L'uomo senza contenuto*", in: *Zeitschrift für Ästhetik und Allgemeine Kunstwissenschaft* 62/1 (2017), S. 155–169.
Scheibenberger, Sarah: Art. „Essay", in: *Handbuch Weimarer Republik. Literatur und Kultur*, hg. von Maren Lickhardt und Robert Krause, Stuttgart 2023 [in Veröffentlichung].
Scheiding, Oliver: „Intertextualität", in: *Gedächtniskonzepte der Literaturwissenschaft. Theoretische Grundlegung und Anwendungsperspektiven*, hg. von Astrid Erll und Ansgar Nünning, Berlin / New York 2005, S. 53–72.
Schildknecht, Christiane / Teichert, Dieter (Hg.): *Philosophie in Literatur*, Frankfurt a. M. 1996.
Schittko, Martin Paul: *Analogien als Argumentationstyp. Vom Paradeigma zur Similitudo*, Göttingen 2003.
Schlaffer, Hannelore: „Der kulturkonservative Essay im 20. Jahrhundert", in: Hannelore Schlaffer und Heinz Schlaffer: *Studien zum ästhetischen Historismus*, Frankfurt a. M. 1975, S. 140–173.
Schlaffer, Heinz: „Denkbilder. Eine kleine Prosaform zwischen Dichtung und Gesellschaftstheorie", in: *Poesie und Politik. Zur Situation der Literatur in Deutschland*, hg. von Wolfgang Kuttenkeuler, Stuttgart / Berlin / Köln / Mainz 1973, S. 137–154.
Schlaffer, Heinz: „Walter Benjamins Idee der Gattung", in: *Textsorten und literarische Gattungen*, hg. vom Vorstand der Vereinigung der deutschen Hochschulgermanisten, Berlin 1983, S. 281–290.
Schlaffer, Heinz: Art. „Essay", in: *Reallexikon der deutschen Literaturwissenschaft. Neubearbeitung des Reallexikons der deutschen Literaturgeschichte*, gemeinsam mit Harald Fricke, Klaus Grubmüller und Jan-Dirk Müller hg. von Klaus Weimar, Bd. 1, 3. Aufl., Berlin / New York 2007, S. 522–525.
Schlosser, Julius von: „Ein Lebenskommentar", in: *Die Kunstwissenschaft der Gegenwart in Selbstdarstellungen*, hg. von Johannes Jahn, Leipzig 1924, S. 94–134.
Schlosser, Julius von: *„Stilgeschichte" und „Sprachgeschichte" der bildenden Kunst. Ein Rückblick*, München 1935.

Schlosser, Julius von: *Tote Blicke. Geschichte der Porträtbildnerei in Wachs. Ein Versuch*, hg. von Thomas Medicus, Berlin 1993.
Schlüter, Carsten: „Adornos Weg der Kritik der apologetischen Vernunft", in: *Aspekte der Kritischen Theorie*, hg. von Wilfried Röhrich, Berlin 1987, S. 61–88.
Schnell, Ralf: *Medienästhetik. Zu Geschichte und Theorie audiovisueller Wahrnehmungsformen*, Stuttgart / Weimar 2000.
Schöttker, Detlev: *Konstruktiver Fragmentarismus. Form und Rezeption der Schriften Walter Benjamins*, Frankfurt a. M. 1999.
Schulte, Christian: *Ursprung ist das Ziel. Walter Benjamin über Karl Kraus*, Würzburg 2003.
Schulz-Buschhaus, Ulrich: „Benedetto Croce und die Krise der Literaturgeschichte", in: *Der Diskurs der Literatur- und Sprachhistorie. Wissenschaftsgeschichte als Innovationsvorgabe*, hg. von Bernard Cerquiglini und Hans Ulrich Gumbrecht, Frankfurt a. M. 1983, S. 280–302.
Schwarz, Hans-Günther: *Orient – Okzident. Der orientalische Teppich in der westlichen Literatur, Ästhetik und Kunst*, München 1990.
Schwemmer, Oswald: *Das Ereignis der Form. Zur Analyse des sprachlichen Denkens*, München 2011.
Sedlmayr, Hans: „Eine ‚genetische Monographie'" (Rezension zu A. E. Popp: *Die Medici-Kapelle Michelangelos*, München 1922), in: *Kritische Berichte zur kunstgeschichtlichen Literatur* 2 (1928/29), S. 187–192.
Sedlmayr, Hans: „Zu einer strengen Kunstwissenschaft", in: *Kunstwissenschaftliche Forschungen* 1 (1931), S. 7–32.
Seel, Martin: *Die Kunst der Entzweiung. Zum Begriff der ästhetischen Rationalität*, Frankfurt a. M. 1997.
Seel, Martin: *Ästhetik des Erscheinens*, München / Wien 2000.
Seel, Martin: *Die Macht des Erscheinens. Texte zur Ästhetik*, Frankfurt a. M. 2007.
Simon, Hans-Ulrich: Art. „Zitat", in: *Reallexikon der deutschen Literaturgeschichte*, hg. von Klaus Kanzog und Achim Masser, Bd. 4, 2. Aufl., Berlin / New York 1984, S. 1049–1081.
Simon, Ralf: *Die Idee der Prosa. Zur Ästhetikgeschichte von Baumgarten bis Hegel mit einem Schwerpunkt bei Jean Paul*, München 2013.
Simonis, Annette: „‚Eine Miniatur dieser ganzen ... vielfach bedrohten Goetheschen Existenz'. Goethe-Rezeption und -Kritik in den Schriften Walter Benjamins", in: *Germanisch-Romanische Monatsschrift* 50 (2000), S. 443–459.
Skrandies, Timo: „Die ‚Zäsur in der Denkbewegung'. Das Politische und die Medialität der Geschichtsdarstellung bei Walter Benjamin", in: *Das Politische und die Politik*, hg. von Thomas Bedorf und Kurt Röttgers, Berlin 2010, S. 252–273.
Şölçün, Sargut: *Unerhörter Gang des Wartenden. Dekonstruktive Wendungen in der deutschen Essayistik*, Würzburg 1998.
Somaini, Antonio: „Walter Benjamin's media theory and the tradition of the *media diaphana*", in: *Zeitschrift für Medien- und Kulturforschung* 7/1 (2016), S. 9–25.
Speth, Rudolf: *Wahrheit und Ästhetik. Untersuchungen zum Frühwerk Walter Benjamins*, Würzburg 1991.
Spörl, Uwe: „Literarische Gebrauchsformen", in: *Handbuch Fin de Siècle*, hg. von Sabine Haupt und Stefan Bodo Würffel, Stuttgart 2008, S. 444–471.
Städtke, Klaus: Art. „Form", in: *Ästhetische Grundbegriffe. Studienausgabe*, hg. von Karlheinz Barck [u. a.], Bd. 2, Stuttgart / Weimar 2010, S. 462–494.

Standage, Tom: *The Turk: The Life and Times of the Famous Eighteenth-Century Chess-Playing Machine*, New York 2002.
Stanitzek, Georg: „Abweichung als Norm? Über Klassiker der Essayistik und Klassik im Essay", in: *Klassik im Vergleich. Normativität und Historizität europäischer Klassiken*, hg. von Wilhelm Voßkamp, Stuttgart / Weimar 1993, S. 594–615.
Stanitzek, Georg: *Essay – BRD*, Berlin 2011.
Steiner, Uwe: *Die Geburt der Kritik aus dem Geiste der Kunst. Untersuchungen zum Begriff der Kritik in den frühen Schriften Walter Benjamins*, Würzburg 1989.
Steiner, Uwe: „Kritik", in: *Benjamins Begriffe*, hg. von Michael Opitz und Erdmut Wizisla, Bd. 2, Frankfurt a.M. 2000, S. 479–523.
Steiner, Uwe: „,Das Höchste wäre: zu begreifen, dass alles Factische schon Theorie ist'. Walter Benjamin liest Goethe", in: *Zeitschrift für deutsche Philologie* 121/2 (2002), S. 265–284.
Steiner, Uwe: „Exemplarische Kritik. Anmerkungen zu Benjamins Kritik der *Wahlverwandtschaften*", in: *Benjamins Wahlverwandtschaften. Zur Kritik einer programmatischen Interpretation*, hg. von Helmut Hühn, Jan Urbich und Uwe Steiner, Berlin 2015, S. 37–67.
Steizinger, Johannes: *Revolte, Eros und Sprache. Walter Benjamins „Metaphysik der Jugend"*, Berlin 2013.
Stella, Vittorio: *Il giudizio dell'arte. La critica storico-estetica in Croce e nei crociani*, Macerata 2005.
Stierle, Karlheinz: „Geschichte als Exemplum – Exemplum als Geschichte. Zur Pragmatik und Poetik narrativer Texte", in: *Geschichte – Ereignis und Erzählung*, hg. von Reinhart Koselleck und Wolf-Dieter Stempel, München 1973, S. 347–375.
Stierle, Karlheinz: „Was heißt Rezeption bei fiktionalen Texten?", in: *Poetica* 7 (1975), S. 345–387.
Stierle, Karlheinz: „Die Fiktion als Vorstellung, als Werk und als Schema – eine Problemskizze", in: *Funktionen des Fiktiven*, hg. von Dieter Henrich und Wolfgang Iser, München 1983, S. 173–182.
Stierle, Karlheinz: „Les lieux du commentaire", in: *Les commentaires et la naissance de la critique littéraire: France / Italie (XIVe–XVIe siècles)*, hg. von Gisèle Mathieu-Castellani und Michel Plaisance, Paris 1990, S. 19–29.
Stierle, Karlheinz: „Werk und Intertextualität", in: *Das Gespräch*, hg. von Karlheinz Stierle und Rainer Warning, 2. Aufl., München 1996, S. 139–150.
Stierle, Karlheinz: „Gespräch und Diskurs. Ein Versuch im Blick auf Montaigne, Descartes und Pascal", in: *Das Gespräch*, hg. von Karlheinz Stierle und Rainer Warning, 2. Aufl., München 1996, S. 297–334.
Stierle, Karlheinz: *Ästhetische Rationalität. Kunstwerk und Werkbegriff*, München 1997.
Stierle, Karlheinz: Art. „Fiktion", in: *Ästhetische Grundbegriffe. Studienausgabe*, hg. von Karlheinz Barck [u.a.], Bd. 2, Stuttgart / Weimar 2010, S. 380–428.
Strouhal, Ernst: „Kempelens Schachspieler. Quellenstudien zur Rezeptionsgeschichte des ,Türken' 1769–1804", in: *Scacchia Ludus. Studien zur Schachgeschichte*, hg. von Hans Holländer und Ulrich Schädler, Bd. 1, Aachen 2008, S. 385–438.
Suerbaum, Ulrich: „Intertextualität und Gattung: Beispielreihen und Hypothesen", in: *Intertextualität. Formen, Funktionen, anglistische Fallstudien*, hg. von Ulrich Broich und Manfred Pfister, Tübingen 1985, S. 58–77.
Szondi, Peter: *Hölderlin-Studien. Mit einem Traktat über philologische Erkenntnis*, Frankfurt a.M. 1970.

Szondi, Peter: *Poetik und Geschichtsphilosophie II: Von der normativen zur spekulativen Gattungspoetik. Schellings Gattungspoetik*, hg. von Wolfgang Fietkau, Frankfurt a. M. 1974.
Tagliacozzo, Tamara: *Esperienza e compito infinito nella filosofia del primo Benjamin*, Macerata 2003.
Tedesco, Salvatore: *Il metodo e la storia*, Palermo 2006.
Thierkopf, Dietrich: „Nähe und Ferne. Kommentare zu Benjamins Denkverfahren", in: *Text + Kritik. Zeitschrift für Literatur* 31/32 (1971), S. 3–18.
Thornhill, Christopher J.: *Walter Benjamin and Karl Kraus: Problems of a ‚Wahlverwandtschaft'*, Stuttgart 1996.
Tiedemann, Rolf: *Studien zur Philosophie Walter Benjamins*, Frankfurt a. M. 1973.
Turner, Victor: *Vom Ritual zum Theater. Der Ernst des menschlichen Spiels*, aus dem Engl. von Sylvia M. Schomburg-Scherff, mit einer aktuellen Einleitung von Erika Fischer-Lichte, Frankfurt a. M. / New York 2009.
Urbich, Jan: „Der Begriff der Literatur, das epistemische Feld des Literarischen und die Sprachlichkeit der Literatur. Einleitende historische Bemerkungen zu drei zentralen Problemfeldern der Literaturtheorie", in: *Der Begriff der Literatur. Transdisziplinäre Perspektiven*, hg. von Alexander Löck und Jan Urbich, Berlin / New York 2010, S. 9–62.
Urbich, Jan: *Darstellung bei Walter Benjamin. Die ‚Erkenntniskritische Vorrede' im Kontext ästhetischer Darstellungstheorien der Moderne*, Berlin / Boston 2012.
Viglialoro, Luca: „Genere e origine. Adorno lettore di Croce nella *Ästhetische Theorie*", in: *Rivista di Studi Italiani* 33/2 (2015), S. 225–236.
Viglialoro, Luca: „Estetica e logica dell'individualità. Agamben lettore della *Kritik der Urteilskraft*", in: *Giorgio Agamben. La vita delle forme*, hg. von Antonio Lucci und Luca Viglialoro, Genua 2016, S. 95–110.
Viglialoro, Luca: *Origine dell'arte. Studi sull'estetica di Croce*, Neapel / Salerno 2018.
Viglialoro, Luca: „Die Geste des Autors: Autorenkonzepte bei Agamben und Foucault", in: *Kaleidoskop Literatur. Zur Ästhetik literarischer Texte von Dante bis zur Gegenwart*, hg. von Sven Thorsten Kilian, Lars Klauke, Cordula Wöbbeking und Sabine Zangenfeind, Berlin 2018, S. 649–662.
Voigts, Manfred: „Zitat", in: *Benjamins Begriffe*, hg. von Michael Opitz und Erdmut Wizisla, Bd. 2, Frankfurt a. M. 2000, S. 826–850.
Wagner, Gerhard: *Walter Benjamin. Die Medien der Moderne*, Berlin 1992.
Weber, Samuel: Art. „Benjamin's Writing Style", in: *Encyclopedia of Aesthetics*, hg. von Michael Kelly, Bd. 1, New York / Oxford 1998, S. 261–264.
Weber, Samuel: *Benjamin's -abilities*, Cambridge / London 2008.
Weber, Samuel: „Der Brief an Buber vom 17.7.1916", in: *Benjamin-Handbuch. Leben – Werk – Wirkung*, hg. von Burkhardt Lindner, Stuttgart / Weimar 2011, S. 603–608.
Weber, Samuel: „‚Mitteilbarkeit' und ‚Exponierung' – Zu Walter Benjamins Auffassung des ‚Mediums'", http://www.theater-wissenschaft.de/mitteilbarkeit-und-exponierung-zu-walter-benjamins-auffassung-des-mediums (letzter Aufruf am: 23.10.2022).
Weddigen, Tristan (Hg.): *Unfolding the Textile Medium in Early Modern Art and Literature*, Berlin / Emsdetten 2011.
Weddigen, Tristan: Art. „Textile Medien", in: *Handbuch Medienwissenschaft*, hg. von Jens Schröter, Stuttgart 2014, S. 234–238.

Weichlein, Siegfried: „Die Verlierer der Geschichte. Zu einem Theorem Carl Schmitts", in: *Trugschlüsse und Umdeutungen. Multidisziplinäre Betrachtungen unbehaglicher Praktiken*, hg. von Christian Giordano, Jean-Luc Patry und François Rüegg, Berlin 2009, S. 147–165.

Weidner, Daniel: *Gershom Scholem. Politisches, esoterisches und historiographisches Schreiben*, München 2003.

Weidner, Daniel: „Fort-, Über-, Nachleben. Zu einer Denkfigur bei Benjamin", in: *Benjamin-Studien* 2 (2011), S. 161–178.

Weidner, Daniel: „Lernen, Lesen, Schreiben. Gershom Scholem und die ‚jüdische Textgelehrsamkeit'", in: *Textgelehrte. Literaturwissenschaft und literarisches Wissen im Umkreis der Kritischen Theorie*, hg. von Nicolas Berg und Dieter Burdorf, Göttingen 2014, S. 259–279.

Weigel, Sigrid: *Entstellte Ähnlichkeit. Walter Benjamins theoretische Schreibweise*, Frankfurt a. M. 1997.

Weigel, Sigrid: „Eros and Language: Benjamin's Kraus Essay", in: *Benjamin's Ghosts: Interventions in Contemporary Literary and Cultural Theory*, hg. von Gerhard Richter, Stanford 2002, S. 278–295.

Weigel, Sigrid: „Die Stimme der Toten. Schnittpunkte zwischen Mythos, Literatur und Kulturwissenschaft", in: *Zwischen Rauschen und Offenbarung. Zur Kultur- und Mediengeschichte der Stimme*, hg. von Friedrich Kittler, Thomas Macho und Sigrid Weigel, 2. Aufl., Berlin 2008, S. 73–92.

Weigel, Sigrid: „Buchstäblichkeit. Walter Benjamins und Hannah Arendts Denken auf den Spuren der Sprache", in: *Textgelehrte. Literaturwissenschaft und literarisches Wissen im Umkreis der Kritischen Theorie*, hg. von Nicolas Berg und Dieter Burdorf, Göttingen 2014, S. 289–307.

Weissenberger, Klaus: „Der Essay", in: *Prosakunst ohne Erzählen. Die Gattungen der nichtfiktionalen Kunstprosa*, hg. von Klaus Weissenberger, Tübingen 1985, S. 105–124.

Weissenberger, Klaus: „Der Essay als Schöpfungstypologie. Zur Typologie einer literarischen Gattung", in: *Sinn und Symbol. Festschrift für Joseph P. Strelka*, hg. von Karl Konrad Polheim, Bern / Frankfurt a. M. / New York / Paris 1987, S. 559–576.

Weissenberger, Klaus: Art. „Prosa", in: *Historisches Wörterbuch der Rhetorik*, hg. von Gert Ueding, Bd. 7, Tübingen 2005, Sp. 321–348.

Wellbery, David E. / Ryan, Judith / Gumbrecht, Hans Ulrich / Kaes, Anton / Koerner, Joseph Leo / Mücke, Dorothea E. von (Hg.): *Eine neue Geschichte der deutschen Literatur*, übers. von Christian Döring [u. a.], Berlin 2007.

Wellbery, David E.: „Form und Idee. Skizze eines Begriffsfeldes um 1800", in: *Morphologie und Moderne. Goethes ‚anschauliches Denken' in den Geistes- und Kulturwissenschaften seit 1800*, hg. von Jonas Maatsch, Berlin / Boston 2014, S. 17–42.

Wellmer, Albrecht: *Zur Dialektik von Moderne und Postmoderne. Vernunftkritik nach Adorno*, Frankfurt a. M. 1985.

Wertheimer, Max: *Über Gestalttheorie. Vortrag vor der Kant-Gesellschaft, Berlin am 17. Dezember 1924*, Erlangen 1925.

Westermann, Claus: *Genesis 1–11 (Teil 2)*, in: *Biblischer Kommentar Altes Testament*, hg. von Siegfried Herrmann und Hans Walter Wolff, Bd. I/1, 3. Aufl., Berlin 1985.

Wiener, Norbert: *Cybernetics: or Control and Communication in the Animal and the Machine*, 2. Aufl., Cambridge (Massachusetts) 1985.

Wiesenthal, Liselotte: *Zur Wissenschaftstheorie Walter Benjamins*, Frankfurt a. M. 1973.

Willems, Gottfried: *Das Konzept der literarischen Gattung. Untersuchungen zur klassischen deutschen Gattungstheorie, insbesondere zur Ästhetik F. Th. Vischers*, Tübingen 1981.

Willer, Stefan / Ruchatz, Jens / Pethes, Nicolas: „Zur Systematik des Beispiels", in: *Das Beispiel. Epistemologie des Exemplarischen*, hg. von Jens Ruchatz, Stefan Willer und Nicolas Pethes, Berlin 2007, S. 7–59.

Witte, Bernd: *Walter Benjamin – Der Intellektuelle als Kritiker. Untersuchungen zu seinem Frühwerk*, Stuttgart 1976.

Wizisla, Erdmut: *Benjamin und Brecht. Die Geschichte einer Freundschaft*, Frankfurt a. M. 2004.

Wohlfarth, Irving: „On the Messianic Structure of Walter Benjamin's Last Reflections", in: *Glyph. Textual Studies* 3 (1978), S. 148–212.

Wohlfarth, Irving: „The Politics of Prose and the Art of Awakening: Walter Benjamin's Version of a German Romantic Motif", in: *Glyph. Textual Studies* 7 (1980), S. 131–148.

Wohlfarth, Irving: „Märchen für Dialektiker. Walter Benjamin und sein ‚bucklicht Männlein'", in: *Walter Benjamin und die Kinderliteratur. Aspekte der Kinderkultur in den zwanziger Jahren*, hg. von Klaus Doderer, Weinheim / München 1988, S. 121–176.

Wohlleben, Doren: *Schwindel der Wahrheit. Ethik und Ästhetik der Lüge in Poetik-Vorlesungen und Romanen der Gegenwart*, Freiburg i. Br. / Berlin 2005.

Wolffheim, Hans: „Der Essay als Kunstform. Thesen zu einer neuen Forschungsaufgabe", in: *Festgruß für Hans Pyritz (Sonderheft des Euphorion)*, Heidelberg 1955, S. 27–30.

Wolin, Richard: *Walter Benjamin. An Aesthetic of Redemption*, 2. Aufl., Berkeley / Los Angeles / London 1994.

Worringer, Wilhelm: *Formprobleme der Gotik*, 3. Aufl., München 1912.

Worstbrock, Franz Josef: Art. „Ars dictaminis, Ars dictandi", in: *Reallexikon der deutschen Literaturwissenschaft. Neubearbeitung des Reallexikons der deutschen Literaturgeschichte*, gemeinsam mit Harald Fricke, Klaus Grubmüller und Jan-Dirk Müller hg. von Klaus Weimar, Bd. 1, 3. Aufl., Berlin / New York 2007, S. 138–141.

Wussow, Philipp von: *Logik der Deutung. Adorno und die Philosophie*, Würzburg 2007.

Wuthenow, Ralph-Rainer: „Literaturkritik, Tradition und Politik. Zum deutschen Essay in der Zeit der Weimarer Republik", in: *Die deutsche Literatur in der Weimarer Republik*, hg. von Wolfgang Rothe, Stuttgart 1974, S. 434–457.

Zima, Peter V.: *Literarische Ästhetik. Methoden und Modelle der Literaturwissenschaft*, 2., überarb. Aufl., Tübingen / Basel 1995.

Zima, Peter V.: *Essay / Essayismus. Zum theoretischen Potenzial des Essays: Von Montaigne bis zur Postmoderne*, Würzburg 2012.

Zimmer, Robert: *Einheit und Entwicklung in Benedetto Croces Ästhetik. Der Intuitionsbegriff und seine Modifikationen*, Frankfurt a. M. 2011.

Zumbusch, Cornelia: „Benjamins Strumpf. Die Unmittelbarkeit des Mediums und die kritische Wendung der Werke", in: *Archiv – Zitat – Nachleben. Die Medien bei Walter Benjamin und das Medium Benjamin*, hg. von Amália Kerekes, Nicolas Pethes und Peter Plener, Frankfurt a. M. 2005, S. 11–36.

Zumbusch, Cornelia: „The Life of Forms. Art and Nature in Walter Benjamin and Henri Focillon", in: *Aisthetis. Pratiche, linguaggi e saperi dell'estetico* 8/2 (2015), S. 117–132.

Zymner, Rüdiger: *Gattungstheorie. Probleme und Positionen der Literaturwissenschaft*, Paderborn 2003.

Personenregister

Das Register umfasst die genannten Namen kanonischer Autorinnen und Autoren, zeitgenössischer Bezugspersonen Benjamins sowie ausgewählter Autorinnen und Autoren der Sekundärliteratur, die für die vorliegende Arbeit von Bedeutung gewesen sind.

Adorno, Gretel 317–319, 321
Adorno, Theodor W. 1, 4, 9–11, 14f., 17–20, 25, 30–32, 36f., 39, 44–48, 51–53, 56–82, 84, 89–93, 95–97, 99–103, 105–107, 110–117, 124, 127–130, 133, 136f., 144, 146, 171, 179, 189, 191, 194, 203, 234f., 239–241, 249, 263, 268–272, 274f., 277–279, 283, 287, 289, 297, 299, 302, 309f., 317, 327, 357, 373
Agamben, Giorgio 2, 6, 9, 11, 14, 18, 38f., 47, 58, 69, 82–89, 97, 102f., 110, 123, 128, 134, 136, 146, 148f., 167, 169, 184, 188, 217, 236, 239, 247, 261, 273, 279, 290, 293, 295, 300, 307f., 310, 315, 321–325, 327, 330, 339f., 342, 347f., 360, 366
Anders, Günther 297
Arendt, Hannah 17, 162f., 343f.
Aristoteles 1, 83f., 87, 135, 228, 305, 347, 350
Assmann, Jan 140
Ast, Friedrich 144
Bachmann, Dieter 11, 27, 34f., 283, 324
Bachtin, Michail 106, 363
Bacon, Francis 3, 24, 27, 29, 31, 36f., 64, 66f., 72f., 194, 283
Baeumler, Alfred 56, 265
Barck, Karlheinz 243, 321f., 360, 362
Barthes, Roland 31, 44, 83, 105f., 112f., 276
Bataille, Georges 363
Baudelaire, Charles 255, 287, 329
Baum, Vicki 373
Baumgarten, Alexander Gottlieb 56, 274
Beckett, Samuel 116
Benn, Gottfried 13, 30, 373
Bense, Max 24f., 46, 69, 102, 133, 159, 210, 238, 286, 298, 315, 354f., 360f.
Bensmaïa, Réda 83

Bertram, Ernst 242
Bertram, Georg W. 97
Bloch, Ernst 12, 64, 105, 114, 117–120, 122–124, 126f., 373
Blumenberg, Hans 300, 328
Borchardt, Rudolf 13, 136
Borsò, Vittoria 322, 367
Braungart, Wolfgang 25–27, 32, 44
Brecht, Bertolt 117, 135, 166, 168f., 327, 343
Broch, Hermann 13, 373
Buber, Martin 320f.
Bürger, Peter 25, 79, 205, 218
Burckhardt, Jacob 351
Burdorf, Dieter 26, 153, 263, 277
Cacciari, Massimo 117, 285–287
Canetti, Elias 298f., 314
Cassirer, Ernst 68f., 159, 180, 201, 205, 265
Chevalier, Tracy 26
Cicero, Marcus Tullius 362
Cohen, Hermann 135, 159, 215, 224, 227, 265
Cohn, Jonas 256
Cornelius, Hans 191, 243–245, 264
Croce, Benedetto 53, 143, 197, 201, 215, 240, 242, 247, 249, 251, 255–260, 262–277, 279–281, 317, 350
D'Angelo, Paolo 19, 271f., 274, 276
Deleuze, Gilles 101
Derrida, Jacques 31, 44, 52, 105f., 112, 157, 213
Descartes, René 68, 97
Desideri, Fabrizio 206, 271, 319
Diderot, Denis 31
Didi-Huberman, Georges 169, 259
Dilthey, Wilhelm 135, 145, 152, 176, 215, 232, 242, 350
Dolar, Mladen 344
Eco, Umberto 69, 97, 157

Enzensberger, Hans Magnus 24
Ernst, Christoph 35, 193
Esposito, Roberto 302
Fiedler, Konrad 245
Figal, Günter 51, 139
Focillon, Henri 348, 364–367
Foucault, Michel 30, 83, 169, 300, 339
Fourier, Charles 327, 361
Freud, Sigmund 319, 373
Friedrich, Hugo 28–30
Fürnkäs, Josef 290, 293, 336
Gabrielli, Paolo 33, 36 f., 170, 227 f., 233
Gadamer, Hans-Georg 353
Gagnebin, Jeanne Marie 271, 318, 329
Garroni, Emilio 56 f., 240
Genette, Gérard 104, 106, 109
George, Stefan 117, 124, 139, 146 f., 242
Goethe, Johann Wolfgang von 4, 17, 20–22, 67 f., 77, 96, 115, 135, 145, 152, 168, 170–174, 176–184, 186, 188–190, 201, 238 f., 253, 277, 282, 292, 348
Greiert, Andreas 345
Grimm, Herman 26
Groddeck, Wolfram 147, 163
Gubler, Friedrich T. 254
Gumbrecht, Hans Ulrich 32, 86
Gundolf, Friedrich 146, 176, 215, 242
Hamann, Johann Georg 216, 304
Hegel, Georg Wilhelm Friedrich 56, 80, 169, 193, 260, 270 f., 360, 362
Heidegger, Martin 66, 71, 73, 115, 144, 149, 152, 229, 272, 300–302, 311
Heider, Fritz 338
Heine, Heinrich 224, 312
Hellingrath, Norbert von 138 f., 141, 146 f., 151 f., 189 f.
Hempfer, Klaus W. 16 f., 50, 99, 229, 240, 271
Henrich, Dieter 15
Herder, Johann Gottfried 351 f.
Hessel, Franz 13, 373
Hölderlin, Friedrich 5, 20–22, 105, 110, 115–117, 127–129, 135–142, 144–149, 151–155, 158, 160–169, 171 f., 176, 183, 188–190, 201, 236, 238, 263, 287, 292, 297, 311, 327, 336, 357, 368
Hörl, Erich 297 f.

Hoffmann, E. T. A. 329
Hofmannsthal, Hugo von 13, 171, 183, 188, 282, 335
Holz, Hans Heinz 5, 10, 115, 161, 194, 355, 364
Homer 143 f.
Horkheimer, Max 17, 63, 77 f., 287, 317
Humboldt, Wilhelm von 152, 156, 188 f., 304
Husserl, Edmund 78, 250
Ingarden, Roman 61
Jaspers, Karl 300
Jean Paul 340
Jesi, Furio 167, 363
Jochmann, Carl Gustav 360 f.
Jünger, Ernst 13, 297
Just, Klaus Günther 26 f., 48 f.
Kähler, Hermann 35, 49
Kafka, Franz 37, 117, 296, 341, 361
Kant, Immanuel 45, 53, 56, 65, 67, 73, 82 f., 85–90, 93, 95 f., 118, 133, 135, 145, 157, 159, 177, 182, 186, 190, 193, 197, 216, 222, 227, 232, 234, 239 f., 256, 274 f., 310, 368
Kapp, Ernst 338 f.
Kassner, Rudolf 12, 105, 112, 114, 121, 199, 206 f., 345, 360, 369, 373
Kauffmann, Kai 25–27, 32, 44
Kauffmann, Robert Lane 26, 28, 204
Kaulen, Heinrich 175, 192 f., 317, 320
Kemp, Wolfgang 254
Kempelen, Wolfgang von 329, 332, 337 f., 340, 342, 344
Khatib, Sami R. 58, 319, 325, 329, 331, 335, 356, 359
Kierkegaard, Søren 65–67, 70, 191
Klee, Paul 110, 371 f.
Kommerell, Max 147
Koselleck, Reinhart 334, 349–354
Kracauer, Siegfried 12, 19 f., 35, 63–66, 71–73, 76, 81, 208, 313, 364 f., 373
Krämer, Sybille 70, 323, 338
Kramer, Sven 36 f., 69
Kraus, Karl 20–22, 117, 162, 168, 189 f., 220, 224, 282–315, 327
Kristeva, Julia 105–107
Lachmann, Renate 107
Lacoue-Labarthe, Philippe 148 f., 151, 165

Largier, Niklaus 348, 364
Latini, Micaela 120
Leibniz, Gottfried Wilhelm 67, 69f., 73f., 159, 193, 256
Lewy, Ernst 188f.
Lichtenberg, Georg Christoph 30, 165
Linfert, Carl 253f.
Löwy, Michael 319, 324f., 331, 354
Loos, Adolf 114, 302
Lukács, Georg 1–3, 10, 20, 25, 36, 49, 62, 81, 101f., 105, 112–114, 116f., 119–127, 170f., 198, 202–214, 218, 227, 256, 265f., 268, 326, 334, 371, 373
Mauthner, Fritz 153, 156
Melandri, Enzo 14, 50, 87, 193, 201
Menke, Bettine 19, 38, 113, 192, 194, 293
Menke, Christoph 19, 51, 351
Menninghaus, Winfried 193, 205, 328
Merker, Paul 244f.
Mersch, Dieter 1f., 4, 22, 46, 58, 83, 85, 110, 291, 305, 314, 323
Michaux, Henri 355
Michler, Werner 16, 193, 205, 242
Missac, Pierre 317f.
Mittelstraß, Jürgen 57
Montaigne, Michel de 3, 10, 24, 27–31, 36f., 75, 88, 92f., 105f., 108, 194, 209, 283, 325
Mosès, Stéphane 232, 321
Müller, Adolf 144f.
Müller-Funk, Wolfgang 27, 30f., 44
Muschg, Walter 249f.
Musil, Robert 9, 13, 30, 33, 373
Nägele, Rainer 151f.
Natorp, Paul 215, 222, 227
Nietzsche, Friedrich 1, 3, 5, 9, 14, 30–32, 73, 79, 101, 128, 208, 212, 309, 312f., 327, 347, 351f., 360
Nübel, Birgit 24, 27, 33f., 44, 82, 98f., 109f., 117
Oschmann, Dirk 2, 4, 12, 15, 35f., 64, 99, 227, 288
Palmier, Jean-Michel 10, 15, 154, 165, 170, 175, 179, 203, 205, 268
Petzold, Emil 136, 147
Pfister, Manfred 104, 107, 109

Platon 60, 69, 73, 78, 83, 88, 123, 174, 180, 186, 193f., 198f., 203–208, 211f., 214, 217–223, 236, 273, 294f.
Plessner, Helmuth 300
Poe, Edgar Allan 329, 342
Popper, Leo 12, 105, 124f., 207, 210, 373
Primavesi, Patrick 138
Proust, Marcel 37, 72, 115, 137, 286, 319
Rang, Florens Christian 171, 174, 188, 197, 219, 222, 241, 260–262, 280
Reifenberg, Benno Carl 254
Reisch, Heiko 36f.
Richter, Gerhard 37
Rickert, Heinrich 135, 256
Ricœur, Paul 350
Riegl, Alois 116, 136, 189, 245f., 252, 254
Riezler, Kurt 65f.
Rochlitz, Rainer 10, 203–205
Rohner, Ludwig 26f., 36, 194
Salzani, Carlo 6, 58
Schärf, Christian 27f., 34
Schaub, Mirjam 48, 89
Scherer, Wilhelm 145, 244
Schlaffer, Heinz 16, 29, 37, 98, 193, 263, 281
Schlegel, Friedrich 31–33, 46, 191
Schleiermacher, Friedrich 144, 152
Schlosser, Julius von 197, 241, 249, 251, 255–260, 262, 265
Schmitt, Carl 245–247, 353
Schöttker, Detlev 37f.
Scholem, Gershom 20, 113, 115, 135, 153–161, 164–166, 172, 179, 190f., 202–204, 224f., 227, 241, 243, 245, 265, 282, 290, 299, 303–305, 327, 343, 371
Schultz, Franz 243
Schwarz, Hans-Günther 114, 116
Sedlmayr, Hans 197, 250–255, 259
Seel, Martin 50f., 54, 173
Seneca, Lucius Annaeus 143
Shakespeare, William 135, 203, 308–310
Simmel, Georg 12, 26, 77, 80, 105, 112, 114, 117, 120, 180, 209, 256, 350, 373
Sokrates 73, 199, 208, 210f., 214, 219
Somaini, Antonio 338
Speth, Rudolf 192, 205, 226
Stanitzek, Georg 24, 26, 34, 43, 45

Steiner, Uwe   58, 158, 179 f., 187
Stierle, Karlheinz   47, 88, 99, 105, 107–109, 136, 140, 143, 148
Szondi, Peter   46, 141 f., 148, 153 f., 193, 200
Tagliacozzo, Tamara   159 f., 180
Tiedemann, Rolf   10, 180, 182, 205, 218, 227, 233 f., 277 f., 336
Tillich, Paul   63, 65
Turner, Victor   363
Urbich, Jan   38, 57, 170, 175, 192 f., 227, 231, 233, 273, 279
Vico, Giambattista   360
Viglialoro, Luca   88, 263, 272 f., 281, 323
Vischer, Friedrich Theodor   31, 276
Vossler, Karl   249, 265
Walzel, Oskar   215, 244
Weber, Max   265
Weber, Samuel   2, 58, 86, 177, 185, 284 f., 291, 321, 339

Weidner, Daniel   156 f., 192, 367
Weigel, Sigrid   38, 135, 218 f., 293, 318, 322, 332
Wellbery, David E.   77, 195 f.
Wertheimer, Max   63, 65 f.
Wiener, Norbert   69, 331
Wiesenthal, Liselotte   159, 180, 277
Willems, Gottfried   16, 50
Witte, Bernd   36, 147 f., 170 f., 175, 287, 290
Wittgenstein, Ludwig   37, 170
Wölfflin, Heinrich   244, 254
Wohlfarth, Irving   319, 341, 360
Wolin, Richard   10, 36, 203, 214, 227, 273, 279
Worringer, Wilhelm   114, 244 f.
Wuthenow, Ralph-Rainer   27
Zima, Peter V.   2, 27, 31 f., 57, 82, 104
Zumbusch, Cornelia   3, 94, 366

Danksagung

‚Bevor gedacht wird, muss schon geschrieben worden sein' – so ließe sich das diesem Buch vorangeschickte Nietzsche-Zitat für eine Danksagung umdichten. Alles Denken schließt an bereits Form gewordenes Gedachtes an, tritt in einen Dialog mit dem Schreiben und dem Denken Anderer. Auch diese Arbeit wäre ohne diese(s) nicht denkbar.

An erster Stelle danke ich daher meinem Doktorvater Dirk Oschmann für das Gespräch und sein unschätzbares Vertrauen, für die Klarheit in seinen Urteilen sowie für die Freiheit, Projekten und Ideen an den Rändern des Promotionsweges nachgehen zu können.

Gerhard Richter danke ich für das Zweitgutachten meiner Arbeit und einen für mich in vielerlei Hinsicht wichtigen Gastaufenthalt an der Brown University zu Beginn der Promotionsphase.

Den Herausgebern der Reihe „Textologie" danke ich für die Aufnahme meiner Arbeit in ihre Publikationsreihe *in-between* Philologie und Philosophie. Matthias Schmidt sei herzlich für eine erste Durchsicht des Manuskripts gedankt, Christian Kny und Kathrin Wittler für kritische Lektüren in der Schlussphase der Drucklegung.

Zudem möchte ich der Studienstiftung des deutschen Volkes für die finanzielle Unterstützung mit einem Promotionsstipendium sowie dem Nietzsche-Kolleg in Weimar für einen Aufenthalt in der Villa Silberblick als Fellow in residence danken. Die Springer Stiftung unterstützt die Drucklegung der Arbeit dankenswerterweise mit einem Zuschuss.

Mein tiefer Dank für ihre Geduld, Nachsicht und vielfältige Unterstützung gilt nicht zuletzt meiner Familie sowie den Wegbegleiterinnen und Freunden, ohne die es dieses Buch so nicht geben würde.

Berlin, den 23. August 2022